拜城年鉴

2021

中共拜城县委党史办公室暨拜城县地方志办公室　编

图书在版编目（CIP）数据

拜城年鉴. 2021 / 中共拜城县委党史办公室暨拜城县地方志办公室编. —北京 ： 方志出版社， 2021.12
ISBN 978-7-5144-5174-0

Ⅰ. ①拜… Ⅱ. ①中… Ⅲ. ①拜城县－2021－年鉴 Ⅳ. ①Z524.54

中国国家版本馆 CIP 数据核字(2023)第 033818 号

责任编辑：高孟君
责任校对：刘玉霞
责任印制：梅中英
出 版 者：方志出版社
地　　址：北京市朝阳区潘家园东里 9 号（国家方志馆 4 层）
邮　　编：100021
网　　址：http://www.zgfzcb.cn
发　　行：方志出版社图书营销中心（010-67110500）
印　　刷：河南匠心印刷有限公司
开　　本：889 毫米×1194 毫米　1/16
印　　张：31.25
字　　数：766 千字
版　　次：2021 年 12 月第 1 版
印　　次：2021 年 12 月第 1 次印刷
定　　价：298.00 元

经济发展

▲ 2020年1月20日，县市场监督管理局工作人员在超市开展春节前市场大检查活动

▲ 2020年3月30日，黑英山乡养殖户放养拜城油鸡

▲ 2020年4月11日，在黑英山乡亚吐尔村的新疆诺奇拜城油鸡发展有限公司生产车间内，工作人员在清点装袋

▲ 2020年4月11日，黑英山乡推普斯孜村农牧民开展山羊抓绒生产

▲ 2020年4月13日，县农业部门举行冬小麦无人机化控工作现场会

▲ 2020年6月1日，拜城县阿尔格敏煤矿举行“安全生产月”集体签字仪式

▲ 2020年6月30日，拜城县举行国道579线库拜玉公路（二期）工程建设开工仪式

▲ 2020年7月8日，温巴什乡阿瓦提村村民采摘吊干杏

▲ 2020年8月6日，康其乡阿热勒村农户收割油菜

▲ 2020年9月7日，米吉克乡喀纳依买里村村民销售青皮核桃

▲ 2020年9月20日，县农技工作人员开展水稻测产

▲ 2020年12月9日，县农业技术人员查看指导察尔齐镇冬菜储藏情况

社会进步

▲ 2020年1月9日，县文旅部门在康其湿地景区举行拜城县迎新春群众文艺节目大联欢暨第二届冬季冰雪乡村文化旅游节活动

▲ 2020年4月22日，拜城县图书馆举办“书香拜城　经典‘悦’读”暨第25个“世界图书和版权日”活动

▲ 2020年5月22日，阿克苏指尖微爱公益协会向拜城县乡村学校学生捐赠爱心书包

▲ 2020年6月22日，县文旅部门举办云上丝路“穿越天山廊道 走近神秘的龟兹”大型直播活动

▲ 2020年6月22日，拜城县向“清风满天山”讲故事比赛获奖选手颁奖

▲ 2020年10月16日，县医护人员为居民开展健康检查指导活动

▲ 2020年10月21日，县“访惠聚”驻村工作队员与老年人一起包饺子共度重阳节

▲ 2020年10月23日，县教育系统组织学生观看纪念中国人民志愿军抗美援朝出国作战70周年大会电视直播

▲ 2020年11月22日，县第四小学开展“讲红色故事、传红色精神”讲故事比赛

▲ 2020年12月26日，县“访惠聚”驻村工作队员向群众赠送新年“福”字和窗花

温州援拜

▲ 2020年1月11日，拜城县选送农牧产品参加浙江省温州市瑞安市第十四届农产品展销会

▲ 2020年1月16日，共青团浙江省温州团市委在拜城县赛里木镇文化活动中心举行2020年度希望工程助学金发放仪式

▲ 2020年11月8日，浙江万众皮业有限公司向拜城县捐赠乡村文化阵地建设项目资金20万元

▲ 2020年11月26日，拜城县在浙江省温州市溢香厅国际宴会中心举行土特产品推介会

▲ 2020年12月9日，拜城县设在浙江省温州市龙湾区的农牧产品消费扶贫专馆开馆

生态环保

▲ 碧水蓝天、绿树环绕的县城

▲ 环城路水系

▲ 2020年9月12日，自治区环保督察督导组在拜城县垃圾填埋场督导调研

▲ 2020年9月30日，克孜尔乡团员青年志愿者服务队上街清理集镇卫生

▲ 2020年11月10日，阿克苏地区生态环境局拜城县分局挂牌

党群工作

▲ 2020年4月13日，拜城县领导到亚吐尔乡调研温室大棚产业发展情况

▲ 2020年6月12日，共青团中央调研组到米吉克乡调研工作

▲ 2020年6月20日，拜城县委党校开展春季主体班学员情景教学

▲ 2020年6月27日，县委政法委党员干部志愿者服务队帮助托克逊乡亚吐尔村缺少劳动力的农户收割小麦

▲ 2020年7月14日，阿克苏地委领导到米吉克乡亚曼苏生态乐园调研

▲ 2020年9月28日，县纪委机关在县便民服务中心开展集体活动

▲2020年9月30日，共青团拜城县委举办少先队辅导员技能大赛

▲2020年10月16日，县税务局组织干部到县反腐倡廉预防职务犯罪警示教育基地参观学习

▲2020年11月3日，县委宣传部驻拜城镇协力克买里村"访惠聚"工作队向群众宣讲中共十九届五中全会精神

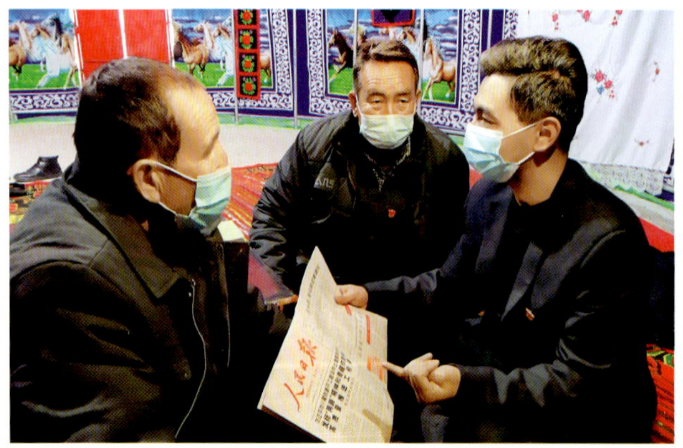

▲2020年11月17日，拜城县"访惠聚"驻村工作队员入户向群众宣讲党的惠民政策

▲2020年12月12日，拜城县组织内招生学员在老虎台乡骑兵连连史馆开展教学活动

旅游风光

▲ 2020年3月21日，拜城县举行"欢庆诺鲁孜 春满亚曼苏"系列旅游文化活动

▲ 2020年4月，新建成后的康其湿地景区游客接待中心

▲ 2020年9月25日，阿克苏地区离退休干部在亚曼苏生态乐园参观调研

▲ 2020年11月26日，拜城县选送文化艺术产品团参加浙江省温州市"2020温州国际时尚文化产业博览会"

▲ 铁热克温泉浴场

▲ 拜城红石林景区

▲ 康其湿地小风车

▲ 康其湿地小泉湖

▲ 拜城县城区全景

数字拜城2020

面积	1.91万平方千米	粮食播种面积	5.68万公顷
镇	4个	油料播种面积	0.17万公顷
乡	10个	甜菜播种面积	0.08万公顷
管委会	1个	蔬菜播种面积	0.66万公顷
社区	20个	粮食产量（含薯类）	42.97万吨
造林面积	0.2万公顷	油料产量	0.40万吨
合格率	89.0%	甜菜产量	7.76万吨
森林面积	11.01万公顷	蔬菜产量	29.41万吨
森林覆盖率	6.8%	年末牲畜存栏	142.67万头（只）
国家级公益林	8.435万公顷	年末牲畜出栏	100.012万头（只）
地方公益林	2.23万公顷	肉类总产量	3.26万吨
森林面积	11.72万公顷	牛肉产量	1.10万吨
旅游星级饭店	2个	羊肉产量	1.90万吨
接待国内外游客	156.34万人次	猪肉产量	0.26万吨
增长率	19.6%	禽肉产量	0.12万吨
旅游总收入	7.68亿元	禽蛋	0.19万吨
地区生产总值	93.43亿元	全口径工业增加值	41.74亿元
第一产业增加值	14.85亿元	规模以上工业增加值	34.59亿元
第二产业增加值	46.32亿元	原煤产量	683.30万吨
第三产业增加值	32.26亿元	焦炭产量	355.18万吨
城镇居民人均可支配收入	32914元	洗煤产量	275.67万吨
农村人均纯收入	16388元	电力	3.26亿千瓦时
农林牧渔业总产值	42.69亿元	火力	1.42亿千瓦时
农业机械总动力	50.37万千瓦	水力	1.55亿千瓦时
农作物播种面积	7.41万公顷	太阳能	0.28亿千瓦时

铜精粉	873.99吨	文化站	16个
建筑业增加值	4.58亿元	公共图书馆	1个
固定资产增长率	23.1%	博物馆	1个
社会消费品零售总额	20.26亿元	文管所	1个
公路货运总量	340.36万吨	广播站	13座
货物周转量	340.36万吨·千米	电视台	1座
公路旅客运输总量	21.9万人次	原油探明储量	613万吨
旅客周转量	3387万人·千米	天然气储量	2.3万亿立方米
电信业务总量	13917万元	二氧化硫减排项目	3个
邮政业务总量	990万元	氮氧化物减排项目	3个
固定电话用户	1.31万户	废水污染物减排项目	4个
移动电话用户	23.48万户	氨氮减排项目	3个
互联网用户	10.09万户	污水处理厂	2座
全口径财政收入	34.34亿元	城镇污水处理率	100%
地方财政收入	18.49亿元	垃圾处理站	1个
公共财政预算收入	17.2亿元	各项存款余额	99.89亿元
全年地方财政支出	46.66亿元	各项贷款余额	73.51亿元
公共财政预算支出	42.3亿元	收养性社会福利单位及设施	6个
民生支出	31.08亿元	收养人数	921人
中小学校总数（含幼儿园）	241所	城镇从业人员	32294人
普通中小学在校生	5.56万人	各项社会保险参保人数	16.63万人（次）
科技项目	5项	三项社会保险参保人数	16.62万人（次）
医疗卫生机构	183个	社会保险基金支出	18752万元
医疗病床	1290张	城镇低保人数	1286人
文化馆	1个	农村低保人数	11500人

《拜城年鉴（2021）》编纂委员会

《拜城年鉴（2021）》编辑部

《拜城年鉴（2021）》供稿人员名单

（按资料入编先后顺序排列）

方向远　孙高鹏　杨秀群　杨庆玲　汤艳利　罗　强
王兵强　朱效府　岩　芳　杨　文　任文艳　袁军萍
刘成龙　洪仕林　何亚军　游思强　袁军萍　李　策
郭炜航　王万伟　阿孜古丽·买买提　米热宛古丽·艾肯木
丁宪兵　努尔比艳·吐尔洪　王峰林　刘志伟　李满进
张爱萍　杨　洁　随海涛　肖　博　欧阳棠　陶玉明
余才林　王　浩　王娟娟　陈　强　李　伟　曾　波
郝磊鹏　孔令越　鄢江波　罗清平　曹　伟　秦建民
王　海　孙　磊　段振兴　肖天国　曹　森　白天明
张志刚　李雅琳　阿衣孜木古丽·吐尔逊　高　源
依帕尔克孜·艾买提　王春霞　孙良军　李静媛　潘小燕
田燕红　王世强　刘　源　汤淮颖　李　永　李　博
王祎璠　殷　杰　王蓉惠　常晓雄　艾尼瓦尔·白克力
易　彬　赵咏梅　王志华　塔依尔·乃麦提　李引峰
韩珊珊　阿里木·阿木提　古丽加马力·依米提　刘俊荣
艾克拜尔·艾尔肯　刘　丽　李彦鹏　蔺　鑫　夏　冬
李　楠　韩越亚　刘翔睿　李文波　苑广尚　韩陈刚
李志伟　张立峰　倪　洋　李　越　刘　鹏　王新凯
刘　真　段志峰　宋世乾　张丽芳

编辑说明

一、《拜城年鉴》是中共拜城县委、拜城县人民政府主办的综合性地方年鉴。旨在记述行政区域内自然、政治、经济、文化、社会等基本资料的年度性文献，为各级党政机关和社会各界了解、研究拜城提供较全面、系统的信息资料，并为拜城县积累史料。《拜城年鉴》每年出版一部，由中共拜城县委党史办公室暨拜城县地方志办公室编纂。

二、《拜城年鉴（2021）》编纂工作以马克思列宁主义、毛泽东思想、邓小平理论、“三个代表”重要思想、科学发展观、习近平新时代中国特色社会主义思想为指导，坚持辩证唯物主义和历史唯物主义的立场、观点和方法。

三、《拜城年鉴（2021）》框架由卷首、百科、卷尾三个部分组成。除特载、专载、附录类目采用综合性文章外，百科类目均采用条目体，并分类目、分目、条目3个层次。2021年刊类目依次有特载、专载、大事记、概况、中国共产党拜城县委员会、拜城县人民代表大会、拜城县人民政府、政协拜城县委员会、纪委监委、对口支援、群众团体、法治、农业、商务・工业、自然资源、生态建设、发展和改革与经济监督管理、交通・运输、财税、金融、卫生・健康、文体・旅游、教育・科技、社会民生、乡镇、荣誉、附录。卷首设数字拜城2020、编辑说明，并安排若干专版刊载拜城经济社会发展、人民生活、当年举办的大型活动等照片资料。卷尾设附录，包含组织机构领导名录和人物。

四、《拜城年鉴（2021）》收录范围以拜城县现有行政区划为界，记述时限为2020年内拜城县发生的大事、要事、新事和具有年度特色的事物。作为背景资料，部分条目内容或涉及2020年度之前或之后的事物。大事记部分也有适当的内联外延。

五、《拜城年鉴（2021）》的条目，除各类目、分目之首的概况、相关部分的单位介绍，个别以事物性质分类的条目和人物之外，均为动态标题，以便于突出条目的信息价值和年度特色。同时，还选择相关的资料穿插于部分篇目之间的“补白”之处，以增强年鉴的实用价值和资料容量。

六、《拜城年鉴（2021）》所刊数据，除由县统计局正式公布外，均由各供稿单位提供，并经供稿单位领导审核。由于来源、统计口径不同，不同部门提供的同项数据也不尽相同，虽经编辑人员反复核实，仍有一些难以统一，本刊以如实反映现实为原则予以刊用。如遇同一项目或类型的数据不一致的情况，应以统计部门正式公布的数据为准。

七、《拜城年鉴（2021）》数字用法、标点符号用法分别采用国家标准《出版物上数字用法》（GB/T15835-2011）、《标点符号用法》（GB/T1583-2011），计量单位采用国家技术监督局1993年12月发布的《量和单位》系列国家标准。

目 录

特 载

专 载

大事记

概 况

中国共产党拜城县委员会

拜城县人民代表大会

拜城县人民政府

政协拜城县委员会

纪委监委

对口支援

群众团体

法　治

农　业

商务·工业

自然资源

生态建设

发展和改革与经济监督管理

交通·运输

财　税

金 融

卫生·健康

文体·旅游

教育·科技

社会民生

乡　镇

荣 誉

附 录

索 引

特 载

站在新起点 开启新征程
完整准确贯彻落实新时代党的治疆方略
朝着建设和谐富裕文明幸福美丽拜城阔步迈进

——在中共拜城县第十二届委员会第七次全体（扩大）会议上的报告

（2020年12月30日）

彭 刚

这次会议的主要任务是：坚持以习近平新时代中国特色社会主义思想为指引，深入贯彻落实中共十九大和十九届二中、三中、四中、五中全会精神，贯彻落实第二次、第三次中央新疆工作座谈会和自治区党委九届十次、十一次全会及地委（扩大）会议精神，全面总结2020年工作，系统总结新时代拜城稳定发展改革奋斗历程和经验，科学分析当前形势，明确“十四五”战略举措和2035年远景目标，安排部署“十四五”开局之年各项工作，动员全县各级党组织和广大党员干部，不忘初心、牢记使命，站在新起点、开启新征程，完整准确贯彻落实新时代党的治疆方略，接续奋斗、乘势而上，朝着建设和谐富裕文明幸福美丽拜城阔步迈进。

这是拜城力量集中展示的一年。新冠肺炎疫情突如其来，这是一场看不到硝烟但却看得见牺牲的人民战争，这是一场听不到炮火却听得见冲锋的顽强阻击战。在这场艰苦卓绝的严峻斗争中，拜城各族干部群众，经受重大考验，爬过了阻击坡，迈过了攻坚坎。全体医务人员、警务人员、党员干部闻令而动，迅速集结，转入战时，进入战位，日夜值守，连续战斗，保持了全年“零输入”“零感染”。全县各级党员干部在特殊时期、关键时刻，面对高度危险疫情，为了人民，毫不退缩、奋勇直前、敢当先锋，同时间赛跑，与病魔抗争，关键时刻显担当，大考面前见真功。

这是拜城气象集中显现的一年。我们用坚持和耐心、努力和汗水，换来了拜城社会新气象。由稳定带来的“乘数效应”，正深刻影响着拜城经济社会发展的方方面面，为未来发展增添了强劲动能，各族群众对实现长治久安信心百倍，拜城正在成为投资的磁场、兴业的热土、旅游的胜地、百姓的乐园，全县上下人心稳了、心气顺了、合力足了。

这是拜城实力集中彰显的一年。我们在实干和拼搏中坚韧求进，绘就了一幅发展新图景。温泉水库、库拜玉一级公路等一批破瓶颈、聚胜势的重大基础设施项目开工建设，形成战略拉动之势。原煤、天然气产量再创新高，扬眉吐气，产销两旺，创历史最高产值，焦化产业链持续拉长做宽，煤炭交易广场、20万吨甲醇、新华水电等产业类项目建成投产，主导产业彰显强劲支撑之势。华凌田园综合体项目重磅落地，猪、牛、羊、鸡规模养殖“十百千万”工程纵深推进，14个集中养殖小区、393座养殖棚圈当年启动、当年建成，“4个10万亩级、6个万亩级”特色种植业快速铺开，畜牧大县向畜牧强县大步迈进，种植业大而无特、大而不强的面貌正在改变，富民产业凸显强劲拉动之势。全年主要经济指标在新常态、新体量、新挑战的背景下，增长速度排在地区前列、高于全国平均水平，多项指标绝对值达到历史最高水平，全年预计实现地方生产总值93.43亿元、增长12.3%，规模以上工业增加值34.59亿元、增长20%，社会消费品零售总额20.26亿元、增长10%，地方公共财政预算收入17.2亿元、增长6.6%；累计完成固定资产投资80.43亿元、增长32%，招商引资到位资金82.82亿元、增长54.83%。

这是拜城形象集中展现的一年。我们在扮靓城市和做美乡村上付出了极大努力，收获了丰硕果实，完成城市棚户区改造511套，新建公租房1214套、安居房5201套，15个房地产项目开工建设。“两河两带”整治加速推进，东桥里小镇、馕产业园全面建成，迎宾大桥破土动工，医共体总医院、第五中学、温州大酒店、行政服务中心、客运站等具有人气、商气吸附力的公共基础设施在城北新区全面展开，城市老区“畅”了起来，城北新区“活”了起来，新老区“联”了起来，全城“环”了起来，让拜城这座精美的边疆小城，能够更有力地托举起各族人民奔向美好生活的梦想。小城镇建设快速启动，撬动城乡融合发展、激活乡村资源价值，乡村人居环境整治惠及千家万户，乡村面貌迎来根本性变化，颜值提升、内涵增加，正由一处美向处处美延伸，从一时美向长久美转变，“村在绿中、家在林中、花在院中”的美丽卷轴全面拉展，成为拜城乡村面貌新的显著标识。“睡觉上床、吃饭上桌、刷牙洗脸”等文明习惯，已融入各族群众日常生活。自治区“巾帼脱贫行动”暨“美丽庭院”现场会在拜城召开，拜城乡村之美、民俗之美、风貌之美，获得各级来拜领导、客商、友人点赞。

这是拜城福祉集中释放的一年。我们聚焦第一个百年目标，巩固脱贫成果，扶上马送一程，脱贫攻坚普查质效双优，告别绝对贫困，实现千年梦想，向党、向人民、向历史兑现庄严承诺，交上满意答卷，这是拜城发展史上值得骄傲、值得自豪、值得铭记的一笔。九项惠民工程持续投入的叠加效应全面显现，民生实事好事办在群众心坎，各族群众获得感、幸福感、安全感达到新的历史水平。疫情冲击下，城镇就业人口逆势新增4875人，各级党组织与农村劳务经纪人一道，带着群众致富增收，带动农村富余劳动力转移就业3.18万人次，一户至少有一人离开土地稳定就业，“家家有就业、人人有事干、天天有收入”成为拜城民生工作最有力的注脚。医疗卫生事业得到极大发展，为全民抗疫提供了坚实支撑和保障，历时三年的医共体改革喜结硕果，国家卫健委调研组将拜城县域医共体赞誉为西北样板，国家卫生县城、全国计划生育优质服务先进县等荣誉，成为拜城医疗卫生事业大踏步前进的有力佐证。教育事业发展迈出坚实步伐，学前教育普惠化、义务教育均衡化、高中教育优质化进程取得重要成效。农牧区水、电、路、气、讯、邮政、广播电视、电影、书屋等基础设施趋于完善，全年新改建农村公路132千米，交通路网连接千家万户，畅达“最远一家”。“三乡一镇”饮水改造工程竣工通水，农户饮水管网改造提升全面完成，各族群众喝上了安全放心的自来水，2020年预计实现城镇居民人均可支配收入32914元、增长1.0%，农牧民人均纯收入16388元、增长9.9%。

这是拜城和谐集中体现的一年。我们坚持把铸牢中华民族共同体意识作为新时代民族工作的“魂”和“纲”，牢牢扭住民族团结这条“生命线”，像爱护自己的眼睛一样爱护民族团结，像珍视自己的生命一样珍视民族团结。民族团结进步促进会成立运行，地区级民族团结进步示范县成功创建。团结小学荣获全国民族团结进步示范学校称号。

这是拜城旋律集中唱响的一年。我们坚持唱响主旋律、打好主动仗，意识形态工作责任制全面落实，“习近平新时代中国特色社会主义思想进万家”活动深入开展，社会主义核心价值观宣传教育广泛开展，“三个白皮书”宣讲常态开展，公民道德建设深入实施，精神文明创建制度化开展，群众思想觉悟、道德水准和文明素质全面提升。中华优秀传统文化大力弘扬，国学进校园活动有力有效，骑兵连连史馆落地建成，刘平国石刻遗迹精神财富得到有力发掘，民间传统节庆文化活动丰富多彩，构筑起各民族共有的精神家园。线上融媒体中心、线下新时代文明实践中心融合发展，新闻宣传强劲有力，拜城故事群众点赞。主动融入全疆文旅融合发展大格局，文旅事业交相辉映。新媒体全面发力，全媒体联动宣传，“诗和远方”通过游客的手机进入心灵，“指尖游”带动“脚下游”，文旅携手奔跑、城乡联动发展、全域全时连线，景点景区有“说头”、有“看头”、有“玩头”、游客能“点头”、百姓有“赚头”，AAAA级、AAA级景区再添新成员，康其湿地登上《新闻联播》，入选全国乡村旅游重点村，“千年石窟·醉美拜城”名头叫响。

这是拜城根基全面夯实的一年。我们认真落实新时代党的建设总要求，全面加强党的政治建设、思想建设、组织建设、作风建设、纪律建设，全面从严治党取得显著成效。以“初心红”全域党建品牌引领主题教育制度化常态化开展，党内政治生活得到加强和规范。机关党建“灯下黑”的情况得到全面整治，机关党员干部旗帜鲜明带头讲政治成为思想自觉、行动自觉。基层组织项目化管理全面实行，“访惠聚”驻村工作持续深化，党的执政基础更加稳固。职务职级并行惠及干部，乡镇机构改革全面完成，事业单位改革有序推进，基层减负扎实有效，干部人才工作再上新台阶，担当作为的激励机制不断健全完善。党风廉政建设和反腐败斗争纵深推进，专项治理、巡察工作深入推进。群团组织作用积极发挥，米吉克乡团委荣获全国五四红旗团委称号。民主政治建设全面加强，爱国统一战线巩固发展，今日的拜城，党风政风焕然一新，社风民风悄然改变，厉行节约蔚然成风，党员干部轻装上阵，政治生态风清气正。

历程，往往需要回溯，才能看得更加清晰。回望来时路：

新时代艰苦奋战，铸就拜城之稳、拜城之安、拜城之和。我们始终坚持依法治县，在保一方平安上谋在深处、干在实处、走在前列。

新时代拼搏求变，造就拜城的强、拜城的富、拜城的势。我们始终坚持稳中求进，在促一方发展上谋在深处、干在实处、走在前列。奋进新时代，我们在“新发展理念”下寻找坐标。面对各族人民对美好生活的向往，我们顶住经济整体下行巨大压力，将“为官一任、造福一方”根植于心、付诸于行，下决心、立大志、干实事，起早赶路，全程发力不止步，跑出了拜城发展的“加速度”。最给力的是工业发展持续壮大。我们矢志于打造“天山南坡工业经济隆起带上的重要支点”，围绕支柱产业，延链、补链、强链。各级干部撸起袖子、争分夺秒，大争项目、大力招商、大干快上，三年间落地项目达324个，完成工业投资96.41亿元，130万吨焦化、20万吨甲醇、煤炭交易广场、鑫桥管业等一批重大项目建成投产，原煤产量以每年100万吨以上的规模在增加，天然气开采量达到近200亿立方米，占到全国天然气总供给比重的8%，“南疆煤都”“中国气都”名副其实。最难得的是农业破题开局。我们坚持用工业化思维谋划农业、产业化理念发展农业，强化顶层设计，突出企业引领、项目带动，以规模化养殖、特色化种植加速推进农业产业化，新疆诺奇、佳顺薯业、正大华融、华凌工贸等一批农业产业化龙头企业先后落户拜城，农业产业化呈现项目多、发展快、势头好、潜力足、后劲大的破题之势，走出了一条项目引领、产业振兴的拜城路子。最振奋的是发展瓶颈破解在望。我们以“功成不必在我、功成必定有我”的心境，把打基础、利长远作为施政追求，瞄准制约拜城发展的交通、水利两大瓶颈持续发力，温泉水库开工建设，库拜玉一级公路破土动工，新拜铁路前期工作完备，通用机场摆上日程，历届班子奋斗多年、各族群众期盼多年的基础设施瓶颈开启破解之路，因路而强、因水而富的愿景正在加速实现。最喜人的是招商引资成效显著。我们始终致力于打造最优营商环境，坚信“营商环境就是资源、就是竞争力、就是生产力”，无事不扰，有事必到，兑现“你投资，我跑办”的服务承诺，唱响了“选择拜城就是选择发展、投资拜城就是投资未来”的品牌，三年累计落地招商引资项目141个、签约资金430.68亿元、落地资金228.94亿元。最自豪的是全域旅游效果初现。我们从“一核两翼两资源”的布局起笔，“无中生有、小题大做”，引导农民既“种田”又“种景”，两年时间成功创建2个国家AAAA级景区、4个国家AAA级景区，产业格局呈现东西拉伸、南北延展、城乡联动、四季连线、全域开发之势，产业发展呈现多点开花、亮点纷呈之效，带动1.8万群众在家门口吃上了旅游饭。从“无处可游”到“处处可游”，拜城从“旅游洼地”一跃成为“旅游旺地”，文化兴、旅游火、百姓富，“康其模式”更是为南疆乡村旅游发展蹚出了新路子、树立了新典范。最感人的是温州援疆情谊。温拜情谊，历经十年。尤其是近三年，温州市把拜城作为自己的第13个县，党政主要领导、各区（县、市）和市直属单位先后有多名主要领导到拜交流，给予了拜城三项暖心政策，投入了3.8亿元援疆资金，建成了45个项目，温拜情谊达到新的高度，交流频次前所未有、合作深度前所未有。温州人民对拜城人民的厚爱、对拜城这片土地的深情厚谊，足以载入拜城史册，值得拜城人民永远铭记。

新时代倾心投入，托起拜城民生、拜城民富、拜城民心。我们始终坚守为民初心，在惠一方百姓上谋在深处、干在实处、走在前列。奋进新时代，我们坚持民生高于天、民生重如山，把民生作为不可偏离的价值取向和发展基点，积极回应各族人民群众对美好生活的向往，不遗余力地打造富民载体，最大限度改善群众生活，竭尽所能排解民苦民忧，努力让全县人民都能感受到幸福生活的“真实温度”，连续三年财政支出的70%以上用于保障民生，累计投入资金达83.7亿元。我们加速向全面小康迈进，脱贫攻坚取得决定性胜利、历史性成就，全县25个贫困村全部退出、6138户22635名建档立卡户“清零”，千百年来的绝对贫困问题，得到历史性解决，各族群众继续朝着致富路加速奔跑。我们坚持把促进全社会充分就业作为最大民生工程、民心工程，在城镇居民和大中专毕业生精准就业、稳定就业上拓渠道、搭平台、拉一把，为劳动者畅通了奋斗成功的渠道、搭建了人生出彩的舞台，三年累计新增城镇就业11018人、群众钱袋子鼓鼓、米袋子满满、菜篮子多彩。我们在农村富余劳动力转移就业组织化、规模化、市场化、有序化上下苦功、使巧劲，打造了一支“农民劳务经纪人”团体，成功架起了政府、用工方、劳动者三方沟通协作的桥梁，三年累计转移农村富余劳动力89241人次，形成了“村均百人、乡均千人、县域万人”的就业规模，蹚出了一条符合南疆农村实际、富有拜城特色的好路子。我们坚持人民至上、生命至上，高度维护人民生命健康，三年累计投入医疗卫生事业资金总计9.5亿元、占本级财政支出的9.2%。全民免费体检建起全民健康数据库、托起全民健康梦，传染病、地方病得到有力控制。面对群众看病难、看病贵的难题，我们在思路上“开局”、在问题上“开刀”、在措施上“开路”，以敢为人先的改革勇气啃下医疗改革硬骨头，在全疆率先建成紧密型县域医共体，推动全县医疗卫生事业大踏步迈进。教育事业取得重要成就，职业教育、学前教育、义务教育齐步迈进，城乡教育均衡指数、公平指数持续攀升，师资队伍力量增强、结构优化、水平提升，国家通用语言文字教育全面提升，拜城学子和家长多年来在本地参加高考的愿望得以实现，高考上线率逐年突破。我们办成了一系列实事、好事，住房质量持续提升、饮水质量全面改善，柏油路村村通、户户通，改厕改居改厨造福百姓，一系列惠民政策的密集落地，社会保障体系覆盖全民、应保尽保，幸福大院托举农村孤寡老人“晚年幸福”，各族群众有“得”更有“感”，置身于幼有所育、学有所教、劳有所得、病有所医、老有所养、住有所居、弱有所扶的社会主义大家庭中，身为中国人、新疆人、拜城人的自豪感、满足感、幸福感充实而厚重。

新时代夯基垒石，筑牢拜城初心、拜城阵地、拜城风骨。我们坚持举旗定向、筑牢根基，在聚一方合力、强一方党建上谋在深处、干在实处、走在前列。我们常态化、制度化落实“两学一做”，持续开展“不忘初心、牢记使命”主题教育，精心打造培育“初心红”品牌，深入开展“习近平新时代中国特色社会主义思想进万家”活动，各级党员干部自觉站在“四个意识”“四个自信”“两个维护”的高度，想问题、做决策、抓落实，学出了忠诚、学出了担当、学出了情怀、学出了本领、学出了敬畏，总书记的声音、党的声音传遍拜城大地，进入群众心间。我们坚持好干部标准、突出政治标准，五湖四海、德才兼备，选干部、用干部，树立“能者上、平者让、庸者下”的用人导向，党员干部队伍结构优化、能力素质提升。特别是，近三年广大党员干部冲向主战场、走到最前沿，在基层一线经受考验、在反恐前沿接受血与火的洗礼、在脱贫攻坚前线经受打磨，大干苦干加巧干，与各族群众苦在一起、乐在一起，品质、能力、毅力得到全面锤炼，形成了拜城党员干部面对决策部署，像“呆子”般一抓到底，面对使命职责，像“疯子”般干事创业，面对荣誉名利，像“傻子”般不计得失的“三子精神”。

奋进“十四五”，拜城正迎来机遇叠加的有利趋势。国家正在加紧构建以完整内需体系为主的国内外“双循环”经济发展格局，西部大开发、丝绸之路经济带核心区建设、中巴经济走廊建设等迎来重大发展机遇，疫情冲击下国内出口贸易呈现“井喷”之势，国内生产链条全面激活，能源、矿产资源等需求加大，为拜城快速发展创造了良好外部条件。拜城正呈现厚积薄发的赶超态势。经过多年发展和积累，拜城综合实力明显提升，基础设施持续改善，产业项目加速集聚，区位劣势正在扭转，产业、资源、生态等优势日趋凸显，县域经济发展动能加快汇聚，拜城实施创新驱动、转型升级有条件，推动深化改革、承接产业转移有潜力，践行生态优先、绿色发展有基础。拜城正汇聚上下同进的昂扬气势。经过严打斗争锤炼，迈过决胜全面小康考验，经历疫情大考，全县上下人心思稳、人心思进，干事创业的士气更加高涨、氛围更加浓厚。只要抢抓机遇、发挥优势、积极作为，不为任何风险所惧，不为任何干扰所惑，一切属于拜城的精彩都将清晰呈现。

面对新形势，县委坚持解放思想、实事求是、与时俱进，一张蓝图绘到底，在广泛征求意见、深度调查研究的基础上，对“53567”战略定位及其内涵进行丰富和完善，具体优化为：以习近平新时代中国特色社会主义思想为引领，完整准确贯彻新时代党的治疆方略，牢牢扭住社会稳定和长治久安总目标，实施“53567”战略。“5”就是着眼创建社会治理创新区、融合发展先行区、乡村振兴样板区、民族团结示范区、生态安全保障区“五个区”；“3”就是立足打造库阿双核发展副中心城市、天山南坡工业经济隆起带重要支点、南疆全域旅游发展新高地“三个定位”；“5”就是发展能源化工、现代农业、文旅康养、建材冶金、战略新兴产业“五大产业”；“6”就是实施综合治理、产业升级、文化润疆、民生提质、国土绿化、强基固本“六大工程”；“7”就是建设和谐拜城、富裕拜城、文明拜城、幸福拜城、美丽拜城、健康拜城、畅通拜城。

2021年工作思路：以习近平新时代中国特色社会主义思想为指导，深入贯彻落实中共十九大和十九届二中、三中、四中、五中全会精神，全面贯彻第二次、第三次中央新疆工作座谈会精神，完整准确理解和贯彻落实新时代党的治疆方略，按照自治区党委“1+3”重点工作部署和地委系列决策部署，大力实施“53567”战略，统筹推进常态化疫情防控和经济社会高质量发展，全面加强党的建设，为建设团结和谐、繁荣富裕、文明进步、安居乐业、生态良好的新时代中国特色社会主义新疆作出拜城贡献，朝着建设和谐富裕文明幸福美丽拜城阔步迈进。

2021年目标任务：全县地方生产总值向百亿元迈进，固定资产投资超百亿元，招商引资到位资金过百亿元，规模以上工业增加值增长12%以上，社会消费品零售总额增长10%以上，公共财政预算收入增长6%以上，城乡居民人均可支配收入增长高于经济增速。疫情防控有力有效，社会大局持续稳定，经济平稳健康发展，民族团结更加巩固，人民生活全面改善，生态环境更加优美，文明建设得到加强，基层基础更加坚实。

2021年工作原则：

——扭住“一个前提”。始终把抓好疫情防控作为一切工作的前提，贯彻坚定信心、同舟共济、科学防治、精准施策的总要求，坚持早发现、早报告、早隔离、早治疗，常态守好三道门、落实三件事、找出四种人、落细八项机制，打好疫情防控人民战争、阻击战、总体战，做到确保思想不松、措施不松、机制不松、责任不松，维护各族群众生命安全和身体健康。

——聚焦“一个目标”。始终把实现社会稳定和长治久安总目标作为一切工作的出发点和落脚点，警钟长鸣、警惕常在，不松懈、不麻痹、不厌战，保持社会大局持续稳定、长期稳定，为经济社会发展营造良好氛围、奠定坚实基础。

——把握“五大关系”。深入精准把握治标与治本的关系、依法打击与凝聚人心的关系、打基础与利长远的关系、局部与整体的关系、生态保护与资源开发的关系。

——做到“八个坚持”。坚持从战略上审视和谋划新疆工作，坚持把社会稳定和长治久安作为新疆工作总目标，坚持以凝聚人心为根本，坚持铸牢中华民族共同体意识，坚持我国宗教中国化方向，坚持弘扬和培育社会主义核心价值观，坚持紧贴民生推动高质量发展，坚持加强党对新疆工作的领导。

——恪守“四个保持”。保持历史耐心，在维护社会稳定上毫不松懈、持续用劲、久久为功，推动社会稳定向长治久安迈进；保持为民初心，在工作思路上突出为民，经济发展上突出富民，公共服务上突出惠民，社会管理上突出便民；保持斗争状态，以共产党人敢于斗争的胆魄，奔着问题矛盾去、迎着风险挑战上，一步一步朝着伟大目标迈进；保持争先意识，见困难就上、见红旗就扛、见第一就争，永葆干事创业的劲头和朝气。

使命呼唤担当，使命引领未来。让我们更加紧密地团结在以习近平同志为核心的党中央周围，完整准确贯彻新时代党的治疆方略，牢牢扭住社会稳定和长治久安总目标，以时不我待的紧迫脚步、舍我其谁的责任担当、只争朝夕的使命情怀，团结一心、众志成城，继续奋斗、乘势而上，朝着建设和谐富裕文明幸福美丽拜城阔步迈进，在建设团结和谐、繁荣富裕、文明进步、安居乐业、生态良好的新时代中国特色社会主义新疆上书写拜城华章、作出拜城贡献，以优异成绩向建党一百周年献礼。

政府工作报告（节选）

——在拜城县第十六届人民代表大会第六次会议上

买买提江·莫力

（2021年1月）

2020年工作回顾

刚刚过去的2020年，极不平凡、极为艰辛。处在“十三五”全面收官、“两个一百年”奋斗目标交汇期，我们以非凡的政治勇气、全局的战略定力、历史的责任担当、人民的真挚情怀，果断应对疫情，克服困难挑战，发展形势催人奋进，各项事业阔步前行，人民政府无愧人民，书写了不甘落后、敢为人先的厚重篇章，演绎了干在实处、走在前列的奋斗历程，拜城各项事业站在了新的历史起点上。

一、我们坚持人民至上、生命至上，疫情防控成效显著

一年来，面对突如其来的新冠肺炎疫情，在以习近平同志为核心的党中央的坚强领导下，我们站在捍卫人民群众身体健康和生命安全的政治高度，践行以人民为中心的执政理念，在统筹推进常态化疫情防控和经济社会发展上，以“防得住”保障“放得开”，准确识变、科学应变、主动求变，在防疫情和谋发展两个“主战场”上，交上一份彰显“拜城力量”、体现“拜城效率”、展现“拜城担当”的优异答卷。

二、我们坚持警钟长鸣、警惕常在，社会大局持续稳定

一年来，我们站在对人民群众安全负责的绝对高度，保持战略定力和历史耐心，高举法治旗帜，实现社会大局持续稳定。我们顺利通过自治区优秀平安县验收，各族群众思稳定、谋发展、盼和谐成为时代最强音。成功创建地区级民族团结进步示范县，中华民族共同体意识根植拜城大地，中华文化浸润着群众心坎，各族群众手足相亲、守望相助、亲如一家，民族团结的“同心圆”越画越大。

三、我们坚持善始善终、善作善成，脱贫攻坚圆满收官

一年来，我们立足攻坚期、着眼过渡期，全员齐上阵、打好收官战。“四个不摘”“八个不变”政策有效落实，“三专一访”机制常态推进，“五个一批”“三个加大力度”精准实施，1.75亿元资金巩固脱贫成果，56个项目竣工投用，预警机制优化提升，脱贫攻坚成效显著。一年来，我们坚持抓产业促就业、产业就业齐步走，产业扶贫、旅游扶贫、消费扶贫成效明显，6296名贫困户、719名边缘户离开土地稳定就业，实现了家家有就业、人人有事干、天天有收入。普查工作高标准完成，脱贫攻坚成色更足、底色更亮，拜城告别了绝对贫困，过上了全面小康的新生活。在这场事关拜城发展改革的“战役”中，我们以实际行动兑现了庄严承诺，交上了一份无愧于党、无愧于人民、无愧于时代的合格答卷。

四、我们坚持稳中求进、质效并举，经济发展形势喜人

一年来，面对前有标兵、后有追兵的竞争局面，我们以赶考心态、应考勇气、担当实干，保一产、强二产、活三产，一个个重大项目接续开工，一个个发展亮点振奋人心，人人都是奋斗的姿态，处处都是火热的场景。全县经济总量稳中有进，指标增幅靠前、走在地区前列。全年预计实现地方生产总值91.89亿元、增长12.3%，规模以上工业增加值52.8亿元、增长20%，完成全社会固定资产投资80.43亿元、增长32%，地方公共财政预算收入17.2亿元、增长6.6%，社会消费品零售总额19.59亿元、增长10%，城镇居民人均可支配收入35250元、增长8.2%，农牧民人均纯收入16388元、增长9.9%。乡村振兴扎实推进，产业结构加速调整，规模养殖全面铺开，粮食产量稳步提升，拜城多年来农业大而不强、大而不优的关键问题取得历史性突破。工业转型升级、产品产销两旺，原煤突破700万吨，外输天然气超200亿立方米，持续巩固了能源大县地位。煤炭交易广场、20万吨甲醇、新华水电等一批重大项目建成投产，温泉水库、库拜玉一级公路等一批事关拜城长远发展的重大项目开工建设，“台账式管理、算账式推进、全过程监测”做法在全地区推广应用，拜城高质量发展主旋律全面奏响。招商引资成果丰硕，30万头生猪种养结合、华凌45亿元田园综合体、温州大酒店等一大批项目落地实施，全年完成招商引资到位资金82.82亿元、增长54.83%。全域旅游提档升级，游客服务中心、温泉民宿建成运营，康其湿地走进央视新闻联播，拜城知名度、美誉度极大提高。全年接待游客160万人次，实现旅游总收入8亿元。污染防治力度空前，“柯柯牙”精神深入践行，中央环保督察反馈问题全部完成整改，河（湖）长制、林长制有效落实，拜城天更蓝、地更绿、水更清。现代服务业发展迅猛，利华商贸夜市生意火热，馕产业园全面建成，东桥里市场即将营运。7个领域130项改革任务全面完成，16个援疆项目高标准实施，拜城活力动力更加强劲。

五、我们坚持以人为本、真心为民，民生福祉不断增强

一年来，我们坚持既算政治账、又算经济账、更算民生账，始终把人民群众装在心里，用心用力增进人民福祉，民生事业交出暖心成绩单。我们以促就业，保民生、稳民心，一批农村劳务经纪人应运而生，年内新增城镇就业4875人，实现农村富余劳动力转移就业3.18万人次。我们坚持教育优先发展，积极争创中等职业技术学校，稳步建设第五中学、城镇3所幼儿园，办学条件全面改善，教学质量持续提高。紧密型医共体经验获国家卫健委调研组高度评价，蹚出了一条西北地区医改“新路子”。普惠性体检常态化开展，计生服务管理持续加强，荣获全国计划生育优质服务先进县称号。城乡基础设施条件持续改善，公共服务水平不断提升，改造棚户区511套、建成安居房5201套、公租房1214套。“三乡一镇”饮水改造工程竣工通水，各族群众喝上了安全放心的自来水。新改建农村公路132千米，道路更加通畅。安全生产形势持续平稳，各族群众生命财产安全有效保障。人居环境整治、特色小城镇建设卓有成效，“两河两带”综合治理、老旧小区改造等一批惠民工程成果丰硕，城乡面貌焕然一新。

六、我们坚持“六型”目标、勤政廉政，建设人民满意政府

一年来，我们始终以习近平新时代中国特色社会主义思想武装头脑、指导实践、推动工作，全面深化“六型”政府建设，持续打造人民满意政府，引导各级党员干部自觉树牢“四个意识”，坚定“四个自信”，做到“两个维护”。深入学习宣传贯彻中共十九届五中全会精神、第三次中央新疆工作座谈会精神，做到入脑入心、知行合一。主动扛起政府系统从严治党主体责任，纵深推进党风廉政建设和反腐败斗争。扎实推进依法行政，有序实施行政执法“三项制度”，推动各级干部学法尊法守法用法。“放管服”改革持续深化，“一门一网一次”“最多跑一次”改革深入实施，服务效能不断提升。自觉接受县人大及其常委会法律监督，认真办理人大代表议案、建议68件、政协委员提案35件，答复办理县长信箱70件，政府公信力、执行力显著增强。

一年来，全县第七次全国人口普查工作扎实开展，自治区“巾帼脱贫行动”暨“美丽庭院”现场会在拜召开，审计、司法、档案、气象、地方志、质量监督、双拥等各项工作都取得了新的成绩。

2020年是“十三五”规划的收官之年。五年来，我们坚决扛起保一方平安、促一方发展、惠一方百姓、聚一方合力的政治责任，团结带领全县各族干部群众勠力同心、拼搏奋进，完整准确贯彻新时代党的治疆方略，妥善应对各种风险挑战，社会大局持续和谐稳定，综合实力显著增强，社会事业全面进步，“十三五”目标任务全面完成，现代化的城市、特色化的农村齐步迈向小康社会，拜城各项工作跨入新时代，站在了新的更高历史起点上。预计“十三五”末地方生产总值较“十二五”末增长2倍，年均增长14.9%；地方财政公共预算收入增长1.4倍，年均增长8%；城镇居民人均可支配收入增长1.47倍，年均增长8.07%；农牧民人均纯收入增长2.75倍，年均增长11.2%；三产结构比由2015年的22.31∶39.76∶37.93调整为2020年的17.68∶51.34∶30.98，园区累计新增入园企业42家，产值增长35%，年均增长7%。五年来，累计完成固定资产投资455.12亿元；累计投入资金115亿元，实施民生工程项目359个；累计投入资金5.96亿元，实施援疆项目85个；累计投入资金10.2亿元，建成农村安居房23642套，完成脱贫6138户22635人。

一年来，面对稳定发展两个“三期叠加”的严峻形势和新冠疫情防控的大战大考，县人民政府始终保持“闯”的精神、“创”的劲头、“干”的作风，求真务实地回答了“如何破题开局、如何应对挑战、如何再创辉煌”三个发展命题，拜城进入了全面提速、全面进步、全面突破的新阶段。按照现在的发展思路、发展势头，拜城的格局将越来越大、后劲将越来越足、前景将越来越好，拜城的未来将更加值得期待。发展的成果蕴含着艰辛的付出、凝结着奋斗的汗水、彰显着智慧的力量，必将成为我们再谋新篇、再续辉煌的动力源泉。在此，我代表县人民政府，向为拜城防疫、稳定、发展、改革各项事业，付出辛勤努力的全县各族干部群众、援疆干部、驻拜单位、政法干警、武警官兵、驻拜指战员和社会各界人士表示衷心的感谢、致以崇高的敬意！

成绩已然过去，问题仍在脚下。我们清醒地看到，当前拜城实现高质量发展和长治久安的道路仍为艰辛，社会大局由“稳”到“治”的道路依然漫长，需要我们保持足够的历史耐心和战略定力，久久为功、持续用力。产业层次不高、科技含量不足、产业基础不牢等问题依然突出。区位优势还不明显，交通瓶颈仍是制约高质量发展的关键所在。乡村振兴仅仅破题起步，美丽乡村建设任重道远。民生领域还有一些欠账，永恒课题还需下功夫。部分干部思想不够解放，创新意识不强，工作能力还有待提高。对此，我们要坚持问题导向和系统观念，自觉胸怀“两个大局”，突出前瞻性思考、全局性谋划、战略性布局、整体性推进，应对挑战、主动求变，把拜城各项事业推向新的高度。

2021年工作计划

2021年是“两个一百年”奋斗目标交汇与转换之年、是“十四五”开局之年、是中国共产党建党100周年。做好全年政府各项工作责任重大、使命光荣，我们一定要迈好第一步、见到新气象。

2021年政府工作思路：以习近平新时代中国特色社会主义思想为指导，深入贯彻落实中共十九大和十九届二中、三中、四中、五中全会精神，全面贯彻落实第二次、第三次中央新疆工作座谈会精神，完整准确贯彻新时代党的治疆方略，坚持依法治疆、团结稳疆、文化润疆、富民兴疆、长期建疆，统筹推进“五位一体”总体布局，协调推进“四个全面”战略布局，坚决落实自治区党委、地委和县委各项决策部署，立足新发展阶段，贯彻新发展理念，融入新发展格局，统筹推进常态化疫情防控和经济社会高质量发展，大力实施“53567”战略，朝着建设和谐富裕文明幸福美丽拜城阔步迈进。

稳定红利持续释放，综合实力显著提升，各项事业全面进步，生态环境更加优美，改革开放持续深化，文明建设显著加强，政府自身建设取得实效。

上述目标，全面贯彻落实了党中央、自治区党委、地委及县委各项决策部署精神，完全符合拜城县实际，顺应各族群众意愿，我们必须保持战略定力，狠抓各项工作落实，积极回应人民关切。

一、强化疫情防控，严守风险底线，建设更高水平的健康拜城

面对依然严峻复杂的新冠肺炎疫情形势，我们要时刻保持“战时”状态，绷紧疫情防控这根弦，深入学习贯彻习近平总书记关于统筹推进常态化疫情防控和经济社会发展的重要讲话精神，大力弘扬伟大抗疫精神，完善公共卫生防护网。坚持依法、科学、精准防控，全面落实“四早”要求，外防输入、内抓规范，确保防疫工作机制落实到位。深入开展爱国卫生运动，引导各族群众科学防护。加大对人、物、环境监测力度，打造多点触发防控网，打好防疫主动仗。有序做好疫苗接种，提高全民免疫力、抵抗力。

二、高举法治旗帜，深化社会治理，建设更高水平的和谐拜城

深入学习贯彻习近平法治思想，完整准确贯彻新时代党的治疆方略，牢牢扭住新疆工作总目标，弘扬法治精神，推进依法治县，实施“综合治理”工程，创建社会治理创新区。用心用情做好群众工作。围绕一手抓依法打击、一手抓凝聚人心，把群众当亲人，带着责任、带着感情做好群众工作，确保各族群众紧密地团结在党和政府周围。拓展新时代“枫桥经验”，大力宣传“便民直通车”，把群众的困难诉求办实办好，确保矛盾不上交、化解在当地。提升社会治理能力。开展社会“微现象”治理，启动“八五”普法，加强和创新社会治理，打造共建共治共享的社会治理格局。统筹发展和安全，加强全民国家安全教育，健全维护国家安全体系。

三、践行“三新”理念，突出产业发展，建设更高水平的富裕拜城

坚持稳中求进总基调，抢抓稳定、防疫、政策红利，做好“六稳”工作，落实“六保”任务，实施“产业升级”工程，抓招商、建项目、兴产业、促投资，实现高质量、可持续发展。

（一）做优现代农业，纵深推进乡村振兴。坚持农—林—畜统筹、产—加—销一体，一、二、三产融合发展，创建乡村振兴样板区。按照“生产上规模、产品提质量、销售有市场”理念，抓招商、育龙头、谋项目，在更高水平、更深层次上推进农业产业化。在产业规模上做文章。守住粮食安全，抓好种子工程，稳定粮食面积46666.67公顷。优化种植结构，加快推进高标准农田建设，提高机械化水平，加快土地流转，拓展订单经济，推动形成制种、青贮、马铃薯、生态林4个十万亩级和设施农业、葡萄、辣椒、大蒜、亚麻、油料6个万亩级的特色农产品优势区，叫响拜城十大品牌。大力实施“十百千万”畜牧业振兴工程，以养殖小区建设推动牛、羊、猪、驴、家禽“五个上规模”，形成“县有加工产业园区、乡有规模养殖基地、村有规模养殖大户”新格局。在加工转化上做文章。坚持以项目实施带动产业振兴，以产业振兴引领乡村振兴，吸引一批农副产品精深加工领军企业落户拜城。扶持天玉种业、兴科牧业等本地企业做大做强，实施一批带动效益大、示范效益强、综合收益好的“短平快”项目，发展奶业经济，打造南疆饲草料基地。加快推进30万头生猪种养结合、华凌田园综合体项目建设，推动2.5万吨色素辣椒精深加工、30万吨饲草料加工、500吨牛肉干加工等项目建成投产。在产品质量上做文章。依托拜城水土光热自然优势，大力发展天然、绿色、有机、健康、无污染的农特产品。加强地理标志保护和本地农产品品牌认证工作，加快培育一批有品位、有内涵、有故事的拜城“原字号”农特产品，叫响拜城油鸡、细毛羊、克赛葡萄等品牌。在销售市场上做文章。坚持网上网下结合、县内县外促进、疆内疆外联动，提高本地国有企业营销能力，激活用好供销联合营运公司，巩固拓展“十城百店”成果，全力构建县内收购网、县外销售网。积极发展农村电子商务、直播销售等新业态，培育一批农产品经销人，让更多的拜城农特产品通过网络广销全国各地，促进农业高质高效，乡村宜居宜业，农民富裕富足。

（二）做强支柱产业，推动实体经济强基增效。立足工业强县、产业富县，坚持项目为王，抢抓战略机遇，加快构建现代产业体系，打造天山南坡工业经济隆起带重要支点。加快优势资源转换，围绕煤炭资源，推进察尔齐煤矿90万吨/年、大宛其煤矿火区治理、煤层气开发利用等项目建设，推动齐克勒克等6座煤矿开工建设，加快东兴泰、顺发等煤矿建设手续办理进度，推进阿尔格敏300万吨/年项目产能核增，力争煤炭年产能突破800万吨。围绕油气资源，加快就地加工转化，力争天然气年产能突破220亿立方米，推动天然气制LNG项目落地实施。围绕矿产资源，招商一批大型企业参与大理石、盐岩、黄金等资源勘探开发利用，推动资源优势向经济优势转换。加快发展能源化工产业，围绕煤化工、盐化工、天然气化工产业链条，积极引进一批煤炭循环化工、油气精深加工等项目，持续推进金晖100万吨PVC循环经济项目，在延伸产业链、提升附加值方面力争取得重大突破。加快培育清洁能源产业，积极引进水利、余热、光伏等发电项目，加快建设温泉水库，推动枯木拔里等3座大型水库前期取得阶段性成果，力争农光互补项目开工建设。加快发展战略新兴产业，围绕新一轮科技革命和产业变革、新时代西部大开发契机，培育装备制造、数字经济、建筑建材、现代物流、生物制药等产业，加大5G商用民用力度，引进2~3家网络科技公司落户拜城，提高经济质量效益和核心竞争力。加快引进劳动密集型产业，围绕产业优势和人力资源优势，紧盯国家政策导向，强化招商引资，争取更多企业落户拜城。配套完善标准化厂房建设，进一步优化土地、水电、劳动力培训等优惠政策，大力发展农副产品精深加工等劳动密集型产业。加快繁荣交通物流产业，加快建成库拜玉一级公路，加速推进新拜铁路和通用机场前期工作，力争项目早日开工建设，出台支持交通运输行业健康发展指导性政策，全域激活拜城交通，建设畅通拜城。

（三）做大全域旅游，深入推进旅游兴县。坚持“城景共享、城乡共建、山水共美、文旅共生”理念，把文旅康养产业发展成为富民产业、朝阳产业，全力打造南疆全域旅游发展新高地。立足拜城县独特的历史人文资源、自然资源，依托“两区一环一带多节点”旅游布局，全面开发温泉、石窟、湿地、古道、红色资源，加快创建克孜尔石窟AAAAA级景区、红石林AAA级景区。加快完善旅游服务基础设施建设，全面提升游客舒适度和体验感，建好克孜尔综合旅游主题景区等项目，打造国家探险游基地，培育文旅康养产业。

加大品牌营销力度，让更多人了解拜城、认识拜城、向往拜城、走进拜城，叫响“千年石窟·醉美拜城”。推进“旅游+”“+旅游”融合发展，大力培育假日经济、夜间经济、电子商务和城市综合商贸等新业态，大力开发旅游商品、纪念品、装备设备，推动现代服务业蓬勃发展。力争接待游客突破180万人次，实现旅游总收入9亿元以上。

（四）推动产业聚集，优化企业发展平台。坚持“项目产业化、产业园区化、园区聚集化”理念，突出企业化管理、平台化运作、专业化服务，健全园区管委会管理体制，完善领办、代办、盯办工作机制，构建“大建设、大管理、大服务、大监督”高效运行体系。建成运行产业研发中心，进一步改善园区环境，提升园区吸引力。优化“一园三区”产业布局，培育龙头企业、发展中小企业，提升产业档次，推动产业聚集，扩大产业规模，打造产业链长、协作性好的“联合舰队”，确保新增入园企业4家以上、规上企业4家以上，实现全年工业总产值70亿元目标。加快盘活园区投资公司，力争尽早实现盈利，推动国有企业保值增值。启动物流基地、园区西区供热站等前期工作。坚持以产兴城、以城带产、产城融合，突出产业配套，完善产业体系，建设产业高地。

四、深化改革创新，激活发展潜力，建设更高水平的活力拜城

坚持向改革要动力、要活力，思想再解放、视野再开阔、力度再加大，为经济高质量发展创造更好环境。深化重点领域改革，加快推进城投、国资、水务、兴科等国有企业优化升级，支持国有企业做大做强。扎实推进农村土地制度改革、产权制度改革、农业水价综合改革、供销改革。继续推进紧密型县域医共体改革，争取承办国家医改西北片区现场会。深化“放管服”改革，加快建设新政务服务大厅，确保上半年窗口单位全部迁入办公，打造“一窗通办、集成服务”升级版，开展政务数字化建设。推进基层政务服务阵地标准化建设，加快政务服务向基层延伸。优化营商环境，牢固树立“环境就是资源、就是竞争力、就是生产力”的理念，着力营造宽松有序、公平竞争、便捷高效的企业经营环境。继续用足用好各级“一揽子”减税降费、援企稳岗政策，加快开发联系服务企业（项目）App，严格落实“点线面”、驻企联络员等工作机制，做到无事不扰、有事必到、优质服务。扩大开放发展，深化对口援疆、油地共建、军民融合，实现互利共赢。

五、坚持绿色发展，打造宜居名片，建设更高水平的美丽拜城

坚持生态立县，践行绿水青山就是金山银山理念，以创建生态安全保障区为目标，实行最严格的生态环境保护制度、空间用途管制制度、水资源管理制度，严禁“三高”项目进拜城，坚决守好生态红线。持续抓好扬尘污染治理和重点行业污染治理。严格落实河（湖）长制，加强农村饮用水源地保护，加快工业、农业、生活污染源治理。持续开展国土绿化工程，落实林长制，打赢蓝天碧水净土保卫战。坚持统筹城乡协调发展，坚持“规划、建设、管理”思路，进一步完善城市整体功能，推进台河东岸至五社区道路建设，修建迎宾大桥，实现新老城区联起来、全城环起来。推进金域华府、华新公馆等5个房产项目，推动园林县城建设，引水入城、依水造景，实现城在林中、水在城中、人在园中。全面实施城北新区振兴计划，积极培育商圈经济，打造夜间经济、生活服务、客运服务、城东综合商贸四个新商圈，充分释放内需潜力活力，打造库阿双核发展副中心城市。深化农村人居环境整治，深入开展“百村引领、千村示范”工程，围绕“屋内居住功能提升、院内美化绿化提升、院外基础设施提升”，集中打造一批“四美两园”示范村。全面加快特色小城镇建设，实现人口、产业、公共服务向小城镇聚集，催生新产业、形成新业态。

六、坚守初心使命，大办实事好事，建设更高水平的幸福拜城

坚持人民政府为人民的理念，大力实施“民生提质”工程，不断增强人民群众的获得感、幸福感、安全感，促进人的全面发展和社会全面进步。巩固拓展脱贫攻坚成果。健全完善防止返贫监测预警和动态帮扶机制，保持现有帮扶政策总体稳定，做到“四个不摘”“八个不变”，推动巩固拓展脱贫攻坚成果与乡村振兴有效衔接。突出稳岗就业，实现有劳动能力的家庭至少有1人稳定就业，稳岗就业率保持在99%以上，确保脱贫后不返贫、能发展、可持续。突出发展产业，因地制宜发展特色种植养殖、农副产品加工、乡村旅游等产业，做到每户至少有一个稳定增收产业。实施扩大就业工程。坚持就业跟着产业走，建立与产业发展、项目建设相匹配的就业格局，持之以恒抓好促进就业民生大事。巩固农民劳务经纪人队伍，加强技工学校建设，深化校企、校校合作，大规模开展劳动技能培训，培育新型产业工人，促进重点群体多渠道就业，力争全年新增城镇就业3000人以上，农村富余劳动力转移就业3.5万人次以上，城镇登记失业率控制在3.9%以内。实施教育提升工程。坚持教育强县，全面贯彻落实党的教育方针，不断改善乡镇寄宿制办学条件，尽早建成第五中学，推动职业技术学校升格为中等职业技术学校。稳定农村教师队伍，优化整体教师结构，深化师风师德建设，开展集团化办学改革，实施“青蓝工程”“名师工程”，全面提升教学质量，努力办好人民满意教育。实施全民健康工程。持续推进医药卫生体制改革，巩固全国医共体试点县建设成果。加快重点学科群、特色专科建设，全面提高综合医院、专科医院、基层医疗卫生机构诊疗水平。实施公共卫生服务提升工程，加快医疗卫生机构信息化建设，提升重大疾病、传染病防治能力。推进计划生育服务管理攻坚行动，人口出生率控制在9.2‰以内。实施社保扩面工程。巩固扩大参保成果，健全扩面长效机制，确保养老保险、基本医疗保险全民覆盖。实施安居保障工程。新建公共租赁住房900套，完成棚户区改造200套、农村安居房1099套。实施暖心工程。加强农牧区基础设施建设，推进“九到农家”工程，新改建农村公路130千米，完成农村安全饮水巩固提升工程2500户，力争完成老旧小区改造5个。落实低保、养老、特困人员等社会救助保障政策。实施公共安全工程。强化食品药品安全监管，努力让各族群众吃得放心、用得安心。持续深化“1+X”大风险隐患排查机制，健全防灾减灾救灾体系，提升应急救援能力，严防发生较大以上事故，切实保障人民群众生命财产安全。

七、深化“六型”政府建设，提升效能服务水平，为政府各项工作提供坚强保障

新时代、新使命、新征程，我们将在深化“六型”政府建设中找准切合点、关键点，推动十九届五中全会精神和第三次中央新疆工作座谈会精神落地落实，推动政府各项工作开创新局面。

（一）在争创忠诚型政府上下功夫。坚持把党的绝对领导贯穿于政府工作始终，强化党的建设，引导政府系统工作人员增强“四个意识”、坚定“四个自信”、做到“两个维护”，全面提高政治判断力、政治领悟力、政治执行力，确保自治区党委、地委和县委决策部署不折不扣落地见效，以忠诚显本色，以担当践使命。

（二）在争创法治型政府上下功夫。突出依法决策、依法行政总要求，推动政府系统工作人员学法、懂法、用法、守法，行政决策科学化、民主化、法治化程度明显提高，行政执法更加公正、文明、高

效。落实规范性文件审批备案制度，全面推进行政执法“三项制度”。自觉接受组织监督、群众监督、舆论监督，确保权力在阳光下运行。

（三）在争创服务型政府上下功夫。坚持以人民为中心的发展思想，把人民对美好生活的向往作为奋斗目标，大力推进“互联网+政务服务”，加快构建县、乡、村三级联动政务服务平台体系，完善“12345”热线转办督办机制，构建多渠道、全方位的满意度测评体系。持续优化营商环境，全面贯彻落实《国务院优化营商环境条例》，认真贯彻落实领导干部联系企业、包联项目制度，大力营造重商、亲商、安商、护商的浓厚氛围。

（四）在争创担当型政府上下功夫。大力倡导“事事马上办、人人钉钉子、个个敢担当”的精神，坚持“到事、到人、到岗”抓落实。把敢于担当作为根本追求，以群众满意为最高标准，坚持正面引导和反向问责相结合，旗帜鲜明地为担当者负责、为干事者撑腰，真正让吃苦者不吃亏、让流汗者不流泪。

（五）在争创创新型政府上下功夫。坚持把改革创新作为推动发展第一动力，勇于自我革命，积极探索、有序推进各项改革任务。鼓励和支持创新实践活动，促进形成崇尚实干、敢于创新的良好风气。加大评价体系创新力度，健全科技成果转化机制，激发创新创业积极性。提升科技创新水平，积极培育科技力量，助力全县经济高质量发展。

（六）在争创廉洁型政府上下功夫。坚决扛起全面从严治党主体责任，突出重点领域、关键环节审计监督管理，以政府的“清廉指数”提升群众的“满意指数”。严控一般性支出和“三公”经费，以政府过紧日子换百姓过好日子。坚决克服形式主义、官僚主义，切实减轻基层负担。坚持无禁区、全覆盖、零容忍，一体推进不敢腐、不能腐、不想腐体制机制，努力营造风清气正的政治生态。

各位代表，蓝图已经绘就，扬帆正当其时。站在新的历史起点上，让我们更加紧密地团结在以习近平同志为核心的党中央周围，在自治区党委、地委及县委的坚强领导下，完整准确贯彻新时代党的治疆方略，牢牢扭住新疆工作总目标，同心同德、接续奋斗、持续奋进，为建设团结和谐、繁荣富裕、文明进步、安居乐业、生态良好的新时代中国特色社会主义新疆做出拜城贡献，以优异成绩向建党100周年献礼！

专 载

拜城县2012—2020年脱贫攻坚工作总结

党的十八大以来，习近平总书记站在中华民族伟大复兴和人类减贫事业的历史高度，精心谋划中国精准脱贫工作，对推进全面建成小康社会、实现第一个百年奋斗目标作出战略指引并躬身践行。8年来，拜城县始终坚持以习近平新时代中国特色社会主义思想为指导，全面贯彻落实中共十九大和十九届二中、三中、四中、五中全会精神，贯彻落实习近平总书记关于扶贫工作的重要论述，贯彻落实二次、三次中央新疆工作座谈会议精神，贯彻落实习近平总书记关于新疆工作的重要讲话和重要指示批示精神，贯彻落实自治区党委九届七次、八次、九次、十次全会和地委（扩大）会议精神，贯彻党中央、自治区党委、地委决策部署，统筹推进疫情防控工作和脱贫攻坚工作，全面落实“四个不摘”“八个不变”政策要求，奋力夺取疫情防控和脱贫攻坚双胜利，为实现社会稳定和长治久安总目标奠定坚实基础。现将拜城县2012—2020年脱贫攻坚工作总结如下：

一、基本情况

拜城县隶属于新疆阿克苏，位于天山中段南麓、却勒塔格山北缘的山间盆地、渭干河上游流域，北依天山与昭苏、特克斯县相连，南隔却勒塔格山与新和县为界，东与库车市毗邻，西与温宿县接壤，全县共有15个乡镇（管委会）、157个行政村，其中，深度贫困乡2个、贫困村25个（深度贫困村16个），2019年底建档立卡贫困户6138户22635人（2020年动态管理调整后建档立卡贫困人口为6094户22473人）。截至2019年，全县贫困村全部退出、贫困人口全部脱贫，全面转入巩固提升阶段。2020年，拜城县委、县政府始终坚持以“两不愁三保障”“五通七有”为标准，以“六个一批”“三个加大力度”为路径，以问题导向、精准施策为方法，以监测户、边缘户为对象，以巩固、提升为重点，以就业、产业为核心，进一步巩固脱贫攻坚成果，提升脱贫攻坚水平，在全面建成小康社会的征程上迈出了坚实的步伐。

二、抓责任落实，凝聚脱贫攻坚合力

党的十八大以来，拜城县始终坚持把脱贫攻坚作为头等大事和第一民生工程，认真学习贯彻习近平总书记关于扶贫工作的重要论述和重要指示批示精神，全面贯彻落实自治区党委、地委决策部署，不断统一思想、凝聚力量，确保靶心不散、频道不换，尽锐出战、务求精准，不获全胜决不收兵。一是建立作战体系，加强

工作调度。严格落实县、乡、村“一把手”负总责的脱贫攻坚责任制，调整充实县级脱贫攻坚工作领导小组，由县委、县政府主要领导担任组长；在15个乡镇（管委会）设立一线指挥部，乡镇党（工）委书记、乡镇长任组长；村级设村级工作站；逐级签订责任书，坚守阵地持续攻坚，推动脱贫攻坚工作责任落地落实。二是强化作战队伍，压实帮扶责任。深入推进抓党建促脱贫攻坚，持续整顿软弱涣散基层党组织，选派思想好、作风正、能力强的优秀年轻干部到贫困村工作，精准选配贫困村第一书记、“访惠聚”驻村工作队，突出抓班子、带队伍，为村干部讲政策、理思路、教方法，建强基层党组织。坚持关口前移、重心下沉，树立“访惠聚”驻村工作队就是村级“扶贫办”、工作队员就是村级扶贫干事的理念，确保脱贫攻坚工作落实落地。落实“精准发力、精准帮扶、精准施策、精准脱贫”，做到村不漏户、户不漏人。累计选派“访惠聚”驻村工作队699个4181名干部，694名第一书记下沉到脱贫攻坚一线，累计表彰奖励“访惠聚”驻村工作队149个，表彰奖励先进工作者585名，共提拔重用有“访惠聚”驻村工作经历的干部141名。三是狠抓“三专一访”，健全工作机制。按照人员到位、责任到位、工作到位的要求，严格落实脱贫攻坚“三专一访”工作机制，以专题学习抓提升、专题研究抓部署、工作专班抓落实、遍访贫困对象解难题，严格落实县委主体责任、专项组和乡村直接责任，坚持县委每月研究、乡镇半月研究、村级每周研究、干部每月走访，县委、县政府主要领导、乡镇党（工）委书记、村第一书记常态遍访贫困户，帮扶包联干部每月帮扶走访贫困户，每月帮扶走访率均达100%。2012年来，县委常委会专题研究54次，政府党组专题学习59次，召开领导小组会议59次。其中，2020年，县委中心组专题学习8次，县委常委会专题研究12次，政府常务会专题研究11次，召开领导小组会议7次。四是转变干部作风，严肃追责问责。持续推进干部作风转变，深入开展扶贫领域腐败和作风问题专项整治，对损害群众利益或工作不作为、慢作为、乱作为的，一经发现、严肃查处，以铁的纪律保证脱贫攻坚决战决胜。全县干部作风持续转变，群众满意度不断提高。五是狠抓业务培训，增强攻坚能力。不定期召开扶贫业务培训会、视频调度会、现场推进会，以会代训、以会促学、以会促干。县扶贫办组织工作人员，突出问题导向，汇编政策读本，常态化深入贫困乡村现场指导、现场教学、现场授课。坚持示范引领，在每个乡镇（管委会）打造1个可复制的样板村，互观互学、交流总结、共同提高。2012年来，轮训县级领导干部、县直单位及乡镇（管委会）党政领导干部、基层党员干部275期1.4万余人次，轮训第一书记、村党组书记、村委会主任、村监会主任、行政村科技副职、村级储备干部612期12.2万人次。

三、抓工作落实，提升脱贫攻坚质量

脱贫攻坚要取得实实在在的效果，关键是要找准路子构建好体制机制，抓重点、解难点、把握着力点，必须在精准施策上出实招、在精准推进上下实功、在精准落地上见实效。8年来，拜城县始终以“坚持精准方略、提高脱贫实效”的重要论述为引领，毫不动摇坚持精准扶贫精准脱贫基本方略，做到精准识别、精准帮扶、精准施策、精准退出。

（一）找准对象，解决好“扶持谁”的问题。拜城县严把执行标准程序，确保群众知晓权、参与权和监督权，为确保精准识别工作的标准和质量，我们着重在“两严一实”上下功夫。严把标准，依据国家扶贫标准，通过入户调查和村民代表会议审议进行严格评定，禁止暗箱操作、禁止拆户、分户，确保不符合标准的坚决不入。严格程序，严把农户申请关、入户调查关、民主评议关、公告公示关，确保该走的步骤一步不少、应有的环节一项不落。公开透明，在广泛宣传，确保群众知情权的基础上，重点把握民主评议和公示两个环节，并公布监督电话，做到民主评议不走过场、不流于形式，公示公告按时如期进行，整体工作公开透明。切实提高统计数据质量，全面准确掌握贫困人口规模、分布以及居住条件、就业渠道、收入来源、致贫原因等情况，挂图作战，对账销号，做到一户一本台账、一户一个脱贫计划、一户一套帮扶措施，倒排工期，不落一人，既不遗漏真正的贫困人口，也不把非贫困人口纳入扶贫对象。

（二）找准主体，解决好“谁来扶”的问题。拜城县凝聚全社会参与脱贫攻坚合力，形成专项扶贫、行业扶贫、社会扶贫、援疆扶贫“四位一体”大扶贫格局。加强温拜交流，强化产业援疆、教育援疆、干部人才援疆，进一步拓展援疆深度广度，提高综合效益。大力推进产业援疆，深入实施“十城百店”工程，促进贫困人口转移就业和发展产业增收致富。动员县域企业、社会组织、民营企业和爱心企业家参与脱贫攻坚，深入开展“百企帮百村”行动，汇聚更多资源帮助贫困乡村改善环境、发展生产、稳定增收、脱贫致富。严格落实队员当代表、单位作后盾、一把手负总责的工作机制，选派精兵强将充实村第一书记和“访惠聚”驻村工作队，压实干部包联帮扶责任，各负其责、齐抓共管，形成工作合力。

（三）找准标准，解决好“如何退”的问题。拜城县始终坚持精准退出与全面建成小康社会进程对表，早建机制、早作规划，做到每年退出多少心中有数。一是坚持实事求是，对稳定达到脱贫标准的贫困人口、贫困村及时退出，新增贫困人口或返贫人口要及时纳入扶贫范围。注重脱贫质量，坚决防止虚假脱贫，确保贫困退出反映客观实际、经得起检验。二是严格退出标准，严格执行退出标准、规范工作流程，切实做到程序公开、数据准确、档案完整、结果公正。贫困人口脱贫实行民主评议，贫困村退出进行审核审查，退出结果公示公告，让群众参与评价，做到全程透明。三是实行逐户销号，对建档立卡的贫困户实行动态管理，脱贫退出逐户销号，做到政策到户、脱贫到人，保证减贫任务和建档立卡数据两者一致，确保扶贫政策及时调整、扶贫力量进一步聚焦，后续跟踪全面到位。

四、抓政策落实，提高脱贫攻坚成色

拜城县立足资源禀赋，宜农则农、宜林则林、宜牧则牧、宜商则商、宜游则游，保持农业稳定和农民收入持续增长，拓宽农民增收渠道，完善农民收入增长支持政策体系，坚持“两不愁三保障”“五通七有”扶贫标准，找准路子，解决好“怎么扶”的问题。紧盯“六个一批”，解决“两不愁”问题。转移就业扶持一批。坚持把转移就业作为稳定脱贫的主渠道，组建专班，抓好培训、转移、稳岗“三件事”，依托农牧民夜校和技工学校，开展“国语+技能”培训，按照农业内部、就地就近、县外整建制等多种渠道转移就业，建立贫困劳动力就业实名制台账，落实干部驻厂带队服务制度，离岗及时劝返，失业动态清零，确保有劳动能力的贫困人口全部稳定就业。累计培训建档立卡贫困劳动力7019人次，落实配套资金478.8万元，累计转移贫困劳动力1.78万人次，带动3000户贫困家庭脱贫，2020年实现6756名贫困劳动力稳定就业，就业稳定率达98%。产业发展扶持一批。坚持把产业扶贫作为管根本、管长远的举措来抓，围绕畜禽养殖、特色种植、乡村旅游“三条路子”抓产业扶贫。采取发放母畜、小额贷款等方式，引导贫困群众通过庭院养畜增收、集中托养受益增收脱贫，累计发放扶贫牛3493头、扶贫羊61869只，发放油鸡12.58万只，新建养殖基地35

个，养殖收入占比逐年提高。采取“公司+基地+农户”“合作社+农户”等多种模式，大力发展制种、马铃薯、黑木耳、拜城油鸡等产业。制种小麦、玉米带动1470户，户均增收2500余元，油鸡养殖带动1000余户，户均增收6000余元，8个黑木耳基地辐射带动500余户，户均增收3000元以上。大力发展康其湿地游、亚曼苏生态游、铁热克温泉游、克孜尔石窟游、乌孙古道探险游，乡村生态游带动500余户贫困家庭脱贫致富。土地清理扶持一批。依法依规清理农村土地3667.67公顷，由国投公司统一经营管理，土地收益主要用于开发交通劝导员、河道清理员等公益性岗位，安排704名贫困户、边缘户劳动力上岗就业。易地搬迁扶持一批。采取集中安置为主、村级分散为辅的方式，完成277户969名贫困人口易地扶贫搬迁任务，2018年全部搬迁入住，并通过建养殖基地、加大技能培训、转移就业等帮扶措施做好后续扶持，确保贫困群众“搬得出、稳得住、能致富”。生态补偿扶持一批。全面落实国家新一轮草原奖补政策和生态护林员补助政策，选聘草原管护员、生态护林员58人，人均增收1万元/人·年。综合兜底扶持一批。严格落实“两线合一”政策和低保、医保、特困人员救助供养、临时救助等综合社会保障政策，将2539名老弱病残、丧失或部分丧失劳动力的贫困人员应纳尽纳、应兜尽兜。紧盯“三个加大力度”，做好“三保障”工作。加大教育扶贫力度。全面落实教育惠民政策，按照“政府抓控辍保学、学校抓教育质量”的原则，守住义务教育不因贫困而失学的底线，持续推进农村薄弱学校改造，大力推行集团化办学、捆绑式支教、城乡协同发展模式，持续落实“雨露计划”“木扎提河”助学金、浙江援疆大学生入学助学金等补助政策，改（扩）建中小学幼儿园110所，累计招聘教师3055人，义务教育标准化建设和均衡化发展全部达标；累计资助贫困学生3440人次，发放资助金1219.4万元，有效阻断了贫困代际传递。加大健康扶贫力度。全面落实贫困人口参加城乡基本医疗保险个人缴费补贴政策，特困人员由县财政全额代缴，做到基本医疗、大病保险、医疗救助全覆盖，各类保险联动县域内就医报销比例达95%。累计为建档立卡贫困人口代缴个人缴费补贴829.25万元。全面取消大病保险封顶线，大病保险起付线从1.5万元下降至7500元，家庭医生签约服务、“先诊疗后付费、一站式结算”有效落实，乡村卫生院（室）标准化率达到100%。常态化开展全民免费健康体检，积极开展结核病防治，常见病、慢性病在县乡村三级医疗机构获得及时诊治，有效防止了因病返贫致贫。累计为全县建档立卡贫困人口代缴费个人缴费补贴共计68324人次，补贴829.25万元。全县贫困人口实现应保尽保，基本医疗保险、大病保险、医疗救助三项保障制度有效衔接，覆盖率达到100%。全县贫困人口住院人次数为32957人次，医保费用总额为1.36亿元，基本医疗保险基金支付1.01亿元，大病保险支付651.78万元。共计支付医疗救助资金995.18万元购买商保服务，共计救助16152人次，救助金额753.75万元。加大基础设施建设力度。持续补齐农村饮水、住房安全、农村电力、乡村道路等基础设施短板，累计建成农村安居房23642套，提升安全饮水6094户，新建农村公路227千米、防渗渠40.6千米，其中，2020年新建农村安居房5201套，农村公路47.37千米，投入5075.9万元改造农村老旧饮水管网。全县所有行政村全部通光纤、宽带，乡村4G网络覆盖率达100%，25个贫困村全部通动力电，贫困村“五通七有”全部实现。紧盯项目实施，严格按照“户申请、村申报、乡审核、行业部门评议把关、县审批实施”及“两上两下”程序，立足产业优势、促进脱贫攻坚与乡村振兴有效衔接。2012年以来，拜城县共实施项目330个，涉及资金6.18亿元，其中，中央财政专项扶贫资金3.63亿元，自治区资金0.73亿元，地方政府债券用于脱贫攻坚资金1.21亿元，易地扶贫搬迁资金0.31亿元，地县配套资金0.27亿元，援疆扶贫资金0.03亿元。2020年上级下达至拜城县扶贫资金共计4批次9918万元，共计安排项目57个。完工项目57个，累计拨付资金9649.86万元，拨付率97.3%。2021年共编制5大类35个项目，涉及资金1.54亿元。四是紧盯问题整改，针对“六套”整改工作，采取“一账多单”狠抓问题整改。“一账”即一本问题台账，“多单”即分类梳理各类督导反馈问题清单、整改措施清单。严格落实清单调度、台账管理、整改销号三项制度，一体推进、一体整改、一体解决，确保件件有着落、事事有回音。共认领各级督查巡查反馈问题385条，已全部整改销号完成。

五、巩固提升脱贫成果、统筹推进乡村振兴

拜城县始终牢记习近平总书记“脱贫摘帽不是终点，而是新生活、新奋斗的起点”的重要指示，按照“四个不摘”“八个不变”要求，以巩固提升为重点，以就业产业为核心，大胆开展脱贫攻坚巩固提升与乡村振兴有效衔接试点，推动思想认识、目标任务、工作举措、政策支持、工作机制等五项工作的有效衔接，奋力开创乡村振兴新局面。一是推行“两大行动”“四大工程”，紧紧围绕“巩固脱贫成果”这一条主线，聚焦“边缘户”“监测户”“变量户”三类群体，深入推进产业就业巩固提升“两大攻坚行动”，立足区域资源禀赋，科学谋划产业发展，精准分类施策，一户一策、一人一策，全力培植壮大产业、持续开发就业岗位、做细补偿兜底扶持，着力加大健康扶贫、教育扶贫、住房饮水安全保障投入力度，教育、医疗、饮水、住房基本公共服务全面提升。成立就业、产业2个攻坚组和住房、饮水、教育、健康4个保障组，33名县级领导、17名四级调研员包联25个贫困村、126个有扶贫任务和有边缘户的村，既督又战，细化督导方案、内容、标准、流程，对所有脱贫户、边缘户全覆盖走访，理出问题清单，下沉指导整改，共同解决问题，确保工作落实、责任落实、政策落实。二是紧盯社会扶贫，积极创新扶贫方式，深入开展消费扶贫行动，坚持政府引导、社会参与、市场运作、创新机制，着力激发社会参与消费扶贫的积极性，多渠道破解农产品滞销难题，切实消除了因农产品滞销影响脱贫质量的问题。成立消费扶贫工作专班，责任到单位，具体到个人，常态化开展消费扶贫活动，累计在温州布局网点19家，特色农产品畅销瑞安、乐清农博会，销售阿克苏地区农产品3679吨；与51个机关事业单位、企业签订消费扶贫合作协议，并纳入“十城百店”微网管理，采购金额达500余万元；在温州新增“十城百店”加盟店89家，已成立11个专区、30个专柜，认定企业15家，产品50种，帮助销售贫困群众农产品2.1万吨，签订购销合同15份，签约金额达5800余万元。1062个团队2.07万人开展扶贫志愿服务，服务时长10.51万小时、投入资金2248万元；其中，2020年共308个团队6257人开展扶贫志愿服务，累计服务时长3.3万小时、投入资金690万元。落实援疆资金2.79亿元，实施援疆扶贫项目12个，捐赠资金410万元、物资42万元，选派11名党政挂职干部，引导国有企业通过发展产业、对接市场、安置就业等参与扶贫。三是紧盯扶志扶智，坚持扶贫扶志扶智相结合，加强群众感恩教育，甩掉拐杖让其走，逐步清理低保户中有劳动能力人员，坚决杜绝“靠着墙根晒太阳”，共开展感恩教育22.6万场（次），其中，2020年开展感恩教育1.1万场（次）；动态清零找事干，对贫困家庭富余劳动力建立台账、动态清零，让其人人有就业、天天有收入，动态清理低保贫困户1010人，坚决杜绝“靠着墙根晒太阳”；以奖代补增动力，更多采取生产奖补、劳务补助、以工代赈等方式，鼓励其通过辛勤劳动、靠自己的努力增收致富，激发群众内生动力，增强脱贫致富信心。四是狠抓档案管理，以健全精准扶贫档案工作机制为基础，规范精准扶贫档案管理为目标，强化精准扶贫档案安全为保障，分别在乡、村、县直单位开展试点，召开现场推进会，进一步促进精准扶贫档案的规范化。

六、建立预警机制、防止返贫致贫

拜城县始终将坚决防止返贫致贫放在首位，持续巩固脱贫成果，防止已脱贫人口返贫或出现新的贫困人口，切实做到摘帽不摘责任、摘帽不摘政策、摘帽不摘帮扶、摘帽不摘监管；建立监测预警机制，坚持早发现、早预警、早帮扶、早阻断，综合考虑因学因病、因残因灾、因失业婚变、因意外事故等返贫致贫因素，探索建立扶贫研判预警机制，依托大数据平台、精准扶贫App、发挥入户走访“末梢感应”和大数据平台“监测预警”作用，制定《拜城县边缘户巩固提升帮扶实施方案》，做到实时监测、即时预警、未贫即防，及时发现风险、及时跟进帮扶，确保脱贫群众持续稳定不返贫，易致贫群众提升生活质量不致贫。2019年以来，县财政出资为“两户”安排393头怀胎母牛、596只带羔母羊，实施入户养殖类扶持项目促进生产发展，涉及项目资金609.8万元；购买公益性岗位226个，工资不低于1081元/月。

七、典型经验

（一）建立扶贫研判预警机制。坚持早发现、早预警、早帮扶、早阻断，2019年年初综合考虑因学因病、因残因灾、因失业婚变、因意外事故等返贫致贫因素，探索建立扶贫研判预警机制，依托大数据平台、精准扶贫App、入户走访等收集信息，对全县脱贫不稳定户、边缘易致贫户、非贫困户常态开展预警研判，适时调整帮扶措施，确保一个不返贫、一个不致贫。

（二）大力培养农村劳务经济人。针对农村群众特别是贫困群众外出就业无门路、吃住无保障、出村城难进的问题，按照“培训一个就业一个”原则，依托技工学校，大力培养专业技术工人，结业后与园区企业、建筑企业签订用工合同；同时，每乡培养了3～5名农村劳务经济人，由其负责组织管理、吃住保障，解除外出就业后顾之忧，力争农村1户至少有1人离开土地稳定就业。

（三）“旅游+扶贫”成为脱贫致富新模式。牢固树立“无中生有、小题大做”的意识，因地制宜、借景造景，充分挖掘乡村自然资源优势，打造康其湿地、亚曼苏生态园、铁热克温泉、特色民宿等乡村旅游景点，就近就地带动贫困群众就业创业，深度贫困村阿热勒村入选全国乡村旅游重点村，天堂湖合作社年收入170余万元，全县3000余人吃上旅游饭、走上小康路。

（四）大力发展集中规模养殖。针对部分农牧民不愿养殖、不会养殖、因就业牲畜无人管等问题，综合考虑如何降低养殖成本、提升综合效益、释放劳动力等，探索在乡镇新建24个集中规模养殖小区、村修建35个集中养殖基地，引导群众通过牛羊入社、集中托养、入股分红等，建立“既能让合作社发展、又能让群众受利”的利益链接机制，让资源变资产、资产变资金、农民变股民，集中规模养殖达到了强养殖、促就业的“双赢”效果。

拜城县将牢记习近平总书记“脱贫摘帽不是终点，而是新生活、新奋斗的起点”的重要指示，按照“四个不摘”“八个不变”要求，以巩固提升为重点，以就业产业为核心，推动脱贫攻坚巩固提升与乡村振兴有效衔接试点，奋力开创乡村振兴新局面。

（扶贫办）

“十三五”温州援拜工作总结

党的十八大以来，浙江省温州市援疆指挥部深入贯彻落实党中央、自治区党委对口支援新疆的决策部署，以社会稳定和长治久安为总目标，在聚焦产业发展提升、教育帮扶援助、干部人才培养、社会民生保障、交往交流交融、基层基础夯实等六大领域，开展了一系列卓有成效的工作。为进一步推动援疆工作，提高援疆项目落地见效，对援疆扶贫工作进行客观评估，总结经验做法，以促进“十四五”时期顺利完成援疆任务，推动全县各项事业发展，由全面建成小康社会向基本实现社会主义现代化迈进。

一、主体责任落实情况

联席会议工作机制作用明显。县委领导高度重视，坚持定期召开联席会议，把化解项目实施难问题纳入常态化日常工作，实行一把手负责制，形成了主要领导带头、部门协同参与、定期分析会商的援疆工作格局。一是及时调整县联席会议机构，完善联席会议工作制度，建立由县委常委、常务副县长为组长，纪委监委、组织部、发改委、财政局、住建局、审计局为核心单位的援疆工作联动机制，全面协调推进援疆项目建设实施，为援疆项目顺利实施提供强力保障。二是定期组织联席会议，进一步压实“援疆项目第一责任”，对推进较慢、未能按时间节点实施的项目，统筹协调、共同推进。截至2020年年底，召开全县援疆工作联席会议7次，有效推动援疆工作。三是靠前督查，推动援疆工作责任落细落实。在联席会议指导下，现场督查推动，由援疆工作领导小组办公室抽调成员单位，对项目实施单位项目实地进行调研，加快推动项目实施。

二、任务完成情况

“十三五”以来，温州市对口支援拜城县成果极为显著，一大批援疆项目的实施，有效保障了社会稳定，夯实了基层基础，助推了产业发展，增强了干部人才建设，保障和改善了群众生产生活水平，促进了各民族交流交往交融。“十三五”期间，全县计划安排援疆资金5.71亿元，实际安排援疆资金5.76亿元，实施援疆项目83个，实现计划投资任务和援疆资金到位“两个百分百”，较好地完成了“十三五”援疆规划各项任务。

三、重点工作开展情况

（一）干部人才援疆。一是支援干部任实职、担实责、干实事。第九批、第十批援疆干部均在拜城县各部门任职，其中，第十批的10名援疆干部中，5名以地方工作为主、兼顾指挥部工作，并分别在党委、县政府等部门担任实职，有具体分工并参与全县日常事务，另5名以指挥部工作为主、兼顾地方工作，形成了“两手抓、两手硬”的工作格局；72名援疆医生、教师及专技人才均以地方为主，分布在医院、学校和产业园区，全面助力拜城经济社会发展。指挥部层面积极加强与县委、政府及相关部门的沟通协调，共同建立援疆项目推进联席会议制度等一系列规章制度，形成能充分发挥支援方和受援方积极性、主动性、创造性的工作协调机制，有效提高援疆工作效率。二是强化受援地干部人才培养。每年输送拜城县党政后备干部、专业技术骨干人才赴温培训，积极开展电子商务培训、医务人员跟岗培训等活动，其中党政人才依托温州市委党校办班，邀请上海知名大学和浙江省委党校、温州市委党校的教授专家进行授课。“十三五”期间，共选派54批次、800余名党政干部、骨干教师、骨干医生赴温培训。尤其是在2020年疫情防控常态化背景下，指挥部积极探索开展“云端”柔性援疆新模式，牵头举办了两期阿克苏地区和一师阿拉尔市新教师培训，98名温州教育专家通过“云端”为近5万名教师开展125场（次）讲座，受众师生达100万人次。

（二）产业援疆。一是园区基础设施建设不断完善。总投资2650万元在产业园区实施温拜产业孵化园及其相关配套基础设施建设项目，项目建成后，入驻企业三家，新增就业岗位达1000个以上，为决胜脱贫攻坚做出巨大贡献。二是招商引资助推经济发展。积极组织拜城县相关企业参加对接会、浙洽会、亚欧博览会以及温州农博会等各类产业交流活动；邀请温州市农业、工会等有关部门单位及相关企业进疆实地考察，不断提升拜城企业及产品知名度，加强吸引力。“十三五”期间为阿克苏地区（含拜城县）及一师九团招商引资企业20家，协议资金41.59亿元，实际到位资金18.4亿元。三是特色农牧业助推产业多元发展。依托“十城百店”工程，促成“十城百店”工程温州市级运营商2家，开设“十城百店”销售网点32个。将葡萄干、山羊、苹果、核桃、红枣、牛奶、马铃薯、牛肉、面粉、油鸡等优质农产品推向温州市场，年均销售阿克苏地区特色农产品13000余吨，销售额达1.4亿元。共投入援疆资金3370万元建设“百村千厂”工程，带动社会投资1000余万元，新建或改扩建标准厂房17个，提供就业岗位1000余个，有效帮助当地农牧民就近就地就业。四是万亩亿园项目助推新农村建设。积极促进“万亩亿园”工程铁热克镇油菜花项目建设，组建村民合作社，通过“党支部+合作社+农户+工矿企业+电商”的模式，引进花期长、花色多的油菜品种，油菜种植面积达232公顷，收入29.25万元。五是乡村振兴整体推进。积极开展乡村振兴战略示范村创建，以“5美2爱3整治”项目为载体，即实施“美丽驿站、美丽公园、美丽庭院、美丽农场、美丽之家、爱心工厂、爱心医院、整治污水、整治水渠、整治立面”等10项工程，打造乡村振兴战略样板。六是特色旅游成效显著。立足当地优势，选定方向路径，在康其乡阿热勒村、米吉克乡亚曼苏村等村大力发展乡村旅游。依托阿热勒村333.33公顷的湿地资源，首期安排援疆资金130万元，带动社会投资2500万元，完善旅游基础设施，助力打造独具特色的生态湿地公园。开园以来，共接待游客约47万人次，实现旅游总收入2000多万元，受益群众396户1596人，其中81户贫困户通过自主创业或自主择业全部脱贫。助力完成亚曼苏生态乐园、康其湿地公园和铁热克温泉沿线观光等项目建设，建成美丽乡村示范点，将村庄内部景点连点成线、县域重点景区编织成网，打造“走得进去、留得住人”的乡村旅游网络，康其湿地公园、亚曼苏生态乐园分别被国家评为AAAA级、AAA级景区，阿热勒村被国家评为全国乡村旅游重点村和中国美丽乡村，深度贫困乡黑英山乡玉开都维村被自治区评为自治区乡村旅游重点村。同时，积极谋划并推行“天山行·温拜情”温州职工来拜疗养活动，助推旅游产业发展。

（三）保障和改进民生。一是大力推进“安居富民、定居兴牧”工程。结合脱贫攻坚，积极组织本地劳动力参加砌筑工技能培训，引导贫困劳动力和建房户参与安居富民工程建设，就近就地就业增收。“十三五”期间，大力实施建设农村安居工程，援疆资金每户补助1万元，有效解决贫困群众居住“偏散差”的问题，不断改善人居环境和居住条件。二是改善乡镇医疗条件。改扩建乡镇卫生院2个，开展人才培训29140人次，采购物资设备454.8万元，购置救护车19辆，派遣温州医疗团队开展柔性援疆次数5次，选派队员

54人次，抢救急重症病人612人。三是开展医疗巡诊义诊。“十三五”期间开展义诊活动次数50次，受益群众达1万余人，推广应用前沿医疗技术21项，争取自治区级课题（科研）项目1个，推进重点医疗科室建设。派遣“组团式”援疆专家25批次，派遣管理干部入疆人数50人，派本地人员赴支援医院进修培训人数160人次，举办专题培训班培训11202人次。四是推进基层阵地建设。大力开展农村文化礼堂（村民服务活动中心）建设，完善投影仪、文体设备等配套设施。“十三五”期间，援助新建或改造提升157个农村文化礼堂，助推全县农村文化礼堂全覆盖。配合县委、县政府重点推进北大桥社区综合服务中心建设，打造民族团结进步教育基地，着力建成各民族群众相互嵌入式的示范社区，构筑各民族共有精神家园，丰富群众精神文化生活。

（四）各民族交往交流交融。一是开展结对帮扶，促进民族团结。坚持“优势互补、互惠互利、联合开发、共同繁荣”的原则，抢抓“一带一路”建设等重大机遇，加强区域战略对接合作，不断提升双方交流合作的领域、层次和水平，在深度交往交融中实现更大的发展。温拜两地领导每年至少开展一次互访，以“三交”工作为纽带，促进民族团结。第九、第十批援疆干部人才进疆以来，累计走访结对亲戚310余次。二是开展文化交流，促进民族融合。“十三五”期间，以温州·拜城文化交流活动为载体，组织“送进来”“请出去”的文化交流、两地联谊、相互考察等活动25次，先后邀请55名教育专家、16名知名艺术家来拜开展送教送文化活动。温州5名戏曲艺术家结对拜城一小等五所学校，来拜开展传统戏曲现场教学，与少数民族学生同台演出，有力促进了民族文化的交流融合。依托援疆支教教师搭起“连心桥”，创新开展温拜两地小学生“手拉手”结对、互通书信等活动，让民族团结种子从小根植在心，实现文化交流常态化，有力促进温拜两地交流交往交融。三是开展贫困大学生资助帮扶工作。“十三五”期间，利用援疆资金资助全县贫困大学生840人，发放资助金504万元。援疆助学金的实施，切实保障和改善贫困家庭子女学习生活，帮助他们顺利完成学业。

（五）文化教育援疆。一是强化教育基础设施改善。“十三五”期间，安排援疆资金4000余万元，援建幼儿园1所、小学1所、初中1所，实现学龄儿童受教育全覆盖。2019年以来，分两轮实施“幼教助推提升111工程”，共安排500余万元改造提升20所标准化幼儿园，极大改善幼儿园办园条件，推动学前教育保教质量和管理水平再上新台阶。建成集网络中心机房、微格教室、电子阅卷室等多位一体的温拜教育信息中心、拜城教育公共服务平台，实施城乡中小学“班班通”计划，为推动“数字赋能+教育援疆”常态化机制化奠定坚实基础。二是着力提升教育质量。以“1+10+X温拜跨区域教共（联）体”建设为载体，积极探索校际帮带，携手开展“校长领导力、教师教学力、学生成长力、品牌塑造力、教共体凝聚力”等“五力”提升行动。借鉴温州教育教学方面的经验，开展“温州名师领航”智援行动，在教学理念、教研水平、学习策略、课堂教学、教师培训等方面入手，前后方协作，教管结合实施教育援疆。扩大职业教育规模，实施拜城职业教育“135工程”，组织温州汽修、烹饪、服装设计等专业最强的三所学校与拜城县职业技术学校组建职教发展联盟，通过实施“名校名师名专业”建设计划，设立相应的温州技能大师拜城工作室，协助实施拜城职校基础能力建设水平和内涵质量发展水平“双提升”工程。依托在温州大学拜城实验高中、职校、二中、教科局等建立援疆教师工作室和援疆教研员工作室，聚焦优质师资队伍建设，援疆教师通过顶岗上课的方式，以开展专题培训、示范课、讲座等方式，聚焦打造优质教师队伍，有效提升教师队伍教学水平。以“融合互补、扬长共进”为主题，筹建拜城县“榕杨”红领巾学院、拜城县“榕杨”未成年人心理健康指导中心，推动两地学生共同提升、共同进步。“十三五”期间教育人才培养培训和支教项目共计13项，先后选派9批次共136名骨干教师赴拜支教，并在计划内选派的43名援疆教师基础上，特别增派3批33名温州市教师，援疆教师涵盖语文、数学、英语、物理、化学、生物、历史、政治、地理等主要学科；深入开展跟岗培训、送教培训、柔性援疆、雁阵工程、温拜互联网+培训项目、戏曲进校园等，培训教育干部、教师3365人次。三是深入开展国学教育。推进国学进校园活动，以建成投用的“国学书屋”“孔子广场”为载体，加快开展校园国学文化建设，营造校园国学文化氛围。开展“国学节”“开学第一课”“做一个有道德的人”等系列活动，培养未成年人养成良好的道德情操。开展村级汉语与维吾尔语幼儿园建设，打造城北新区幼儿园成为国家通用语言文字教学示范性幼儿园。实施中小学汉语教学质量提升工程，多次举办教师教学能力大赛、优质课大赛等竞赛活动，组织温州朗诵名家来拜开展“国语为帆、乘风远航”送教活动，在全县范围内搭建汉语教学研赛平台。加强国培项目送教下乡，组成国培项目教师团下乡指导，营造国家通用语言文字教学良好氛围。

（援疆办）

大事记

1月

2日　在全县范围内开展节日市场食品安全专项检查。共检查市场3次，商场、超市、便利店、卤肉店80余家，食品经营、餐饮经营户125家，下达行政指导意见书1份，停业整顿3家。有效保障节日期间食品消费安全，确保人民群众度过一个欢乐祥和的节日。

4日　召开脱贫攻坚“冬季攻势”第四次调度会，拜城县委副书记、政府主要领导出席会议并讲话。

5日　召开县委中心组理论学习。会议学习了《习近平总书记在中共中央政治局专题民主生活会上的重要讲话》、习近平总书记在2019年第19期《求是》杂志发表的系列重要文章《推进党的建议新的伟大工程要一以贯之》《中国共产党的九十年—新民主主义革命时期》（第五章、第七章）等内容，就学习习近平总书记在中共中央政治局专题民主生活会上的重要讲话精神进行研讨交流发言。县领导、县直有关单位主要负责人参加会议。

6日　地区应急管理局主要领导带队，一行5人到拜城县调研安全生产集中整治工作，县应急管理局主要负责人陪同。

9日　拜城县迎新春暨康其乡第二届冬季冰雪乡村文化旅游节在康其乡阿热勒村开幕。

10日　召开拜城县第十二届委员会第五次全体（扩大）会议。会议由县委副书记、县长主持，县委书记作题为《坚守初心 担当使命 砥砺奋进 坚定不移贯彻落实新时代党的治疆方略 奋力交好决胜全面建成小康社会的拜城答卷》的主题报告。县领导，各乡镇（管委会）党政主要领导、各村（社区）党支部书记，县直有关单位主要负责人，驻拜各单位主要负责人、国企单位代表、重点企业代表，银行、保险主要负责人、老干部代表和个体工商户代表参加会议。

11日　召开县处级以上领导干部第十次主题教育交流研讨学习会议。会议由县委书记、县“不忘初心、牢记使命”主题教育小组组长主持，专题学习习近平总书记在“不忘初心、牢记使命”主题教育总结大会上的重要讲话。地区“不忘初心、牢记使命”主题教育第四巡回指导组副组长出席指导。县委、县政府、人大、政协领导出席会议。

12—13日　召开政协拜城县第十五届委员会第五次会议，县委书记出席开幕式并讲话。

13—15日　召开拜城县第十六届人民代表大会第五次会议。来自全县各地的人大代表肩负全县各族人民的重托，庄严履行宪法和法律赋予的神圣职责。大会选举艾合麦提·库尔班为人大常委会主任、艾合麦提·阿克木为人大常委会副主任。大会主席团常务主席、执行主席主持闭幕式。

14日　深入开展年货市场

在用计量器具免费检定工作。共检定电子秤、台秤、案秤等181台（件），检定合格率达98%。对检定不合格的计量器具责令其停止使用，确保市场计量环境的公平公正。

△自治区党委组织部部务委员李克琼莅临察尔齐镇调研指导工作。

17日　召开中共拜城县委2020年第一次脱贫攻坚专题会议，会议由县委书记主持。会议审议通过《拜城县2020年脱贫攻坚巩固提升工作方案》《2019年地区脱贫攻坚奖推荐候选人及候选组织》《2020年自治区财政专项资金项目计划》等，县领导，县直有关单位主要负责人列席会议。

△召开中共拜城县委2020年第一次常委（扩大）会议，会议由县委书记主持。会议审议通过《拜城县贯彻落实窦万贵书记在地区县（市）委、地直党（工）委书记抓基层党建工作述职评议考核会议上点评意见的整改方案》《拜城县2019年度绩效综合考评结果及相关事宜》《拜城县2020年稳定工作会议筹备方案》《拜城县创建民族团结进步示范县的实施方案》，听取了《2019年度县委管理的领导班子和领导干部考核情况汇报》，通报了自治区“访惠聚”驻村工作最新要求。县领导出席，县直有关单位主要负责人列席会议。

18日　召开2020年拜城县委稳定工作会议。会议由县委副书记、县长主持，县委书记作动员讲话。县领导，县直有关单位主要负责人参加会议。

△召开拜城县创建民族团结示范县动员大会，会议由县委副书记、县长主持，县委书记作动员讲话。县领导，县直有关单位主要负责参加会议。

19日　召开中共拜城县委2020年第一次常委会会议，会议由县委书记主持，专题研究挂职干部议题。县委常委出席，县人大、政协主要领导，纪委监委、组织部负责人列席会议。

20日　按照自治区“访惠聚”办统一要求，有序调换2020年第一批次“访惠聚”驻村干部327人对新老队员工作交接情况实行乡镇党委验收制，确保驻村工作持续稳定。

22日　开展“年夜饭”食品安全专项检查，检查承办“年夜饭”的餐饮服务单位12家次，下达责令整改通知书1份，切实保障老百姓“舌尖上的安全”。

23日　召开拜城县新型冠状病毒肺炎疫情防控工作领导小组第一次全体会议，会议由县委书记主持，传达学习自治区党委、地委关于疫情的重要部署，进一步研究部署疫情防控工作。县领导、各乡镇党（工）委书记、乡镇长、管委会主任、卫生院院长，疫情防控领导小组各成员单位主要负责人参加会议。

25日　召开拜城县新型冠状病毒肺炎疫情防控工作领导小组第二次全体会议，会议由县委书记主持，会议传达学习自治区党委、地委关于疫情的重要部署，对疫情防控工作作了进一步部署。县领导，各乡镇党（工）委书记、乡镇长、管委会主任、卫生院院长，疫情防控领导小组各成员单位主要负责人参加会议。

27日　召开拜城县新型冠状病毒肺炎疫情防控工作领导小组第三次全体会议，会议由县委书记主持，会议对习近平总书记就疫情防控工作作出的重要指示精神进行再传达再学习，并就进一步做好全县疫情防控工作进行研究部署。县领导，各乡镇党委书记、乡镇长，疫情防控领导小组各成员单位主要负责人参加会议。

30日　召开2020年第二次县委常委会（扩大）会议，县委书记主持并讲话。会议传达学习习近平总书记重要讲话、重要指示批示精神和1月27日国家新型冠状病毒肺炎联防联控工作机制防控视频调度会议精神；听取各包乡县领导、指挥部7个专项组组长关于疫情防控工作汇报，查找存在的问题与不足，逐项明确解决问题的措施办法；审议通过《拜城县贯彻落实1月29日自治区新型冠状病毒肺炎疫情防控工作指挥部调度会议精神责任分解方案》，对进一步做好疫情防控工作进行再部署。县领导，各乡镇党（工）委书记、乡镇长、管委会主任、分管领导，县直有关单位主要负责人参加。

△召开中共拜城县委2020年第二次常委会会议，会议由县委书记主持，专题研究干部议题。县委常委出席，电话征求未出席会议常委意见，人大、政协主要领导，纪委监委、组织部负责人列席会议。

2月

1日　召开拜城县新型冠状病毒肺炎疫情防控工作领导小组第四次全体会议，会议听取指挥部7个专项组组长关于疫情防控工作汇报，针对当前工作中存在的沟通不畅、数据不精准、保障有待提高、宣传有待加强等问题，逐项明确解决问题的措施办法，并对进一步做好疫情防控工作进行再部署。县领导，疫情防控领导小组各成员单位主要负责人参加会议。

△召开中共拜城县委2020年第三次常委会会议，专题研究干部议题。县委常委出席，电话征求未出席会议常委的意见，人大、政协主要领导，纪委监委、组织部相关负责人列席会议。

2日　召开中共拜城县委2020年第四次常委会会议，专题研究干部议题。县委常委出席，电话征求未出席会议常委的意见，人大、政协主要领导，纪委监委、组织部相关负责人列席会议。

5日　召开2020年第三次县委常委（扩大）会议，传达学习2月3日中共中央政治局常委会会议精神特别是习近平总书记重要讲话和重要指示批示精神，听取了指挥部近期疫情防控工作开展情况和督导检查情况，查找存在的问题与不足，逐项明确解决问题的措施办法，对进一步做好疫情防控工作进行再研究、再细化、再部署。县领导，各乡镇党（工）委书记、乡镇长、管委会主任、分管领导，县直有关单位主要负责人参加。

7日　召开拜城县新型冠状病毒肺炎疫情防控工作领导小组第六次全体会议，地区人大工委副主任，地区疫情防控工作指导组组长卡米力·赛买提到会指导，听取指挥部7个专项组组长关于疫情防控工作汇报，针对当前工作中存在的问题，逐项研究解决问题的措施办法，并对进一步打好疫情防控阻击战、持久仗进行再安排。县领导，县直有关单位主要负责人参加会议。

10日　召开拜城县新型冠状病毒肺炎疫情防控工作领导小组第七次全体会议，地区人大常委会副主任，地区疫情防控工作指导组组长卡米力·赛买提到会指导。传达学习自治区2月10日疫情防控调度会议精神，听取指挥部8个专项组关于疫情防控工作汇报，分析研判形势，梳理存在问题，研究解决办法，对当前疫情防控工作进行再研究、再部署。县领导，疫情防控领导小组各成员单位主要负责人参加会议。

11日　召开新型冠状病毒肺炎疫情防控工作视频调度会议，会议传达学习2月10日自治区、地区调度会议精神，对当前疫情防控工作进行再研究、再部署。县领导，各乡镇党（工）委书记、乡镇长、管委会主任、分管领导，县直有关单位主要负责人参加会议。

18日　召开拜城县新冠肺炎疫情防控工作领导小组第八次全体会议，传达学习习近平总书记在中央全面深化改革委员会第十二次会议上的重要讲话精神，对进一步做好当前疫情防控工作进行再研究、再细化、再部署。县领导，各乡镇党委、政府班子成员、各村（社区）第一书记，县直有关单位主要负责人参加会议。

△召开中共拜城县委中心组2020年第一次脱贫攻坚专题学习会议，会议由县委书记主持，传达学习《习近平总书记脱贫攻坚重要论述》《聚焦中央一号文件：高质量打赢脱贫攻坚战》等。县领导，各乡镇党委、政府班子成员、各村（社区）第一书记，县直有关

单位主要负责人参加会议。

△召开中共拜城县委2020年第五次常委会会议，专题研究干部议题。县委常委出席，电话征求未出席常委的意见，人大、政协主要领导，纪委监委、组织部相关负责人列席会议。

22日　自治区兵地联合督导组到拜城县督查疫情防控工作。

23日　召开拜城县新冠肺炎疫情防控工作领导小组第九次会议，传达学习中共中央政治局会议精神、自治区党委视频会议精神，研究部署统筹做好全县疫情防控和经济社会发展工作。县领导，各乡镇党委、政府班子成员、各村（社区）第一书记，县直有关单位主要负责人参加会议。

27—28日　自治区党委第一督导组组长、自治区人大常委会副主任马宁·再尼勒一行到拜城县督导新冠肺炎疫情防控工作，到各乡镇、村组、集中医学观察点、医疗救治定点医院进行实地走访，并召开座谈会，地区人大工委党组书记刘宝升，县领导参加会议。

29日　召开县委常委会（扩大）会议，会议由县委书记主持，研究部署疫情防控工作。

△召开拜城县脱贫攻坚领导小组第二次脱贫攻坚专题会议，审议《关于进一步明确拜城县各级党组织脱贫攻坚主体责任健全“三专一访”工作机制的通知》《拜城县贫困人口外出务工意愿和产业发展需求摸排工作方案》《关于拜城县采取措施积极应对新冠肺炎疫情对脱贫攻坚影响的实施方案》，听取《2020年财政扶贫专项资金项目进展情况汇报》《2020年财政扶贫专项资金拨付进展情况汇报》。县分管领导和有关部门主要领导参加会议。

3月

5日　召开疫情防控调度会议，县领导，各乡镇党委书记参加会议。

6日　召开3月经济运行调度会，县委书记主持并讲话，县有关领导，经济口有关单位参加会议。

8日　召开拜城县委中心组2020年第二次脱贫攻坚专题学习会议，会议学习传达《习近平总书记在中央决战决胜脱贫攻坚座谈会上的重要讲话》《决胜脱贫在今朝》，并部署脱贫攻坚。县领导，县直有关单位主要负责人列席会议。

10日　召开中共拜城县委2020年第三次脱贫攻坚专题会议。会议听取近期脱贫攻坚工作汇报，审议通过《2019年拜城县脱贫攻坚奖推荐候选人及候选组织的请示》《关于建立贫困监测预警和动态帮扶机制的指导意见（试行）》《中共拜城县委员会关于深入学习贯彻习近平总书记重要讲话精神决战决胜脱贫攻坚的实施意见》《拜城县2020年教育脱贫攻坚巩固提升工作实施方案》《拜城县2020年健康扶贫巩固提升工作方案》《拜城县2020年住房安全巩固提升工作方案》《拜城县2020年农村饮水安全巩固提升工作方案》《拜城县贫困劳动力就业扶贫巩固提升工作方案》等议题，县领导，16个专项组成员单位参加会议。

△召开拜城县政银企座谈会，县委书记主持并讲话，县领导，县域各企业负责人参加会议。

11日　召开中共拜城县第十二届委员会第六次全体（扩大）会议，再次传达学习《习近平总书记在中央决战决胜脱贫攻坚座谈会上的重要讲话》。县领导，各乡镇党（工）委书记、乡镇长、管委会主任、各村（社区）第一书记，县直各单位主要负责人参加会议。

12日　召开拜城县新冠肺炎疫情防控领导小组第十次全体会议，传达学习习近平总书记在湖北武汉考察时的重要讲话和指示精神，进一步部署全面恢复全县正常生产生活秩序工作。县领导，各乡镇党（工）委书记、乡镇长、管委会主任，县直有关单位主要负责人参加会议。

15日　县召开固定资产投资项目例会，听取2020年固定资产投资项目推进情况汇报，查找差距，进一步补短板、强弱项，全面恢复正常生产生活秩序，推动经济社会全面步入正轨。

△开展校园周边食品安全检查，检查餐饮服务单位30家次、食品商店20家次，排查风险隐患10个，下达责令改正通知书8份，为在校师生提供了一个安全健康饮食的环境。

16日 开展2020年春季学校食堂食品安全检查，检查学校食堂18家，消除风险隐患5个，下达责令改正通知书5份，签订食品承诺书18份，有效保障校园复学复课食品安全。

17日 县安委会召开2020年第一次全体会议，总结2019年全县防灾减灾救灾、安全生产和消防工作，部署2020年工作任务。

△拜城县为深化乡镇行政体制改革推进基层整合审批服务执法力量，选择拜城镇、赛里木镇、大桥乡、铁热克镇4个乡镇纳入改革试点，确保试点全面成熟后在全县全面推行。

19日 开展“农资打假护春耕”专项执法检查行动。检查农资销售点34家次，抽检地膜1批次、化肥1批次，责令整改4家。进一步规范和净化农资市场秩序，提高农资产品质量，维护广大农民群众的切身利益。

21日 召开拜城县2020年经济工作座谈会，会议由县委副书记、县长主持，县委书记彭刚同志出席并讲话，会议宣读了《关于2019年度对全县经济发展做出突出贡献的单位、企业的通报》。各企业围绕生产经营稳定运行、复产复工情况、项目建设、可持续发展等方面开展座谈，交流经验。县领导，各企业家、个体工商户负责人参加会议。

△召开拜城县新型冠状病毒肺炎疫情防控工作领导小组第十一次全体会议，会议传达自治区党委、地委对开学复课工作作出的最新部署，进一步部署复课复学工作。县领导，各乡镇党（工）委书记、乡镇长、管委会主任、分管领导，县直有关单位主要负责人参加。

21—22日 开展拜城县“欢庆诺鲁孜·春满亚曼苏”系列旅游文化活动暨亚曼苏生态乐园开园仪式活动。

23日 拜城县召开春季农业农村暨脱贫攻坚工作现场推进会。深入康其乡欧斯库依村观摩房前屋后绿化情况，在察尔齐镇恰克其村观摩人居环境整治挂图作战、村庄绿化（房前屋后栽花）情况。县政府主要领导、县分管领导，各相关单位主要负责人，各乡镇主要领导、分管扶贫工作领导参加会议。

24—25日 县委副书记、政府县长带队到黑英山乡墩其木然村（贫困村）开展脱贫攻坚督村入户工作。实地查看黑英山乡脱贫产业发展、扶贫工作开展、群众务工就业等情况，入户了解“两不愁三保障”政策落实和保障到位情况，察看有关项目建设和产业基地等情况。

26日 第十批温州援疆干部一行8人从温州启程到达拜城县。

28日 召开中国拜城县第十二届纪律检查委员会第五次全体会议，会议由纪检委书记，监委主任主持，县委书记出席并讲话。

29日 召开拜城县脱贫攻坚督战问题分析研判会，县委书记主持会议并讲话。会议听取各县领导、四级调研员督战脱贫攻坚发现的共性问题和个性问题，并提出意见建议。县领导，县直有关单位主要负责人参加会议。

△召开拜城县新冠肺炎疫情防控领导小组第十三次会议，县委书记主持会议并讲话。县领导，县直有关单位主要负责人参加会议。

△县委班子成员调整。经2020年3月29日地委委员会议研究决定：王文彬任拜城县委委员、常委；库尔班·艾来提任拜城县委委员、常委。经2020年3月28日地委组织部部委会议研究同意：库尔班·艾来提任拜城县委统战部部长。

31日 自治区党委教育工委副巡视员张作森，自治区医科大学外事处处长蒋金兰，地委教育工委常务副书记、地区教育局党组书记张百合一行到拜城县调研城乡部分学校开学复课情况，先后赴察尔齐镇中学、大桥乡九年一贯制学校、第四高级中学等地详细了解开学复课后的晨午检、消毒通风、个人防护等工作开展情况，并对彩虹幼儿园开学复课准备工作进行了解。县分管领导，教科局、相关中小学、幼儿园主要负责人陪同。

31日至4月1日　自治区兵团党委常委、副政委、纪委书记、监察委员会主任邵峰，第一师阿拉尔市党委常委、纪委书记、监委主任董现荣一行5人到拜城县开展脱贫攻坚包联督导工作，到察尔齐镇恰克其村、喀依库拉克村，克孜尔乡乌堂村托牛所、黑木耳种植基地进行实地查看，县有关领导陪同。

4月

2日　召开拜城县旅游工作碰头会，会议由县委书记主持。县领导，文旅局、米吉克乡、康其乡主要负责人参加会议。

△召开拜城县2020年第一次城乡规划管理委员会会议，会议审议通过《拜城县第五中学建设项目规划设计方案》《拜城县医共体总医院建设项目规划设计方案》《拜城县东桥里小镇建设项目规划设计方案》《拜城县风情园小区建设项目规划设计方案》《拜城县棚户区改造事宜》《拜城县解放东路段沿街面改造》《拜城县台河东岸滨河路（交通路—环城路段）道路设计方案》《拜城县台河东岸滨河景观设计方案》《拜城县温州大酒店建设事宜》，县领导，城乡规划管理委员会成员单位主要负责人参加会议。

3日　召开2020年县委全面深化改革委员会第一次会议、2020年县委全面依法治县委员会第一次会议、2020年县委审计委员会第一次会议、2020年县委机构编制委员会第一次会议。会议由县委书记主持，县领导，县直有关单位主要负责人参加会议。

5—10日　在八钢水库西侧开展2020年度春季全民义务植树造林活动，县领导、各单位全体干部参加全民义务植树活动。

6日　召开县委中心组2020年第三次脱贫攻坚专题理论学习会议，会议集中学习《习近平总书记脱贫攻坚重要论述（摘编）》、自治区党委九届九次全会和3月20日自治区党委常委（扩大）会议精神，部署脱贫攻坚重点工作。县领导，县直有关单位主要负责人参加会议。

△召开县委2020年第五次脱贫攻坚专题会议，会议专题听取近期脱贫攻坚工作汇报，审议研究《拜城县贯彻落实中央第六巡视组开展脱贫攻坚专项巡视“回头看”等5个方面反馈意见整改方案》《拜城县关于自治区2019年脱贫攻坚成效考核反馈问题自查整改方案》《拜城县推进脱贫攻坚巩固提升与乡村振兴有效衔接工作实施方案》《拜城县边缘户扶持工作方案》《拜城县脱贫攻坚巩固提升产业发展专项行动》，县领导，县直有关单位主要负责人参加会议。

△组建了维稳指挥中心、宣传文化产品鉴定中心、城乡建设服务中心、投资项目服务中心、价格认定中心、水资源总站、教学研究中心、教育保障中心、固定资产投资服务保障中心、检验检测中心、医疗保障服务中心、群众信访接待中心、新疆农业广播电视学校拜城分校等18个副科级以上事业单位。

9日　召开县委2020年第五次脱贫攻坚专题会议，会议专题研究中央第六巡视组开展脱贫攻坚专项巡视“回头看”及国家脱贫攻坚成效考核等方面反馈意见和2019年自治区扶贫开发工作交叉成效考核、第三方评估、财政专项扶贫资金绩效评价反馈问题整改工作，安排部署当前脱贫攻坚重点工作。县领导，县直有关单位主要负责人参加会议。

11日　县委副书记、政府县长主持召开拜城县人民政府

2020年第四次常务会议，专题研究部署脱贫攻坚工作、安全生产风险隐患排查工作、转移就业工作等当前重点工作开展情况。

12日　地委副书记、教育工委书记王学东到拜城县督战调研脱贫攻坚工作，先后赴大桥乡塔合塔村、黑英山乡亚吐尔村实地查看工作开展情况，县有关领导，大桥乡、黑英山乡主要负责人陪同。

△拜城县迎接国家义务教育发展基本均衡复查动员会暨2020年教育工作会议在国税局四楼会议室召开。县分管领导及有关部门领导，各中小学负责人参加会议。

13日　召开县委2020年农业农村工作会议暨春季农业生产现场会，深入亚吐尔乡英栏杆村观摩农村人居环境整治情况，包括院内外六件事、农户改厕、新农村建设、发展家庭经济等。县有关领导，各乡镇党（工）委书记、乡镇长、管委会主任，县直有关单位主要负责人参加。

15日　在察尔齐镇兰干村、拜城镇肯迪克墩村召开“访惠聚”驻村工作现场会，15个乡镇分管领导、各1名第一书记参加会议，示范推动“四中心十五岗”帮带和对照“四史”矫偏差工程。

△召开拜城县脱贫攻坚领导小组第三次脱贫攻坚专题会议。听取农业农村局、林草局、水利局、交通局、人社局、商工局、教科局项目进展情况汇报、扶贫项目资金拨付进展情况汇报、拜城县“两大攻坚行动”“四大巩固提升工程”进展情况汇报、拜城县2020年第二批扶贫资金项目库建设情况的汇报。审议《关于开展扶贫项目资金普查工作的通知》《拜城县扶贫系统巩固深化扶贫领域专项治理工作方案》，县分管领导，县直单位主要领导及联络员参加会议。

17日　召开中共拜城县委理论学习中心组第五次集体学习会议，深入学习中共中央政治局常务委员会会议精神、习近平总书记在浙江考察时的重要讲话精神、《中国共产党第十九届中央纪律检查委员会第四次全体会议公报》、《中共中央印发关于在全党开展“不忘初心、牢记使命”主题教育总结报告的通知》、《中共新疆维吾尔自治区委员会关于开展向加思来提·麻合苏提同志学习活动的决定》等，集中观看《国家安全关系你我》视频，中心组成员围绕新时代党的治疆方略、社会大局稳定和长治久安总目标，就如何贯彻落实好总体国家安全观进行研讨发言。县领导，县直有关单位主要负责人参加会议。

△召开2020年第五次县委常委会（扩大）会议，传达学习中共中央办公厅《关于持续解决困扰基层的形式主义问题为决胜全面建成小康社会提供坚强作风保证的通知》，研究审议《拜城县推进社会治理现代化试点工作实施方案》《拜城县2020年禁毒工作要点》《拜城县创建自治区双拥模范县工作实施方案》《拜城县农村幸福大院建设工作方案》《拜城县深化“两联系一教育”工作实施方案》等。县领导，县直有关单位主要负责人参加会议。

△召开2020年第六次县委常委会会议，研究干部议题。县委常委参加会议。

18日　召开拜城县四月份固投项目推进会，会议通报了《2020年第一季度招商引资工作进展情况》《2020年援疆项目进展情况》《2020年第一季度固定资产投资项目进展情况》《2020年第一季度争取上级资金情况》，对做好下一阶段和今后一个时期的经济发展工作做了安排，县领导，县直有关单位主要负责人参加会议。

△召开拜城县人大常委会第二十三次会议，听取和审议《拜城县人大常委会2020年工作要点》《关于同意罢免艾力卡木·艾尼瓦尔人大代表职务的议案》，任命王云师为拜城县人民政府副县长，免去黄成骞拜城县人民政府副县长职务，任命王文彬为拜城县人民政府常务副县长，组织人大常委会委员开展专题学习《关于

加强和改进新时代自治区人大常委会监督工作的意见》。

19日　自治区厅局二级调研员贾德兰·阿部多拉一行6人到拜城县开展脱贫攻坚巩固提升包联督导工作指导，县分管领导陪同。

22日　拜城县对提拔、交流、晋升、转正、退休等70名党员领导干部进行集体廉政谈话。

23日　召开维稳安保部署会议，会议由县委书记主持，县分管领导，各乡镇党（工）委书记参加会议。

△开展气瓶安全隐患专项治理活动。检查特种设备使用单位11家、气瓶充装单位10家、气瓶检验检测单位1家，对存在问题的单位，责令其限期整改。

23—24日　地委副书记、政法委书记、网信党工委书记吴宕到拜城县调研稳定工作，县主要领导、分管领导陪同。

29日　开展“五一”节前食品安全联合大检查。共检查食品经营单位56家、餐饮服务单位21家，食品安全动态评定等级14家，下达责令整改通知书5份，确保“五一”节假日期间群众的饮食安全。

5月

1—2日　浙江省援疆指挥部党委副书记、纪委书记、副指挥长王忠民带队一行16人到拜城县开展集中走访调研。一行人走访调研了铁热克镇、克孜尔乡的援疆项目。

6日　拜城县会计核算中心正式成立。

7日　召开拜城县委中心组2020年第四次脱贫攻坚专题理论学习暨脱贫攻坚专项巡视“回头看”反馈问题整改专题民主生活会第一次专题学习研讨会，集中学习习近平总书记关于扶贫工作的重要论述、在陕西省考察纪实和《关于认真开好脱贫攻坚专题巡视“回头看”反馈问题整改专题民主生活会的通知》，集中观看《扶贫路上的初心》，中心组成员围绕学习内容进行交流研讨，县领导参加会议。

△召开县委扫黑除恶专题会议，传达学习全国扫黑除恶专项斗争中央督导组“回头看”汇报会、全国扫黑办第八次会议和第九次主任会议、全国扫黑除恶专项斗争视频会议暨领导小组第八次会议精神，审议通过《拜城县涉黑涉恶线索管理办法（试行）》等，县领导参加会议。

△召开中共拜城县委2020年第六次常委会（扩大）会议，会议审议通过《拜城县2020年度绩效综合考评办法》《拜城县2020年度旅游工作单项考评奖励办法》《拜城县2020年度脱贫攻坚工作单项考评奖励办法》《拜城县2020年度农业产业化工作单项考评奖励办法》《拜城县在职乡村医生缴纳“五险”的请示》《拜城县关于进一步做好城市困难职工解困脱困工作的方案》《拜城县召开脱贫攻坚专项巡视“回头看”反馈问题整改专题民主生活会工作方案》《拜城县推进设施蔬菜产业发展实施方案（2020—2022年）》《拜城县2020年民族团结进步示范单位命名办法》《拜城县2020年第一批民族团结进步示范单位命名的请示》，县领导参加会议。

11日　阿克苏地区在拜城县举办地震应急演练观摩会，地委委员、行署副专员，行署副秘书长，应急管理局党组副书记、局长一行16人现场进行观摩指导，县政府主要领导和分管领导陪同。

12日　召开拜城县创建民族团结进步示范县第一批示范单位命名大会暨第38个民族团结教育月动员大会，县委书记主持会议并讲话。县领导参加会议，各乡镇党（工）委书记、乡镇长、管委会主任，县直各单位主要负责人参加会议。

△地区人大工委秘书长夏宏伟等到拜开展县、乡两级人大换届选举工作调研。县人大常委会主要领导、分管领导陪同。

13—15日　自治区政协副主席程振山一行3人到拜城县调研，先后赴察尔齐镇、康其乡、米吉克乡等地实地查看团结关爱工作落实情况，县委主要领导和分管领导陪同。

15日　自治区生态环境厅核与辐射安全管理处对县人民医院申领辐射安全许可证进行现场核查评估。

17日　召开2020年第六次县委脱贫攻坚专题会议，会议听取拜城县2020年扶贫领域腐败和作风问题专项治理第一季度工作汇报，审议《关于拜城县2020年中央新增（第二批）财政专项扶贫资金项目的请示》《关于对中央第六巡视组开展脱贫攻坚专项巡视“回头看”及国家脱贫攻坚成效考核等5个方面反馈意见整改销号的请示》《拜城县脱贫攻坚普查实施方案》《拜城县脱贫攻坚普查保障工作方案》《2020年土地指标跨省域调剂资金分配方案》等，县领导出席会议。

19日　阿勒泰地区人大工委党组书记刘斌带队一行12人赴拜城县开展关于脱贫攻坚暨乡村振兴学习观摩，县人大常委会主要领导、县委分管领导陪同，观摩黑英山乡墩其木然村养殖合作社、油鸡公司、天玉种业、米吉克乡亚曼苏生态园、铁热克镇温泉小镇。

20日　按照自治区“访惠聚”办统一要求，有序调换2020年第二批次“访惠聚”驻村干部242人，对新老队员工作交接情况实行乡镇党委验收制，确保驻村工作持续稳定。

21日　地区人大工委到拜城县进行《中小企业促进法》实施情况督查，实地察看众泰煤焦化、大桥乡面粉厂运营情况及落实《中小企业促进法》具体情况。

22日　拜城县温州大酒店项目举行开工仪式，新兴矿业董事长、温州大酒店项目法人代表林型政发言。

23日　开展2020食用农产品抽检工作。共抽查食用农产品74批次，其中鲜蛋5批次、蔬菜26批次、畜禽肉21批次、畜副产品1批次，水果15批次、水产品6批次。

25—26日　拜城县开展防洪演练，由水利局牵头，各乡镇、县直有关部门参加。

26日　拜城县召开县委常委班子脱贫攻坚专项巡视“回头看”反馈问题整改专题民主生活会。地区督导组到会指导并点评。县人大、政协主要领导，纪委监委、组织部、扶贫办等相关单位负责人列席。

27—28日　地委主要领导到拜城县调研“1+3”重点工作开展情况，先后赴东桥里市场、金晖工业园区、天玉种业、煤炭交易市场、佳顺薯业实地调研指导，并召开座谈会。

27日　县人大常委会对《中华人民共和国传染病防治法》进行执法检查，由县人大常委会分管领导带队，有关部门领导对《传染病防治法》贯彻执行情况进行检查。

28日　县人大常委会对《新疆维吾尔自治区农村扶贫开发条例》进行执法检查，由县人大常委会分管领导带队，有关部门领导对条例贯彻执行情况进行检查。

29日　拜城县人民政府召开2020年第一次全体会议，会议总结了1—5月政府工作，分析了当前形势，部署了下半年工作，动员政府系统各级各部门聚焦自治区党委“1+3”工作要求，保持攻坚定力，埋头苦干实干，坚决打赢脱贫攻坚战，决胜全面建成小康社会。

31日　拜城县举行30万头生猪和10万亩文冠果种养结合循环产业示范项目开工仪式。华宇玉城实业有限公司董事长陈声望及正大集团农牧食品企业资深总裁董银河现场发言。

6月

1日　温州援疆指挥部主办的“云队会”活动在“云端”进行，活动分别在浙江省博物馆、温州市实验小学、新疆拜城县团结小学三地设立会场。温州、拜城两地少先队员在“云端”相会，在“线上”相识，在属于自己的节日里共享浙江省博物馆国宝小护手、国宝研究专家带来的文物保护知识盛宴。

2日　召开拜城县农村幼

儿园开园复课专题会议。

4日　召开拜城县新冠肺炎疫情防控领导小组第十六次全体会议。

△召开拜城县经济高质量发展“思想再解放、观念再转变”研讨会。

5日　召开14个经济口单位副科级以上领导“思想再解放、观念再转变”讨论会，各单位领导干部围绕“思想再解放，观念再转变”联系自身思想和工作实际进行踊跃发言，主动查找自身不足，对照问题进一步解放思想，在经济发展中主动担当、真抓实干，为拜城县经济发展出谋划策。县分管领导参加讨论会。

6日　召开2020年5月统战民宗工作例会暨民族团结创建观摩推进会。与会人员先后来到康其乡、拜城镇协里克买里社区、米吉克乡、温巴什乡、大宛其管委会等8个民族团结进步示范点观摩，相互交流，相互学习借鉴民族团结创建工作的经验做法。县委分管领导出席推进会并讲话。

7日　召开经济工作月例会暨第二季度固定资产投资会议，研究分析当前项目推进、招商引资和资金争取情况，研判形势、解决问题，动员大家坚定信心，狠抓落实，推动拜城经济发展上水平、开新局，确保高质量完成全年经济发展各项目标任务。县政府主要领导出席会议并讲话，政府分管领导主持会议。

△召开安委会2020年第二次全体会议暨安全生产专项整治三年行动和安全生产月动员会。

8日　召开中共拜城县委2020年第七次脱贫攻坚专题会议，会议听取脱贫攻坚工作汇报，审议通过《2020年全国脱贫攻坚奖推荐候选人及候选组织的请示》《拜城县“大干60天、决胜迎大考”专项行动工作实施方案》《拜城县2020年脱贫攻坚成效考核奖励资金项目的请示》《拜城县2020年第二批新增扶贫小额信用贷款的请示》，解读《建档立卡户摸底表》，县委常委出席，人大、政府、政协领导列席会议。

△召开中共拜城县委2020年第九次县委常委会会议，会议审议通过《拜城县关于加速推进小城镇建设指导意见（试行）》，研究乡镇牛羊规模化养殖区建设相关事宜，人大、政府、政协领导列席会议。

8—10日　自治区党委组织部组织二处（基层办）处长、一级调研员李珂琼一行9人到拜城县调研基层组织建设工作。先后赴察尔齐镇，察尔齐镇喀依库拉克村、康其乡库尔玛村实地调研，并召开座谈会，县委主要领导、分管领导陪同。

11日　召开拜城县脱贫攻坚领导小组第四次专题会议，听取农业农村局、水利局、商工局、交通局项目进展情况汇报、拜城县2020年财政专项扶贫资金拨付情况汇报，审议《中央第六巡视组开展脱贫攻坚专项巡视“回头看”及国家脱贫攻坚成效考核等5个方面反馈意见整改销号》《拜城县关于自治区2019年脱贫攻坚成效考核及第三方评估等3个方面反馈问题整改销号》的请示及《拜城县规范做好精准扶贫档案管理工作实施方案》，审议《关于进一步加强贫困群众感恩教育暨脱贫攻坚摸底的培训方案》，县领导、县有关单位主要负责人参加会议。

12日　团中央组织部部长张传慧等一行4人到拜城县调研，先后赴米吉克乡中学、米吉克乡库木买里村实地查看党建带团建、基础团务等工作，并召开座谈会。

△阿克苏地委副书记、浙江省援疆指挥部党委书记、指挥长朱林森等一行6人到拜城县考察调研温州援疆工作并看望援疆干部人才。温州市援疆指挥部主要负责人陪同调研并作工作汇报。

△县委主要领导带领政府、住建、自然资源局、供销社等部门主要领导到大桥乡实地调研小城镇建设工作，在座谈会上县委主要领导提出小城镇建设工作总体思路，即“人口聚集、人才聚集、产业聚集、商贸聚集”4个聚集。

14日　召开拜城县新冠肺炎疫情防控工作领导小组第十七次会议，会议传达学习6月13日自治区党委常委（扩大）会议精神，部署当前重点工作。县领导参加会议。

15日　召开2020年第二次城乡规划管理委员会会议。会议审议通过《关于调整县城总体规划局部用地性质事宜》《拜城县沁和园小区建设项目规划设计方案》《拜城县华新公馆建设项目规划设计方案》《拜城县华新公馆建设项目规划设计方案》《拜城县察尔齐镇小城镇规划设计方案》《拜城县大桥乡小城镇建设规划设计方案》《拜城县米吉克乡小城镇建设规划设计方案》《拜城县赛里木镇小城镇建设规划设计方案》《拜城县托克逊乡小城镇建设规划设计方案》，县领导出席会议。

15—17日　人大工委党组主要领导带队一行7人到拜城县调研2020年天山环保行执法检查及《自治区煤炭石油天然气环境保护条例》贯彻落实情况。先后赴克深油田、黑英山乡油鸡养殖基地、新兴煤矿、江汉环保有限公司、大北油田实地查看，并召开座谈会。

16日　召开拜城县小城镇建设暨规模化养殖小区建设现场推进会，先后观摩米吉克乡集中养殖基地、大桥乡小城镇建设开展情况、察尔齐镇小城镇建设规划等，并召开座谈会。县领导，各乡镇党政主要领导，县直有关单位和部门负责人参加会议。

17日　受地区人大工委委托县人大常委会执法检查组开展《全国人民代表大会常务委员会关于全面禁止野生动物非法交易、革除滥食野生动物陋习，切实保障人民群众生命健康安全的决定》《中华人民共和国野生动物保护法》执法检查，县人大常委会分管领导，有关部门领导参加。

19日　召开拜城县稳定形势分析研判会，县领导出席会议。

21日　地委政研室一行到拜城调研，先后赴察尔齐镇、米吉克乡库木买里村、米吉克乡阿尔其格村、米吉克乡亚曼苏村、米吉克乡希尔尕塔依村、图书馆、综治中心、拜城镇滨河社区、技工学校、铁热克镇等地实地查看小城镇建设、新时代文明实践站建设、人居环境整治、畜牧业养殖、社会治理现代化示范点综治直通车工程、职业技能培训、民宿经济等。

△开展粮食收购企业计量器具检定工作。对粮站和粮食收购企业在用的电子汽车衡、台秤等计量器具进行检定，对损坏的计量器具也及时进行修理调试，确保在用计量器具的准确可靠，确保企业用放心秤，农民交放心粮。累计检定计量器具40台（件），维修调试3台（件），检定调试后合格率100%。

22日　召开中共拜城县委理论学习中心组第八次集体学习，传达学习习近平总书记在山西省、宁夏回族自治区的考察纪实，政府工作报告——在第十三届全国人民代表大会第三次会议上的讲话精神，汪洋在新疆调研讲话精神，《党委（党组）落实全面从严治党主体责任规定》《关于印发赵乐际和杨晓渡同志在全国巡视工作会议暨十九届中央第五轮巡视动员部署会上的讲话的通知》等，部分参会领导作交流发言。

△将拜城县农村公路路政、道路运政（含城市客运）、地方海事、工程质量监督管理等执法职责进行了整合，组建了拜城县交通运输综合行政执法大队，在拜城县交通运输局挂牌，实行“局队合一”体制。

23日　召开拜城县上半年经济运行分析、加快推进项目建设暨乡村振兴推进会，会议通报上半年农村人居环境整治工作验收情况和1—5月全县经济运行情况，县政府主要领导就近期重点工作进行部署。

23—24日　地区“1+3”重点工作督察组一行12人到拜城县督查，实地到米吉克乡尤喀克阿尔其格村、库木买里村调研了解有关情况，并召开问题反馈会。

△地委副书记、教育工委书记王学东，团地委党组书记、团委书记高凡一行，到拜城调研脱贫攻坚工作和社会事务保障人员建设情况。

24日 拜城县召开地区工业和信息化暨园区工作推进会，地委委员、行署副专员贾京出席会议并讲话，会议通报上半年地区工业和信息化及园区工作开展情况，部分县市、单位作交流发言，中国电信阿克苏分公司就加快推进智慧园区、5G功能运用及工业互联网平台建设作说明。

△温州、拜城两地联合举行“粽情端午·温拜团员‘云上’有约”主题团日活动。

25日 召开拜城县第16届人大常委会第二十四次会议，会议听取和审议拜城县2020年政府债务限额管理及新增政府债券预算调整方案的报告；听取和审议拜城县人民政府关于2019年拜城县财政决算（草案）的报告；听取和审议拜城县人民政府关于2019年全县国有资产管理情况的综合报告；听取和审议拜城县人民政府关于2019年本级财政预算执行和其他财政收支的审计报告；听取和审议拜城县人民政府贯彻实施《中小企业促进法》及自治区实施《中小企业促进法》办法实施情况的报告；听取和审议拜城县人民政府2020年脱贫攻坚工作进展情况的报告；听取和审议卫健委主任对疫情防控工作的专项报告；听取和审议关于对贯彻执行《中小企业促进法》及自治区实施《中小企业促进法》办法、《新疆维吾尔自治区农村扶贫开发条例》《中华人民共和国传染病防治法》执法检查的报告；会上还进行了人事任免。

26日 召开就业工作领导小组第三次会议，总结拜城县上半年就业成绩，分析当前就业形势，部署下半年稳就业工作。县政府主要领导出席会议并讲话，分管领导主持会议。

△在拜城县三馆中心举行以“‘两毒’并禁，坚决打赢‘脱贫攻坚年’禁毒人民战争”为主题的宣传活动。县委分管领导、县禁毒委28个成员单位主要领导、医务工作者代表、青少年代表、公安干警及广大人民群众参加宣传活动。

27日 阿克苏地委委员、组织部部长带领七县、两市组织部部长在县委主要领导的陪同下，深入康其乡参观调研指导党的建设、乡村振兴、脱贫攻坚等相关工作。

28日 拜城县人民政府召开2020年第六次常务会议，听取当前工作汇报，部署下一阶段工作。会议专题研究扶贫工作，听取二季度风险隐患排查工作汇报、“十四五”规划编制情况汇报等事项，审议《拜城县城乡水务发展（集团）有限公司成立实施方案的请示》《拜城县农村供水价格定价方案》等事项。

29日 13时59分，拜城县发生3.6级地震，震源深度15千米，震中位于北纬41.99°、东经82.39°。

30日 拜城县举办总投资41.88亿元的国道579线库—拜—玉公路（二期）开工仪式，县委副书记、县长主持仪式并致辞，地区交通运输局党委书记王先福、地区交通投资有限公司董事长许新萍发言，地委委员、行署副专员孔智勇主持讲话并为工程开工奠基。地区生态环境局党组书记、副局长汤人俊，地区发改委党组成员、副主任李秋风，地区水利局党组成员、副局长崔海刚，县有关领导出席仪式。

是月 拜城县入选中国十佳城市慢游地。

7月

1日 召开拜城县脱贫攻坚普查工作部署会议。

△开展眼镜店专项监督检查。专项检查覆盖全县8家眼镜配制店，对2家存在问题的眼镜店责令其限期整改，加强对配装眼镜的监督管理，规范配装眼镜经营行为。

2日 新疆华凌工贸（集团）有限公司董事长米恩华，中国新闻社新疆分社社长李德华，新疆公路学会会长、高级工程师王新华，中保投城发基金董事长陈益秋，国家发改委中国发展网援疆中心主任、国家援疆新闻平台总编高潮，新疆凯领投资有限公司董事长禹凯，新疆维吾尔自治区农村信用社联合社信贷总监张涛一行34人到拜城县考察农业开发项目，并签订总投资45亿元的农业综合开发项目框架协议，签约仪式由县委副书记、县长主持，县委主要领导、新疆华凌集团党委书记郭向阳致辞，地委委员王凯旋作总结讲话，地委农办主任、地区农业农村局党组书记，地区畜牧兽医局党组书记，县委常委、常务副县长，新疆华凌集团考察组成员出席会议。

8日　召开县人大党组会议，听取和审议《中共拜城县委员会关于加强和改进新时代人大工作的实施意见》《中共拜城县人大常委会党组工作规则（试行）》《拜城县人大常务委员会会议事规则》《人大常委会主任职责》《人大常委会副主任职责》《拜城县人大常委会主任会议议事规则》《拜城县乡人大代表联络站工作制度》《人大常委会办公室主任职责及各工委主任职责》。

9日　召开拜城县秋冬季农业生产暨脱贫攻坚工作现场推进会，深入亚吐尔乡亚吐尔村观摩拜城县绿环农民专业合作社运作情况。县政府主要领导、县分管领导，各相关单位主要负责人，各乡镇主要领导、各乡镇分管农业、扶贫工作领导参加会议。

11日　召开拜城县党员领导干部警示教育大会，会议通报了拜城县近年来查处的违纪违法典型案例，并集中观看警示教育片《任性的代价》，县委书记作总结讲话。县领导、各乡镇党（工）委书记、县直单位主要负责人参加。

△召开拜城县新冠肺炎疫情防控工作领导小组第十八次全体会议，会议听取疫情防控工作汇报，审议通过《关于调整拜城县新冠肺炎疫情防控工作指挥部专项组组长、副组长的请示》《拜城县关于坚持依法科学精准防控规范落实疫情防控措施工作方案》《拜城县关于精准落实来拜返拜人员服务管理措施工作方案》，县领导出席会议。

12日　召开地区2020年上半年就业工作领导小组暨职业技能培训现场观摩会，实地观摩拜城县技工学校、拜城县恒达保温材料制造有限公司、新疆金晖兆丰能源股份有限公司、新疆天玉种业有限公司等地的就业培训情况，并召开推进会议，地委副书记、行署专员出席并讲话。地区就业工作领导小组成员单位及各县市有关部门负责人参加观摩并参会，县委、县政府主要领导，分管领导陪同。

13日　拜召开城县校园安全工作暨义务教育均衡发展工作推进会，县政府主要领导、分管领导、有关单位负责人、各中小学负责人出席会议。

14日　召开地区推进经济高质量发展现场会，地委、行署主要领导协同地委、行署及相关部门领导赴拜城县众泰煤焦化20万吨焦炉尾气制甲醇、新港煤炭交易市场、天玉种业、亚曼苏生态园等地实地观摩，县委、县政府主要领导，分管领导陪同。

15日　察尔齐镇举办县级小城镇建设现场推进会，县委、县政府主要领导及各乡镇党政主要领导参加。

16日　县委主要领导深入克孜尔乡铁提尔村调研葡萄产业结构，克孜乡党委、政府主要领导介绍铁提尔村葡萄产业结构，多元化多品种种植葡萄打响克孜尔乡葡萄品牌。

17日　召开县委中心组2020年第六次脱贫攻坚专题理论学习，集中学习习近平总书记关于脱贫攻坚重要讲话精神、自治区党委九届七次、九次全体会议精神、《自治区党委6月13日常委（扩大）会议精神》《陈全国在自治区扶贫开发领导小组会议上的讲话》。县领导出席会议。

△召开中共拜城县委2020年第八次脱贫攻坚专题会议，会议听取《拜城县纪委监委2020年上半年扶贫领域腐败和作风问题专项治理工作汇报》《拜城县2020年财政扶贫资金

项目进展情况汇报》，审议通过《拜城县关于进一步完善防止返贫致贫监测预警机制实施方案》《拜城县2020年自治区对各民族地区转移支付资金编制项目的请示》《拜城县2020年扶贫日活动方案》《拜城县贯彻落实新华通讯社反映有关问题的整改方案》。县领导出席会议。

△温州市龙湾区委副书记、代理区长夏禹桨携龙湾区党政代表团一行到拜城县对口交流，并召开座谈会，会议由县委常委、副县长、温州市援疆指挥部副指挥长王云师主持，县委副书记、温州市援疆指挥部党委书记、指挥长池晓荣汇报对口援疆工作开展情况，县委书记彭刚出席并致辞，温州万祯置业有限公司为拜城县社会福利院捐赠50万元，温州龙湾区农村商业银行股份有限公司为县教科局捐赠20万元图书购置资金。阿克苏农商银行党委委员、行长李军山，拜城县教科局、民政局、人社局、农村信用社、社会福利院等单位负责人参加会议。

19日　17时02分，拜城县发生3.3级地震，震源深度10千米，震中位于北纬41.85°、东经82.01°（亚吐尔乡）。震中海拔1292米。

20日至8月10日　完成国家脱贫攻坚普查工作。

21日　在全县范围内开展专利执法专项检查，共检查专利商品23件，对5件涉嫌假冒专利和标识不规范行为做进一步调查，有效遏制和打击假冒伪劣商品及假冒专利行为。

23日　地委副书记、行署专员等一行到拜城县调研经济高质量发展工作，县委、县政府主要领导，分管领导陪同。

24日　召开拜城县经济高质量发展现场观摩会，先后赴黑英山乡油鸡养殖基地、赛里木镇小城镇建设、康其乡肉牛养殖基地等地进行现场观摩，并召开总结会，会议传达地区推进经济高质量发展现场会议精神，县委常委、常务副县长通报上半年经济工作运行情况。县领导参加会议。

25日　召开拜城县新冠肺炎疫情防控工作领导小组第二十次全体会议。

26日　召开拜城县疫情防控工作调度会议，会议由县委主要领导主持，部署近期疫情防控工作，县分管领导、各乡镇党（工）委书记参加会议。

27日　召开疫情防控指挥部调度会议，会议由县委主要领导主持，县领导出席会议。

29日　地区疫情防控工作指导组组长、副组长一行到拜城县指导疫情防控工作开展情况。

8月

1日　召开拜城县新冠肺炎疫情防控工作领导小组第二十二次会议，会议传达学习地区调度会议精神，分析研判当前严峻形势，对疫情防控重点工作进行再安排、再强调。县领导出席会议。

4日　按照自治区“访惠聚”办统一要求，有序调换2020年第三批次“访惠聚”驻村干部82人，对新老队员工作交接情况实行乡镇党委验收制，确保驻村工作持续稳定。

7日　召开拜城县新冠肺炎疫情防控工作领导小组第二十三次全体会议。

8日　召开拜城县新冠肺炎疫情防控工作领导小组第二十四次全体会议，会议对当前疫情防控重点工作再部署、再强调。县领导出席会议。

9日　召开拜城县新冠肺炎疫情防控工作领导小组第二十五次全体会议，会议研究审议疫情防控“好小区”创建、全民服用中药有关事宜。

12日　召开疫情防控工作领导小组第二十六次会议，会议听取各专项组工作汇报，审议通过《拜城县集中医学观察点整合方案》《拟推荐地区新冠肺炎疫情防控一线表现优秀基层党组织、优秀党员干部名单》，部署重点工作。县领导出席会议。

14日　召开中共拜城县委2020年第十一次县委常委会会议，会议审议通过《关于推进台河两岸人居环境整治相关事宜的请示》《关于迎宾路东延段建设事宜的请示》《关于搬迁行政服务中心相关事宜的请示》《关于处置拜城县正邦服饰有限公司闲置资产有关事宜的请示》。县委常委出席会议，其他县领导列席。

△召开中共拜城县委2020年第九次脱贫攻坚专题会议，会议听取拜城县脱贫攻坚普查数据质量及成效分析报告，审议通过《拜城县精准扶贫档案管理工作实施方案》《拜城县选调自治区脱贫攻坚第二批普查人员名单》。

19日　召开疫情防控工作领导小组第二十八次会议。

20日　召开拜城县脱贫攻坚领导小组第五次专题会议。听取扶贫办、农业农村局、人社局项目进展情况汇报、拜城县2020年财政专项扶贫资金拨付情况汇报，审议《拜城县2020年度扶贫对象动态管理工作方案》，县分管领导和县有关单位主要领导参加了会议。

21日　“温州—拜城”互联网义诊专线正式上线启动，开启温州市中心医院与拜城县人民医院互联网义诊专线正式运行。

22日　地委主要领导到拜城县调研疫情防控工作。先后赴察尔齐检查站、拜城县人民医院等地进行实地查看，地区有关领导和县委、县政府主要领导等陪同。

23日　县委理论学习中心组2020年第十次集体学习，深入学习《习近平谈治国理政》第三卷、习近平总书记在十九届中央政治局第二十二次集体学习时的重要讲话、习近平致全国青联十三届全委会和全国学联二十七大的贺信、习近平总书记在中共中央政治局常务委员会防汛救灾工作会议上的重要讲话、习近平总书记在企业家座谈会上的重要讲话、习近平总书记近日对制止餐饮浪费行为作出的重要指示、中共中央政治局7月30日会议精神、习近平总书记关于新疆稳定工作重要讲话精神等，县委主要领导作总结讲话，并对做好当前工作进行部署并提出要求。

△召开中共拜城县委2020年常委会（扩大）会议。会议听取政府党组2020年上半年履职情况和政府常务会议召开情况、拜城县信访工作汇报，审议通过《中共拜城县委员会关于加强和改进新时代人大工作的实施方案》《拜城县贯彻落实阿克苏地区打造区域性医疗高地的实施方案》《关于在相关政府直属事业单位设立党组的请示》《关于调整中共拜城县委党校校务委员会的请示》《拜城县“抓乡促村 整乡推进 整县提升”实施方案》《拜城县第一个管理期骨干人才评选人员考察情况汇报》《拜城县领导联系服务专家工作实施办法》《拜城县构建“双线一体”大党建机制实施意见》《关于建立党委（党组）书记党支部工作联系点制度的通知》《关于成立拜城县民族团结进步促进会相关事宜》《拜城县农村幸福大院运行管理工作方案》《拜城县应对秋冬季新冠肺炎疫情医疗救治相关建设项目的报告》等。县领导出席会议。

25日　召开拜城县疫情防控领导小组第三十次全体会议，部署疫情防控重点工作。

27日　召开拜城县深入推进爱国卫生运动动员部署会。会议深入学习贯彻习近平总书记关于卫生与健康、爱国卫生运动重要讲话、指示批示精神，全面落实自治区、地区关于爱国卫生运动的部署要求，动员全县上下齐参与，全民行动大扫除，全面覆盖无盲区，以最坚决的态度、最彻底的整治，为打赢疫情防控人民战争营造良好的公共卫生环境，坚决守护各族群众生命安全和身体健康。县政府主要领导主持，县委主要领导出席会议并讲话。

28日　拜城县康其乡阿热勒村入选“中国美丽休闲乡村”。

29日　召开农村宅基地确权登记发证暨农村乱占耕地建房问题整治工作专题会议。会议深入学习贯彻落实中共中央、国务院关于农村宅基地确权登记和农村乱占耕地建房问题整治工作系列部署，全面落实自治区、地区各项部署要求，进一步统一思想、深化认识、攻坚克难、狠抓落实，确保各项工作如期完成。县政府主要讲话，分管领导主持会议。

△地委副书记、浙江援疆指挥部党委书记、指挥长到拜城县调研经济工作，先后赴大桥乡小城镇建设现场、米吉克乡集中养殖基地、十万亩文冠果栽种现场、新疆凯领投资有限公司阿尔格敏露天煤矿、拜城县众泰煤焦化有限公司等地实地查看。

30日 召开拜城县疫情防控领导小组第三十一次全体会议，部署疫情防控重点工作。

△县委班子成员调整。经2020年8月30日地委委员会议研究决定：杨钟鹏任拜城县委委员、常委。经2020年8月30日地委组织部部委会议研究同意：杨钟鹏任拜城县委组织部部长。

是月 康其乡阿热勒村被命名为“全国乡村旅游重点村”，黑英山乡玉开都维村被命名为“自治区乡村旅游重点村”。

9月

2日 召开拜城县新冠肺炎疫情防控工作领导小组第三十二次会议。

△召开拜城县2020年第三季度经济形势分析会，县委主要领导主持会议并讲话。发改委、商工局对全县1—8月项目、招商任务完成情况和2021年项目谋划情况进行通报。县领导出席会议。

5日 中共拜城县委全委会议审议通过《关于拜城县康其乡撤乡设镇工作的报告》《关于拜城县大桥乡撤乡设镇工作的报告》《关于拜城县亚吐尔乡撤乡设镇工作的报告》。县领导和有关部门领导参加会议。

8日 召开拜城县新冠肺炎疫情防控工作领导小组第三十三次会议。

9日 地区第二督导组到拜城县督导经济发展工作，并召开见面会，县政府主要领导主持会议并汇报经济发展工作。有关县领导出席会议。

10日 地区行署主要领导到拜城县调研疫情防控和经济发展工作，先后到拜城县建设大厦、温州大酒店、拜城县第五中学项目建设现场、行政服务中心、热斯坦社区等地了解项目进度和工作开展情况。

△召开拜城县新冠肺炎疫情防控工作领导小组第三十四次会议。会议传达学习9月8日习近平总书记在全国抗击新冠肺炎疫情表彰大会上的重要讲话，就贯彻落实9月10日自治区党委疫情防控调度会议精神进行再部署。

12日 地委委员、组织部部长杜明到拜城调研党的建设工作，县委主要领导和分管领导陪同。

13日 召开中共拜城县委中心组2020年第五次脱贫攻坚专题理论学习，传达学习《习近平谈治国理政》第三卷第五章《决胜全面建成小康社会 决战脱贫攻坚》节选，《习近平：关于全面建成小康社会补短板问题》《胡春华在克服疫情灾情影响确保如期全面脱贫电视电话会议上的讲话》《胡春华在东西部扶贫协作稳岗就业工作座谈会上的讲话》《刘永富在全国扶贫办主任座谈会上的讲话》。县领导出席会议。

△召开中共拜城县委2020年第十次脱贫攻坚专题会议，会议听取拜城县脱贫攻坚工作汇报，审议通过《2021年财政专项扶贫资金项目库》《2021年第一批财政专项扶贫资金项目清单》《拜城县扶贫龙头企业（扶贫龙头合作社）认定和管理意见》等，县领导参加会议。

△召开拜城县新冠肺炎疫情防控工作领导小组第三十五次会议，会议就贯彻落实9月13日自治区党委视频会议精神进行再部署。

15日 新疆华凌工贸（集团）有限公司董事长、总经理米恩华一行到拜城县考察调研，县委主要领导陪同。

16日 冀中能源峰峰集团

党委副书记、副董事长、总经理孟宪营一行到拜城县考察调研，并参加拜城县峰峰煤焦化有限公司察尔齐煤矿改扩建项目开工仪式。

△召开地区文旅系统推进高质量发展现场观摩会，地区文旅系统观摩团先后赴拜城县克孜尔丝路驿站、康其湿地公园、米吉克乡亚曼苏生态乐园等实地了解文旅融合、乡村旅游、公共文化服务体系建设等，并召开总结会，地区各县市文旅工作分管领导、文旅系统各单位和部门负责人参加会议。

17日　地委委员、宣传部部长到拜城县调研，先后赴拜城县融媒体中心、拜城县新时代文明实践中心、拜城镇滨河社区新时代文明实践站、米吉克乡库木买里村新时代文明实践站了解融媒体中心运行、媒体融合发展、新时代文明实践中心（站）阵地作用发挥、支援服务活动开展等情况，县委分管领导陪同调研。

△召开拜城县中央环保督察反馈意见整改任务第二十七项、第七十一项暨拜城县集中饮用水源地环境保护专项行动整改任务第391~395项县级验收会。县政府分管领导参加。

18日　召开中共拜城县委理论学习中心组第五次集体学习会议。会议学习习近平在全国抗击新冠肺炎疫情表彰大会上的重要讲话、习近平在中央第七次西藏工作座谈会上的重要讲话、习近平在纪念中国人民抗日战争暨世界反法西斯战争胜利75周年座谈会上的重要讲话、习近平在中央全面深化改革委员会第十五次会议上的讲话、习近平给建设和守护密云水库的乡亲们的回信、习近平向全国广大教师和教育工作者致以节日的祝贺和诚挚问候、全区巡视巡查工作会议暨九届自治区党委第十一次巡视动员部署会精神和《习近平谈治国理政——铸就中华文化新辉煌》等。

△召开中共拜城县委2020年第十三次常委会会议，会议听取拜城县党风廉政建设和反腐败工作情况汇报、拜城县2020年计划生育工作专题汇报，审议通过《拜城县2020年重点行业领域扫黑除恶专项整治工作方案》《拜城县关于强化知识产权保护的实施方案》《拜城县畜牧业高质量发展三年行动方案（2020—2022年）》《关于深化乡镇行政体制改革推进基层整合审批服务执法力量的具体落实方案》及干部议题。人大、政协主要领导列席会议。

19—20日　开展县委班子成员集中封闭式学习，并召开交流研讨会，会议由县委主要领导主持。

21日　拜城县对69名新提任交流干部进行任前谈话。

22日　召开2020年第三次安全生产委员会、安全生产专项整治三年行动工作专班例会暨中央环保督察反馈问题整改推进会。会议通报拜城县2020年第三季度安全生产情况及拜城中央环保督察反馈问题整改情况，对下一阶段安全生产重点工作、中央环保督察反馈问题整改工作进行了再安排再部署，要求各责任单位不断强化安全生产工作，加大重点行业领域监管，常态化开展安全生产专项检查和驻地巡查，进一步树牢底线思维、问题导向，全面做好中央环保督察反馈突出问题整改工作再推进、再落实。

△召开拜城县人民政府2020年第九次常务会议，专题研究脱贫攻坚工作，部署下一阶段工作。会议听取《拜城县脱贫攻坚近期工作开展情况汇报》。汇报指出，拜城县各乡镇、各专项组严格按照脱贫攻坚“三专一访”工作机制，以专题学习抓提升、专题研究抓部署、工作专班抓落实、遍访贫困对象解难题；2020年，上级下达至拜城县扶贫资金共5批次1.75亿元，共计安排项目56个。截至年末，完工项目53个，开工在建项目3个，累计拨付资金1.69亿元，拨付率96.59%；小额贴息贷款工作全面落实；全县各乡镇、各单位按照计划有序开展消费扶贫月活动；信息采集和动态管理工作按标准认真落实；“四色”信号灯监测预警工作

正常，扶贫档案规范管理工作有序进行。县政府主要领导主持会议。

△拜城县正式被全国爱国卫生运动委员会命名为“国家卫生县城”。

23日　地区医药卫生系统观摩组到拜城观摩拜城县医共体总医院赛里木镇分院、康其乡计划生育服务指导站、拜城县人民医院、拜城县大桥乡央都马村卫生室、拜城县医共体总医院大桥乡分院等地，并召开地区医改工作推进会，拜城县、沙雅县、库车市分别作交流发言，地区卫健委、财政局、市监局、医保局、疾控中心、地直医疗机构、计划生育指导所有关领导参会。

△温州市投资促进局局长等一行到拜城县开展温拜对口支援工作，先后赴亚曼苏生态乐园实地调研，并召开拜城县—温州市投资促进局对口支援工作座谈会。

24日　拜城县《谋绿色发展　建美丽新疆》宣传片在央视一套《新闻联播》播出，时长1分28秒。

25日　阿克苏地区厅级离退休干部23人一行赴拜城县考察调研，先后到亚曼苏湿地公园、东桥里市场、拜城县中央公园、拜城县温泉康养中心调研脱贫攻坚、乡村旅游、老城区改造、城市建设等工作，为拜城巩固脱贫攻坚成果同乡村振兴有效衔接提出指导性意见。

26日　浙江省民政厅副厅长江宇一行到拜城县考察调研，先后赴克孜尔红石林、克孜尔千佛洞、丝路驿站、亚曼苏生态乐园等实地查看。县分管领导陪同。

△地区厅级退休老干部一行14人到拜城县考察调研，先后赴亚曼苏生态乐园、东桥里市场、中央公园、铁热克温泉等实地查看，县委、县政府主要领导和分管领导陪同。

27日　温州市—拜城县对口支援工作座谈会在拜城县召开，温州市副市长陈应许一行8人到拜城县对口支援交流，先后赴亚曼苏生态乐园、康其湿地等实地查看，并召开座谈会，会议由县委副书记、援疆指挥部党委书记、指挥长池晓荣主持，拜城县委主要领导致欢迎词，温州市副市长陈应许讲话。还举行了捐赠仪式。温州市分别向拜城县农村饮水安全工程捐赠工作经费100万元，向拜城县各学校捐赠图书20万册，温州中港混凝土有限公司向拜城县铁热克镇农村幸福大院项目和拜城县克孜尔乡农村幸福大院项目分别捐赠10万元。县分管领导陪同。

28日　召开县委理论学习中心组2020年第十二次集体学习，专题学习第三次中央新疆工作座谈会精神，部署全县学习宣传贯彻工作。县领导出席会议。

△召开中共拜城县委2020年第八次常委会（扩大）会议，观看《华凌牛业田园综合体项目（策划案）》专题片，审议通过《华凌牛业田园综合体投资项目合同书（一）》《华凌牛业田园综合体投资项目合同书（二）》《华凌林业田园综合体投资项目合同书（三）》。县领导出席会议，征询未参会常委意见。

29日　召开拜城县第十六届人大常委会第二十五次会议，分别听取和审议关于拜城县2020年抗疫特别国债及特殊转移支付等直达资金预算调整方案的报告；听取和审议关于拜城县2020年政府债务限额及预算调整方案的报告；听取和审议关于动用预备费的报告；听取和审议关于亚吐尔乡、康其乡、大桥乡撤乡设镇的议案；听取和审议拜城县人民检察院关于开展公益诉讼工作整改落实情况的报告；听取和审议拜城县人民检察院刑事检查工作情况的报告；听取和审议关于对拜城县人民检察院刑事检查工作的执法检查报告；听取和审议拜城县人民法院诉讼服务中心建设工作情况的报告；通过人事任免。

30日　召开拜城县落实中央第六巡视组巡视新疆反馈问题和九届自治区党委巡视反馈问题整改自查工作动员部署会议。

△召开拜城县脱贫攻坚领

导小组第六次专题会议。听取《2020年财政扶贫专项资金项目进展情况汇报》、《2020年财政扶贫专项资金拨付进展情况汇报》、商工局、供销社精准扶贫档案管理工作进展情况汇报，审议《拜城县2020年度财政专项扶贫资金绩效自查自评方案》《拜城县2020年财政专项扶贫资金结余资金安排项目》，县分管领导、县有关部门主要负责人，各乡镇扶贫分管负责人参加会议。

是月 米吉克乡亚曼苏生态乐园创建为国家AAA级旅游景区。

10月

1日 新疆拜城华凌田园综合体项目在拜城开工建设。

3日 召开农业农村工作部署会议。会议传达自治区农村人居环境整治现场推进会、自治区深化农村集体产权制度改革工作现场推进会、地区冬播现场推进会会议精神，特别是自治区党委常委、区政府副主席艾尔肯·吐尼亚孜在会议上的讲话精神，学习《关于印发〈自治区农村人居环境整治三年行动目标任务完成情况评估工作方案〉的通知》等文件，并就加快推进秋管冬播、农产品销售、畜牧业发展、水利设施设备维护、动物防疫、农口项目建设资金支付等相关工作进行部署。

4日 召开中共拜城县委理论学习中心组2020年第十三次集体学习，深入学习《习近平总书记在湖南考察纪实》《习近平总书记在基层代表座谈会上的讲话》《习近平总书记在科学家座谈会上的讲话》《习近平总书记在中央政治局第二十三次集体学习时的讲话》《习近平总书记在新时代民营经济统战工作作出的重要指示》《习近平总书记在教育文化卫生体育领域专家代表座谈会上的讲话》《赵乐际和杨晓渡在十九届中央第六巡视工作动员部署会上的讲话》《陈全国关于食品安全作出的重要指示》《中国共产党基层组织选举工作条例》《党政主要负责人履行推进法治建设第一责任人职责规定》《关于精准运用〈党委（党组）运用监督执纪“第一种形态”实施办法（试行）〉的具体措施》等文件精神。

△召开中共拜城县委2020年第十四次常委会会议，会议审议通过《拜城县落实中央第六巡视组巡视新疆反馈问题和九届自治区党委巡视反馈问题整改自查情况综合报告》和干部议题。县委常委出席会议，人大、政协主要领导列席会议。

△召开中共拜城县委2020年第九次常委会（扩大）会议，会议听取拜城县民族团结进步创建工作汇报，审议拜城县创建自治区优秀平安县相关事宜、民族团结进步示范单位创建命名和“民族团结一家亲”联谊活动先进个人命名工作相关事宜等。县领导出席会议。

9日 召开拜城县自治区优秀平安县创建动员大会暨第二批民族团结进步示范单位命名大会，会议宣读民族团结进步示范单位命名决定，并就平安创建相关工作进行部署，县委主要领导作动员讲话。

△召开农业农村暨脱贫攻坚现场推进会。深入温巴什乡博斯坦村观摩农村人居环境整治、旱厕改造工作情况，温巴什乡托格拉克勒克买里村观摩温巴什乡垃圾清运暨污水处理长效管护机制运行情况。

△召开自治区优秀平安县创建动员大会暨第二批民族团结进步示范单位命名大会。

10日 召开拜城县经济工作协调会。

12日 举办武警阿克苏支队机动三中队新营区建设开工奠基仪式。

13日 拜城县各中小学开展“传承红色基因，争做新时代好队员”为主题的庆祝建队日系列活动。

14日 召开县委中心组2020年第八次脱贫攻坚专题理论学习，集中学习《习近平总书记论脱贫攻坚（2020年）》《习近平总书记向“摆脱贫困与政党的责任”国际理论研讨会致贺信》及自治区关于脱贫攻坚系列会议精神，观看《中国减贫 兼善天下》专题片。

△召开2020年第十一次县委脱贫攻坚专题会议，听取拜城县纪委监委扶贫领域腐败和作风问题专项治理第三季度工作汇报，研究审议《拜城县关于迎接国家2020年脱贫攻坚省际间交叉考核、第三方评估、财政资金绩效考评、中央巡视反馈问题整改、媒体暗访及稳岗就业6项考核工作方案》《2020年拜城县脱贫攻坚奖推荐候选人及候选组织名单》《关于开展2020年扶贫日系列活动计划》等议题，县委班子成员出席会议，人大、政协主要领导列席会议。

△召开2020年第十五次县委常委会会议，会议审议通过《关于调整充实拜城县意识形态工作领导小组成员的请示》《拜城县国民经济和社会发展第十四个五年规划纲要（2021—2025）》等，人大、政协主要领导列席会议。

15日　温州市平阳县委书记董智武一行16人到拜城县开展对口支援工作交流，先后赴拜城县温州大酒店施工现场等地实地查看，并举行平阳县援助拜城县乡村文化阵地建设项目、信息化建设项目、赛里木镇硝尔买里村资金捐赠仪式。县委主要领导和分管领导陪同。

16日　自治区人大常委会调研组到拜城县调研“十三五”规划实施情况、“十四五”规划编制情况和2020年自治区重点项目建设情况，先后赴G579线库拜玉公路（二期）建设项目、赛里木镇众合养殖小区建设项目、东桥里市场建设项目等地实地查看。

19日　召开温州市对口支援拜城县教育工作座谈会，会议由县委常委、副县长、温州市援疆指挥部副指挥长主持，温州市教育局党委专职副书记及县委分管领导出席。

19—20日　自治区人大代表一行到拜城县开展经济高质量发展、生态文明建设、民生等视察调研，先后赴大桥乡幸福大院、米吉克乡畜牧养殖小区、康其乡湿地公园、东桥里市场、雪莲幼儿园、众泰煤焦化有限公司20万吨煤气制甲醇项目基地、铁热克温泉小镇等地实地查看。

20日　乡镇供水站在编人员整体划转至拜城县城乡水务发展（集团）有限公司，实行企业化管理，保留原有编制人员身份。

22日　召开自治区“脱贫攻坚行动”暨“美丽庭院”建设现场推进会，自治区妇联党组成员、副主席常虹一行先后赴米吉克乡库木墩村、库木买里村、亚曼苏村实地参观美丽庭院建设、庭院经济发展、基层妇联组织建设、乡村旅游带动妇女就近创业、就业等情况，视频连线调度康其湿地、技工学校、拜城县诺奇有限责任公司等地了解乡村旅游、妇女培训就业、脱贫攻坚等。地委副秘书长、政策研究室主任颜画、地区妇联主要领导，县委主要领导和分管领导参加现场会。

△新疆冠农集团有限责任公司董事长刘中海一行到拜城县考察，并召开座谈会，会议由县委副书记、温州市援疆指挥部指挥长池晓荣主持，刘中海介绍了集团发展状况以及到拜城县考察重点领域、投资计划、今后打算等，县委书记彭刚详细介绍了拜城县经济社会发展、矿产资源、农牧业资源等情况，县分管领导参加座谈。

23日　共青团浙江省委党组成员、组织部部长等一行到拜城县调研，先后赴米吉克乡库木买里村、亚曼苏湿地，克孜尔千佛洞等地考察。

△县四套班子领导向杨宝仁、雷京辉、罗顺兴、孙玉华、吴锡臣、王继光、秦道德7名抗美援朝老战士颁发“中国人民志愿军抗美援朝出国作战70周年”纪念章。

△拜城县老虎台乡民兵骑兵连连史馆建成并对外开放。

24日　召开拜城县干部大会，县委书记彭刚主持会议并讲话。县领导出席会议。

△自治区妇联党组副书记、主席一行到拜城县对妇女儿童“两纲”、美丽庭院建

设、基层妇联组织建设等进行专题调研，先后赴赛里木站中心幼儿园、拜城镇滨河社区、拜城县七彩花幼儿园、拜城县妇幼保健院、米吉克乡库木墩村等地实地查看。

△召开拜城县新冠肺炎疫情防控工作领导小组第三十六次全体会议，传达10月24日自治区党委疫情防控调度会议和地委委员（扩大）会议精神，通报喀什地区疏附县新冠肺炎疫情情况，进一步部署疫情防控工作。县领导出席会议。

25日　召开拜城县疫情防控工作协调会议，研究解决疫情防控工作中出现的问题、困难。县领导出席会议。

△召开拜城县疫情防控工作调度会议。各乡镇党（工）委书记，卫生院院长，疾控中心、人民医院等单位负责人参加会议。

26日　召开拜城县新冠肺炎疫情防控工作领导小组第三十八次会议，会议传达10月26日地区疫情防控调度会议精神，进一步部署疫情防控工作。县领导出席会议。

△为期5天的2020温州国际时尚文化产业博览会在温州市博览中心拉开序幕，拜城县首次以展馆的形式，体验式、多角度、全方位地进行展示。拜城县展馆颇受关注，克孜尔模拟石窟体验赞不绝口、文旅产品交口赞誉。

28日至11月5日　拜城县在污水处理厂（塞栏杆）开展秋季全民植树造林，县四套班子成员，县直各单位、驻拜各单位全体参加植树造林。

30日　召开拜城县稳定形势分析研判会议，各乡镇、各专班分别汇报近期稳定工作开展情况，会议通报稳定形势并安排部署重点工作。县分管领导参加会议。

11月

2日　召开乡村振兴暨农业产业化高质量发展现场观摩会，先后赴新疆拜城华凌田园综合体项目建设、赛里木镇小城镇建设、亚吐尔乡266.67公顷色素辣椒种植、布隆乡核桃精深加工项目、拜城产业园牛羊肉精深加工及屠宰项目、拜城正大华融华新30万头生猪养殖基地、大宛其泡菜厂、察尔齐镇牛羊集中养殖小区、种鸽养殖基地、马铃薯产业化经营等地观摩，并召开总结会。

4日　召开拜城县防疫八项预警机制分析研判会，县委主要领导主持会议并部署工作。县有关领导出席会议。

△召开2020年县委网络安全和信息化委员会会议，传达学习习近平总书记关于网络强国战略的重要论述，研究审议《拜城县贯彻落实〈关于加快建立网络综合治理体系的意见〉的实施方案》《拜城县2020年网络安全工作报告》。县有关领导出席会议。

6日　召开2020年第十次政府常务会议。会议听取拜城县2020年扶贫资金项目进展情况及2021年项目编制情况、拜城县2020年1—10月财政专项扶贫资金及增减挂资金支付进度情况、10月份风险隐患排查工作、2020年药品安全监管及疫苗国家监管体系评估工作汇报等事项。审议拜城县消防救援事业高质量发展实施方案、拜城县2019—2021年河湖三年整治行动实施方案、拜城县河湖水域岸线保护和利用规划报告、拜城县用地事宜的请示等议题。县政府主要领导主持会议。

7日　地委副书记、行署专员、地区新冠肺炎疫情防控工作领导小组副组长到拜城调研常态化疫情防控各项工作。先后赴大桥乡新疆粮益佳农业开发有限公司拜城县应急储备面粉仓库、集中医学观察点、拜城县瑞丰物流园、拜城县锦绣康城小区、拜城县疫情防控指挥部应急物资储备仓库、中国邮政拜城分公司、拜城县米吉克养殖基地等地实地查看疫情防控物资储备、各项防疫措施落实情况。

△县委班子成员调整。经2020年11月10日地委委员会议研究决定：李铁任拜城县纪律检查委员会书记、监察委员会主任；海尔古丽·沙吾提任拜

城县委常委，免去拜城县人民政府副县长职务；张海波任拜城县副处长级；免去巴哈尔古丽·艾麦提拜城县纪律检查委员会书记、监察委员会主任职务；经2020年11月10日地委组织部部委会议研究同意：海尔古丽·沙吾提任拜城县委宣传部部长；免去李铁拜城县委宣传部部长职务。

8日　拜城县妇联在拜城镇滨河社区举行全国妇联“贫困母亲两癌救助”中央彩票公益金发放仪式。县妇联、县卫健委、县医保局、县人民医院等单位有关领导、各乡镇（管委会）妇联主席及受救助患病妇女参加发放仪式。为全县20名贫困“两癌”妇女每人发放1万元专项救助资金，共20万元，把党和政府的温暖与关怀送到患病妇女身边。同时，还争取阿克苏地区农村贫困妇女宫颈癌免费筛查项目3万元，为全县150名农村妇女进行宫颈癌HPV免费筛查。

10日　阿克苏地区生态环境局拜城县生态环境分局挂牌，阿克苏地区生态环境局主要领导、拜城县政府分管领导出席仪式。

11日　召开中共拜城县委理论学习中心组2020年第十四次集体学习。

△召开2020年第十二次县委脱贫攻坚专题会议，会议听取拜城县脱贫攻坚自查评估工作情况汇报、拜城县2020年扶贫资金项目进展情况及2021年项目编制情况汇报，审议通过《拜城县消费扶贫“三专一平台”运行管理方案》《拜城县2021年提前启动相关产业扶贫项目的请示》等。县领导参加会议。

△拜城县黑英山乡入选第十批全国“一村一品”示范村镇。

14日　召开拜城县人才工作会议，会议学习习近平总书记关于人才工作的重要论述，宣读《中共拜城县委 拜城县人民政府〈关于命名拜城县第一个管理期骨干人才的决定〉》《拜城县领导干部联系服务专家工作实施办法》，县委人才工作领导小组成员单位、拜城县第一个管理期骨干人才及单位主要领导参加会议。

△召开2020年第十次县委常委会（扩大）会议，会议审议《拜城县今冬明春常态化疫情防控工作督导方案》《关于成立拜城县入拜卡点疫情防控临时党委的请示》《关于建设入拜卡点全封闭式自动化消毒车间的请示》《关于成立拜城县集中隔离医学观察点临时党委的请示》等议题，县领导出席会议。

15日　拜城县召开今冬明春疫情防控部署会议，会议宣读《拜城县今冬明春常态化疫情防控工作督导方案》，县委主要领导出席并讲话。县领导参加会议。

16—18日　拜城县迎接自治区脱贫攻坚成效考核，自治区脱贫攻坚考核伊犁州交叉考核工作组实地抽查4个行政村（贫困出列村2个、非贫困村2个），调查农户48户（脱贫户32户，其中脱贫监测户16户；边缘易致贫户13户、一般户3户），核查各类政策项目2个，座谈访谈县乡村干部、人大代表、政协委员23人，调阅档案资料近400份。

19日　召开2020年第十七次县委常委会会议，会议听取《2020年度党政领导班子工作总结》《拜城县2020年意识形态工作汇报》《九届自治区党委第九巡视组巡视反馈问题整改落实情况报告》《十二届拜城县委2020年巡察反馈问题整改落实情况报告》，研究审议《关于调整中共拜城县委书记、副书记、常委分工的请示》《拜城县委管理领导班子和领导干部2020年度（绩效）考核工作方案》《拜城县事业单位管理岗位职员等级晋升工作实施方案（试行）》等和干部议题，县委班子成员出席，人大、政协主要领导列席会议。

20日　召开县委机构编制委员会2020年第二次会议，会议传达学习自治区地县经营类事业单位改革暨机构编制重点工作会议精神，听取《自收自支事业单位基本情况汇报》，研究审议《关于部分单位机构设置和编制调整的请示》《拜城县乡镇事业中心编制分配和人员转隶方案》《拜城县乡镇党政机关“三定”规定》《拜城县乡镇职责准入制度的请示》《关于深化机构改革中落实统一领导、统一管理和归口领导、归口管理有关要求的请示》等议题。县有关领导出席会议。

△浙江省博物馆原创展览“江南生活美学展”在拜城县图书馆开展，来自浙江省博物馆的研究人员为观众带来茶道表演和非物质文化手工香盘制作体验，让拜城县各族群众在家门口就能亲近感受浙江丰富的文化底蕴和江南的风雅生活。

21日 召开拜城县委2020年第一次财经委员会会议，会议听取《2020年组织收入情况及2021年收入措施汇报》《拜城县清欠民营企业、中小企业账款的情况汇报》《拜城县公务用车处置情况汇报》《拜城县盘活国有资产情况汇报》《拜城县疫情防控及政策落实补助经费情况汇报》，研究审议《拜城县委财经委员会议事决策规则》《关于申请处理财政专户以前年度往来账的请示》《有关单位申请专项财政资金的请示》等议题。县领导出席会议。

26—30日 拜城县代表团赴浙江省温州市参加“2020温州国际时尚文化产业博览会”，拜城县首次以展馆的形式，多角度、全方位地面向国际社会展示自己的独特魅力。在博览会的颁奖典礼上，拜城县创作的“拜城有礼”系列文创产品荣获2020温州国际时尚文化产业博览会文化创意奖，拜城馆荣获优秀展示奖，同时温州商报赞美拜城馆为最会“跳”的主题馆。

26日至12月5日 县四套班子领导、检法两院主要领导参加自治区地厅级干部中共十九届五中全会和第三次中央新疆工作座谈会精神集中轮训班。

28—29日 拜城县委班子在五楼常委会议室开展集中封闭学习，并进行集中交流研讨。

30日 拜城县人民政府召开2020年第十一次常务会。会议专题研究拜城县2020年扶贫项目资金进展情况及下一步工作计划、11月风险隐患排查情况，审议项目建设用地相关事宜，并就统筹常态化疫情防控和经济社会发展作安排部署。

是月 康其湿地景区创建为国家AAAA级旅游景区。

12月

2日 中共拜城县委理论学习中心组2020年第十五次集体学习，学习宣传贯彻中共十九届五中全会精神并进行部署，县领导参加会议。

4日 召开阿克苏地区2020年度拜城县（拜城县产业园区管委会）绩效综合考评工作会议，地区绩效综合考评组逐项反馈拜城县和产业园区管委会2020年绩效综合考评指标完成情况。县领导参加会议。

△拜城县十六届人大常委会召开第二十六次会议，会议听取和审议拜城县人民政府贯彻实施《自治区民族团结工作条例》《自治区去极端化条例》情况的报告；关于对拜城县人民政府贯彻实施《自治区民族团结工作条例》《自治区去极端化条例》情况的执法检查报告；拜城县人民政府落实整改《自治区物业管理条例》情况的报告以及关于跟踪《自治区物业管理条例》整改情况的调研报告，并通过相关决议。

△拜城县布隆乡牙斯热木英阿依玛克村被命名为首批自治区民主法治示范村。

8日 举行学习贯彻中共十九届五中全会精神阿克苏地委宣讲团拜城县宣讲报告会，报告会由县委书记彭刚主持，地委宣讲团成员、地区林草局党委书记李新斌作专题宣讲报告。县领导参加会议。

△召开拜城县新冠肺炎疫情防控工作领导小组第四十一次全体会议，分析研判当前严峻形势，指出疫情防控存在的问题，对进一步做好今冬明春疫情防控工作再部署。县领导出席会议。

△县安委会召开2020年第

四次全体会议暨防灾减灾救灾工作会议。县分管领导通报2020年全县安全生产和防灾减灾救灾工作开展情况，并对岁末年初拜城县安全生产和防灾减灾救灾重点工作进行部署。要求县直各单位各部门和各乡镇，要进一步强化岁末年初安全生产检查，强化安全生产宣传教育，强化应急救援能力建设，加强节日期间应急值守，严格执行领导干部带班，关键岗位24小时值班制度，确保一旦发生事故灾害，能有力、有序、有效抢险救援，全力保障人民群众生命财产安全。

△召开2021年固定资产投资项目推进会。县分管领导主持会议并讲话。

9日　召开2020年第十三次县委脱贫攻坚专题会议，研究审议《拜城县2020年度脱贫攻坚“冬季攻势”工作方案》《拜城县关于进一步深化中央第六巡视组脱贫攻坚专项巡视“回头看”反馈意见整改工作方案》《拜城县关于进一步做好消费扶贫工作的通知》《拜城县2021年中央提前下达财政专项扶贫资金项目》等议题，县领导出席会议。

△参加2020年自治区“百名法学家百场报告会”法治宣讲阿克苏专场报告会，自治区党委党校法学部教授、自治区依法治疆宣讲团成员、自治区“百名法学家百场报告会”宣讲专家团成员李崇林专题授课。

△召开拜城县煤矿火区治理和非煤矿山安全生产全面排查整顿协调会议。会议决定成立煤矿火区治理和非煤矿山安全生产全面排查整顿领导小组，围绕火区治理和非煤矿山手续是否齐全、在拜办理手续是否符合相关法律法规规定、是否按照自治区发改委批准设计和自治区林草局草原复垦方案实施、煤矿火区治理处置是否符合要求、是否存在安全生产隐患、是否存在农民工欠薪问题、维稳措施落实是否到位、是否按规定缴纳税金8个方面进行逐项排查整顿，县领导，县直有关单位负责人参加会议。

11日　启动拜城县科级干部学习贯彻中共十九届五中全会和第三次中央新疆工作座谈会精神培训班，县委副书记、县长主持开班仪式，县委主要领导作首场宣讲报告。县领导出席会议。

△召开拜城县脱贫攻坚“冬季攻势”动员部署会议，会议由县委副书记买买提江·莫力主持，县委书记彭刚出席会议并讲话。县领导出席会议。

△拜城县团结小学被命名为全国民族团结进步示范区示范单位。

14—16日　国家卫健委调研组一行到拜城县，就紧密型县域医疗卫生共同体建设试点工作开展调研。先后前往医共体总医院赛里木镇分院、医共体总医院县人民医院、医共体总医院大桥乡分院、大桥乡央都马村卫生室实地查看，并召开座谈会。

15日　老虎台乡民兵骑兵连连史馆被地区评为“地区级民族团结示范教育基地”。

16日　召开拜城县国土空间规划“三线”划定工作座谈会，会议听取国土空间规划“三线划定”情况，并就进一步做好规划进行研究探讨。县有关领导参加会议。

△召开拜城县城市经济工作务虚会，会议听取经济口各单位2020年工作开展情况及2021年工作思路，就推进金晖100万吨PVC、新拜铁路、煤矿、煤层气开发、天然气化工、大理石、小城镇建设、水厂运营、标准化厂房运营、玉米烘干产业健康发展、交通运输行业健康发展、焦炭行业健康发展12个重点项目进行研究，县领导参加会议。

17日　召开拜城县农业农村经济工作务虚会，会议听取30万头生猪、20万头牛、200万只羊、1000万只家禽规模化养殖、蔬菜产业、马铃薯产业、大蒜产业、设施农业项目、辣椒产业、核桃深加工等项目谋划推进情况。

27日　拜城县社科联召开会员代表大会。会议深入学习习近平总书记关于社会科学方面的重要论述，选举新一届社科联领导机构，听取社科联工作进展情况，分析当前社科联工作面临的形式和任务，研究部署2021年社科联工作的具体措施。成员单位分管领导、各协会负责人、部分会员代表参加了会议。

28日　拜城县人民政府召开2020年第十二次常务会议。会议专题研究脱贫攻坚相关工作，听取2021年中央提前下达财政专项扶贫资金项目进展情况、拜城县关于贯彻落实国务院第七次大督查反馈意见整改工作报告和安全生产工作汇报和拜城县“点线面”工作汇报，参会领导和列席会议的相关负责人就议题进行讨论和修正。

29日　中共拜城县委理论学习中心组2020年第十六次集体学习，就如何贯彻落实好中央经济工作会议精神进行研讨发言。

△拜城县团委、复旦大学研究生支教团、复旦大学爱心公益站在拜城县康其乡开展“民族团结一家亲”爱心衣物捐赠活动。

30日　召开中共拜城县第十二届委员会第七次全体（扩大）会议，县委书记彭刚作《站在新起点 开启新征程 完整准确贯彻落实新时代党的治疆方略 朝着建设和谐富裕文明幸福美丽拜城阔步迈进》主题报告，并就《中共拜城县委关于制定国民经济和社会发展第十四个五年规划和二〇三五年远景目标的建议》向大会作说明。县四套班子领导出席会议，检法两院领导、拜城县产业园区领导、县委第十二届委员、候补委员、纪委委员、监委委员、县直各单位各部门主要负责人、各乡镇（管委会）党政主要领导、自治区、地区驻拜各单位主要负责人参会。

31日　召开拜城县新冠肺炎疫情防控工作领导小组第四十三次全体会议。会议学习贯彻习近平总书记关于统筹推进疫情防控和经济社会发展的重要讲话和重要指示批示精神，贯彻落实自治区党委、地委关于常态化疫情防控工作部署要求，特别是12月29日地区疫情防控视频会议精神，分析形势、明确任务，对元旦、春节期间疫情防控工作进行再部署、再强调。县领导参加会议。

是月　察尔其镇被阿克苏地区民族团结进步创建领导小组命名为地区民族团结进步示范乡镇。

概 况

位置面积

【境域区位】 拜城县位于新疆维吾尔自治区西南部，天山山脉中段南麓，却勒塔格山北缘的山间盆地。木扎提河穿境而过，境内自西向东5条大河分布，拜城倚水而生。水资源丰富，夹南北山间的拜城盆地，是在古生代海西运动时地台和地槽经过褶皱断裂而形成的，蕴藏大量矿产资源。盆地呈北高南低，自然坡度较大，在各条大河作用下，逐渐形成营养丰富的洪积冲积扇，成为全县发展农牧业的优厚基础。根据地貌轮廓、构造特征及沉积物特征，境内呈“山间小盆地”总体轮廓。木扎提谷地自古以来就是连接南疆与伊犁至中亚、西亚的通道，战略位置十分重要。占天时之机，得地利之宜，物华天宝，人杰地灵，有着“富城”“煤都”等美誉。

【地理位置】 县境地处天山山脉中段南麓，新疆维吾尔自治区中部偏西，塔里木盆地边缘，北纬41°24′28"~42°51′41"，东经80°37′19"~83°02′36"，处于渭干河流域上游（木扎提河）、却勒塔格山北缘的山间盆地。东与库车县毗邻，西与温宿县相接，南与新和县相望，北靠天山，与伊犁哈萨克自治州相连。地域辽阔，资源丰富，沃野千里，地肥水美，成就了拜城人民繁衍生息的累世伟业。县政府驻地拜城镇，居于县域中心，距阿克苏地区行署驻地阿克苏市公路里程169千米，距新疆维吾尔自治区首府乌鲁木齐市公路里程860千米。

【地形地貌】 拜城县东西长约197.5千米，南北宽约116千米，总面积1.91万平方千米。地势西北高东南低，自西向东倾斜，自然坡度较大，境内5条大河皆发源于北部冰川。北面是雄伟的天山主干，海拔多在4500米以上；西部和南部是却勒塔格山，海拔1180~1400米。阿克塔什山间盆地位于天山主干南麓与克孜尔山之间，拜城山间盆地位于克孜尔山与却勒塔格山之中。北面天山冰峰是储量极为丰富的固体水库，阿克塔什盆地的地下水储量大，素有“明布拉克”（千眼泉）之称，由泉水汇成众多地下河，形成巨川大河，并穿越前山流入拜城盆地。

区划沿革

【历史沿革】 拜城自古以来就是中国领土不可分割的一部分。西汉时期，县境为龟兹、姑墨属地。西汉神爵二年（前60年），汉政权设置西域都护府，拜城随龟兹、姑墨归属于西域都护府，正式纳入汉朝版图。东汉改西域都护府为西域长史府，继续行使管理西域的职权。东汉永寿四年（158年），龟兹左将军刘平国进驻拜城，建关凿岩戍边，留有刘平国治关亭诵石刻。唐代，中央政权设置安西大都护府和北庭大都护府，统辖天山南北，拜城建有拜、赛里木城两城，为龟兹七十二城之两城。宋代，西域地方政权与宋朝保持着朝贡关系，高昌回鹘尊中朝（宋）为舅，自称西州外甥。喀喇汗王朝多次派使臣向宋朝朝贡。元代，设北庭都元帅府、宣慰司等管理军政事务，加强了对西域的管辖。南宋淳祐十二年（1252年），西域实行行省制。明代，中央政权设立哈密卫作为管理西域事务的机构。清代，清政府平定准噶尔叛乱，中国西北国界得以确定。此后，对新疆地区实行更加系统的治理政策。康熙四十五年（1706年），设拜和赛里木两城，隶属于阿克苏办事大臣管辖。乾隆二十七年（1762年），设立伊犁将军，实行军政合一的军府体制。光绪八年（1882年），将拜、赛里木两城合置建县，定名拜城。光绪十年（1884年），在新疆地区建省，并取"故土新归"之意，改称西域为"新疆"。1912年，新疆响应辛亥革命，成为中华民国的一个行省。民国时期，拜城县为阿克苏行政区所辖。1949年中华人民共和国成立，新疆和平解放，拜城县回到人民的怀抱。

【行政区划】 19世纪初，拜城、赛里木两城未合并时，拜城辖有18个庄：亢济克里、伏雅尔坦、布隆、塔克齐、布依哈、伊塔尔齐、托干卜尔尼、央尼亮噶尔、卧土巴什、雅土拉、散卜丁、阿拉尔、乌苏克延、伯里克齐、洋阿爱玛克、噶哈尔、哈喇乌子鲁克、楚申；赛里木辖有9个庄：河子尔、卡伊尔、蜡帕尔、提杂哈依胡、爱里克、托克逊、济尔噶朗、布干、哈拉多巴。光绪三十四年（1908年），拜城县设4个乡，辖21个大庄46个小村。1931年，拜城县下设1个镇、4个区，32个村。中华人民共和国成立后，全县共有4个区，下辖1个镇，18个乡，一区（热斯台区）辖拜城镇、奥依买里乡、米吉克乡、乌斯开木乡、亚阔坦乡、米斯铁米乡、大黑米子乡、布隆乡、康其乡、苏干乡，二区（亚吐尔区）辖亚吐尔乡、花园乡、温巴什乡，三区（赛里木区）辖赛里木乡、黑英山乡、托克逊乡，四区（察尔齐区）辖察尔齐乡、大宛其乡、老虎台乡。

【乡镇建置】 1956年，区、乡合并，全县下设1个镇、5个区，25个乡、4个居民委员会、1个蔬菜大队。1958年人民公社化时，县设9个人民公社、2个场，辖25个管理区，148个大队，8个公社牧场。1980年，恢复拜城镇，下辖4个街道居民委员会、4个生产大队（蔬菜大队，第二、三、四生产大队）；团结人民公社只辖原公社的第五至十三生产大队和牧场。1984年10月，人民公社改设乡镇。1985年，设铁热克镇，辖境为原铁热克山区及原团结公社十三大队、康其公社十四大队。全县设2个镇、11个乡、3个场，辖132个村、4个居民委员会、11个乡牧场。2000年12月，察尔齐农场撤场设镇。2002年9月，赛里木乡撤乡设镇。全县有4个镇、10个乡、2个场、9个社区居民委员会、132个村民委员会、13个乡（镇、场）办牧场、29个农场连队（全民）、18个农场集体连（村委会）、315个自然村、597个村民小组。2020年，全县有4个镇、10个乡、1个管委会、20个社区居民委员会（16个城镇社区、4个农村社区）、157个行政村、658个村民小组。

人口民族

【人口】 全县人口主要聚集于天山与却勒塔格山之间的绿洲盆地，由东向西呈长条状分布于各乡镇和北部矿区，以南（省道307线）两侧为最密，北部山区人口分布稀疏且分散。1882年，拜城县有人口8618户47639人。1949年，全县有17618户77872人。中华人民共和国成立后，除1960年人口下降外，其他年份都处于增长态势。1990年，有37083户169518人。2000年，第五次人口普查时，全县有44799户196015人。2010年，第六次人口普查时，全县有总人口6.09万户22.92万人。2020年，全县总人口237492人，其中城镇人口57267人、乡村人口180225人。

【民族】 公元前5世纪，境内有龟兹人、羌人、塞人居住。汉西域都护府设立后，汉人、羌人、乌孙人相继迁入拜城。13世纪，蒙古人进入县境。16世纪后，哈萨克族、柯尔克孜族也陆续进入拜城地区。清代，境内主要有维吾尔族、汉族、回族、哈萨克族、柯尔克孜族、蒙古族等民族。民国时期，境内主要有维吾尔族、汉族、回族、柯尔克孜族和哈萨克族等民族。中华人民共和国成立后，先后有壮族、满族、乌孜别克族、锡伯族、朝鲜族、俄罗斯族、东乡族和苗族等民族融入本地。2000年，县境内居住的民族主要有15个，即维吾尔族、汉族、回族、柯尔克孜族、哈萨克族、壮族、满族、蒙古族、乌孜别克族、锡伯族、苗族、土家族、达斡尔族、东乡族、朝鲜族。2020年，境内有维吾尔族、汉族、柯尔克孜族、回族、蒙古族、俄罗斯族、哈萨克族、畲族、傈僳族、满族、傣族、水族、裕固族、达斡尔族、白族、乌孜别克族、瑶族、侗族、土家族、锡伯族、布依族、土族、苗族、藏族、壮族、东乡族、塔塔尔族、塔吉克族28个民族。

地理环境

【地质演变】 中生代侏罗纪早期，天山地区的山前坳陷地区和拜城山间盆地的边缘，气候温和，雨量充沛，森林茂密，形成一套煤系地层。侏罗纪中晚期，此地气候变得炎热干燥，继而又形成一套含膏盐的沙砾岩红层。侏罗纪中晚期，天山地区受印度板块北漂移应力的影响，继续缓慢上升，并且在应力作用下，南天山地区产生若干条东西走向的逆断层。逆断层之间的地质体在南北挤压应力作用下，沿着逆断层向上逆冲升高。在此地质演变过程中，岩浆的强烈运动和板块碰撞，为拜城地区带来极为丰富的矿产资源。

【地理特点】 震旦纪时期，新疆地区大部分地区被海水所覆盖，拜城地域处于塔里木海和天山海之中。至奥陶纪末，受加里东地质运动影响，新疆及拜城境内陆地开始上升，形成众多山脉丘陵。石炭纪早期，又受华力西构造运动的影响，地壳变动强烈，构造格局发生重大变化。以后又经过二叠纪、三叠纪等几次大的地壳运动，到第四纪，形成地理环境为：北为天山，南为却勒塔格山，中央为拜城盆地。北依天山，南靠却勒塔格山，兼有山地、峡谷、平原、盆地等不同的地貌，自然景观雄浑苍劲、独特奇异。

【河流水文】 背靠天山“固体水库”，境内水系发达，河流密布，水资源丰富。水资源分布极不平衡，分布呈现“西富东贫”状况，夏季降水量少，蒸发量大等特点。其地表水资源全部为山区降水，融冰雪水补给，通过木扎提河、喀普斯浪河、台勒维丘克河、喀拉苏河、克孜尔河注入盆地，汇入渭干河。2020年，各河流年径流量27.43亿立方米，加各处溢出泉水3.45亿立方米，每年地表总径流量30.88亿立方米，灌溉水源比较丰富。根据《新疆阿克苏地区拜城县地下水资源开发利用与保护规划案》，拜城县地下水总补给量6.4076亿立方米，拜城县地下水可开采量2.7983亿立方米，现状开采量仅为1095万立方米；占地下水资源量的1.71%，地下水的开发潜力巨大。境内天山“湿岛”效应明显，降水比较充沛，是发育拜城众多河流源头。就季节而言，河流表现出“虎头蛇尾”特性，上游山区段，峡谷深切，大河奔流，支脉众多，风光秀丽。

【气候物候】 拜城县地处中纬度大陆深处，远离海洋，属大陆性温带干旱气候。夏季凉爽，降水较多，蒸发量大；冬季寒冷，降水（雪）较少，气候干燥，温度的年、日变化较大。因地形复杂，县境内各地气候又有明显差异，自东向西，自南向北，可分为4个不同的气候区。东部热量较多，降水较少，日照充足，夏季炎热，冬季寒冷，春季多大风；中部平原热量充足，降水一般，夏季凉爽，冬季寒冷；西部气候凉爽，降水较多。2020年，拜城县气象局出现7次大风实况、4次大风降雨实况、12次降水实况、3次降雪实况，由于预报准，服务好，损失小。

【日照光能】 拜城有“日光城”的美誉。境内日照丰富，光能源可用率高，太阳光辐射量全年可达67.9千卡/厘米^2，能被植物吸收利用的生理辐射68.1千卡/厘米^2。其中4—9月的日照1564.3小时（由南向北递减），有利于作物光合作用。全年太阳能总辐射量119.45~143.34千卡/厘米^2，可与青藏高原媲美，开发前景十分广阔。中部平原四季分明，山区不甚明显，一般半年冷半年暖。四季中，春季最长，冬季次之，夏季最短。春季天气多变，气温忽高忽低，易出现晚霜和倒春寒。2020年气候条件较好，气象条件利于农林作物生长和采摘，灾害天气为近年最少，对农林作物生长来说是风调雨顺的丰产年。年降水量均较历年偏少，积温与上年和历年同期比较基本偏多，林果开花期、萌芽期气象条件好，热量条件充足，采摘期天气晴朗，光热充足。

【气温积温】 2020年气候平均气温为8.8℃，比历年平均值偏高0.6℃，年最高气温为36.3℃，出现在8月8日，年最低气温为-18.2℃，出现在12月25日、29日；年总降水量为79.3毫米，比历年值偏少57.3毫米，年总日照时数2156.4小时，比历年偏少791.6小时。

【降水蒸发】 拜城县境内山区降水比较丰富和稳定，平原降水少，降水量的地理分布自北向南，由西向东递减，北部高山年降水量200毫米以上，中山地带年降水量150毫米左右，中间平原降水量95毫米。西部年降水量120毫米，东部年降水量80毫米。降水的季节变化明显，夏季多，冬季少。降水集中在5—8月，占全年降水量的56.8%。年平均绝对湿度63%，冬季相对湿度最大78%，4—5月相对湿度最小，为46%，表现出春季干旱气候特征。2020年春季平均气温较历年偏高2.0℃，降水量较历年偏少23.1毫米（74%）。夏季平均气温较历年偏低0.2℃，降水较历年偏少9.3毫米（15%）。秋季平均气温较历年偏低0.8℃，降水较历年偏少21.2毫米（69%），冬季平均气温较历年偏低0.3℃，降水较历年偏少2.6毫米。

自然资源

【土地资源】 拜城县位于新疆维吾尔自治区西南部，天山山脉中段南麓，却勒塔格山北缘山间盆地，渭干河干流上游区，县境东西长198.7千米，南北宽140千米，辖区总面积1588933.22公顷。拜城县北以天山为界与伊犁地区昭苏县、特克斯县相接，南以却勒塔格山为界与新和县相连，东与库车县、和静县毗邻，西以木扎提河为界与温宿县相望。县城距乌鲁木齐市直线距离514千米，公路里程860千米；西距阿克苏地区行署驻地阿克苏市公路里程169千米，东距库车110千米，省道217线、省道307线横穿县境。2020年，拜城县辖区总面积为1588933.22公顷，其中，农用地面积为848034.59公顷，占土地总面积的53.37%；建设用地总面积125857.77公顷，占土地总面积的7.92%；其他土地面积615137.96公顷，占土地总面积的38.71%。

【分布特点】 境内山区地带性土壤为灰钙土，隐域性土壤以草甸土和草甸沼泽土分布较广，草甸盐土则面积较小。中部地带性土壤为棕色荒漠土和石膏棕色荒漠土。在洪积扇边缘和河流沿岸则分布着盐化草甸土，在距现代河道较远的古代冲积平原上，则分布着龟裂性土或残余盐土。在滨湖地区则分布着草甸盐土、盐土或滨湖盐土等。土地资源丰富，类型多样，山地多，平地少，耕地比重少，农业用地绝对数量多，人均占有量较少，各类土地资源分布不均，土地生产力地区差异显著。境内山区山体高大，受垂直带影响，降水普遍增多，且多以冰、雪形式存在。山地洪水冲走大量的固体风化碎屑物沉积于山麓地带，形成倾斜平原。

【土壤】 拜城盆地的土壤形成过程分为自然成土过程和人工灌耕熟化过程，前者为自然土壤，后者为农业土壤。根据拜城县第二次土壤普查，有土类10个、亚类25个、土属29个、土种32个、15个变种。主要有灌淤土，面积170平方千米，占总耕地面积的23.28%，土质疏松，保肥保水，水肥气热协调，供肥性能好，适宜种多种农作物，是县境内较好的耕地；潮土，面积100平方千米，占总耕地面积的13.7%；棕漠土，面积600平方千米，占盆地绿洲面积的15.2%；水稻土，面积52平方千米，占总耕地面积的7.12%。另外。还有草甸土、沼泽土、盐化土、风砂土、棕钙土、栗钙土等多种土壤类型。棕漠土面积最大，其他土种属灌溉灰色棕漠土。

【土壤养分】 全县各乡（镇、场）在农业生产过程中，使用对环境友好的绿色农用化学品（绿色化肥、绿色农药、绿色地膜等），改善农业生产技术，减少农业污染物产生，减低农业生产和产品服务过程中对环境和人类的风险。向农民推广普及安全使用化肥、农药、兽药、饲料添加剂和动植物生长激素等知识，从生产环节防治农田污染。依法管理耕地质量，加强耕地质量建设和管理，实施地力培肥、土壤改良、养分平衡、质量修复等措施。从土壤分析结构来看，全县20厘米耕层土壤养分平均含量为有机质1.59%，全氮0.081%，速氮400ppm（百万比），速磷3ppm，速钾202ppm、pH值8.2。土壤偏碱性，有机含量较低，普遍少氮、极度缺磷，含钾丰富，肥力中等偏低，在此种肥力条件下，不给予必要的投入，提高单产有一定难度。拜城县平原为农业区，土地连片，耕地平缓，有利于大中型农业机械耕作，山区农业区土地大片连片坡度较小而且土层较厚，土质疏松。

【林业资源】 拜城地处天山中段南麓。境内有发源于天山深处的5条河流，水源丰富，气候凉爽，适宜多种树木生长。营林条件比较优越，发展林业特别是发展速生树木潜力很大，各种杨树10年左右即可成材。1978年后，县林业生产被纳入国家“三北”防护林计划，县委、县政府贯彻落实各项林业政策，加强造林和林木养护，林业生产快速发展。2020年度森林资源调查报告结果显示，全县森林面积110100公顷。其中，天然林面积85793.33公顷、人工林面积24306.67公顷（防护林面积98944.61公顷、林果兼用林面积8573.43公顷），森林覆盖率为6.8%。

【矿产资源】 拜城县域独特的地质构造和地理环境，孕育了拜城县丰富的矿产资源，是全疆的矿产资源大县之一。矿产资源特点是能源矿产及石灰岩、岩盐的储量多，矿床规模大，找矿前景好，居优势地位。而金属矿产及其他非金属矿产，矿点分布广、勘查投入小，前景不明朗。境内已探明矿产资源8大类58种，既有能源、化工、建材、冶浦、宝玉石非金属矿产，亦有黑色、有色、稀有、贵重金属矿产。其中，石油、天然气、煤、饰面花岗岩、红柱石、霞石正长岩、岩盐更是独具优势，除此之外，还有锰矿、硅石、重晶石、萤石、云母、宝玉石、水泥灰岩、水泥配料页岩及凝灰岩。其中部分优势矿产远景潜力很大，以原煤、天然气、霞石、红柱石、锰矿、重晶石、麦饭石及大理石等矿藏储量最大。

【能源资源】 拜城县重视能源建设，利用丰富的能源资源，加快能源工业结构调整，使能源资源优势转化为经济优势。按照减量化、再利用、资源化的原则，以提高能源资源利用效率为中心，以节能、节水、节地、节材、资源综合利用为重点，通过加快产业结构调整，推进技术进步，加强法治建设，完善政策措施，强化节约意识，建立长效机制，形成节约型增长方式和消费方式，促进经济社会可持续发展。抓住部分行业产能过剩时机，加快淘汰浪费能源资源、污染环境的落后工艺、技术和设备。加强宏观调控，遏制盲目投资、低水平重复建设，限制高耗能、高耗水、高污染产业的发展。

【植被】 拜城县境内植被资源较为丰富，享有“植物王国”的美誉，每季的景色都有显著的特点。春天满目新绿，夏天百花争放，秋天霜打红叶，冬天银装素裹，有童话般的情趣。自然植被有荒漠草原、荒漠、草甸、沼泽、盐生5种植被类型。主要植被有野蔷薇、锦鸡儿、苔草、宾草、针茅、茵陈蒿、枇杷柴、假木贼、蒿、麻黄、红柳、苦豆子、苦艾、灰条、芦苇、芨芨草、稗草、狗尾巴、野苜蓿、马兰、车前、毛蜡等。主要栽培农作物及蔬菜有冬麦、春麦、大麦、玉米、高粱、水稻、棉花、糜子、黄豆、豌豆、绿豆、蚕豆、油菜、胡麻、红花、油葵、葵花、西瓜、哈密瓜、黄瓜、菜瓜、冬瓜、南瓜、苦瓜、丝瓜、西葫芦、水萝卜、春萝卜、蔓菁、胡萝卜、冬白菜、春白菜、油白菜、菠菜、芹菜、花茶、莲花白、芥菜、烟草、大麻、蓖麻、茴香、甜菜、啤酒花、苜蓿、红花、枸杞、亚麻、加工番茄等，主要栽培的树种有新疆杨、银白杨、箭杆杨、大叶杨、小叶杨、柳、洋槐、椿、榆、圆冠榆、龙爪柳、柏、白蜡、桧柏、法国梧桐等。

【动物资源】 拜城县境内山高林密，草原遍布，气候多样，植被繁多，为各类珍禽异兽提供生活栖息的环境。珍禽异兽种类繁多，造就拜城“自然活字典”的基因宝库，境内有180多种动物生存繁衍。其中，兽类有野猪、北山羊、狼、狐、雪豹、马鹿、旱獭、水獭、草兔、草原斑猫、黄羊、羚羊、青羊（大头羊）、野马、野驴、棕熊、猞猁等26种；蛇虫类有蟾蜍、蜣螂、蜻蜓、螳螂、蟋蟀、蚰蜒、壁虎、蜥蜴等14种；鸟类有金雕、秃鹫、猎隼、高山雪鸡、石鸡、斑翅山鹑、暗腹雪鸡、野鸡、岩鸽、山斑鸠、三趾啄木鸟、角百灵、家燕等58种；鱼类有尖嘴鱼、大头鱼、麦穗鱼、穿条鱼、鲫鱼；昆虫类有寡刺等爪拟短角蜢、异色雏蝗、实蝽、朝鲜果蝽、甘蓝菜蝽、亚姬缘蝽、西北斑花蝽、云杉大蚜、甘蓝蚜、拜城泰无网蚜（新种）等77种。

【植物资源】 拜城境内山川秀美，林海茫茫，河流遍布，气候宜人。加之山区海拔的梯级变化，气候温寒不一，为多种不同类别的植物生长创造条件。境内主要有6大类300种植物。其中苔藓门有地线、对叶藓、丛生真藓、刺叶真藓、长蒴丝瓜藓、刺叶小鼠尾藓等18种；蕨类门有问荆、木贼、扇羽阴地蕨等8种；裸子类有雪岭杉、新疆方枝柏、叉子圆柏、中麻黄、细子麻黄5种；被子门有额河杨、帕米尔杨、银白杨、绒毛杨、密叶杨、白柳、蓝叶柳、灰柳、山柳、密慧柳、细稳柳、天山桦等166种；真菌在境内从平原到山区都有广泛分布，平原地带真菌种类较少，主要生长在农田、草滩、树干以及牛马粪上，境内各类真菌有37种；地衣有皮果衣、灰绿鳞网衣、糙聚盘衣、旱梅衣、茸刺雪花衣、蜈蚣衣、蓝绿痢屑衣等。

经济社会发展基本情况

【综合】 2020年，全县实现地区生产总值（GDP）93.43亿元，比上年增长10.0%。其中，第一产业增加值14.85亿元，比上年增长6.4%；第二产业增加值46.32亿元，比上年增长14.5%；第三产业增加值32.26亿元，比上年增长6.2%。第一产业增加值占地区生产总值比重为15.89%，第二产业增加值比重为49.58%，第三产业增加值比重为34.53%。

2020年年末，城镇居民人均可支配收入32914元，比上年增长1.0%；农村居民人均可支配收入15051元，比上年增长9.8%；农村居民人均纯收入16388元，比上年增长10.0%。

【农业】 2020年全年实现农林牧渔业总产值42.69亿元，按可比价计算，比上年增长6.4%。其中，农业产值25.21亿元，比上年增长8.7%；林业产值0.33亿元，比上年增长5.3%；畜牧业产值12.56亿元，比上年增长2.4%；渔业产值0.90亿元，比上年增长5.1%；农林牧渔服务业产值3.69亿元，比上年增长7112%。

全年正复播农作物播种面积7.41万公顷，比上年下降0.7%。其中，粮食5.68万公顷，比上年下降16.3%；油料0.17万公顷，比上年下降50.7%；甜菜0.08万公顷，比上年下降14.7%；蔬菜0.66万公顷，比上年下降47.9%。

全年粮食产量（含薯类）42.97万吨，比上年下降15.8%；油料0.40万吨，比上年下降45.6%；甜菜7.76万吨，比上年下降14.2%；蔬菜29.41万吨，比上年下降15.5%。

全县年末主要牲畜存栏142.67万头（只），比上年增长9.7%。出栏100.12万头（只），比上年增长9.6%。猪牛羊肉总产量3.26万吨，比上年下降7.9%。其中，牛肉产量1.10万吨，比上年增长23.6%；羊肉产量1.90万吨，比上年下降9.1%；猪肉产量0.26万吨，比上年下降53.6%；禽肉产量0.12万吨，比上年下降64.7%；禽蛋产量0.19万吨，比上年下降50.0%；牛奶产量0.66万吨，比上年下降28.3%。

2020年年末，农业机械总动力50.37万千瓦，比上年增长1.0%；拥有大中型拖拉机12242台，比上年增长1.0%；小型拖拉机9252台，比上年增长0.1%；农作物机耕率108.1%；农作物机播率88.4%；化肥施用量（折纯）3.25万吨，比上年减少0.1%。

拥有农业产业化经营组织345家，比上年增加76家，自治区级以上农业产业化重点龙头企业6家。农产品加工（流通）企业36家（其中规模以上企业达到10家），比上年增加5家；农产品加工（流通）业总产值比上年增长15.1%。

【工业和建筑业】 2020年，完成全口径工业增加值41.74亿元，比上年增长14.0%。其中，规模以上工业完成增加值34.59亿元，比上年增长20.0%。在规模以上工业中，分经济类型来看，国有控股企业增加值比上年增长18.4%；股份制企业增加值比上年增长20.0%；私营企业增加值比上年增长12.9%。分门类看，采矿业增加值比上年增长14.8%；制造业增加值比上年增长26.0%；电力、热力、燃气及水生产和供应业增加值比上年增长94.4%。

分行业来看，煤炭开采和洗选业增加值比上年增长16.9%；有色金属矿采选业增加值比上年下降85.5%；开采专业及辅助性活动增加值比上年下降25.1%；农副食品加工业增加值比上年增长100%；酒、饮料和精制茶制造业增加值比上年下降8.4%；纺织业增加值比上年下降72.7%；化学原料和化学制品制造业增加值比上年下降14.5%；电力、热力生产和供应业增加值比上年下降10.2%；石油加工、炼焦和核燃料加工业增加值比上年增长33.9%；非金属矿物制品业增加值比上年增长16.7%。

全年发电量达32686.79万千瓦时，全社会用电量115503.01万千瓦时，比上年增长7.2%。其中，全行业用电合计104955.03万千瓦时，比上年增长5.3%；城乡居民生活用电合计10547.98万千瓦时，比上年增长30.8%。全行业用电中工业用电量为65384.54万千瓦时，比上年增长11.5%。

全年全县建筑业增加值4.58亿元，比上年增长23.1%。

【国内贸易】 全年实现社会消费品零售总额20.26亿元，比上年增长13.8%。其中，城镇消费品零售额15.74亿元，比上年增长13.2%；乡村消费品零售额4.52亿元，比上年下降4.2%。

按行业划分，批发业零售收入35.87亿元，比上年增长4.8%；零售业零售额18.23亿元，比上年增长16.3%；住宿业零售收入0.37亿元，比上年增长0.6%。

按消费形态划分，商品零售收入18.40亿元，增长15.8%；餐饮收入3.51亿元，增长2.3%。

在限额以上企业商品零售额中，粮油、食品比上年增长35.3%；饮料类比上年增长22.9%；日用品类比上年增长270.4%；文化办公用品类比上年增长352%；建筑及装潢材料类比上年增长1.4%；石油及制品类比上年增长7.4%；汽车类比上年增长28.4%。

【交通、邮电和旅游】 全年公路货物运输总量340.36万吨，比上年减少9.1%，货物周转量34036万吨千米，比上年减少9.1%；公路旅客运输总量21.9万人次，比上年减少43.3%，旅客周转量3387万人·千米，比上年减少43.3%。年末民用汽车保有量13973辆，同比增长15.38%，其中，个人汽车11972辆，增长18.85%。民用轿车保有量6479辆，同比增长13.89%，其中个人轿车5791辆，同比增长16.82%。

旅客发送量21.9万人次，比上年减少28.68万人次。

2020年，全年电信业务总量13917.49万元，同比增长10.3%。年末光端口总容量7.09万门，同比增长6.6%；年末固定电话用户1.31万户，同比下降4.3%。其中，城市电话用户0.63万户，同比下降3%，农村电话用户0.69万户，同比下降1.3%；移动电话用户23.48万户，同比增长12.3%；互联网用户10.09万户，同比增长6.1%。

电信业务总量中，国内长途电话达26.1万分钟。2020年，固定电话普及率达到5.5部/百人；移动电话普及率达到98.9部/百人。

邮政业务总量990万元，比上年增长9.6%，邮政业务中，快递包件10.98万件，特快专递5.82万件。

2020年年末，拜城县共有旅游星级饭店2个，与同期持平。共接待国内外游客156.34万人次，比上年增加25.64万人次，增长19.62%。实现旅游总收入7.68亿元。

【财政和金融】 全年全口径财政收入34.34亿元，比上年增长6.0%。地方财政收入18.49亿元，比上年增长10.1%。其中，公共预算收入17.2亿元，比上年增长6.6%；政府性基金预算收入1.29亿元，比上年增长95.9%。全年地方财政支出46.66亿元，比上年增长12.5%。其中，公共预算支出42.3亿元，比上年增长9.8%。全年民生支出31.08亿元，占公共财政预算支出的73.5%。其中教育支出9.0亿元，占民生财政支出的29.0%；社会保障和就业支出3.59亿元，占民生财政支出的11.6%；医疗卫生与计划生育支出3.96亿元，占民生财政支出的12.7%；住房保障支出2.21亿元，占民生财政支出的7.1%。政府性基金预算支出4.36亿元，比上年增长48.8%。

2020年年末，全部金融机构人民币各项存款余额达99.89亿元，比年初增加15.15亿元。其中，单位存款余额35.06亿元，比年初增加7.24亿元，个人存款余额64.83亿元，比年初增加79.07亿元。各项贷款余额73.51亿元，比年初增加12.57亿元，其中个人贷款17.39亿元，比上年增加4.7亿元。

2020年年末，主要农村金融机构（农村信用社、农村商业银行、邮政储蓄银行）人民币贷款余额35.72亿元，比年初增加5.18亿元。

【固定资产投资】 全年完成固定资产投资（不含农户）比上年增长25.3%。其中，第一产业投资比上年增长69.2%；第二产业投资比上年增长1.6%；第三产业投资比上年增长7.5%。在第二产业投资中，工业投资比上年增长1.6%。

房地产开发投资6.36亿元，比上年增长82.5%。房屋施工面积48.68万平方米，比上年增长136%；竣工面积8.32万平方米，比上年增长91%。商品房销售面积14.44万平方米，比上年增长112%；销售额4.82亿元，比上年增长108%。

【教育、科学技术】 2020年年末，共有普通中学18所。其中，高中2所，初中9所，九年一贯制学校7所。高中全年招生1596人，在校生4671人，毕业生1542人。初中全年招生3669人，在校生10447人，毕业生3351人。

小学87所，招生5432人，在校生27558人，毕业生3969人。

幼儿园136所，招生3069人，在园幼儿12964人，毕业幼儿5536人。

小学学龄儿童纯入学率99.6%；小学毕业生升入初中升学率100%；初中毕业升入高中升学率99.5%。

全县组织申报2020年地区级科技计划项目5项，成功立项1项，全年争取地区级科技兴阿项目经费10万元。

【文化、卫生】 2020年年末，拥有文化馆1个、文化站16个、公共图书馆1个、博物馆1个、文管所1个。拥有广播站13座，广播综合人口覆盖率99.0%。有电视台1座，电视人口综合覆盖率98.5%。有线数字电视用户5300户，比上年减少1%。有艺术表演团体1个，演出场次105次，其中下乡演出105次。

卫生和社会服务事业不断改善。年末全县共有医疗卫生机构183个。其中，医院5个（含三个私立医院），卫生院15个，妇幼保健院（所、站）1个，疾病预防控制中心（防疫站）1个，计划生育服务站1个，村卫生室146个，营利性医疗机构13个、医务室1个。卫生技术人员1248人（含村医），其中执业医师和执业助理医师351人（含个体诊所），注册护士468人（含个体诊所）。医疗卫生机构实有床位1290张，其中医院床位815张（含3个私立医院）、乡镇卫生院床位475张。

【资源、环境和安全生产】 拜城县境内原油探明储量613万吨，天然气储量2.3万亿立方米。

拜城县境内已累计探明6处油气田（含油气构造）。其中有6个油气田已开发，2020年，拜城县境内生产原油10.92万吨，比上年增长21.0%，生产天然气188.90亿立方米，比上年增长7.4%。

全年共完成废气污染物二氧化硫减排项目3个、氮氧化物减排项目3个，完成废水污染物化学需氧量减排项目4个，完成氨氮减排项目3个。

全县污水处理厂2座，城镇生活污水处理率100%，垃圾处理站1个。

全年完成造林面积0.20万公顷，合格率89.0%，森林面积11.01万公顷，森林覆盖率6.8%，2020年无自然保护区、湿地恢复项目。

2020年，拥有国家级公益林面积8.435万公顷，地方公益林面积2.23万公顷，林地面积11.72万公顷。

全年共发生各类生产安全事故2起，与上年持平。其中，各类事故死亡人数2人，比上年上升100%；受伤人数1人，比上年下降91%；直接经济损失87万元，事故直接经济损失上升100%；亿元国民生产总值（2020年GDP为93.43亿元）

安全生产事故死亡率2%，比上年上升100%。其中，工矿企业（不含煤矿）事故死亡人数0人，与上年持平；煤炭企业事故死亡人数1人，比上年上升100%；道路交通死亡事故人数1人，与上年持平。

【劳动就业和社会保障】 2020年年末，全县城镇从业人员32294人，新增就业4875人；城镇登记失业率0.73%；农村富余劳动力转移就业31811人；就业困难人员实现就业397人，应届高校毕业生就业率97.1%；培训各类人员4538人。

全县各项社会保险（养老、失业、工伤）参保16.63万人（次），征缴基金3.03亿元，待遇支付1.88亿元，新增发放社会保障卡16006张。三项社会保险参保人数达16.2万人（次），城乡居民养老保险参保人数达112273人。其中，全县基本养老保险参保人数达20589人，征缴养老保险费2.59亿元，城乡居民养老保险参保人数达112273人，征缴养老保险费3079.93万元；失业保险参保人数达16390人，征缴基金988.66万元；工伤保险参保人数达17014人，征缴基金369.9万元。

全县各项社会保险基金支出1.88亿元。其中，城镇职工基本养老保险发放养老金1.47亿元，足额发放率和社会化发放率均为100%；城乡居民基本养老保险发放养老金3119.44万元；支付失业、工伤保险待遇分别为57.31万元、866.9万元。

2020年年末，城镇居民最低生活保障人数1286人，保障费用比上年减少305.79万元，比上年下降30.9%。农村居民最低生活保障人数11500人，比上年减少701人，比上年减少0.1%。

年末有各类收养性社会福利单位及设施6个，拥有床位数1000张，收养人数921人。全年销售福利彩票2250万元，筹集公益金180万元。

说明：

1. 本公报中数据为预计数。

2. 生产总值（GDP）、总产值及各产业增加值绝对数按现价计算，增长速度按可比价格计算。

3. 规模以上工业指国有及年主要业务收入2000万元以上的非国有工业企业。

中国共产党拜城县委员会

综　述

2020年，拜城县委团结带领全县各族干部群众，沉着有力应对各种风险挑战，统筹推进疫情防控和经济社会高质量发展，完整准确贯彻新时代党的治疆方略和自治区党委“1+3”重点工作部署，采取超常规思维和举措，敢于担当、迎难而上，拼付出、用全力，完成全年经济社会发展目标任务，各项事业取得新的重大成就。2020年，全年实现地方生产总值93.43亿元，增长10.0%，规模以上工业增加值34.59亿元，增长20%，社会消费品零售总额20.26亿元，增长13.7%，累计完成固定资产投资76.34亿元，增长25.3%，地方一般公共财政预算收入17.2亿元，增长6.6%，招商引资到位资金82.82亿元，增长54.83%。

重要会议

【县委十二届五次全体（扩大）会议】　2020年1月10日，拜城县第十二届委员会第五次全体（扩大）会议召开。会议由县委副书记、县长买买提江·莫力主持，县委书记彭刚作题为《坚守初心 担当使命 砥砺奋进 坚定不移贯彻落实新时代党的治疆方略 奋力交好决胜全面建成小康社会的拜城答卷》的主题报告。会议主要任务是：坚持以习近平新时代中国特色社会主义思想为指引，深入贯彻落实中共十九大，十九届二中、三中、四中全会精神和自治区党委九届七次、八次全会及地委（扩大）会议精神，回顾总结2019年工作，科学分析当前形势，部署2020年工作，动员全县各级党组织和广大党员干部，坚守初心、担当使命、砥砺奋进，坚定不移贯彻落实新时代党的治疆方略，奋力交好决胜全面建成小康社会的拜城答卷。

【县委十二届六次全体（扩大）会议】　2020年3月11日，拜城县第十二届委员会第六次全体（扩大）会议召开。县委书记彭刚作题为《初心如磐 使命在肩 决战决胜奋力交好全面建成小康社会的优秀答卷》的主题报告，会议主要任务是：坚持以习近平新时代中国特色社会主义思想为指导，全面贯彻落实中共十九大，十九届二中、三中、四中全会精神，深入学习贯彻习近平总书记关于脱贫攻坚重要论述精神，贯彻落实习近平总书记在决战决胜脱贫攻坚座谈会上的重要讲话精神，贯彻落实党中央、自治区党委和地委关于坚决打赢脱贫攻坚战各项决策部署，咬定目标、聚焦打赢，分析形势、部署任务，全县动员、全员参战，集结最强兵力、鼓足最大干劲、保持最硬作风，搞好脱贫攻坚总复习，考出决胜战役好成绩，以必胜信念，坚决同全国一道完成全面建成小康社会历史伟业。

【县委十二届七次全体（扩大）会议】 2020年12月30日，拜城县第十二届委员会第七次全体（扩大）会议召开。县委书记彭刚作题为《站在新起点 开启新征程 完整准确贯彻落实新时代党的治疆方略 朝着建设和谐富裕文明幸福美丽拜城阔步迈进》的主题报告，会议主要任务是：坚持以习近平新时代中国特色社会主义思想为指引，深入贯彻落实中共十九大和十九届二中、三中、四中、五中全会精神，贯彻落实第二次、第三次中央新疆工作座谈会和自治区党委九届十次、十一次全会及地委（扩大）会议精神，全面总结2020年工作，系统总结新时代拜城稳定发展改革奋斗历程和经验，科学分析当前形势，明确“十四五”战略举措和2035年远景目标，部署“十四五”开局之年各项工作，动员全县各级党组织和广大党员干部，不忘初心、牢记使命，站在新起点、开启新征程，完整准确贯彻落实新时代党的治疆方略，接续奋斗、乘势而上，朝着建设和谐富裕文明幸福美丽拜城阔步迈进。

【县委常委会】 2020年，县委统筹推进疫情防控和经济社会高质量发展，完整准确贯彻新时代党的治疆方略和自治区党委“1+3”重点工作部署，对事关全县稳定发展改革等重大问题进行决策，召开18次常委会会议、10次常委会（扩大）会议。

【“不忘初心、牢记使命”主题教育总结大会】 2020年1月13日，拜城县“不忘初心、牢记使命”主题教育总结大会召开。会议由县委副书记、县长买买提江·莫力主持，县委书记、县“不忘初心、牢记使命”主题教育小组组长彭刚和地区第四巡回指导组组长吐鲁洪·马木提出席并讲话。

【稳定工作会议】 2020年1月18日，2020年拜城县委稳定工作会议召开。会议由县委副书记、县长买买提江·莫力主持，县委书记彭刚作动员讲话。

【创建民族团结示范县动员大会】 2020年1月18日，拜城县创建民族团结示范县动员大会召开。会议由县委副书记、县长买买提江·莫力主持，县委书记彭刚作动员讲话。

【新型冠状病毒肺炎疫情防控工作领导小组全体会议】 2020年1月23日，拜城县新型冠状病毒感染的肺炎疫情防控工作领导小组第一次全体会议召开。会议由县委书记彭刚主持，传达学习自治区党委、地委关于疫情防控的重要部署，进一步研究部署疫情防控工作。2020年，拜城县召开43次新型冠状病毒肺炎疫情防控工作领导小组全体会议，及时传达中央、自治区、地区疫情防控的部署，分析研判疫情形势，查找存在的问题和不足，研究安排解决疫情防控措施办法。

【脱贫攻坚专题会议】 2020年1月17日，中共拜城县委2020年第一次脱贫攻坚专题会议召开。会议审议《拜城县2020年脱贫攻坚巩固提升工作方案》《2019年地区脱贫攻坚奖推荐候选人及候选组织》《2020年自治区财政专项扶贫资金项目计划》。2020年，拜城县召开13次脱贫攻坚专题会议，听取脱贫攻坚汇报，查找存在的问题和不足，研究部署解决脱贫攻坚措施办法。

【农业农村工作会议】 2020年4月13日，县委2020年农业农村工作会议召开。会议由县委副书记、县长买买提江·莫力主持，县委书记彭刚出席并讲话。

重要决策

【重要机制】 2020年，经济工作方面：建立健全项目联席会议制度和定期排名通报制度，实行周调度、月例会、重大事项临时会议、集中审批、现场协调等项目推进制度，加强对经济的分析和调度。研究制定“台账式管理、算账式推进、全过程监测”机制，对重大项目、重大工程列入清单管理。疫情防控方面：研究制定《拜城县常态化疫情防控预警机制的实施方案》，构建起“一项机制、一套措施、一个专班”的责任落实体系；制定《拜城县全域落实落细常态化疫情防控八项预警机制工作方案》，构建起“人人都是防疫员、人人都是监测员”的全域工作格局。

【重要文件】　2020年6月8日，县委、县政府研究制定《拜城县关于加速推进小城镇建设的指导意见（试行）》，提出按照“一年有起色、两年见成效、三年大变样”阶段目标，坚持“改造、完善、提升”的原则，积极构建“一线两翼多点”城镇体系（以S307沿线7个乡镇为主线，以察尔齐镇、赛里木镇为两翼开展综合试点，建设铁热克镇、黑英山乡、老虎台乡、温巴什乡、布隆乡等多个独具特色的小城镇）。2020年，启动S307沿线7个乡镇小城镇加速推进试点，力争年底有2个以上小城镇建设为样板，在此基础上，总结经验，再用两年时间完成县域内所有乡镇（管委会）小城镇建设。

绩效考评

【综述】　2020年，拜城县在总结和继承往年好的做法和经验的基础上，从考评体系、指标内容及权重设置、考评方式及定等奖惩等方面进行了修改完善，编制形成了《拜城县2020年度绩效综合考评办法》。2020年度绩效综合考评继续实行百分制考评，考评体系实行“3+1”［指标考评、满意度测评、领导评价+百分制外加（扣）分］综合考评模式，考评单位为15个乡镇（管委会）和51个县直目标责任单位，由县绩效考评办统筹负责组织实施年终绩效综合考评。各乡镇（管委会）和县直目标责任单位的绩效综合考评综合得分按高低排序，根据定等规则确定考评初步等次，与县直二级（事业单位）的考评初步定等结果经县委常委会会议审议通过，确定等次，兑现奖惩。

【目标绩效管理绩效考评等次】　2020年度，乡镇（管委会）绩效综合考评等次：“优秀”乡镇4个：察尔齐镇、赛里木镇、亚吐尔乡、老虎台乡；“优良”乡镇7个：米吉克乡、拜城镇、温巴什乡、康其乡、克孜尔乡、黑英山乡、铁热克镇；“合格”乡镇（管委会）4个：布隆乡、托克逊乡、大宛其管委会、大桥乡。2020年度县直目标责任单位绩效综合考评等次：“优秀”单位17个：县委办公室（机要保密局、档案馆、机关后勤办、专用通信局）、政府办公室（外事办、大数据发展服务中心）、政法委（法学会、网格中心）、农业农村局（扶贫开发办、畜牧兽医局、农业综合行政执法大队）、组织部（老干局、公务员局、党员教育中心、干部信息中心、老干老年活动中心）、宣传部（新闻出版局）、发改委（粮食和物资储备局）、法院、检察院、网信办（互联网信息办）、统计局、应急管理局、商工局（油区服务协调中心）、纪委监委（巡察办）、团县委、人社局、医保局；“优良”单位24个：人大办公室、统战部［民宗局、侨务办、工商联（商会）、归国华侨联合会］、公安局、司法局、信访局、水利局、人影办、供销社、市监局（知识产权局、市场监管综合执法队）、财政局（金融办、国资办）、住建局、审计局、环保局、编办、妇联、党校（阿克苏地区行政学院拜城分院）、机关工委、史志办、卫健委、教科局（民族语言文字工作委员会）、文旅局（文物局）、民政局、退役军人事务局、科协；“合格”单位7个：政协办公室、林草局、自然资源局、交通运输局、行政服务中心（公共资源交易中心）、总工会、残联。县直二级（事业）单位绩效综合考评等次："优秀"单位18个：维稳指挥中心、人武部（地方编制人员）、农业产业化服务办公室、农村能源环境监测站、农业技术推广站、投资项目服务中心、价格认定中心、粮食监督稽查大队、普查中心、社会经济调查队（农调队）、安全生产监察大队、自然灾害综合监测预警中心、宣传中心、社会科学界联合会、文学艺术界联合会、融媒体中心（广播电视台）、宣传文化产品鉴定中心、医疗保障服务中心；"优良"单位38个：伊协、政治学校、技工学校、公安局机关事务保障中心、公安局专业巡逻防控队、公安局森林派出所（公安局森林警察大队）、群众信访接待中心、农业检验检测中心、兽医站、农机技术推广站、农村经营管理局、种子管理站、水利局水利规划设计管理中心、水利局农村饮水安全工程管理站（水利局农村供水总站）、水资源总站、国有资产服务中心、会计核算中心、城乡建设服务中心、市政环卫服务中心、园林绿化管理处、检验检测中心、固定资产投资服务保障中心、教育保障中心、教育研究中心、文化馆、克孜尔歌舞团、流动人口计划生育服务管理办公室、卫生局卫生监督所、乡镇卫生院财务核算中心、计划生育协会、社会福利院、最低生活保障工作管理办公室（居民家庭经济状况核对中心）、康宁福利院、托克逊乡敬老院、察尔齐镇敬老院、老虎台乡敬老院、殡葬管理所、退役军人服务中心；"合格"单位19个：新疆农业广播电视学校拜城分校、牧业机械服务站、林业管理站、护林办公室、木扎提河湿地自然保护区管理站、草原工作站、托克逊林果科技示范园管理站、水利局水政监察大队、新疆大头鱼自然保护区保护站、水利局工程质量监督与造价管理站、养路队、困难职工帮扶中心（工人文化宫）、图书馆、电影放映管理中心、体育活动中心（青少年业余体校）、计划生育服务站、红十字会、疾病预防控制中心、妇幼保健院。垂管单位绩效综合考评等次：国家安全局、税务局、气象局、消防救援大队定等为"优秀"。地区2020年度绩效综合考评等次：产业园区管委会定等为"优良"等次。

（方向远）

党办工作

【概况】 中共拜城县委办公室（以下简称"县委办公室"）是县委的综合部门，是县委履行领导职责的参谋助手，负责按照县委要求协调有关方面开展工作，承担县委运行保障具体事务。县委办公室下列秘书室、信息调研室、督查考评室、综合室、档案监督指导室、县委全面深化改革委员会办公室、县委国家安全委员会办公室、县委财经委员会办公室等内设机构，现有行政编制32名，事业编制10名、参公编制23名，其中科级领导职数7名；实有在编干部44名（含"访惠聚"驻村干部11名），县委机关为第一党支部，下设党小组2个，现有正式党员45名，预备党员4名，入党积极分子4名，入党申请人2名。2020年，在县委的正确领导和关心支持下，县委办公室紧紧围绕县委中心工作，坚持"高水平谋事、高效率办事、高质量服务"，认真贯彻落实县委各项决策部署，积极主动开展服务，不断创新工作思路，进一步提高为领导、为基层、为群众服务的水平，在理论学习、职能职责发挥、服务县委中心工作等各项工作方面取得了较好成绩，有力推动县委各项工作高效快捷运转。

【办文办会】 2020年，县委办公室始终把做好参谋服务摆在核心位置，坚持以文辅政，会议筹备、服务水平不断提升，努力在以文辅政上不断做出新成绩。紧紧围绕县委的重大决策部署，紧贴领导思路，坚持用最明确的形式反映最真实的情况，用最简短的篇幅容纳最丰富的内容，用最朴实的语言表达最深刻的道理，在文稿质量上花大力气，下苦功夫，优质高效地做好各类文稿起草工作。2020年，起草领导讲话80余份，印发县委（县委办公室）文件120份，编发各类会议纪要110余份。在公文传递上，对上下级公文坚持做到传送有专人、处理有登记、超时有提醒，力求公文零停留。规范文件报备制度，强化发文源头管控，确保了公文质量。严格做好各类会议的把关、精简、协调、组织实施等工作，严控会议规模、数量，尽可能压缩会议时间，减少参会人员和出席领导，切实做到精文减会。是年，先后承办县委常委会、干部大会及自治区、地区各类视频会议等，无重大失误和差错。

【信息工作】 2020年，县委办公室紧扣中央、自治区党委、地委和县委重大决策部署，围绕社会稳定形势、经济运行形势、重点项目建设、社会反映热点难点问题，努力撰写高质量、深层次综合信息，使县委的重大决策、重大活动情况得到及时上报。选择调研具有全局性、综合性、前瞻性的重点课题，组织各乡镇（管委会）、县直相关部门开展调研活动，提出一些较为有效的解决思路和办法，及时形成文字材料上报县委和地委办公室、政研室，得到有关领导的肯定和认同。2020年，累计向自治区党委信息室、地委信息室上报《拜城信息》352期，被采用70余篇。完成各类调研报告23篇，为县委领导掌握情况、正确决策和各乡镇、县直各单位相互借鉴先进经验，提供了有价值的参考信息。

【深化改革】 2020年，县委办公室坚定坚决贯彻落实自治区党委、地委系列改革任务要求，调整优化7个改革专项小组，召开深改委会议、改革工作推进会5次，印发《2020年改革工作要点》，明确了7个领域130项年度改革目标任务，编制《2020年拜城县委政府领导领衔重大改革任务清单》，明确由16名县领导领衔的17项重大改革任务，确保改革工作有序开展、高效推进。同时积极向地委改革办及自治区党委改革办报送改革经验信息45篇，拜城县紧密型医共体改革试点典型经验被中国改革年鉴收录，综治直通车、现代医院管理制度改革、“三变”商事登记制度改革等30余篇特色改革经验做法分别被人民网、《中国经济报》、改革网、《新疆日报》、《阿克苏日报》、《调研与思考》等中央、自治区、地区期刊网站及改革内刊刊载。坚持重点领域和关键环节改革攻坚，推进正大华融华新30万头生猪、牛羊肉精深加工及屠宰，10万亩生态林，华凌田园综合体等项目稳步开展；探索实施“两办四中心”“五办六中心”乡镇行政管理模式，成效显著，有效推动社会治理、经济生态、农业农村、社会事业、宣传文化、党的建设和纪律检查7个领域改革，取得突破性进展。

【机要保密专用通信工作】 2020年，县委机要保密局紧紧围绕社会稳定和长治久安“总目标”，深刻领会习近平总书记对机要密码工作作出的重要指示批示的精神实质和重大意义，增强“四个意识”，坚定“四个自信”，做到“两个维护”，坚持守正创新，不断提升密码通信、信息技术和网络空间密码保障能力，不断提升机要密码依法治理能力，推动新时代党的机要密码事业不断创新发展。严格执行机要密码24小时值班制度，确保机要密码工作安全运行。2020年，全年共收发2835份电报，批办总量为9225份电报，未发生延误、错办、漏办等现象。研究制定《拜城县强边工程实施方案》，并通过地区审核，工程总经费预算为176.888万元，其中本级工程经费预算为75.834万元，完成第一阶段全部设备的部署配装使用。广泛开展《中华人民共和国密码法》宣传工作，建立健全《中华人民共和国密码法》，贯彻落实机制。同时，按照“县乡政令安全传输系统”建设要求对全县15个乡镇（管委会）不符合“三铁两器”的场所进行整改。2020年，在全县范围内开展6次保密监督检查指导工作，全年未发生一起失泄密事故。

【机关党委工作】 2020年，县委机关各党支部严格落实“三会一课”制度、“5+X”主题党日活动。以《中国共产党支部工作条例（试行）》为准，结合“两学一做”学习教育工作的开展，分别制定“三会一课”“5+X”主题党日等活动计划，确保每月至少开展一次主题党日活动，机关各党支部书记主持研究确定主题和内容并组织实施，严格落实党员领导干部参加双重组织生活制度。机关各党支部认真组织开展“领袖（红色）故事进机关、红色图书进机关、红色党课进机关、红色家书进机关”等“四进机关”主题活动，运用红色文化资源，促使党员干部悟初心、守初心、践初心。结合巩固拓展“不忘初心、牢记使命”主题教育成果，大力实施“重温入党志愿、过政治生日、颂红色家书、唱革命歌曲、讲初心事迹、讲党史国史、讲方志故事、讲家教家风”8项“初心工程”，教育引导广大党员干部学初心、忆初心、树初心、葆初心、践初心，补齐精神上的“钙”，提高政治斗争本领和服务群众能力。认真落实《中国共产党发展党员工作细则》，严把发展党员“入口关”，严格按照党员入党流程做好发展党员工作，培养入党积极分子26名，发展对象6名，预备党员13名，转正党员2名。

【办公用房管理】 2020年，县机关后勤办对全县党政机关办公用房进行全面测绘，建立全县党政机关办公用房管理信息平台，实现全疆统一系统管理，全县办公用房总建筑面积182416.96平方米，办公用房使用面积27305.79平方米，全部录入管理平台，实行统一管理、调配。对一些职能变化、人员增减较大的部门，合理合规进行了办公用房相应调整和分配。全县党政机关各级干部职工办公用房配备使用均符合规定。

【公务用车规范】 2020年，县机关后勤办清理处置违规车辆108辆。其中，拍卖53辆，拍卖收入全部上缴国库；为17家党政机关、事业单位调剂公务用车22辆；清退借用、占用企业车辆6辆；报废处置24辆，已核销固定资产；收缴违规配备车辆3辆，移交县机关后勤办统一管理。按照自治区机关事务管理局的统一部署，建立全县党政机关、事业单位公务用车管理信息平台，完成全县公务车辆信息录入工作。

【后勤保障】 2020年，县机关后勤办立足“高效、务实、周密、节俭、安全”，全力以赴做好机关后勤保障服务工作。坚持统筹兼顾、注重细节、高效运转，有效解决后勤供应保障工作中人力调配、车辆调度、物资采购，对外合作以及供水、供电、供暖和卫生保洁、会议服务、值班备勤等困难和问题，强化财政资金后勤支出管理和机关资产管理，健全物资采购、分配保管及公勤人员工作制度，保证机关后勤工作不出差错，高效安全运行。制定领导干部带班值班制度，规范带班值班要求，督促各单位根据带班值班的落实情况设计紧急突发情形，制定相应处突预案，不定时进行预案演练，组织防震应急疏散演练1次，组织维稳应急处突演练2次。承担县委、县政府承办的各项大型会议和各单位部门临时安排的会议，2020年，保障各类会议服务共410余次。按照“八项预警机制”工作要求，积极做好行政办公区域五幢联合办公楼、干部周转宿舍楼常态化新冠肺炎疫情防控工作。

【公务接待】 2020年，县机关后勤办严格贯彻落实中央八项规定和厉行节约反对浪费的有关规定，认真执行公务接待规定，严控接待标准，规范接待行为，实行公务接待一批客人一次结算、一次一报的原则，做到“一函三单”齐全予以报销。2020年，同比下降10.8%。

【档案馆藏】 拜城县档案馆馆藏文书档案共157个全宗，其中中华人民共和国成立前有2个全宗，即清代档案和民国档案，新中国成立后有155个全宗。档案馆现馆藏文书档案72147卷123400件，时间跨度从清光绪、宣统、民国、中华人民共和国成立至今，内容涵盖全县党政机关重要资料、重大活动（项目）、婚姻社保、公证民生等各方面。馆藏资料27077册，分政治类图书、语言文学类图书、经济类图书、综合类图书及各类党内期刊，馆藏会计档案10906卷（册）。

【征集接收】 2020年，县档案馆根据《关于做好拜城县深化党政机构改革有关档案工作的通知》要求，制定《拜城县深化党政机构改革档案处置移交工作方案》，细化工作措施和工作流程，为政府办、教科局、人社局、水利局、农业农村局等49个涉改单位做好档案业务指导和服务工作。档案馆工作人员采取集中培训、现场指导、以干代训等方式开展业务指导450余场次，接收档案2641卷（册）55624件，其中文书档案894卷55624件、会计档案1747卷（册）。

【档案服务】 2020年，县档案馆承担着馆藏档案资料的接收、管理和提供利用等工作，共接待查档者1499人次，调阅档案37035卷次12541件次，为机关单位职工及各族群众在领导决策、工龄认定、养老保险缴纳、婚姻状况证明、身份核实、房产交易、落实待遇等方面提供查考依据，提供复制件5500余页，在服务经济社会建设、保障公民合法权益方面发挥了重要作用。

【规范化管理】 2020年，县档案馆采取集中培训、现场指导、以干代训等方式，不断抓好县直单位文书档案规范整理，并根据《关于做好新型冠状病毒肺炎疫情防控期间档案工作的通知》，对疫情防控期间涉及档案的收集、整理、保管期限、利用和清理、交接等工作提出具体要求。同时，采取线上交流和线下指导相结合的方式，与县疫情防控指挥部相关人员就做好疫情档案建档工作及时进行沟通交流，有效确保防疫档案的完整齐全，为今后疫情防控研究提供参考。开展精准扶贫专题培训班6期，累计培训档案人员500余人次，分县直、乡镇（管委会）两组采取“现场练兵”、上门指导、电话咨询等档案业务指导方式抓实、抓好精准扶贫档案业务指导，确保了全县精准扶贫档案规范管理。合理规划设置档案库房、查阅区、功能区，配置防盗防火安全门，硬件设施齐全完备，并保持档案室环境整洁、通风，定期做好防火、防潮、防蛀、防盗、防光、防高温等安全检查，确保档案馆万无一失，实现档案管理工作规范化、科学化。

【学习培训】 2020年，县委办公室全面落实“三会一课”、集中学习等学习制度，通过领导干部领学、集中上课导学、日常强化自学等方式，深入系统地学习习近平新时代中国特色社会主义思想、习近平总书记重要讲话和批示精神，特别是关于新疆工作的重要讲话和指示精神，以及自治区、地委和县委系列重要会议、文件精神，组织全体党员干部采取集中学、自学相结合等方式，列出学习目录清单，坚持每周五组织全体党员干部职工集中学习。加强督学考学，采取写笔记、谈体会、座谈会等多种方式，加强党员干部职工学习，坚持把“在干中学，在学中干”作为解决问题的重要抓手，不断丰富学习方式和载体，向书本学的同时积极向同事学、向领导干部学、向群众学，大力开展“人人讲

党课 党课人人讲”微党课活动，持续巩固深化“不忘初心、牢记使命”主题教育成果。2020年，共组织县委办公室集中学习38次，集中开展党课4次。

【信息化管理】 2020年，县委办公室扎实推进电子政务内网建设管理和党委信息化工作，电子政务管理井然有序，完成全县80家电子政务内网内部域协同办公平台电子公文传输系统的接入及日常维护工作，确保电子公文传输系统正常使用。对全县通过分级保护测评的29家单位共30台横向涉密网终端及相关密码设备，严格按照自治区党委、地委工作要求进行维护和管理，坚持每月对横向涉密网接入单位的检查指导工作，确保环境安全可靠、设备正常运行。

（方向远）

组织工作

“访惠聚”驻村工作

【综述】 2020年，选派173支“访惠聚”驻村工作队、920名“访惠聚”驻村干部，实现全县15个乡镇173个村（社区）派驻全覆盖。其中，自治区5家单位选派12支“访惠聚”驻村工作队、66名“访惠聚”驻村干部；地区15家单位派驻25支“访惠聚”驻村工作队、139名“访惠聚”驻村干部；县级79家单位派驻136支“访惠聚”驻村工作队、715名“访惠聚”驻村干部。按照自治区“访惠聚”办统一要求，全年共正常轮换3批次651名“访惠聚”驻村干部，特殊调整68名“访惠聚”驻村干部。

【决策部署】 2020年，拜城县坚持以习近平新时代中国特色社会主义思想为指导，全面贯彻中共十九届五中全会和第三次中央新疆工作座谈会精神，完整准确贯彻新时代党的治疆方略，牢牢扭住新疆工作总目标，严格贯彻落实自治区党委、地委的各项决策部署，从破解基层治理的根本性、深层次问题着眼，从团结凝聚群众的基础性、长期性工作入手，以保持社会稳定为基础，以建强基层组织为保障，以团结凝聚人心为根本，以推进脱贫攻坚为重点，着力打造“永不走的工作队”，常态化长效化制度化推进“访惠聚”驻村工作。坚持压实各方职责、激发各方力量，严格落实地区“四单两表”工作机制，构建“双线一体”大党建工作格局，明确派出单位“六个一”直接责任、乡镇党委“周遍访”主体职责，依托视频调度、帮扶指导和“三方恳谈会”，健全纵向联动、横向贯通的协调推进机制，共同研究解决影响“访惠聚”驻村工作开展的难点问题，协调推动“访惠聚”驻村工作各项任务落地见效。

【主要做法】 维护社会稳定。始终坚持警钟长鸣、警惕常在，严格落实自治区党委“八个一”“八必讲”“八必问”工作要求，常态化开展入户走访，全面掌握社情民意，排查化解矛盾纠纷，切实消除安全隐患等工作，确保社会大局持续稳定、长期稳定。建强基层组织。规范设置村级组织“四中心十五岗”岗位体系，充分发挥驻村工作队“传帮带”作用，“一对一”捆绑帮带村组干部，全面提升村组干部能力素质，逐步打造“永不走的工作队”。全年累计召开“访惠聚”驻村工作推进会3次，打造“访惠聚”驻村工作示范点5个。做好群众工作。运用“八式宣讲法”，深入宣讲新疆“四史”“三个白皮书”，开展“五个我们”教育，引导群众树立正确“五观”、强化“五个认同”。常态化开展“民族团结一家亲”和民族团结联谊活动，让中华民族共同体意识根植在各族干部群众的心灵深处。累计解决群众困难诉求2.98万余条。协助群众代办、养殖、购买生活物资，发放防疫物资1.14万件，销售滞销农产品2466.17万元。推进脱贫攻坚。常态化开展脱贫攻坚专题培训42场（次）3.84万人（次），严格落实脱贫攻坚包村联户“五项责任”，帮助贫困村理清发展思路，开展每月走访帮扶，动态监测评估，带动贫困户稳定脱贫、发展致富。落实惠民政策。扎实推进自治区“九项惠民政策”，协助发放各类惠民补贴和补偿金额3.2亿元，受益75万人次，让各族群众切身感受到党和政府的关怀和温暖。深入开展“厘清两笔账・感恩共产党”活动，开展惠民政策宣讲活动6.65万场（次）282.5万人（次）。拓宽致富门路。充分发挥“访惠聚”驻村工作队及后方单位优势引导农村富余劳动力转移就业2万人，拾棉花转移就业8965人。持续调优农业结构，帮助群众发展高效特色经济作物8286.67公顷，协助发展引进中小微企业59个、农村电子商务16个，协助创办各类专业合作社215个，协助完成15个乡（镇）养殖小区建设，饲养棚圈370座。办好实事好事。落实自治区为民办实事好事经费985万元，办实事好事1.7万件，惠及群众17.4万人。发挥后方单位优势投资1309.22万元，用于为村级修路搭桥、发展产业，补齐基础设施和公共服务短板，关爱帮扶贫困户、低保户、五保户和老弱病残家庭人员。壮大党员队伍。落实“25154”农牧民党员发展机制，严把思想、政治、能力关口，重点从工青妇、外出务工就业、农村致富带头人等群体中挑选思想先进、立场坚定、表现优异的群众，纳入党员发展重点对象，年内协助村党组织培养入党积极分子3875人，发展党员599人。

【督查推进】 建立乡镇每月全覆盖、村（社区）年度全覆盖的帮扶指导机制，采取蹲点调研、实地帮扶、座谈指导、电话抽查、试题测试等方式，常态化帮扶指导“访惠聚”驻村工作，发现问题现场反馈、现场指导、紧盯整改，确保各项问题整改落实到位。全年累计帮扶指导289次，实现全县15个乡（镇）173个村（社区）“访惠聚”工作全覆盖，发现并反馈问题1553条，采取现场督促整改和乡镇党委限期整改的方式，全部整改到位。

【取得成效】 为社会稳定筑牢了根基，全面落实维稳措施，全力将风险隐患、矛盾纠纷解决在一线，实现社会大局长期稳定、持续稳定、全面稳定。为夯实基层基础注入力量，规范村级组织运行架构，捆绑帮带基层干部，强化帮带成效考核评估及结果运用，基层党组织的战斗堡垒作用不断增强。为加强民族团结作出贡献，开展联谊活动，讲好团结故事、选树先进典型，各族干部群众互通互往，实现全面交往、广泛交流、深度交融。为打赢脱贫攻坚战注入力量，切实履行“五项责任”，注重扶贫与扶志扶智并重，实现贫困村全部摘帽、贫困户全部脱贫。为密切干群关系架好了桥梁，持续开展农牧民群众学用国家通用语言文字“听说读写”工程，稳步提升干部群众国家通用语言文字使用水平和能力，用心用情开展宣传教育、帮扶解困，各族群众感恩意识、认同意识不断增强，中华民族共同体意识不断深化。营造了严管厚爱的驻村氛围，严格落实“三个严禁”，加强驻村干部关心关爱，有效激发驻村干部的干事创业热情。

干部工作

【干部监督】 2020年，县委组织部深入贯彻落实中共十九届五中全会、第二次和第三次中央新疆工作座谈会精神，以习近平新时代中国特色社会主义思想为指导，全面落实从严管党新要求，坚持挺纪在前，前移审查关口，狠抓执纪问责，做到警示、教育在先，预防在前，切实发挥组织部门严肃党内政治生活和强化党内监督的职能作用。开展民主评议3次，评议干部165人，并对“异常票”3票以上的6名干部进行调研了解，提出工作整改措施。诫勉4人，提醒39人，约谈56人。同步完善年轻干部"黄、橙、红"三色预警机制，全面了解掌握年轻干部的工作表现和思想动态，先后将32名年轻干部纳入预警名单，开展针对性帮扶56人次。

【干部事项报告】 2020年，县委组织部严格贯彻执行两项法规，将是否如实报告个人有关事项作为检验领导干部是否对党忠诚老实的试金石，举办2020年地区学习贯彻领导干部报告个人有关事项两项法规工作专题培训会，完成34名县处级领导干部和98名科级干部个人有关事项集中报告填报、录入、审核工作，坚持个人有关事项报告"凡提必核"，防止干部"带病提拔"。加大领导干部违规办理和持有出国（境）证件专项治理，对全县已申请备案的142名党员干部持有的163本因私出国（境）证件进行全面核查，做到应备尽备，应交尽交。

【干部考核】 2020年，县委组织部按照《2020年县委管理的领导班子和领导干部年度（绩效）考核工作实施方案》，对全县科级领导班子和科级领导干部进行全面考核。2020年度，全县科级领导班子应参加考核98个，实际参加考核98个，按照优秀等次比例一般不超过参加考核领导班子总数的30%的规定，评定"优秀"班子29个、"良好"班子67个、"一般"班子2个、"较差"班子0个。全县应参加考核科级领导干部751人，实际参加本次考核科级领导干部628人（含援疆干部9人），参加其他考核123人，其中：参加"访惠聚"考核95人，参加其他专项工作21人，参加挂职单位考核4人，在地区借调单位参加考核3人。按照25%的评优比例计算全县可评优干部154人，评定"优秀"等次154人、称职（合格）441人，基本称职（基本合格）4人，不称职（不合格）0人，不确定等次20人。

【干部选拔任用】 2020年，拜城县委坚持将新时代"二十字"好干部和民族地区"三个特别"政治标准贯穿选拔任用工作始终，大力选拔在反恐维稳主战场、脱贫攻坚第一线、疫情防控最前线、服务群众最前沿表现优秀、实际突出、群众公认的各民族好干部，调整干部11批678人次，其中提拔重用90人次，职级晋升436人次，交流27人次，改（兼）任18人次，援疆（挂职）任免10人次，试用期满转正20人次，退休（病退）13人次，免职（免兼职）38人次。

公务员管理

【职级晋升】 2020年，县委组织部（公务员局）根据《公务员法》《公务员职务与职级并行规定》等有关法律法规，认真开展职务与职级并行工作。共开展5批次439人次的职级晋升工作，一级至四级调研员（高级主办）职级职数共254个，一级至四级主任科员（主办）职级职数1072个。套转职级人员313人，其中县直单位200人，乡镇113人。

【公务员招录】 2020年，县委组织部（公务员局）根据《中华人民共和国公务员法》《公务员录用规定》《新疆维吾尔自治区公务员录用实施办法（试行）》《新疆维吾尔自治区2020年度面向社会公开考试录用公务员公告》相关规定和要求，本着"公开、平等、竞争、择优"的原则，年内申报公务员招录计划1次，经笔试、面试、体检和政审，为27个机关单位（14个县直单位、13个乡镇）录用76名工作人员，优化机关公务员队伍结构。

组织建设

【党员发展】 2020年，拜城县发展党员902名，其中，农牧民党员599人，占发展党员总数的66.4%；社区党员25人，占2.77%；机关干部党员111人（县直机关43人、乡镇机关68人），占12.3%；公安干警党员22人，占2.43%；中小学校教师党员72人，占7.98%；国有企业及非公经济组织产业工作、企业管理者73人，占8.09%，实现各领域、各行业发展党员全覆盖。从发展情况上看，拜城县发展党员总体上呈现向农牧民党员倾斜，少数民族党员和35岁以下党员占比持续增加，党员结构持续优化。

【党费收缴管理使用】 2020年，拜城县党费收入456.05万元，其中下级党组织缴来175.76万元、特殊党费205.71万元、上级党组织拨来73.4万元，党费利息1.18万元；全年支出党费562.75万元，其中上交172.03万元、特殊党费上交109.89万元、下拨121.85万元、县管留存党费使用158.98万元。年底累计结存党费344.6万元。

【党员帮扶慰问】 2020年，拜城县共有关怀帮扶党员干部214名，其中反恐一线牺牲的党员干部12人，因公殉职党员干部18人，建国前老党员2人，防疫维稳脱贫一线党员干部41人，困难党员141人。县委及各基层党组织走访慰问共440人次、发放慰问金共69.7万元，因发生变故到家探访76户，走访42场次、覆盖75人，慰问物品折合人民币16.4万元。帮助困难党员代办各类生活事务1284次，协调医疗服务159人次，组织困难党员体检2347人次，健康讲座或普及健康知识74场次、覆盖367人。帮助困难党员协调解决发展中遇到的困难瓶颈问题10件、协调资金45万元，对困难党员职业技能培训162场次、覆盖15672人次。

【“一先双优”评选表彰】 2020年，拜城县为表彰先进，树立典型，在建党99周年之际，县委决定授予察尔齐镇党委等30个党组织先进基层党组织称号，授予杨永近等70人优秀共产党员称号。

【党员统计信息】 2020年，拜城县党员共有13690名，其中女党员4230名，占党员总数的30.9%，少数民族党员10586名，占党员总数的77.33%，大专及以上学历党员5159名，占党员总数的37.68%。30岁及以下党员2042名，31~35岁党员1932名，36~40岁党员1864名，41~45岁党员1611名，46~50岁党员1610名，51~55岁党员1344名，56~60岁党员1121名，61岁及以上党员2166名。工人（工勤技能人员）206名，农牧渔民6938名，企事业单位、民办非企业单位管理人员和专业技术人员3118名，党政机关工作人员1818名，离退休人员1408名，其他职业人员202名。

【基层党组织统计信息】 2020年，拜城县有党组织795个，党委21个。其中，乡镇党委14个，县直党委7个；党工委6个，其中，片区党工委1个、县直党工委5个；机关基层党委4个：司法局（教培局）党委、农村农业局党委、县委机关党委、政府机关党委；新兴组织行业党工委16个：非公有制企业行业党工委、住房和城乡建设行业党工委、农业农村行业党工委、水利行业党工委、商务和工业信息化行业党工委、交通运输行业党工委、文化体育广播电视和旅游行业党工委、金融行业党工委、林业和草原行业党工委、社会组织行业党工委、人力资源和社会保障行业党工委、卫生健康行业党工委、法律服务行业党工委、自然资源行业党工委、应急管理行业党工委、供销合作行业党工委；党总支26个，其中县直机关、事业单位党总支25个；非公有制经济党总支1个。党支部722个，其中，机关92个、事业单位党支部179个；非公有制经济党支部245个（农牧民专业合作社党支部201个）；集体经济控制2个；社会组织党支部8个；国企党支部18个；其他党支部178个（村党支部160个、社区党支部16个、其他乡镇社区2个）。

【信息工作】 2020年，拜城县在中组部《组工信息》上稿6条，在《组工参阅》上稿6条，其中2条得到中央领导批示。在中组部优秀网评文章上稿4篇，《中国组织人事报》采用稿件48篇，续写地区六连冠，组工宣传工作取得全国第七的好成绩。新疆维吾尔自治区拜城县委组织部被评为组织系统2020年度信息报送先进单位。

【基层组织建设】 2020年，拜城县委组织部深入贯彻落实自治区党委加强农村城市基层党建“十个全面”“十个着力”部署，推行清单式管理，以抓巩固提升、抓规范运行、抓薄弱整顿“三张清单”为统领，细化建强基本队伍、抓实基本活动、夯实基本阵地、完善基本制度、落实基本保障“五个基本”具体任务；理清社区权力、责任、减负、监督等“四张清单”，推进社区“四化”建设。择优选派76名国家干部担任村党组书记，为157个行政村选派汉族科技副职，精准选育1182名村级储备干部，足额发放村干部报酬，分3年制定村干部报酬增长计划，将发展壮大村集体经济超过预期增收目标的20%，作为村干部目标考核奖励。

【农村党建】 2020年，拜城县委组织部深入贯彻落实《中国共产党农村基层组织工作条例》，纵向细化建强基本队伍、抓实基本活动、夯实基本阵地、完善基本制度、落实基本保障“五个基本”具体任务。规范村（社区）“两委”正职候选人考察任免十步流程，建立村“两委”副职考察任免“双线”报批报备制度，对全县998名村干部实行县级联审。选优配强村“两委”正职，累计调换村“两委”正职12名，推动285名新招录的内招生、留疆战士到村进村“两委”班子，持续激发村级党员干部队伍内在活力。积极争取中央、自治区经济薄弱村发展壮大村集体经济专项扶持资金150万元。

【社区党建】 2020年，拜城县委组织部以提升基层组织力为重点，突出政治功能，构建区域统筹、条块协同、上下联动、共建共享的城市社区基层党建工作新格局，突出抓党建、抓治理、抓服务三大职能任务，持续用劲抓基层、打基础、固根基。印发《拜城县城市社区“四张清单”实施方案》《拜城县关于加强城市基层党建工作的实施方案》，落实社区对辖区需多部门协同解决的综合性事项的协调权和督办权，赋予社区对辖区共建单位、在职党员干部的监督权、建议权和话语权；全面理清社区不应该承担的工作事项，取消社区承担的执法和专业性工作事项，精简各类台账、文件、调查统计，严格落实社区工作准入制；厘清社区各级组织职责任务，推进社区聚焦主责主业；健全社区监督管理机制，社区主动接受上级部门、共驻共建单位和辖区居民群众对社区各项工作的监督，形成相互监督、相互促进、共同发展、共同提升的城市党建工作机制。

【新兴组织党建】 2020年，拜城县委组织部深入学习贯彻习近平总书记关于两新组织党建工作的重要论述、中共十九届五中全会、第二次和第三次中央新疆工作座谈会精神，以抓好“两个覆盖”、发挥好党组织“两个作用”、建强“两支队伍”为主线，遵循“先服务后管理，边服务边管理，寓服务于管理”原则，将抓好两新组织党组织建设作为两新组织企业维护社会稳定、安全生产、疫情防控、民族团结、扶贫帮困和企业健康发展的“促凝剂”，通过坚持抓，抓长久，不断推动两新组织党建工作向好的方向发展。两新组织企业出资人（负责人）党建意识明显增强，“双向进入，交叉任职”领导体制稳步推进。“初心红党建”为企业文化注入“红色引擎”，“党建+业务+文化”相促相融，有效促进两新组织健康快速发展，为企业有序参与社会治理提供优质公共服务，承担社会责任奠定坚实政治保障。广大党员干部立足岗位争先创优，冲锋在科研攻关、技术服务、扶贫帮困、民族团结、安全生产等重点领域，党组织凝聚力、号召力、影响力不断增强。

【党组织整顿】 2020年，拜城县委确定软弱涣散基层党组织12个，分别是黑英山乡推普斯孜村、克孜尔乡克孜尔吐尔村、塞里木镇夏合买里斯村、赛里木镇库台买村、托克逊乡吉塞克喀依古村、亚吐尔乡喀孜干村、康其乡康其村、康其乡尕勒村、布隆乡阿克墩村、拜城镇吐孜贝希村、米吉克乡库库拉托格拉克村、老虎台乡科克亚村，全部整改完毕。

【社区基本情况】 2020年，拜城县有社区16个，社区网格63个，网格管理人员382名，网格党支部50个，网格党支部书记50名，网格长50名，网格支部委员156名，楼栋长668名，楼栋党小组116个。

【村基本情况】 2020年，拜城县有行政村157个，村干部998名，村“两委”正职237名，书记、主任一肩挑80名，分设154名，配备行政村科技副职157名。

【村干部待遇】 村“两委”正职一肩挑年人均报酬4.2万元（基本报酬3100元/月+绩效报酬4800元/年），非一肩挑年人均报酬3.7万元（基本报酬2700元/月+绩效报酬4600元/年），副职年人均报酬3.2万元（基本报酬2300元/月+绩效报酬4400元/年），村民小组长年人均报酬不低于1400元/月，村民副小组长人均报酬不低于800元/月。

人才工作

【人才队伍现状】 2020年，拜城县有各类人才26149名。从人才类别看：党政人才3017名，专业技术和高技能人才6692名，企业经营管理人才946名，农村实用人才15370名，社会工作人才124名；从学历层次看：研究生学历48名，大学本科学历7644名，大学专科学历2864名，中专及以下学历15593名。2020年，中组部计划内援疆干部9人，援疆人才14人，教育部“万名教师支教计划”教师58人。安排援疆资金1.39亿元，实施援疆项目15个（产业就业类项目6个3751万元，民生保障类项目6个8880万元，教育援疆类项目1个775万元，智力援疆类项目2个495万元，交流交往类项目1个70万元）。疆外户籍人才共落户103户172人，其中体制内干部59户63人，群众44户109人。

【人才管理】 2020年，拜城县委组织部按照“1+6”人才工作管理体系，明确各专项组工作职责和任务，以“推、抓、考”为抓手倒逼专项组主动履职，下发一系列的引才、育才、留才、用才方面制度、措施、办法等管理制度，集聚了一批想干事、干成事的各方面优秀人才。确定拜城县第一个管理期骨干人才31人，引导和支持优秀人才服务社会稳定、脱贫攻坚、乡村振兴。支持企业高技术人才研发专利24项，教育、卫生、农业等领域优秀人才完成地区项目研究5个。建立青蓝结对1600余对，组织托峰英才、援疆名师、骨干人才帮带教师1200余名，以点扩面、提质增效。

【人才激励保障】 2020年，拜城县委组织部坚持目标责任绩效考核，激励人才担当作为、干事创业，激发人才争先创优，出台实施《拜城县推动乡村组织、人才振兴十项措施》《拜城县领导干部联系服务专家办法》等制度，切实激发干部人才干事创业的信心和动力，严格落实公务员职务职级并行政策，择优提拔晋升符合政策条件干部412人，包含基层工作满3年的优秀年轻干部105人，真正让有为者有位，增强干部人才荣誉感。实行专业技术人员职称评审向基层脱贫攻坚一线人才倾斜，推荐连续3年优秀的13名专业技术人才晋升高一级职称，累计晋升中级职称123人，高级职称63人，激励专业技术人才干事创业。真正让有为有位，吃苦者吃香，把拴心留人工作做实做细。

老干部工作

【老干部概况】 2020年，拜城县委组织部（老干部局）坚定不移贯彻落实全国、自治区老干部局（处）长和地区老干部工作会议精神，在县委的坚强领导下，老干部“三项建设”全面加强、作用发挥更加充分、各项待遇得到从优落实，拜城县老干部工作位列地区前列。

【离退休干部情况】 2020年，拜城县离退休干部2699人，其中男性1538人，占56.9%，女性1161人，占43.1%；汉族884人，占32.7%，维吾尔族1788人，占66.3%，其他民族27人，占1%；党员1358人，占50.3%，非党员1341人，占49.7%。离退休干部中离休干部7人，退休干部2692人；县级领导56人，科级领导730人，一般干部1913人；行政1072人，事业1627人。

【老干部发挥余热】 2020年，拜城县委组织部（老干部局）围绕新疆“四史”及第二次、第三次中央新疆工作座谈会精神为主线，通过谈自身经历、谈发展变化引导群众明史知恩，组织老干部开展主题宣讲9场次，覆盖1200余人次，组织矛盾纠纷调解员参与纠纷化解27场次，收集意见建议74条，限时整改23条，为营造团结和谐、稳定发展的社会环境贡献了力量。组建“五老”夕阳红宣讲队，开展“点餐式”宣讲11场、受益1690余人次，协同农业农村局，组织懂技术、有经验的“技术能力传授员”，前往贫困村开展技术培训活动7场次430余人，为决战决胜脱贫攻坚贡献力量。

【老干部待遇落实】 2020年，拜城县委组织部（老干部局）严格落实联系老干部制度，定期开展走访、询访、送学，解决困难诉求17件，落实离退休干部“五位一体”健康服务机制，协调县医院畅通离退休干部就医绿色通道，协调县财政按照1100元/人的标准，为28名离休干部及县级退休干部开展免费健康体检，开展健康体检和健康知识讲座活动53场，覆盖2200余名离退休干部。认真落实政治待遇，定期走访慰问患病住院、重病在家的老干部，及时关心慰问去世老干部家属，结合日常走访和遍访，常态化开展送学。邀请10名老干部列席县“两会”，召开老干部座谈会4场，春节、端午节、古尔邦节、国庆节慰问看望老干部2765人次，发放慰问金、慰问品38.2万元。组织老干部就近到企业、新农村、社区、职业高中、廉政展馆、爱国主义教育基地，开展观摩考察和专题调研活动4场次。

【老干部精神文化生活】 2020年，拜城县委组织部（老干部局）以自愿参与为原则，组建老干部志愿服务队，开展送法律咨询、医疗保健咨询、书法义赠等活动，服务老同志130余人次，极大提升了老干部、老同志的幸福感。依托离退休干部党支部、老干部活动中心、老干部大学、老干部党校等主阵地，组织离退休干部认真学习中共十九大、十九届三中、四中、五中全会和第二次、第三次中央新疆工作座谈会精神。结合每月28日政治学习日、党组织活动、各类培训班等时机，开展专题辅导、集中学习、座谈交流13场次，推送学习材料500余份。

（孙高鹏）

宣传工作

【概况】 中共拜城县委宣传部成立于1950年，现与拜城县社科联、文联合署办公，辖宣传中心、宣传文化产品鉴定中心、融媒体中心等二级单位3个。宣传部为正科级县委工作机关，是县委主管意识形态方面工作的职能部门，挂拜城县新闻出版局（拜城县版权局）、拜城县人民政府新闻办公室、拜城县精神文明建设指导委员会办公室牌子。2019年，经县委第三次常委会（扩大）会议研究重新对宣传部职能配置、内设机构和人员编制进行重新规定。编办核定编制35名（其中行政7名、参公13名、机关工勤1名、全额事业14名）。宣传部核定行政编制7名，参公事业编制13名，机关工勤1名；社科联核定为正科级全额事业单位，有1名正科事业编制；文联核定为正科级全额事业单位，有3名事业编制，正科领导编制1名；宣传中心核定为副科级全额事业单位，有7名事业编制，副科领导编制1名；宣传文化产品鉴定中心核定为副科级全额事业单位，有3名事业编制，副科领导编制1名。实有人员27名（其中行政7人，参公10人、机关工勤1人、全额事业9人）。宣传部实有行政编制人员7名，参公事业编制人员10名，机关工勤人员1名，部长由县委常委兼任，3名副部长，1名兼任副部长；社科联实有1名主席；文联实有1名主席，1名职员；宣传中心实有1名主任，5名职员；宣传文化产品鉴定中心没有人员。

【中心组学习】　2020年，县委宣传部坚持以党委（党组）理论学习中心组为龙头，抓住党员领导干部这个“关键少数”，落实“一学三找”学习方式，创新实地观摩、批评审视等学习形式，开展理论中心组集体学习16次，总目标专题审视研讨3次，先后向县委中心组推荐习近平系列经典图书11本，提交各行业领域调研报告36篇，各类书评、心得体会、理论文章百余篇。

【干部群众教育】　2020年，县委宣传部坚持用好党员干部“三会一课”、集中学习等载体，坚持正面论述为主，“破立”结合，引导广大党员干部紧密联系自身思想认识深入谈体会、谈认识，深化学习成果。依托农牧民夜校、“联户单元”学习、干部入户走访等载体，运用“精准算、变化比、教育谈”的方式，深化群众宣传教育，强化感恩意识，激发热情干劲。

【学习强国】　2020年，县委宣传部坚持用好“学习强国”学习平台，做到党员干部职工人人学习全覆盖，每日学习不间断。积极向“学习强国”学习平台供稿，全年完成任务46篇，营造了良好的宣传氛围。举办拜城县首届“学习强国一站到底”学用挑战赛，有效形成“以赛促学、以学促做、比学赶超”的良好氛围。

【审读鉴定】　2020年，拜城县成立县级文化产品鉴定中心，落实“三审三校”工作机制，做到全县文化产品“一个口径”出，全年审读年鉴、宣传材料、外宣文章等文化产品百余份。

【正面宣传】　2020年，县委宣传部突出“三项教育”，明确“六个讲清楚”重要内容，采取九种“宣讲+”模式，广泛开展中共十九届五中全会精神、第三次中央新疆工作座谈会精神、自治区党委九届十一次全会精神等内容宣讲，全年累计开展各类面对面宣讲24.9万余场次，受益群众152万余人次，其中，集中宣讲9100场次，受益群众32万余人次；入户微宣讲24万余场次，受益群众120万余人次。全年开展微视频、大喇叭等云宣讲470余场次，覆盖群众约30万人。

【舆论引导】　2020年，县委宣传部坚持唱响主旋律、打好主动仗，开展“一月一主题”重大宣传活动，全年刊（播）发内外宣稿件2983篇，其中，外宣稿件2085篇，包括报刊904篇（中央级417篇、自治区级487篇），广播电视刊播244篇（中央级10篇、自治区级234篇），新媒体937篇；内宣稿件898篇，包括报刊480篇、电视台刊播223篇、广播电台刊播195篇，进一步对外展现拜城形象。

【网上网下宣传】 2020年，拜城县融媒体深度融合、通过验收，实现作品“一次采集、多种生成、多元发布、科学评估、传播高效”的工作格局，全年刊播新闻366期1464条、广播播放时长10836小时、零距离366期2928条、抖音作品1577条，创作抖音作品阅读量“1000万+”的作品2条，“100万+”的作品135条，“10万+”的作品185条，粉丝总量超33.2万人，超过拜城县常住人口数，产品影响力和引领力明显提高。新时代文明实践所（站）建设全覆盖，全面推广“34567”试点建设经验，大力开展“七传七习践文明、益路有你共奋进”“一月一主题”活动，推进志愿服务制度化常态化，完成志愿者注册25995人，开展志愿服务活动3300余场次，受益群众56万余人次。

【软件正版化】 2020年，县委宣传部加强软件正版化工作深入推进，全县购买正版化软件3000套、正版化软件管理系统50个。抓好源头治理，加大对侵权盗版检查力度，全年对县域内打字复印、印刷、音像制品店等场所开展专项检查10次。

【理论研究】 2020年，县委宣传部深化科学普及、课题研究，形成应用对策类和基础理论类等课题6篇，推动理论研究阐释走向深入。

【扫黄打非工作】 2020年，县委宣传部推动“扫黄打非”进村（社区）、学校、企业、旅游景点等场所，建成各类扫黄打非基层站点298个，做到扫黄打非基层站点覆盖率达到100%。

【精神文明创建】 2020年，县委宣传部巩固“文明县城”创建成果，扎实开展文明创建“零基启动”工作，完成国家级文明村镇1个、文明校园1个复验工作，成功创建自治区级文明单位23个、乡镇2个、村14个、校园3个，创建地区级文明单位29个、乡镇2个、村12个、校园20个。强化典型示范引领，向地区推荐道德模范亚库甫江等人组成的志愿服务爱心车队，在自治区、地区、县级等媒体广泛宣传，并组织群众学习，营造学习典型的良好氛围。持续开展“破陈规、除陋习、讲文明、树新风”“婚事新办”等文明行动，调动群众全员参与，引导其树立健康、文明、向上的思想观念。

【网络安全】 2020年，县委宣传部进一步强化拜城网络安全保障体系，对信息基础设施开展隐患排查5次，处置舆情信息153条，约谈发布不实信息的属地微信公众号3家。

【精品服务】 2020年，把握创作导向，发挥乡土文化能人作用，大力开展摄影展、文化进基层、乡村采风等活动，先后创作140余件文艺作品。坚持全民动员、广泛参与，“好舞蹈、好小品、好声音、好故事”系列主题活动贯穿全年，进一步巩固现代文化在基层落地生根。

【抗疫作品】 2020年，县委宣传部在疫情防控期间充分发挥文艺志愿者作用，在微信群、QQ群开展网络教学，举办了诗歌朗诵《全世界都在等一个春天》《在人间》《齐心协力战疫情组诗》、漫画《夫妻同心抗疫情》《负重前行》、剪纸作品《坚决打赢疫情防控阻击战》、音乐情景多幕剧《回家》等，受到各族群众的一致好评。美术家协会成员艾沙·依迪力斯的作品《抗疫战士》《战疫必胜》分别获得自治区一等奖、二等奖。

【迎新春文艺】 2020年春节前夕，文联联合拜城县文化馆在新时代文明实践中心开展“百花戏曲迎新春”文艺活动，为广大戏曲朋友们带来《打金枝》《红灯记》《智取威虎山》《朝阳沟》《人面桃花》等经典选段，让各族群众领略到戏曲艺术带来的无穷魅力。因疫情防控工作要求，融媒体通过微信、抖音、微博等新媒体渠道在网上陆续播出，得到各族群众一致好评。

【书写春联活动】 2020年，广泛开展“写春联 送祝福”“春联送祝福 文化润初心”“春联寄新语 墨香迎新春”等活动，先后组织书法家协会成员40余人深入新时代文明实践所（站）与群众一道开展写春联、送福字，讲春联文化等活动。春节前夕，共书写春联8000余副，为春节增添了年味。

（杨秀群、杨庆玲）

融媒体中心

【概况】 按照拜城县融媒体中心建设实施方案，2019年3月，拜城县广播电视台正式更名为拜城县融媒体中心，比照拜城县广播电视台、县宣传中心原有的编制内人数，保持编制数28个，其中领导职数3名。

拜城县融媒体中心在广播电视台基础上重新修缮占地面积3637平方米的办公场地；打造集融媒体中心指挥平台和策采编审发于一体的350平方米的“中央厨房”，实行“七部一室一平台”的组织构架，即融媒体中心指挥平台，总编室，新闻采集部，编辑审发部，制作设计部、广播电视部、技术保障部、广告服务部、行政综合部。形成“一体策划、一次采集、多种生成、多元传播”的宣传舆论矩阵。

融媒体中心现有电视节目2套（拜城1套、拜城2套），电台节目2套（汉语调频广播FM107.3、汉语自办节目9个，维吾尔语调频广播FM105.3，自办节目14个）。官方微信号1个（拜城零距离），粉丝5.3万余人。官方抖音号为“拜城县融媒体中心”，粉丝33万人。官方微博1个，今日头条1个（快点拜城），“拜城好地方”App。户外大屏幕1个（体育广场），大喇叭761套3044个（文旅局负责）。同时，开设腾讯平台、快手账号。

【新闻宣传】 2020年，融媒体中心紧紧围绕县委、县政府中心工作，积极策划和部署各项主题宣传报道，为各项重点工作舆论开道。传统媒体与新媒体统一发声、联合发力，在广播、电视、零距离、抖音等平台开办疫情防控、经济发展、五中全会在基层、文化润疆、“十三五”成就巡礼、民生保障、民族团结、安全生产、援疆进行时等主题报道专题专栏30多个，切实把握导向，当好党的声音“放大器”。面对疫情防控大考，融媒体中心积极策划、全面报道，组织采编人员深入医院、隔离点、小区等防疫一线，将笔端镜头聚焦防控一线医务人员、聚焦党员干部和志愿者、聚焦广大人民群众，普及科学防控知识，报道一线医务人员典型事迹，报道社会各界凝心聚力、共克时艰的感人故事，营造出全社会众志成城抗击疫情的强大正能量。新闻作品《新疆拜城党员坚定站在疫情防控第一线》，漫画作品《疫情防控不忘服务群众 拜城公安一直在您身边》《“疫”路有你——夫妻同心抗疫情》等多篇优秀稿件先后被人民网、光明网、环球网、新疆电视台等媒体刊发报道，引起社会强烈共鸣，社会影响广泛。原创抖音短视频《做好防护不松懈 牢记出门戴口罩》发布当天，浏览量达52万多次。通过媒体融合，全面报道，促使新闻宣传既接“天线”又接“地气”，用正能量充沛的优质内容强信心、聚民心、暖人心、筑同心。

【新媒体推送】 2020年，融媒体中心开辟的“拜城零距离”微信、微博、“拜城好地方”App等“两微一端”官方平台始终立足党的“喉舌”职责定位，始终坚持官方媒体平台党性原则，紧紧围绕“举旗帜、聚民心、育新人、兴文化、展形象”的新时代宣传思想工作使命任务，切实转变作风，主动担当作为，认真履职尽责，全力抓好新闻宣传。拜城县融媒体中心抖音官方账号正确把握舆论导向，聚焦县委中心工作，聚力时政、社会热点新闻，传递、解读与拜城有关的政策方针；依托一线记者采写的稿件及拍摄的现场素材，在第一时间权威发声；同时，选取受众感兴趣、能共鸣的内容，通过制作加工，展示拜城民俗风貌。融媒体中心通过大数据分析，寻找群众的关注点，结合受众人群实际，汲取兄弟县市经验，在抖音平台试行维吾尔语和汉语。立足当前趋势，融媒体中心注重对媒介产品注入情感元素，由单一作品向有思想、有品质、有温度的产品转变，找寻群众“泪点”，引发群众情感共鸣，扩大产品的影响力和引导力。同时，结合疫情防控需要在网上发布养生知识、历史回顾等短视频，贯彻落实第三次中央新疆工作座谈会，开辟全民学史及文化润疆栏目，制作系列短视频，努力推出一批既有“颜值”，又有“言值”的融媒体产品，通过寓教于乐的形式，引导群众了解中华文化。截至2020年年底，共创作抖音作品1548条，浏览量“1000万+”的作品2条，“100万+”的作品43条，“10万+”的作品128条，总获赞348.3万次，粉丝总量从5月的4.2万人涨至年底的33万人。

【对外宣传】 2020年，融媒体中心突出拜城县决战决胜脱贫攻坚、重点工程建设、全域旅游、乡村振兴等工作特色，积极向上级新闻单位投稿。根据融媒体新的工作实际和要求，鼓励采编人员打破常规，向上级广播电视、纸质媒体及新媒体全方位投稿，努力实现传统媒体有新突破、新媒体有新气象的目标任务。全年共在中央电视台上稿5条，中央广播电台上稿6条，新疆电视台上稿155条，新疆广播电台上稿77条，地区电视台上稿225条，地区广播电台上稿225条。

（汤艳利）

统一战线工作

【统一战线】 2020年，县统一战线各领域成员坚定坚决贯彻新时代中国特色统一战线和民族宗教工作思想，高举爱国主义和社会主义旗帜，牢牢把握大团结、大联合主题，围绕“1+3”工作部署，民族团结和宗教和谐，凝聚人心、汇聚力量的局面进一步巩固，统一战线同心圆的圆心更加稳固，半径不断加长，统一战线听党话、感党恩、跟党走的局面不断巩固和发展，宗教和谐稳定、民族团结进步，为全面建成小康社会和“十三五”规划收官做出积极贡献；侨联和对台统战工作进一步深入推进。发挥侨联联系服务归侨侨眷和海外侨胞温馨之家作用，组织侨眷和侨联干部参加了“侨商杯”法律法规知识竞赛，增强法律法规和国家意识，结合第七次全国人口普查，摸排登记分布在19个国家海外华人华侨；建立临时侨胞之家和活动室，由统战部领导班子成员进行联系指导工作，定期开展座谈会了解思想动态，会同居住地乡镇党委和社区协调解决存在的问题；召集县域侨眷和台属传达学习第三次中央新疆工作座谈会和十九届五中全会精神，对《中华人民共和国国家安全法》《中华人民共和国反间谍法》《中华人民共和国保守国家秘密法》进行培训。侨眷思想认识得到了统一，海外亲属支持“一带一路”倡议，心系社国、维护祖国统一愿望更加强烈。

【非公经济】 2020年，拜城县复工达产和达产达效政策全面落实，建立县级领导和行业部门负责人定期联系服务民营企业制度，亲商和清商政企关系、政府为企业服务的桥梁和纽带落到实处，非公经济人士顺应高质量发展，积极引导非公经济人士自觉承担促进共同富裕的社会责任，服务社会、参与光彩事业、助力脱贫攻坚、投身经济建设、战疫情呈现积极态势，民营企业按照“百企帮百村”要求，助力贫困村巩固脱贫，向基层投入帮扶资金，解决就业岗位，扶志和扶智方面捐助困难学生，6家企业入围自治区“百企帮百村”先进企业。国家扶贫日通过代言认购和参与“以购代买、以购代捐”解决疫情因素贫困户滞销农产品5.53吨19.62万元，捐赠物资和采购832扶贫平台产品24万元。

【党外代表人士】 2020年，县委统战部坚持以习近平总书记关于党外代表人士工作重要论述和《中国共产党统一战线工作条例》为根本遵循，积极落实中共中央《关于加强新形势下党外代表人士队伍建设意见》，建立健全党外干部培养、管理、选拔机制，加强党外干部后备队伍建设、日常管理和实践锻炼，定期与党外人士交心谈心，促进党外知识分子成长进步，积极落实党外人士联系制度，动态完善党外知识分子数据库，对政治立场坚定、表现优秀和业绩突出的优先纳入了后备干部库。加大与人大、政协、组织等部门沟通联系，组织党外代表人士积极参与培训讲座、教育实践。定期走访非公有制企业，积极组织开展热点调研并形成报告上报县委、县人民政府，帮助指导他们充分发挥参谋助手作用。

【民族团结进步示范创建】 2020年，拜城县牢牢把握习近平总书记关于民族工作重要论述、深化民族团结进步创建工作的重要部署，认真贯彻落实地区创建全国民族团结进步示范地区动员会要求，围绕“全域创建、重点推进、创验结合”聚焦聚力社会稳定和长治久安总目标，全面推进和巩固民族团结进步创建工作，促进各民族广泛交往、全面交流、深度交融。1月16日地区创建全国民族团结示范地区动员会召开后，拜城县同步启动创建工作，县创建办全面摸排梳理“九进”创建主体单位755个，认真落实民族团结进步示范“三级联创”机制，在巩固历年来创建成果的基础上，做到早谋划、早安排、早部署。制定《拜城县民族团结进步示范单位命名办法》，开展第一批和第二批民族团结进步示范单位命名、召开民族团结进步促进会成立暨第一次会员大会，拜城县团结小学荣获第八批全国“民族团结进步示范学校”，累计创建民族团结示范单位718个，2个乡镇被国家命名为“全国民族团结进步模范乡镇”，6个单位获“自治区民族团结进步模范”荣誉称号，56个单位获“地区民族团结进步先进集体”称号，全县总体创建率95.1%，创建工作衔接紧密、特色鲜明、势头强劲，夏忠惠、亚库甫·买买提等274名民族团结进步模范的先进事迹，激励着全县各族人民群众心手相连，筑牢民族团结的生命线。各民族多元融合、互居共学共事，手足相亲、守望相助的嵌入式环境不断深化。6月5日，拜城县完成地区级民族团结进步示范县创建命名。

【“民族团结一家亲”和民族团结联谊活动】 2020年，县委统战部深入开展“民族团结一家亲”“三进两联一交友”和民族团结联谊活动，常态化落实民族团结“结亲周”活动，将民族团结与群众工作深度融合全覆盖，落实干部结亲联谊制度化、常态化、长效化全覆盖，促进各民族交往交流交融，全县9064名各级干部职工、“访惠聚”驻村工作队员、驻村管寺干部、支教干部、援疆干部人才，认真践行“四同”“四送”工作，与11714户17946名群众结对认亲，终身结缘；以“小切口”微课方式，持续、常态讲好民族团结“大文章”，积极选树“民族团结对子”先进典型41对，先进集体27个，树立双向结亲导向，引导干部群众争当民族团结模范。开展多层次、多方式、多形式的各类“民族团结一家亲”联谊活动、融情活动和文艺表演（联欢会、文体活动）12608场次，组织结亲群众参观学习351场次，组织走访互动、谈心谈话、座谈报告、党组织生活会、主题班会、主题团队会等4115场次，办理就医、就学、就业、发展生产等实事好事3672件，各类捐款102万余元，捐物8625件，疫情防控期间发挥干部自身优势，帮助结亲户销售家禽、农副产品、车间产品共2037.12万元。组织开展各级维吾尔语和汉语学习培训19554场次，帮扶困难家庭6138户、参与和助力6162户贫困户脱贫摘帽。民汉学校、班级、教师、学生、家庭“五结对”，大手牵小手“三进两联一交友”工作深入开展，县领导和行业部门负责人联系学校、进班级、与学生交友全覆盖，45所嵌入式学校民族团结工作进一步巩固，15所民汉学校，3102名民汉教师，16834名民汉学生，26448名民汉师生结对，带动2840名民汉家长结对。促进了各族群众相互了解，互相尊重，互相欣赏，进一步促进密切了党群干群关系，构筑起了各族干部群众相生相依、不分你我、水乳交融的深厚情谊。坚持发动群众、调动全社会参与，产生良好社会效应，形成干部群众互动和民族团结牢牢根植群众的局面，9月17日召开县级民族团结进步促进会会员大会，选举产生促进会组织，巩固延伸了民族团结的社会触角，并带动完善了全县15个乡镇民族团结促进会，行业系统民族团结协会，组织开展群众性、社会化的民族团结活动，实现了民族团结“众人划桨开大船”的良好开端，推进民族团结“百花齐放春满园”的生动群众基础。

【宗教事务管理】 2020年，县委统战部严格落实党的宗教工作基本方针和“保护合法、制止非法、遏制极端、抵御渗透、打击犯罪”原则。深入贯彻第三次中央新疆工作座谈会精神和习近平总书记的重要讲话精神，坚持宗教中国化方向，坚持弘扬和培育社会主义核心价值观，积极引导宗教与社会主义社会相适应，实现宗教健康发展。持续完善宗教活动场所“七进两有九配备”［电、路、暖、水、广播电视、通信、文化书屋，净身房、水冲式厕所、电子屏幕、电脑、空气净化设备、空调（电风扇）、天然气、消防设备、衣帽柜、医疗服务及药箱、饮水器］设施，信教群众的合理宗教需求得到保障和满足。同时，做好清真寺内部安全防范工作，安全防范设施进行全面的检查，及时查找薄弱环节，及时修复，堵塞漏洞，认真落实疫情防控工作措施，确保宗教活动场所安全和信教群众生命安全。

【政治学校工作】 根据机构改革，拜城县政治学校于2020年11月更名为拜城县社会主义学院。2020年，拜城县社会主义学院认真落实自治区、地区培训任务，常态化抓队伍建设，提升干部和宗教界人士、信教群众对伊斯兰教中国化方向的认知和认同。选派统战民宗和驻村管寺干部、宗教人士赴中央、自治区、地区能力素质培训和学历提升，组织驻村管寺管委会主任进行第三次中央新疆工作座谈会和十九届五中全会精神专题学习两期，按照疫情防控要求，采取送培训和送法律下乡的方式，以乡镇（管委会）为单位小班额，开展宗教人士培训工作9期，确保统战民宗部门和宗教人士学习教育全覆盖。

【爱国宗教教职人员队伍建设】 2020年，统战民宗部门完整准确贯彻第三次中央新疆工作座谈会精神，加强伊斯兰教宗教教职人员队伍建设，规范乡镇伊协小组和“宗教人士之家”建设，切实发挥伊协联系宗教界人士和广大信教群众的桥梁纽带，按照宗教中国化方向和新时代宗教界引领要求，严格落实宗教人士民主考核评议，任期聘任和换证，免费健康体检，节日慰问等关心关爱措施，按时足额保障发放宗教人士生活补贴；深入推进先进爱国宗教人士评选工作，进一步明确和谐清真寺及先进爱国宗教人士创建原则、标准和程序，扎实开展评选先进爱国宗教人士工作；坚持把爱国宗教人士当亲人、当朋友，建立保护关爱机制，将宗教人士纳入“四险一保”和免费体检范围，落实优惠政策，切实解决他们的生产生活困难和问题，让他们切身感受到党和政府的关怀和温暖。

【宗教教职人员培训管理】 2020年，统战民宗部门认真落实自治区和地区培训任务，常态化抓宗教教职人员队伍建设，提升宗教界人士和信教群众对伊斯兰教中国化方向的认知和认同。积极选派中央社会主义学院、自治区伊斯兰教经文学院、自治区伊斯兰教经文学院阿克苏分院学员工作，不断提升国家通用语言文字能力水平。

【宗教活动场所管理服务】 2020年，统战民宗部门持续完善清真寺管理各项工作措施，确保信教群众的依法开展宗教活动需求，做好清真寺内部安全防范工作；驻村管寺干部每日不定期对清真寺水、电、监控、金属探测仪、一键式报警装置、消防设施等完好运行情况进行全面检查，并做好防火、防盗、防毒、防爆等隐患排查，及时查找薄弱环节，及时修复，堵塞漏洞，确保宗教活动场所安全和信教群众生命安全；同时，严格落实疫情防控工作的各项措施，坚持做好量体温、消毒消杀、通风等相关工作，确保宗教活动场所和宗教人士、信教群众健康；按照自治区要求，对老虎台乡亚麻古鲁克村清真寺完成修缮。

【少数民族发展项目】 2020年，统战民宗部门认真贯彻精准扶贫、精准脱贫基本方略，根据自治区扶贫办、财政厅下达拜城县2020年度中央财政专项扶贫资金（发展资金）项目计划，结合拜城县贫困乡村建设实际，制定少数民族发展资金项目实施方案，明确工作目标，切实推进增收脱贫步伐，取得阶段性成绩。2020年，项目预算总资金187万元，主要新建拜城县察尔齐镇喀依库拉克村村组道路2.123千米，受益贫困户42户，该项目已竣工验收合格。

（王兵强）

机构编制

【概况】 中共拜城县委员会机构编制委员会办公室（以下简称“县委编办”）是中共拜城县委员会机构编制委员会（以下简称“县委机构编制委员会”）的办事机构，为县委工作机关，正科级，归口县委组织部管理。县委编办总编制数9名，其中行政编制8名、机关工勤事业编制1名；实有在职人数8人，其中，实配领导3人，驾驶员1人。

【稳步推进事业单位改革】 2020年，成立事业单位改革工作领导小组，下设综合组、方案组、保障组3个工作组，具体负责事业单位改革工作。对现有事业单位基本情况进行摸底，建立台账，对规模过小、功能萎缩、职责交叉重叠等事业单位，按照“撤一建一、撤多建一”原则，对“小、散、弱”事业单位进行整合撤并，共撤销事业单位48个。根据地委编委《关于拜城县第一批科级事业单位调整的批复》精神，对19个新组建事业单位和9个部门所属事业单位的职责任务重新进行理顺，印发机构编制相关文件。

【扎实推进乡镇行政体制改革】 2020年，县委编办对标对表、因地制宜，探索推行“三个三”工作机制，推动乡镇行政体制改革工作行稳致远，落地见效，取得阶段性成果。精心组织，做到谋划、调研、政策“三到位”。坚持高位谋划，确定4个乡镇先行试点，印发《拜城县深化乡镇行政体制改革推进基层整合审批服务执法力量试点工作实施方案的通知》，召开试点工作推进会，及时解决发现的问题和困难，会同有关部门在乡镇蹲点指导，在试点工作的基础上，进一步修改完善，经县委常委会审议通过，在14个乡镇全面推开。缜密实施，做到机构、职责和人员“三优化”。建立了城关镇设置“三办四中心”，其他乡镇设置“五办六中心”。经编委会议研究通过，以“两办”文件印发14个乡镇和1个管委会“三定”规定、《拜城县乡镇事业中心编制分配和人员转隶方案》、《拜城县乡镇职责准入制度》，对纳入机构编制实名制管理的523名编制和472名人员调整转隶到新设立的六大事业中心，确保人员转隶身份合适、人岗力量均衡、编制总额不突破。乡镇事业单位机构数由原来的159个减为104个，减少机构数55个。优化协同，做到便民服务、综合执法队伍和赋权清单“三规范”。在乡镇设立政务服务大厅，村级建立便民服务站，综合行政执法队，按照《拜城县乡镇职责准入制度》，初步梳理出《拜城县第一批赋予乡镇行政执法事项清单》共157项，征求乡镇和县直行政部门意见，确保乡镇和县直执法部门赋权事项有序衔接、平稳过渡。

【机构编制实名制管理】 2020年，县委编办依托中央机构编制实名制管理数据库实现对机构编制事项进行动态管理，进一步规范机关事业单位人员出入编办理程序，做好每月工资审批和机构人员编制的审核、录入、维护，做到机构编制信息更新及时，数据准确无误。2020年，共办理新增人员983人、减少人员534人、机关事业单位内部调整人员273人。

【党政机构改革“回头看”】 2020年，县委编办组成调研组先后两次深入县直有关部门对机构整合、职能调整、部门“三定”规定执行情况以及改革后存在的困难和问题进行调研，针对各部门提出的一些问题现场进行解答，撰写《拜城县党政机构改革后部门职能作用发挥情况研究》上报地委编办。

【做好交通运输综合行政执法改革】 2020年，县委编办深入道路运输管理局和地方海事局摸清底数，为做好交通运输综合行政执法改革做好前期准备。将拜城县农村公路路政、道路运政（含城市客运）、地方海事、工程质量监督管理等执法职责进行了整合，组建了拜城县交通运输综合行政执法大队，在拜城县交通运输局挂牌，实行“局队合一”体制，同时将自治区管理的拜城县道路运输管理局事业编制11名，实有人员7人划至拜城县交通运输局管理。

【创新中小学、幼儿园编制管理】 2020年，县委编办提前摸清中小学、幼儿园的学生数、班级数的底数，为中小学、幼儿园重新核编做好前期准备。按照自治区中小学、幼儿园现行编制标准，结合地委编办下达的编制数，制定印发《拜城县贯彻落实自治区、地区中小学、幼儿园实行人员、岗位、经费“三总量”管理的实施方案》，对各中小学、幼儿园的编制重新进行了分配。中小学、幼儿园的教职工人员总量由教职工编制和人员控制数两部分组成。中小学教职工人员总量3654名，幼儿园教师人员总量1006名。

【统一社会信用代码赋码】 2020年，县委编办做好机关、群团统一社会信用代码赋码工作。办理统一社会信用代码赋码初领登记单位1个，办理统一社会信用代码赋码变更单位12个，办理统一社会信用代码赋码注销登记1个。

【事业单位法人登记管理】 2020年，县委编办完成249个事业单位年度报告公示工作。办理事业单位设立登记4个，变更登记177个237项，注销登记11个。网上办结率均为100%。事业单位法人年度报告公示及变更、设立、注销公告均已在县人民政府网发布。采取随机抽取的办法，按照3%的比例，对7家事业单位进行信息抽查，抽查结果进行了通报，并在人民政府网站进行公布，对存在的问题限期整改完毕。

（岩　芳）

县直机关工作

【概况】 中共拜城县委直属机关工作委员会（以下简称“拜城县机关工委”）为县委派出机构，正科级单位，经费来源为县财政预算拨款，现有人员编制数6个（其中工勤职数1个），实有人员6名，其中副书记2名、工勤人员1名，因1名副书记任“访惠聚”第一书记、工勤人员组织部借调，单位实际在位人员只有4名。机关工委辖104个党组织，主要职能是进一步加强和改进拜城县机关党的建设，着力扭转机关党建“灯下黑”问题，建设让党中央放心、让人民群众满意的模范机关，在抓好党员发展等常规工作的同时，集中精力做大做响机关党建“四张清单”工作任务、“过程式参与”党建模式、“党旗映天山”主题党日制度、“四进机关”系列活动、“党课开讲啦”、“三大领域、三个一天”等机关党建品牌活动，在机关易组织、好开展、受欢迎、成效大的品牌工作做大做响做精做出成效，为实现全县社会稳定和长治久安总目标提供坚强组织保证。

【县直机关党组织】 2020年，拜城县机关工委辖104个党组织，其中党委8个，党总支10个，党支部86个。机关党组织及隶属关系与上年度无变化。拜城县机关工委下辖各党组织，共有党员1487名，其中女性党员406名、少数民族党员709人、大专及以上学历党员1182名、35岁以下党员282名、60岁以上党员262名；是年，发展预备党员45名，入党申请人210名、入党积极分子138名、发展对象64名。

【发展党员】 2020年，县直机关工委按照发展党员工作规划和指导性计划，工委所属各单位培养积极分子138名、发展对象64名、预备党员45名，基本达到发展要求比例。发展党员做到坚持标准不降低，执行程序不走样，遵守《细则》不变通，通过专题培训和以会代训等形式，培训县直机关党务工作者、预备党员发展对象90余人次，严格执行发展党员“票决制”、公示制和预审制，不断提高发展党员工作质量。吸收预备党员45名（均为35岁以下、大专以上学历），其中女性18名，党员队伍年龄和文化层次结构进一步优化，45名预备党员按期转正。同时，对后备干部库完善充实，实施一帮一“帮带扶”，开展党史、中央治疆方略、法律法规等培训，有效提升后备干部的业务素质能力。

【基层党组织换届选举】 2020年度，拜城县机关工委坚持健全支部组织架构，打造战斗堡垒思路，推行“过程式参与”党建模式，采取“覆盖式”全程参与、“现场式”监督指导、“跟踪式”抓实整改，以查、问、听、评等形式加强对机关党组织换届选举、补（改）选和基础党务工作进行跟踪指导帮扶。统一制定下发换届工作手册，明确换届选举工作流程及请示格式、选举办法、主持词，对2020年需进行换届的23个机关党组织（其中总支4个），建立届期信息工作台账，设定“换届选举工作闹钟”，对任期已满的基层党组织提前6个月发函提醒，对任期满前3个月的机关党组织进行专题培训，提醒督促按时换届。对任期将满前2个月且未上报换届请示、任期满1周但未上报换届请示的机关党组织下发提醒函，以书面形式进行督促。对无特殊情况届满1个月仍无故未换届、支委空缺调整不及时的党组书记进行通报，确保机关党组织按时如期正规换届。常态化落实以强带弱机制、定期交叉指导机制，设定“党建工作闹钟”，将机关党组织换届改选工作纳入每月工作提醒内容，全年制定下发《每月工作提醒》11期，下发《县直机关党组织换届改选流程》2期，确保机关党建水平整体提升。

【基层党组织建设】 2020

年，县直机关工委认真贯彻落实《中国共产党党和国家机关基层组织工作条例》，选优配强机关党组书记、专职党务干部，机关党建任务较重、工作力量不足的，在现有基础上适当增加人员。是年，督促全县各单位增设、补派机关专职党务干部38名。创新培训方式，开展专兼职党务干部培训班和新任党组书记培训班各1期，共覆盖210余人。在讲座授课基础上增设“党建动漫学习片”，提升培训效果，充分发挥兼职党务干部作用。围绕基层党组织换届选举“情景模拟”示范，加强对各部门党组织换届工作的督促指导，研究制定加强机关党委领导班子建设的意见。始终围绕打造一批响当当的机关党建名片，坚持把“现有的、管用的、易学的、开放的”作为机关党建各项措施的优先选择，认真总结近年来的工作经验，去除不合时宜、效果不明显的项目。在抓好党员发展等常规工作的同时，集中精力做大做响“双线一体”大党建机制、“四张清单”工作任务、“四进机关”红色系列活动等品牌。在机关党组织中推行《拜城县“1453”机关党建工作任务》，即：紧扣“一条主线”（机关党的政治建设主线）、狠抓“四张清单”（共性规范清单、个性提升清单、问题短板清单、“四官自查清单”）、实现“五个突出”（党组织阵地功能突出、党建管理主体作用突出、党务干部能力素质突出、党员先锋模范作用突出、党员日常管理质量突出）、抓实“三项亮点”（创建党建品牌、创新党小组方式、创新党建+模式），使机关党建工作更加聚焦、更加规范、更加生动、更易坚持。围绕“三会一课”，全面推行“周学、月谈、季考、期讲、年评”政治学习制度，每周组织党员开展1次政治理论学习，每月听取1次党员思想汇报，开展1次谈心谈话，每季度支部上1次党课，每半年组织支部党员进行1次党章党规条例测试，每半年开展1次党组书记抓基层党建述职评议。由机关工委牵头，开展“党课开讲啦”活动，县直机关各党组织全年累计开展“党课开讲啦”活动600余场，受教育党员3800余人次，支部书记、单位主要领导带头上党课430余场次，受教育党员4730余人次。将《关于加强和改进党的群团工作的意见》、党员联系社区、党风廉政建设、党员干部带头“去极端化”工作等均列入工作范畴，使县直机关党建工作紧跟县委的整体步伐。

【一先双优评选表彰】 2020年，县直机关工委严格实施县直机关优秀党务工作者、党组书记推优选优考评办法，积极引导县直机关党组书记、党务工作者立足岗位创先争优，将县直机关作风效能建设与党建工作一并进行督查、考核。2020年度共推选本级优秀党务工作者17名，优秀党组织书记8名。

（朱效府）

党校工作

【概况】 县委党校始建于1961年1月10日，2016年9月从拜城县团结路9号整体搬迁至拜城县巴依路19号，占地面积2.85公顷，建筑面积11600平方米，其中教学科研楼4728平方米、报告厅558平方米、餐厅1152平方米、学员公寓5162平方米。教学科研楼有微机室2间、配备计算机100台，图书室1间、藏书7000余册，电子阅览室1间、收录电子图书20万册，多媒体教室10间，50~60人教室25间，80~100人教室9间；报告厅配备有全彩LED大屏幕、音响设备等，可容纳230人；餐厅可同时容纳236人就餐；学员公寓配备标准间110间，可容纳220人住宿。县委党校内设办公室、教研室、后勤室3个股室，实有在职在编人员17名。其中，领导职数3名（主持工作副校长2人、党支部书记1人），管理人员1名，专兼职教师13名。专兼职教师中，副高级职称1名、中级职称6名、初级职称6名；研究生学历2人，本科学历14人，大专学历1人；年龄结构方面，35岁以下6人，36~45岁8人，45岁以上3人。县委党校隶属于中共拜城县委员会管理的直属事业单位，财政全额预算拨款。

【教学管理】 2020年，县委党校始终紧抓党校姓党这个根本原则，成立以校领导为组长、各科室负责人、骨干教师为成员的党校审读工作领导小组，对教师每次上课的教案、上报的调研课题和论文等进行认真审读，做到不让错误思潮或言论上讲台、不让“学术个性”对冲政治纪律、不让杂音进课堂，确保党校教师授课内容紧跟党中央、自治区党委、地委、县委步伐，在思想上、行动上始终与中共中央保持高度一致。建立县委组织部、县委党校、学员所在单位“三位一体”管理格局，对学员在校理论学习和党性锻炼实行“双百分”制考核，采取“访、谈、查、评、考”的形式对结业学员进行跟踪管理，将学员在校学习情况和结业后学用成果转化情况与党建工作考核奖惩挂钩，对春秋主体培训班优秀学员和班干部作出表彰，对不合格学员作出通报，并且纳入所在单位当月党建考核中，进一步提升教育培训成效。

【教育培训】 2020年，县委党校在做好常态化疫情防控工作的前提下，共举办承办各类培训班次39期，培训党员干部2621人次。其中，举办乡科级领导干部培训班、中青年干部培训班、公务员初任培训班等主体班次10期，培训党员干部478人；举办承办党员忠诚示范班、入党积极分子培训班等专题班次29期，培训党员干部2143人次。在主体培训班中精选红色故事，精挑表演学员，精心设计环节，让学员自编自演初心模拟课堂，以突出“学”的地位，强化“演”的技能，凸显“染”的效果；在课程安排中增加“读总书记的书、读总书记读过的书”课前五分钟党性教育活动，引导学员深刻领会习近平新时代中国特色社会主义思想，增强党性修养，推进党性教育入脑入心，筑牢学员理想信念；在学习培训中组织学员“制作一首班歌《拜城追梦人》、刊发一份报《拜城新青年》、共写一本书、策划一场情景剧”，丰富内容、创新方式、寓教于乐。

【教学研究】 2020年，县委党校坚持抓实课题研究，及时把高质量的科研成果转化为教学专题，并带进课堂，推动科研更好地服务于教学，实现教学水平与科研水平共进、教学成果与科研成果互通。全年，有6篇科研成果转化进课堂，其中《聚焦总目标做好新形势下的群众工作》纳入地委党校主体班课程，《中国共产党与拜城县各族人民的抗日斗争纪事》被纳入县“不忘初心、牢记使命”主题教育党课，并从中节选《抗日募捐》排练成情景剧，深受学员和基层党员干部的欢迎。2020年，新备十九届五中全会精神解读、《增强新疆各种人民文化认同 努力建设新时代中国特色社会主义新疆》、《正确看待新疆宗教历史演变》等10余节课，撰写《新时代发挥乡镇党校作用问题研究》《激励培养党校教师机制研究》调研课题10余篇。

【疫情防控】 2020年1月底至9月初，根据县疫情指挥部统一部署，县委党校被设置为集中隔离观察点、外来人员筛查分流点。在副校长李向东的带领下，县委党校全员参与，全力做好集中医学观察、消毒消杀、隔离人员生活保障等工作，集中隔离1400余人，筛查分流12000余人，为疫情防控工作做出了积极贡献。县委党校在做好干部职工安全防护的前提下，精细化隔离工作的流程，确保人员的安全隔离，严格化疫情防控的管理，杜绝人员的交叉感染。建立突发疫情应急处置机制，确保可以及时采取有效的防控措施，在疫情防控期间，全体干部职工在思想上高度重视，坚守工作岗位，分工协作，互相配合，全力以赴疫情防控阻击战。

【脱贫攻坚】 2020年，脱贫攻坚的任务更为艰巨。县委党校领导干部高度重视脱贫工作，做到不松懈，不动摇，克服困难、多方联系，积极吸引社会资本，与新疆粮益佳农业开发有限公司对接（安徽籍客商张宝），签订粮食仓储物流项目招商引资合同，签约金额1000万元，到位资金500万元。同时，坚持做好驻村点米吉克乡10村12户贫困户的巩固提升工作，认真落实“三专一访”工作。包联干部每月至少开展一次入户走访，解决贫困户生产生活实际困难，帮助18人实现稳定就业；免费提供烧烤小吃车10辆，申请小额贷款15万元，帮助群众在米吉克乡亚曼苏生态乐园创业增收；动员教职工按照人均不少于500元的标准积极购买驻村点贫困户农副产品，共购买农产品1万余元；通过“扶贫832”平台购买农副产品2400余元，缓解群众农产品销售难的问题；组织教职工利用一个月的时间，每日深入贫困户家中开展扶贫政策宣传和感恩教育，帮助驻村点顺利完成脱贫攻坚的普查验收。

【校园建设】 县委党校建有“不忘初心、牢记使命”主题教育教室，有效增强了党性教育的吸引力和感染力，提升学员在党言党、在党忧党、在党为党的自觉性；在教学科研楼各楼层张贴习近平总书记系列重要讲话、英模人物事迹挂图，与课堂教学相得益彰、相辅相成，使学员和基层干部在潜移默化中受到深刻教育；制作文化宣传墙及习近平新时代中国特色社会主义思想宣传灯箱，打造校园文化，形成了具有党校特色的浓郁文化氛围。

【学风校风建设】 2020年，县委党校不断强化学风校风建设，在强化参训学员国家通用语言文字水平的同时，坚持将党性教育贯穿培训全过程。坚持每周上两节政治理论课，提升学员政策理论水平；每周一举行升国旗仪式和宣讲，每周观看一次红色电影或纪录片、教育片，强化学员“五个认同”观念。成立临时党支部和班委，负责统筹组织班级学员，小组成员之间结对帮扶学习、小组与小组之间竞争学习，每周末组织一次学习测试、召开一次班会，评选优秀学员，总结一周学习培训情况；每月召开一次主题党日活动，总结提炼培训过程中的好经验好做法，树立热爱学习、争做先锋的榜样，实现理论学习与党性教育的有机结合。

【教师队伍建设】 2020年，县委组织部和县委党校联合印发《拜城县领导干部“上讲台”授课实施办法》，将领导干部的党建目标考核、个人年底评优考核、干部考察与授课情况挂钩，对领导干部来党校授课件出制度性安排，根据领导干部的知识背景、专业特长、工作经验，聘请政策理论功底扎实、有较强授课能力的领导干部担任兼职教师，定期来校为学员授课。目前，梳理全县各单位上报领导干部“上讲台”党课题目300余个，聘请30余人在培训班中讲授党课，在主体培训班课堂中占比达20%以上，提高了干部教育的针对性和实效性。同时，县委党校积极培养青年教师，以学科骨干教师带头，着力培养政治强、业务精、作风好的青年教师，并开展青年教师个性化成长规划等具有鲜明党校特色的人才培养工作，使青年教师尽快实现向合格党校教师的转变。

（杨　文）

史志工作

【概况】 中共拜城县委党史办公室暨拜城县地方志办公室成立于1982年（以下简称“县委史志办”），正科级建制，参照公务员管理事业单位，有5名编制（其中正科1名、副科1名，科员3名），实有6名在职干部，两名干部参加“访惠聚”驻村工作。其中主任1人、副主任1人，二级主任科员

1人，三级主任科员1人，四级主任科员2人。退休干部1人。于2018年单独设立党支部，为县委机关第十三党支部，2020年，开展党史宣传教育，收集2006—2019年党史资料，编纂《拜城年鉴（2020）》，继续审核第二轮《拜城县志》编纂工作，及时为自治区、地区报送党史和地方志资料。

【《拜城年鉴》编纂】 2020年，县委史志办完成《拜城年鉴（2018）》《拜城年鉴（2019）》《拜城年鉴（2020）》3部年鉴的审校工作，交由出版社编校，其中《拜城年鉴（2019）》申请中国地方志指导小组办公室按照资助民族地区项目解决出版费用。完成《新疆年鉴（2020）》《阿克苏年鉴（2020）》（拜城部分）供稿。

【《拜城县志（2001—2015）》编修】 《拜城县志（2001—2015）》通过自治区地方志编委会终审，完成三审三校工作。

【党史文献报送】 按照地委史志办的要求及时报送《2019年度地委工作纪实》《中国共产党阿克苏地区历史大事记（2001—2018年）》《阿克苏地区2019年援疆大事记》3部资料（拜城县供稿）；按质按要求给自治区党史文献研究院报送拜城“文革”阶段的资料。

【党史宣传】 为充分宣传好、传承好党史、地方史资源，用党的伟大成就激励人，优良传统教育人，对照“四史”校编排查，加大党史地方史宣传力度。在4月组织党群口负责人、社区第一书记、社区书记在三社区宣讲党史和拜城县历史。还在县党校主题班上讲解5次党史。

【疫情防控】 严格落实新冠肺炎各项防控工作，成立由主要领导为组长的应对新冠肺炎疫情防控领导小组，加强领导，强化管理。教育干部群众每天测体温，戴口罩、勤洗手，养成良好的卫生习惯，做到不信谣、不传谣；引导干部群众，对单位干部的亲属进行全面排查。2—3月，4名干部在荣誉蓝湾小区值守，防控疫情。7—8月，2名干部在荣誉蓝湾小区值守，1名干部在绿色家园小区值守，1名干部负责一个疫情隔离点工作。

（任文艳）

拜城县人民代表大会

重要会议

【拜城县第十六届人大五次会议】 2020年1月12—15日上午，拜城县第十六届人民代表大会第五次会议在县三馆召开。实有代表170名，出席大会代表161名；10名特邀人员、64名列席人员参会。会议听取和审议政府工作报告、国民经济工作报告、财政工作报告、人大工作和法院工作报告、检察院工作报告，通过并形成六项报告的决议。各族人大代表提交议案、建议和批评意见68件，经大会主席团讨论，其中9件作为议案，其他59件作为代表建议、意见办理。

【常务委员会议】 2020年1月8日，拜城县第十六届人大常委会第二十二次会议召开。听取和审议《拜城县第十六届人大四次会议代表议案、建议办理情况报告》《关于2019年县本级财政预算调整方案（草案）的报告》《关于召开拜城县第十六届人民代表大会第五次会议有关事宜的草案》。

2020年4月18日，拜城县第十六届人大常委会第二十三次会议召开。听取和审议《拜城县人大常委会2020年工作要点》《关于同意罢免艾力卡木·艾尼瓦尔人大代表职务的议案》，任命王云师为拜城县人民政府副县长（挂职），免去黄成骞同志拜城县人民政府副县长职务，任命王文彬为拜城县人民政府常务副县长，组织人大常委会委员开展专题学习《关于加强和改进新时代自治区人大常委会监督工作的意见》。

2020年6月25日，拜城县第十六届人大常委会第二十四次会议召开。听取和审议拜城县2020年政府债务限额管理及新增政府债券预算调整方案的报告；听取和审议拜城县人民政府关于2019年拜城县财政决算（草案）的报告；听取和审议拜城县人民政府关于2019年全县国有资产管理情况的综合报告；听取和审议拜城县人民政府关于2019年本级财政预算执行和其他财政收支的审计报告；听取和审议拜城县人民政府贯彻实施《中小企业促进法》及自治区实施《中小企业促进法》办法实施情况的报告；听取和审议拜城县人民政府2020年脱贫攻坚工作进展情况的报告；听取和审议卫健委主任对疫情防控工作的专项报告；听取和审议关于对贯彻执行《中小企业促进法》及自治区实施《中小企业促进法》办法、《新疆维吾尔自治区农村扶贫开发条例》、《中华人民共和国传染病防治法》执法检查的报告；会上免去牟景波拜城县信访局局长职务，免去库尔班·艾来提拜城县司法局局长职务，任命靖乾为拜城县信访局局长。

2020年9月29日，拜城县第十六届人大常委会第二十五次会议召开。会议共有10项议程，分别听取和审议关于拜城县2020年抗疫特别国债及特殊转移支付等直达资金预算调整方案的报告；听取和审议关于拜城县2020年政府债务限额及预算调整方案的报告；听取和审议关于动用预备费的报告；听取和审议关于亚吐尔乡、康其乡、大桥乡撤乡设镇的议案；听取和审议拜城县人民检察院关于开展公益诉讼工作整改落实情况的报告；听取和审议拜城县人民检察院刑事检查工作情况的报告；听取和审议关于对拜城县人民检察院刑事检查工作的执法检查报告；听取和审议拜城县人民法院诉讼服务中心建设工作情况的报告；同意辞去吴宝辉拜城县第十六届人民代表大会代表职务。根据县人民检察院、人民法院、人民政府提请，免去田洪涛同志拜城县人民检察院检察委员会专职委员（正科级）、检察员职务。免去吴多敏拜城县人民法院副院长、审判委员会委员、审判员职务。免去田安平拜城县医疗保障局局长职务。根据县人民法院、人民政府的提请，拟任命任学涛为县人民法院副院长、审判委员会委员、审判员。拟任命王新珍为拜城县医疗保障局局长。

2020年12月4日，拜城县第十六届人大常委会第二十六次会议召开。听取和审议拜城县人民政府贯彻实施《自治区民族团结进步工作条例》《自治区去极端化条例》情况的报告；听取和审议关于对拜城县人民政府贯彻实施《自治区民族团结进步工作条例》《自治区去极端化条例》的执法检查报告；听取和审议拜城县人民政府整改《自治区物业管理条例》情况的报告；听取和审议关于跟踪《自治区物业管理条例》整改情况的调研报告。任命蒋小鹏为拜城县医疗保障局局长。任命王新珍为拜城县卫生健康委员会主任。任命季红莉为拜城县人民检察院检察委员会专职委员（正科级）。任命周朝虎为拜城县人民检察院副检察长（挂职）。

【主任会议】 2020年1月5日第一次主任会议召开。会议讨论研究关于召开第十六届人大常委会第二十二次会议相关事宜。2020年4月9日，第二次主任会议召开。会议讨论研究关于召开第十六届人大常委会第二十三次会议相关事宜。2020年6月8日，第三次主任会议召开。会议讨论研究关于召开第十六届人大常委会第二十四次会议相关事宜。2020年9月17日，第四次主任会议召开。会议讨论研究关于召开第十六届人大常委会第二十五次会议相关事宜。2020年12月2日，第五次主任会议召开。会议讨论研究关于召开第十六届人大常委会第二十六次会议相关事宜。

人大工作

【概况】 2020年，拜城县设置14个乡镇人大主席团，有170名县级人大代表、699名乡镇级人大代表。县第十届人大常委会实有组成人员29人，其中主任1人、副主任4人、委员24人。拜城县人大常委会下设办公室、代表人事工作委员会、法制工作委员会、财政经济工作委员会、教科文卫工作委员会4个专门委员会。

【代表工作】 2020年，县人大常委会坚持把代表作用发挥作为行使民主权利的重要载体，不断加强学习教育，畅通反映民意的渠道，增强代表与群众的紧密联系，促进代表履职能力提升。采取先试点、后覆盖的方式，及时召开人大代表联络站建设工作推进会，组织人大主席和人大干事赴试点乡进行现场观摩学习，以点带面有序推进，完成全县人大代表联络站建设工作。按照方便选民、方便群众、方便代表开展活动的原则，在全县建立了128个代表联络室（站），其中1个县级代表工作室、14个乡镇级代表工作站、113个村级代表工作站，按照“十有”标准，健全完善了站内各项工作制度，并“挂牌上墙”。按照县乡两级人大代表就近就地的原则，统筹安排代表进站开展工作，坚持每名代表每年进站参加集中活动不少于4次，每个联络站开展学习活动每个月不少于1次，每个联络站举行人大代表述职评议工作每半年不少于1次。组织基层人大代表开展学习交流、视察调研、联系选民、接待选民、听民声解民忧等活动，悉心听取广大选民的意见建议，多途径收集困难诉求和愿望，积极组织代表对辖区的困难家庭进行结对帮扶。按照就近、便利的原则，各级人大代表定期接待选民，化解纠纷、调解矛盾、收集民情建议等，彰显代表作用发挥。疫情防控期间，在一线参与志愿服务的代表526人，结合疫情防控提出代表建议131件，解决群众反映的意见建议1906条。

【监督工作】 2020年，县人大常委会坚持在党的领导下，依照法定职责、限于法定范围、遵守法定程序，寓支持于监督之中，形成加强和改进人大工作的合力。听取和审议县人民政府2020年上半年国民经济和社会发展计划执行情况的报告，2019年决算（草案）和2020年上半年预算执行情况的报告及审计工作报告，2020年县本级财政预算调整方案（草案）的报告；组织代表先后对重大项目建设情况、“十三五”规划实施及“十四五”规划编制情况进行调研和视察；配合地区人大工委围绕《中小企业促进法》开展执法检查，从加快提升中小企业进程方面提出了相关意见和建议。组织代表对拜城县贯彻实施《中华人民共和国传染病防治法》开展执法检查；跟踪督促《关于全面禁止非法野生动物交易、革除滥食野生动物陋习、切实保障人民群众生命健康安全的决定》的贯彻落实，强化公共卫生安全风险隐患；听取和审议了2020年脱贫攻坚工作进展情况和农村富民安居工程建设情况的报告，了解掌握拜城县脱贫攻坚取得的成效及存在的问题；对《中华人民共和国就业促进法》的实施情况开展问题自查，督促政府严格依法加大就业工作力度，坚决完成“保就业”任务；对《自治区物业管理条例》反馈问题整改情况进行执法检查，督促政府抓好整改，加大对物业公司的监管力度，提升物业服务水平。对《自治区农村扶贫开发条例》贯彻实施情况进行调研，督促政府压实各方责任，整改有关问题。听取和审议了县人民政府2019年度环境状况和环境保护目标完成情况的报告，加大对天然林、草场、湿地保护检查力度，监督并做好环境突出问题整治等工作。配合地区人大工委以“依法防治土壤污染，助力打好净土保卫战”为主题的2020年天山环保行执法检查活动，并对《新疆维吾尔自治区煤炭石油天然气开发环境保护条例》的贯彻落实情况进行调研，提出全面落实综合监管机制、推进环保基础设施建设、加强环境综合治理等建议，着力改善全县生态环境健康发展。健全司法机关重大事项、重要文件、人事任免报告制度，明确监督原则和内容，规范监督程序和方式，组织人大代表旁听庭审，确保审判权、检察权及其他司法权得到正确行使；组织各级人大代表围绕诉讼服务中心建设和刑事检察工作进行专题调研，听取和审议了人民法院和人民检察院关于加强刑事审判工作、公益诉讼检察工作的情况报告，促进以审判为中心的刑事诉讼制度改革和推动检察机关履行好维护国家公共利益的法定职责。是年，督促办理公益诉讼检察建议书45件；积极配合地区人大工委开展选举法修改有关事宜，并提出了相关意见和建议；组织机关干部开展“与法同行”大宣讲活动，以第三次中央新疆工作座谈会为统领，大力弘扬宪法精神，推动民法典贯彻实施，努力提升人大代表依法履行职责的能力和水平。

【议案工作】 县第十六届人大五次会议期间，代表共提出议案建议68件。经议案审查委员会审查并经大会主席团会议通过，将其中9件作为议案，其余的59件作为代表建议处理。人大常委会将议案、建议及时进行交办，采取重点督办、跟踪督办、满意度调查等方式，对代表不满意的事项督促有关单位重新办理，确保人大代表提出的议案、意见和建议落实到位。

【法制宣传教育】 2020年，县人大常委会开展宪法宣传教育活动。组织6次宪法宣誓仪式，19名被任命人员进行宣誓，常委会组成人员主持并监誓，增强了国家工作人员的宪法观念。以“弘扬宪法精神，推进国家治理体系和治理能力现代化”为主题，举行第七个国家宪法日座谈会，带动各级各地开展丰富多彩的宪法宣传活动。充分利用各类法治宣传平台和各种宣传形式，广泛宣传以宪法为核心的中国特色社会主义法治体系，认真组织好“12·4”国家宪法日集中宣传活动，形成崇尚宪法、遵守宪法、维护宪法权威的良好氛围。

【视察调研工作】 2020年，拜城县人大常委会始终坚持正确监督、有效监督，把“一府一委两院”工作同支持他们依法履职有机结合起来。2020年5月12日，地区人大工委到拜城开展县乡两级人大换届选举工作调研；2020年5月19日，阿勒泰地委委派地区人大工委赴拜城县就脱贫攻坚暨乡村振兴工作开展学习观摩；2020年5月21日，地区人大工委到拜城进行《中小企业促进法》实施情况的调研；2020年5月27日，县人大常委会对《中华人民共和国传染病防治法》进行执法检查；2020年5月28日，县人大常委会对《新疆维吾尔自治区农村扶贫开发条例》进行执法检查；2020年6月15—17日，地区人大工委到拜城县开展2020年天山环保行执法检查暨地区贯彻落实《自治区煤炭石油天然气开发环境保护条例》调研活动；2020年6月17日，受地区人大工委委托，县人大常委会执法检查组开展《全国人民代表大会常务委员会关于全面禁止野生动物非法交易、革除滥食野生动物陋习，切实保障人民群众生命健康安全的决定》《中华人民共和国野生动物保护法》执法检查；2020年6月24日，地区人大工委调研关于加强和改进新时代人大工作的实施意见及关于加强人大代表“家室站”建设情况；2020年10月16—17日，自治区人大常委会赴拜城开展“十三五”规划实施及“十四五”规划编制情况、2019年度自治区本级预算执行和其他财政收支审计查出突出问题整改情况调研和2020年自治区重点项目建设情况视察活动。

【办公室工作】 2020年，县人大常委会办公室始终坚持以党的政治建设为统领，不断提高人大党的建设质量和水平。把严格遵守党的政治纪律和政治规矩特别是反分裂斗争纪律放在首位，在重大原则问题上做到旗帜鲜明、立场坚定、态度坚决、步调一致，坚决贯彻中央和自治区党委、地委和县委决策部署，围绕中心抓党建，抓好党建促业务，坚持学习理论与业务知识、法律法规有机结合，努力把人大常委会机关建成一线机关、工作机关、服务机关。始终把加强乡镇人大工作和建设摆在突出位置来抓，正确处理好县乡人大在法律监督、业务指导、工作联系三方面的关系。班子成员分别联系指导3~4个乡镇，协助规范乡镇“人大代表联络站”建设，帮助完善乡镇人大主席团职责任务、议事规则、代表视察调查、学习培训、联系选民、代表述职、代表建议办理等各项工作制度，努力提高乡镇人大工作水平，推进基层民主法治建设进程。始终把群众利益放在最高位，持之以恒转变工作作风，以推动“两个责任”落实为抓手，严格落实《自治区党委加强和改进作风20条具体措施》，切实做到“十要十严禁”，认真抓好《中国共产党章程》《廉洁自律准则》《纪律处分条例》的贯彻实施。坚持用典型案例作为反面教材，教育干部汲取教训，牢固树立自律意识和法纪观念，树立人大干部的良好形象。

【专门委员会工作】 2020年，人大常委会下设4个工委，按照主要职责，具体分工，切实抓好各工委工作任务。法制工作委员会。全面参与法制宣传教育、依法治县、“七五”普法等相关工作；对拜城县司法部门工作和执行情况进行调研，牵头抓好规范性文件备案审查制度，切实做好人大机关日常来信来访件的承办、督办工作。财经工作委员会。组织代表对2020年国民经济和社会发展计划（草案）、预算（草案）、决算（草案）以及国民经济和社会发展计划、预算的部分变更进行初审；收集整理人大代表关于财政经济、农业与农村工作、环境与资源保护工作方面的议案和建议、批评、意见的承办和督办工作。教科文卫工作委员会。把助推民生改善作为履职重点，先后围绕学前教育、医疗卫生、文化旅游等课题开展调研。代表人事工作委员会。做好与乡镇（场）人大主席团的联络和人大代表、人大干部的培训工作。积极开展代表争先创优活动，建立代表履职评价和激励机制，选树模范履职的优秀代表典型，激励和引导代表认真执行代表职务和做好本职工作，“一肩挑双担、两职争一流”。

（刘成龙）

拜城县人民政府

重要会议

【县人民政府党组会议】 2020年1月17日，县人民政府召开第一次党组会议。会议专题学习脱贫攻坚有关内容，集中传达学习《习近平论脱贫攻坚（2019年）》和中共中央、国务院《关于抓好“三农”领域重点工作确保如期实现全面小康的意见》等相关文件精神，学习习近平总书记关于安全生产、应急管理重要论述，审议《关于调整拜城县第三轮矿产资源总体规划的请示》，研究副县长董磊同志工作分工及相关干部任免事宜。

2020年，县人民政府共召开12次政府党组会议。会议由县委副书记、县长主持，参会人员有副县长，办公室主任和其他党组成员，主要内容为脱贫攻坚专题等相关上级重要指示批示文件精神的学习，研究县域经济和社会发展，各单位请示、报告等。

【县人民政府常务会议】 2020年2月26日，县人民政府召开第二次常务会议。会议分两个阶段召开，第一阶段召开脱贫攻坚专题会议，听取《财政专项扶贫资金项目进展情况的报告》《1—2月财政专项扶贫资金预算执行情况报告》，审议《关于调整2020年中央提前下达财政专项扶贫资金项目中污水处理项目的请示》；会议第二阶段听取相关部门2月风险隐患排查治理工作汇报、《政府新增债券项目进展情况报告》、《1—2月财政工作情况报告》、《固定资产投资项目谋划及推进情况报告》、《新冠肺炎防控应急物资资金使用情况的汇报》，并对近期重点工作进行部署。2020年，县人民政府共召开政府常务会议12次。会议由县委副书记、县长主持，参会人员有副县长、办公室主任、政府法律顾问、各议题单位主要负责人。

【县人民政府全体会议】 2020年5月29日，拜城县人民政府召开2020年第一次全体会议，会议总结1—5月政府工作，分析当前形势，部署下半年工作，动员政府系统各级各部门聚焦自治区党委“1+3”工作要求，保持攻坚定力，埋头苦干实干，坚决打赢脱贫攻坚战，决胜全面建成小康社会。县委副书记、县长出席会议并讲话，县委常委、常务副县长主持会议。

【人才工作会议】 2020年11月14日，拜城县人才工作会议召开。会上县委副书记、县长领学习近平总书记关于人才工作的重要论述。会议宣读《中共拜城县委、政府〈关于命名拜城县第一个管理期骨干人才的决定〉》《拜城县领导干部联系服务专家工作实施办法》。

政务服务

【“六型”政府】 2020年，

拜城县“六型”（忠诚型、法治型、服务型、担当型、创新型、廉洁型）政府建设工作取得了阶段性成效。党的建设不断加强。政府系统党组（委）班子凝聚力、战斗力、号召力明显提升，干部队伍讲党性、讲忠诚、讲政治的氛围更加浓厚。工作效率显著提升。政府各部门主动作为、担当尽责，工作执行力、落实力不断提高，政府工作实现提速。营商环境更趋优化。部门服务意识明显增强，服务质量和水平得到极大提升，为企业发展创造出了审批事项少、办事效率高、服务便利快捷的良好环境。干部作风更加务实。广大干部普遍树立起了功成不必在我、功成必定有我的历史担当，白天现场推工作、晚上办公室理思路，见第一就争、见红旗就扛，形成了不甘落后、争当一流的浓厚氛围。担当善为氛围更浓。坚持干字当头，实干、苦干、巧干，政府系统敢担当、善作为氛围更加浓厚，行政效能不断提升。

【放管服改革】 2020年，拜城县大幅精简行政审批事项，以更大力度推进简政放权。全面梳理权责清单。动态调整权责清单和行政审批中介服务事项，40个审批单位共保留行政权力事项2327项。梳理公布延伸至乡镇政务服务事项123项，进一步方便群众就近办事。大幅精简行政审批事项。县直单位实施清单“5+X”事项527项，实现同一事项、同一标准、同一编码。按照“应上尽上”原则，34个部门527项事项进驻行政服务大厅，进驻率95%以上。全面清理取消各类证明材料2905项，清理率67.5%。大幅压缩审批时限。压缩不动产登记办理时限，一般登记、二手房登记由原来的10~15个工作日压缩至3个工作日内办结，抵押登记压缩至当日办结。企业申请用电，3个工作日内完成现场勘查，5个工作日内出具用电接入方案；10千伏电压等级，年用电量在300万千瓦及以上的，可办理直接交易。开通“掌上电力”App、微信等方式，丰富了电费缴纳渠道。进一步压缩水气暖报装时限，小型工商项目报装周期压缩至15日以内，普通工商项目报装周期压缩至27日以内。减少社会资本市场准入限制。全面实施新版市场准入负面清单，按照非禁即入、公平待遇原则，清单以外的行业、领域、业务等，各类市场主体皆可依法平等进入。进一步规范政府采购和招投标。政府采购和公共资源交易招投标全面进驻行政服务大厅，限额分散采购和集中采购全面落实，公共资源交易招投标工作进一步规范，开标区、评标区实现物理分离，各类制度全部上墙，远程异地评标室建设稳步推进，各类硬件主要设备配齐。

【经济发展】 2020年，拜城县实现国民生产总值93.43亿元，增长10.0%，规模以上工业增加值34.59亿元，增长20%，完成全社会固定资产投资76.34亿元，增长25.3%，地方公共财政预算收入17.2亿元，增长6.6%，社会消费品零售总额20.26亿元，增长13.7%，城镇居民人均可支配收入32914元，同比2019年增长1.0%，农牧民人均纯收入16388元，同比2019年增长9.9%。

【脱贫攻坚】 2020年，拜城县强化“四个不摘”“八个不变”政策有效落实，“三专一访”机制常态推进，“五个一批”“三个加大力度”精准实施，投入1.75亿元资金巩固脱贫成果，56个项目竣工投用，感恩教育常态化开展，预警机制优化提升，脱贫攻坚成效显著。坚持抓产业促就业、产业就业齐步走，产业扶贫、旅游扶贫、消费扶贫成效明显，6296名贫困户、719名边缘户离开土地稳定就业，实现家家有就业、人人有事干、天天有收入。

【民计民生】 2020年，拜城县委、县政府始终把人民群众装在心里，用心用力增进人民福祉，民生事业交出暖心成绩单。坚持促就业、保民生、稳民心，一批农村劳务经纪人应运而生，年内新增城镇就业4875人，实现农村富余劳动力转移就业3.18万人次；坚持教育优先发展，积极争创中等职业技术学校，稳步建设第五中学、城镇3所幼儿园，办学条件全面改善，教学质量持续提高；紧密型医共体经验获国家卫健委调研组高度评价，蹚出了一条西北地区医改“新路子”。普惠性体检常态化开展，计生服务管理持续加强，荣获全国计划生育优质服务先进县；城乡基础设施条件持续改善，公共服务水平不断提升，改造棚户区511户，建成安居房5201套、公租房1214套。“三乡一镇”饮水改造工程竣工通水，各族群众喝上了安全放心的自来水；新改建农村公路132千米，道路更加通畅。安全生产形势持续平稳，各族群众生命财产安全有效保障。人居环境整治、特色小城镇建设卓有成效，“两河两带”综合治理、老旧小区改造等一批惠民工程成果丰硕，城乡面貌焕然一新。

【对口援疆】　2020年，16个援疆项目高标准建设，“十城百店”“百村千厂”“万亩亿元”三大援疆工程精准发力，产业援疆、科技援疆、人才援疆、教育援疆、医疗援疆成效显著。

【自身建设】　2020年，拜城县全面深化“六型”政府建设，持续打造人民满意政府，引导各级党员干部自觉树牢“四个意识”，坚定“四个自信”，做到“两个维护”。深入学习宣传贯彻中共十九届五中全会精神、第三次中央新疆工作座谈会精神，做到入脑入心、知行合一。主动扛起政府系统从严治党主体责任，纵深推进党风廉政建设和反腐败斗争。扎实推进依法行政，有序实施行政执法“三项制度”，推动各级干部学法尊法守法用法。“放管服”改革持续深化，“一门一网一次”“最多跑一次”改革深入实施，服务效能不断提升。自觉接受县人大及其常委会法律监督，认真办理人大代表议案和建议68件、政协委员提案35件，答复办理县长信箱70件，政府公信力、执行力显著增强。全县第七次全国人口普查工作扎实开展，自治区“巾帼脱贫行动”暨“美丽庭院”现场会在拜城县召开，审计、司法、档案、气象、地方志、质量监督、双拥等各项工作都取得了新的成绩。

【取得成就】　2020年“十三五”规划末地方生产总值较“十二五”规划末增长2倍，年均增长14.9%；地方财政公共预算收入增长1.4倍，年均增长8%；城镇居民人均可支配收入增长1.47倍，年均增长8.07%；农牧民人均纯收入增长2.75倍，年均增长11.2%；三产结构比由2015年的22.31∶39.76∶37.93调整为2020年的17.68∶51.34∶30.98，园区累计新增入园企业42家，产值增长35%，年均增长7%。累计完成固定资产投资455.12亿元；累计投入资金115亿元，实施民生工程项目359个；累计投入资金5.96亿元，实施援疆项目85个；累计投入资金10.2亿元，建成农村安居房23642套，完成脱贫6138户22635人。

（高永军）

政府办

【概况】　1950年设人民政府办公室，为行政单位，为正科单位，正科级建制。2020年，政府办公室下设综合室、秘书室、政务督查室（县政府政务服务办公室）、财务室、文印保密室、外事办公室、县人民政府机关党委。办公室现有行政编制人员26名、参公4名，事业编制人员5名，领导职数6名。

【文秘工作】　2020年，政府办公室紧紧围绕全县经济发展、社会稳定和政府中心工作，严把公文质量关，规范行文，提高工作效率，从公文的起草、核稿、翻译、签发、打印、成文到盖印、分发都有系统而严格的步骤和程序，始终站在服务全县大局的高度，立足办公室职能，充分发挥“三服务”职能，做到办文、办会、办事准确、高效，重要文稿、事务不发生差错，各项大型活动及公务接待精细高效方便。立足办公室职能，发挥协调左右、联系各方的作用。办文方面，严把政策程序关口，倡导“短、实、新”办文要求，确保公文符合政策、表达清楚、简明扼要。严格按照“基层减负”工作要求，是年，制发各类公文260件，其中政府发文230件，同比减少12.5%，办公室发文30件，同比减少58%，完成领导讲话、汇报等各类文字材料250余篇80余万字。办会方面，狠抓会前、会中、会后环节，协调组织常务会议12次、党组会议12次、全体会2次、安委会3次，组织或协调国家、自治区、地区各类会议50余次。公务接待方面，严格按照中央八项规定，坚持求全求细、勤俭节约、突出特色的标准，较好地完成各项接待任务。

【文件保密】 2020年，政府办公室确保公文运转高质高效，加强文件、印章和保密工作。一是文件运转方面。认真做好上级文件的登记、分送、转办等工作，处理上级来文838件，运转处理请示件、报告件等各类批办件2262件。二是印章使用方面。按照分管领导初审、办公室主要领导审签、县领导审批工作流程，严格执行文书用印制度，确保了印章使用规范，登记公章使用情况317次。三是保密工作方面。对涉及保密的工作，使用国产清华同方保密电脑，收文登记专人负责，做到每份文件有编号、有批示、有落实；做好定密审批工作，严格涉密文件管理。

【外事工作】 2020年，政府办公室严格落实外事工作委员会及其办公室日常事务，会同有关部门妥善处理境外媒体记者采访、涉外安全事务和境外人员疫情防控工作，协助有关部门做好境外非政府组织在辖区的管理工作，确保安全。常态化做到境外人员登记上报工作。

【议案提案】 2020年，政府办公室高度重视人大代表议案、建议和政协委员提案的办理工作，安排专人负责，按照“组织满意、群众满意、自己满意”的原则，强化工作措施，严格要求，注重实效，解决实际问题，切实保证在规定的时间内高质量完成议案、建议和提案办理工作。共办理人大代表议案、建议68件，政协委员提案35件，总计103件。

【政府信息公开】 2020年，政府办公室着力推进政府信息公开组织体系建设、查阅点建设、工作制度建设和规范县乡两级政府信息公开，确保信息服务准确、及时、全面、有效，做到重大紧急信息不迟报、不漏报、不瞒报、不错报。完善信息报送制度和奖惩制度，建立报送台账、明确发文程序，按月统计，按季度兑现，确保信息及时、准确、全面报送，上报政务信息112篇。严格落实重大紧急信息报送工作制度，对各类自然灾害、交通事故等突发情况能够按信息报送要求如实、准确及时上报，上报紧急信息10条。

【电子政务】 2020年，政府办公室加快推进政府网站集约化建设，认真做好拜城县政府网站动态信息发布工作和政府信息公开，通过政府门户网站公开信息226件，依申请公开文件0份，政府信息公开文件接收率、主动公开政府信息公开率、依申请公开政府信息备案率均达100%。充分发挥政府网站收集民意、解决诉求重要作用，回复办理县长信箱70件，回复率、满意率均达100%。

【党建工作】 2020年政府办公室围绕推动机关规范化、制度化建设，学习型机关建设，结合“思想再转变、作风再务实”主题教育，加强干部理论学习，提高业务能力，使参谋助手、督促协调工作与政府的中心工作合拍。严格落实“三会一课”制度，严肃党内政治生活，及时召开民主生活会、专题组织生活会，切实增强了党员干部的党性锻炼、政治历练。

（洪仕林）

信访工作

【综述】 2020年，深入学习贯彻习近平总书记关于加强和改进人民信访工作的重要论述，聚焦总目标，强力抓落实，越级访事件大幅下降，信访“四率”持续提升。全年召开信访工作联席会议4次。

【群众来信来访】 2020年，信访局接访办理、化解销号群众来信3件；接待来访群众300余人，妥善解决反映事项500余件。

【网上投诉】 2020年，信访部门接办网上投诉信访事项293件，涉及信访投诉人员298人，全部化解完毕，办结率100%。

【联合接访】 2020年，信联办抽调农业农村、住建、人社、工商等有关单位工作人员，常驻群众信访接待中心坐班接访，对来访群众反映的信访事项、困难诉求、矛盾纠纷，全面落实接访登记、流转督办、跟踪对接、回访问效、对单销号，及时有效化解一批关乎群众切身利益的难心事、揪心事、烦心事。

【信访矛盾排查化解】 2020年，拜城县信访部门积极统筹协调各级各部门，围绕疫情防控、商贸物流、教育卫生、国资金融、市场管理、社会治安、社保医保、供水采暖、征地拆迁、劳资纠纷、道路运输、工程项目、脱贫攻坚等重点领域、重点事项，全面摸排梳理、调处化解矛盾纠纷、困难诉求，对突出问题及时建立清单台账，落实领导包案、专班攻坚、“一案一策”，做到及时就地发现解决。

【领导接访包案】 2020年，拜城县严格落实领导干部接访制度，逐案落实领导包案，成立工作专班，集中资源力量攻坚中央第六巡视组、中央信联办、国家信访局、自治区信联办、地区信联办交办的信访事项。2020年，中央、自治区、地区交办信访攻坚案件11件，化解6件，化解率54.55%；地区交办矛盾纠纷案件13件，化解9件，化解率69.23%；中央第六巡视组交办案件14件，化解14件，化解率100%。

（何亚军）

政协拜城县委员会

重要会议

【政协十五届五次会议】 2020年1月12—13日，政协拜城县第十五届委员会第五次会议召开，政协主席王忠毅代表常委会向大会作《中国人民政治协商会议拜城县第十五届委员会工作报告》。会议审议常委会工作报告，审议十五届二次会议以来的提案工作情况报告，审议提案审查情况的报告，形成审议关于常委会工作报告的决议，审议十五届二次会议以来的提案工作情况报告的决议，审议提案审查情况报告3个决议。

【政协常务委员会会议】 2020年1月12日，政协拜城县第十五届委员会召开第一次常委会。会议审议大会政治决议；审议关于常委会工作报告的决议；审议十五届二次会议以来的提案工作情况报告的决议；审议提案审查情况的报告。5月16日，政协拜城县第十五届委员会召开第二次常委会会议。会议要求发挥好政协作为协商民主重要渠道和专门机构的作用，以乡村振兴、全域旅游、美丽乡村建设为议题，召开议政性常委会会议，为拜城县转型发展提出有见解、有价值的意见建议，不断提高“商以求同、协以成事”成效。

参政议政

【概况】 中国人民政治协商会议拜城县委员会（以下简称“县政协”）第十五届政协设党组书记1人，政协主席1人，副主席3人，秘书长1人。19个界别，常委23名。其中中共界委员21人、社会福利和社会保障界委员2人、妇联界委员2人、体育界委员1人、侨联界委员3人、教育界委员6人、医药卫生界委员6人、无党派人士委员6人、科技界委员7人、文体艺术界委员3人、新闻出版界委员2人、工商联界委员20人、宗教界委员2人、台联委员1人、经济界委员4人、农业界委员9人、共青团界委员1人、工会界委员1人、少数民族界委员25人。

【委员工作】 2020年，县政协按照“懂政协、会协商、善议政”要求，健全完善学习体系，研究工作方法，夯实履职基础。组织委员认真学习习近平新时代中国特色社会主义思想，新时代党的治疆方略，第三次中央新疆工作座谈会、中共十九届五中全会、自治区党委九届十次和十一次全会精神，推动各族各界政协委员树牢“四个意识”，坚定“四个自信”，做到“两个维护”。注重建言献策和凝聚共识的双向发力，制定党组成员联系党员委员，党员委员联系委员制度，加强与各族各界人士的沟通联系，主动征求听取他们对拜城县经济和社会发展的意见建议，充分凝聚共识，不断增进团结。面对突如其来的新冠肺炎疫情，第一时间发出委员倡议书，引导全县政协委员积极投身到抗击疫情工作中。全体政协委员以高度的社会责任感，闻令而动、冲锋向前，有的直接奋战在医疗卫生、物资保障、交通运输、农村、社区抗疫工作一线，有的发挥才智建言资政，同心“抗疫”，有的发动各方力量，为疫情防控捐款捐物、声援助力；县政协4名班子成员密集深入联系乡镇和基层一线调研指导疫情防控和复工复产工作；机关4名科级领导干部负责5个集中隔离点和1个分流点的管理工作；15名机关干部逆行而上，分赴居民小区、集中隔离点、分流点等重点部位，全身心投入疫情防控阻击战。

【建言献策】 2020年，县政协发挥政协委员为拜城县发展通过会议、调研等形式广泛建言献策，收集相关意见建议45条供决策参考。

【调查视察】 2020年，县政协专题研究审议《政协拜城县委员会2020年委员开展调研视察活动计划》，围绕“拜城县落实城乡居民免费健康体检，着力解决结核病预防救治问题，有效防控重大疾病情况”“拜城县乡镇牛羊规模化养殖区建设情况”“拜城县加速推进小城镇建设情况”“美丽乡村建设”议题开展专题调研视察4次，形成高质量调研报告4篇。联合地区政协对拜城县打好精准脱贫攻坚和加强污染防治工作以及推动六大产业集群高质量发展和构建居民社区机构“三位一体”养老服务体系等进行了专题调研，调研结果得到地区政协的肯定。协助地区做好精准脱贫攻坚和加强污染防治视察调研工作，切实发挥好政协协商民主重要渠道作用，为推动各级组织形成合力坚决打好三大攻坚战汇聚政协力量。结合政协工作实际，认真完成自治区委托开展“构建各民族共有精神家园铸牢中华民族共同体意识”专题调研材料。

【提案议案】 2020年，县政协十五届五次会议，共交办委员提案35件。其中，经济建设方面的提案9件，占25.7%；科教文卫体方面的提案15件，占42.9%；政法劳动民生方面的提案11件，占31.4%；为更好推动提案办理工作提质增效，对重点提案进行了办理协商，面对面了解办理进展，通过实地视察和当面协商督办的方式，使提案办理协商监督由“虚”向“实”。是年，提案办复率达到100%，委员满意率为99.8%。提案办理质量和服务质量都有新提升。

【社情民意反映】 2020年，县政协把委员联系界别群众工作作为加强和改进新时代政协工作的重要内容，作为政协服务总目标的有效载体，及时组织委员按照各自工作性质、所属委员界别和生活区域，深入社会各个方面，广泛联系社会各界和各阶层群众，倾听民意、反映诉求、宣传政策、化解矛盾，切实担负起反映群众意见和呼声、宣传党和国家方针政策、宣传自治区党委、地委及县委工作部署的责任，坚定不移做党的政策宣传者、群众利益维护者、社会和谐促进者。收集群众意见建议50条。创新统一选派民主监督员工作制度，累计向公、检、法、司、审计、文化、卫生、教育等部门派出18名政协委员担任特邀监督员、行风评议员，充分发挥了政协委员的民主监督作用，为推进社会和谐发挥了积极作用。

【党建工作】 2020年，县政协加强思想、组织和作风建设，强化机关干部的大局意识、责任意识和创新意识，进一步提高工作效率，增强服务水平，努力把政协机关建设成为学习型、廉政型、服务型、创新型、法治型、效能型机关。按照习近平总书记关于加强机关党建以及标准化、规范化建设的重要论述，着力加强对机关党支部工作的领导。认真履行全面从严治党第一责任人责任，做到重要工作亲自部署、重点问题亲自过问、重要反馈亲自督办；管好班子，带好队伍，抓好落实。是年，“三会一课”、“5+X”主题党日、组织关系接转、党费收缴工作等进一步规范，党的基础性工作有效提升。

【老干部工作】 2020年，县政协不断创造条件，搭建平台，使33名离退休干部人尽其才。配备1名专职党建指导员协助开展老干部工作，组织老干部进乡镇、进社区、进村入户，用群众喜闻乐见的方式开展宣传教育15场次。组织离退休老干部开展宣讲活动，让老同志带头宣讲4场次；全年走访慰问老干部51人次，了解老干部思想、生活情况，为老干部发挥余热提供了保障。

【专门委员会工作】 2020年，县政协各专门委员会认真做好委员提案、视察调研、反映社情民意、团结联谊、文史资料和委员学习等经常性工作，深入开展协商议政活动，在人民政协的地位日益重要、作用更加凸显，成为政协履行职能的重要依托，成为加强与党政部门、社会团体沟通协作的重要平台，成为联系和服务委员的重要纽带。政协教科文卫体委员会把助推民生改善作为履职重点，围绕“拜城县落实城乡居民免费健康体检，着力解决结核病预防救治问题，有效防控重大疾病情况”“拜城县乡镇牛羊规范化养殖区建设情况”“拜城县加速推进小城镇建设情况”“美丽乡村建设”等课题开展调研。政协社会和法制委员会团结协调各方力量，认真组织调查研究、协商民主、议政建言等履职实践活动；围绕重点社会民生问题、打好污染防治攻坚战等重点课题开展调研及协商座谈活动。

【脱贫攻坚工作】 2020年，县政协坚持把打赢脱贫攻坚战作为履职重点，每月召开脱贫攻坚专题学习、专题会议；4名班子成员包乡参与脱贫攻坚挂牌督战，对政策落实、工作落实、问题整改、脱贫成效巩固提升等方面进行督导。广大委员积极行动、响应号召，全力以赴投身脱贫攻坚主战场，投入大量物力财力帮助贫困群众改善基础设施条件，为困难群众捐款捐物13万元。发挥政协委员会的专业优势，积极开展法律宣传和解疑释惑等活动。工商界委员利用自己企业优势解决本地就业34人次，其中贫困户29人次，用实际行动践行履职为民的思想。

（游思强）

纪委监委

综 述

按照“纪委监委共同设立内设机构，执纪监督、审查调查部门不分设”的要求，将县人民检察院转隶的反贪污贿赂局、反渎职侵权局、职务犯罪预防科3个科室予以撤销，设立为第三纪检监察室、第四纪检监察室、第五纪检监察室。按照中央深化国家监察体制改革试点期间机构、编制、职数“三不增”原则，调整和转隶后，县纪委监委机关设置内设机构11个，即：办公室、组宣部、党风政风监督室、信访室、案件监督管理室、第一至第五纪检监察室、案件审理室。向县直机关派驻6个纪检监察组和1个县直属机关纪检监察工委，县委巡察办。

从拜城县人民检察院划转政法专项编制12名到拜城县监察委员会，同时核减拜城县人民检察院反贪污贿赂局领导职数1名。调整后中共拜城县纪律检查委员会、拜城县监察委员会行政编制28名，机关工勤事业编制2名。县纪委、监委领导职数9名，其中纪委书记、监委主任1名，纪委副书记、监委副主任2名，纪委常委兼监委委员2名、纪委常委2名、监委委员2名。内设机构核定领导职数11名，县委巡察办专员5名。

重要会议

【第十二届纪委五次全会】 2020年3月28日，中共拜城县第十二届纪律检查委员会第五次全体会议召开。会上县委常委、纪委书记、监委主任作题为《坚持完善监督体系 立足高质量发展 为决战决胜脱贫攻坚提供坚强纪律保障》工作报告。报告回顾2019年工作，部署2020年工作任务。会议强调，要统一思想认识，增强新时代管党治党责任使命，牢牢把握新时代全面从严治党新要求，充分认清新时代党的建设新形势，自觉担当管党治党新使命。会议以视频形式召开，县四套班子在家领导，县直单位党组织书记、县纪委监委全体干部、巡察专员在主会场参加会议，各乡镇（场）党政班子成员、纪委班子成员在各乡镇（场）分会场参加会议。

【纪检监察工作例会】 2020年3月28日，县纪委监委召开第一季度纪检监察工作例会。各乡镇（场）纪委书记、各派驻（派出）机构负责人及机关各室负责人参加会议。会议通报一季度工作进展情况，组织学习近期重要文件，并对相关工作进行部署。

【警示教育大会】 2020年7月11日，拜城县召开党员领导干部警示教育大会，通报近年来查处的违纪违法典型案例，观看警示教育片《“任性”的代价》。15个乡镇（场）、政法口、教育系统、卫生系统、水利系统等分别召开了以案促改警示教育大会，全县67个单位上警示教育党课，4200余名党员干部参观警示教育基地。

主体责任落实

【综述】 2020年，纪委监委坚持以习近平新时代中国特色社会主义思想为指导，认真学习贯彻落实中共十九大和十九届二中、三中、四中、五中全会和第二次、第三次中央新疆工作座谈会精神，以高度的政治责任感坚决抓好主体责任落实，不断健全制度机制，形成认识到位、责任明晰、履职尽责的主体责任落实体系，推动党风廉政建设和反腐败工作向纵深发展。

【落实“两个责任”】 2020年，纪委监委先后4次听取领导班子成员和下级领导班子全面从严治党和党风廉政建设工作汇报，全面从严治党和党风廉政建设主体责任不断压紧压实。及时调整反腐败工作协调小组，印发《拜城县委领导班子和班子成员党风廉政建设责任分解方案》，进一步细化明确党风廉政建设工作职责任务。班子成员严格落实“一岗双责”，不断加强对分管领域党风廉政建设的部署和监督落实。

【常态推动】 2020年，纪委监委始终把党风廉政建设和反腐败工作作为重要政治任务，放在全县改革发展稳定大局中谋划部署推进，以高度的政治责任感切实履行党风廉政建设主体责任。坚持将业务工作与党风廉政建设同安排、同检查、同部署。是年，县委先后4次研究部署党风廉政建设工作。县委主要领导定期听取纪委监委工作汇报，研究问题线索，安排部署工作，参加涉及党风廉政建设全局性工作会议及活动，扎实推进主体责任落地见效。

【追责问责】 2020年，纪委监委狠抓重要节点监督，在重大节日前向领导干部发送节日期间廉洁提醒短信，成立5个监督检查组对重要节点开展监督检查，约谈有关部门和单位负责人33人次。聚焦疫情防控，加大监督检查力度，是年，处理党员干部87人，其中科级以上领导28人，全力为疫情防控保驾护航。

党风廉政建设

【综述】 2020年，拜城县各级纪检监察机关坚持以习近平新时代中国特色社会主义思想为指导，坚决扛起“两个维护”重大政治责任，聚焦新时代党的治疆方略特别是社会稳定和长治久安总目标，忠诚履行党章和宪法赋予的职责，稳步推进全面从严治党向纵深发展。特别是在抗击新冠肺炎疫情、决胜全面建成小康社会、决战脱贫攻坚等大战大考中奋勇直前、勇于担当，充分发挥监督保障执行、促进完善发展作用，为拜城稳定发展改革各项事业提供坚强保障。

【落实中央八项规定精神】 2020年，纪委监委聚焦“四风”“四气”问题及违反中央八项规定精神行为，有效强化监督，持之以恒正风肃纪。运用实名通报、函询谈话、提醒谈话、诫勉谈话、纪律处分等多种手段，加大作风及“四风”方面问题的监督问责力度。发现并查办违反中央八项规定精神问题6条6人，“四风”问题33条22人，组织处理11起13人。

【作风问题专项治理】 2020年，纪委监委全面落实中央、自治区、地区纪委监委不断加强作风建设的部署要求，坚持把集中整治形式主义、官僚主义与基层减负有机结合，围绕疫情防控、脱贫攻坚、维护稳定、经济发展等重点任务常态化开展干部作风督导检查，全年查处形式主义、官僚主义问题78件。

【民生领域专项治理】 2020年，纪委监委坚持每月对民生领域12个牵头单位工作开展情况进行督查指导，发现民生领域问题线索6条6人，组织处理17人次。对4起涉黑涉恶团伙案进行“回头查、回头看”，对1名科级领导干部进行追责问责。“阳光招生”“一卡通清理”工作有力有效开展。

【扶贫领域问题专项治理】 2020年，纪委监委紧盯群众身边的突出问题、民生领域的“微腐败”、妨碍惠民政策落实的“绊脚石”，扎实开展扶贫领域腐败和作风问题专项治理，持续整治涉黑涉恶腐败及其“保护伞”问题，不断深化违建别墅问题清理整治、林草系统“以案促改、净化政治生态”专项治理，全年查处扶贫领域腐败和作风问题94件，损害群众利益问题39件，有效维护各族群众根本利益。

【党风廉政建设宣传教育】 2020年，纪委监委压实反腐倡廉责任，持续营造宣教大格局。制定2020年党风廉政对外宣传工作方案，压实党风廉政建设对外宣传工作责任，紧跟中央、自治区对外宣传工作征稿主题和宣传工作要点，通过点对点点题、有针对性地向乡镇和有关部门约稿。及时更新“清廉拜城”微信公众号和拜城县廉政网，常态化开展“指尖”教育。编辑上报外宣稿件521篇，被地区级以上媒体采用464篇。第22个党风廉政教育月活动成效明显。

【廉政文化建设】 2020年，纪委监委结合地区纪委监委新闻宣传报道考评办法，制定了一套完整的信息上报、登记、评比制度，在每年岗位目标责任制中明确目标任务、计分标准、考核办法和奖励标准，将信息工作目标任务分解到机关各室、各纪检监察组、县直各部门和各乡镇，形成全员信息机制，实行信息日常计分量化管理，每月对信息反馈和采用情况进行公示，对未完成任务目标要求的，进行通报批评，对被采用的信息按得分进行奖励，形成激励机制，从而调动全县纪检监察干部参与信息工作的积极性和责任心，形成信息工作全县抓的良好工作格局。

【警示教育】 2020年，纪委监委组织各单位党员干部到县警示教育基地接受教育，打好“预防针”、敲响“警示钟”。及时召开以案促改警示教育大会，发挥典型案件警示教育功能、推动以案促改成为常态，督促案发单位抓好整改、完善制度、堵塞漏洞。

执纪审查

【综述】 2020年，纪委监委“三不（不敢腐、不能腐、不想腐）”机制建设稳妥推进。坚持无禁区、全覆盖、零容忍，对中共十八大以来不收敛不收手，严重阻碍党的理论和路线方针政策贯彻执行、严重损害党的根基、严重影响“总目标”落实，成为全面从严治党障碍的腐败问题严查快办。

【执纪监督审查】 2020年，纪委监委严格落实班子成员联乡包片（包派驻纪检监察组、纪检监察室）制度，建立并落实“1+1+5”协作办案制度，始终保持反腐高压态势。坚持每月开展案件质量评查，确保案件质量稳步提升。是年，处置问题线索1121件，立案467件，结案404件，给予党纪政务处分406人，挽回经济损失284.78万元。

【四种形态查处】 2020年，纪委监委坚持挺纪在前、抓早、抓小，精准有效运用“四种形态”批评教育帮助和处理1091人次，制发纪律检查（监察）建议书共23份，及时处置问题，推动整改落实成效明显。严格落实“三个区分开来”要求，先后为2名党员干部容错纠错、澄清正名。

巡视巡察

【巡察组织建设】 2020年，

拜城县委加强对巡察干部的培训，在每轮巡察启动前，均组织巡察干部进行集中培训，强化提高巡察干部业务知识水平。以巡察办、巡察组为单位，组织巡察干部对巡视巡察相关会议精神、巡察业务相关知识进行学习，确保持续提高巡察干部的综合素质和政治站位。

【巡察工作落实】 2020年，拜城县委常规巡察党组织63个，其中提级交叉巡察党组织1个、扶贫领域专项巡察党组织1个，覆盖率26.8%；前九轮累计巡察党组织215个，覆盖率91.5%（其中村一级党组织100%）。2020年，巡察“回头看”党组织26个，覆盖率11%；累计“回头看”党组织33个，覆盖率14%，其中贫困村“回头看”覆盖率100%。

【巡察问题整改】 2020年，拜城县委完善巡察发现问题线索移交办法，第七轮、第八轮移交巡察发现问题线索92条（含提级交叉巡察1条），立案审查调查29人，给予党纪政务处分29人，组织处理55人。累计巡察移交问题线索389条，立案审查调查79人，给予党纪政务处分79人，组织处理155人。第九轮巡察发现问题线索62条。通过巡察整改，建章立制，一批热点难点问题得到有效整改落实。被巡察党组织完善制度机制566项，巡察发现的同类问题基本上没有连续、重复发生，政治生态明显向好。

队伍建设

【监督责任】 2020年，纪委监委制定并落实《拜城县做实做细日常监督工作方案》，强化监督检查、审查调查的有效衔接，由纪委监委班子成员每月根据监督检查要点，监督和指导所包联单位开展日常工作，每季度向常委会汇报监督检查工作。梳理小微权力清单，规范村监会办事流程，建立“12211”考评机制，切实做到“能监督、敢监督、善监督”，促进村监队伍履职尽责，不断推动全面从严治党向基层延伸。

【教育监管】 2020年，纪委监委持续推进内部督查向基层延伸，班子成员定期深入到包联乡镇开展帮扶指导，督促各乡镇、派驻机构做好内部督查，构建内部督查上下联动“大监督”格局。秉持“信任不能代替监督”理念，常态化开展纪检监察系统干部作风监督，重点对干部出勤考勤、学习培训、工作落实不到位、搞棚架、形式主义、官僚主义等进行监督检查，检查结果在每月总结汇报会上通报，督促纪检监察干部时刻拧紧作风建设螺丝帽。

【三项改革】 2020年，县纪律检查体制改革专项小组在县委统一领导下，紧紧围绕社会稳定和长治久安，不断健全反腐败领导体制和工作机制，加强反腐败体制机制创新和制度保障，积极稳妥、依法依规、符合实际推进三项改革向纵深发展，较好地完成了贯彻落实修订的《中国共产党党员权利保障条例》，加强上级纪委监委对下级纪委监委的领导，完善纪律监督、监察监督、派驻监督、巡视监督统筹衔接制度，建立完善县乡两级纪检监察干部信息库和公务员管理信息库，及时掌握纪检监察干部动态，贯彻落实派驻机关与派驻机构一体运行机制，规范和指导派驻机构依规依纪依法履行职责，贯彻落实自治区巡视上下联动机制实施办法；落实巡视机构与纪检监察机关和组织、信访、审计等部门协作配合机制，推动巡视巡察与其他监督贯通融合等五项改革任务。

【队伍建设】 2020年，纪委监委突出政治建设，把讲政治贯穿于履职尽责的全过程。牢固树立“四个意识”，带头学习贯彻党中央决策部署，自治区党委、地委、县委工作要求，严格执行党的纪律特别是政治纪律和政治规矩，严格落实民主集中制和请示报告制度，严肃新形势下党内政治生活，落实党建工作责任制，加强机关党的建设。细化完善全员培训练兵工作方案，由班子成员及部室主任、业务骨干授课教学，全年开展一周一考29次，举办知识竞赛5次，推动干部能力素质持续提升。注重实战锻炼，先后抽调40名纪检监察干部到县、地区及自治区纪委监委跟班锻炼、跟案调训、巡视巡察、专项督查等，练好专业基本功。坚持刀刃向内，秉持“信任不能代替监督”的理念，常态化开展纪检监察系统干部作风监督，坚决防止“灯下黑”，严查执纪违纪、执法违法的问题，从严打造忠诚干净担当的纪检监察铁军。

【派驻机构工作】 2020年，纪委监委落实工作任务“一体”认领，在日常线索核查和案件办理等方面，由纪委监委统一分配，各包联领导、部室与派驻组一体认领任务，促进横向联系，增进协作配合，确保各项工作同频共振、一体推进。日常管理“一体”标准，将派驻（派出）纪检监察机构干部与纪委监委机关干部一视同仁，严管厚爱，在人事管理、职级待遇、党团关系、组织生活、学习培训、评先评优以及关心关爱等方面健全完善相关制度，确保日常管理一体标准落实。后勤保障“一体”落实，由县纪委监委统一落实后勤保障，为各派驻（派出）纪检监察机构协调落实办公室16间，配齐配强办公设施，先后3批次配备办公桌椅、电脑，车辆调配、设施维护等方面统一规划，一体落实。是年，派驻（出）机构查办案件23件。

（袁军萍）

对口支援

综 述

2020年，温州市对口支援拜城县指挥部（以下简称“援疆指挥部”）紧盯新疆社会稳定和长治久安总目标，全面贯彻落实省援疆指挥部“12346”工作思路，以“强基开拓年”为主基调，抓项目、带队伍、促融合，以创建“重要窗口”示范样板为目标，全力推进对口援疆工作再上新台阶、再创新业绩、再谱新篇章。是年，温州市援疆指挥部围绕产业就业、民生保障、教育援疆、智力援助、民族“三交”五大领域，谋划16大类，43个子项目，总投资4.27亿元，安排援助资金15958.3万元，有力助推受援地经济社会高质量发展。

产业就业支援

【援疆规划】 2020年，援疆指挥部全员投入、全过程参与、全力以赴做好“十三五”援疆规划绩效考核，成立工作专班，对照“十三五”规划重点工作进行逐条梳理，形成《温州市“十三五”援疆规划实施情况评估报告》，发掘工作中的典型案例和先进举措18例。“十三五”规划期间，温州市共实施援疆项目83个，安排对口援拜资金60507.3万元，实现投资任务和资金两个“百分之百”到位，较好地完成了“十三五”援疆规划各项任务。同时，高标准编制“十四五”援疆规划，在积极走访调研形成规划初稿的基础上，9月初疫情防控放开后，指挥部再次开展“十四五”援疆规划大走访大调研活动，全面征求拜城县四套班子领导、各有关部门及15个乡镇（场）意见和建议，完成规划实施方案，规划实施干部人才、产业就业、民生改善、教育文化、交流交往五大援疆工程，为“十四五”规划期间援疆工作绘制宏伟蓝图。

【项目推进】 2020年，援疆指挥部按照“交支票不交责任的要求”，牵头建立援疆项目联席会议制度，全面统筹协调项目推进工作。强化项目动态管理，指挥部内部实施援建项目“红、黄、绿”三色预警制度和“责任落实清单、亮牌预警清单、台账档案清单、项目联系清单、困难问题清单”等“五张清单”制度。全面加强项目资金审核，进一步明确资金拨付流程，确保项目资金使用合法合规、及时到位。

【产业对接】 2020年，援疆指挥部深化“十城百店”工程建设，制定市级运营商和门店考核奖励办法，促成温州市老供销实业发展有限公司为温州市级运营商，“十城百店”市级运营商达到2家，加盟门店从15家扩充到32家，年销售阿克苏地区各类农产品共8105吨，销售金额达9180万元，组织后方所在地市政府机关和企事业单位消费扶贫采购阿克苏地区商品金额521万元，总销售额是2019年的2.5倍。着力打造“百村千厂”工程引领项目，加快拜城县农产品小微园建设，投入援疆资金150万元用于补助采购干果、蜂蜜两条包装生产线，预计投产后可达到100吨蜂蜜、500吨干果的年加工能力，不但有力提升了拜城农产品加工水平和产品质量，同时也有效促进了产业、扶贫、就业三融合。加强拜城农特产品宣传力度，促成拜城县供销社联合与温州市广播电视传媒集团签订拜城土特产品宣传营销协议，开展拜城农特产温州行“五进一会”系列活动，在温州举办11场，向温州市民展示推介各类农特产品50多种，现场销售额36万元，助力新疆拜城县产品在温州地区实现品牌和销量“双丰收”。

【全域旅游开发】 2020年，援疆指挥部制定《2020年温州市对口支援拜城县文化旅游工作实施方案》，建设康其湿地公园提升、黑英山玉开都维游客中转站和铁热克温泉民宿等旅游项目，促成康其湿地公园、亚曼苏生态乐园分别通过国家AAAA级、AAA级景区评审，康其湿地公园《谋绿色发展 建生态新疆》电视宣传片被央视一套新闻联播报道，所在地——阿热勒村被评为“全国乡村旅游重点村”“中国美丽乡村”，与黑英山玉开都维村一起被评为“自治区乡村旅游重点村”。组织参加第十五届中国（义乌）文旅博览会，促成拜城县首次组团参加2020年温州国际时尚文博会，全面推介拜城县旅游和特色文旅产品；开展“云上丝路”穿越天山廊道走进神秘龟兹大型直播活动——刘平国治关亭诵石刻遗址石刻段新华云直播，当日点击量达164万人次。

【招商引资】 2020年，援疆指挥部制定实施“招商引资百日会战”方案，分组走访在疆温州商会及温商企业，引“源头活水”助力拜城经济社会发展。为阿克苏地区（含拜城县）、阿拉尔市引进招商引资项目9个，协议资金达38.48亿元，实到资金16.9亿元；先后组织招商引资推介会4场，接待和对接客商38批次，共199人次，促成拜城县新兴大酒店和亚麻纤维纺织生产基地等2个项目在浙阿对接会期间签约，促成新疆冠农集团、阿克苏温州商会、伊犁温州商会、石河子温州商会等到拜城县开展项目对接。

【产业扶持】 2020年，援疆指挥部稳步探索金融惠疆举措创新，投入300万元援疆资金，进一步扩大就业创业专项资金规模和信贷投放。专项资金发放三年期创业就业贷款119笔，共4056.5万元，年利率4.35%，实现210余人创业就业梦想，带动30余户贫困户脱贫致富。指挥部利用好“电商力量”这一有效推手，先后组织拜城县与一师九团80余人赴温州市开展电商培训，并在拜城组织开展第二期电商现场培训会，为建设拜城“云上”农产品销售超市提供“温州智慧”。

民生保障

【农村饮水安全工程】 2020年，援疆指挥部持续实施农村饮水安全工程。全额投资2794万元实施卡拉苏饮水安全改造工程，有效解决康其乡、亚吐尔乡、托克逊乡、赛里木镇等地1.89万户7.4万名居民饮水安全问题，远期惠及人数还将超过8.8万人，是2020年拜城县单体投资最大的援疆项目，同时也是所有援建的饮水安全工程中惠及群众最多的工程。

【富民安居工程】 2020年，援疆指挥部做好富民安居工程收官。加快推进富民安居工程建设实施，向重点乡镇（村）开展资金倾斜，提高“四类重点对象”补助标准。是年，共安排援疆资金5201万元，重点解决人员家庭住房问题。

【乡村振兴试点】 2020年，

援疆指挥部探索乡村振兴试点模式。选择7个乡村创建乡村振兴“援疆样板”，围绕社会治理、集体经济、环境整治、家门口就业等方面，有效改善村居环境、壮大村集体经济、盘活村级闲置资源，产生较好的生态效益、社会效益和经济效益。

智力支援

【干部人才培训】 2020年，援疆指挥部以拜城县委党校为培训主阵地，开展乡镇科级领导干部培训班、中青年干部培训班、新招录公务员培训班等党政干部培训班35个，培训人员1927人次，开设村干部能力素质提升培训班、村干部党性教育培训班等各类培训班41个班次，培训各类人员6078人次。

【云中课堂】 2020年，援疆指挥部利用云直播功能，为拜城科级干部班、中青班、公务员班开设“坚持和完善党的全面领导”“以法治现代化推进国家治理体系治理能力”等课程，邀请中组部特邀信息员、青年网评员，给拜城县委组织部及各乡镇信息员开设“信息写作技巧与实务培训”讲座，200余人参加学习。

【赴温州培训】 2020年，援疆指挥部围绕基层组织建设、社会管理、群众工作、乡村振兴、文旅产业和大数据发展等工作内容，组织拜城县47名党政干部和阿拉尔11名党政干部赴温州开展课堂培训和实地教学。拜城县县直部门和乡镇组织选派8名干部赴温州市发改委、市委党校、市委党史研究室、市人社局和广电集团开展为期一个月的定向跟岗培训。

【培训信息化】 2020年，援疆指挥部协助拜城县委组织部推进智慧党建工作，牵头组织研发了干部管理信息系统、人才管理信息系统，搭建干部培训平台，打造传媒人才工作室。

教育支援

【教育援疆试点】 2020年，援疆指挥部组织选派1名援教三年的校长和8名骨干教师，对拜城四中开展“组团式”教育援疆，通过“课堂变革”、“课堂导学单”、专题示范课以及开展社团活动、校园文化节、诗文朗诵等一系列举措，加速先进教学理念注入受援学校。全年，9名教师开展教学诊断27场，送教下乡2场，参与教学研究与技能比赛8场，专题示范课18场次，建设学科数字课件库4个，听评课200多节；5名援疆教师领衔或参与自治区课题申报，指导当地30余名教师参加教学设计等竞赛，斩获自治区奖项35个；拜城四中被地区列为报送争取“自治区示范高中”的两家学校之一。

【发展共同体建设】 2020年，援疆指挥部组建温拜“1+10+X”教育发展共同体，会同温州市教育局印发《关于推进新一轮温拜教育发展共同体建设的通知》；签订《关于加快推进温拜两地教育领域更高质量发展的合作协议》，携手开展“校长领导力、教师教学力、学生成长力、品牌塑造力、教共体凝聚力”等“五力”提升行动，联系7所温州结对学校到拜城县开展教共体联盟活动，通过云端联合举办各类学生活动8次。高标准建设拜城县第五中学和实施“幼教助推提升111工程”，其中拜城县第五中学项目投入援疆资金2400万元，建成后可以容纳学生3000人，该项目的建成将有力提升拜城县教育水平，为当地提供更加优质的教育资源。

【教育人才培训】 2020年，援疆指挥部启动实施“榕杨”教育人才培养、“温州名师领航”智援等行动，打造“1+1+X”温拜教师“蓝青共辉·师徒共进”成长共同体，实施拜城职业教育“135工程”，组建温拜两地职教发展联盟。67名援疆教师顶岗上课2.1万节、示范课103节、专题讲座48场、带徒160人、集体备课研讨924次、组织送教下乡4次，教研比赛获奖26人次，徒弟课堂教学评比获奖42人次、教科研比赛获奖44人次；成立“1+1+X”温拜教师“蓝青共辉·师徒共进”成长共同体19个，设立温州技能大师拜城工作室3个，成立温拜“榕杨”班主任工作坊，29名温州教育专家到拜城开展示范教学、专题讲座等形式的送教活动。

【柔性教育援疆】 2020年，援疆指挥部借力温州“未来教育”体系和温州教育数字大脑建设，搭建掌上直播平台，牵头开展4期“云端”柔性教育援疆活动（其中承办省援疆指挥部柔性援疆活动3期），123人次温州教育专家通过“云端”为阿克苏地区、一师阿拉尔市近5万名教师开设149场专题讲座，听课人数近100万人次，点赞数近500万次，得到省援疆指挥部的高度评价和人民网等主流媒体宣传报道。

医疗支援

【医疗援助】 2020年，援疆指挥部4名温州援疆医生共诊治病患4300余人，处置病房危重症患者110余人，开展各类手术91例，开展新技术新项目6项，有效提升受援医院诊疗能力；开展“送医下乡”活动5次，服务各类疾病患者600多人、上门服务9户，免费送药价值18000余元，为当地群众送去温暖，使医疗援疆更加深入民心。

【重点医院重点专科建设】 2020年，援疆指挥部以强化专科医疗人才培育为着力点，深入开展“传帮带”工作，医疗队共收徒11人、其中维吾尔族同胞6人，开展科室培训课、医院大讲堂26场，700余人次参加培训；创新组织开展多科联合查房、多学科病历讨论，开展疑难危重病例会诊，为受援医院疑难病患诊疗带来新办法、新思路。通过“送出去”的方式，选派17名医务人员赴温州开展为期3个月到一年的岗位帮带培训。加强医疗配套设施建设，投入1000万元建设察尔齐卫生院项目，划拨援疆资金110万元，为拜城县人民医院购置救护车、心肺复苏模拟人（QCPR模拟人）及自动体外除颤器（AED）等设备，为全面加强医务人员培训、提升医疗保障水平夯实基础。

【三大两远程建设】 2020年，援疆指挥部邀请浙江省援疆医疗队、阿克苏地区第一医院到拜城县开展指导培训和医疗大巴扎活动，参与浙江省医疗援疆专科联盟医疗救治梯队，协助阿克苏地区成立呼吸专科联盟、妇产科联盟及五官科联盟，与省内其他地市援疆医疗队同频共振、互相扶持。加快推进“两远程”建设，向市卫健委争取资金20万元，完成对拜城县人民医院门诊楼一、二层5G信号全覆盖工程，并建成投用南疆首个5G远程智慧医疗平台，为下一步强化温拜医疗资源共享开好新局。

【疫情防控物资援助】 2020年，援疆指挥部在疫情防控期间，指挥长、副指挥长带队赴赛里木镇、米吉克乡等地以及有关医学观察点开展疫情防控督战，援疆医疗队赴各地及隔离点上指导完善疫情防控措施，其他干部人才充分发挥各自所长、参与防疫一线。同时，动员全国各地温州商会及温商企业筹集捐款和KN95口罩、消毒液、防护服等紧缺医疗物资紧急驰援，帮助解决疫情防控的燃眉之急。温州后方单位及各地温商企业为受援地捐赠善款555万元、KN95等各类口罩9.5万只、防护服500套、耳温枪500把，并架设“温州—拜城”互联网问诊专线，有效地缓解拜城县疫情管控期间群众“就医难”的问题，获《中国日报》等国家级媒体报道。

文化教育支援

【党建品牌建设】 2020年，援疆指挥部以传承红色基因、凸显政治属性为重点，全年安排援疆资金510万元，支持“红色产业”“红色驿站”“红色连队”“红色小镇”“红色基金”等“初心红”基层党建系列品牌建设，推动基层党建工作全面覆盖、全面进步、全面提升。

【开展文化润疆】 2020年，援疆指挥部与浙江省博物馆签订战略合作框架协议，举办“瓯越古韵风·丝路拜城行”——浙江援阿十周年“江南生活美学”文博展，并促成浙江省博物馆和拜城县博物馆签订共建协议。邀请浙江文旅专家来拜城开设讲座，举行社教互动等活动，创新设计开发具有地域特点的“仿拜城文物的彩陶茶器”，进一步丰富拜城县各族干部群众精神文明生活；开展“书香传爱·文化润疆”活动，在温州募集各类书籍20万册，助力拜城县乡村移动图书馆等建设项目。

【温拜青少年交流活动】 2020年，援疆指挥部组织温拜学子结对交流、“圆梦微心愿”、“国语为帆、乘风远航”送教活动，筹建拜城县“榕杨”红领巾学院、拜城县“榕杨”未成年人心理健康指导中心，筹集并捐赠童装2500套以及近200万元其他物资，促进两地学生广泛交往、全面交流、深度交融。

【民族团结联谊】 2020年，援疆指挥部精心策划“民族走亲一月一活动”，通过“结对子、认亲戚、交朋友”，全体援疆干部人才牵手34名受援地维吾尔族群众，全年到结亲对象家中走访慰问100余人次，捐款捐物近5万元。

【温拜交流交往】 2020年，援疆指挥部充分发挥援疆的桥梁纽带作用，促成温州市、龙湾区、平阳县党政代表团以及市投资促进局、市教育局等各部门团组到拜城县开展交流19批次，为拜城县落实各类捐助资金（物资）867万元。组织拜城县党政代表团、拜城县人社局、拜城县农村信用社等团组赴温州开展合作，强化交往交流交融、促进民族大团结大融合。

（李　策、郭炜航）

群众团体

拜城县总工会

【概况】 2020年，拜城县总工会下辖基层工会组织由于机构改革影响，基层工会委员会下降至255个。其中，有乡镇（场）工会15个，比上年减少1个；社区工会16个，较上年持平；党政事业单位工会49个（党政机关20个，事业单位29个）。国有企业工会21个；非公企业工会109个；小微企业和联合工会31个，较上年减少17个。全县共有工会会员31858名，较2019年增加922名。拜城县总工会逐步完善职工培训室、职工活动室，丰富职工业余文化。

【机构改革】 2020年，拜城县总工会在机构改革中，人员机构编制维持原样，仍为“行政+事业”模式运营。县编制委员会办公室核定拜城县总工会编制7名，其中行政编制5名（领导3名、科员1名、工勤1名），事业编制（拜城县困难职工帮扶中心+拜城县工人文化宫）2名。实际在编人员6名，其中领导（1—7月初3名、7月初1名调离）2名，事业编制工作人员3名（8月调离1名），行政工勤人员12月退休。

【工会组建与会员发展】 2020年，拜城县总工会全面加强基层工会建设，阿克苏地区工会下达拜城县总工会任务为新组建工会6家发展会员900名（其中农民工会员400名），实际完成新组建工会6家发展会员922名（其中农民工会员422名）。拜城县总工会全面加强“六有”（有依法选举的工会主席，有独立健全的组织机构，有服务职工的活动载体，有健全完善的制度机制，有自主管理的工会经费，有会员满意的工作绩效）基层工会组织规范化建设工作，全县有条件建设的216个基层工会完成146个，完成率达68%，超额完成阿克苏地区工会下达指标。

【文化宣传】 2020年，拜城县总工会贯彻落实自治区“四个条例”（《新疆维吾尔自治区职工代表大会条例》《新疆维吾尔自治区集体合同条例》《新疆维吾尔自治区工资集体协商条例》《新疆维吾尔自治区厂务公开条例》），认真组织开展“三学一争”和工会志愿者服务活动，落实《女职工劳动保护特别规定》，切实维护职工合法权益，确保职工队伍和谐稳定。“四个条例”贯彻落实率达86%，“三学一争”活动参与率达85%，工会志愿服务队11个56人，开展志愿服务活动32场次，全部达到地区规定指标。组织职工持续开展“发声亮剑”及公开承诺活动。建好用好“六支宣讲队”“一支演出队”，开展巡回宣讲活动。

【疫情防控】 2020年，总工

会积极发挥自身作用，积极开展疫情防控期间慰问企业生产一线员工，助力企业战胜疫情和复工复产，助推拜城县域经济发展。春节期间慰问17家企业和“访惠聚”173个驻村工作队出资10万元；疫情期间慰问县医院5万元，16个社区坚守岗位干部职工3.2万元，慰问党校防疫人员2万元，慰问9所学校5.5万元，向25个困难职工发放补助资金5万元；肉孜期间为10个单位坚守岗位一线职工发放慰问品8.35万元；5月23日“环境工人日”慰问环保工人，发放1.45万元；7月10日，慰问18名劳动模范，发放补助金5.4万元。9月，开展受疫情影响困难职工生活救助活动。为47户困难职工送温暖发放14.3万元（中央资金）；开展第二批困难职工慰问救助活动，分别为47户发放专项帮扶资金21.2万元（中央资金）；9月，开展第三批救助活动，为36户困难职工每户发放2030元救助金73080元（中央资金），全年合计61.408万元。

【职工劳动竞赛和安康杯竞赛】 2020年，拜城县总工会大力开展职工劳动竞赛，抓好劳动竞赛重点企业和项目。结合创先争优活动，制定下发《拜城县2020年劳动竞赛实施方案》，确定10个重点竞赛项目、30个竞赛企业和重点竞赛系统行业，全县职工参与劳动竞赛达82%，单位（行业）覆盖面达91%以上。组织基层工会开展技术创新劳动技能竞赛活动118场次。在煤化工、道路养护、卫生、文教等行业开展劳动技能大赛，参与单位39家，参加职工4285人，参赛班组118个，提出合理化建议181条，得到采纳实施98条。围绕“弘扬企业安全文化，加强班组安全管理”主题，拜城县总工会与安监部门联合下发《开展2020年度“安康杯”竞赛活动实施方案》。通过宣传发动，全县37家企业报名参加“安康杯”竞赛活动。参赛班组115个，参赛职工4352人。

【职工维权】 2020年，拜城县总工会完善以职代会为载体的厂务公开制度，185家企业召开职工（代表）大会，覆盖会员数23729人。全县非公企业57家，召开职代会31家；开展厂务公开34家，厂务公开率达100%；完成49家规模以上企业《工资集体协商专项合同》《集体合同》《女职工特殊权益保护专项合同》的签订工作，较上年有大幅增长。开展会员民主评议职工之家基层工会25家，参与评议职工3392人，有效保护了职工群众的知情权、参与权，畅通职工利益诉求渠道，行使职工群众的民主权利。县总工会聘请律师赴基层工会开展《中华人民共和国工会法》《中华人民共和国合同法》《中华人民共和国劳动法》宣讲，为广大职工维护自身合法权益奠定基础，受教职工16500余人。

【非公企业调研】 2020年，拜城县总工会大力开展非公企业调研，积极探索在非公企业、小微企业建设工会组织，增强职工主人翁责任感，促进企业发展的新路子。通过对107个非公、小微企业调研发现，建立工会组织的非公有制企业数少于非公有制企业实际数，仍有一定数量的企业未建工会。非公企业就业人员中当地职工占大多数，外来务工人员相对较少，职工流动性大，工会组建率和入会率低，组建工作难度大。非公企业工会组织建设进度缓慢，主要有三个原因：一是个别小微企业人数较少，达不到建会的要求；二是担心交了会费返款拿不回来，影响建会积极性；三是企业人手紧张，担心建立工会组织后麻烦增多。从全县企业结构情况看，县域大部分非公企业以小企业和农民合作社居多，规模性企业少。大部分非公企业依法开展工会工作或发挥作用缺乏主动性，多是按照上级工会或领导的安排来完成，企业工会组织作用发挥不明显。在劳资矛盾的调处中，工会对职工的维权诉求存在无能为力现象。

【推优表彰】 2020年，拜城县总工会加大推荐优秀企业及职工会员参与行业表彰力度，18名获地区级劳动模范和先进工作者：拜城县日新建筑安装工程有限责任公司、董事长、新疆俊新化工公司董事长兼法人代表宋联科，拜城县众泰煤焦化有限公司、主任科员兰鹏兵，新疆天玉种业有限公司检验员布海里且姆·吾布力，拜城县给排水公司安装队队长罗利仁，拜城县创科产业发展研究有限公司副经理何康宁，拜城县众维煤业有限公司办事员刘美，拜城县众维煤业有限公司副班长依斯兰木·买买提，拜城县公安局党委委员、国保大队队长买买提·买提尼亚孜，拜城县教育和科学技术局团工委书记吐逊古丽·阿吾提，拜城县丰谷粮油购销有限公司党支部书记、董事长、总经理买合木提·土尔迪，康其乡阿热勒村党支部书记阿力木·依布拉音，拜城县医疗保障局党支部书记阿孜古丽·买买提，拜城县察尔齐镇党委书记马亚辉，拜城县黑英山乡党委副书记、乡长米吉提·牙合甫，拜城县亚吐尔乡党委书记季福国，拜城县总工会主席屈华雄，拜城县融媒体中心（记者）高英，滨河社区党支部副书记、社区居委会主任古丽其曼·艾沙。自治区级劳模5名：拜城县众泰煤焦化有限公司丁建民，拜城县人民医院外一科主任李杰，赛里木镇康乐药店医师刘江洋，新疆天玉种业有限责任公司副总经理邢翔，拜城县亚吐尔乡亚吐尔村村党支部书记沙迪力·沙吾提。

【困难职工帮扶】 2020年，拜城县总工会大力开展困难职工解困脱困工作，完成困难职工解困脱困29户。开展困难职工日常生活救助、重要节日慰问，困难职工日常生活救助、大病救助、金秋助学、重要节日慰问，争取上级救助资金72万元，救助困难职工36人，发放困难职工生活救助金29.67万元，为23名每人发放1192元，合计27416元，疫情防控期间为36户困难职工发放14.5万元，为20户每户发放842元。

【干部培训】 2020年，拜城县总工会加大工会干部培训力度，着力提升工会干部工作能力和水平。县总工会选送工会干部参加自治区工会干部培训3期，参训3人；选送工会干部参加地区工会干部培训2期，参加11人次；拜城县总工会以争创“学习型组织、争做知识型、技能型职工”活动为抓手，举办基层工会主席（干部）培训班2期，参加300人。编印下发宣传材料320册。

【典型选树】 2020年，拜城县总工会大力加强典型精品选树。大力开展“职工劳模创新工作室”建设。指导新建职工劳模创新工作室2个（县医院工会职工创新工作室、拜城县二中职工创新工作室）。全县有职工劳模创新工作室6个，其中自治区级职工劳模创新工作室3个，地区级职工劳模创新工作室1个，县级职工劳模创新工作室2个。拜城县滴水铜矿张立征创新工作室和拜城县二小创新工作室，获自治区级劳模和工匠人才创新工作室，分别给10万元的奖励补助。拜城县天辰矿业有限公司荣获“自治区模范职工之家”荣誉称号；2020年6月拜城峰峰煤焦化有限公司获得全国2018—2019年度“安康杯”竞赛活动中荣誉优胜班组；同时，拜城县峰峰煤焦化有限责任公司弘扬煤矿采煤班获得自治区级优秀班组。

【工会经费收缴管理】 2020年，拜城县总工会由地税代收工会经费820万元，比2019年增长30万元，增幅3.79%，经费自然增长受疫情影响不大；8月，开展小微企业返经费宣传活动，为9家符合条件的小微企业进行经费返还8.26万元，有效缓解受疫情影响企业经营困难问题。完成县财政划拨工会上解地区工会经费5万元目标任务。

（王万伟）

共青团拜城县委员会

【概况】 中国共产主义青年团拜城县委员会（以下简称“团县委”）下设拜城县少先队工作委员会（以下简称“少工委”）。2020年，团县委继续围绕“强三性、去四化”的总要求，以提升“三力一度”为工作主线，坚持“三个回归”（组织定位由活动团向政治团回归、工作方式由抓面上向抓支部回归，管团治团由宽松软向严紧实回归）、抓好“三个贯穿”（每月一次主题团日贯穿全年，“3214”基础团务贯穿全年，从严治团激励约束贯穿全年）、抓实共青团品牌工作（青年志愿服务队、青少年融情实践活动、共青团网上国家通用语言文字夜校、红领巾小课堂、共青团爱心生日会）的工作思路，充分发挥了共青团组织引领力、组织力、服务力。做好全县中小学少先队工作，严格落实“1211”少先队工作。

【团组织建设】 2020年，全县基层团组织717个，较上年增加95个，团员（含保留团籍的团干部）12553名，较上年增加1380名。其中，基层团委（团工委、团总支）42个，团支部609个。基层团委42个：团县委1个；乡镇（管委会）团委15个；机关事业单位团委、团工委3个（卫生团工委、教育团工委、公安局团委），团总支4个；中职中学团委19个。团支部609个：乡镇机关团支部15个；村（社区）团支部172个；乡镇学社衔接临时团支部15个；学校团支部311个（含2020年毕业生团支部66个）；新兴领域团支部39个（非公企业团支部23个、国有企业团支部7个、集体企业团支部1个、社会组织团支部8个）。全县团员（含保留团籍的团干部）12553名，其中乡镇机关团员350名，村（社区）团员6069名，学校领域团员4885名、新兴领域团员295名。

【人员经费保障】 2020年，团县委始终坚持德才兼备，选优配强15名乡镇（管委会）专职团干部，172名村（社区）团支部书记和19名中职中学团委书记，齐心协力抓好全县团建工作。团县委以党建带团建、团建促党建工作模式，与党建同部署同要求同考核，深入推进团建工作；乡镇（管委会）党委每季度听取1次团建工作汇报、研究1次团建工作部署，确保乡镇（管委会）党委重视团建工作；要求乡村团组织书记保持1年以上稳定性，如有特殊情况调整，提前打报告，向县委基层办和团县委报备，严格落实“双线”报批报备制度。是年，县财政继续按照每个乡镇（管委会）团委1万元、每个村团支部0.5万元的团组织工作经费标准拨付，15个乡镇（管委会）团委和150个村团支部共90万元，用于开展团建各项工作。

【思想政治建设】 2020年，团县委常态化组织全县1.2万余名团员青年学习习近平总书记系列重要讲话精神、习近平总书记在新中国成立70周年系列庆祝活动上的重要讲话精神、习近平总书记在纪念“五四”运动100周年大会上的讲话精神，并每周对各领域团员青年参与“青年大学习”网上主题课情况进行排名，引导团员青年牢记总书记教导，做新时代有为青年。开展“每月三统一”主题团（队）日活动。每月根据自治区团委的安排，村（社区）主题团日、中学领域主题团日、小学少先队主题少先队活动课三统一活动认真开展，对团员、少先队员进行思想教育，参与团员人数达1万人次，参与少先队员人数达2万余人次。持续开展法律宣讲活动。结合青年讲师团加大国家安全、网络安全、保密与禁毒知识宣传力度，开展青少年法制宣传进农村、进社区、进学校活动30场次，覆盖青少年3.87万名；组织开展青少年模拟法庭，提高青少年群体学法、用法、守法意识，有效预防减少犯罪常态化。深化融情实践活动。开展兵地结对、温拜同心等“民族团结一家亲”“百万书信手拉手”融情活动，覆盖学生6000余名。

【基础团务】 2020年，团县委规范落实“3214”基础团务工作。各团支部严格按照规定时间召开团员大会、支委会、团小组会，每季度讲一次团课，年底召开以“学习新时代党的治疆方略 投身新征程贡献青春力量”为主题的组织生活会，并根据组织生活会开展团员教育评议的结果进行团籍注册，规范团组织生活，提升团组织引领力、组织力、服务力。发展团员：是年，团地委分配发展团员指标1715名，实际完成1715名，较2019年增加875名，增长104.2%。团县委根据《共青团新疆维吾尔自治区委员会印发〈关于进一步严肃规范团员发展工作的若干规定〉（新团发〔2019〕2号）文件要求，严格遵循团员“十步法”“九严禁”的程序要求发展，乡镇领域完成发展团员名额253名，学校发展团员名额完成1462名。团员档案管理：自2018年起，自治区团委规定团员档案包含“两表两书一证”（入团积极分子考察表、团员信息登记表、入团申请书、入团志愿书、团员证），团组织关系转接严格按照先线下收到团员纸质档案后再进行“智慧团建”系统线上转接，团员档案由团委（团总支）进行保管，团支部没有权限保管档案。缴纳团费：每名团员每月按时向团支部缴纳团费，各团委（团总支）每季度向团县委通过转账。是年，交纳团费160975元，向团地委交纳团费64390元。剩余96585元团费主要用于开展团组织活动、团干部培训。推优入党：团县委制定《拜城县共青团推优入党工作机制》，采取“1+1+3”帮带模式，将综合表现优秀的团员青年推荐入党，加大团员青年培养力度。是年，确定为入党积极分子、发展对象的304名团员，均由“推优入党”程序推荐。

【团队干部教育培训】 2020年，团县委通过视频的方式，开展少先队辅导员培训班共8期240人次，培训内容主要包括：“1211”少先队指导工作培训、少先队标志与实操、如何开展少先队活动课、动感中队等方面内容，有力提升少先队辅导员业务知识水平，全面推进拜城县少先队工作。举办“青马工程”培训班2期，共有90名团干部参加，培训的内容主要包括：党史团史、毒品预防、传染病预防、计划生育、“3214”基础团务、国家通用语言文字培训、参观爱国主义教育基地、观看英雄人物视频学榜样等内容，课程设置内容丰富，各级团干部易于接受，对开展团组织工作非常实用。常态化开展村（社区）团干部“1+2”周轮训，全年选派85名团支部书记到团县委跟班学习，11名村团支部书记到县委组织部跟班锻炼，35名村（社区）团支部书记转岗至党支部副书记等重要岗位。

【团建工作现场会】 2020年，团县委为深入贯彻落实习近平总书记对群团组织提出的强“三性”（政治性、先进性、群众性）、去“四化”（机关化、行政化、贵族化、娱乐化）总体要求，提升基层团组织的组织力，增强政治功能。4月30日，组织召开全县团建工作现场会。

【迎接上级调研】 2020年6月，团中央组织部部长一行到拜城调研共青团“共青团党的建设”工作，主要针对“党建带团建”、团干部协管、“推优入党”“智慧团建”系统地建管用等工作开展调研，并对全县团干部配备和新老团干部“传帮带”等方面予以肯定。

【青春助力脱贫攻坚行动】 2020年，团县委开展消费扶贫活动，动员广大团干部、团员，以拓展贫困户增收渠道、稳定脱贫成果为目的，结合入户走访，对贫困群众需要出销的产品进行摸底，结合微信公众号、抖音等方式进行广泛宣传，积极动员社会组织及个人共同参与到消费扶贫行动当中，采取灵活多样的消费扶贫方式，实现贫困群众稳定增收，提高脱贫成果。是年，共销售产品19.55吨，金额2.64万元。开展教育帮扶活动。对于2020年考上本科的贫困建档立卡户学生，争取温州援疆指挥部、复旦大学支教团、在拜各企业等社会力量的支持，为122名贫困学生争取21万元助学物资。积极响应新疆青基会“一块”做好事爱心捐助活动，捐款8.3万元。

【大学生“西部计划”志愿者】 2020年，团县委接收大学生“西部计划”志愿者20名（2018年1名、2020年19名），其中3名志愿者在拜城县第二中学支教，服务期限1年，于2021年7月服务期满；1名大学生“西部计划”志愿者服务于团县委，于2021年7月服务期满3年。

【共青团网上国语夜校】 2020年，团县委采取“线上+线下”相结合的方式，对全县47名团员青年开展为期3个月的国家通用语言文字普及强化培训。同时，依托网上国家通用语言文字课堂、“教你学国语”App、“农牧民夜校”等载体，引导广大团员青年积极主动学习国家通用语言文字，通过集中培训、个人自学等方式不断提升团员青年综合素质，提升就业创业能力。

【青年志愿服务队】 2020年，团县委以服务青年为导向，建成“青年之家”16个，组织全县171支青年志愿服务队常态化开展农村人居环境整治、争当文明交通劝导员、帮助孤寡老人、帮助留守儿童、青年联谊、花艺沙龙等活动446场次，累计开展服务人次11150余人次。

【共青团爱心生日会】 2020年，团县委在全县96所中小学每月为留守儿童集中开展一次共青团爱心生日会，活动经费由自治区团委拨付4.8万元和乡镇（管委会）团委团组织支付经费1.92万元。是年，共为1363名留守儿童过集体生日。

【疫情防控】 2020年，团县委积极引导青年志愿者积极投身测温扫码、爱国卫生、志愿服务中，并动员团干部、团员捐款24.99万元、开展服务175场次，帮助解决困难3612条，充分发挥了团组织凝聚青年、服务社会的生力军作用。发起团员青年、西部计划志愿者“就地过年”倡议书，拜城1对青年夫妇“3地6人7分钟”云婚礼视频，点击量过亿，彰显青年担当，获得全网点赞。

【青少年思想教育】 2020年，团县委以“六一”儿童节为契机，组织全县100所中小学开展“学习习近平总书记六一寄语”“迎接少代会 争做好队员”等主题新队员入队仪式活动，覆盖5208名新队员；积极组织全县少先队员在全国少工委微信公众号里参与“红领巾爱学习”、寒假“10课”等学习活动，每期参学队员数达2万余人，切实增强少先队员的组织感和归属感。

【深化实践活动】 2020年，团县委开展实践活动，为进一步推进少先队鼓号队规范化建设，培养和增强少先队员荣誉感，增强团队意识。举办“拜城县2020年第六届少先队鼓号队风采展示大赛”；提高法治意识。各学校组织模拟法庭社团，感受法律的公正公平，2020年11月，举办拜城县青少年模拟法庭比赛，全县132名学生报名参加。通过学生亲自参与真实案例的模拟开庭审理，引导青少年从小学法、懂法、守法。树立团队模范。根据《关于构建阶梯式成长激励体系增强少先队员光荣感的指导意见》，结合拜城县创建源文化特色学校的工作实际，制定拜城县“红领巾奖章”争章活动。并在6所学校打造“红领巾奖章”活动示范点，大力提高少先队员的积极性与先锋模范作用。

【青少年融情实践活动】 2020年，团县委积极推进浙阿两地少先队员的深度交融，温拜、阿两地5000对少年儿童结成融情对，开展“百万书信手拉手”活动系列主题云队会等活动11场次，通过写信、视频交流等方式，共学一堂课方式，在各族青少年心中播种“石榴籽”。利用端午节、春节、中秋节等传统节日，以线上线下相结合的形式，开展“弘扬中华民族传统文化”主题融情交流活动4场次，覆盖青少年共170名，进一步强化少年儿童民族团结教育。

（阿孜古丽·买买提）

拜城县妇女联合会

【概况】 拜城县妇女联合会（以下简称“县妇联”）是在县委、县政府领导下的社会群众团体。在职人员共6名，其中领导干部3名、一般干部2名、工勤人员1名。6名工作人员中，本科学历5人、大专1人，中共党员5人。辖4个镇、10个乡、1个管委会，村妇联157个，社区妇联16个，基层乡镇（场）妇联15个。村（社区）妇联主席进两委班子达到100%。

【宣传思想引领】 2020年，县妇联深入开展“百万妇女大宣讲”活动。组织各乡镇、村（社区）妇联干部、执委、巾帼宣讲员等，重点围绕宣传习近平新时代中国特色社会主义思想、践行社会主义核心价值观、贯彻第三次中央新疆工作座谈会等，到乡村社区、机关企业、学校等开展专题讲座、巡回演讲、故事分享会等群众性宣传教育活动524场次，其中“百万妇女大宣讲”197场13007人、常态化宣讲327场46386人。巾帼榜样引领作用得到更好发挥。为树立榜样，用榜样的力量引导和激励广大妇女及广大家庭在中国特色社会主义伟大实践中建功立业，2020年，新选树县级八红旗手32人、三八红旗集体7个，引领广大妇女干部和群众内强素质、外树形象。注重妇女干部培训。每月制定妇女干部培训重点任务，明确培训内容，并将培训情况纳入乡镇妇联月工作排名，确保乡镇妇联每月至少开展一次妇女干部培训。坚持以正确舆论引导人。用好用活“拜城女声”微信平台，积极转发中共中央、自治区重点决策部署、政策法规、先进典型人物事迹，积极传播正能量，弘扬主旋律。2020年，县妇联在“拜城女声”编辑发布各类信息共650余篇。其中阿克苏女声采用180余篇，新疆女声采用8篇。完成第四期中国妇女社会地位调查工作。抽调乡（镇）、村（社区）工作能力强、文化水平高的妇联干部和执委组建成调查员队伍，利用早晚、周末、农闲时节等开展入户，严格遵守调查流程，确保调查数据真实有效，以严谨细致的态度、锲而不舍的责任心完成每一份问卷，为全国妇女事业发展提供科学数据、贡献拜城力量。开展《爱在新疆——网上儿童冬令营》作品推荐工作。在抗击新冠肺炎疫情的关键时期，全县各级妇联积极组织动员妇女儿童以书信、绘画、手抄报、视频征文等形式参与疫情防控人民战争，通过作品展现儿童从小学习英雄、争做最美，培养良好的思想品德。全县各级妇联共推荐上报作品218件，其中“新疆女声”平台采用27件；2020年5月，拜城县妇联在自治区《爱在新疆——网上儿童冬令营》活动中荣获优秀组织奖。

【妇女儿童发展规划】 2020年，县妇联将关心支持妇女儿童事业，切实保障妇女儿童的合法权益纳入国民经济和社会发展规划纲要，纳入县妇儿工委各成员单位的工作职责和目标考核中，做到同步规划、同步实施、同步发展。为保证两纲确定的各项指标完成，避免各部门之间沟通不畅，信息不通，在遇到矛盾和责任时相互推诿，形成工作合力，建立健全部门联动机制，把细化的两纲指标具体落实到每一个部门，每一个领导身上，按时按质完成县实施妇女儿童发展规划监测统计分析报告，妇女儿童监测统计表，进一步完善县妇女儿童发展数据库，完善《县妇女儿童工作委员会相关工作制度》，相关台账资料的收集、整理、存档及上报，全面促进两纲各项指标的有效落实。扎实推进妇女儿童“两纲”各项指标任务的落实。根据2020年第三季度统计监测指标体系，对照2020年终期规划目标，妇女发展纲要7大领域66项指标任务中，已达标65项，达标率99%，未达标及达标困难指标1项，主要在妇女参与决策和管理的方面，人大常委会委员中女性比例仍有不足。儿童发展纲要5大领域59项目标任务，70条策略措施中，已达标59项，达标率100%，先后两次迎接自治区、地区“两纲”工作专题调研，为终期评估工作奠定良好的基础。

【维护权益】 2020年，县妇联坚持源头化解，形成全网络“婚姻调解”工作格局。充分发挥县、乡、村妇联“三级联调”婚姻矛盾纠纷调解委员会（调解室）作用，各级妇联干部结合疫情防控入户走访宣传、摸排、检测体温等过程中发现的婚姻家庭矛盾纠纷及时受理调解，并进行心理疏导、帮扶关爱、志愿服务等，最大限度地减少家庭矛盾纠纷，切实维护妇女群众合法权益。目前，拜城县婚姻调解机构193个，婚姻家庭纠纷排查信息员1248人，婚姻家庭纠纷调解员259人。是年，接待信访妇女群众636人，化解婚姻家庭纠纷642起（其中，县妇联调解38件，乡镇妇联调解105件，村级妇联调解493件），未发生越级上访。加强妇女儿童权益法律法规宣传。抓住三八维权周、国际家庭日、反家暴日等时机，组织妇女群众学习《妇女权益保障法》《婚姻法》《宪法》《民族团结进步条例》等与妇女群众婚姻、生产、生活息息相关法律法规，引导广大妇女学法、守法、用法，提升法治意识和依法维权能力。是年，拜城县各级妇联开展法治宣传活动102场8344人，法治讲座45场次，发放法治宣传资料2000余份，组建巾帼法治宣讲员259人。

【家庭文明工程】 2020年，拜城县各基层妇联在做好疫情防控的同时，结合实际开展家庭文明创建活动，积极推荐在疫情防控、移风易俗、好家风好家训等方面表现突出的“最美家庭”，广泛宣传典型事迹，引导广大妇女群众及家庭成员引领文明新风尚，新选树县级“最美家庭”60户，其中推荐全国最美家庭1户，全国五好家庭1户，自治区最美家庭2户，地区级最美家庭12户，地区级五好家庭6户。6月，县妇联荣获阿克苏地区首届网络寻找最美家庭优秀组织奖。乡村两级妇联组织切实做好“家”文章，围绕家庭文明建设，依托家长学校、妇女之家、儿童之家等活动阵地，广泛开展主题鲜明、富有意义的家庭服务项目。通过推荐，4月拜城县图书馆荣获“全国家庭教育亲子示范基地”荣誉；抓住“国际儿童图书日”“世界读书日”等节日契机，举办亲子阅读活动35场次，2000余户家庭在参与中培养亲子阅读习惯，促进情感交流。举办家教家风主题巡展30余场，开展好家风好家训巡回宣讲活动16场，举办家庭学校进农户培训30余场，基层家庭科学家教水平再上新层次。

【乡村振兴巾帼行动】 2020年，县妇联成立美丽庭院专项领导小组，制定印发实施方案及计划，明确目标任务、建设标准、重点任务和工作措施、形成县妇联引导、乡镇（场）妇联指导、村（社区）妇联主导的工作格局。各级妇联按照每周一次大检查、每月一次大评比的形式常态化开展“美丽庭院”创建。抓好“美丽庭院”创建。以“四好三美一卫生”“八个一活动”为建设标准，发挥各级妇联组织作用，督促广大妇女及其家庭积极参与“美丽庭院”创建。8月，创新开展为期4期的“美丽庭院”网络评选投票活动，参与评选的“美丽庭院”60户，参与投票活动人数达3.8万余人，共评选出12户“最美庭院”。通过各方努力，9月，拜城县荣获地区级“美丽庭院”试点县、选树地区级“美丽庭院”试点乡1个、地区“美丽庭院”试点村3个、地区“美丽庭院”试点户100户；选树县级“美丽庭院”示范乡镇3个、示范村35个和示范户1000户。10月，拜城县承办自治区“巾帼脱贫行动”暨“美丽庭院”建设现场推进会。是年，累计创建已命名的“美丽庭院”示范户7073户，其中地区级示范户256户、县级示范户2100户、乡镇级5973户。

【关心关爱妇女儿童】 2020年，县妇联认真收集、审核、录入20名患病妇女资料，积极争取20万元全国“两癌”救助项目资金；为150名农村贫困妇女争取3万元援疆资金实施宫颈癌免费筛查，通过筛查，共查出32名患病妇女，做到早发现、早治疗。积极为1名农村贫困女学生争取全国“春雷计划”项目，获得3000元助学金。为101名贫困妇女儿童申请自治区、地区“临时救助项目”，地区妇联救助29人共3.57万元，自治区临时救助1人5000元。在元旦、春节期间深入社会福利院、村社区，为150余名困难妇女儿童发放“爱心毛衣”“健康暖心包”等爱心物资150余件，最大限度地为贫困妇女儿童解决生活困难。开展“爱心一元捐”审计工作，聘请第三方会计师事务所，对全县2010—2019年的“爱心一元捐”项目实施情况进行财务审计，进一步规范项目管理，完善十年档案。为10名创业妇女发放创业无息贷款20万元，带动31名贫困妇女就业，发挥项目效益。重新启动“爱心一元捐”募捐活动，及时收缴13万元善款，救助22名困难大学生和15名贫困妇女。促进村（社区）儿童之家建设，2020年新建儿童之家13个，进一步优化儿童成长环境，提供游戏、娱乐、家庭教育、健康卫生、心理疏导等服务。截至年末，全县共有39个村（社区）儿童之家。

（米热宛古丽·艾肯木）

拜城县工商业联合会

【概况】 拜城县工商业联合会（商会）（以下简称“县工商联”）恢复设立于1995年。实有编制7人，其中参照公务员编制7人（领导职数2人、科员5人）。实有人数6人，其中专职副主席1人，二级主任科员1人、四级主任科员4人。

【学习培训】 2020年，县工商联做好非公经济人士教育培养，促进非公有制经济人士健康成长。工商联根据疫情形势，积极开创以网课培训为主、集中培训、企业自培、上门送学为辅的教育培训方式，确保疫情防控大局工作和非公经济人士教育培训两不误。网课培训：全国工商联聘请民营企业专家，举办网课直播培训3次。10月30日，全国工商联主办“第二届民营经济法治建设峰会”网络直播课，全县30多名民营企业家、300多名员工通用电视、电脑、手机接受培训。集中培训：全国工商联在安徽省马鞍山市举办第二期全国民营企业家及工商联干部污染防治专题培训班和政策措施以及企业绿色发展典型案例培训，工商联选派1名非公经济人士代表参加培训；地区工商联举办非公经济人士集中培训班1次，工商联选派5名非公经济人士参加培训。上门送学：9月，县司法局、工商联联手开展“送法进企业活动”，到企业开展《中华人民共和国劳动合同法》《中华人民共和国工会法》等法律法规的宣讲活动。企业500多名干部职工受到教育。企业自培：各企业结合实际情况，在疫情防控制度允许情况下，组织不超过20人的小型培训班，对员工进行核心价值观、公民道德，感恩教育、安全生产、业务技能等培训，企业累计培训达到2000多人次。新疆天玉种业有限公司、新疆恒达保温材料制造有限公司采取岗上培训、以老职工带新员工岗上实践培训等方式开展技能培训。新疆一成投资有限公司、音西煤业有限公司等煤矿企业每月对煤矿工人安全生产常识进行培训。

【会员服务】 2020年，县工商联坚持以巩固基层组织、拓宽服务领域、壮大队伍、“成熟一个吸收一个”的要求发展会员，发展会员数达473个，其中新发展会员2家，淘汰不合格企业会员4家，个人会员3人。坚持“一年一审”考核会员，联合法院、税务、公安等14个部门对19个企业的董事长、总经理进行综合评价，综合评定A级企业16家、B级企业3家。履行好工商联为民营企业服务的职责，开展企业岗位需求排查，摸清企业用工信息，排查登记空岗用工信息35个，及时与县劳动服务部门对接，通知待业大学生到企业应聘。帮助企业解决融资难问题，向企业家宣传信e贷常识，引导企业通过信e贷解决资金短缺问题。联系邮政储蓄银行到企业开展小额贷服务上门活动，大大方便了企业。发挥好县领导包联企业优势，开展民营企业发展现状调研，帮助企业排除困难。全年，到企业调研2次，县领导与企业负责人、企业员工交流座谈，探讨企业发展中存在的难点、热点问题。

【参政议政】 2020年，县工商联调动非公经济代表人士参政议政、民主监督的积极性和主动性，组织非公有制经济人士为地方经济社会发展建言献策。两会期间，非公有制经济领域的政协委员、人大代表共提出关系社情民意的议案提案2份。走访会员企业19家，发放征求意见表100多份，征求到意见和建议11条。

【光彩事业】 2020年，县工商联引导非公有制经济人士自觉把自身企业的发展与国家的发展结合起来，弘扬中华传统美德，弘扬时代新风，树立义利兼顾、以义为先理念，致富思源、富而思进，鼓励非公企业参与“百企帮百村”等公益活动。企业通过产业帮扶、公益帮扶、就业帮扶、技能帮扶、消费帮扶等形式，积极帮扶贫困村发展生产，改变现状，摆脱贫困。全年拜城县非公企业积极对口帮扶深度贫困村，为拜城县12个深度贫困村提供帮扶资金230万元。阿克苏恒基建筑工作公司投入20多万元，帮黑英山亚吐尔村建排球场、垃圾回收站；凯领阿尔格敏矿业有限公司投资6300万元修建18000平方米油鸡养殖场，种植枸杞林220公顷、沙枣林围栏20千米，养殖果园鸡、油鸡，招聘当地剩余劳动力到养鸡场就业；新疆天玉种业有限公司在疫情期间，累计捐款60.1万元用于购买防疫物资，助力打赢疫情防控攻坚战；天玉种业公司还为贫困农户捐赠农药、化肥、种子、作物种苗等，帮助农民发展生产，为贫困农户捐赠取暖用煤、面粉、食用油等生活物资，资助贫困大学生上学，帮助发展设施农业，免费进行科技培训等，切实解决农户在生产生活中面临的实际困难。新疆峻新化工有限公司投入20多万元帮助亚吐尔乡休相村，修缮羊圈、安装路灯，改善生产生活环境。公司帮助8名大学生，每年给每人补助8000元的助学金资助大学生完成学业。新疆一成投资有限公司投入20多万元帮扶赛里木镇硝尔买里村，改善危旧房屋、美化村庄道路，改善生活环境。

【扶贫就业】 2020年，县工商联积极推动非公有制企业参与“民营企业招聘周”“大中专毕业生人才招聘会”等活动，配合做好农村富余劳动力就业创业技能培训和转移就业工作。联系指导非公有制企业完成就业安置644人，在职职工岗位培训251人。扎实开展好“消费扶贫月”活动，助力脱贫攻坚。县工商联干部和民营企业积极行动，以买代帮消费贫困村和贫困户的蔬菜、水果、牛肉、羊肉、鸡肉类5.53吨，价值19.62万元，以消费助推脱贫攻坚工作。宣传好“消费扶贫日”活动。10月17日

"消费扶贫日"，日新建筑安装公司、万源建筑有限公司、恒基建筑有限公司等公司积极行动，带上大米、面粉、清油、衣物到包联村开展帮扶和消费扶贫活动。捐赠物资13万元左右，消费扶贫7000多元。音西煤业向亚吐尔乡喀拉苏村帮扶资金20万元，向该村捐赠扶贫煤、爱心煤。拜城县恒达保温材料制造有限公司解决农民工、贫困户就业，解决农民工就业142人（其中解决贫困户就业38人），通过解决就业帮助农牧民、贫困户增收。拜城县日新建筑安装有限责任公司向县少年宫赠送价值12000元的书籍，为贫困户捐款12000元，解决40多户贫困户家庭就业，使贫困户1人就业全家脱贫。

（丁宪兵）

拜城县科学技术协会

【概况】 拜城县科学技术协会（以下简称"县科协"）机关有编制4名，领导编制数2名，其中行政编制2名、参公1名、工勤编1名。实有在职干部4名，其中科协党支部书记、主席1名，副主席1名，一般干部1名，机关后勤服务人员1名。

【科技之冬】 2020年，拜城县于12月4日召开"科技之冬"活动动员会，成立领导小组，制定实施方案，将"科技之冬"实施方案下发到15个乡镇及20个全民科学素质成员单位，结合疫情防控工作，要求各乡镇（管委会）及全民科学素质成员单位充分发挥行业优势，采取形式多样的培训，积极动员广大科技工作者充分发挥优势开展大联合、大协作、大科普，本着"因地制宜、因势利导、因人施教""发展什么培训什么、干什么事情培训什么技能、缺什么人才培养什么人才、务实管用"的原则，突出重点，有所侧重，在城乡广泛开展形式多样、内容丰富的科技培训和科普活动。各乡镇（管委会）及成员单位结合脱贫攻坚"冬季攻势"制定切合实际的实施方案，培训计划及培训内容。结合疫情防控要求，每次培训班不能超出30人。举办十九届五中全会和第三次中央新疆工作座谈会、农牧民实用技术（林果业修剪栽培、畜牧业养殖技术、设施农业管理技术、就业务工、疫情防控健康知识等）培训班。是年，举办各类培训班4114场次，培训82432人。

【"基层科普行动计划"项目】 2020年，县科协申请"基层科普行动计划"项目两个，资金8万元，分别是拜城县滨河社区科普示范项目，项目资金3万元；拜城县托克逊乡阔纳协海尔村黑木耳种植奖补资金项目，项目资金5万元。两个项目资金于9月24日全部拨付到位。

【青少年科技创新大赛】 2020年，县科协与教科局联合开展青少年科技创新大赛，激发青少年"学科学、爱科学、用科学"的兴趣。10月中旬，县科协同教科局一起举办拜城县青少年科技创新大赛，从幼儿园到初中学生的科幻绘画作品48件、手工机器人等作品15件。评选30多件好的作品寄送到地区科技馆。

【"科普中国"App】 2020年，县科协充分发挥科普大篷车作用深入乡镇、社区开展科普宣传和指导群众用手机下载、注册"科普中国"App，激励群众依靠科技，传播正能量。截至年末，拜城县注册量达到6126人。

【注册"科技志愿者"】 2020年，县科协按照地区科协要求每个县至少上报注册20个科技志愿者组织。科协干部深入到各乡镇、社区、学校，指导下载注册科技志愿者队伍33个，上报地区科协进行集体注册。

【流动科技馆】 2020年，县科协充分利用中国流动科技馆在拜城县资源优势，为青少年揭秘科学奥秘，组织学校学生及家长参观，组织24场次，2800余人参观。通过科学性、知识性、趣味性相结合的展览内容和参与互动的形式，反映科学原理及技术应用，鼓励公众动手探索实践普及科学知识，培养观众的科学思想、科学方法和科学精神。

【全国科普日】 2020年，县科协在全国科普日活动中，利用科普大篷车深入到各乡镇、社区组织开展各类活动在“科普中国”网上发布各类科普活动25场次，分别从人居环境整治、科普知识宣传、促进消费扶贫、抗击新冠肺炎等多方面多种形式开展科普日活动。

【科技活动周】 2020年，县科协开展“科技活动周”活动，组织广大科技人员、科普志愿者大力开展科普大篷车下乡、技术培训、技术咨询、技术服务等一系列丰富多彩、形式多样的大众化系列科普活动，努力营造讲科学、爱科学、学科学、用科学的良好氛围，为提高广大群众科学素质打下坚实的基础，同时营造崇尚科学、反对迷信和抵制伪科学的良好氛围。

【科普大篷车】 2020年，县科协发挥科普大篷车作用，加强对科普大篷车使用及管理，以最大限度地发挥科普宣传作用。深入到乡镇、学校、社区开展科普宣传活动；科协干部到基层指导、挖掘科普示范社区、示范校园、示范基地等工作；充分利用“全国科普日”“科技周”等活动日开展科普宣传等活动，以及“科技之冬”培训和脱贫攻坚“冬季攻势”全面培训工作开展科普宣传。

（努尔比艳·吐尔洪）

拜城县残疾人联合会

【概况】 拜城县残疾人联合会（以下简称“县残联”）。拜城县残疾人工作委员会由26个成员单位组成，县残联编制5人，设有三科一室（康复科、教就科、宣维科、办公室），康复科管理两个中心（康复中心、托养中心）。有15个乡、镇、管委会基层残联，村（社区）级残协153个，残疾人之家31个。全县有1.4万残疾人，占全县总人口的5.73%。办理6258个中华人民共和国第二代残疾人证。其中，农业户口残疾人4735人，享受两项补助的残疾人2884人，享受低保待遇的残疾人1996人；建档立卡贫困残疾人763名，实现全部脱贫。

【学习教育】 2020年，县残联深入开展“三会一课”和政治理论学习，利用好“学习强国”App，抓好党员干部工作之余的学习。结合“不忘初心、牢记使命”主题教育再深化，严格落实“三会一课”“5+X”制度，以“主题党日”等创新活动为载体，开展丰富多彩的活动。切实加强党风廉政建设和反腐败工作，营造风清气正的工作环境，结合“不忘初心 牢记使命”主题教育、“两学一做”学习教育常态化要求，结合“三会一课”以及“我和我的祖国”群众性宣传教育与党风廉政警示教育活动。

【残疾人事业宣传教育】 2020年，县残联开展形式多样的助残日活动。为营造社会各界扶残助残的良好氛围，普及残疾预防知识，提高残疾人惠民政策知晓率，充分利用新闻媒体网络（QQ、微信）等载体广泛开展助残日活动和残疾预防知识，并通过乡镇残疾人专职委员对广大残疾人宣传党和政府的扶残助残政策。维权工作扎实开展，通过落实残疾人各项惠民政策和扩大残疾人两项补贴使残疾人得到更多的实惠。

【残疾人就业】 2020年，县残联认真开展残工委成员单位按比例安排残疾人就业工作。经审核统计，残工委成员单位共按比例安排残疾人就业121人。完成地区下达100名残疾人农村实用技术培训任务。对

4家盲人按摩机构和166名个体工商户残疾人发放疫情期间就业创业生活困难补贴53万元。为1名边缘户残疾人发放2000元爱心天使助学金。对700名非低保、非贫困的重度残疾人城乡居民养老保险由县财政代缴，每人100元，总计7万元。

【康复工作】 2020年，县残联争取上级资金投资125万元为残疾人康复中心安装电梯、新建消防池等附属工程，6月投入使用。康复中心的建成投入使用，在地区范围内，率先实现县级残联“两个中心”（康复中心、托养中心）、“一个设施”（残疾人综合服务设施）建设全覆盖，为今后的残疾人事业提供强有力的基础设施保障。康复中心有18名工作人员，进行康复的残疾人70名。县残疾人托养中心持续有序开展残疾人托养服务工作，有工作人员5名，享受托养服务的残疾对象有26名。

2020年，发放辅助器具315件（台），完成全年计划任务的150%，发放50张精神疾病服药卡，提供免费服药。对80户贫困残疾人家庭进行无障碍改造，为30名成人肢体残疾人提供免费康复训练。对49名0~8岁肢体、智力、视力、听力残疾儿童进行康复救助。

【残疾人社会公益】 2020年，县残联为1564名一、二级重度残疾人代缴城乡基本医疗保险个人缴纳的部分40.664万元（每人按260元的标准代缴）。为477名一、二级重度残疾人代缴养老保险个人缴纳的部分6.74万元。继续做好残疾人托养服务工作，为解放残疾人家庭劳动力，助力残疾人家庭增收，对45名无人监护的残疾人提供免费托养服务。

【残疾人“两项补贴”发放】 2020年，县残联认真落实残疾人“两项补贴”工作，1月开始残疾人“两项”补贴指标调整到每一项100元。为1804名重度残疾人发放330.94万元，为1027名困难残疾人发放105.51万元困难残疾人生活补贴，共发放436.45万元。

【脱贫攻坚】 2020年，县残联完成建档立卡贫困残疾人脱贫攻坚工作任务。成立以县残联理事长为组长县残联脱贫攻坚领导小组，形成主要领导亲自抓，科室负责人全面抓的工作格局，明确工作职责和任务分工；按照脱贫攻坚专题学习计划，及时组织开展专题学习。

加快残疾人脱贫攻坚工作，确保拜城县脱贫攻坚工作如期完成，释放残疾人家中的劳动力，依托政府托养方式，对24名残疾人在集中托养服务中心开展托养服务工作，其中贫困残疾人7名。认真贯彻落实就业创业生活困难补贴。为4家盲人按摩机构发放就业创业生活困难补贴3.2万元（每家按8000元标准发放）。疫情防控期间对172名个体工商户残疾人每家按3000元标准发放53万元就业创业残疾人生活困难补贴。为1名边缘户学生发放2000元“爱心天使”助学资金。

拓宽残疾人就业渠道，促进残疾人就业，县残联积极与人社部门及用工企事业单位联系，有用工需求及时向乡镇（管委会）推送，促进贫困残疾人稳岗就业工作。是年，763名建档立卡贫困残疾人中符合就业年龄段残疾人513名，已就业301名。其中，按比例安排就业23名，集中就业3名，个体就业25名，公益性岗位就业29名，灵活就业3名，发展产业就业165名，转移就业43名，其他形式就业10名；未就业212名，其中，丧失劳动力190名，在校生5名，因病退1名，因重病14名，其他2名。

（王峰林）

法　治

政法委及综治

【概况】 2020年，中共拜城县委政法委员会（以下简称"县委政法委"）深入学习贯彻第三次中央新疆工作座谈会精神，始终聚焦聚力总目标，打好自治区反恐维稳组合拳，统筹推进"1+3"工作部署，坚持疫情防控、社会稳定"两条底线""两个前提"，树牢"两警三不"意识，克服速胜思想，保持战略定力，积极应对维稳形势变化，优化落实维稳各项举措，推进稳定工作常态抓、抓常态，确保社会大局持续和谐稳定。

【社会治理】 2020年，县委政法委主动承接地区创建"全国市域社会治理现代化试点合格城市"工作任务。组建市域社会治理试点工作专班，横向整合组织、宣传、政法、应急管理等部门，纵向贯通县、乡、村三级治理主体，构建横纵交织的治理结构，研究制定《平安拜城建设责任制考评奖惩办法》，设置负面清单，实行扣分制，年度开展"公众安全感和满意度测评"，倒逼防范化解县域社会治理重大矛盾风险，科学有序推进自治区优秀平安县和市域社会治理工作。坚持"边试点推进、边总结提升"，着眼"社会领域"、立足"五大风险"、对标"五治方式"，结合县域实际，拟定综治"直通车""党建+综治中心+双联户"、打造"枫桥式"公安派出所、"微现象"综合治理、"全生命周期"矛盾纠纷调处等一批重点推进项目落地实施，有效破解一些社会治理的难题，基层社会治理效能进一步提升。

【严打整治】 2020年，县委政法委始终把严打攻坚作为确保绝对安全的"兜底保障"措施。依托挂图作战室，深化运用"点线片面"技战法，以"破团伙、打头目、打骨干"为主攻方向，抓好"六个专项行动"，切实消除现实危害。持续深化扫黑除恶专项斗争，立足实际、主动作为，从"提高政治站位，绷紧专项斗争责任弦""强化工作落实，打好'六清'行动主动仗"等方面着手，组织纪委监委、公安局、行业主管部门相关负责人，召开扫黑除恶专项斗争协调会，对"六清"行动再安排、再强调，细化措施，压实责任，拓宽涉黑涉恶线索收集渠道，聚焦重点行业领域乱点乱象，持续深挖整治，持续巩固扫黑除恶专项斗争成效成果，不断提升各族群众获得感、幸福感、安全感。

【化解矛盾纠纷】 2020年，县委政法委把各族群众是否满意作为平安建设的出发点和落脚点，探索推行"四单"模式，线上依托民情"直通车"便民服务热线，线下通过干部常态走访，全口径收集群众困难诉求，县、乡、村三级分类分级转办、督办，实现各类困难诉求就地解决。以“事要解决”为导向，妥善解决各类信访问题，对重大矛盾纠纷，领导包案，限期化解。“三防十查”“稳定风险大排查”活动持续深入开展，各类不稳定因素防范在萌芽状态，维稳基础不断巩固。建立县委统一领导，政府组织实施，职能部门负责，政法委指导检查的社会稳定风险评估工作机制。对重大项目、重大决策、重点事项进行风险评估，确定风险隐患点，提前做好安全防范，确保将风险化解在事前，切实维护好社会和谐稳定局面。未发生因重大事项未经评估或评估不到位、措施不落实而引发群体性事件。

【法学会工作】 2020年，拜城县法学会坚持以加强规范化建设为抓手，不断完善会员发展、服务、管理工作机制，通过加强组织建设，搭建活动平台，提供服务保障，进一步增强法学会的吸引力、凝聚力，进一步激发广大会员的热情和活力，有效提高会员参与学会活动的积极性。全县团体会员达12个，个人会员达210人（新发展25人）。是年，举办法治论坛、研讨会、政法文化建设与法治实践研讨会等学术活动6场次，参加活动会员累计280人次。组织参加“习近平治国思想论坛”、第十五届“西部法治论坛”、第七届“民族区域论坛”等法学研究、主题征文活动5次，共征集会员论文80余篇。创办“青年法学沙龙”，先后有实务部门的青年法官、检察官、干警和律师40余人参加活动。开展“百名法学家百场报告会”法治宣讲活动，大力宣传习近平法治思想，弘扬社会主义法治精神。

【网格化服务管理】 2020年，县委政法委按照“承载力强、人员集聚、资源集约、布局集中、功能集成”思路，以城镇网格化管理“1+2+5+X”为抓手，推动社区与便民警务站从“进入”向“嵌入”转变，推进社区与警务站深度融合，实现服务和警务一体共抓，提升群众的获得感、幸福感、安全感。在城区，深化“警社合一”，推行网格化“1+2+5+X”（1名网格长、2名副网格长、5名网格员、若干个志愿服务队）工作模式，最大限度实现社区和警务站人员力量共融、责任共担、协调联动；在农村，将“双联户”与网格化管理相对接，形成“联户微循环”“网格小循环”“村（社区）中循环”“乡镇（街道）大循环”的乡村社会治理局面，着力提升防联防自保能力。

【平安创建】 2020年，县委政法委坚定坚决贯彻落实新时代党的治疆方略，紧紧围绕总目标，以防范和化解影响社会稳定、人民安定的重大风险为着力点，从解决源头性、根本性、基础性问题做起，综合施策、标本兼治、多元参与、共建共享，深入推进平安拜城建设，探索出一条社会治理与经济发展同步、平安幸福与民生改善共进、客观指标与群众感受相符的平安建设新路子，社会大局持续和谐稳定，各族群众获得感、幸福感、安全感显著增强。全县共创建平安乡镇15个、创建率100%，优秀平安乡镇6个、优秀创建率40%，平安单位74个、创建率100%，平安村157个、创建率100%，平安社区16个、创建率100%，平安家庭66386个、创建率98.25%，平安校园196个、创建率100%，平安医院22个、创建率100%，平安文化市场1个、创建率100%，平安企业95个、创建率100%，平安商铺5329个、创建率98.52%。各类平安细胞年度复验率100%。克孜尔乡、布隆乡创建自治区优秀平安乡镇；拜城县成功创建自治区优秀平安县。

【队伍建设】 2020年，县委政法委站在“两个维护”的高度，扎实推动《中国共产党政法工作条例》的学习宣传贯彻落实。坚持把学习宣传《中国共产党政法工作条例》作为重要政治任务，按照领导班子带头学、单位干部集中学、各个支部拓展学的要求组织学习，确保学深悟透。加大学习宣传覆盖，通过宣传栏、“拜城零距离”微信公众号等多种方式渠道掀起学习宣传《条例》热潮。政法系统各单位定期组织政治轮训，把《条例》作为轮训的必修课，反复学、系统学、深入学，引导广大政法干部真信笃行。研究审议了“八项制度”“一规则七细则”等《条例》相关配套制度，推动《条例》落实落地。制定《乡镇政法委员配备工作的指导意见》，激活乡镇政法委员制度，全面配齐、建强、用好乡镇政法委员，统筹推进综治中心、人民法庭、公安派出所、司法所等基层政法单位建设，形成上下贯通、执行有力的基层政法工作新格局，切实将党管政法延伸到最基层、第一线，不断提高基层政法工作水平。认真落实党委政法委派员列席政法单位党委（党组）民主生活会、委员向党委政法委员会述职等管理机制，县委政法委员会协助县委及其组织部门管理政法单位领导班子和领导干部工作办法、县委政法委员会协助县委及纪委监委加强政法干部监督等干部协管协查机制，积极构建关系协调、运转顺畅、富有成效的政法干部管理机制，推动政法队伍建设迈上新台阶。

（刘志伟）

公　安

【概述】　拜城县公安局（以下简称“县公安机关”）在县委政府和上级公安机关党委的坚强领导下，紧紧围绕社会稳定和长治久安总目标，深入贯彻落实自治区党委“1+3+3+改革开放”工作部署及自治区、地区公安部门公安工作会议精神，始终坚持“一手抓疫情防控、一手抓维护稳定”两手抓两不误，全警协力、忠实履职、倾力奉献，完成各项公安工作任务，有效确保拜城县社会大局的持续稳定。

打击犯罪

【国保工作】　2020年，县公安机关国保大队始终立足主责主业，保持严打高压态势，深化“四项措施”，及时消除各类风险隐患，建强反恐维稳“专班专干”，提升统筹指导能力。

【刑事侦查工作】　2020年，县公安机关刑侦部门紧紧围绕边打击边防范，以打促防，以防助打的工作模式，结合县域实际，开展一系列专项行动，有力地提升刑事犯罪打击效能。

【禁毒工作】　2020年，县公安机关加强毒品犯罪情报线索的收集、排查，积极参与禁毒人民战争，切实发挥主力军作用。共破获毒品案件1起，抓获犯罪嫌疑人1名，查获吸毒人员2人。

【经侦工作】　2020年，县公安机关共立食药环违法犯罪案件7起，涉案资金18.65万元。立经济案件4起，破4起，涉案金额2107万元，挽回经济损失2155万元。侦破1起侵犯著作权案件，抓获犯罪嫌疑人3名。

【打击电信网络诈骗犯罪】　2020年，县公安机关紧紧围绕边打击边防范，以打促防，以防助打的工作模式开展打击“盗抢骗”工作，共立“盗抢骗”案件66起，破65起，抓获犯罪嫌疑人52人。立、破案较2019年分别下降8.1%、1.6%，追回赃款58.61万元。由刑侦部门牵头，积极协调网安、综侦等专业警种成立工作专班，严格按照“四个一律”的工作要求，及时做好案件受理、平台录入、紧急止付和串并研判工作。共立电信诈骗案件25起，破17起，抓获23人，返还赃款23.05万元。

【监管工作】　2020年，看守所和拘留所紧紧围绕“一手抓疫情防控、一手抓安全稳定”的工作目标。严把“五关”，强化落实疫情防控“八项预警机制”工作措施，坚决执行封所管理，高标准、高要求慎终如始地做好疫情防控和监所安全管理各项工作，确保监所“零疫情”“零事故”“零感染”。

【特巡警工作】 2020年，特巡警大队坚持源头治理、全面排查、就地化解、高效稳控为原则，以增强基层实力、激发基层活力、提升基层战斗力为抓手，将社会稳定工作和疫情防控工作有机结合。共接处警1934起，共盘查人员1710541人，盘查车辆1095946辆。查获、移交酒后驾驶机动车案48起；抓获肇事逃逸嫌疑人1人；无证驾驶案11人；抓获盗窃嫌疑人29人；抓获电信诈骗嫌疑人8人，协助破获刑事案件14起，治安案件56起。1月，被地区公安局评为“集体三等功”。7月，荣获2020年阿克苏地区公安机关全警实战大练兵大比武便民警务站比武项目团体第二名。

【森林公安派出所】 2020年，森林公安派出所积极开展“依法打击破坏野生动物资源违法犯罪”“全区野外火源管理专项治理行动”等专项行动，查处办理各类刑事案件5起，其中，滥伐林木刑事案件4起，非法猎捕杀害珍贵、濒危国家重点保护野生动物案件1起，抓获6人，涉案金额1.2万元，损失林木63.9487立方米，收缴国家二级保护野生动物1只，收缴猎捕工具3件。

行政管理

【疫情防控】 2020年疫情防控阻击战以来，公安局党委将管控关口前置，在察尔齐公安检查站、克孜尔公安检查站构筑第一道疫情防控“关口”，严把“入拜大门”；充分发挥环城检查站、便民警务站二次过滤核查作用，严把“进城关口”。疫情防控指挥部公安专班运用公安大数据平台，对来自疫区人员进行轨迹核查，分级实施管控措施，确保“排查精准、管控精准、措施精准”，为常态做好疫情防控工作贡献了公安力量。同时，全局民警为抗击疫情踊跃捐款，汇聚爱心捐款20余万元，充分体现出公安民警强烈的家国情怀。为全面应对疫情防控形势变化带来的严峻考验，公安局党委及时调整完善疫情防控常态化工作机制，强化全局疫情防控领导小组全局把握、全局防控的工作能力，科学制定疫情防控应急处置预案，严格落实疫情防控八项预警机制，细化健康码（行程码）排查、体温检测、健康登记、消杀消毒、防人员聚集、冷链食品管控、核酸检测及请销假报备等工作措施，引领全警时刻绷紧常态化疫情防控这根弦，慎终如始做好疫情防控工作。

【治安工作】 2020年，县公安机关紧扣“平安不出事、矛盾不上交、服务不缺位”这个目标，充分发挥地理优势，结合县域实际，积极开展加强公共娱乐场所、特种行业、重点人员密集场所专项整治行动，共出动警力4192人次、车辆87台次，举办法制讲座1200次，排查化解涉校矛盾纠纷11起、排查整改校园内部安全隐患138个、检查特种行业287家次、发现安全隐患42处、当场整改隐患39处、下发整改通知书27份、处罚4家、停业整顿3家。3月21日，完成“欢庆诺鲁孜·相约亚曼苏”系列旅游文化节安保工作。在扎实推进“一号”工程落实的同时，推行智能警务机制改革，创建“一室三队”勤务模式；优化派出所警力配置，充实派出所和社区（村）警力，始终确保派出所警力占县级公安机关警力的40%以上，社区（村）民警占派出所警力的40%以上。深入学习贯彻“枫桥经验”精神，深度融合社区警务与城乡基层治理工作，为全面打造共建共治共享的“枫桥式公安派出所”，调动各基层派出所积极性，争取全面创建“枫桥式公安派出所”工作。

【治安专项治理】 2020年，县公安机关结合相继开展“昆仑2020”、打击制售假伪防护物资、破坏野生动物资源、假劣农资、食品安全守护、校园食品安全、涉烟违法、涉危险废物等一系列违法犯罪专项行动，进一步向食品、药品、知识产权、生态环境及野生动物领域违法犯罪五条战线发起凌厉攻势，全力做好常态化疫情防控下的侦查打击工作。共侦办“食药环”案件8起（环境类5起、食品类3起）。并通过制定《拜城县公安局2020年“扫黄打非”专项行动方案》，会同宣传、文旅、市场监管等部门，扎实开展查堵政治性有害出版物和集中销毁问题出版物、打击侵权盗版等工作。开展专项联合执法检查18次，查缴“三非”宣传品18个、反宣币11张。

【常住人口管理】 2020年，县公安机关积极推进“警社合一”服务理念，真正实现服务职责，全面构建“专业力量+科技手段+群众基础”的工作体系。严把人口入户材料的审核关，确保常住人口户籍工作的正常、有序开展。全年共办理户籍业务58071笔，其中出生落户1417人，死亡注销1289人，县外迁入541人，迁出县外1233人，主项变更307笔，其他注销159人；共办理居民身份证17940张。其中，异地证649张，临时身份证289张，军人身份证31张。

【流动人口和出租房屋管理】 2020年，县公安机关通过“百万警进千万家”“七普户籍整顿工作”等活动，加强流动人口信息资料收集；实现动态管理，对流动人员“逐人登记，逐人对比，逐人核查”，提高流动人口采集率、录入率和维护率，确保流动人口信息的完整、准确、鲜活。精准运用“一码通”做好流出、流入人口人员信息的登记、核查、注销、联系方式、居住处所等基本情况，实现与“警综平台”间的信息共享、数据共用。是年，共登记流动人口46787人，发放电子居住证46696张，登记流出人口28548人。登记出租房屋1497间，其中住宅出租1010间，经商出租297间，仓库出租76间，从事生产作坊租赁37间，其他用途36间。

【危险物品管理】 2020年，县公安机关坚持“管住管好、便民利民”原则，依托民爆信息系统、烟花爆竹流向系统、危爆物品治安管控平台、油品销售信息系统等信息系统为抓手，落实危爆物品生产、销售、运输、储存、使用、清退等环节信息化流向管控。通过预警模块，及时预警可疑情况，实现动态管控、动态预警。全年共审批工业炸药1464.6万千克、工业雷管71.66万发，导火索59.95万米。

【交通管理】 2020年，县公安机关始终坚持以“最高标准、最严要求、最强措施、最硬作风、最好结果”的工作理念，紧紧锁住风险管控链条，全面拧紧队伍管理“安全阀”。针对辖区交通秩序的重点、难点、热点问题，积极开展酒驾、毒驾、无牌无证、不礼让行人、违法停车、三轮车、摩托车、非机动车等各类专项整治行动，实施常态化严管重罚，确保城市交通安全、畅通、有序。结合“一盔一带”“减量控大”等专项行动，超额完成工作任务，实现“三个零发生”目标。是年，共出动警力24173人，出动警车5011辆，开展交通宣传487次，发放宣传资料17200份。查处各类交通违法行为31780起，办理驾驶证业务5957笔，机动车业务10101笔，互联网交管服务业务3000余笔，淘汰“黄标车”338辆，集中清理重货、重挂、面包车共1532辆、督促办理重点驾驶人2680人，监销报废车辆236辆。

【出入境及往来港澳台管理】 2020年，县公安机关做好出入境证件的受理审核工作，坚持面见申请人制度，严把政审关。积极推进自助办理港澳台旅游签注工作、自助照相受理终端推广实施工作、非工作日办证、免费照相服务、微信缴费业务，缩短办证时限、扩大“绿色通道”服务范围、开通网上预约等多项便利举措服务等，实现三个“都能办”。同时，加强巩固外国人服务管理，依法依规采集信息，做到“一发现二核查三研判”，及时排查消除隐患，营造良好的涉外治安环境。共发放宣传册2000份，服务指南500本。办理出入境证件（护照）17本。

警务保障

【文秘工作】 2020年，县公安机关坚决确保落实警令政令畅通。共牵头组织召开全局性会议63场次，上级领导调研座谈会13场次，组织召开部门工作会议26次，确保各级领导讲话、会议精神、工作部署等及时有效传达，推动各项工作的落实。共起草和修改的请示、报告、总结、通知、会议材料等各类文件，做到所发文件内容的及时性、准确性、规范性，并对传阅、处理后的文件及时进行了归档。是年，向地区公安局编报动态信息、综合简报，对全局工作的宣传推广起到积极作用。

【机要工作】 2020年，县公安机关严格按照密电管理制度，认真履行各项审批程序，坚决杜绝了密电明复、明密混用、密电上公安网的问题。密码电报的撰写、签发、传输、批抄、递送、阅办、保管、归档及销毁，严格按照密码电报办理规定实行，并对密码电报办结情况、密码设备进行每日交接班检查，对存在的设备故障、异常进行报备，做到密码设备通信畅通，坚决杜绝各项失泄密情况的发生。

【档案管理】 2020年，县公安机关根据《机关文件材料归档规范范围和文书档案保管期限规定》，对2019年的各类档案进行整理、编号。均已对照思源档案录入系统核对后上架入库。同时配合各部门查询各类档案共203人次，复印资料405页，均严格按照档案借阅管理办法，登记催促归还保管。并按照《档案鉴定销毁制度》指定2人集中销毁各类文件；并对无保存价值的涉密文件登记造册后，经领导批示及时按保密规定移交县机要保密局统一销毁。

【后勤装备】 2020年，县公安机关积极争取中央预算内资金支持力度，投入基础设施建设经费2070万元（其中中央预算投资1457万元用于7个公安检查站建设、县财政投资575万元用于派出所附属工程）。为保障执法安全，投入装备保障经费238万元为一线执法力量更新和配发了移动警务终端、警用车辆、防弹防刺服、头盔、警棍、执法记录仪、对讲机等警用装备，为辅警和事业编干部配发单警装备750件、防护装备750套。

【科技信息化】 2020年，县公安机关完成“平安城市”视频监控运维招标工作，为“平安城市”后期持续运行提供坚强保障；同时完成联网共享平台视频监控国标编码、OSD标识、通道名称整改、“一机一档”数据完善，并添加全县非接触无感知摄像机，对联网平台监控推送率和“一机一档”复用率后台更新，切实做好网络安全工作，全局公安网计算机进行杀毒软件、网络安全助手、“一机两用”客户端等注册及安装率均达到100%；同时清理整治不合规计算机设备，检测扫描各类病毒、漏洞，及时修复。处理各类计算机软、硬件问题，排除各类网络通信故障，清理、维护计算机系统，解决处理服务器故障，保证各部门计算机的正常运行。

【通信保障】 2020年，县公安机关坚持每日对乡镇维稳指挥部、警务站、综治中心进行设备测试，坚持每月巡检测试，发现并及时处理声音、图像故障。开展各级维稳指挥部视频调度、全要素拉动演练等视频调度，与地区、各所队、警务站（室）、村综治中心开展会前测试，完成各项会议保障。同时，开展全国“两会”、中秋、国庆等重要节点、重大安保的通信勤务保障任务。

【110接处警】 2020年，县公安机关紧紧围绕提高人民群众安全感和满意度这一根本标准，创新举措，努力打造群众满意110接处警工作，提升指挥中心的服务效能。共接报各类110报警电话46615起，其中无效报警44286起，有效报警2329起（交通事故1504起、治安类案件19起、刑事案件15起、火警17起、群众求助89起、纠纷631起、其他54起）；回访各类警情203起，查摆问题11处，同时向地区公安局上报各类应急综合信息。

队伍建设

【政治建警】 2020年，县公安机关严格落实从严管党治警要求，始终保持“严”的主基调不变，持续深入推进“坚持政治建警全面从严治警”教育整顿活动，实现日常监督管理全覆盖。压实“两个责任”，落实“一岗双责”，坚持刀刃向内、刮骨疗毒，驰而不息纠治“四风”、整治“四气”。坚持管在日常、严在经常，教育为先，严惩为戒。突出抓好“关键少数”，注重加强队伍教育的针对性、管理的经常性、监督的有效性。压紧压实综合部门常态监督职责，部门警种强化思想政治工作和经常性党纪条规教育，教育引导全警知敬畏、守底线，定期开展廉政警示教育，以案为鉴、以案明纪，及时堵塞漏洞。紧盯重点环节和敏感岗位，梳理“廉政风险点”20处，常态开展忠诚教育和警示教育，着力构建拜城公安“大监督”格局。

【教育训练】 2020年，县公安机关立足疫情防控和反恐维稳实战需求，以全警实战大练兵为抓手，采取岗位练兵、集中培训、送教上门、对抗演练、比武竞赛等多种方式方法，组织全警在干中练、在练中战，切实增强练兵的战斗性、对抗性和实效性，全面提升全警政治能力和实战技能。特别是针对疫情带来的新挑战，一方面创新“网络+培训”模式，大力推广“日练兵”“小班制”“战训合一”练兵模式，另一方面突出规范执法培训，引导广大民辅警牢固树立以人民为中心的思想，做到严格、规范、公正、文明执法，不断提升练兵效果。共举办“轮训轮值、战训合一”辅警培训班10期1200余人，警种业务自主培训50余期，深入基层所队开展送教活动100余次，参与民警1800余名，开展体能普测2场次400余人。坚持在实战中练、在岗位上赛，7月，组织开展‘打基础、抓深化’阶段性比武演练活动，全局23支代表队410人参加比武竞技，达到以考促练、以奖促练的目的。深入推进“自训”“培训”“互训”岗位练兵，全面提升全警实战本领，着力打造高素质过硬拜城公安铁军。

【从优待警】 2020年，县公安机关把从优待警作为“一号工程”，不断健全完善党委统一领导、政工牵头、各部门齐抓共管的从优待警工作体系，紧盯民辅警关注的生病就医、子女入学、学历提升等涉及民辅警切身利益事项纳入常思常议要事，积极回应民辅警期盼。在春节、清明等重要时间节点，开展各项抚恤慰问15人次，发放各类抚恤慰问金20万元。协调解决因公牺牲、伤残、民警子女中考、高考加分、入学等11人次，为全局民警办理意外伤害保险。为有子女参加高考、中考的民警安排时间护送孩子。组织战时心理健康服务队，采取谈心沟通交流、传授心理调节方法、建立点对点咨询疏导措施消除疫情带来的负面影响，提高民警辅警的心理抵抗力。开展谈心谈话活动460余次。加强民辅警安全防护培训、为执勤民辅警提供必要的防护装备、积极帮助民辅警解决各类困难等措施，确保执勤民辅警无后顾之忧，增强全体民辅警敢打必胜的坚定信念。对疫情防控期间表现突出的辅警及困难辅警进行走访慰问，走访人员100余人，解决辅警困难诉求十余件，充分展现新时代拜城公安民辅警积极向上、团结协作风采。

【文化育警】 2020年，县公安机关深度策划专栏专题。全覆盖、多角度宣传公安工作和队伍建设成就，注重以亲民方式展现模范事迹，善于用文艺作品讲好警察故事，号召全社会铭记公安典型、崇尚公安典型、关爱公安典型，着力提升公安典型的影响力和引领力。组织开展“抗击疫情·警徽闪耀”主题文艺作品，观看《传奇与使命》《猎狐》《燃烧》等系列专题，征集类别包括诗歌、散文、美术、书法、摄影100余件。激发全警牢记初心使命，勇于担当作为。发起“防控疫情，你我同行”爱心捐款活动，累计捐款20万元，积极开展在职党员进社区活动和“活力警营、健康先行”健身活动，参与社区活动20余次，服务群众300余人，解决群众困难诉求50余件，刊发外宣稿件218篇，其中中央级主流媒体上稿83篇、自治区级46篇、地区级稿件36篇、中国警察图片网采用65篇、中国新闻网采用稿件6篇、人民交通网采用4篇、光明网采用稿件4篇、中国警察网采用稿件3篇、《中国日报》采用稿件1篇、人民网采用图片稿件1篇、中国发布网采用稿件1篇。及时、准确、有效地宣传好拜城公安良好形象。

【党建工作】 2020年，县公安机关毫不动摇地坚持党对公安工作的绝对领导，以党建带队建，突出“抓好班子、建强支部、严管队伍”三项重点工作，深入推进党建、业务深度融合，筑牢全警信仰之基、补足精神之钙。在抗击疫情过程中，成立临时党支部2个、党员先锋队20个、青年突击队22个，开展“战时宣誓、党员亮剑、战时慰问、战时表彰、战时送教、战时谈话、战时党课、视频授课”等多项党建活动，300余名党员民辅警自发递交决心书和请战书，20余名青年民辅警递交入党申请书积极向党组织靠拢，用实际行动践行习近平总书记“让党旗始终在疫情防控和维护稳定工作一线高高飘扬”的重要指示精神。严格落实“三会一课”、5+X、民主评议党员、在职党员进社区、党员红黑榜积分评比等组织生活制度，组织开展“七一”庆祝建党99周年活动和讲党史、新中国史、简明新疆史和《三个白皮书》等系列党建活动，使全体党员民警受到了精神洗礼，得到党性锻炼。召开党建工作培训会1次，党组书记抓基层党建工作述职评议会2次，党委班子成员讲党课11次，召开党支部会议200余次、党员大会300余次、党小组会50余次。

【督察工作】 2020年，县公安机关狠抓党风廉政建设“两个责任”的落实。层层传导压力，层层落实“一岗双责”，结合每周情报分析会议精神以及敏感节点安保部署要求，梳理出督察工作重点常态化对监区防护措施、民警执法办案、窗口服务进行网上督察，实现规范执法、文明执法、精准执法、监督执法，共派出现场督察组156个，督察警力336人次，检查基层所队147个次，重点部位58个次，发现问题923个，现场督促整改839个，责令限期整改84个，提出督察建议314条，编发《警务督察通报》87期。

【执法监督】 2020年，县公安机关依照接处警、受立案、涉案财物管理、案卷规范管理、办案区规范管理使用等执法流程，利用“视综平台”对各执法办案部门的办案场所使用、案件办理等环节开展巡查监督工作。共审核刑事案件204起，拘传25人，刑事拘留41人，监视居住20人，取保候审162人，提请批准逮捕29起

36人，移送审查起诉130起135人；审核行政案件76起，处罚111人（其中拘留并处罚款36人、拘留52人、罚款23人），不予处罚3人。办理情况通报28期，月考评通报10期，网上案件评查通报12期。

【信访工作】 2020年，县公安机关根据自治区关于信访"北京不去，省市不聚，跨区不窜，网上不炒"的工作要求，持续落实"谁主管、谁负责"的原则，强化信访部门与各业务部门、便民"直通车"办公室的配合，制定矛盾纠纷排查化解长效机制，做到及时调查回复，从"法、理、情"角度多方位全面化解信访难题。共接到27起信访诉求信息，其中公安部转送1起、地区公安局转办1起、县综治"直通车"转办22起、县信访局转办2起、信访室自行办理1起。

（李满进、张爱萍）

检 察

【概况】 2020年，拜城县人民检察院（以下简称"县检察机关"）编制39名（政法专项编制37名、工勤编制2名），内设机构5个：办公室（司法警察大队）、政治部、第一检察部（刑事犯罪与未成年人检察部）、第二检察部（民事行政公益诉讼检察部）、第三检察部（综合检察业务部），实有干警34名（正县级1名、副县级1名、乡科级正职6名、乡科级副职8名、科员18名）工勤1人；院领导5名、检委会委员10名，员额制检察官13名；在职党员23名；男23名，女11名；汉族20名，维吾尔族14名；本科及以上学历30名，研究生2名。

【刑事检察】 2020年，县检察机关依法严厉打击各类严重刑事犯罪活动，全力打造稳定和谐的社会环境，全院始终把维护社会稳定作为第一责任。突出抓好"捕诉一体""执侦合一"，坚持慎捕少诉，持续优化案—件比，提升办案效率。是年，案—件比为1∶1.06，"件"比2019年同期减少88.57%，位列地区第一。共受理审查逮捕各类刑事犯罪255件501人，经审查，共批准和决定逮捕242件480人；共受理审查起诉各类刑事犯罪429件728人，经审查，决定起诉388件629人，决定不起诉17人，不起诉率为2.66%，同比增加1.71个百分点。

【诉讼监督】 2020年，县检察机关落实捕诉一体化办案机制，审查逮捕、审查起诉准确率均达到100%。认罪认罚从宽制度适用于所有罪名和案件类型，最大限度化解社会矛盾。适用认罪认罚审结627人，认罪认罚从宽适用率98.12%。提出确定刑量刑建议510人，法院采纳确定刑量刑建议507人，确定刑量刑建议采纳率99.41%。通过办案，确保全县社会大局稳定和长治久安，取得良好的政治效果、法律效果和社会效果。

【公益诉讼】 2020年，县检察机关受理行政公益诉讼案件线索219件，立案219件，诉前程序220件，位列地区第一。通过行政诉前程序，督促行政机关纠正违法或履行职责案件195件（含积存）。提起公益诉讼2件，同比增加200%，占立案数的0.91%，同比增加0.91个百分点。通过办案共挽回、督促修复被损毁的林地、耕地、湿地、草原30.56公顷，同比上升154.69%（2019年同期12公顷）；保护被污染土壤0.3公顷，同比增加500%（2019年同期0公顷），督促清除处理违法堆放的各类生活垃圾、生产类固体废弃物176.45吨，同比上升107.59%；督促关停和整治造成环境污染的企业18家，同比上升350%；向污染企业和个人索赔环境损害赔偿金3万元，同比增加300%（2019年同期0万元）。运用"e检阿克苏""掌上微公益"小程序平台办理行政公益诉讼案件。

【民事行政执法】 2020年，县检察机关进一步畅通申诉渠道，加大办案力度，依法监督纠正认定事实不清、适用法律错误、严重违反法定程序导致裁判错误案件的情况下，在疫情防控期间，受理民事支持起诉案件1085件，其中支持起诉1076件，帮助22个行政村69个村民小组的1200余户农民追回农作物销售款781.3万元，有效化解矛盾纠纷，维护人民群众合法权益。办理民事生效裁判及执行活动监督案件21件，办理行政执行活动监督案件3件。

【涉法涉诉信访】 2020年，县检察机关严格落实“对群众来信来访7日内程序性答复，申诉案件3个月内实体性答复”要求，加大首次办、限时办、一次办工作力度，受理各类举报、控告、申诉等信访案件14件（其中首次信访13件），均做到件件有回复。未发生上访老户和进京访、越级访案件。

【检察改革】 2020年，县检察机关突出政治标准，把维护祖国统一、反对民族分裂的思想认识和实际表现放在首位，大力选拔重用对党绝对忠诚、落实总目标态度坚定坚决、善于运用法治思维和法治方式推动检察工作的优秀干部。坚持正确的用人导向，目光向一线倾斜，着重从反恐维稳、驻村管寺、办案一线选用干部，开展择优选升三级高级检察官1人、一级以下检察官晋升3人、检察官助理职务职级晋升7人，法警晋升1人、综合岗晋升2人，调入1人，提拔交流3人、调出其他县市2人。坚持党管人才原则，着力加强干部人才培养推荐力度。根据《阿克苏检察机关2018—2022年人才培养规划》，为加强人才的培养管理，分院拟建立阿克苏检察系统人才库，按照各基层院人数的30%予以报送。经政治部初审，院党组在政治建设、业务专长、服务群众、领导能力、作风效能等各方面条件研究审定，确定报送8名干警为人才库人选。通过执法办案一线，尤其是在反恐严打斗争中，打造一批政治上靠得住、履职上能担当、业务上能力强、作风上过得硬的法治人才。

【队伍建设】 2020年，县检察机关院党组牢固树立抓党建是主责主业的观念，党组书记认真履行党建工作第一责任人职责，坚持常研究、常部署，抓具体、具体抓，形成“书记亲自抓，分管领导具体抓，班子成员共同抓，职能部门各负其责，党员人人参与，上下密切配合齐抓共管”的党建工作新格局。结合检察工作实际制定并“贯彻落实中共拜城县委员会政法委员会工作规则、监督检查工作细则、执法监督、政治督察、政治轮训、述职、约谈、领导制度”等一规则、七个配套细则及《党组工作细则》等八项制度，发挥党组领导核心作用。年内召开10次党组会议研究党建工作，听取党支部工作汇报4次、党组中心组学习11次、讲专题党课4次，党组成员带头按时交纳党费，以普通党员身份参加组织生活会、换届选举、“三会一课”、主题党日等活动。党组书记严格落实“一岗双责”，签订责任书，坚持自己带头，又督促党组成员、各支部负责人履行党建责任，管好班子、带好队伍。结合实际完善党组议事规则和决策程序，先后召开21次党组会，凡涉及人事、经费项目等重大事项，均提交党组会集体研究决定。严格落实民主集中制，严肃党内政治生活。为解决党建业务“两张皮”“一手硬、一手软”的问题，党组结合内设机构改革，坚持把“支部建在部室”，对党支部班子换届及时进行改选增补，全面推进党建业务融合，着力压实主抓主建责任，充分发挥“抓党建、促队建、强业务”的作用，实现党建业务“两手抓、两不误”。按照“坚持标准、保证质量、改善结构、慎重发展”的十六字方针，认真做好党员培养教育发展工作，不断壮大检察机关党员队伍，坚持在一线和艰苦岗位发展党员，在“访惠聚”工作队、执法办案一线选拔优秀干警作为重点培养对象，发展入党积极分子3名，接收预备党员3名。

【司法救助】 2020年，县检察机关办理国家司法救助案件20件，实际救助7人，发放救助金16万元。是年，办理司法救助案件排名全地区第一、全疆第三。

【监所检察】 2020年，县检察机关加大对看守所监管执法活动的监督力度，对刑事执行活动违法情形（非监外执行）提出书面纠正意见14件均已纠正；针对监外执行活动监督共向有关单位提出书面纠正意见172人均已纠正；对财产刑执行履职不当提出书面纠正意见119件，同期采纳118件，采纳率99.16%，经监督纠正后已执行118人，经监督纠正后已执行金额139.88万元，无脱管漏管。

【案件受理、管理】 2020年，县检察机关向办案部门、办案人员发出流程监控提醒通知1213件次，对办结的各类重点案件进行4次案件质量评查，促进执法规范化水平和办案效率的明显提升。案件程序性信息公开、法律文书公开、重要案件信息公开均达到100%。案卷电子卷宗扫描制作率100%。检答网登录使用率长期保持在100%，位列地区第一。

（杨　洁）

法　院

【刑事审判】 2020年，县法院严厉打击刑事犯罪，严格执行“两个证据规定”，深化量刑规范化改革和宽严相济刑事政策落实，深化扫黑除恶专项斗争，坚持以审判为中心，依法认定扫黑除恶案件罪名与犯罪事实，依法严厉打击了组织者、策划者和涉案成员及其保护伞。2020年，共受理刑事案件192件（旧存5件），新收刑事案件同比下降94.88%，审结190件，已结案件同比下降94.88%，结案率达98.96%。已结案件中，判处危害公共安全罪106件，侵犯公民人身权利、民主权利罪24件，破坏社会主义市场经济秩序罪2件，妨害社会管理秩序罪31件，侵害财产罪26件，贪污贿赂罪1件。

【民商事审判】 2020年，县法院进一步完善绩效考核标准，加大对民商事案件调解的奖励力度，激励法官在案件调解上多下功夫，是年成功调解民商事纠纷1317件，其中诉前调解27件，撤诉110件，调撤率达77.15%，有效缩短审判周期，提高办案效率。共受理各类民商事案件2144件（旧存163件），新收民商事案件同比上升23.5%，审结2089件，已结案件同比上升32.8%，结案率达97.43%。已结案件中，涉及物权纠纷案件25件，合同、无因管理、不当得利纠纷案件1582件，人格权纠纷案件23件，与公司、证券、保险、票据等有关的民事纠纷案件13件，侵权责任纠纷案件111件，婚姻家庭、继承纠纷案件303件，劳动争议、人事争议案件28件，知识产权与竞争纠纷3件，非诉秩序案件1件。

【行政审判】 2020年，县法院积极分析行政执法中存在的问题，提出规范行政执法意见，强化行政审判的亲民便民措施，促进行政机关执法水平的提高。共受理行政案件5件（旧存0件），新收行政案件同比下降28.57%，审结4件，已结行政案件同比下降33.34%，审结率达80.00%。既有力地维护行政机关的依法行政，又切实保障行政相对人的合法权益。

【判决执行】 2020年，县法院进一步规范执行案件的办理，集中力量清理长期未结案件、攻克重大复杂疑难案件、惩戒教育失信被执行人、集中宣传典型案例，切实提升执行质效，全年有财产可供执行案件法定审限内执结率94.39%，无财产可供执行案件终本合格率100%，执行到位金额达12547.73万元，有效维护当事人的合法权益。共受理执行案件1730件（旧存23件），新收执行案件同比上升42.74%，结案1707件，已结案件同比上升43.57%，结案率达98.67%，有效维护当事人的合法权益。

【审判管理】 2020年，县法院围绕提升工作质效，科学设定考核指标，特别是在合理设定法官办案任务方面要与当前形势相适应，确保每名法官都能适应新的工作要求。完善审限预警通报制、审判质效数据通报、审判运行态势分析、发改案件定期研判分析、信息录入核查等工作机制，通过案件质量评查、“三项技能竞赛”、带案下访回访等措施，有力促进了案件质量、效率和效果提升。通过科学的审判资源调配、严格的案件审限管控、持续的执法办案攻坚，以及配合有效的办案奖惩，激励引导一线法官多办案、快办案、办好案。是年，共受理各类案件4931件（旧存202件），新收各类案件同比下降27.22%，结案4848件，已结各类案件同比下降26.06%，各类案件综合审结率98.32%，结案率较2019年上升1.54%。

【司法改革】 2020年，县法院积极推进法官员额制改革、聘用制书记员改革及法院内设机构改革。进一步健全完善员额法官动态调控机制，对年龄偏大、身体条件较差、不能胜任当前工作岗位且主动提出申请的1名法官，按规定办理退额手续，并及时选拔业务精、素质优、能力强的年轻骨干补充员额法官空缺，着力构建员额法官“有进有出、能上能下”的良好格局。落实法院内设机构改革工作，将原有的11个庭室（不含派出法庭）整合为8个庭室，并按照上级法院司法改革总体部署对新成立内设机构进行挂牌。持续推进聘用制书记员改革工作，按照关于推进聘用制书记员招聘工作统一部署，通过社会公开招聘的方式，分批次先后招录聘用制书记员23名，有效推进司法人员分类管理，保障审判执行工作顺利运行。

【班子队伍建设】 2020年，党组班子率先垂范，坚持把政治纪律和政治规矩挺在前面，强化全体干警政治意识。充分利用好党组中心组学习、党支部“每周学习日”“学习强国”等平台，抓好中共十九大、十九届二中、三中、四中、五中全会精神、第二次和第三次中央新疆工作座谈会会议精神、中央及自治区党委政法工作会议等会议精神学习，认真开展以《习近平新时代中国特色社会主义思想学习纲要》为重点的专题学习研讨，严格落实“三会一课”制度，党组班子成员通过讲专题党课的方式带动思想政治课堂，促进学习内容“再消化”。大力推行民主集中制，结合党章和《中国共产党党组工作条例》，进一步修订完善《拜城县人民法院党组工作规则》，规范党组议事决策事项和内容，党组议事决策水平不断提升。

【疫情防控】 2020年，党组班子领导挂帅出战、靠前指挥，带领法院干警落实疫情防控工作要求，做好单位消杀、测体温、人员排查等工作，积极配合社区做好世纪新城小区和瑞康美居小区的疫情防控执勤工作和宣传工作。党员干警充分发挥先锋模范作用，47名干警主动参与社区志愿服务活动，13名干警服从县委安排参加疫情隔离点防控工作，42名党员干警主动为疫区捐款、交纳特殊党费11095元。

【司法服务】 2020年，县法院积极推进两个“一站式”诉讼服务建设，引导当事人运用“新疆移动微法院”在网上立案，建立和完善诉讼事项跨区域网上办理、跨层级联动办理，设立了专门的跨域立案服务窗口，解决好异地诉讼难问题。加快网上诉讼平台和诉讼服务中心建设，继续完善诉讼引导、三大调解、案件繁简分流、强化小额速裁等功能，最大限度提升办事效率。落实司法救助制度，为184名经济困难群众减、缓、免交诉讼费14.66万元。

【司法公开】 2020年，县法院把推行司法公开作为推进司法规范化建设和促进司法公正效率的重要切入点，加大司法公开透明力度。落实庭审同步录音录像，裁判文书上网、新闻发布会制度，接受社会监督。年内召开新闻发布会4次，接待群众100余人。落实人民陪审员“倍增计划”，案件陪审率达99%以上。组织开展“庭审旁听”4次、法院开放日2次，让广大群众零距离接受警示教育，让司法审判在阳光下运行。

【智慧法院】 2020年，县法院树立“互联网+审判、执行”工作思路，加强信息基础设施建设，配备标准化机房1个、数字审委会会议室1个、远程提讯法庭1个、数字法庭8个。开通“12368”语音服务，为群众提供案件信息查询、诉讼指南、诉讼费标准、投诉等服务，推广应用短信服务平台，在立案、分案、开庭等关键审判节点及时向当事人发送短信提醒，有效保障群众知情权。

【法纪监察】 2020年，县法院严格落实从严治党“两个责任”，通过广泛开展廉政谈话、签订廉政承诺书、对照责任清单自查、重大事项报告等形式，加强权力运行监督，提升干警防腐拒变意识。坚持常态抓好纪律作风建设，开展“纪律作风整顿年”主题教育活动，以安徽高院张坚案、自治区高院孙万里案为典型开展警示教育活动，以地区提级巡察反馈问题为抓手真改实干，通过日常检查、审务督察，着力整治办案拖拉、态度冷硬、司法行为不规范等突出问题。运用监督执纪“四种形态”，确保干部队伍忠诚干净担当，努力建设“清廉法院”。

（随海涛）

司法行政

【概况】 拜城县司法局（以下简称“县司法局”）下设办公室、社区矫正和安置帮教股、基层管理股、普法宣传公共法律和律师服务工作股、法治股（行政执法协调监督股）（划转）。核定政法专项编制14个，行政编制1个，领导职数3个。一级主任科员1个，三、四级主任科员6个、一级科员1个，机关工勤事业编制1个。2020年，实际在职人员10名，行政编制9名（其中副局长、一级主任科员1名，三级主任科员1名，四级主任科员5名，一级科员1名），机关工勤事业编制1名。挂职领导1名，挂职民警1名（党组书记和局长为副县级领导，司法局为正科级单位，故2名主要领导任命为事业单位6级职员）。

【综述】 2020年，拜城县司法局全面推进依法治县各项工作，推动实施行政执法“三项制度”，梳理全县行政执法过程中涉及的法律法规事项990项、权力事项2197项、执法事项1653项，清理规范性文件119件，开展行政执法人员岗位培训1次，组织行政执法案卷评查1次，持续提升政府履职法治化水平；进一步完善县、乡、村三级公共法律服务体系，在全县建立公共法律服务平台188个，配备法律服务工作人员196名，建立各级调解组织214个，配备人民调解员1056人，调解各类矛盾纠纷849件，提供法律援助案件284件，提供公证服务案件1070件；在“七五”普法收官之际，发挥村（社区）法律顾问作用，全面深化“法律明白人”培养，建设完善县乡村法治文化阵地，通过多种方式大力开展普法宣传，年内开展普法宣传、释法教育5636场次，宣传群众145140人次，提供法律咨询6000余人次；进一步规范“两类人员”（刑满释放人员、社区矫正人员）服务管理，确保刑满释放人员“必接必送”安全无事故，落实《社区矫正实施办法》《中华人民共和国社区矫正法》，履行好法定职责，确保社区矫正人员无漏管、脱管。

【人民调解】 2020年，县司

法局为扎实开展矛盾纠纷排查调处工作，把及时排查和及时化解民间纠纷矛盾当作搞好社会稳定的第一道防线来抓。县人民调解中心每个季度开展一次矛盾纠纷排查化解，乡镇一个月开展一次矛盾纠纷排查化解，村（社区）每周开展一次矛盾纠纷排查化解，确保矛盾纠纷排查制度化常态化、充分发挥人民调解职能优势，实现纠纷化解在基层、消灭在萌芽状态。全县建立各级调解组织214个，配备人民调解员1056人，调解各类矛盾纠纷1261件（其中婚姻家庭纠纷701件、邻里纠纷197件、合同纠纷70件、道路交通事故纠纷16件、医疗纠纷2件、土地、山林纠纷2件、其他类纠纷273件），调处率100%，成功率100%。

【普法宣传】　2020年，县司法局在“七五”普法收官之际，发挥村（社区）法律顾问作用，全面深化“法律明白人”培养，建设完善县乡村法治文化阵地，通过多种方式大力开展普法宣传，年内开展普法宣传、释法教育5636场次，宣传群众145140人次，提供法律咨询6000余人次。充实完善县、乡、村三级法治宣传队伍。普及网上学习。通过法宣在线网站，组织全县163个单位，8800余名党员干部在网上学法考试，常态化普及法律法规知识，提升党员干部法治素养。利用乡村已有公共党建文化设施，推进法治广场、长廊、大院等农村法治文化阵地建设。是年，拜城县建成各级法治文化阵地192个。

【政府文件清理】　2020年，县司法局结合法律、法规、规章制定、修改、废止情况，推进“放管服”改革、优化营商环境等工作要点，经县人民政府同意，对行政规范性文件开展清理工作。根据《关于开展政府行政规范性文件清理工作的通知》的要求，严格按照“谁制定、谁清理”的原则，对2019年12月31日前制发的现行有效行政规范性文件进行全面审核清理，确认纳入清理范围的规范性文件119件，清理后需要保留的规范性文件87件，废止21件，失效11件，修改0件。经过认真细致的梳理，拜城县没有制定发布涉及野生动物保护、食品药品、优化营商环境等领域的行政规范性文件的规范性文件。同时，做好《中华人民共和国民法典》专题清理。对制发涉及《中华人民共和国民法典》的政府规章和行政规范性文件进行全面审核清理，确认纳入清理范围的规范性文件119件，其中涉及《中华人民共和国民法典》废止的0件、修改的1件。

【全面依法治拜】　2020年，县司法局根据地区法治型政府建设有关部署，结合全面依法治县要点工作，县委召开全面依法治县2020年工作会议，制定下发《拜城县加快推进公共法律服务体系建设重点任务分工方案》《关于加强拜城县法治乡村建设的意见》。推动民主法治示范村建设，11月，布隆乡牙斯热木英阿依马克村被评为自治区民主法治示范村。是年，实现县、乡两级政府及村级法律顾问全覆盖，为各行政机关依法科学民主决策提供制度保障和技术支持。拜城县司法局全面推进依法治县各项工作，推动实施行政执法“三项制度”，梳理全县行政执法过程中涉及的法律法规事项990项、权力事项2197项、执法事项1653项，清理规范性文件119件，开展行政执法人员岗位培训1次，组织行政执法案卷评查1次，持续提升政府履职法治化水平。

【社区矫正】　2020年，县司法局紧扣新时代社区矫正工作新要求，继续开展社区矫正执法规范深化、抓创新、补短板、继续推进信息化建设，着力加强社区矫正监督管理、教育矫正、社会帮扶机制体制建设，不断提升社区矫正工作水平，为平安、法治建设做出积极努力。大力提升社区矫正监督管理信息化水平。县司法局通过业务培训，加强司法所工作人员熟练运用“新疆司法”

平台并及时录入社区矫正对象信息，确保数据无误，全面落实人脸识别，为社区矫正后期工作打好基础；落实每日定位。按照司法部有关要求，充分发挥社区矫正监管平台的作用，要求各司法所每日对辖区内的社区矫正对象活动轨迹进行不少于两次的定位，县司法局改变以往自荐模式。采取不定时抽查模式、真实反映基层司法所监管情况、进一步提升全县社区矫正规范化水平。对被核查人员未请假外出的，一律依监管规定给予训诫，超过2次训诫仍不悔改的，给予警告；加强日常管控。对各乡镇（管委会）司法所社区矫正对象每月开展一次巡查点验；每季度开展一次司法行政业务工作调研指导，重敏感节点落实社区矫正对象日见面、日报告制度，确保无脱管、漏管现象发生；开展入户走访。加强定期走访是了解社区矫正对象最新动向的最直接方式，县司法局结合实际工作成立回访组，专门对社区矫正对象进行走访，实地了解社区矫正对象家庭情况，思想动态以及活动轨迹，从而有效管理社区矫正对象。《社区矫正法》宣传常态化。是年，拜城县全面开展《社区矫正法》宣传教育工作，成立县乡村三级宣讲队伍，面向社区矫正对象常态开展《社区矫正法》，进一步增强了社区矫正对象的法治意识。

【律师管理】 2020年，拜城县有律师事务所4家，执业律师21名，党员律师5名。按上级要求，司法局选派党建指导员1名，指导4家律师事务所的党建工作。是年，4家律师事务所共办理案件814件。各事务所律师带头参与社会公共法律服务、积极化解和代理涉法涉诉信访案件、扫黑除恶代理（辩护）工作、一村（社区）一法律顾问工作、万人冬季大宣讲、法律服务助推脱贫攻坚等工作。律师开展各类法律讲座386场次，现场接受各类法律咨询786起，受益5.1万人；公益法律服务521件，为防控新冠疫情捐款4000元。

【法治宣传】 2020年，拜城县按照自治区、地区宣传实施《中华人民共和国民法典》有关要求，在全县深入开展《中华人民共和国民法典》学习宣传工作，制定下发《拜城县学习宣传〈民法典〉工作实施方案》，明确各职能部门及基层组织工作职责，营造学习宣传《中华人民共和国民法典》的浓厚氛围，为进一步规范政府各项工作，有效实施《中华人民共和国民法典》奠定基础。发挥县委依法治县委员会职能，督促指导政府各部门主要负责人履行法治建设第一责任人职责，严格落实“谁执法谁普法”责任制，整合部门行业资源，向广大党员干部群众，面对面宣传解读国家法律法规和有关政策，大力弘扬社会主义核心价值观，弘扬中华民族传统美德，推进多层次多领域依法治理活动。抓住领导干部这个“关键少数”，发挥政府法律顾问作用，面向各部门主要负责人开展法治培训，增强党政领导班子依法行政能力和依法决策水平。

【公证管理】 2020年，拜城县公证处立足本职工作，积极参与民生工程领域等重大事项，为县委和政府坚决打好防范化解重大风险、精准脱贫、污染防治、乡村振兴战略和旅游产业发展等“民生工程”提供优质高效法律服务，切实维护和保障广大群众的合法权益，结合人民调解、司法调解、行政调解“三调联动”大调解工作机制，积极参与家庭婚姻、公民继承、医疗纠纷、交通事故、企业工伤工亡、劳动争议、土地承包、房屋拆迁等关系民生的难点热点纠纷的调解，将调解贯穿办证始终，积极化解矛盾纠纷，积极参与司法辅助业务，涉及法院执行阶段的证据保全、文书送达等。截至10月30日，共办理各类国内公证1090件（经济类492件、民事类598件），代写法律文书1352件，法律咨询1428人次，办理大型公益活动免费公证1件，公证法律援助2件。

【法律援助】 2020年，县司法局依托自治区“12348”热线平台和网络平台，广泛开展“12348”热线及“12348”法网公众号、App的推广宣传，与各级实体平台形成互补，为群众提供及时高效的法律服务。是年，法律援助中心共指派法律援助案件539件，提供法律咨询1900余人次，代写法律文书80余份。

【行政调解】 2020年，县司法局落实行政调解制度，化解社会矛盾纠纷。实行“属地管理、分级负责，谁主管、谁负责”行政调解工作原则，坚持把问题解决在基层，做到矛盾不上交，纠纷不激化，群众不上访。各乡镇、各部门经调解方式化解矛盾1072件，涉及人员1737人，涉及金额42.39万元。行政调解案件主要集中在劳动社保、婚姻家庭、消费者维权、交通事故等领域。

【队伍建设】 2020年，县司法局在上级部门的重视和关心支持下，以“内强素质、外树形象”为要求，采取重学习、严制度、抓整建、造氛围等措施，极力打造一支政治坚定、业务精通、作风优良、纪律严明、执法公正的司法行政队伍。始终注重思想政治教育，努力在学深学透、学用结合上再下功夫。学习领会习近平新时代中国特色社会主义思想、中共十九届五中全会及第三次中央新疆工作座谈会精神特别是习近平总书记重要讲话精神，深入认真研读《习近平谈治国理政》第三卷、《论党的宣传思想工作》等权威读本，聚精会神读原著、学原文、悟原理，真正做到往深里走、往心里走、往实里走。抓实制度建设与落实，建立激励机制，把全年工作任务目标层层分解，同各科室、司法所、律师事务所、公证处和法律服务所签订年度目标责任；建立责任追究机制，坚决治理“慵懒散”，实行约谈制度，形成震慑力；健全服务机制，针对窗口单位，建立健全了首问负责制、服务承诺制、限时办结制度。增强业务技能培训，加强理论、法律、业务用书上工作，培养学有所思的习惯；强化法治副校长业务能力，落实“一村一法律顾问”工作，增强责任意识，提升业务能力下功夫。严格纪律约束与管理，坚持以身作则，强化规矩意识，结合《拜城县司法局建设“六型”机关汇编》对考勤、请销假、工作日禁酒、公车使用、公务接待、办公用房、工作纪律、廉洁纪律等各项问题作出全面规定。严格执行廉洁自律准则，严格按照原则办事，按政策法规办事，按制度程序办事。

【行政复议】 2020年，县司法局为进一步加强行政复议规范化建设，构建统一、规范、便捷、高效的行政复议办案信息管理系统；完善行政复议制度，改革行政复议体制，切实提高行政复议人员素质，提高行政复议办案质量，增强行政复议的专业性、透明度和公信力。顺利完成登录试用“全国行政复议案件统计系统”，并完成往年行政复议案件的录入工作。是年，拜城县发生行政复议案件0件。

【规范性文件审查备案】 2020年，拜城县下发《关于在制定地方性法规、政府规章和行政规范性文件过程中充分听取企业和行业协会商会意见的通知》《关于规范行政规范性文件报备工作的通知》等文件，进一步完善了行政规范性文件备案审查制度，做到有件必备、有备必审、有错必纠。

【行政应诉】 2020年，拜城县严格按照《中华人民共和国行政诉讼法》的规定，积极做好出庭应诉工作。及时向县领导提出应诉意见书，按照相关程序办理诉讼委托代理手续，协调有关部门和法律顾问，积极做好行政应诉一系列的法定程序材料的准备和配合法院开庭工作。是年，拜城县共发生行政应诉案件4件，均为未经复议直接应诉案件。

（肖 博）

农 业

农业农村

【概况】 拜城县农业农村局是县人民政府工作部门，为正科级，加挂拜城县扶贫开发办公室、拜城县畜牧兽医局牌子，受中共拜城县委农村工作领导小组的直接领导，承担县委农村工作领导小组具体工作，贯彻落实中共中央关于“三农”工作的方针政策和决策部署以及自治区党委、地委、县委工作要求，组织开展“三农”重大问题的政策研究。协调督促有关方面落实县委农村工作领导小组决定事项、工作部署和要求等。2020年，拜城县农业农村局有编制176名，核定领导职数24名，其中行政8名，事业167名，机关工勤1名；实有174名人员，7名行政人员，61名参公人员，26名事业管理岗人员，61名事业专技岗人员，17名工勤人员，4名老自聘人员（无编）。其中，局机关有行政编制8名，事业编制63名，工勤编制1名，实有7名行政人员，53名参公人员，3名事业人员；农经局有参公编制9名，实有6名参公人员；农业技术推广站有事业编17名，实有16名事业人员，1名工勤人员，1名老自聘人员；种子管理站有事业编制13名，实有9名事业人员，4名工勤人员；农业产业化办公室有事业编8名，实有8名事业人员，1名工勤人员，1名老自聘人员；农业检验检测中心有事业编制6名，实有5名事业人员，1名工勤人员；能环站有事业编制5名，实有4名事业人员，1名工勤人员，2名老自聘人员；兽医站有事业编制17名，实有15名事业人员，1名工勤人员；牧业机械站有事业编制4名，实有3名事业人员，6工勤人员；农机推广站有事业编制18名，实有17名事业人员，2名工勤人员；农广校有事业编制7名，实有7名事业人员。

内设机构（10个）：办公室、政策法规室、农村改革股（农村合作经济组织）、发展规划室、乡村振兴指导股（农业产业化发展股）、种植管理股、农业机械化管理股、农产品质量安全监管股、畜牧兽医股、扶贫开发股。

设有机关党委，下辖党支部8个，有党员120名（其中在职党员71名，退休党员49名），分别为：机关党支部47名（其中退休党支部20名），农业技术推广站党支部14名，动物防疫监督站党支部15名，农经局党支部7名，农机推广站党支部7名，执法大队党支部5名，种子管理站党支部5名。

【综述】 2020年，拜城县农业农村工作坚持农业农村优先发展，紧扣全面建成小康社会目标任务，坚决克服疫情影响，保持了农村经济平稳健康发展：种植任务有效落实；畜牧业发展实现战略性突破；农业产业化“十城百店”工程建设持续深化，实施农产品品牌工程，线上线下两张网为基础，全面打通农产品销售渠道；农产品质量监管水平得到提升；农村土地制度改革深化；农村人居环境整治工作有力推进；农业机械转型升级；农业综合行政执法加强。

2020年，完成粮食播种面积5.19万公顷，其中小麦2.06万公顷，总产量达14.02万吨，玉米3.01万公顷，总产量达39.49万吨。实现全县农村经济总收入52.07亿元，同比增加8.04亿元，增长18.26%。农民人均纯收入达到16388元，同比增加1483元，增长9.95%。

种植业生产

【综述】 2020年，拜城县农作物总播种面积8.38万公顷，其中粮食面积5.19万公顷（小麦2.06万公顷、玉米3.01万公顷、水稻340公顷、杂粮840公顷）；油料作物0.17万公顷；特色作物0.75万公顷（马铃薯0.5万公顷、加工辣椒700公顷、甜菜813公顷、亚麻686公顷、棉花30公顷、中草药材73公顷、打瓜子140公顷、啤酒花53公顷），蔬菜0.44万公顷，瓜果类800公顷，其他作物1.74万公顷。

【粮食作物生产】 2020年，拜城县粮食种植面积5.19万公顷。其中，小麦面积2.06万公顷，玉米3.01万公顷，水稻340公顷，杂粮840公顷（含豆类）。小麦平均单产达69045千克/公顷，同比2019年单产增加19.5千克，小麦总产达14.02万吨。正播玉米种植面积3.01万公顷，平均单产13086千克/公顷，总产39.49万吨；单产同比上年增加193.5千克。水稻种植面积340公顷，平均单产9683.55千克/公顷，总产3318.9吨；单产同比上年增加237千克。

【经济作物生产】 2020年，拜城县经济作物种植面积0.75万公顷。其中，马铃薯种植面积0.5万公顷，平均单产46764千克/公顷，总产23.382万吨，单产同比上年增加3132.6千克/公顷。油料作物0.17万公顷，平均单产2058.82千克/公顷，总产0.35万吨，单产同比2019年增加300千克/公顷。棉花30公顷，平均单产3000千克/公顷，总产90吨。加工辣椒700公顷，平均单产34965.71千克/公顷，总产24476吨。麻类作物686公顷，平均单产6381.92千克/公顷，总产4378吨。甜菜813公顷，平均单产96113.16千克/公顷，总产78140吨，瓜果类800公顷，平均单产46000千克/公顷，总产3.68万吨。

【设施农业生产】 2020年，拜城县设施农业总面积935公顷，温棚设施14969座。其中，日光温室870座，面积262公顷，大小田拱棚14099座，672.58公顷（2020年新建大田拱棚230座，9.87公顷；新建庭院小拱棚3719座，76.51公顷），全年产蔬菜47724.5吨，经济收入13884.2万元。其中，参与蔬菜建档立卡贫困户、监测户、边缘户1178户，涉及种植蔬菜落实面积305.88公顷，贫困户订单蔬菜销售量3548.8吨，销售金额1710.02万元，贫困户人均收入达14516.3元，平均每公顷效益114243元。种植蔬菜有西红柿、辣椒、茄子、黄瓜、恰马古、白菜、芹菜、韭菜、豇豆、大蒜、马铃薯、胡萝卜等。

【农作物病虫害发生与防治】 2020年，拜城县主要农作物病虫草鼠害发生面积4.62万公顷次，防治面积4.62万公顷次。其中，小麦播种面积为2.06万公顷，品种为新冬22号，全县小麦病虫草害发生面积1.27万公顷次，防治面积1.24万公顷次；玉米播种面积3.01万公顷，病虫草害发生面积2.53万公顷次，防治面积2.51万公顷次；水稻播种面积340公顷，病虫草害发生面积240公顷次，防治面积为240公顷次；特色经济作物病虫害发生面积0.62万公顷次，防治面积0.61万公顷次；其他作物病虫害发生面积335公顷次，防治面积187公顷次；鼠害发生面积1280公顷次；防治面积1280公顷次。

【农业植物检疫】 2020年，拜城县农业技术推广站植物检疫人员在检疫工作中严格按照“把关、服务、促进、提高”八字方针，紧紧抓住产地检疫和调运检疫的两个环节，积极开展产地检疫。在田间检疫时，主要开展拔除病株，检查有无检疫对象等工作，对种子公司1333公顷制种玉米，5066公顷小麦进行产地检疫，受理和签发调运玉米种子检疫494吨，发放检疫证书20份、检疫合格证30个，未发现检疫对象。

【农产品质量检测】 2020年，拜城县持续深入开展农产品质量安全专项整治行动，开展了蔬菜农药残留超标问题专项治理、“瘦肉精”专项整治、生鲜乳违禁物质问题专项治理、兽药质量安全专项整治、水产品禁用药物和有毒有害物质残留问题专项治理行动等专项整治活动。组织开展以种子、农药、肥料、兽药、饲料、饲料添加剂和水产苗种为重点的农资打假专项治理春季行动。完善农业标准化体系全年认证全国绿色食品原料标准化生产基地2.67万公顷（其中玉米原料基地顺利通过自治区验收），新申报绿色食品8个；加大例行（监督）检测力度，开展蔬菜样品定量检测446批次，合格率达100%，全县15个乡镇监管站共抽检蔬菜样品14531批次，合格率达100%；全县蔬菜、畜产品、水产品质量合格率明显提高，没有发生重大农产品质量安全事件。

【测土配方施肥】 2020年，落实测土配方施肥技术推广面积3.03万公顷，配方肥施用面积1.75万公顷，配方肥使用量0.42万吨（折纯），测土配方施肥技术覆盖率95%以上，测土配方施肥覆盖151个行政村，测土配方施肥技术覆盖率95%以上，主要农作物肥料利用率达到40%，化肥使用量实现零增长。

【病虫害综合防治】 2020年度各类农作物病虫草害发生面积共4.81万公顷次，综合防治面积4.64万公顷次。其中，绿色防控技术完成面积2.63万公顷次（占总发生面积的54.94%）；专业化统防统治实施面积2.17万公顷次（占总发生面积的45.06%）。是年，农药使用量84.64吨，比2019年使用量87.715吨减少3.5%，高效低毒低残留农药比例较2019年明显增加。农药利用率达40%以上，病虫害危害损失率在2.58%，病虫草害防治效果达85%以上。

【林下经济】 2020年，在全县7个乡镇、8个村全面开展林下种植黑木耳100万棒，经过技术指导和科学管理，100万菌棒生产鲜耳794.16吨，晾晒干耳52.94吨，销售干耳52.94吨，销售收入301.78万元，户均收入5082.61元。由于技术措施到位，采摘、晾晒及时，全县黑木耳菌棒单产干耳52.94克，个别基地菌棒单产干耳达64.77克，最高达到80克。如：克孜尔乡4个村15万菌棒产干耳9715千克，平均单产达到64.76克，贫困户居买·艾山2000菌棒产干耳160千克，平均单产达到80克，销售收入9600元，创全县最高生产纪录。

【农业生产节本增效】 2020年，测土配方施肥技术应用到田面积3.03万公顷，总增产节支782.937万元。其中，玉米推广面积1.21万公顷，每公顷平均增产102千克，每公顷平均减少不合理施肥量（纯量，下同）21千克，每公顷平均增产节支225元，总增产节支274.97万元；小麦推广面积1.82万公顷，每公顷平均增产93千克，每公顷平均减少不合理施肥量18千克，每公顷平均增产节支279元，总增产节支507.966万元。

种子工作

【综述】 2020年，拜城县有2家种子企业、74个种子经销店，县域内主要农作物良种实现全覆盖。为打造制种大县为目标，加快良种繁育体系建设，拜城县依托制种龙头企业，进一步扩大小麦、玉米良种繁育面积，全县粮食良种覆盖率达到100%，为粮食持续稳产、增产提供坚实保障。

【种子管理】 2020年，拜城县对全县城区、乡（镇）管委会74家种子经销店进行种子经销网上备案登记，详细统计备案工作。全县小麦、玉米两大作物种子实行包衣供种，占需种量的100%，小麦杜绝以粮代种现象。建立农作物繁种基地0.67万公顷，其中玉米0.14万公顷、小麦0.48万公顷、马铃薯0.05万公顷。抓好种子质量管理提前介入，做好田间检验。玉米田间检验，为了加强种子生产第一线的管理监督，确保农民安全用种，种子管理站对新疆天玉种业的杂交玉米制种田隔离条件、父母本纯度等情况进行田间检验，玉米制种田检总面积1353公顷，42个品种。做好室内检验。玉米种子室内检验，2020年室内检验杂交玉米29个品种65个样，其中天玉种业的有14个品种，42个样，代表种子数量1660吨；个体经销店的23个品种23个样，代表种子数量123.05吨，总共代表数量1783.05吨；小麦种子室内检验：小麦种子6个品种，38个样，代表种子数量17287吨，经检测均达到国家标准。拜城县2020年制种玉米1353公顷（其中杂交制种14个组合、自交系28个亲本），采集162个样品进行转基因检测，未发现转基因制种玉米。

【新品种试种引进】 2020年，新疆天玉种业玉米新品种“天玉808”“天玉1885”通过国家农作物品种审定委员会初审；引进青储玉米“鼎玉678”制种成功；小麦“新冬59号”小面积示范获得高产，为拜城县品种储备更新奠定了基础。

【种子储备】 2020年，拜城县新疆天玉种业储备小麦种子23000吨（品种为新冬22、新冬56、新冬59号），储备玉米种子4160吨（品种为新玉31、新玉42、新玉9号、郑单958），国家备灾种子200吨（品种为新玉9号），种子储备量满足全县种子需求。

【良种生产】 2020年，拜城县玉米良种繁育1353公顷，14个组合。小麦良种繁育0.48万公顷，品种为新冬22号（其中良种田面积0.28万公顷，原种田0.21万公顷）。马铃薯制种面积0.05万公顷，品种为疆引1号、疆引3号、荷兰十五号。为加强种子监督管理，确保农民安全用种，对种子质量监管提前介入。田间检验：玉米田间检验：对新疆天玉种业的杂交玉米制种田隔离条件、父母本纯度等情况进行田间检验检查。检验检查总面积1353公顷，14个品种。小麦田间检验：对天玉种业的冬小麦原种田和良种田进行田间检验。检验总面积0.48万公顷（其中良种田面积0.28万公顷，原种田0.21万公顷），检验品种为新冬22号。制种玉米和大田玉米非法转基因方面：为加强转基因玉米种子监管工作，种子站对天玉种业制种玉米14个组合、28个亲本进行检测，没有发现转基因品种。

【良种推广】 2020年，拜城县主要农作物良种覆盖率达到100%，玉米主栽品种为新玉31号，辅栽品种为新玉42号，复播品种为新玉9号；小麦主栽品种为新冬22。杂交玉米制种面积1353公顷，小麦良种繁育面积0.48万公顷，拜城县粮食作物良种完全能自给。马铃薯制种面积553公顷，品种为疆引1号、疆引3号、荷兰15号。

【三圃田建设】 2020年，拜城县小麦“三圃田”种植面积分别为穗行圃0.77公顷、穗系圃6.68公顷、原种125.4公顷，小麦“三圃田”以主栽品种新冬22号为主、新冬56号为辅。

【市场监管】 2020年，拜城县加强种子市场监管，确保种子市场健康有序运行。明确监管重点，严厉查处生产经营假劣种子、套牌侵权、无证生产经营、未审先推、包装标签不规范等违法行为；加大对乡村偏远区域农资集散地、经营门店检查力度，整治产销直接对接新型流通方式和运用互联网销售假劣农资等违法行为，封堵假冒伪劣农资流通渠道，规范农资市场秩序，采取联合执法的方式，会同县农业农村局农业综合行政执法大队、市场监督管理局等单位开展执法检查，实现执法全覆盖，从源头上制止问题种子流入农业生产领域。

农业产业化发展

【综述】 2020年，拜城县农业产业化初具规模，主导产业全面形成，主导产品已经确定，生产基地不断扩大，龙头企业不断壮大，农村新型经营主体不断良性发展，名特优产品不断增加，产业类型多头并举。坚持“一乡一品、一村一特色”原则，采取“龙头企业+合作社种植+大户种植+散户种植”的发展模式，持续调优农业结构，大力发展马铃薯、亚麻、加工辣椒、甜菜、瓜子等具有区域特点、比较优势明显的高效特色经济作物0.83万公顷，建设一批马铃薯、亚麻、甜菜特色农产品种植优势区。推广种植黑木耳100万棒，带动贫困户、监测户、边缘户475户增收，户均收入达5082.61元。全县新增林果面积1000公顷，林果总面积达1.03万公顷，挂果面积0.92万公顷，果品产量将达78082吨，产值38341.95万元；是年，牲畜存栏达138.45万头（只）、出栏146.01万头（只），产肉6.4万吨。农业产业化组织数量354家，其中加工企业36家、农民专业合作社286家（不含饮水合作社），家庭农场32家。是年，农产品加工业营业收入492070万元、农产品加工业产值503127万元、其中规模以上农产品加工业产值4287万元、农产品加工企业个数36家、龙头企业吸纳就业人数1628人、乡村新型服务产值34623万元、农产品网络销售额240万元、休闲农业接待游客45.52万人次、休闲农业经营收入2054.1万元。

【产业规划】 2020年，拜城县以习近平新时代中国特色社会主义思想为指导，牢固树立新发展理念，落实高质量发展要求，坚持农业农村优先发展总方针，以实施乡村振兴战略为总抓手，以农业供给侧结构性改革为主线，围绕农村第一、二、三产业融合发展，以农业提质增效、农民增收为核心，抓重点、补短板、强弱项，发挥资源优势，做优做强农产品加工产业，促进农业产业化经营持续健康发展。农业产业化经营能力进一步提升，农产品加工布局进一步优化，龙头企业等经营组织实力进一步增强，农产品供给进一步升级，促农增收机制进一步完善，形成了结构游湖、链条完整、业态丰富、联结机制紧密、产业融合协调的乡村产业化发展新局面。

【招商引资】 2020年，拜城县签约农业产业化项目24个，签约总额116.88亿元，到位资金28.88亿元，其中精深加工项目13个，签约总额15.67亿元，到位资金总额7.37亿元，投资3000万元以上精深加工项目10个；2019年续建项目5个，到位资金37.71亿元。全县精深加工项目累计到位资金9.83亿元，项目开工率100%。通过招商引资项目的实施，扩大马铃薯种植、肉牛养殖、生猪养殖、亚麻种植规模，推动马铃薯产业、畜牧产业、亚麻产业发展。

【龙头企业扶持】 2020年，拜城县充分发挥政府杠杆作用，以财政投入撬动全县农业产业化经营发展，整合项目资金，配套优惠政策引进业主参与，吸引业主和农户资金投入农业产业化发展，用于农业产业化经营资金达5000万元以上，大力发展培育产业基地、龙头企业和专合组织，提高农业产业化经营水平。

【园区建设】 2020年，拜城县农副产品加工园区于2007年规划建设，规划面积4.1平方千米，位于县城以西6千米。该园区以农产品及冷链物流、商贸及城市配送物流、工业物流为发展方向，重点发展农副产品精深加工产业，通过农业产业化龙头企业带动，采取“公司+基地+农户”的运作模式。已入园的有天玉种业、新疆疆达薯业、华盛粮油、裕润葡萄酒业、国合绿丰、富绅保鲜、种源马铃薯等十多家农业产业化企业，辐射带动农民3000多户增加收入。

【品牌创建】 2020年推动阿克苏“好果源+企业品牌+绿色食品、有机农产品、地理标志农产品”品牌宣传推广。已申报创建1.87万公顷小麦全国绿色食品原料标准化生产基地；申报创建1333公顷葡萄全国绿色食品原料标准化生产基地；认证0.67万公顷玉米绿色原料基地；绿色食品申报8个（面粉2个、葡萄酒1个、牛肉2个、羊肉2个、鸡蛋1个）；开展农产品化学检测70批次，物理检测333批次；购买“阿克苏好果源”标识、防伪二维码51万枚，激活率达到100%。

【农产品加工】 2020年，拜城县农产品加工企业总数有36家，完成总产值100592万元，实现营业收入79207万元，实现利润总额2296万元。

【农产品外销】 2020年，拜城县利用援疆渠道，按照“十城百店”工程总体规划，在浙江市场新增各类销售网点（含门店、旗舰店、加盟店、专柜等）11个；在全国市场（浙江市场除外）新增销售网点6个；通过“十城百店”平台销售到浙江市场的农产品（果品）1.08万吨。

【农产品展销】 2020年，拜城县组织企业（合作社）参加地区组团的各类展会9次；在援疆市开展农产品推介会、展销会2次，对拜城县农产品销售起到积极的推动作用。

【休闲农业】 2020年，拜城县认真组织开展中国美丽休闲乡村推介活动，通过推介，康其乡阿热勒村被农业农村部办公厅命名2020年中国美丽休闲乡村称号。是年，拜城县休闲农业经营主体26家，同比增长62.5%。其中，农家乐20家，休闲农庄6家；休闲农业从业人数723人，同比增长30.98%，从业人员人均工资1万元；接待人次数达45.52万人次，同比增长24.85%；完成营业收入2054.1万元，同比增8.47%；利润总额402万元，同比增长19.47%，带动农户数2300户，同比增长7.53%。

【产业化统计】 2020年，农产品加工企业有36家，同比增长16.13%；从业人员2645人，同比增长25.24%；完成增加值21780万元，同比增长3.33%；实现营业收入79207万元，同比增长2.63%；完成总产值100592万元，同比增长15.1%；实现利润总额2296万元，同比增长2.43%；劳动者报酬4220万元，同比增长0.09%。

【知名企业或规模企业选介】 新疆天玉种业有限责任公司是自治区农业产业化重点龙头企业、自治区扶贫龙头企业，主要从事小麦、玉米、棉花种子生产、加工和销售。2020年，公司在阿克苏地区建有玉米、小麦、棉花种子生产基地12666.67公顷，注册的“天玉牌”种子先后被评为“新疆名牌产品”“新疆农业名牌产品”，公司与所有制种户签订种子生产合同，100%实现订单生产。是年，公司共收购小麦、玉米种子及良种籽棉6.5万吨（托底收购小麦、玉米种子4万余吨），销售4.8万吨，实现销售收入3.01亿元，辐射带动全地区16100多农户直接通过制种增收（其中制种产业带动贫困户1946户，直接带动贫困户78人就业）。

拜城县鼎元牛业有限责任公司是地区级农业产业化龙头企业，主要从事畜牧养殖业、加工、销售；饲草饲料生产、加工、销售。公司拥有国家级标准化肉牛示范场和自治区标准化羊场各1座，颗粒饲料加工厂、玉米烘干厂、沼气粪污无害化处理厂各一座，累计完成投资9000余万元，总产值达1亿元以上，有固定职工63人，基地辖区农户330余人。2020年年末，公司存栏牛1260头，羊2000只，出栏牛能力达2000余头，销售收入3880万元。公司依靠地理优势和气候条件，先后推广种植马铃薯266.67公顷、苜蓿200公顷，试验种植高产青贮40公顷，试验种植宁夏红枸杞36.67公顷，20名贫困户农民作为产业工人在公司基地就业，直接带动贫困户20户以上，间接带动300人的就业岗位，公司每年吸纳和使用农民就业（含临时性季节工）12000人次，开春垫资300余万元为贫困户购置农资或发放现金，年底订单保底价回收产品，辐射带动拜城县及周边县市发展现代畜牧业的积极性，为当地农牧民脱贫增收提供良好的发展机会。

农村经济管理

【综述】 2020年，拜城县农村经济稳步增长，农民人均纯收入达到16388元，同比2019年增加1483元、增长9.95%，超额完成地区下达农民人均纯收入增长7.2%目标。农村经济稳步增长，为全面实现小康目标奠定基础。

【土地承包管理】 2020年，拜城县完成30317户农户土地经营权证颁发。协调四家测绘公司和15个乡镇场对土地确权各项数据开展“回头看”自查工作，认真进行核实、纠正，共解决登记信息不准农户数量7263户，补充登记人员数量5522人。经测评，群众满意度95%以上。调解土地承包纠纷，受理农民群众涉地上访案件2起，结案率达100%。全县15个乡镇按照要求，将农村土地承包经营纠纷调解工作纳入本乡镇人民调解委员会受理范围，各村民委员会成立农村土地承包经营纠纷调解小组，形成完备的县级仲裁、乡村调解、司法保障的农村土地承包经营纠纷调解仲裁体系。拜城县未发生农村土地承包经营纠纷重大群体性事件；无农村土地承包经营纠纷越级上访信访案件。

【农民合作社发展】 2020年，拜城县制定下发《拜城县农业农村局领导干部包联农民专业合作社实施方案》，逐级制定包联名单，县级领导干部包乡镇，乡镇、村包联合作社，通过县、乡、村592名干部包联，对全县264家种植类、养殖类、农机服务类合作社进行规范化指导。严格按照《农民合作社法》关于合作社执行财务会计制度的规定，对未落实和落实不到位的、零申报、虚假申报合作社下达整改通知书，有169家合作社委托财务公司规范做账。清理退出僵尸社25家，新增农民专业合作社23家，其中种植业6家、林果业7家、畜牧养殖业9家，其他1家。全县有农民合作社总数384家，申报国家级示范社2家，创建自治区级示范社1家，申报地区级示范社4家。对全县种养殖经营大户进行摸底调查，录入农业农村部家庭农场名录系统982家。新认定家庭农场16家，总数达到35家，创建自治区级示范家庭农场1家。组织申报自治区家庭农场项目3个。扶持壮大合作社48家。其中，享受扶贫资金支持的合作社17家，享受自治区农民合作社财政扶持资金的9家，享受农机补贴扶持的合作社7家，得到政府部门和援疆资金扶持壮大的15家。对25个深度贫困村的39家农民专业合作社开展摸底调查，对合作社的运营情况、带动贫困户的情况、为社员分红等情况进行全面的摸底，完成数据汇总上报地区。拨付9家农民专业合作社项目建设补助资金165万元。

【农民减负管理】 2020年，拜城县严格落实减轻农牧民负担“四项制度”，坚持对涉及农牧民负担案（事）件进行通报和责任追究。认真开展涉负涉地信访案件查办处理，对来访人员做到热情接访，认真登记，针对信访人的合理诉求，依据相关法律政策耐心解答，细心调解，让信访人了解政策，消除误解，努力化解矛盾，维护农村社会和谐稳定。

【产权制度改革】 2020年，拜城县制定《拜城县农村集体产权制度改革工作实施方案》印发各乡镇，2020年4月28日至5月7日，在15个乡镇各选1个试点村举办现场培训推进会，明确产权制度改革工作13步流程（宣传发动、制定方案、清产核资、成员界定、资产量化、股权设置、拟定章程、设立机构、赋码登记、完善制度、总结验收、按股分红、规范运作），对每一个流程开展工作的方法步骤详细讲解。5月，成员身份界定工作在拜城县展开，按照《拜城县农村集体经济组织成员身份界定指导意见》《拜城县农村集体经济组织成员登记备案管理办法》开展工作，经过摸底登记，三榜公示，确定股东名单，于6月完成。全县农村户籍人员183849人，确定为股东身份173724人。

2020年，15个乡镇、151个村同步开展资产量化和股权设置，拜城县可量化的村集体经营性净资产11723万元，经济田面积22480公顷，设置股份数165480个。参加集体产权制度改革的149个村全部完成成员身份界定、资产量化、股权设置工作，审议制度《章程》，选举成立了股份经济合作社，向农业农村部提交相关资料审核通过得到赋码登记并颁发证书。全县确认集体经济组织成员175847人，改革试点量化经营性资产总额1.17亿元，颁发股权证9个村2452本，完成分红1个村841978元。

【家庭农场】 2020年，拜城县对全县种养殖经营大户进行摸底调查，录入农业农村部家庭农场名录系统1013家。开展家庭农场申报认定，2020年新认定家庭农场16家，总数达到35家，创建自治区级示范家庭农场1家。组织申报自治区家庭农场项目3个，各补助8万元。

【农村“三资”管理】 2020年，拜城县开展2018年和2019年清产核资数据登记录入工作，2018年农村集体总资产7.93亿元，2019年农村集体总资产9.17亿元。2020年，开展村级债务摸底，全县151个村债务4092万元。完成全县151个行政村三年以来财务及集体资产管理情况审计，形成审计报告，下达整改通知。指导全县157个村“两委”换届村财务审计工作，成立专项审计组对全县19个村集体经济收入低于10万元的村开展专项审计工作。

【农经统计】 2020年，全县农村总人口184256人，农民人均纯收入16388元，其中种植业收入5124.28元（粮食作物3759.45元、经济作物1364.83元），林果业收入716.11元，畜牧养殖业收入6271.92元。第二产业545.02元（加工业189.89元、建筑业355.13元）。第三产业1138.65元（运输业238.68元、商饮业229.23元，服务业373.75元、其他296.99元），劳务创收1873.7元，政策性补助集体再分配收入601.07元。

【农村劳动力转移】 2020年，拜城县常态开展富余劳动力和用工需求“双摸排”，找岗位，鼓励县域企业吸纳本地劳动力，积极联系对接县外就业用工需求，最大限度开发就业岗位，签订合同农民工28998人，增加就业人数1700人；扶贫攻坚促进稳岗就业，拉动农民人均增收200元；抓转移，通过托管托养、代种代管、土地流转等多种方式释放农村劳动力，依托技工学校强化技能培训，按照农业内部、就地就近、县外整建制等多种渠道转移就业，有6841名贫困人口离开土地稳定就业，较上年增加3500余人，贫困群众工资性收入同比增加20%。

【农业技术推广】 2020年，

拜城县完成测土配方施肥技术落实面积3.03万公顷，测土配方施肥技术覆盖率95%以上。组织动员全县农户积施农家肥44.2906万立方米，完成秸秆还田面积1.63万公顷。推广果园套种绿肥油菜总面积0.49万公顷，其中正播绿肥油菜面积0.28万公顷、复播绿肥油菜面积0.25万公顷。绿色防控技术完成面积2.63万公顷次，专业化统防统治实施面积2.16万公顷次。推广无人机防治病虫草害面积0.73万公顷次。

【农村经济收入】 2020年，拜城县农村经济总收入5.18亿元，同比增加7.75亿元，增长17.61%。其中，第一产业收入458305万元，同比增加71703万元，增长18.55%（种植业收入185469万元，同比增加22917万元，增长14.1%；林果业收入26775万元，同比增加3377万元，增长14.43%；畜牧业收入2.41亿元，同比增加4.46亿元，增长22.65%；渔业收入4600万元，同比增加813万元、增长21.47%）；第二产业收入1.98亿元，同比增加4903万元，增长28.54%；第三产业收入3.98亿元，同比增加1441万元、增长3.76%。

2020年各乡（镇）场农牧民人均纯收入情况表

表1

名次	单位	农村经济总收入				农民人均纯收入			
		2020年	2019年	增长（万元）	增幅%	2020年	2019年	增长（元）	增幅%
1	黑英山乡	30894	24849	6045	24.3	13301	11813	1488	12.6
2	克孜尔乡	21269	18572	2697	14.5	15362	13898	1464	10.5
3	赛里木镇	41808	37231	4577	12.3	15567	14579	988	6.8
4	托克逊乡	49397	39780	9617	24.2	16465	14972	1493	10.0
5	亚吐尔乡	41224	32658	8566	26.2	15873	14408	1465	10.2
6	康其乡	46990	39161	7829	20.0	16508	15020	1488	9.9
7	布隆乡	20170	16544	3626	21.9	15763	14312	1451	10.1
8	拜城镇	17433	16588	845	5.1	16196	14702	1494	10.2
9	米吉克乡	53599	46228	7371	15.9	19027	17441	1586	9.1
10	温巴什乡	44540	41379	3161	7.6	18814	17330	1484	8.6
11	大桥乡	34786	31954	2832	8.9	17688	16230	1458	9.0
12	察尔齐镇	66005	55412	10593	19.1	17844	15808	2036	12.9
13	大宛其管委会	13533	11854	1679	14.2	16024	14536	1488	10.2

续表1

名次	单位	农村经济总收入				农民人均纯收入			
		2020年	2019年	增长（万元）	增幅%	2020年	2019年	增长（元）	增幅%
14	老虎台乡	31206	23787	7419	31.2	14035	12558	1477	11.8
15	铁热克镇	4978	4301	677	15.7	16020	14565	1455	10.0
拜城县		517832	440298	77534	17.6	16388	14905	1483	9.9

农牧机械

【综述】 2020年，拜城县农机化快速发展，农机装备结构日趋优化，全县农机总动力达到503679.7千瓦，同比增长3.37%，其中拖拉机21494台，配套农具38447台（套），分别增长0.38%、0.96%。大、中型拖拉机保有量达到12242台，小型拖拉机达9252台，联合收割机达到664台（稻麦282台、玉米382台），播种机达到4255台，分别增长0.99%、0.94%、0.93%。全县主要农作物耕种收综合机械化水平达86.33%。

【无人机作业】 2020年，拜城县在小麦、玉米等作物上重点开展无人机等低空低量喷雾设备的示范推广，着力解决一虫一病一打药，单次用药量过高、滥用药、乱打药等问题。全年推广新型药械无人机30台，防治病虫草害面积达0.73万公顷次；其中，小麦飞防化除面积0.22万公顷，玉米飞防化除024万公顷，水稻化除20公顷，马铃薯化除13公顷。小麦白粉病飞防防治面积1053.33公顷，马铃薯病害防治533公顷，辣椒病害防治面积164公顷，核桃病害防治面积36.66公顷。小麦蚜虫飞防防治面积266.7公顷，玉米红蜘蛛533公顷，向日葵防治葵螟66.7公顷。

【农机新技术推广】 2020年，县农机部门在托克逊乡、大桥乡、赛里木镇，温巴什乡等4个乡（镇）加快机械深松整地技术推广应用，召开土地深松整地技术推广现场会。组织农机技术人员进村入户，帮助和指导农牧民机手保养、调试和检修机具，确保机具运行状态良好，定期对深松作业及田间管理进行指导，确保作业质量与面积。深松作业面积702.7公顷，实施资金97470元。大力实施玉米全程机械化技术推广，实施项目资金30万元，设立玉米机械化技术示范区1个，召开现场会3次，发放农机新技术宣传资料17000余份。小麦机播面积20573.33万公顷，小麦机收20573.33公顷，全县玉米精量播种面积28466.6万公顷，“三秋”期间，机收玉米28466.6万公顷。特色作物机械化作业：完成马铃薯4860公顷全程机械化播种，机收4100公顷，机播甜菜446.7公顷，机播和机收菜籽1713.33公顷。

【农机购置补贴】 2020年，拜城县实施农机购置补贴资金3000万元，补助农机具945台（架）、拖拉机453台、联合收割机119台、其他农机具373台（架），受益农户711户。在补贴实施过程中严格执行“三个严禁”“五项制度”“八个不得”等纪律要求，把好经销商资质审查关和政策执行关，严格按照规定的实施程序操作，强化监管，确保实施效果。严肃查处各类违规违纪行为，确保补贴资金一分不少地落实到农户手里。

【农机安全监理】 2020年，县农机部门组织开展对农机市场经营秩序、明码标价、价格公示牌、农机产品质量、三包售后服务、销售台账、购销合同等方面进行检查8次，检查农机经销企业17家，维修网点23家，农机配件店28家。

【农机专业合作社建设】 2020年，拜城县9个农机合作社在工商部门登记注册，入社成员276人，入社经营土地面积1200公顷，合作社资产总额2092万元。农机合作社机具数量354台（套），其中大中型拖拉机70台、拖拉机配套农具263台、联合收割机21台。合作社的服务功能不断完善，服务规模不断扩大，农机合作社服务农户数4230户，农机作业服务面积3000公顷，农机化服务收入120万元。

【农机化安全生产】 2020年，县农机部门与县公安交警部门开展联合执法，以拖拉机非法载人专项整治活动为契机，在各乡镇辖区对农业机械、大型工程机械及农机经销企业进行执法检查，出动执法人员420人次，检查农业机械980台，排除隐患89起，整改隐患89起，实施处罚141起，检查农机经销企业、维修网点51家次，处罚金额4.3万元，确保农机领域安全无事故；开展农业机械上牌上户工作，推进电子桩考仪和无纸化考试工作。是年，拖拉机新发牌证540台，联合收割机新发牌证29台，新申领驾驶证109人。实施反光标识政府补贴50%的优惠政策，发放农业机械反光膜2.5万张；在各乡镇开展农机检验工作，检验农业机械1.94万台，检验率、农机挂牌率96%、农机驾驶员持证率达92%以上。开展农机事故应急演练1次。开展农机安全宣传教育，在农机检验、新车上户、农机安全日活动、春耕、夏收、秋收时期，向农机驾驶员大力宣传拖拉机安全行车知识、安全操作、农机购置补贴政策及法律法规。组织各乡镇召开农机安全例会及宣传活动18场，发放宣传单8000余份，受教育群众达1.8万余人。

【农机跨区作业】 2020年，县农机部门组织实施农机跨区作业，设立15个跨区作业接待站，在田间收割场所对作业人员进行消防安全指导，对参加“三夏”作业的机手和操作人员开展驾驶操作技能、维修保养技能和跨区作业安全知识培训。是年，发放跨区作业证120个，累计跨区机耕16200公顷，收入1458万元，跨区机收面积28000公顷，跨区作业收入1890万元。

【农机化服务管理】 2020年，县农机部门深入开展农机专业合作社示范创建和规范化建设，大力培育新型农业经营主体，完成规范并验收1个农机专业合作社。充分发挥农业机械在“三夏”“三秋”农业生产中主力军作用，组建2支春耕、三夏生产服务小分队奔赴乡村田间地头开设“小课堂”65场次，现场向农机驾驶人员宣传交通法规、农机安全生产、标准化作业的相关知识，积极向广大农牧民群众讲解机耕、机播作业技术要求和注意事项等；检修保养各类农机具32050台架，确保农机具以良好的技术状态投入农机生产中，有效预防和减少农机事故的发生，确保农业生产顺利进行。

畜牧业生产

【综述】 2020年，拜城县畜牧业呈现持续发展的良好态势。全县牲畜存栏达138.45万头（只），较2019年增加6.22万头（只），同比2019年增长4.49%；出栏146.01万头（只），其中牛11.2万头、猪7.72万头、山羊31.85万只、绵羊95.22万只、马0.01万匹、驴0.01万头，较2019年增加53.72万头（只），同比增长58.2%；出栏率为110.84%。全年产羔82.31万头（只）；家禽出栏159.67万羽；产肉6.4万吨、产蛋3950吨、产奶9500吨。奶牛政策性保险8.64万头。畜牧业总收入241461万元，同比增加52261万元。畜牧业人均收入6271.92元，同比增收634.58元。

【畜牧业生产】 2020年，拜城县牲畜出栏146.01万头（只），年末存栏138.45万头（只）；肉、蛋、奶产量分别达到6.4万吨、3950吨、9500吨。

【招商引资】 2020年，拜城县畜牧业招商引资签约11个项目：拜城县西域天山雪农业综合开发有限公司2万头生猪养殖项目：拜城县西域天山雪农业综合开发有限公司签约资金21亿元，到位资金7.52亿元；拜城县农业综合开发项目：新疆华凌工贸（集团）有限公司签约资金1500万元，到位资金1500万元；新疆华凌工贸（集团）有限公司拜城县农业综合开发项目：新疆华凌工贸（集团）有限公司签约资金45亿元，到位资金1.8亿元；阿克苏地区拜城县臻煜农业发展有限责任公司拜城县生态畜牧规模化养殖项目：阿克苏地区拜城县臻煜农业发展有限责任公司签约资金500万元，到位资金500万元；拜城县鼎元牛业有限公司拜城县规模化养殖小区建设项目：拜城县鼎元牛业有限公司签约资金7.24亿元，到位资金3亿元；新疆晨牧食品有限公司年产500吨牛羊肉精深加工及屠宰项目：新疆晨牧食品有限公司签约资金3000万元，到位资金3000万元；拜城县森阳农牧业发展有限公司100万头（只）牛羊屠宰加工建设项目：拜城县森阳农牧业发展有限公司签约资金4000万元，到位资金4000万元；拜城县华融牧业生物科技有限公司18万吨猪饲料工厂项目：拜城县华融牧业生物科技有限公司签约资金1.18亿元，到位资金1.18亿元；拜城县添望畜禽养殖有限责任公司年产50万只肉鸡养殖加工冷储项目：拜城县添望畜禽养殖有限责任公司签约资金3000万元，到位资金3100万元；拜城县兴科牧业有限责任公司拜城县油鸡孵化屠宰加工厂项目：拜城县兴科牧业有限责任公司签约资金1.3亿元，到位资金1.3亿元；拜城县华融牧业生物科技有限公司年屠宰加工30万头生猪冷链物流工程建设项目：拜城县华融牧业生物科技有限公司签约资金1.5亿元，到位资金1.5亿元。

【畜牧扶贫项目】 2020年，财政专项扶贫资金（扶贫发展）项目，新建养殖基地17座、扩建养殖基地3项。

【种畜禽管理】 2020年，拜城县调运种公羊任务645只。引进温宿县绒山羊公羊155只；肉羊490只，其中德美羊29只、细毛羊461只。

【饲草料种植与供给】 2020年，拜城县收储饲草132.29万吨，其中调制青贮饲料37.2万吨；收储农作物秸秆108.03万吨，其中玉米秸秆46.3万吨、小麦秸秆11.5万吨；收储饲料24.26万吨，其中玉米21.36万吨；全县制作颗粒饲料5万吨。

【畜牧养殖】 2020年，拜城县牲畜存栏达138.45万头（只），出栏146.01万头（只），出栏率为110.84%；产羔95.88万头（只）；家禽出栏159.67万羽；肉、蛋、奶产量分别达到6.42万吨、3950吨、9500吨。奶牛政策性保险8.64万头。畜牧业总收入2.41亿元，占农村经济总收入的46.62%，同比增加52261万元。畜牧业人均收入6271.92元，占人均纯收入的38.26%，同比增收634.58元。

【肉食品产业】 2020年，拜城县产肉量64210吨，其中牛肉21850吨、猪肉7720吨、绵羊肉22850吨、其他11790吨。

【特色家禽产业】 2020年，拜城县采取“企业+村委会+农户”的养殖模式，由政府引导，企业出脱温鸡、出饲料、出技术，村委会组织管理，发放油鸡苗36万羽由农户科学养殖，存栏5万羽，企业对合格的育肥油鸡以每千克35元进行回购，平均每只鸡纯收入约为30元，回收后为群众增收1080万元。

【生猪生产】 2020年，拜城

县共有生猪养殖场15个、132户散养户，其中生猪规模养殖场5个。年初生猪存栏有2.8万头，年末生猪存栏2.75万头，年内生猪出栏7.72万头。

【标准化规模养殖】 2020年，拜城县建立标准化养殖示范社7个，饲养的主要畜禽有猪、牛、羊、蛋鸡，年养殖量分别为牛663头、羊2680只、猪10625头、家禽1万羽。

【特色地域品牌】 2020年，拜城县以“十城百店”工程建设及“百十一”工程养殖基地建设为契机，加快推动建设优质畜产品基地建设及畜产品生产加工销售、仓库物流、品牌创建等一体化的产业链条，鼓励养殖企业积极搭建畜产品外销平台。拜城县种羊场“萨帕乐”细羊毛、永丰农林生态开发有限公司、拜城县鼎元牛业有限公司、拜城县宏丰养殖农民专业合作社、拜城县富城牧业有限公司、拜城县益农养殖专业农民合作社、拜城县添望畜禽养殖有限责任公司、拜城县福万家农民养殖专业合作社、拜城县西域天山雪农民专业合作社、拜城县新丝路农牧科技有限公司为牛羊禽“百十一”基地。是年，外调牛2511头、羊12400只、生猪15900头。

【龙头企业扶持培育】 2020年，拜城县畜牧业实施项目2个。粮改饲项目：项目总投资124.78万元，其中申请国家财政补助资金124.78万元。种植全株青贮玉米种植1170公顷，压制青贮饲料6.2万吨，每吨补贴31.75元。其中：拜城县荣润生态农民有限公司种植玉米96.67公顷，制作青贮饲料0.5万吨，补贴资金46125元；拜城县鼎元牛业有限公司自有土地种植全株青贮玉米96.67公顷，压制青贮饲料0.5万吨，申请补贴资金15375元；拜城县宏丰养殖农民专业合作社种植玉米33.33公顷，制作青贮饲料0.2万吨，补贴资金6.15万元；拜城县托喀其草畜养殖农民专业合作社种植玉米33.33公顷，制作青贮饲料0.2万吨，补贴资金6.15万元；拜城永丰农林生态开发有限公司收储玉米26.67公顷，制作青贮饲料0.15万吨，补贴资金46125元；拜城县新希望农产品农民专业养殖场种植玉米26.67公顷，制作青贮饲料0.15万吨，补贴资金46125元；拜城县黑英山乡集中养殖小区种植玉米96.67公顷，制作青贮饲料0.5万吨，补贴资金15375元；拜城县克孜尔乡集中养殖小区种植玉米96.67公顷，制作青贮饲料0.5万吨，补贴资金15375元；拜城县赛里木镇集中养殖小区种植玉米96.67公顷，制作青贮饲料0.5万吨，补贴资金15375元；拜城县大桥乡集中养殖小区种植玉米96.67公顷，制作青贮饲料0.5万吨，补贴资金15375元；拜城县康其乡集中养殖小区种植玉米46.67公顷，制作青贮饲料0.25万吨，补贴资金76875元；拜城县米吉克乡集中养殖小区种植玉米96.67公顷，制作青贮饲料0.5万吨，补贴资金15375元；拜城县察尔齐镇集中养殖小区种植玉米96.67公顷，制作青贮饲料0.5万吨，补贴资金15375元；拜城县老虎台乡集中养殖小区种植玉米96.67公顷，制作青贮饲料0.5万吨，补贴资金15375元；拜城县种羊场种植玉米133.33公顷，制作青贮饲料0.75万吨，补贴资金15375元。

2020年，拜城县高产优质苜蓿示范建设任务仍以牧草优势产区和奶牛产业带为重点，采取“先建后补”的方式，择优扶持建设200公顷高产优质苜蓿示范基地，总投资134.4万元。基地包括新疆诺奇拜城油鸡发展有限公司（66.67公顷）、拜城县鼎元牛业有限公司（66.67公顷）、老虎台乡人民政府（老虎台乡骏腾养马专业合作社）（33.33公顷）、拜城县宏丰养殖农民专业合作社（33.33公顷）。

2020年，拜城县优质饲草产业（种植加工一体化企业）发展项目，总投资100万元，项目建设单位为新疆拜城鼎元牛业有限公司。依托自身基地现有种植条件和生产基础，按照统一标准、统一管理的要求，订单种植青贮133.33公顷，示范带动周边种植优质青贮等饲草料333.33公顷，加快饲草料地标准化建设；改扩建原料库、成品库、生产车间等厂房，提升标准化水平；购置集打捆、缠膜、裹包于一体的青贮饲料联合打捆机加工设备及配套机械1套。

【专业合作社建设】 2020年，拜城县畜牧养殖合作社正常运行118家。

【畜牧科技推广】 2020年，拜城县购进性控冻精39000支，发放性控冻精4个乡镇11095支，配种牛2213头。

【品种改良】 2020年，拜城县去势公牛15头，劣质公羊去势72220只，淘汰牛2851头，去势马25匹。完成2.85万头黄牛冷配任务，完成小畜品种改良羊736706只，其中肉羊62060万只；购进冻精10.78万支，其中良补冻精4.48万支，冷配任务完成率114%。

【养殖技术培训】 2020年，拜城县利用“冬季攻势”培训活动，组织技术人员对各乡镇（管委会）农牧民、养殖户进行以科学饲养、动物疫病防疫、接羔育幼技术要点为内容培训，培训期20期567人次。

【良种补贴保险】 2020年，自治区（新疆天山畜牧生物工程有限公司）给拜城县免费提供4.48万支良补冻精。引进温宿县绒山羊公羊155只，引进肉羊490只，其中德美羊29只、细毛羊461只，完成改良的种公羊引进工作，每只山羊良种补助800元，共12.4万元；每只绵羊良种补助2000元，共98万元，合计110.4万元。7.8万头奶牛参加保险。

【知名或规模企业选介】 新疆拜城鼎元牛业有限公司注册成立于2005年4月，是在自治区畜牧厅、阿克苏地委行署、拜城县委政府及相关职能部门的亲切关怀和大力支持下，为实施“关于建设新疆阿克苏良种牛繁育基地”项目而专门注册成立的农牧业股份制有限公司。公司注册资金3000万元，拥有饲草料基地3333.33公顷，拥有国家级标准化肉牛示范场和自治区标准化羊场各1座，饲料加工厂、生物饲草加工厂、玉米烘干厂、沼气粪污无害化处理厂各一座，拥有年贮存量2万吨大型青贮窖4座，累计完成投资约9100万元，总产值达1亿元以上。公司基地拥有国内先进的基础设施，其中250头饲喂基础母牛舍9栋，300头饲喂小牛舍4栋，可存栏牛只规模3000头以上。育肥和繁殖区青、黄饲料贮藏能力总计5万吨。在饲草基地种植上，鼎元牛业主要采取“公司+基地+农户”联合经营的模式，农户负责生产种植、公司负责水利管理、回收农作物和饲草秸秆、茎叶等的方式。主要种植农作物为小麦、玉米、甜菜、苜蓿等作物。目前辖区内拥有联合种植农民约150人，每年可为辖区内农民创造5万~8万元的经济收入。公司采用“公司+基地+农户”的经营模式，始终以“市场为主体，科技为支撑，稳定为基础，发展为核心”的经营理念，坚持“高科技，产业化，重信誉，创品牌”的经营方针，树立“科学化、集约化、标准化、专业化、规模化”及“高起点、高标准、高质量、高效益”的企业目标，充分发挥技术和良种优势，努力打造阿克苏地区乃至南疆最大的良种牛繁育养殖基地，真诚回报于社会。

拜城县华融牧业生物科技有限公司、拜城县华新文冠林业科技有限公司于2019年11月“拜城正大华融华新30万头生猪养殖10万亩文冠果种养结合循环产业”建设项目在拜城县正式启动。项目总投资约28.4亿元，其中固定资产投资约22亿元，流动资金投入约6.4亿元。

拜城县林果业主要以核桃、杏子、葡萄等为主，且林果业种植面积及林果业收益处于落后状态，文冠果树3年坐果，5年达到盛产期，10万亩文冠果初期年产籽量约4万吨，可提取油料2.4万吨，文冠果油市场价为80元/千克，每亩地的年收入为2880元；进入盛果期产籽量将几何倍数增长；产业结构趋于稳定化的同时，也将带动周边乡镇进行改种文冠果，从而调整、扩大拜城经果林产业结构，带领当地农民致富。

拜城县兴科农牧业有限责任公司系拜城县种羊场（国营）改革改制和拜城县兴科牧业有限责任公司合并整合而成，改制后注册资金增至1亿元。公司现有耕地449.67公顷，天然草地138666.67公顷，细毛羊存栏2.85万只（其中生产母羊1.85万只）。公司在职职工39人，另下辖1个农业队，辖区农民共104人。经营范围：主要经营种畜禽生产经营、牛羊饲养、购销、农作物种植、饲料收购、加工、销售、活畜交易等。拜城县兴科农牧业有限责任公司，在改制后注册资金增加到1亿元，并注册了“天牧羊”“阿克天牧”商标品牌，申报通过“有机羊”认证，为广大人民群众提供安全健康绿色的有机羊肉。

动物防疫检疫

【疫病防控】 2020年，县畜牧部门按照“政府保免疫密度、畜牧部门保免疫质量”“集中防疫、月月补免”原则，完成动物疫病防疫、体内外驱虫、治疗6095485头（只）次。牲畜防疫4043349头（只）次，其中口蹄疫免疫1727317头（只）次，布病免疫323149只，包虫病防治29682只，禽流感病免疫2212998羽次；家禽防疫3214606头（只）次，体内外驱虫2052136头（只）次；治疗9.8万头（只）次。炭疽疫473390头（只）次、羊痘652420只次、三联四防苗2532只次、布病323149只、小反刍兽疫834859只。

【疫苗供应】 2020年，县畜牧部门供应猪O型口蹄疫疫苗9.3万毫升，O型、A型二价口蹄疫疫苗100万毫升，小反刍兽疫活疫苗80万头份，禽流感（H5N1+H7N9）二价灭活疫苗157万毫升，布氏菌病活疫苗（M5）30万头份，羊棘球蚴（包虫）病基因工程亚单位疫苗3万头份，羊痘疫苗40万头份，布氏菌病活疫苗（A19）1.2万头份，气肿疽疫苗3.5万毫升，羊三联四防25万头份。

【防疫监督】 2020年，县畜牧兽医股负责全县的动物疫病防控工作，下设县畜牧兽医站，乡镇畜牧兽医站以县畜牧兽医股业务指导为主，乡镇人民政府管理为主。全县有1个局属单位，15个乡镇畜牧兽医站，县、乡、村三级动物防疫体系逐步完善。2020年，继续坚持以禽流感、口蹄疫、新城疫、高致病性猪蓝耳病、猪瘟为重点，按地区统一免疫程序，已完成口蹄疫免疫接种共172.73万头只（口蹄疫双价疫苗接种的羊164.84万只、O型口蹄疫疫苗接种的猪8.07万头次）；禽流感免疫接种合计221.3万头只；新城疫疫苗接种的鸡108.52万羽；高致病性猪蓝耳病疫病疫苗接种的猪5.66万头，猪瘟疫苗接种的猪5.51万头。2020年，县畜牧部门检疫家畜屠宰10万头（只），其中牛4497头、羊83516只、猪12018头；处理病害内脏2631千克；家禽屠宰检疫25万羽，检出病畜禽775只；完成家畜产地检疫50万头（只），其中牛5.94万头、羊39.54万只、猪4.53万头；家禽产地检疫45万羽；检出病畜禽868只；全年发生违反《动物防疫法》案件2起，罚款31303.5元，结案2起。通过严格执法，发案率较2019年有所下降。2020年，非洲猪瘟排查的猪户1.77万户次，排查的猪534.68万头次，屠宰场排查猪11474头，累计排查432.4万头次，猪PCR检测977批次。

【屠宰及产地检疫】 2020年，拜城县加强屠宰检疫工作，严格执行定点屠宰、集中检疫制度。坚定不移地实施官方兽医驻场检疫制度，做到职责明确，任务到岗、责任到人。官方兽医每天凌晨5：30、7：30分别到生猪、牛羊定点屠宰场上班。下午18：30待宰家畜必须进入待宰区，监督屠宰企业对进入屠宰场的畜禽严把查证验物关，建立健全各类台账；严格落实屠宰企业开展“瘦肉精”、非洲猪瘟PCR仪自检制度，确保出场肉品检疫率达100%，杜绝病死畜禽进场和不合格肉品出场。用PCR检测，对来源于同一批次的猪逐头采血，混血检测，以每10头猪血为一个样，检测977批次8329头生猪，检测结果呈阴性。是年，完成牲畜产地检疫50万头只，其中牛5.94万头、羊39.54万只、猪4.53万头；家禽产地检疫45万羽。

【兽药监管】 2020年，县畜牧兽医部门严格兽药经营管理、积极推进兽药市场良性发展。开展以打击假劣药品为主的活动，对经营的15家兽药店不定期检查，出动执法人员6人次、车辆3次，检查4次，与全县的兽药、饲料企业签订承诺书。

【畜产品质量安全监管】 2020年，县畜牧兽医部门以确保人民群众身体健康、保护社会公共卫生为职责，加快畜牧业发展步伐，保证更多优质、安全、合格、卫生的无公害畜产品上市。在屠宰环节，开展对木扎提牛羊定点屠宰场、生猪定点屠宰场开展瘦肉精“盐酸克伦特罗”“莱克多巴胺”“沙丁胺醇”检测，检测1402头份，其中猪657头、牛268头、羊477只，均没有发现使用瘦肉精情况；对全县15家兽药经营店，3个定点屠宰场，1家饲料生产加工企业，检查584次，出动执法人员185人次，消防安全检查28次，对存在的安全生产及消防安全等方面的隐患，下达整改通知书；签订畜产品安全生产责任书31份，检查牛肉1575吨、羊肉981吨、猪肉1278吨，禽肉772吨。加强流通环节监管，阻断动物疫病进入。结合畜产品安全整治活动，安排工作人员分别在克孜尔、察尔齐卡点对出入畜禽运输车辆进行检查登记并消毒。消毒畜禽运输车辆2530余车次，无害化处理证物不符、两证不全生猪产品45公斤；强制返回35吨；检查各类场所5场次，出动人员12人次，检查牛、羊、猪、禽肉销售摊点18家。

【行政执法】 2020年，县畜牧兽医部门与市场监督管理部门配合、联合执法检查。对全县瑞丰市场卖肉点、15家牛羊肉店、1所学校、9座食堂、12家猪肉店进行食品安全和安全生产大检查，出动执法人员185人次，检查牛肉1575吨、羊肉981吨、猪肉1278吨、禽肉772吨，办理违法案件2起，罚款31303.5元。

农业综合行政执法

【概况】 2020年，拜城县农业综合行政执法大队紧紧围绕农业农村领域安全生产及严厉打击销售假冒伪劣农资，损害群众利益等重点任务，全面排查农机、农资、农药、畜牧产品安全生产风险、隐患，认真履行工作职责。

【综合行政执法检查】 2020年，县农业综合行政执法大队加强行政执法检查。

农机安全方面：通过开展农机安全生产大检查，在重点路段、重点区域、重点场所对非法载人、无证驾驶、无牌行驶、酒后驾驶等违法行为开展打击。共执法检查140次，出动执法人员420人次，检查农用机械980台次，立案查处89台次（其中农机80台，大型工程机械设备9台），共处罚4.3万元，发现整改安全隐患89条。

畜牧安全方面：针对畜牧（渔政）安全方面共检查30次，出动执法人员58人次，检查场所26个，立案查处1起，共计处罚30680元，发现整改安全隐患14条。

农资安全方面：对农药、化肥等农资店经营和使用等相关环节进行了大检查，累计开展执法检查38次，出动执法人员84人次，检查企业、门店共计84个，发现并现场整改问题32起，没收过期种子100袋、农药16瓶。因使用超标农药立案查处5起（其中2起移交县检察院）处罚1.1万元。同时，对非法生产、销售和使用甲胺磷等5种高毒剧毒农药以及限制使用农药等掺杂高毒剧毒农药的违法行为开展全面检查，未发现问题。

渔政方面：加强对拜城县水产养殖户的管理，针对水产养殖户无台账，管理不科学等问题，积极采取措施对全县水产养殖户发放水产养殖记录台账并跟踪督促指导。是年，执法检查26次，检查督促指导水产养殖户112家次，督促整改水产养殖质量安全7类共性问题。同时对水产养殖户加大禁用、限用兽药的宣传力度，为水产品质量安全提供保障。

（欧阳棠）

林草工作

【概况】 拜城县林业和草原局（以下简称“县林业和草原局”）为正科级，行政编制23名，事业编制43名；其中，科级领导职数3名；副科级干部14名；工勤事业编制1名。下设草原站，林管站，护林防火办和木扎提河湿地自然保护区管理站四个副科级单位，内设业务股（县绿化委员会办公室）。2020年，拜城县林业和草原局紧紧围绕“绿水青山就是金山银山”的发展理念，加强森林草原资源建设，认真落实大规模国土绿化和防沙治沙建设任务，持续深化林果业提质增效改革，推动林果业产销一体化发展。

林　业

【森林资源现状】 拜城县森林资源主要由境内天山山区天然林以及拜城县绿洲内部的平原人工林等组成。根据2020年度森林资源调查报告结果，全县森林面积110100公顷。其中，天然林85793.33公顷、人工林面积24306.67公顷（防护林98944.61公顷、林果兼用林8573.43公顷），森林覆盖度为6.8%。

【植树造林】 2020年，阿克苏地区下达拜城县造林任务为1733.3公顷，实际完成造林面积2000.75公顷，任务完成率115%。其中，防护林607.27公顷，经济林1393.48公顷。按树种分：杨树14.24公顷、沙枣树15.8公顷、柳树9.75公顷、榆树0.44公顷、其他防护林0.18公顷，核桃1.75公顷、苹果3.92公顷、杏子48.21公顷、桃0.26公顷、葡萄10.50公顷、西梅3.64公顷、桑树18.47公顷、无花果0.23公顷、文冠果5.57公顷、沙棘0.23公顷、樱桃0.11公顷。

【森林抚育】 2020年，拜城县森林抚育项目总面积666.67公顷，主要抚育对象为杨树。布隆乡16.91公顷、察尔齐镇92.97公顷、大桥乡101.23公顷。大宛其管委会25.56公顷、康其乡41.16公顷、克孜尔乡32.05公顷、米吉克乡156.06公顷、赛里木镇64.01公顷、托克逊乡69.56公顷、温巴什乡45.19公顷、亚吐尔乡21.97公顷。

【造林补贴】 2020年，拜城县三北防护林五期工程项目总面积666.67公顷，总投资500万元，全部来自中央财政投资。补贴资金为每公顷7500元。涉及14个乡镇、80个林班、223个小班，造林树种为杨树、核桃、苹果、杏树、沙枣、桃树、西梅、樱桃、榆树采用人工植苗方式造林。森林生态效益补偿营造林工程项目总面积167公顷，总投资125万元，补贴资金为每公顷7500元。涉及15个乡镇、99个林班、363个小班，造林树种为杨树、沙枣、榆树、柳树、桑树、白蜡、核桃。

【天然林保护】 2020年，拜城县国家级公益林面积为84333.33公顷，占全部公益林应补偿面积的79.6%。全部纳入中央财政森林生态效益补偿基金范围，涉及110个林班、2904个小班。其中，山区国家级公益林区18个、平原区国家级公益林1个、下设80个责任区、共有131名护林员（其中13名监管员），护林员人均管护面积533.33~666.67公顷。

【林果业发展现状】 2020年，拜城县按照地区大力发展林果业的总体部署和要求，及时推广林果业专业技术，应对低温和寒潮等等不利天气。注重林果业产销一体化发展，抓技术，管质量。林果业总面积11346.7公顷，其中核桃面积6253.33公顷、杏树3133.33公顷、葡萄1166.66公顷、其他果树793.33公顷。

【林果科级推广】 2020年，拜城县通过“科技之冬”“百千万培训行动计划——林果科技进万家”“冬季攻势”活动，现场培训共302场次，培训技术骨干和果农18400人次（其中贫困户2699人次），其中，“冬季攻势”理论培训54场次、共培训人员8984人次（其中贫困户1694人次），“百千万”现场培训248场次，共培训人员9416人次（其中贫困户1005人次）。其中，自治区级培训3场次405人次；地区级培训4场次459人次；县级培训8场次376人次；乡级培训26场次1991人次，村级培训207场次6185人次。

【林果业示范园】 2020年，县林草局建立林果提质增效示范园38个，面积646.33公顷，其中县级领导特色林果科技示范园6个，面积136.86公顷，乡级科级领导特色林果科技示范园32个，面积509.46公顷。

【林果产品产销】 2020年，拜城县果品销售量65262.5吨，其中核桃15158.5吨（干核桃平均价格10元/千克，主要销往兰州、成都等地。青皮核桃2元/千克）；葡萄27872.7吨，主要销往阿克苏、库车、新和、沙雅、和田、伊犁（本地市场为2~6元/千克），同时销往广东、上海、北京、云南等；杏22231.3吨（价格为3~11元/千克）；主要销往广州、上海、武汉、阿克苏、库车等。

【科技兴林】 2020年，林果业总面积11346.7公顷，其中核桃面积6253.33公顷、杏树3133.33公顷、葡萄1166.66公顷、文冠果面积86.67公顷，西梅面积83.33公顷、其他果树623.33公顷。

【林业有害生物防控】 2020年，拜城林草局紧紧围绕林业生态建设和林业发展目标，遵循“预防为主、科学防控、依法治理、促进健康”基本方针，全县林业有害生物防治面积11663.9公顷，无公害防治率达100%。喷施石硫合剂面积任务10000公顷，悬挂杀虫灯1410盏，建立专业化防治服务队伍11支，预测预报信息完成10期。

【森林防火】 2020年，林草部门根据森林草原防火工作实际，严格执行24小时昼夜值班、领导带班、车辆待命、防火通信等各项制度，保证信息、政令通畅。采取多种方式，广泛开展森林草原防火、爱林护林等方面的宣传工作。是年，发放各种宣传单4500份，张贴各种宣传标语280份，宣传人数达6850人次。强化应急准备，开展森林防火演练2次，出动森林防火应急扑火队员49人次，使用风力灭火器21台，组合工具21套、灭火水枪11支、消防车2辆以及组合套装、三号工具等防火机具。制定《拜城县森林草原防火应急预案》，备足备好防扑火物资，加强实战演练，密切各扑火部门协作配合。做好大风、冻害、冰雹等灾害的防范和应急处置工作，最大限度减少人民群众生命和财产损失。

【林业资源】 2020年，拜城县林草局严格按照上级部门的整体部署，林政管理工作坚持以保护、培育、合理利用森林资源为核心，认真执行国家和自治区《森林法》等林政管理有关法律法规，严厉打击乱砍滥伐等各种违法犯罪活动，确保拜城县森林资源安全。地区给拜城县下达林木采伐限额2万立方米，林草局严格按照地区林木采伐要求，全县共办理采伐证182份，采伐总面积62.94公顷，林木总株数49883株，总蓄积量10525立方米。

【林业执法】 2020年，林业和草原局执法人员新增6名，严格依照野生动物保护法律法规和政策，采取有效措施促进野生动物的保护，严厉打击森林违法犯罪活动，维护森林资源安全。严格按照上级部门的要求，借力打击，专项查处涉林违法犯罪行为。查处各类森林和野生动物行政案件11件，涉案人员11人，总罚款金额302393元。涉林滥伐林木行政案件5件，涉案人员5人，罚款金额25447.8元；擅自改变林地用途案件5件，涉案人员5人，罚款金额273210元；擅自开垦林地用途案件1件，涉案人员1人，罚款金额3735.2元。

【迹地更新】 2020年，为加强林木采伐更新管理，切实保护和合理利用森林资源，巩固拜城县绿化造林成果，保护森林资源持续增长，督促落实迹地及时更新造林。2020年度，计划林带采伐迹地更新总面积38.82公顷，更新造林总面积20.22公顷，未更新造林面积18.60公顷。

草原管理

【草原发展现状】 2020年，拜城县天然草地总面积72.4万公顷，占土地总面积的36.16%，可利用面积69.10万公顷。按区域划分，平原草场14.13万公顷，占草场总面积的20.44%，山地草场56.17万公顷，占草场总面积的79.56%。按草场等级划分：根据天然草原等级评价原则与划分标准，全县天然草原划分为五等八级。其中，一等草场7966.67公顷，占1.15%；二等草场168820公顷，占24.43%；三等草场112833.3公顷，占16.38%；四等草场230533.33公顷，占33.36%；五等草场170880公顷，占27.73%。拜城县草场分为10个类、16个亚类、133个草场型，共有各类牧草248种。主要草场类型有高寒草甸草场、山地草甸草场、高寒草场、山地荒漠草场、平原荒漠草场、低洼沼泽草甸草场。

【草原生态保护奖励机制】 2020年，县林草部门根据地区《关于做好草原禁牧和草畜平衡工作的通知》要求，继续实施第二轮农牧民补助奖励政策，落实草原禁牧、草原平衡制度。对全县可利用690993.3公顷天然草原实施草原禁牧和草畜平衡制度，并按照新一轮草原生态保护补助奖励政策给予资金补助。2020年，落实禁牧任务12万公顷、草畜平衡任务57099.3公顷，补奖资金3221.2万元（其中禁牧面积12万公顷，标准为90元/公顷，禁牧补助资金1080万元；草畜平衡面积570993.3公顷，标准为37.5元/公顷，奖励资金2141.2万元）；确保奖补资金公正、公平地发放到户，加大禁牧、草畜平衡等草原保护措施，确保禁牧区禁得住、草畜平衡区牲畜减得下，使全县草原生态环境得到根本改善。

【天然草原监测】 2020年，拜城县草原站严格按照自治区和地区关于自然草原资源和生态地面监测工作的要求，分别在3—4月返青期、7月高峰期、9月枯黄期对拜城县境内的天然草原监测样地进行监测。拜城县境内天然草原主要有温性草原化荒漠类、温性荒漠类、沼泽类、低地草甸类、温性草原类、温性荒漠草原类、山地草甸类、高寒草甸类、高寒草原9大类。由于春季降水量比往年高，大地回温也比常年早，监测点植被返青比2019年提前5~7天。夏季降水较上年多，平均气温较2019年高，产草量总体比2019年增加；冷季气温较2019年同期低，枯黄期普遍提前3~5天。

【草原病虫害监测治理】 2020年，拜城县草原站从3月开始按照草原鼠害调查技术规范、草原蝗虫调查规范、毒害草调查技术，在全县开展草原生物灾害发生情况野外调查工作，准确掌握草原生物灾害发生情况，及时预测分析，做好防治工作。是年，拜城县天然草原鼠害发生面积3333.33公顷，无危害面积，优势种为旱獭，不需要防治；天然草原虫害发生面积1020公顷，无危害面积，优势种为天幕毛虫，不需要防治，发生面积较上年有大幅增加，未发现草原蝗虫；全县天然草原毒害草发生面积12.86万公顷，其中轻度危害面积11.53万公顷、中度危害面积1.2万公顷、重度危害面积0.13万公顷，优势毒害草主要分布在荒漠草原上，对维持区域生态环境、保持水土固沙起有决定性的作用，不适宜进行防治。

【草原生态保护建设项目】 2020年，拜城县退牧还草工程围栏封育建设项目，主要是对退化的天然草原围栏封育，面积10933.33公顷，总投资419万元。项目建成后，植被覆盖率在现在（5%~25%）的基础上提高5~10个百分点，将有效地缓解由于生态环境日益恶化所带来的生态环境恶化问题。通过草地围栏建设，群落覆盖度提高10~15百分点，大幅度减少裸露地面，鲜草产量增加150~225千克/公顷。对于改善水源涵养能力，降低径流冲刷和土壤侵蚀程度具有重要作用。有利于水土保持和减少大气中的CO_2含量。从而提高天然草地防风固沙、涵养水土、调节气候、净化空气等生态功能。对于遏制草地退化趋势，实现草地生态系统良性循环具有重要意义。

【草原行政执法】 2020年，林草部门在广播电台政策法规栏目和乡镇广播宣传15次、设立政策宣传服务台16处、出动宣传车20车次，制作民族文字、国家通用语言文字补奖机制政策宣传册3000余份，印制宣传单8500余份，受教育人数达17万人次；根据自治区、地区要求，草原监理依据法律法规进一步规范征用和临时使用草原审核审批程序，加强征占用草原事前、事中和事后的监督检查工作，办理临时征占用草原4起，征收补偿费、植被恢复费64.72万元。为推进全县禁牧和草畜平衡工作，利用生态护林站的力量，组织农牧户成立草原管护队，切实抓好农牧户放牧、转场的管理，严格执行草畜平衡和禁牧制度，确保禁牧区禁得住、草畜平衡区牲畜减得下，使全县草原生态环境得到根本改善。经过严格执法和法律法规宣传，效果明显，偷牧、超载现象明显减少，检查查处违反禁牧休牧和草畜平衡规定的案件36起，罚款80025元。

【草原防火】 2020年，林草部门根据草原防火工作实际，严格执行24小时昼夜值班、领导带班、车辆待命、防火通信等各项防火制度，保证信息、政令通畅。采取多种形式广泛宣传《草原防火知识》《草原防火条例》。出动草原防火宣传车20多台/次，出动人员230人次，发放各类防火单50000余份。为进一步提高防扑火应急防控能力，及时修订完善草原防扑火应急预案，组织整顿好扑火队伍，配备防火机具，遵守各项防火制度，落实防火措施。加强各半专业扑火队伍的培训演练，各扑火队伍都处于临战状态，维修好各种扑火机具，做到人员、任务、扑火工具“三落实”，实现“打早、打小、打了”之目的。

（陶玉明）

水 利

【概况】 拜城县水利局（以下简称“县水利局”）为正科级建制，有行政编制17名（领导职数3名）、工勤编制1人，全额事业编30名，自收自支事业编制86名。2020年，实际在职129名（正科级5名，副科级3名，四级主任科员3名，科办员

71名，工人46名）。下设水资源管理总站（正科级2人，领导职数3人）。2020年，在职人员46人（副科级1人，科办员45人）。

【综述】 2020年，县水利局认真开展高效节水项目、小型农田水利重点县项目、大中型灌区续建配套与节水改造项目、中小河流域治理项目、山洪沟治理项目、农村安全饮水项目等建设管理工作，以水利工程管理体制改革和水价改革及各级政府大力投入农田水利基本建设为动力，采取强有力的措施，不断加大农田水利基本建设投入力度，进一步加快农田水利基本建设步伐，完成农田水利基本建设各项工作，有力地促进全县农田水利基本建设深入、持久和健康发展。

2020年，拜城县下达的中央投资计划37504万元，重大水利工程完成当年中央投资计划的100%，其他水利工程完成当年中央投资计划的100%。累计开工建设水利工程项目5类10个，计划完成投资5.4亿元，完工项目2类5个，完成投资3.46亿元。完成渠道防渗14.62千米，新建防洪堤12.77千米，铺设饮水安全管道571千米，受益人口11163户38171人。

2020年，全县累计完成农田水利基本建设投资59243万元。其中，中央投入专项资金37504万元，地区、县级资金1944万元，企业自筹1.5亿元，援疆资金2794万元，债券资金0.2亿元。完成渠道防渗14.62千米，新建防洪堤13.37千米，新增节水灌溉面积3333.33公顷，渠道清淤1632千米；改善灌溉面积11126.67公顷，农村安全饮水受益群众30282户112826人。工程的建成提高了农业抗灾能力，为拜城县的农业、农村经济发展和农民增收创造有利条件。

【水利资源现状】 2020年，拜城县境内地表水资源全部为山区降水、融冰雪水补给，通过木扎提河、喀普斯浪河、台勒维丘克河、卡拉苏河、克孜尔河流入盆地，各河流年径流量为27.43亿立方米，加各处溢出泉水3.45亿立方米，每年地表总径流量30.88亿立方米，灌溉水源比较丰富。根据《新疆阿克苏地区拜城县地下水资源开发利用与保护规划案》，拜城县地下水总补给量6.41亿立方米，拜城县地下水可开采量2.8亿立方米，现状开采量仅为1095万立方米；占地下水资源量的1.71%，地下水的开发潜力巨大。

【水利规划】 2020年，拜城县水利“十四五”发展规划，规划建设项目共161项，估算总投资133.57亿元。各项投资中，水安全规划建设项目132项，投资127.98亿元；水生态规划建设项目17项，投资4.36亿元；水环境规划建设项目3项，投资0.57亿元；水节约规划建设项目2项，投资0.2亿元；水文化规划建设项目1项，投资0.02亿元；水监管规划建设项目6项，投资0.33亿元；水利建设前期项目储备0.11亿元。

【水利基本建设】 2020年，拜城县实施重点水利枢纽工程1个，总库容5364万立方米，控制灌区灌溉面积21926.67公顷，电站总装机容量24兆瓦，平均年有效发电量0.86亿千瓦时，为Ⅲ等中型工程，项目投资134574万元。2020年，完成进场道路、泄洪冲沙洞招标；大坝、溢洪洞、发电引水系统、金属结构、安全监测招标设计已完成，11月底公开招标；水机电气计划12月30日前完成招标。2020年计划完成投资4亿元，截至11月15日，完成投资3.285亿元。

【河湖长制工作】 2020年，拜城县河湖长制工作坚持以习近平新时代中国特色社会主义思想为指导，全面贯彻落实习近平生态文明思想，坚持“保护生态环境就是发展生产力，绿水青山就是金山银山”的理念，贯彻落实中共中央“节水优先、空间均衡、系统治理，两手发力”新时期治水方针，落实习近平总书记在黄河流域生态保护和高质量发展座谈会上提出的“重在保护，要在治理”的工作要求，进一步压实工作责任，坚持问题导向，统筹各方力量，在认真抓好各河湖三年整治行动的同时，重点抓好全面推行河长制工作。拜城县河湖长调整为总河（湖）长2人，县级河长48人，湖长2名，覆盖全县跨县河流7条，县境内河流17条，1处湖泊；乡镇级河长覆盖河流65条河段，村级河长覆盖河流79条河段。2020年，通过“新疆河长制”App参与巡河人员175人，自主巡河1015次；其中，县级河长参与巡河人员44人自主巡河253次，乡级参与巡河人员131人自主巡河762次，巡河里程超过2000千米；县、乡（镇）级河（湖）长巡河（湖）发现的问题9个，已销号解决9个。

【水土保持】 2020年，县水利局根据地区水利局《关于对下达2020年生产建设项目水土保持监督检查工作任务和加强生产建设项目水土保持自主验收核查的通知》文件要求，2020年，地区下达生产建设项目水土保持监督检查任务涉及拜城县23个，其中自治区批复8个、地区批复15个。钢铁项目1个、石油项目14个、煤矿项目4个、炭黑项目1个、输变电项目1个、公路项目1个、水库项目1个。拜城县对生产建设项目水土保持“三同时”制度落实情况、水土保持监测、监理开展情况等进行监督检查，督促项目业主全面落实水土保持方案，增强生产建设单位水土保持法律意识，促进水土保持工作的规范化和长效管理；督促生产建设项目业主落实水土保持开工信息制度，要求生产建设单位按时向县水利局书面报告水土保持工作进展情况，直至生产建设项目完成水土保持设施验收工作为止；针对监督检查存在的问题，向项目业主下发水土保持督察意见书，要求建设单位履行水土保持法定义务限期进行整改；积极配合水利部水土保持中心技术人员深入厂矿企业开展水土保持现场核查，征收水土保持补偿费80万元，全年计划征收230万元，剩余补偿费于10月底完成。

【防汛抗旱】 2020年，拜城县防洪工程2项：卡拉苏河三支干涵洞上游防洪堤（右岸）防洪工程，工程新建防洪堤6千米，总投资2401.31万元，工程于2月20日发布工程施工及监理标的招标公告，3月18日进行公开招标，3月24日项目开工建设，6月15日工程建设完成；拜城县老虎台乡取水口下游木北二干渠防洪工程，工程新建防洪堤2.57千米，总投资1514万元，工程于7月16日发布工程施工及监理标的招标公告，9月2日进行公开招标，工程于9月7日开工建设，于11月5日完成建设任务。2020年扶贫资金发展防洪项目2个，项目投资1418万元，新建防洪堤2处，总长4.22千米，项目于2020年3月20日开工建设，6月10日全部完成建设并投入使用。

【水利工程建设】 2020年，拜城县卡普斯浪河温泉水利枢纽工程总投资为13.46亿元，工程静态总投资13.11亿元，建设征地补偿投资8645.27万元，水土保持工程投资1926.96万元，环境保护工程投资6915.51万元。

工程进展情况：拜城县卡普斯浪河温泉水利枢纽交通工程施工及监理标段2020年4月2日发布招标公告，4月27日完成招标，交通工程投资2174.4万元；拜城县卡普斯浪河温泉水利枢纽交通工程施工2标于2020年5月15日发布二次招标公告，2020年6月9日完成二次招标。拜城县卡普斯浪温泉水利枢纽工程—泄洪冲沙洞分部工程施工、监理招标公告于2020年5月26日发布招标公告，7月10日完成招标。2020年完成投资2.6亿元，累计支付资金1.15亿元。

【水利工程管理】 2020年，拜城县水利工程管理和保护范围划定现状。根据《水利部关于开展河湖管理范围和水利工程管理与保护范围划定工作的通知》，自治区水利厅《关于加快推进水利工程管理与保护范围划定工作的通知》的相关文件要求，拜城县开展水利工程管理与保护范围需划定的内容：拦河引水枢纽（渠首）20座；5级（含）以上堤防工程（防洪标准≥10年以上）40条100千米；是1立方米/秒（含）以上的骨干渠道526千米（包含建筑物），其中干渠292千米、支渠234千米。

【限额供水】 2020年，拜城县完成年度农业用水总量控制目标值：农业用水总量控制指标10.61亿立方米。2020年，拜城县农业实际用水总量104460万立方米，其中地表水103743万立方米、地下水717万立方米。完成年度地下水用水总量控制目标值：落实“三条红线”控制指标拜城县地下水用水指标1500万立方米，实际地下水用水量1489万立方米。

【水利投资项目】 2020年，拜城县在国家项目资金下达后，按照应配套资金逐一落实，并对配套资金出具配套资金承诺函。县财政落实国家项目配套资金1.95亿元；中小河流治理项目县配套1184万元，中型灌区节水改造项目配套资金548.93万元，农村安全饮水项目配套资金185万元。

【农村饮水安全】 2020年，县水利局为指导拜城县农村饮水安全工程突发事件应对工作，建立健全农村饮水安全工程应急机制，正确应对和高效处置农村饮水安全工程突发性事件，结合拜城县实际制定拜城县农村饮水安全应急预案、万人以上工程供水应急预案5个，于2020年1月20日向拜城县应急管理局备案，2020年1月25日向各乡镇下发通知。2020年拜城县水利局饮水安全巩固提升工程共有3个，项目总投资5060.9万元。

【水政执法】 2020年，县水利局加大水行政执法力度，依法查处各类水事违法案件，做好水事纠纷的调处工作，水事秩序明显好转，水事违法案件逐年下降，维护正常的水事秩序。根据自治区、地区中央环保督察反馈意见整改领导小组实地督查提出的要求，完成6眼非法机电井“回头看”再整改工作；积极配合自然资源局、生态环境局、农业农村局等单位，对各砖厂开展涉及中央环保督察整改土地复垦治理督查及验收工作；开展石油天然气用地、取水情况调查工作；深入克深、大北气田开展了油气开发现场勘查，加强油区水土保持等涉水管理工作。

【水权制度改革】 2020年，县水利局做好水权改革工作，积极探索建立产权明晰、管理规范、运行稳定的小型水利工程管理体制新机制，根据《中共中央、国务院关于加快水利改革发展的决定》和自治区党委、人民政府《关于加快水利改革发展的意见》文件要求，结合拜城县实际，制定《拜城县农业和生态用水水权改革试点工作实施方案》，结合拜城县水权制度成立128个村级农民用水合作社。为规范农业初始水权管理，优化配置和节约利用水资源，推进农业水价综合改革，结合拜城县节水增收试点工作实际，制定拜城县农业初始水权管理办法。

【水费征收】 2020年，拜城县按照《阿克苏地区农业水价综合改革实施方案》《关于印发拜城县农业水价综合改革实施方案的通知》相关要求，结合实际，综合考虑农户承受能力，按照一次定价、逐步实施的方式，对农业用水价格进行调整。农村农牧民二轮承包地用水价格调整分五年实施，到2020年，达到2015年拜城县平均终端水价成本的100%，即0.1299元/立方米（含末级渠系维护费）；农村农牧民二轮承包地以外的用水价格调整分五年实施，到2025年达到2015年拜城县平均终端水价的1.5倍，即0.1949元/立方米（含末级渠系维护费）。2020年，计划征收水资源费、水土保持补偿费310万元。其中，水资源费165

万元，实际征收102.76万元，完成征收任务的62.3%；水土保持补偿费145万元，实际征收167.95万元，完成征收任务的115.82%；两项合计征收270.71万元，完成总任务的87.33%。

【清淤排沙】 2020年，县水利局加强河道采砂管理，保障河道行洪安全。主要采取加强河道巡查，共下发责令停止、责令改正违法行为通知书26份，对乱采滥挖、乱堆乱弃、无证开采等违章采砂的行为进行有效制止，取缔非法砂石料厂2家，拆除筛分设备2套。结合河道采砂管理，针对黄委推送的河道"清四乱"工作整改完毕，并已销号。

【安全生产】 2020年，县水利局为贯彻落实工作机制持续运行，每月组织开展一次安全生产大检查活动，每个敏感节点及重大节假日开展安全生产隐患全面排查工作，建立隐患排查整改销号台账，做到防患于未然。落实安全生产责任监督职责，重点督查工作人员持证上岗情况、现场设备安全运行情况、施工人员在施工操作方面的保障措施、水利技术标准强制性条文执行情况等。工地维稳安全三防建设方面，水利工程施工确保工人人身安全，大型在建工程严格要求配备安全防范设施，安装视频监控，全面落实人防物防技防。共计排查出水利工程施工安全一般隐患23条，无重大安全隐患，均已整改销号，全年水利工程未发生安全生产事故。是年累计排查出一般安全隐患36条，无重大安全隐患，均已整改销号，未发生农业灌溉供水和引水安全事故。结合实际修订完善防洪抢险应急预案；修复山洪预警设施，累计检修自动雨量站23个、雨量水位站7个、图像站2个、视频站2个；完成各乡镇险工险段维修加固32.71千米；发放防洪物资编织袋4.6万条、铅丝笼7430平方米、铁丝6.7吨、防洪墩40块；有效确保全年未发生洪灾事故。

【脱贫攻坚】 2020年，拜城县解决农村贫困户农村饮水安全巩固提升工程，脱贫攻坚地方政府债券资金建设项目涉及6个乡、31个行政村。建设地点分别为拜城县察尔齐镇、铁热克镇、黑英山乡、老虎台乡、赛里木镇、米吉克乡。

2020年3月10日，县发改委对该工程进行批复。批复建设内容：新建供水井2眼（含购置安装潜水泵、变频、安防设施等配套设施），铺设管网174.11千米，管径为DN200-DN50，闸阀井113座，泵房36平方米，100立方米蓄水池4座，50立方米蓄水池1座，20立方米引泉池2座，受益人口11163户38171人（贫困户984户3617人）。项目涉及6个乡镇、31个村。采购管材253千米，潜水泵36台，变频36台，5T电动吊葫芦36套，跌落开关36套。项目总投资2185万元，资金来源为拜城县2020年脱贫攻坚地方政府债券资金。工程于2020年4月14日开工建设，2020年6月30日完成全部建设内容。项目实施后，工程于2020年7月1日完工并投入试运行，管网供水基本正常，管网覆盖范围及末端供水压力满足设计要求，水质、水量满足6个乡、31个行政村11163户38171人（贫困户984户3617）的饮水需求，提高了供水保证率。

【疫情防控】 2020年，县水利局面扎实做好城乡供水、水库安全运行、水旱灾害防御、水利安全生产、河湖长制、河道管理等重点领域水利工作，为打赢疫情防控阻击战提供坚实水利保障；严格落实疫情管控措施，5名党员干部10人次前往疫情隔离点工作，46名党员干部百余人次主动深入社区、驻守小区，积极宣传疫情防控知识，协助开展志愿服务活动。各单位组织力量全面加强水库水源地疫情防控工作，保障水源地安全；加强水质消毒净化处理，各供水机构严格执行水质消毒净化有关规定要求及检测频次，全面做好净化、消毒、检测工作，确保出厂水、末梢水的水质安全；各级供水管理人员对供水站（厂）进行全面大扫除、消毒消杀，对沉淀池、过滤池、蓄水池、净化设备等全面清洗、冲洗；对输配水管网的安全进行巡查，降低漏损率、提高保证率；设立体温监测点，切实做好对单位干部职工的体温及身体状况监测工作；每天做好本单位的消毒消杀工作，同时做好单位内部及办公室的大扫除工作，有效遏制病菌滋生。按照相关规定要求，认真做好新型冠状病毒肺炎疫情防控档案资料收集整理工作。

（余才林）

脱贫攻坚

【综述】 拜城县共有15个乡镇、157个行政村，其中深度贫困乡2个、贫困村25个（深度贫困村16个）、建档立卡贫困人口6094户22473人（2020年动态管理系统调整后数据）。2019年全县贫困村全部退出、贫困人口全部脱贫，全面转入巩固提升阶段。2020年，县委、县政府坚持以就业和产业带动，进一步巩固脱贫攻坚成果，提升脱贫攻坚水平，在全面建成小康社会的征程上迈出了坚实的步伐。

【概况】 拜城县扶贫办以专班形式成立，有4名在编干部，抽调29名干部专职专司脱贫攻坚工作。其中，副科级以上领导干部6人，科员级干部23名，党员干部8名，大专本科以上学历24名，高中学历1名、中专学历1名。根据所抽调工作人员的工作经验、业务能力等方面，经综合考量后，将扶贫办分为综合办公室4人，大数据平台组3人，项目指导组6人，资金拨付组2人，小额信贷组2人，移交线索及问题整改组2人，公文接收及档案整理组2人，易地搬迁及水库移民组2人。

【形势任务】 2020年，拜城县进一步巩固脱贫成果、提升脱贫质量，着力构建稳定脱贫长效机制，加快形成脱贫攻坚与乡村振兴有机衔接的工作新格局，确保如期建成全面小康社会。

【决策部署】 2020年，拜城县以习近平新时代中国特色社会主义思想为指导，全面贯彻落实中共十九大和十九届二中、三中、四中、五中全会精神，贯彻落实习近平总书记关于扶贫工作的重要论述，贯彻落实习近平总书记关于新疆工作的重要讲话和重要指示批示精神，坚持精准扶贫、精准脱贫基本方略，坚持“一手抓已脱贫贫困人口的巩固提升、一手抓边缘户的支持帮扶”两手联动，按照“摘帽不摘责任、摘帽不摘政策、摘帽不摘帮扶、摘帽不摘监管”的“四不摘”要求，突出产业就业，强化政策保障，扶志扶智结合，建立健全稳定长效脱贫机制，做到工作力度、资金投入、政策支持、帮扶力度“四个只增不减”，做好与乡村振兴有机衔接，全面巩固提升脱贫攻坚成果，确保贫困人口真脱贫不返贫、稳得住能致富，与全国一道同步进入全面小康社会。

【大数据平台建设】 2020年，拜城县扶贫办动员各支力量，采集上传基础信息，修正贫困户各类信息。由乡村两级扶贫干部负责，行业单位密切配合，录入2018年财政专项扶贫资金项目111个，录入2019年财政专项扶贫资金项目91个，录入2020年财政专项扶贫资金项目54个。组织5038名干部结对帮扶贫困户，每月通过手机App走访登记，月走访达标率均达100%。严格按照《关于印发〈2020年度自治区扶贫对象动态管理和信息采集工作方案〉的通知》规定时间节点和工作要求，扎实有序推进。贫困户家庭成员自然增加214人、自然减少376人、整户转移6户13人，边缘易致贫户家庭成员自然增加15人、自然减少63人。

【政策扶持】 2020年，拜城县扶贫办坚持“精准扶贫、精准脱贫”基本方略。强化教育培训。坚持突出重点、分级培训，重点抓好脱贫攻坚业务知识、贫困群众“岗前+实用技术+普通话+感恩教育”培训，着力培育一支懂扶贫、会帮扶、作风硬的扶贫干部队伍，提升贫困户“造血”能力，教育引导群众明白惠从何来、恩向谁报。

【巩固拓展脱贫攻坚成果同乡村振兴有效衔接】 2020年，拜城县巩固脱贫成果，同乡村振兴紧密结合。开展感恩教育。通过各级领导干部、帮扶干部入户走访，深入开展“听群众畅谈一小时”活动，加强扶贫政策宣传，进一步算清扶贫“四笔账”，培养脱贫攻坚“明白人”，确保贫困群众记得住、讲得清、说得明，知恩、感恩；同时通过宣传栏、感恩墙、展板、村史馆等方式，教育引导贫困群众切身感受到党的好政策带来的巨大实惠。通过宣传栏、感恩墙、展板、村史馆等开展感恩教育191场次4.9万人次，组织身边人宣讲活动862场次1.9万人次，参与“听群众畅谈一小时”活动0.7万余人次，入户走访贫困户6094户；加强群众培训。通过现场教学、以岗代培、“今冬明春”全民培训大教育、大宣传、大培训、集中培训、脱产培训3~5天、实际操作等形式；采取专业技术人员、宣讲团实地讲课的方式，根据“宜农则农、宜商则商、宜牧则牧”的原则，由人社局、农业农村局、林草局、政法委、宣传部分别牵头，对贫困群众开展就业技能、实用技术、法律法规、感恩教育（国家通用语言）的培训，开展贫困群众感恩教育培训2244场次4.12万人次，农牧民就业技能、实用技术培训561场次1.68万人次；抓好干部培训。统筹推进疫情防控与脱贫攻坚“冬季攻势”工作，做到“两手抓、两手硬、两不误”，着力落实“五类干部”培训全覆盖，在严格落实疫情防控各项工作的基础上，分类分级分层培训。同时坚持以点带面，全面推进，在集中培训的基础上，将培训内容、过程以刻录视频的形式，下发各乡镇、各行政村，督促各乡镇、各行政村分类别、分班次依次展开培训学习，做到培训全覆盖。培训各级领导干部20场次0.21万人次，扶贫干部262场次0.41万人次、帮扶干部培训209场次0.55万人次，行业干部共培训62场次0.36万人次，第一书记、“访惠聚”工作队、村两委班子共培训417场次1.06万人次；强化典型引领。以村为单位，积极组织选树具有标志性和历史意义的扶贫典型事、具有代表性的可宣传可复制的脱贫示范户、工作责任心强、实绩突出、帮扶事迹感人“扶贫典型事”“脱贫示范户”“最美扶贫人”，已初步选树“扶贫典型事”177件、“脱贫示范户”192户、“最美扶贫人”187人；提升正面宣传。组织新闻采编人员进村入户蹲点采访，深入挖掘基层脱贫攻坚生动实践，大力宣传脱贫攻坚成就、典型案例和成功经验，认真做好相关新闻线索和文字、影像素材的收集整理，讲好扶贫“好故事”，传播扶贫“好声音”。发挥基层作用。以农民画、歌曲、小品、舞蹈等形式展示脱贫攻坚成就。组织媒体记者开展蹲点30次，采写新闻报道30篇，组织创作力量一线采风11次，创作文艺作品小品11个、绘画25幅、书法20幅、摄影30张、诗歌15首，拍摄抖音视频10部；开展回村回访。重温“扶贫路”，邀请原驻村第一书记、“访惠聚”工作队队长与现任贫困村第一书记、“访惠聚”驻村工作队队长及队员一起到曾经吃住、工作过的地方，追忆扶贫工作历程。邀请回村回访第一书记、工作队队长共290人、开展座谈会294场、入户走访贫困户3025户。

【项目扶持】 2020年，上级下达拜城县扶贫资金共5批次17518万元，共安排项目59个，完工项目59个，累计拨付资金1.73亿元，拨付率98.52%。

【资金扶持】 2020年，拜城

县扎实开展扶贫小额信贷工作，截至2020年12月末，拜城县累计申请扶贫小额贷款贴息资金1122.78万元，其中，2016年扶贫小额信贷贴息资金19.25万元，2017年扶贫小额信贷贴息资金223.89万元，2018年扶贫小额信贷贴息资金376.79万元，2019年扶贫小额信贷贴息资金322.87万元。2020年扶贫小额信贷贴息资金179.98万元。扶贫小额贷款到期时间分布情况：2021年1月末，收回贷款本金8940.35万元，累收户数3803户，贷款余额3744.40万元，2021年到期的190户384.70万元。

【产业扶持】 2020年，拜城县重点抓好以下产业扶持。巩固稳粮保质。大力推广测土配方施肥、病虫害绿色综合防治，扩大优良品种覆盖率，推动藏粮于地、藏粮于技落实落地，优先将贫困户纳入“百十一”优质粮食生产基地，积极开展粮食绿色高质高效示范创建，粮食高质高效主推技术入户率100%，实现贫困村粮食种植提质增效；发展特色种养。因地制宜，引导贫困农民大力发展制种玉米、马铃薯、亚麻、加工辣椒、甜菜、瓜子等具有区域特点、比较优势明显的高效特色经济作物，加强与龙头企业合作，采取产前供种、产中指导、产后销售的方式，大力发展“公司+基地+农户”的订单农业，实现“一村一品”特色产业格局；做大做强畜牧养殖业。持续加大资金、技术、人才等要素投入，将各类农业项目优先安排到贫困乡村，持续做好标准养殖基地、饲料加工、黑木耳种植、冷库、合作社培育、技能培训等产业扶贫项目建设，采取产前供种、产中指导、产后销售的方式，大力发展“公司+基地+农户”的订单农业，实现“一村一品”特色产业格局。持续推进三产融合示范区建设、马铃薯产业化经营、30万头生猪现代化农牧产业化示范配套5066.67公顷文冠果种植项目等重大项目建设。积极开展科学养畜、暖圈建设、优质种畜、饲草料种植等配套技术服务，出台技术标准，推行“良舍、良种、良法、良料”和动物防疫规范化养殖实用技术，提高特色种植和畜禽养殖产业活力。同时，拜城油鸡发展有限公司响应“百企帮百村”号召，在深度贫困乡黑英山乡投资1.2亿元，已建成100万只原种扩繁场、200万只屠宰场、万亩生态养殖基地，人社、农业农村局及时跟进，牵头开展家禽养殖专项培训3000人，实现“培训跟着就业走，就业跟着产业走”的目标，带动了黑英山乡的13个村、3500余农户就地就近发展产业，户均增收6000余元，让950户3800名贫困人口脱贫走上致富路；推进林果增效。强化林果业生产管理培训，加快村低产果园改造，病虫害绿色统防统治、果树修剪嫁接、品种改良、农家肥沤制、郁闭果园套种油菜等技术措施到户率100%，切实提升果品产量及品质。结合村庄绿化，以杏树、葡萄为主，引导农民在房前屋后栽植果树，大力发展庭院经济。引进1家核桃初加工、包装的企业，推进核桃产业化进程；蔬菜种植现代化。推动温室、拱棚与露地蔬菜协调发展，从完善设施、提高效益、保障供给等方面入手，完成老旧温室改造140座，有效提高温室利用率；投入109845.5元补助育菜苗219691株，投入1331.04万元新建29座高标准蔬菜种植大棚，发展扶贫蔬菜种植100公顷，合理搭配蔬菜品种，因地制宜发展反季节蔬菜，带动968户贫困农民户均增收2500元以上；推进“万亩亿元”。按照“增量、扩面、提质”的发展思路，持续发展以黑木耳为主的食用菌种植，利用宽幅林资源，巩固黑木耳原有生产基地生产能力，扎实抓好已脱贫贫困户黑木耳生产，投入220万元支持446户农户种植黑木耳100万棒，户均增收3500元以上。

【劳动力转移就业扶持】 2020年，拜城县脱贫攻坚领导小组就业扶贫专项组按照跨县整建制转移就业、县内就地就近就业、农业内部转移就业等多种途径，“一户一个明白人”“每户至少培训一名劳动力，至少掌握一至两项就业技能”的要求，针对零就业家庭有就业意愿的贫困户家庭，实施“一人一策”重点帮扶。对有就业能力和愿望的人员提供就业岗位信息，对有培训意愿的人员进行职业技能培训，对已实现就业的人员提供跟踪服务，确保零就业家庭动态清零。大力开发就业岗位：建立贫困劳动力基本信息台账。积极开展全县贫困劳动力信息采集，详细登记贫困劳动力个人基本信息、转移就业意向、职业技能培训需求等相关信息，按要求完成全县贫困劳动力“实名制数据库”的建立工作；建立贫困劳动力就业技能培训实名制数据库，对参加技能培训的贫困劳动力全程跟踪管理，及时掌握有就业意愿贫困劳动力的就业意向。形成岗位需求清单，根据需求清单，为贫困劳动力进行岗位推荐。积极对接用工企业开发岗位，对接内地省市，疆内跨地州，地区纺织工业城，兵团，县域内企业等企业开发企业就业岗位；加大技能培训力度：聚焦贫困村有劳动能力的贫困人口，开展多渠道，多层次，多形式的扶贫培训，提高贫困劳动力自我发展能力，实现转移就业、创业就业，增加收入。根据已培训贫困劳动力就业意愿、技能水平和家庭条件等因素，精准开发纺织企业、家政服务（保姆、清洁）、旅游服务、田间管理、保安、餐饮等就业的岗位，确保培训后稳定就业；加大转移就业服务：积极做好跟踪服务，对转移就业脱岗人员持续跟踪服务，根据其本人意愿及家庭条件等因素，按照长期、季节性、灵活等条件进行合理分类推荐就业岗位。建立转移就业人员关心关爱机制，形成转移就业“家庭支持”的良好氛围，打牢转移就业基础。通过陪同员工家人就近就医，协调解决其子女上学问题，进一步拉近了带队干部与外出务工人员之间的距离，随时解决务工人员的“后顾之忧”。开展富余劳动力和用工需求“双摸排”，对接空岗2万个，签订合同、就业协议1.8万人；6894名贫困人口，722名边缘户离开土地稳定就业（稳岗率达99.32%）。同时，在原有307个公益岗位的基础上，财政补贴新增397个公益岗位。

【行业扶持】 2020年，拜城县加大行业扶持力度。在教育上，脱贫攻坚领导小组教育扶贫专项组继续加大教育保障力度。全面落实9年义务教育和15年免费教育，不断加大控辍保学力度，杜绝因学致贫，阻断贫困代际传递。推动职业教育产教融合、校企合作，推进校企联盟教学，实施合约式、订单式教学模式，推动拜城县职业学校申报大专院校，搭建应用型人才教育平台。继续按照每生每年4000元标准落实“木扎提河”助学基金，受助贫困学生322人（含边缘户138人）；依托援疆资金设立贫困大学生入学助学金，按照每生每年6000元标准给予补助，受助贫困学生98人（含边缘户8人）；同时，将810名建档立卡贫困中高职学生纳入“雨露计划”，按照每生每年3000元标准给予补助，确保上得起学，阻断贫困代际传递。在健康上，县财政为困难群众代缴基本医疗保险费295.22万元、民政救助补充医疗保险费419.3万元。在住房安全上，按照应建尽建原则，新建5201套农村安居房，全面推动自建房去居住化，不断提升群众住房安全保障；在饮水安全上，利用扶贫地债资金、援疆资金、财政资金，投入5075.9万元改造农村老旧饮水管网，做好饮水管网日常管护，持续提升饮水保障能力。

【完成普查任务】 2020年，拜城县成立以县委、县政府主要领导为组长的“双组长”制普查领导小组、普查保障工作领导小组及普查应急管理指挥部，制定工作方案，明确职责任务、工作流程、措施办法，制定时间表、路线图。并积极配合沙雅县派驻普查组各项部署，完成国家脱贫攻坚普查工作。

（张严严）

气 象

【气候概况】 2020年气候平均气温为8.8℃，比历年平均值偏高0.6℃，年最高气温为36.3℃，出现在8月8日，年最低气温为-18.2℃，出现在12月25日、29日；年总降水量为79.3毫米，比历年值偏少57.3毫米，年总日照时数为2156.4小时，比历年偏少791.6小时。

2020年气候条件较好，气象条件利于农林作物生长和采摘，灾害天气为近年最少，对农林作物生长来说是风调雨顺的丰产年。年降水量均较历年偏少，积温与上年和历年同期比较基本偏多，林果开花期、萌芽期气象条件好，热量条件充足，采摘期天气晴朗，光热充足。2020年春季平均气温较历年偏高2.0℃，降水量较历年偏少23.1毫米（74%）。夏季平均气温较历年偏低0.2℃，降水较历年偏少9.3毫米（15%）。秋季平均气温较历年偏低0.8℃，降水较历年偏少21.2毫米（69%），冬季平均气温较历年偏低0.3℃，降水较历年偏少2.6毫米。

【气象业务】 2020年，拜城县气象局（以下简称“县气象局”）基础业务工作保持稳定运行，自动站资料上传正常，各项业务指标均达标并超上年水平。拜城全域现有37个自动气象监测站点，其中国家级站1个，土壤水分2个，区域站34个。按时完成汛期及冬季2次站点维护，完成天气现象多要素仪和冻土、多温湿度传感器等的安装工作；建成6套称重式降水设备；全年维护站点超过80天。全部更换站点通信模块，确保了数据通信畅通；按时送检传感器，确保无超检仪器使用问题。加强气象探测环境保护，未发生破坏探测环境的问题。按照业务规范，认真做好小麦、玉米及物候的农业气象观测发报工作，为农业气象服务提供第一手资料。

【气象灾害】 2020年，县气象局积极落实习近平总书记关于防灾减灾工作的重要指示批示精神，坚持一年四季不放松、每一次天气过程不放过，每次天气过程都能提前48小时向县委、县政府、各部门及各乡镇发布决策服务材料；以手机短信、电子政务系统、QQ、微信等多种方式向县领导、各决策部门、气象信息员发送预警信息及灾害预防建议，使预警信息的覆盖面达到最大化。每次强天气过程结束后立刻展开业务会议总结经验。将气象灾害损失减小到最少。为县委、县政府科学决策提供必要的依据，县各部门及各乡镇依据职责按照“政府主导、部门联动、社会参与”的气象灾害防御体系，发挥各自优势，采取多项有效措施积极应对，有效减轻灾害天气造成不利影响。是年，拜城县气象局出现7次大风实况、4次大风降雨实况、12次降水实况、3次降雪实况，由于预报准，服务好，损失小，得到县委、县政府肯定。发送手机气象短信72088条。有效发挥“拜城气象”微信公众号、手机短信在气象防灾减灾工作中的积极作用，进一步提升了气象服务能力。

【气象服务】 2020年，县气象局进一步建立健全预报服务体系，成立汛期气象服务、春季气象服务工作领导小组，积极与地区气象台以及应急、水利、农业农村、林草、交通及环保部门开展天气联合会商4次，确保重大天气预报服务不空、不漏。对外共发布《拜城气象周报》46期；《多部门联合会商》4期；《天气过程》27期；《气候预测》10期；《脱贫专报》38期；《实时服务报告》25期；《春运气象服务专报》41期；《短期气候预测》10期；《重要气象情报》2期；《实时气象服务报告》26期；《疫情防控气象服务专报》40期；《高考气象服务专报》12期；《脱贫攻坚普查气象服务专报》8期；《春节气象专报》5期；《节日预报》11期；《秋收秋种气象信息》12期；《重大活动专报》7期；各类预警信号56期。有效发挥“拜城气象”抖音、微信、手机短信及拜城政务公文系统在气象防灾减灾工作中的积极作用，进一步提升气象服务能力。

气象为农服务：在春播秋种气象服务中，每日通过电子政务系统、微信、短信、QQ群向农民及农业技术部门通报膜内、外5厘米和10厘米的地温实况及播种期预报，指导春播秋种工作。

【气候灾害防御体系建设】 2020年，县气象局完善气象信息发布和多部门联席会商制度。进一步加强同农、林、水、牧、民政、国土等部门的业务联系和沟通交流，完善部门联防联动机制，与县国土局签订了拜城县地质灾害气象预报预警协议》，制订地质灾害气象预报预警工作实施方案，建立气象预警、预报联合发布机制，召开多部门联合会商会4次，收集意见建议17条。积极开展灾情调查和评估工作，及时搜集、上报灾情，加强气象灾害影视频素材的上传。

【气象探测环境保护】 2020年，县气象局与当地有关部门签订气象探测环境保护责任书，依法保护探测环境，每月检查并按时上报探测环境变化月报告表。

【装备保障】 2020年，县气象局配合地区装备保障中心按照要求，按时完成汛期及冬季2次站点维护，完成天气现象多要素仪和冻土、多温湿度传感器等的安装工作；建成6套称重式降水设备；全年维护站点超过80天。全部更换站点通信模块，确保数据通信畅通；按时送检传感器，确保无超检仪器使用问题。完成温巴什乡国家级站点迁建工作、初步完成加密站点选址工作。完成各站点地理数据重测工作，并录入系统。加强气象探测环境保护，未发生破坏探测环境的问题。

【气象行政管理】 2020年，县气象局认真落实地区及县安全生产工作要求，依法履行气象社会管理职能，加强烟花爆竹仓储场所及石油气企业的防雷防静电监管工作。年内开展3次专项执法检查，涵盖加油加气站、油气田、煤矿及非煤矿山和相关化工企业50余家，做到检查重点全覆盖。检查反馈问题全部整改到位，未发生影响安全生产的责任性问题。

【科技创新与气象科普宣传】 2020年，县气象局积极申报《克孜尔乡克赛葡萄基地葡萄气候指标认证》等2个课题，发表科技论文4篇。积极开展好“3·23”气象日、“5·12”防灾减灾日等开展气象宣传活动。承办地区在拜城开展的地震灾害应急演练，为演练提供气象服务。开展3次农村气象信息员、协理员培训，参训人员达到100人。

【气象基础设施建设】 2020年，县气象局积极开展区域自动站仪器设备的维护和检修，汛期进行各仪器设备的维护和检修100余人次，确保发挥其监测和信息发布的作用；完成拜城国家基本站的一批次设备拆装送检工作。完成辖区国家站、天气骨干站、区域自动站等各设备的贴标电子信息更新管理及物联卡更换工作、安装冻土自动观测仪、安装天气现象视频智能观测仪。

（方 敏）

人工影响天气

【概述】 2020年，拜城县人工影响天气办公室（以下简称“县人影办”）加强工作部署，周密安排，落实岗位责任制，做好重大灾害天气的防御工作，把防雹减灾工作放在首位，提高防御能力和服务农牧业水平，雷达站及时开机观测，在夏季24小时开机，认真做好汛期暴雨、冰雹等灾害性天气的预防，减少灾害性天气给农业造成的经济损失。对区域性天气灾害通过雷达观测进行提前预警，及时向县委、县人民政府有关领导汇报。是年，未出现重大责任事故，按规定及时完成设备维护、地区人影系统雷达数据传输共享及故障排除，完成防雹减灾工作。

【综述】 2020年，县人影办下设5个基层作业点和1个作业基地，1个雷达站。动用高炮、火箭发射系统、作业车、弹药运输车、高炮牵引车，人员40人（公益性岗位人员21人），总投资700余万元。所设炮点基本覆盖冬小麦主产区、以吊杆杏基地和克赛葡萄基地为主的特色农产品种植区，保护各类农作物和特色林果业达8万公顷，产生经济效益1.7亿元以上，为拜城县农牧民增产增收和脱贫攻坚做出应有的贡献。

【人工防雹】 2020年，县人影办雷达站监测强对流天气67天次，雷达共开机观测536小时，5个作业点和一个作业基地作业25天次，见雹9天次，7辆流动火箭出车108车次，行程11080千米，消耗火箭弹283枚，炮弹1543发，在最大程度上减少冰雹灾害。

【人工增雪】 2020年，县人影办为有效开发利用空中水资源，缓解旱情以及改善空气质量，降低草原火情发生率，让拜城县农作物安全过冬，县人影办积极组织人员提前做好增雪准备，利用天气预报和雷达观测实况，抓住有利时机出动火箭作业车8辆次，作业人员32人次，在石油公路沿线实施人工增雪，消耗火箭弹62枚，作业后山区降雪量达30~50毫米，作业区域降雪增水效果明显，极大地缓解了旱情。

【设备运作】 2020年，县人影办于4月9日对雷达、业务车辆进行检查维修保养，所有车辆通过交警部门审验，作业人员都经过培训持证上岗；4月22日，自治区人影办防雹设备审验组及地区人影办专家一行10人到拜城人影办，对高炮、火箭发射架和发控箱进行审验。

（白天明）

商务·工业

产业园区

【概况】 拜城重化工工业园区管理委员会于2005年10月29日正式成立。2017年6月因扩区，经自治区人民政府批准更名为拜城产业园区管理委员会（以下简称“园区”），行政级别为副县级。园区成立党工委和管委会，是一个机构，两块牌子，属于县委、县人民政府派出机构，代表县委、县人民政府统一领导和管理园区辖区内党务、行政、经济和社会事务。园区内设机构2个，即综合管理办公室和规划建设管理办公室。园区核定全额事业编制15名，核定领导职数3名（副县级2名、正科级1名）；内设机构领导职数2名（副科级2名）；设管理岗位九级职员10名。

【综述】 2020年，园区实现工业产值59.89亿元，同比增长51.13%，实现工业增加值25.92亿元，实现销售收入57.98亿元，园区企业生产焦炭345万吨，销售353万吨，洗精煤241.2万吨，生产炭黑5.81万吨。完成固定资产投资16.2亿元，完成招商引资到位资金252387万元。新建产业链延伸项目8个，新增企业技术改造项目7个。完成外贸进出口额达100万美元，完成职业技能培训820人（次），完成一般公共预算收入1.51亿元。是年，新增入园企业5家，累计入园企业42家，重点培育企业“小升规”6家，规模以上工业企业累计达到21家。

【园区建设】 2020年，拜城产业园区实施债券项目3个，项目总投资达1.5亿元，强化承载能力，不断加快基础设施建设，改善区内投资环境。铺设供排水管网67千米，新建标准厂房1.2万平方米，配套附属用房800余间，建设1000万立方米固废填埋场一座。众泰20万吨甲醇项目建成投产，延长煤化工产业链，同时实现焦炉尾气综合利用。

【项目发展】 2020年，拜城产业园区贯彻落实“点线面”工作机制，建立《拜城产业园区建设项目例会制度》，落实领导干部包联企业责任。是年，拜城产业园区固定资产投资项目25个，总投资95.6亿元，完成固定资产投资16.2亿元，增速32.8%。其中，新疆天玉种业科研培训中心项目及年产2.4亿块新型建筑材料生产建设项目当年建设、当年完工，100万头牛羊屠宰项目及500吨/年牛羊肉制品生产线建设项目开工建设，进一步补齐产业园区畜产品深加工短板。

【环境保护】 2020年，拜城产业园区落实新上项目环保“三同时”制度，督促企业办理环评、环保工程竣工验收等手续。加强扬尘治理工作，督促众泰煤焦化有限公司投资5000万元建设封闭煤仓，实现当年设计、当年建设、当年投用，有效减少了园区扬尘。加大污水管网建设工作，新建北区、西区污水管网18千米，有效提升污水收集能力，切实打好“碧水”攻坚战。

【招商引资】 2020年，拜城产业园区深入贯彻落实自治区党委、地委和县委（扩大）会议精神和经济工作会议精神，紧紧围绕“1+3”工作部署，积极应对疫情防控对招商引资工作带来的不利影响，强力实施招商引资“一号工程”，大力推进农副产品精深加工、循环化工的招商，以项目拉动投资增长，以项目推动工作落实，以招商引资工作的新突破加快经济转型和产业升级，助推产业园区经济持续健康发展。是年，累计落实招商引资项目25个，到位资金25.24亿元，完成地区下达招商引资到位资金任务；签约项目累计完成15个。

【营商环境】 2020年，拜城产业园区按照改善营商环境方便服务企业的总体要求，入驻拜城县行政服务中心，印制便民服务联系卡，积极推行帮办代办制度，完善服务流程。是年，为入驻园区企业帮办代办服务事项30余项。积极宣传招商引资优惠政策、落实各项惠企政策，做到惠企政策“应享尽享”，积极宣传招商引资中介服务“一卡通”，降低企业投资成本；积极召开政银企对接会，切实解决企业融资难融资贵问题，为拜城县鸿桥新型环保建材有限公司、拜城县泓泰煤制研究有限公司等公司协调解决贷款难问题。

【疫情防控】 2020年，拜城产业园区按照县委统一部署，严格落实“外防输入、内防扩散”“四早”等各项疫情防控措施，进一步印发《拜城产业园区复工复产企业“五统一细则”》、企业复工复产疫情防控指南、“常态化开展疫情防控六件事”、“八项监测预警机制”、“3348组合拳”等宣传资料。并立足园区实际，牵头抽调选派62干部驻企包联指导企业开展疫情防控工作，全程协调解决企业生产、建设用工、用料等各类困难诉求260余件，组织14轮次共5万余人次开展核酸双抗检测。梳理印制惠企政策29条，让优惠政策应知尽知，应享尽享，实现“企业不停产，项目不停工”，努力把疫情造成的损失降到最低。

（王　浩、王娟娟）

工　业

【概况】 拜城县商务和工业信息化局（以下简称“拜城县商工局”）编制人数33人。其中，行政7人，参公编制19人，后勤4人；事业编制3个，实际在职人数30人。

【综述】 拜城县商务和工业信息化局是县人民政府工作部门，为正科级。县商务和工业信息化局贯彻落实中共中央、自治区党委、地委关于商务、工业和信息化、煤矿行业安全生产监督管理工作的方针政策和决策部署以及县委的工作要求。在履行职责过程中坚持和加强党对商务、工业和信息化、煤矿行业安全生产监督管理工作的集中统一领导。

【示范型企业】 拜城县新兴矿业开发有限责任公司是2003年招商引资进入拜城，其苏拉合马煤矿位于拜城县铁热克镇音西煤矿对面，公司始建于2005年，初始投资达2.8亿元，目前总资产达10亿余元，该企业是拜城县一家露天煤矿，拥有丰富的矿产资源，年设计生产力60万吨，实际生产能力达100万吨，主营产品为原煤、焦煤等，是一家以生产、销售为一体的企业。公司部职工人数为198人，其中管理人员29人、生产人员169人。企业始终本着“以人为本、科技兴企、以质量第一、信誉至上”的经营理念，以“务实创新、高效向上”为企业精神，在企业发展的同时，竭诚与南疆内外客户建立长久合作伙伴关系，共创繁荣。

拜城县峰峰煤焦化有限公司（简称“拜城焦化”）地处拜城县产业园区，前身为新疆国际煤焦化有限责任公司，由冀中能源峰峰集团有限公司与新兴铸管新疆控股集团有限公司在2011年强强联合共同组建，其中冀中能源峰峰集团控股51%，新兴铸管新疆控股集团参股49%。冀中能源蜂峰集团有限公司是世界500强、中国煤炭企业100强的冀中能源集团有限责任公司最大的子公司，同时也是中国主焦煤和动力煤的重要生产基地。新兴铸管新疆控股集团有限公司是世界500强、央企50强的新兴际华集团核心企业新兴铸管股份有限公司的全资子公司，是一家以“冶金制造、资源能源、物流、贸易”等业务为核心的相关多元化现代制造服务型企业。拜城县峰峰煤焦化有限公司是以生产焦炭、炼焦煤、动力煤为一体的综合性大型国有企业，公司新建HXDK55-09F型捣固焦炉，年产焦炭100万吨。生产的焦炭产品规格齐全，主要品种有冶金焦、铸造焦、煤焦油、粗苯等化工产品。产品质量稳定，各项指标达到国家标准，完全满足了市场对焦炭产品规格的要求，深受疆内外客户的信赖和好评。年末公司在职职工475人，其中少数民族职工228人，解决安置了大量当地劳动力，为当地经济发展、民族团结、社会稳定做出突出贡献。

新疆凯领阿尔格敏矿业有限公司是新疆凯领投资有限公司全资子公司，2009年4月18日注册成立的一家有限公司，统一社会信用代码91652926686476950B，注册地址为新疆阿克苏地区拜城县黑英山乡玉开都维村。注册资金21400万元。新疆凯领阿尔格敏矿业有限公司阿尔格敏露天煤矿是由新疆凯领投资有限公司斥资7.52亿元规划建设的年产120万吨煤炭项目。2017年3月开始建设，2017年12月建成投产，2018年3月取得主管部门颁发的采矿许可证、安全生产许可证。露天煤矿地处天山南麓山前地带，黑英山盆地西北缘，行政区划隶属新疆阿克苏地区拜城县黑英山乡管辖距拜城县城130千米，平均海拔1800米，交通便利。矿区呈南北方向长条形，地表境界东西宽1.2~1.41千米，南北长度1.72~2.43千米，开采深度由+1839~+1150米，2020年采场开采范围内最低开采标高+1764米，煤矿面积7.55平方千米。煤种以1/3焦煤为主，为特低硫、特低磷、特低灰、高黏结性优质配焦用煤。阿尔格敏露天煤矿可采煤层4层，自下而上依次编号为A1、A2、A3、A4号煤层。可采煤层总厚度27.85米，设计生产能力120万吨/年，露天开采境界范围内可采储量4135万吨，服务年限29.5年。阿尔格敏露天煤矿是南疆地区最大的露天煤矿，同时也是全疆最大的焦煤露天煤矿，为地方经济发展、社会稳定、民生建设等提供有力保障，对于推进南疆大型煤炭基地建设、保障能源稳定供应、优化煤炭产业结构具有重要意义。

【节能降耗】 2020年，拜城县坚持产业转型升级，不断通过技术创新开展节能降耗。“十三五”规划时期，对全县重点用能企业开展能源规划和节能审计，积极组织企业参加节能诊断和节能培训工作，开展能耗对标、能源监察。推进拜城县工业企业绿色发展，促进企业加快建立绿色发展机制。加快传统制造业绿色化改造升级，提高资源能源利用效率和清洁生产水平，引导工业绿色转型。拜城县滴水铜矿开发有限公司被列入自治区第二批绿色制造名单和国家第四批绿色制造（绿色产品）名单。

【工业信息化】 2020年，拜城县将“两化融合示范工程”列为工业转型升级的重要支撑工程，大力推进“两化”融合示范工程。拜城县众泰煤焦化有限公司、拜城县峰峰煤焦化公司、峻新化工有限公司、天辰矿业有限公司4家公司累计投资2964万元开展生产过程控制自动化（PCS）和能源管理系统（EMS）等信息化建设，实现生产流程即时监控，使企业的核心竞争能力得到显著增强。按照信息化带动工业化，工业化促进信息化的要求，培育一批两化融合典型企业，引导企业开展信息化应用试点工作，逐步提高企业信息化应用水平，获得自治区级“两化融合”示范企业2家、地区级10家荣誉称号。

煤炭工业

【煤炭工业概况】 拜城县煤炭资源丰富，预测远景储量55亿吨，是新疆四大煤炭、煤电、煤化工基地之一。县域内煤种齐全，境内为稀缺的高品质主焦煤资源，煤类以贫煤、焦煤和肥煤为主，煤炭品质优异，具有低硫、低磷、高热值和强黏结性的特点，为优质的冶金炼焦用煤，煤炭、焦炭产品供应南疆四地州、北疆及部分省（市）区钢铁、焦化企业，对于钢铁冶炼等相关产业发展具有特殊的利用价值。

拜城县煤炭资源主要分布于拜城矿区和苏拉合马煤矿矿区，其中苏拉合马煤矿矿区面积10.23平方千米［根据新疆维吾尔自治区发展和改革委员会《关于新疆拜城县苏拉合马煤矿矿区总体规划的批复》（新发改能源〔2007〕1479号）］，独立规划为一个60万吨/年露天煤矿；拜城矿区总规批复于2014年5月25日，矿区东西长约185千米，南北宽3～11千米，面积约604平方千米。

【煤矿产能】 2020年，拜城县辖区内共有各类煤矿17处，其中，证照齐全合法生产矿井7处（阿尔格敏煤矿120万吨/年、众维煤矿90万吨/年、音西煤矿90万吨/年、苏拉合马煤矿60万吨/年、弘扬煤矿60万吨/年、一成煤矿45万吨/年、东兴泰煤矿15万吨/年），产能480万吨/年；批准开工建设“十三五”规划矿井1处（察尔齐煤矿90万吨/年）；“十三五”规划矿井11处：阿尔格敏煤矿120万吨/年（2018年已通过自治区竣工验收正式生产），察尔齐煤矿90万吨/年（2020年批准正式建设），其余9处（苏杭河一期45万吨/年、齐克勒克一号60万吨/年、齐克勒克二号一期60万吨/年、鑫源煤矿60万吨/年、顺发煤矿60万吨/年、宏远宏鑫整合煤矿60万吨/年、东兴泰煤矿60万吨/年、润华煤矿60万吨/年、众维煤矿60万吨/年）已取得项目核准手续；自治区批准火区灾害治理项目2处（润华煤矿、大宛其煤矿）。2020年，按照新疆维吾尔自治区30万吨以下煤矿分类处置方案限期关闭煤矿1处（育英煤矿，暂保留采矿权，煤矿按照国家煤矿关闭退出标准关闭）、政策引导退出2处（弘利煤矿、大宛其煤矿，保留采矿权和可利用的机械化改造后的井筒、地面工程设施，原有小煤矿按照煤矿关闭退出标准退出）。

【安全监管】 2020年，煤炭行业深入贯彻落实习近平总书记关于安全生产重要批示指示精神，紧盯“安全与发展”两个关键点，着力从源头管控、机制创新、长效监管等方面入手，强化监管执法，着力整改隐患。以煤矿安全专项整治三年行动为抓手，切实落实“从根本上消除事故隐患”的重要指示，采取日常监管执法、联合执法、聘请专家支持执法相结合的方式，开展执法检查101矿次，下达执法文书101份，共提出安全隐患问题1569条，煤矿企业严格按照“五定五落实”的原则，对每一条隐患进行彻底的整改，整改率达100%。对违法违规矿井实施行政处罚112.2万元，始终保持“打非治违”高压态势，有效遏制较大及以上事故发生。

【重大项目建设】 2020年，煤炭行业固定资产投资项目共9项，其中新建项目4项、续建项目5项，年度计划投资99271万元。2020年，全年完成入统资金217322万元，完成全年目标任务的218.92%。

【煤矿质量标准化】 2020年，

拜城县深入推进煤矿安全生产标准化工作，持续提升煤矿安全保障能力，坚持“安全第一、预防为主、综合治理”的方针，牢固树立以人为本、安全发展的理念，以落实安全生产主体责任为主线，着力提高安全生产标准化等级。是年，拜城县辖区内证照齐全合法生产矿井7处，其中5处（东兴泰煤矿、弘扬煤矿、众维煤矿、一成煤矿、阿尔格敏煤矿）达到自治区二级标准化等级，2处（苏拉合马煤矿、音西煤矿）达到三级标准化等级。通过安全生产标准化建设，全面夯实安全生产工作基础，提高县域内煤矿事故防范能力。

【煤矿企业管理】 2020年，拜城县辖区内共有12家煤矿企业，煤矿企业始终站在“安全与发展”的出发点落实企业主体责任，坚持新发展理念和稳中求进总基调，秉承着为社会尽责、为企业尽力、为家庭尽心的战略目标，以诚信立矿、以科技兴矿、以制度管矿、以文化治矿、以人才保矿、以和谐系矿标准的理念，抓好企业文化建设，强化精细化管理，运用人本管理战略的方式，不断提升煤矿企业向心力、竞争力，为聚焦社会稳定和长治久安总目标贡献力量。

【矿山救护】 2020年，拜城县现有矿山救护队伍1支，为拜城县峰峰煤焦化有限公司矿山救护中队，位于拜城县铁热克镇，该中队组建于2018年5月，下属3个小队，编制为32人，总体平均年龄31.5岁，其中指挥员平均年龄35.8岁、战斗员平均年龄28.6岁。9月20日，拜城县峰峰煤焦化有限公司矿山救护中队顺利通过自治区煤监救援指挥中心质量标准化达标验收，达到三级资质，并在自治区首届专业化应急救援矿山救援组技能比赛中获得团体三等奖。该中队配备氧气呼吸器、高泡灭火机、高压脉冲灭火器、液压起重器、多功能剪扩器、自动苏生器、灾区电话等救护装备，装备仪器符合三级标准。

2020年，拜城县辖区内证照齐全合法生产矿井7处（阿尔格敏煤矿、众维煤矿、音西煤矿、苏拉合马煤矿、弘扬煤矿、一成煤矿、东兴泰煤矿），累计组织开展生产安全事故应急演练24场次。阿尔格敏煤矿、音西煤矿、一成煤矿、众维煤矿均与阿克苏地区矿山应急救援支队签订矿山救援服务协议，苏拉合马煤矿、弘扬煤矿、东兴泰煤矿均与拜城县峰峰煤焦化有限公司矿山救护中队签订矿山救援服务协议。

石油化工工业

【概况】 2020年，拜城县油区服务协调中心（以下简称“拜城县油区办”）编制人数4人，实际在职人数3人（工勤人员1名）。

【综述】 拜城县预计天然气总储量2.3万亿立方米；已探明石油储量613万吨，天然气储量11834.9亿立方米（其中，克拉储量2840.86亿立方米，克深储量7033.8亿立方米，含克深5的储量831.8亿立方米，大北储量1960.24亿立方米）。

【油气勘探】 2020年，拜城县境内现有博大油气开发部（大北区块、大宛齐油田、博孜区块）和克拉油气开发部（克拉2气田、克拉苏气田克深区块）。

克拉苏气田大北区块距县城直线距离36千米，已探明大北1、大北2、大北3等油气构造，含气面积150平方千米，其中大北1、大北3区块探明储量2800亿立方米。2013年4月开工建设，2014年7月全面建成投产。截至年底，投产气井17口，累产天然气超过129.1亿立方米。

大宛齐油田位于拜城县以西30千米，总含油面积5.4平方千米，石油地质储量613万吨，1994年5月正式投产，该油田年产量2.2万吨左右，稳产困难，处于亏损状态，全部关井。

博孜区块位于拜城县察

尔齐镇与温宿县博孜墩乡交界处，现有20口井；在钻井7口，关闭井4口，生产井9口，日产气规模合计60万立方米左右。该区块原油年产量2.5万吨左右。

克深5区块于2015年4月开工建设，年底建成并投入运营，探明储量831.8亿立方米。日产气规模合计270万立方米左右。

克拉油气开发部（克拉2气田、克拉苏气田克深区块）。克拉2气田是西气东输主力气源地，位于克孜尔乡境内，距县城直线距离60千米，气田含气面积47平方千米，地质储量为2840.86亿立方米，2003年8月开始产能建设，2004年12月克拉中央处理站建成投产，克拉2气田正式西气向东输供气，2006年3月克拉第二处理站建成投产，进一步提升气田处理能力，2004年11月投产，截至2020年年底，投产气井24口，累产天然气超过12036641万方，克拉2气田的发现，直接促成西气东输工程立项和建设，开创中国天然气时代，优化一次能源消费结构，改善大气环境，为美丽中国建设做出了突出贡献。

克拉苏气田克深区块位于拜城县赛里木、克孜尔乡境内，西南距拜城县城约49千米，东北距克拉2中央处理站8千米，2015年7月底，克深天然气处理站一期工程正式建成并试运行生产成功，2019年5月克深处理站第三套装置投产。克深区块已探明克深1、克深2、克深6、克深8、克深9、克深132、克深13、克深24、中秋19个富油气区块，已探明天然气地质储量6594亿立方米；截至年底，累计投产气井90口，累计外输天然气4230664万立方米（包括中秋1.65亿立方米）。

【油气生产】 2020年，拜城县生产原油92862吨，较2019年生产原油8万吨，增加12862吨，同比增加16.08%；生产天然气1907439万立方米，较2019年生产天然气170.8亿立方米增加199439万立方米，同比增长11.7%。

【油地融合】 2020年，拜城县油区服务协调中心按照“热情服务、严格检查、规范管理、共同发展”十六字方针，紧紧抓住“西气东输”主力气田大北、克深、博孜等油气区块全面开发的有利时机，紧密结合、深度融合，推进区域发展繁荣，油地双方要不断整合力量，盘活区域资源，实现油地全面发展、融合发展、科学发展。大宛其管委会至老虎台49.28千米乡村道路建设项目累计完成投资4112万，已全线通车，解决老虎台乡、大宛其管委会上万名群众出行难的问题。克深5区块至中矿区16千米道路建设项目，总投资1100万元，已全线通车。克深101至克深24井道路建设工程累计完成投资4472.41万元，已全线通车。

【城乡气化建设】 2020年，拜城县油区服务协调中心主动对接，力促优势资源惠及各族群众，实施天然气入户及乡镇气化工程。天山燃气公司城市天然气供应已覆盖拜城镇城区、康其乡、米吉克乡、布隆乡、铁热克镇等，其中居民用户数：25061户、学校27户、医院2户、福利院1户、培训中心2户、单位食堂65户，锅炉用户71户、商业用户742户。天然气管线长度260千米。新疆智仁能源有限公司完成克孜尔乡居民供气130户，察尔齐镇居民用气259户，母站槽车运输至察尔齐站后管输至察尔齐镇，大桥乡居民用气88户。

【油区服务】 2020年，拜城县油区服务协调中心按照先定井位、联合踏勘、办理手续的方式，协助塔里木油田分公司完成了地面工程15宗，总面积51.22公顷的临时征地手续办理工作，收缴耕地占用费40.26万元；协助塔里木油田分公司签订临时用地合同51.22公顷，应收耕地占用税771.8万元。针对油区企业点多面广人员比较分散，无法集中的现象，通过分片区、派专人的办法，协调拜城县医院派驻7个核酸检测小组免费为油区企业做核酸检测，两次疫情共完成9684人的核酸检测工作并免费发放连花清瘟胶囊，为油区的疫情防控奠定基础；协调解决油区困难诉求，受疫情管控原因给油区企业的生活及工作带来不便，安排专人专车给油区企业购买药品、运送探伤片、更换液化气等工作，积极协调辖区乡镇政府、县域生活物资保障单位为油区企业保障生活物资的配送供应，最大范围内解决油区的困难诉求。

【油区管理】 2020年，拜城县油区服务协调中心一直坚守对外来施工单位（二包、三包）的管理力度。针对外来施工企业流动大、工作场所不固定、管理难度高的特点，以静制动加强外来施工登记备案管理，按照“属地管理”的原则，施工单位必须按照《油区企业备案登记程序说明》的要求准备相关材料，将施工工期、施工人数、施工地点等情况及时纳入管理，严格落实《拜城县油区维稳审批表》的审核，确保无任何安全隐患方可进场施工。2020年，共为53家施工单位办理登记备案手续，做到应收尽收。

【油区安全稽查】 2020年，拜城县油区服务协调中心多次会同自然资源局、安监、林草、水利、文物、环保等部门深入各油气田作业区、各钻井单位及物探队伍，在古尔邦节、中秋节、国庆节期间，扎实做好安全生产及防恐维稳工作，积极采取相应措施，牢固树立稳定压倒一切的责任意识，开展了油区防恐维稳、生产安全、环境保护等工作进行了督导检查，指导油区单位制定了安全生产、安全防范等专项应急预案，进一步规范油区秩序，确保油区各企业安全稳定。全年开展油区综合执法检查每周不少于3次。在2020年安全隐患排查行动中，召开专题会议9次，出动检查计90人次，检查了各作业区、井队。

电力工业

【电力工业概况】 国网新疆电力有限公司拜城县供电公司（以下简称“拜城县供电公司”）成立于1999年1月30日，2020年设有6个部门：综合管理部、党建工作部、财务资产部、配电营销管理部、发展建设部、安全监察部；下设11个乡镇供电所：拜城镇（城区）供电所、康其乡供电所、亚吐尔乡供电所、托克逊乡供电所、赛里木镇供电所、黑英山乡供电所、温巴什乡供电所、大桥乡供电所、察尔其镇供电所、老虎台乡供电所、铁力克镇供电所以及5个专业班组（营业班、高压供电服务班、带电作业班、配电运检班、物资供应班），现有职工90人。拜城县供电公司辖有220千伏变电站1座，容量360000千伏安；110千伏变电站4座，容量321500千伏安；35千伏变电站9座，容量69300千伏安。现由拜城县供电公司负责运维的10千伏线路46条线路，长度1684.46千米；公用配电变压器1205台，容量225000千伏安。肩负着拜城县17个乡镇场，26万人的供用电工作。

【电力运行】 2020年，拜城县域内供电面积1.9万平方千米，供电人口26万人，全社会用电量11.55亿千瓦时。

220千伏电网现状：2020年，220千伏变电站1座（拜城变），主变2台，总容量360兆伏安。

110千伏电网现状：2020年，拜城电网共有110千伏变电站11座，主变20台，总容量769兆伏安，建设形式均为户外型。其中110千伏公用变电站有4座，为康其变电站容量71.5兆伏安；姑墨变电站容量100兆伏安；铁力克变电站容量为100兆伏安；铁提尔变电站容量为50兆伏安。110千伏专用变电站有7座，为克拉二井变、轧钢变、原料变、动力变、冶炼变、金辉变、克深变，专用变电站容量共有447.5兆伏安。

10千伏电网现状：2020

年，拜城县共有10千伏配电网公用线路46条，线路总长度1684.46千米，同比增长7.12%，其中架空线路1656.61千米，绝缘化率52.1%，同比提高12.5%；电缆线路26.73千米，电缆化率1.59%，同比提高3.81%。

【电网建设】 2020年，拜城县供电公司完成阿克苏拜城木扎提河水电220千伏站送出工程主体工程的建设。2020年，10千伏及以下农配网建设工程共1项（为2020年拜城县配网建设工程，投资3717.34万元）；生产技改大修成本项目3项（阿克苏公司成本3项），总投资134.59万元；小微企业4项，总投资132.12万元，工程规模主要新建10千伏线路46.62千米，改造10千伏线路53.19千米，新建0.4千伏线路8.9千米，改造0.4千伏线路22.95千米，增换变压器24台，总容量5.4兆伏安。

制定了年度扶贫计划和方案，按照“三通七有”的要求，居民全部通电。2020年度，认真贯彻政府关于脱贫攻坚工作的安排部署，不断强化扶贫帮困意识，健全工作机制，拓宽扶贫思路，落实电力扶贫项目，解决农村实际困难，坚持以解决广大贫困群众用电难题为重，心系贫困村的电网升级改造。是年，完成阿克苏拜城木扎提河水电220千伏站送出工程主体工程建设工作。

2020年度项目实施着重解决辖区供电线路线径较细，承载负荷能力不足，线路超半径、供电可靠性低，部分线路末端电压低、线损大，网架结构不合理、电杆裂纹、线树矛盾突出、部分设备缺陷长期得不到消除、部分跨河道线路防洪加固及2020年贫困户解决用电等问题，同时为了优化10千伏线路超供电半径供电，减少线路迂回供电，合理布点配电变压器，提高户均容量，提高线路的绝缘化水平，解决当前农村配网供电能力不足、“低电压”等突出问题，进一步提高线路供电质量和供电可靠性。

【维护抢修】 2020年，拜城县供电公司以保障供电作为电力抢修工作的首要任务，以客户满意作为电力抢修工作的评判标准，以确保安全作为电力抢修工作的必要前提。是年，拜城县供电公司累计完成急修673起（其中“95598”报修157起、线下急修516起）。对所属辖区防疫重点场所即防疫指挥中心、定点救治医院、核酸检测场所、发热门诊、隔离点等巡视检查8次。协助客户排查缺陷隐患22处，完成线路特巡28条次，累计出动急修、保电人员1346人、车辆673辆。

【经营管理】 2020年，拜城县供电公司累计完成供电量11.55亿千瓦时，完成全年售电量11.02亿千瓦时，累计线损率4.51%，比计划值上升0.81个百分点。2020年10—12月荣获新疆电力公司十强县公司称号，完成同期线损管理优中赛优、争创先进的任务。完成1个五星级供电所的创建。

【市场营销】 2020年，拜城县供电公司完成高压新装工单113个，容量52008千伏安，同比2019年增长58%；高压增容完成工单21个，容量33575千伏安，同比2019年增长83%；低压居民新装工单完成1154个，同比2019年减少16%，合计容量5250千伏安；低压非居民新装完成561个，同比2019年增长57%，合计容量5250千伏安；低压批量新装工单完成179个，共5945户，同比2019年增长56%，合计容量4533千伏安；是年，累计完成5233户小区四到户接收工作、表前零投资低压业扩完成1181户。上年全年共处理违窃电工单13条。2019年，累计完成检查高危及重要客户104户/次，发现一般隐患2条，已向用户下发隐患通知整改单，未发现重大安全隐患，其中11户已具备双电源供电，14家用户制定了应急预案，14户配置自备电源。

【优质服务】 2020年，拜城

县供电公司按照上级优质服务工作要求，全力做好优化营商环境，促进工作落实落地。主动服务政府园区规划和招商引资项目，因地制宜引导各类用能企业项目落地，严格落实“三零”、“三省”、“小微企业”、“业扩配套”、低压表前零投资等要求。是年，累计上报并实施小微企业4户，总投资金额137.34万元；上报并实施产权分界点投资项目2个，合计金额2.2万元。以上6个项目的实施，有效为用户减少成本资金投入，提升了供电企业营商环境，达到增供扩销、提高收益的目的。在开拓市场的同时，持续做好了供电服务各项工作，积极践行“人民电业为人民”的企业宗旨，充分发挥互联网平台作用，全面开展“网上国网”运营推广，深化移动作业应用，真正实现简单业务“一次都不跑”、复杂业务“最多跑一次”。持续深化网格化服务和营配末端融合，扩大电费缴纳支付渠道，提升客户用电便利性，满意度。是年，全年工作中坚持以客户为中心，抓重点、补短板，提供优质高效的新型供电服务，强化营业窗口规范化建设，认真落实“一口对外、首问负责、一次性告知、限时办结”。全力压降客户意见和投诉事件，以优质服务赢得用户、赢得市场。

【安全生产】 2020年，拜城县供电公司安全运行365天，长周期安全运行1198天。考核35千伏七、八级电网、设备事件0次。考核10千伏八级电网、设备事件21次。拜城县城网供电可靠率99.83%，同比上升0.24个百分点；农网供电可靠率99.44%，同比上升0.16个百分点。综合电压完成情况：城网电压合格率100%，农网电压合格率99.91%，同比下降0.08%。开展“春秋季安全检查”、“安全月大检查”、“安全生产大检查”、“预防人身伤害事故措施”、隐患大排查等专项安全活动，发现隐患问题787项，整改率100%。发现缺陷1051条，其中严重0条、危急0条，缺陷消除率88.11%。消除人身、电网、设备的各项安全隐患，电网安全稳定运行。按照“月计划，周安排，日管控”工作，开展计划检修工作197项，完成率87.8%。开展带电作业80次，减少停电时户数10565户。严格执行作业现场到岗到位制度，检修现场到岗到位监督卡共执行945份，到岗到位监督945人次，其中领导到位监督302人次，部门负责人到位监督643人次，现场到位率达100%。开展人员安全教育、消防知识、应急管理知识及带电作业培训工作，参加安全培训192人次，其中两票培训69人次。

商贸 · 物流

【企业信息化建设】 2020年，拜城县固话用户2万余户，手机用户22万余户，建设各类通信基站417个，三大运营商光缆总长度达1万千米，通信网和互联网覆盖全县全部乡镇和绝大部分行政村，行政村电话通达率98%、通宽带率95%，3G网络实现乡镇、行政村全覆盖。拜城县拥有广播电视台1座，有线电视用户数4万户，电视综合人口覆盖率达到98%，广播综合人口覆盖率达到99%，党员干部远程教育网已覆盖所有的乡、村，建点率达98%。加快拜城通信基础设施建设升级，大力推进城乡光纤宽带网络基础设施一体化建设，大幅提高网速。积极引导电信运营企业落实光纤宽带网络基础设施建设和升级改造的资金。不断完善重点深度贫困村的光纤接入网建设，新建固定宽带接入网络全部采用光纤到户方式，加大移动宽带网络建设力度，不断扩大3G/4G无线网络覆盖范围，实现光纤、宽带网络到农家和移动宽带网络深度贫困村。

中国移动

【概况】 2020年，中国移动通信集团新疆有限公司拜城县分公司（以下简称“县移动公司”）内设综合部、网络工建部、政企客户中心、营业厅、各支局，共有员工44人。其中，汉族员工30人，藏族员工1人，维吾尔族员工13人。公司先后获得自治区级“工人先锋号”、被评为自治区级“文明单位”、“模范职工小家”、地区级“红旗单位”、地区级“守合同·重信用”“平安企业”等荣誉称号。

【主营业务】 2020年，县移动公司经营基础电信业务，移动电话、家庭宽带、数字电视、集团专线、固定电话、国际互联网、综合信息化业务、数据业务等业务。

【市场经营】 2020年，县移动公司共有社会渠道40家，在2020年工作中实行优胜劣汰原则，大力地支持忠诚度较高的核心渠道，维护业绩中等的渠道，对于业务量较差的渠道做好保有但不花费过多的时间去进行管理，对于竞争对手的核心渠道开展策反工作，保证渠道的质量，从而形成一支有战斗力的营销队伍，以此完成2020年公司下达的各项指标。

【网络建设】 2020年，县移动公司2/3/4G基站数全地区占比8%，家客县城宽带覆盖56个小区，15个乡镇（管委会）均已覆盖，157个行政村已覆盖128个行政村；2020年，集客维护人员完成片区内2540条集客专线的日常巡检工作，处理故障次数达1354次，整改集客专线基站24个，搬迁专线56条，设备替换42个，其他各类随工、工程及业务验收、勘察、配合网络调整1248次，应急通信保障18次。

【客户服务】 2020年，县移动公司始终以推进地区经济社会发展和民生改善为己任，以提供优质的产品和服务为目标，认真践行“以人民为中心”的服务理念，诚信经营、用心服务，始终把服务工作作为提高企业整体素质和市场竞争能力的有效载体，致力于为客户创造方便、快捷、优质的服务感知。搭建了功能强大的电子渠道，为客户提供7*24小时全天候服务，用户足不出户即可实现业务查询、办理；先后提出“便捷服务、满意100”“为民服务、创先争优”“提速降费”等服务目标和惠民举措，当企业利益和客户利益发生矛盾时，毫不犹豫保护客户利益；持续开展总经理接待日活动，狠抓业务服务基础管理，坚决贯彻实名制管理要求，对国务院大督查发现问题积极整改落实，不断完善服务过程、提升客户体验、降低客户投诉，客户服务满意度行业领先。

中国电信

【生产经营】 2020年，中国电信股份有限公司拜城分公司（以下简称“拜城分公司”）实现全业务收入累计完成6236万元，完成年预算的100.87%，移动净增完成值10932户，宽带净增完成值3535户，天翼高清净增完成值3879户。抓住用户Wi-Fi刚需，全面推广全屋Wi-Fi业务；围绕存量客户做经营，组织有实力、愿意干的代理商开展客户经营工作；狠抓服务。年初开始全面推行首问负责制，在对外部客户服务方面，通过大力宣传“当日装，当日修，慢必赔”，客户服务工程师业务技能不断提升的情况下，客户感知也得到大幅提升。

【网络维护】 2020年，拜城分公司累计完成17个整站的开通，扩容58个RRU，计划新增信源109个，完成100个信源，完成率92%。扶贫村基站建设扩容工程和南疆专项资金建设的基站项目及时完成。RRU运营率已达标。5G网络建设已经开通3个站。同时进行传输设备和电源设备的扩容。

【网络工程建设方面】 2020年，拜城分公司接入层工程建设方面严格执行分公司三方合作的模式，新建106个分光器，增加2978个端口，总体端口实装率完成59.93%，新增的端口实装率47.89%。

【企业文化】 2020年，拜城分公司在企业文化建设活动中，在经济下行和企业深化改革过程中，由党支部和工会组织的员工家访工作、五必访五必贺工作得到大家的好评，完成100%的员工家访工作。做事坚持原则，秉公办事。关系到员工利益的问题，能够热心解决，对员工食堂条件进行改善。

中国联通

【概况】 中国联通拜城县分公司（以下简称“拜城联通公司”）坚定深化实施聚焦创新合作不动摇，纵深推进划小改革，奋力开创高质量发展新局面。从业务收入、通信能力、服务水平、企业基础管理及安全生产等各个方面都有所提升。不断优化产品结构，调整渠道结构，增强用户感知。拜城县城通信网络实现无缝隙覆盖，实现城区主街道区域和乡镇4G网络全覆盖，行政村4G覆盖达到85%以上，全年累计完成主营收入2650万元。

【主营业务】 2020年，拜城联通公司基础业务保持稳定增长，实体渠道稳盘托底，异业合作及线上线下一体化运行实现渠道多元化，政企创新在医疗、教育、金融、环保、交通、旅游及政务信息化建设方面的实现突破。

【经营管理】 2020年，拜城联通公司对实体渠道进行优化，进一步做好乡镇网点的合理布局，基本实现城区主干道及主要乡镇网点的全覆盖。通过每个月两次组织辖区代销商对公司下发的各类业务知识、服务用语、服务礼仪等进行培训，提升代理渠道规范性，加强营销政策的梳理扶持等方式提升各渠道积极性。通过加强对线上订单的有效转化及线上业务的推广，线上互联网产品种类不断丰富。线上线下一体化运营规模逐步扩大。基础移网从客户获取向高质量规模发展转型，加强对新用户的入网维系，提升用户保有。

【客户服务】 2020年，拜城联通公司按照互联网化运营思路，以新零售理念对营业厅进行优化布置及装修，引进泛智能终端体验销售专区，按照需要对人员职责进行优化；继续强化营业人员业务及演示技巧的培训力度，提升营业厅的服务能力和用户感知。同时加大对存量用户的维系，通过个性化的服务及体验提升用户的感知和满意度。

【企业文化】 2020年，拜城联通公司在经过两次疫情的严峻形势下，拜城联通全体员工在公司领导班子的带领下“发扬特别能吃苦，特别能战斗的精神”，凝心聚力，顽强拼搏，充分展现中国联通“客户为本、团队共进、开放创新、追求卓越”的企业文化核心价值观。

新疆广电网络

【概述】 新疆广电网络股份有限公司阿克苏分公司拜城营业部（以下简称“拜城营业部”）现有职工8名（内退2名），党员3名，汉族6名，维吾尔族2名，在职员工6名。拜城营业部位于交通路12号（原电视台临街综合楼门面一层），下设两个部门，营业厅和运维组。其中，营业厅主要负责对用户报修、新装、业务咨询、缴费工作。运维组分东、西片区两组人员，对全县城区有线电视用户报修、安装上门服务工作。城区有线电视干线网络保障及线路传输规划计划工作。

【主营业务】 2020年，拜城营业部有线电视工程网络设计、安装及经营管理；信息网络传播视听业务，广播电视节目传送业务，广告的制作、发布及代理，网络软件的开发及技术服务，广播电视机信息网络技术开发及咨询，广播电视接收设备的研制、生产与销售，机顶盒的销售、电子产品、家用电器销售等业务。

【经营管理】 2020年，拜城营业部有线电视城区覆盖率96%，在网正常使用用户5300余户，城区网络实现双向网络传输，开辟直播电视（165套），数字高清电视87套，采取全疆天山云2.0平台瀑布流点播阅览模式，家庭影院点播、回看功能、宽带上网业务均已覆盖。

【网络建设情况】 2020年，拜城营业部城区主干线采取联建管道沿街边人行通道进行道路覆盖，东至康其乡政府，西至西大桥。解放路、胜利路、交通路、资源路均已覆盖传输网络，主线光缆5条144芯，光缆传输总长度52千米，县城区开通再用光机点15个对各个小区栋楼进行覆盖，老旧小区采用光缆到楼电缆入户传输模式，新建小区直接采取光纤覆盖入户模式。

【客户服务】 2020年，拜城营业部面向社会公布服务报修、投诉电话“96566”，全疆范围内均可受理，24小时在线服务。拜城营业部以服务为质量、客户为上帝的原则不断提升客户服务满意度，每天报修工单和客户报修电话均于当日及时处理。并落实片区网格化管理工作，将城区所有有线电视用户均纳入每位在职员工进行包联到人，责任到户。实行线上、线下扫码服务。在手机端、电视端都能实现在线查询、缴费业务。并提供一站式上门服务工作解决用户故障问题。

邮　政

【概况】 拜城县邮政分公司现有职工44名，其中合同制员工25人、劳务工8人、劳务承揽11人；其中女职工17人，占比39%；少数民族职工32人，占比73%。在岗职工本科以上学历5人，占比11%，大专学历23人，占比52%；离退休职工30人。

【服务能力建设】 2020年，拜城县邮政分公司秉承“人民邮政为人民”的服务理念，坚持从经济社会的特点出发，本着社会有需求、邮政有能力、企业有效益的原则，大力拓展邮政新业务，形成以邮政业务、速递物流业务、邮政金融业务三大板块为主体，以邮政农资、分销、代开税票、代售火车票，代办交管业务等十余种业务为辅助，通过全县17个邮政网点，以邮政独有的优势及优良的信誉为拜城县新农村建设、新型工业化及中小企业提供多元化服务。

【函件业务】 2020年，拜城县邮政分公司函件收入完成18.5万元，占全年计划收入983万元的2.3%。

【报刊发行与投递】 2020年，拜城县邮政分公司报刊发行业务完成156万元，占全年计划收入983万元的17.42%。

【集邮】 2020年，拜城县邮政分公司集邮业务完成53.4万元，占全年计划收入983万元的6.84%。

【速递业务】 2020年，拜城县邮政分公司速递收入完成327万元，增长11%，占全年计划收入983万元的26.25%。

【邮政金融】 2020年，拜城县邮政分公司代理金融业务完成332万元，占全年计划收入983万元的37.6%。截至2020年年底，储蓄余额2.49亿元。

【增值业务】 2020年，拜城县邮政分公司增值业务完成48万元，占全年计划收入983万元的7.2%。

【农资分销】 2020年，拜城县邮政分公司分销业务完成48万元，占全年计划收入983万元的5.14%。

邮政服务网点分布一览表

表2

序号	网点名称	网点性质	职工人数（人）
1	解放路支局	自办网点	11
2	红旗路支局	自办网点	5
3	部队邮政所	自办网点	2
4	铁热克镇支局	委代办点	2
5	黑英山邮政所	自办网点	2
6	老虎台邮政所	委代办点	2
7	克孜尔邮政所	委代办点	2
8	赛里木邮政所	自办网点	2
9	大宛齐邮政所	委代办点	2
10	温巴什邮政所	委代办点	2
11	大桥邮政所	委代办点	2
12	托克逊邮政所	委代办点	2
13	亚吐尔邮政所	委代办点	2
14	布隆邮政所	委代办点	2
15	康其邮政所	委代办点	2
16	米吉克邮政所	委代办点	2
17	察尔齐邮政所	委代办点	2

说明：共有服务网点17个，其中城市网点2个、农村网点15个（含代办网点12个）

【普遍服务】 2020年，拜城邮政分公司主要承担拜城县城及乡镇的普遍服务和特殊服务义务，服务网点17个，其中城市网点2个、农村网点15个（含代办网点12个）。根据普遍服务要求，农村14个网点全部实现电子化营业，城市3个电子化营业网点和农村14个电子化营业网点各配置一台营业终端，含电子化综合营业系统、包裹收寄系统，电子化营业网点优化收寄、封发系统，实现无袋牌、无清单封发发运，提升了邮件运输时限。2018年6月，开通拜城至黑英山、拜城至老虎台、铁热克自办邮路，实现偏远地区周五班邮路的开通，全县157个行政村全部实现直接通邮，共有22名邮运和投递人员在1376千米的投递邮路上履行普遍服务义务。

【邮政服务质量】 2020年，拜城县邮政分公司加强和提升投递质量，运用外部投递监控扫描系统，全县14个乡镇和城区投递点外部监控定位实现全覆盖，农村乡镇所在地周五班、建制村周三班普遍服务标准落实到位，投递信息及时上网率、接收及时率、实时反馈率等网运和投递运行指标实现达标。

【安全生产管理工作】 2020年，拜城县邮政分公司与各班组、支局所及负责人签订各类安全责任书，切实做到一级抓一级，逐级抓落实；强化金融网点从业人员的管理和每周的学习，使储蓄从业人员能够合规合法办理业务。按月对邮政网点（尤其是金融网点）等重点部门和岗位进行安全检查，并对检查中发现的问题做到及时整改；严格操作程序，杜绝违规作业，做到合理、合法、合规，规避风险，杜绝了重特大安全生产责任事故发生。

【人力资源工作】 2020年，拜城县邮政分公司根据业务发展需求随时修订和完善薪酬考核办法，以二次分配的激励方式，调动员工发展业务的积极性，体现多劳多得、不劳不得的原则；加大了对金融从业人员学习培训和轮岗排查工作力度，人员排查率达100%；对各岗位和人员进行认真梳理，与4名外包人员解除外包合同，把委代办点改为自办网点。

【党工团共建工作】 2020年，拜城县邮政分公司作为自治区文明单位，在做好企业经营工作的同时，党工团共建活动也是推动企业不断进步的推手，齐心协力、共建和谐，利用自有资源结合网院培训阵地，针对职工开展业务培训和岗位技能比拼，引导职工积极向上；深入开展“民族团结一家亲”活动。

快递业

【概况】 2020年，拜城县共有快递企业10家，其中6家集中在快递一条街、4家分别在县域人员密集区，要求各快递积极开展货物配送，同时在各小区周边设有代投点；各乡镇均设有服务网点能够满足群众日常寄递需求。现有快递网点基本满足全县进出疆商品运输需求。随着电商、微商、网购等的快速发展，快递行业进出港货物可达100余万件。

商贸・专卖

【概况】 2020年，拜城县高度重视商贸物流业发展，坚持政府主导、市场运作、严格监管、稳定市场、促进消费的工作思路，不断完善基础设施，健全市场体系，强化市场监管，全县商贸物流业呈现出竞争力增强，集聚度提高，发展后劲提升的良好态势。是年，拜城县实现社会消费品零售总额20.26亿元，比2019年增长13.7%；全县完成外贸出口额447万美元，完成年度目标任务的168.7%。

【商贸物流业】 2020年，拜城县将商贸物流作为提升经济发展承载力的重要抓手，打造形成服务便利化、质量效益化的疆内疆外、县内县外大循环、大流通的一体化发展格局，推动产业、产品向更多、更广领域流通。依托瑞丰物流园、利华商贸城、名品广场等大型商贸街区，打造形成了门类齐全、功能完善的“一刻钟商贸购物经济圈”。推动新老城融合发展，打造“四大商圈”。在城北新区，以利华夜市为中心，打造夜间经济新商圈；以第五中学、职业技术学校、医共体总医院、绿色家园二期、温州大酒店等为节点，打造生活服务新商圈；以客运站、儿童游乐园为中心，打造客运服务新商圈；在城东，以东桥里市场、馕产业园为依托，打造城东综合商贸新商圈；形成多层次、多门类的商品市场体系和多种经济成分、多种流通渠道、多种经营方式并存的城区流通网络，全面满足群众的生产生活需求。依托远洋物流，建设连接重化工工业园区，农副产品加工园区的疆内外进出货物运输龙头中心物流园，形成了集包装、仓储、运输、装卸搬运、配送分拨、信息服务等于一体的综合物流格局。加快推进综合商贸物流园项目建设，乘轩汽车城、泰华达物流园等10个项目已纳入综合物流园内，总投资达6亿元。

【市场运行监测】 2020年，拜城县根据生活必需品、重要生产资料和商贸流通企业等监测企业单位各项数据的采集、整理、报送工作基本要求，选择有代表性的企业作为定点监测点，全面搜集信息并进行分类、整理，形成完善的市场监测资料。加强市场运行分析，促进信息成果转化，及时发现市场热点、难点、疑点问题，进行深度分析。定期发布样本企业监测报告，提高监测分析质量和水平，建立和完善监测信息分析报告体系，及时发布市场信息预测、预警，准确判断市场走势，及早发现市场波动苗头，提高工作的前瞻性和主动性。对节日市场做到提前谋划，提早安排，及时调度市场的货源供应情况、销售情况，指导企业组织适销对路商品，满足市场需求，保障市场供应。

【对外贸易】 2020年，拜城县积极引进外贸企业在拜注册公司，加大外贸补助政策兑现力度，开辟绿色通道助力开展进出口商贸经营。是年，新培育外贸出口企业1家，实现外贸出口额447万美元，完成年度目标任务的168.7%。对县域外贸进出口企业进行调研摸底，根据企业进出口情况择优扶持培育：优选一批有出口资质、实实在在做出口业务的实体企业，通过出口奖励和优惠政策全面倾斜，扶持企业做大、做强；引导一批在其他省市出口的县域企业，以拜城县名义进行对外出口，增强拜城县完成外贸进出口指标能力；淘汰一批有名无实、借挂靠弄虚作假套取补贴的伪资质企业，取消出口奖励和优惠政策申报资格，直至取消进出口资质。全面落实优惠政策，及时兑现奖补政策，发放外贸出口补助资金10万元。积极鼓励、全力支持外贸企业开拓疆外、国外市场，积极引导企业参加国家级、区域性专业展览、展销活动，让本地产品“走出去”。

招　商

【招商引资】 2020年，拜城县深入贯彻落实自治区党委、地委和县委（扩大）会议精神和经济工作会议精神，紧紧围绕“1+3”工作部署，积极应对疫情防控对招商引资工作带来的不利影响，强力实施招商引资“一号工程”，大力推进农副产品精深加工、循环化工、矿产开发、清洁能源、全域旅游“五大产业”招商，以项目拉动投资增长，以项目推动工作落实，以招商引资工作的新突破加快经济转型和产业升级，助推全县经济持续健康发展。是年，地区下达拜城县招商引资到位资金指标75亿元，签约合同金额指标115.4亿元，全县全年完成招商引资到位资金82.82亿元，完成年度目标任务的101.89%，同比增速45.83%。其中新建项目63个，到位资金34.76亿元；续建项目33个，到位资金48.06亿元；签约合同项目70个，签约金额155.73亿元，完成年度目标任务的134.94%。

【招商对外宣传】 2020年，拜城县为进一步加快招商引资步伐，不断加强招商宣传，营造全民招商浓厚氛围，形成“人人了解招商引资、人人支持招商引资、人人参与招商引资、人人享受招商成果”的良好局面。组织人员梳理更新拜城县矿产资源、农业资源、水资源、旅游资源、基础设施、园区建设、投资成本等方面信息，分析拜城县区位优势、产业优势、优惠政策等，编制《投资拜城》电子书、“拜城油鸡”电子书，制作《拜城招商项目手册》，利用驻地招商和小分队招商，在上海、浙江、江苏、山东、河南、四川、湖北等地大力宣传推介拜城。

【重大招商活动】 2020年3月30日，组织召集园区、商工局、发改委、住建局、自然资源局、环保局等相关部门，与河南濮阳蔚林新材料科技股份有限公司、中矿联合投资集团公司召开项目协调会；2020年4月15日，拜城县配合做好“新投在线”上线暨自治区招商引资项目“云签约”仪式，签订拜城县30万头生猪现代农业产业化示范项目；2020年4月12—14日，组织商工局、林草局、水利局成立招商小分队，赴乌鲁木齐就华凌集团国储林种植及畜牧养殖综合开发项目进行上门对接招商；2020年4月20日至5月9日，组织供销社、产业园区综合办、发改委工作人员一行先后赴上海市、江苏无锡市、南京市、浙江杭州市、湖州市、长兴县，以及河南濮阳市、鹤壁市、开封市、淇县、浚县等地开展招商，走访企业19家、产业园区1家，对接合作意向项目4个；2020年5月22日，拜城县温州大酒店项目举行开工仪式，项目总投资5亿元。2020年5月31日，拜城正大华融华新30万头生猪、10万亩文冠果种养结合循环产业示范项目开工奠基，总投资28.6亿元。2020年7月2日，拜城县人民政府与新疆华凌集团就拜城县农业综合开发项目成功签约，总投资45亿元，进行林业综合开发基地和肉牛产业科技示范园建设。2020年7月19日上午，拜城县人民政府与新疆能源集团签订战略合作框架协议，涉及煤炭资源整合、天然气化工、煤层气综合开发利用三大领域，总投资41亿元。其中，煤炭资源整合项目投资25亿元、天然气化工项目投资10亿元、煤层气综合开发利用项目投资6亿元。

烟草专卖

【概况】 拜城县烟草专卖局成立于2001年6月，现有员工4人，其中专卖执法人员3人。拜城县烟草专卖局根据《中华人民共和国烟草专卖法》《中华人民共和国烟草专卖法实施条例》《许可证管理办法》等法律法规和部门规章，履行辖区专卖管理监督、市场监管、打假打私、烟草专卖零售许可证的核发和管理工作。

【营销网络】 2020年，拜城县内卷烟零售户665户，年内许可证新办86份、注销37份、歇业18户、变更21户。

【专卖管理】 2020年，拜城县烟草专卖局根据地区烟草专卖局《市场监管标准》，制定实施细则，细分零售户监管级别、监管频率、监管方式、评价标准等，严格按标准进行主体评价，严格按照评价结果对零售户进行差异化监管，着力提升监管效能、维护公平竞争、降低市场成本，形成褒扬诚信、惩戒失信的制度机制，推动市场管理向市场治理转变，事后处理向事前预防转变。是年，拜城县辖区执法检查对象零售户665户，全部纳入名录库。

盐业管理

【企业概况】 拜城县同维盐业有限责任公司，位于拜城县吐孜贝西村，矿区面积0.4564平方千米，生产规模4.6吨/年，属于小型盐矿，主要生产工业盐。

【食盐市场销售】 2020年，拜城县同维盐业有限责任公司下设1个食盐销售门市部，主要批发销售疆内生产的食用加碘盐。

【加碘盐销售】 2020年，拜城县同维盐业有限责任公司加碘盐销售132.1万元。

中石油销售

【概况】 中石油新疆销售有限公司阿克苏分公司拜城销售片区（以下简称“中石油拜城销售片区”）前身为拜城县石油公司，1998年整体划入中国石油天然气集团公司，经过1999年重组改制，现为中石油新疆销售有限公司阿克苏分公司下属三级单位，隶属于中石油新疆销售有限公司阿克苏分公司。主要承担拜城县公务车辆、私家车辆用油保供以及6个乡、3个镇周边的工、农业用油保供。片区现有员工75人，劳务派遣员工60人，占员工总数的80%；少数民族员工50人，占员工总数的66.6%。片区设有1个综合办公室，所属运营加油站13座，其中二星级加油站4座，占运营加油站总数的33.33%。

【成品油销售】 2020年，中石油拜城销售片区面对新冠肺炎疫情和超低油价的冲击，拜城销售片区深入学习贯彻新疆公司“5+1”系列会议及务虚会精神，统筹落实公司“六个统一”工作思路，建立以片区经理、客户经理和加油站经理为主的三级客户经理人制度，全力以赴扩销量、增效益、建网络、保安全，各项业务均运行平稳，较好地完成各项工作任务。是年，实现成品油销售3.19万吨，实现非油销售收入783万元。

【市场营销】 2020年，中石油拜城销售片区在严格落实当地疫情防控、安保维稳、油品保供等各项工作要求的基础上，把握市场动态，精心布局营销网络，不断解放和发展生产力，增强和激活企业动能，主动与政府、合作伙伴、客户加强沟通协调，增进理解、认同和支持。在疫情封闭管理期间，加油站应开尽开，将供油网点延伸到了城区、国省道和广大农村，形成完善的经营网络，实现了保供无脱销、销售无断档、运行无停顿，助力地区各行业复工复产。紧紧围绕油卡非润一体化营销要求，打造人、车、生活一体化销售模式，实现以油带非、以油提润、以非促油的良性互动。

【库站管理】 2020年，中石油拜城销售片区始终坚持内外兼修，对外片区加强与乡镇部门沟通，为加油站创造良好的外部环境，对内以转变加油站管理人员思想观念为着力点，不断强化加油站经理管理水平提升。同时，严格落实片区三级稽查、日常抽查监督考核机制，以党小组为单位，抽取业务骨干进行交互检查，互查问题，学习经验，推广亮点，加大对问题整改率的考核，确保问题整改得到有效落实，推动加油站标准化建设和综合管理水平的稳步提升。发挥属地管理作用，以非现场巡查的方式，平日对加油站现场服务、规范管理、安全运行等工作进行抽查，把检查工作落实到日常工作中，确保问题得到全面根治。

【安全管理】 2020年，拜城销售片区在安全生产工作中按照党政同责、一岗双责、失职追责的总要求，以HSE和质量体系有效运行为抓手，以风险管控为核心，以应急保障为重点，以专项整治为突破口，完善风险分级防控机制。通过逐级考核促进现场规范作业，加大设备设施、“三违”行为、杜绝项整治、应急专项管理等巡查，严格落实安全环保责任制和属地管理责任，强化应急管理和消防安全生产管理，提升应急保障能力，严格落实安保维稳和处突应急管理工作，落实“五升级”管理，确保安全环保稳定形势全面受控，切实做到管经营必须管安全、管业务必须管安全。特殊敏感时期，片区领导分头带队深入基层，开展安保防恐督导，保持敏感时期经营秩序稳定，确保重点环节和关键时段平稳受控，全面开创公司稳健创新发展新局面，为拜城县的经济发展和社会稳定积极发挥作用。是年，拜城销售片区各加油站安全运行绩效评估位于全疆前列，全年未发生维稳和消防安全责任事故。

中石化销售

【概况】 中国石化拜城片区现有加油站5座，分别位于拜城县交通路南侧，西大桥以东；拜城县S307省道以北，亚吐尔乡喇叭口；拜城县S307省道106千米处；拜城县X346线10千米处；拜城县S307省道32千米处。在职员工24人，其中党员5名，2016年4月，成立拜城片区党支部。

【成品油销售】 2020年，中国石化拜城片区在全面落实疫情防控各项措施，加强安全教育培训、建立隐患排查机制，实现加油站安全平稳运行的基础上，根据年度任务目标，开展百日攻坚创效及持续攻坚创效活动，全年累计实现成品油销售1万吨，非油品实现销售340万元，其中拜城四号站非油品突破100万元，创历史新高。

【市场营销】 2020年，中国石化拜城片区全面推进片区薪酬分配制度改革，完善正向激励机制和绩效考核办法，通过在加油（气）站推行人均劳效和阶梯升油工资考核，一线岗位员工平均工资同比涨幅42.9%，激发了基层员工的主动营销热情。

【库站管理】 2020年，中国石化拜城片区党支部常态化、创新性组织开展主题党日活动，充分利用“不忘初心、牢记使命”主题教育成果，促进党建工作与中心工作深度融合。通过廉洁谈话、谈心谈话加强思想政治引领，及时了解员工思想动态，排除化解矛盾，保证员工队伍稳定。引导鼓励员工加强自我管理和自我学习，通过学习六项技能不断提高员工综合能力素质。是年，在技能鉴定考试中有7人通过中级。

【安全管理】 2020年，中国石化拜城片区不断加强加油站安全管理，按照危险化学品安全专项整治三年行动工作要求，加强加油站现场隐患排查治理，通过中国石化安全管理系统全员参与积极开展“我为安全做诊断”活动，鼓励员工为安全管理工作建言献策，使要我安全不断转变为我要安全。是年，根据年度应急预案演练计划积极开展应急预案演练累计200余次，有效提升员工的应急处突能力。

（陈　强）

供销合作

【概况】 拜城县供销合作有15个基层社（老虎台基层社、察尔齐基层社、大宛其基层社、大桥基层社、米吉克基层社、温巴什基层社、亚吐尔基层社、布隆基层社、赛里木基层社、康旗基层社、黑英山基层社、克孜尔基层社、铁热克基层社、拜城镇基层社、托克逊基层社），3个加油站（康旗加油站、黑英山加油站、察尔齐双桥加油站），3个公司（拜城县兴农工贸有限责任公司，拜城县联合运营有限公司，拜城县供销合作总公司），3个农民专业合作社（拜城县供销合作颂蜜源蜂农专业合作社、拜城县蜂源蜜蜂农民专业合作社，拜城县大运农产品农民专业合作社）。2个自治区级示范基层社（拜城县察尔齐供销社、拜城县大运农产品农民专业合作社），4个综合服务社（拜城县供销合作总公司赛里木综合服务社、拜城县供销合作总公司托克逊乡阿热吐尔村综合服务社、拜城县供销合作总公司温巴什乡富裕综合服务社）。

2020年，拜城县供销系统深入贯彻落实《中共中央国务院关于深化供销合作社综合改革的决定》《新疆维吾尔自治区党委人民政府关于深化供销合作社综合改革的实施意见》精神，认真遵循“改造自我，服务农民”的改革方向，坚持“全心全意、服务‘三农’”的改革理念，切实按照县委、县人民政府的工作部署，紧紧围绕“三农”工作大局，全力推进供销社“组织、经营、服务、管理”的综合改革创新，激发加快发展的内生动力和活力，各项工作取得较好成效，经济运行继续保持平稳发展势头。是年，拜城县供销社系统实现商品销售收入1.5亿元，实现利润总额226万元。

【综述】 2020年，拜城县供销社党委副书记、理事会主任作为自治区2个县级供销社主任代表之一在人民大会堂出席中华全国供销合作社第七次代表大会，作为自治区唯一的县级供销社主任参加全国供销系统援疆工作会议，并汇报拜城县供销社综合改革情况。是年，在阿克苏地区供销综合业绩考核中评定为优秀单位；在新冠疫情发生后，结合县供销社实际和自身特点，积极抗击疫情，将农资送到田间地头，在保春耕、保供销、稳物价、农副产品购销等方面切实发挥了供销社主渠道作用。是年，共计销售农资23000吨、种子560吨、地膜300吨，有效保证农资供给；通过开展产业扶贫，就业扶贫、消费扶贫等，广泛开展脱贫攻坚，特别是帮助贫困户发展种植，养殖等扶贫产业，大力开展消费扶贫，助力脱贫攻坚取得显著成效。2020年，消费扶贫收入800余万元；积极开展美丽乡村建设，实施农村生活垃圾治理和农业生产废弃物资源化利用。是年，供销系统万利废旧地膜回收农民专业合作社收购废旧地膜3500立方米，不仅减少白色污染，而且提高土地利用率，还增加农民收入和农业效益；利用浙江援疆资金做好拜城县农产品包装设计工作，争取援疆资金50万元对拜城县农产品开展系列包装设计工作，完成4个系列16种规格的包装设计工作；统防统治社会化服务面积达到6533.33公顷，有效地提高为农社会化服务质量；依托拜城县联合运营有限公司线上线下销售。线上和线下销售收入6000万元，其中线下销售4000万元、线上销售2000万元；积极和温州市援疆指挥部及温州市广电集团对接消费扶贫工作，温州市援疆指挥部支持资金70万元对拜城县农产品进行宣传和推介。

【供销系统经营】 2020年，拜城县供销社把项目论证、立项、实施的过程贯穿于凝聚全系统上下齐心协力谋划发展、促进改革的全过程。同时和温州市援疆指挥部进行及时沟通，做到项目一起谋划，一起设计。根据拜城县乡镇供销社现状，积极编制项目规划、实施方案，并做到一个基层社一套方案。并坚持原则性与灵活性相结合，尽量满足项目建设需要，最大限度支持项目建设；围绕供销社服务“三农”建设的职责，在农副产品加工和质量溯源、牛羊肉分割包装、电子商务等特色方面谋划项目，最大限度服务农业发展；从供销社系统抽调业务骨干，组建项目建设专班，专门负责项目的前期谋划和建设工作。且实行供销社党委、理事会领导分包重点项目责任制，每个项目由一名党委领导具体负责，协调解决有关问题，从项目勘察、设计到工程主体建设的每一个环节，均与温州市援疆指挥部充分沟通，达到意见统一，为项目建设提供了坚强的组织保障；与温州市供销社进行深度合作。和温州市供销社下属企业温州老供销实业公司在温州市开设新疆（拜城）农产品销售网点40个，销售拜城县农产品26个品种30.8吨；拓展无人机飞防服务，为县域统防统治提供专业服务。供销无人机服务合作伙伴积极投身春耕备耕工作中，确保农事不耽误，累计完成飞防作业面积超6666.67公顷。

【供销系统网络建设】 2020年，拜城县供销社现有15个乡镇（场）供销社、3个加油站、3个公司、4个综合服务社、2个自治区级示范基层社（合作社），大运农民专业合作社为自治区示范专业合作社，察尔齐供销社为自治区级标杆供销社，供销社现有经营网点27个。

【供销社综合改革】 2020年，全面完成地区供销社下达的业务指标。新建基层社1个、新建村级基层社1个、改造提升乡镇基层社2个、创建标杆社1个、领办创办农民专业合作社2个、新增基层社社员267个、新建农村综合服务社1个、新建为农社会化服务中心1个、新建庄稼医院1个，统防统治社会化服务面积6533.33公顷；主要依托拜城县联合运营公司线上和线下销售，线上和线下销售收入6000万元；使用机械回收废旧地膜3500立方米，减少白色污染，提高土地利用率，同时也增加农民收入，并提高农业效益。

【项目建设】 2020年，拜城县供销社利用浙江援疆资金做好拜城县农产品包装设计工作，争取援疆资金50万元对拜城县农产品开展系列包装设计工作，完成4个系列16种规格的包装设计工作；争取援疆资金150万元做好农产品生产加工厂的建设工作，为农产品对外销售奠定了基础。

【电子商务】 2020年，拜城县供销社积极推进农村电商发展，以转变农村现代流通发展方式为主线，以发展农村电商三级服务体系为重点，推动农村商品流通模式的创新，为全县农村商品流通发展提供有力支撑；和援疆指挥部积极对接，组织老虎台乡、布隆乡、黑英山乡等乡镇普通话水平和计算机水平高的5名人员到温州参加电子商务培训，并邀请温州市电子商务专业人员到拜城县举办电子商务培训班，为拜城县培训电子商务人员65人；在拜城镇设立拜城县供销电子商务服务中心在大桥乡设立大桥乡电商服务中心，在察尔齐镇设立察尔齐镇电子商务服务中心3个电商服务中心，实现电子商务销售收入2000万元。

【基层网点建设】 2020年，拜城县供销社根据《拜城县供销社综合改革实施方案》，逐步对乡镇（场）供销社进行恢复、改造、提升，总数达到15个，网络遍布城乡各个角落，实现乡镇场全覆盖。

【农民专业合作社联合社】 2020年，拜城县供销社以万利废旧地膜回收农民专业合作社，拜城县平顺农产品农民专业合作社为基础，牵头成立拜城县德新农民专业合作社联合社，联合社成员52人。

【农资供销】 2020年，认真做好农资供应和农业生产服务工作，第一时间将农民所需农资送到田间地头，确保农资供应。供应各类化肥23000吨、种子560吨、地膜300吨，土地托管2000余公顷，做到供应不断档，稳定保生产。在第二次疫情期间，供销社及时与喀什地区供销社取得联系，将拜城县的2万余吨马铃薯销售到喀什地区，增加农民收入。

【为农服务】 2020年，拜城县供销社始终坚持为农服务宗旨，全心全意为“‘三农’服务”。大运农民专业合作社在疫情期间，为农民提供优质农资服务，共为农民供应各类化肥及农产品2.4万余吨，土地托管666.67公顷；收购烘干玉米2万余吨，产值4000万元。联合运营有限公司在疫情期间，线上线下销售农副产品6000万元。

（肖天国）

自然资源

国土资源

【概况】 拜城县自然资源局（以下简称“县自然资源局”）根据《关于〈拜城县机构改革方案〉的实施意见》文件要求，将县国土资源局（县测绘地理信息局、县不动产登记局）的职责，相关国土空间规划职责，以及县发展和改革委员会的组织编制主体功能区规划职责，县住房和城乡规划管理职责，县水利局、县畜牧兽医局、县林业局的资源调查和确权登记管理职责等整合，组建县自然资源局，正科级建制，作为县人民政府工作部门，同时对县林业和草原局进行统一管理和协调。2020年，有编制42个，其中局机关行政编制8名，参公编制3名，科级领导职数3名。

【乱占耕地建房整治】 2020年，县自然资源局按照国家、自治区关于农村乱占耕地建房问题整治工作的要求，自然资源局在5465个图斑摸排、信息采集过程中严格按国家、自治区要求逐一开展实地摸排，并积极协调各相关单位，按照工作时间节点摸清底数，做到下发图斑“底数清”，新增违法占地“情况明”，查处2起新增乱占耕地违法行为，以“零容忍”的态度坚决予以拆除、复垦，已整改复垦到位。

【土地确权工作】 2020年，县自然资源局开展农村宅基地和集体建设用地使用权确权登记发证工作。拜城县16个乡（镇）管委会共有宅基地和集体建设用地宗地数49971宗，按照自治区、地区统一部署，年底前须完成符合登记发证条件的80%。是年，应登记发证的宅基地宗地数39022宗，已登记发证宗地数34923宗，完成率89.5%；应登记发证的集体建设用地宗地数1007宗，已完成登记发证宗地数989宗，完成率98.2%。

【资源现状】 拜城县位于新疆维吾尔自治区西南部，天山山脉中段南麓却勒塔格山北缘山间盆地，渭干河干流上游区，县境东西长198.7千米，南北宽140千米，辖区总面积158.91万公顷。拜城县北以天山为界与伊犁地区昭苏县、特克斯县相接，南以却勒塔克山为界与新和县相连，东与库车县、和静县毗邻，西以木扎提河为界与温宿县相望。县城距乌鲁木齐市直线距离514千米，公路里程860千米；西距阿克苏地区行署驻地阿克苏市公路里程169千米，东距库车110千米，省道217线、省道307线横穿县境。2020年，拜城县辖区总面积158.9万公顷，其中农用地面积84.8万公顷，占土地总面积的53.37%；建设用地总面积12.59万公顷，占土地总面积的7.92%；其他土地面积61.51万公顷，占土地总面积的38.71%。

【地理测绘】 2020年，县自

然资源局认真摸清全县范围的37个测量标志点，对拜城县部分测量标志点进行巡查，对察尔齐镇和黑英山乡两个COSS站进行巡查，并对存在的问题提出维修方案。对县域内地图市场进行检查，通过对全县范围内的6个文化书店、文化用品店销售的中国地图、世界地图和地球仪上画出的四至范围、四大海区范围和出版单位等内容认真进行检查，共发现2个有问题的地图和地球仪。通过检查摸排，进一步规范拜城县的地图市场，杜绝错误图集资料的出现。

【国土空间规划】 2020年，县自然资源局坚持高位推动，研究制定拜城县国土空间规划实施方案，召开部署动员会议，明确各单位职责，全面启动拜城县国土空间规划编制工作。为便于深入了解拜城县实际，组织编制单位深入乡镇（管委会）、县直单位、企业调研座谈46场次、实地踏勘重大设施项目12个、旅游景点4个、试点村庄4个。明确拜城县2020—2035年期间空间发展方向，为开展好国土空间规划编制工作打下良好基础。

【主体功能区规划】 2020年，县自然资源局建立国土空间规划体系，将主体功能区、土地利用规划、城乡规划等空间规划融合，实现“多规合一”，强化国土空间规划对各专项规划的指导约束性作用。

【城乡规划管理】 2020年，县自然资源局在地区资源环境承载能力与国土空间开发适宜性评价的基础上，对拜城县现行城乡规划、土地利用总体规划等空间规划进行评估，并向各单位发放征求意见函2次，充分听取各方意见建议，掌握各部门行业发展目标及用地需求，在工作推进过程中，为掌握各编制单位工作进度，形成对接机制，组织承接拜城县5家规划编制单位以腾讯视频会议的形式交流汇报2次。扎实开展城镇开发边界试划工作，根据自治区、地区统一安排部署，先行开展拜城县城镇开发边界试划工作，提出2套城镇开发边界试划方案，全面梳理制约拜城县经济发展因素，分行业领域组织召开县直单位工作对接会议，扎实推进城乡规划工作。

【资源调查】 2020年，县自然资源局耕地保护任务为73850公顷，永久基本农田保护面积为63815公顷。已完成县、乡、村、村民四级耕地保护责任书的签订工作。同时，将耕地保护纳入乡（镇）年底绩效考核当中，进一步压实耕地保护责任。

【资源保障】 2020年，县自然资源局单独选址用地报件19个，面积为524.47公顷，其中8个项目已取得用地批复，面积47.11公顷，11个项目待地区、自治区审批；上报批次报件4个，用地面积34.81公顷，其中2个项目已取得用地批复，面积11.58公顷，2个项目待自治区审批；报地区用地预审项目7个，用地面积115.69公顷，均已取得地区核发的建设项目用地预审与选址意见书；完成设施农用地备案项目33个，用地面积197.21公顷；办理临时用地148宗，面积1009.44公顷，合同金额1亿元；土地挂牌（划拨）56宗，面积214.25公顷，成交土地出让金1.55亿元，相较于2019年出让金（1.28亿元）同比增长21.51%，供地面积（173.45公顷）同比2019年增长26.83%。

【资源保护】 2020年，县自然资源局牢固树立安全发展理念，结合拜城县矿产资源开发实际，制定安全生产管理工作制度。严格落实各项安全防范责任的措施，保持高压态势，加大同相关部门联合督查督办力度，加强监管，彻底排查和整治各类事故隐患，有效防范和坚决遏制各类生产安全事故的发生，严肃查处无证开采、私挖滥采等违法违规行为。2020年以来，拜城县自然资源局联合国土资源执法监察大队共开展安全生产检查50余次，检查矿山企业80余家次，发现一般隐患35个，已全部整改到位，下发责令停止违法行为通知书25份，下发行政处罚决定书2份。

【执法监察】 2020年，季度卫片下发226个，监测面积362.01公顷，耕地面积12.36公顷（基本农田面积1.52公顷），其中，合法图斑42个，临时用地56个，民生工程36个，农村道路图斑2个，实地伪变化图斑43个，设施农用地图斑41个，违法项目已移交执法监察大队依法查处，民生工程、设施农用地图斑已通知相关单位补办用地手续。2020年10月20日，接到拜城县2020年第二季度3个矿产疑似违法图斑后，立即开展卫片执法检查工作，经实地核查，2个矿产疑似违法图斑为伪变化，1个矿产疑似违法图斑为合法图斑，已完成卫片执法监管平台内、外网填报工作。

【地质项目】 2020年，县自然资源局严格落实“党政同责、一岗双责、齐抓共管、失职追责”制度，成立拜城县地质灾害防治领导小组，编制地质灾害防治方案，定期开展地质灾害隐患点排查和矿山安全生产巡查检查。开展地质灾害隐患点巡查检查100余次，组织矿山企业开展地质灾害应急演练40余次，与矿山企业签订地质灾害防治工作目标责任书25份，发放防灾工作明白卡30份，避险明白卡25份，设立警示牌10个，做到任务明确，责任落实，措施细化。同时联合执法监察大队共开展安全生产检查60余次，检查矿山企业150余家次，发现一般隐患42个，已全部整改到位，下发责令停止违法行为通知书35份，下发行政处罚决定书2份。

【第三次全国国土调查】 2020年，县自然资源局第三次全国国土调查初始数据库累计上交自治区核查2次，核实整改反馈问题图斑556个；上交国家核查2次，核实整改国家反馈问题图斑2913个；为保证调查数据的精准性，累计核实图斑170075个，发现问题图斑1591个，提出修改建议407条。变更地类图斑3997个，变更面积2662.68公顷，核实公益林面积3.39万公顷，较好地完成三调工作任务。

【不动产统一登记】 2020年，县自然资源局城区共办理不动产登记3186件。其中，转移登记1151件，首次登记497件，变更登记31件，注销登记177件，更正登记33件，异议登记2件，预告登记1003件，查封登记110件，其他登记182件。查询服务6600余件，咨询服务4500余次。

【矿山开采企业环境治理和修复】 2020年，县自然资源局按照时序进度，完成中央环保督察反馈问题第七十一项24家历年来关闭矿山的生态修复工作，全面完成县级、地区级、自治区级整改验收销号。有序推进绿色矿山创建，拜城县4家矿山入选国家绿色矿山名录，占全地区入选名录数的57.1%。组织申报地质灾害治理项目4个、历史废弃采坑生态修复项目3个。

矿产资源

【矿产资源】 拜城县域独特的地质构造和地貌地理环境，孕育了丰富的矿产资源，是全疆的矿产资源大县之一。矿产资源特点是能源矿产及石灰岩、岩盐的储量多，矿床规模大，找矿前景好，居优势地位。而金属矿产及其他非金属矿产，矿点分布广、勘查投入小，前景不明朗。截至2020年，境内已探明矿产资源8大类58种，既有能源、化工、建材、冶辅、宝玉石非金属矿产，亦有黑色、有色、稀有、贵重金属矿产。其中石油、天然气、煤、饰面花岗岩、红柱石、霞石正长岩、岩盐更是独具优势。除此之外，还有锰矿、硅石、重晶石、萤石、云母、宝玉石、水泥灰岩、水泥配料页岩及凝灰岩。其中部分优势矿产远景潜力很大，以原煤、天然气、霞石、红柱石、锰矿、重晶石、麦饭石及大理石等矿藏储量最大。

【矿产开发利用】 2020年，县自然资源局依法执行矿产资源开发利用管理规定，严格查处违反矿产资源利用管理的行为。认真分析“十三五”规划期间拜城县矿产资源勘查开发现状，科学研判矿业发展形势，扎实推进第四轮矿产资源规划编制工作；完成全国矿业权人勘查开采信息公示系统年度公示采矿权41个、探矿权25个，公示率100%；按程序上报采矿权招拍挂出让手续13家，办理探矿权、采矿权延续13家，实现矿产资源招拍挂出让100%；认真开展露天矿山综合整治，排查发现问题39个，进一步规范拜城县矿产资源开发利用秩序；开展压覆矿产查询工作20余次，出具压覆重要矿产资源情况说明22份。

【自然资源宣传】 2020年，县自然资源局充分利用广播、电视、报刊、网络等宣传平台宣传相关政策和法律法规。以“3·19”矿法宣传日、“4·22”地球宣传日、“5·12”防灾减灾日、节能宣传周、“6·25”土地日为契机，面向广大群众集中开展宣传活动，出动宣传人员35人次，制作宣传展示牌12个、条幅9个，发放宣传资料800余份，进一步提高全社会对集约节约利用土地的重视以及对自然资源工作的支持。

（曹　森）

生态建设

环境监测

【概况】 2020年，拜城县环境保护局根据地委、行署关于党和国家深化生态环境改革的部署，组建为阿克苏地区生态环境局拜城县生态环境分局（以下简称“拜城县生态环境局”），标志着拜城县生态环境保护事业开启了新的征程，迈出了新步伐。拜城县生态环境局为正科级单位，内设职能股室2个，即办公室、业务室。核定行政编制6个，在职人员7人，其中领导干部3人（正科2人、副科1人），一般干部2人，工勤人员1人，县自聘人员1人。

下设环境监察大队和环境监测站，环境监察大队正股级，参照公务员管理，全额预算管理。核定管理岗位编制6个，在职人员5人，其中工勤人员1人。环境监测站，相当于股级，全额预算事业单位。核定专业技术岗位编制3个，在职人员2人。

【综述】 2020年，拜城县生态环境局始终坚持以习近平生态文明思想为指导，牢固树立“绿水青山就是金山银山”的理念，紧紧围绕社会稳定和长治久安总目标，同心协力战疫情，坚决整治各类生态环境问题，凝心聚力推动生态文明建设，全县环境质量状况总体平稳，生态环境状况整体持续好转。

2020年，对辖区3条河流（卡普斯浪河、克孜尔河、木扎提河）、1个水库（克孜尔水库）监测，各项指标均达到地表水Ⅲ类标准，达标率为100%；城镇饮用水水源水质达到或优于Ⅲ类水质比例100%，水质优良，水质总体保持稳定。

辖区未发现新增污染地块，土壤环境质量总体保持稳定良好。

【环境监测】 2020年，拜城县生态环境局督促全县所有重点排污企业、医院等19家单位安装在线监测设备31套，通过环保验收31套，联网率为100%，验收率为100%。在自治区环境保护厅网站公开排污单位排放主要污染物名称、排放方式、排放浓度和总量、超标排放情况、治污设施建设和运行等污染源环境信息。

【城市空气质量】 2020年，城区空气质量优良天数196天，有效天数332天，优良率59%（未去除沙尘异常天气），气态污染物SO_2、NO_2、CO、臭氧8小时均达到国家环境空气质量年均值二级标准。

【污染物减排】 2020年，拜城县生态环境局全面完成年度污染减排工作，推动绿色低碳循环发展。实施八钢煤焦化烟气深度脱硫脱硝工程，淘汰11台燃烧小锅炉，计划削减二氧化硫148.60吨、氮氧化物583.29吨。实施拜城县给排水公司污水处理厂提标改造项目、拜城产业园区污水处理及再生回用水厂项目、新疆拜城音西铁热克厄肯煤矿污水治理减排项目，削减化学需氧量853.78吨、氨氮115.33吨。拜城县计划减排项目18个，其中工业二氧化硫减排项目1个、重点行业氮氧化物减排项目1个、燃煤锅炉淘汰关闭项目11个、工业结构调整淘汰取缔水污染减排项目1个、城镇污水处理厂提标改造减排项目1个、工业企业污水监督管理减排项目1个、工业企业污水治理减排项目1个、散煤清洁化治理工程减排项目1个。是年，共削减二氧化硫148.60吨、氮氧化物583.29吨，削减化学需氧量853.78吨、氨氮115.33吨。

2020年，废水主要污染物减排：工程治理减排。推动拜城县城镇污水处理厂提标改造工程按要求实施，完成建设并投入运行，确保拜城镇污水处理厂提标改造后的出水水质达到《城镇污水处理厂污染物排放标准》一级A标准。推动拜城县木扎提牛羊定点屠宰厂污水治理设施建设并正常使用，推动超标排污企业实施治理，推动新疆拜城音西铁热克煤业有限公司音西铁热克厄肯煤矿污水处理工程建设。结构减排。结合产业结构调整升级，对不符合产业政策、环境污染突出、污染治理设施不完善、污染物排放严重超标污染源实施淘汰，推动经济的高质量发展。监督管理减排。加大对已投入运行的拜城县产业园区污水处理及再生回用水厂的日常监管力度，确保正常稳定运行；鼓励辖区重点排污企业开展清洁生产审核工作，减少污染物的排放，督促重点污染源安装在线监测设施并联网。

2020年，废气主要污染物减排：工程治理减排。推进新疆八钢南疆钢铁拜城有限公司烟气深度脱硫脱硝工程实施，确保年内建成投用并正常稳定运行、结构减排。继续推动落后产能及污染严重项目的淘汰。在确保民生取暖安全的前提下，通过实施集中供热、清洁能源利用等措施积极推动燃煤设施淘汰，推动新疆广电局2071台、拜城县气象观测站、新疆龟兹研究院克孜尔千佛洞、拜城县笑好出租车服务有限责任公司、拜城县富康康源肉食品加工有限公司、新疆拜城县一成投资有限公司燃煤锅炉7台燃煤锅炉改电，推动拜城县八通煤炭运销有限责任公司、新疆裕润酒业有限公司2台燃煤锅炉改气，推动拜城县亚联钢构结构制造有限公司、拜城县乘龙苯板加工销售部2台燃煤锅炉淘汰；推动农村586户散煤清洁化治理工程。监督管理减排。加大对重点排污单位环境监测、执法监测力度，监督辖区焦化、水泥等企业已建设的脱硫脱硝等污染减排工程连续稳定运行，严防污染反弹。商工局继续对水泥熟料生产等企业实施冬季错峰生产，降低采暖季污染负荷；督促重点污染源安装在线监测设施正常运行并联网；公安局加强对机动车的环境管理，积极推进黄标车和老旧车淘汰，全面供应国六标准车用汽油、柴油，减少交通源氮氧化物的排放。

【环境管理】 2020年，拜城县生态环境局持续优化营商环境，采取主动服务、定期调度的方式，指导帮助2020年续建、新开工项目环评手续办理，争取项目早日落地，80个项目全部完成环保手续的办理。全面开展固定污染源排污许可清理整顿，通过“摸、排、分、清”四个步骤，全面摸清固定污染源污染物排放状况，对地区推送1229家企事业单位全部完成辨识，应核发排污许可345家，全部完成核发。扎实做好全国第二次污染源普查和环境统计，完成《总结报告》《技术分析报告》《数据分析报告》初稿的撰写并通过地区验收。是年，加强监察执法、环境监测、项目审批、环保专项资金管理等环节全方位廉政风险排查，进一步完善考勤、出差、用车管理等有关制度，实行政务公开，建立健全信访投诉案件实施交办制度、环境投诉处理机制、奖励制度，增加工作透明度，工作效率进一步提升。对政务服务事项共96项进行规范梳理、录入及网上审批。推进“最多跑一趟”“一趟不用跑”服务，共办理建设项目网上备案165个，办理预审意见63个。根据分级分类管理要求，通过“自制教程讲授”“网约代办”等方式督促规模以上单位委托第三方机构组织申领排污许可证，有效解决小微企业申领困难。

污染防治

【重点领域污染防治】 2020年，拜城县生态环境局以中央环保督察反馈问题整改为抓手，举一反三、对有关环境治理情况再排查、再发现、再整治，共梳理辖区重点工作17项，制定印发《拜城县2019年今冬明春生态环境领域突出问题整治方案》，明确整治任务、量化整治时限、责任县领导、责任单位稳步推进整治任务，做到整改一个问题、避免一类问题、规范一个领域。通过各相关部门的不懈努力，八钢煤焦化深度脱硫脱硝、众泰煤焦化全封闭煤仓、热力供应企业封闭（半封闭）煤仓等项目加紧实施，养殖小区及时清运粪污、煤矿积极落实自行监测和扬尘管理措施、堆煤场所进一步完善扬尘管控措施、木材加工企业、玉米烘干企业积极完善环保手续、医疗机构进一步完善医疗垃圾收集转运和医疗废水消毒处置，各类环境信访投诉得到及时妥善处理。

【中央环保督察整改】 2020年，拜城县生态环境局根据《阿克苏地区中央环境保护督察反馈意见整改工作实施方案》，拜城县共认领11项整改任务。在县委、县政府主要领导关心支持下、在县分管领导带领下，县整改办一件一件推整改、一件一件督落实，通过现场督办、发提醒函、开协调会等方式督促各牵头单位及相关部门全力以赴抓好整改工作。截至2020年年底，拜城县全面完成中央环保督察反馈意见整改工作，11项整改任务交账销号，整改完成率100%。

【空气污染防治】 2020年，拜城县生态环境局积极推进工业污染源大气综合治理。辖区焦化、水泥、热力公司等重点企业全部按环保要求配套建设了污染防治设施，安装在线监控设施，实现稳定达标排放。督促开展挥发性有机物治理、炉头烟治理、烟气在线监测、自行监测和在线监测第三方运维，全面提升工业废气治理能力，八钢煤焦化投入5000万元建设烟气深度脱硫脱硝工程。持续推进燃煤锅炉综合整治。通过“煤改气”“煤改电”“集中供暖”等方式淘汰燃煤小锅炉11台。强化扬尘污染防控。定期检查督促煤矿、焦化厂、洗煤厂、煤炭交易市场及其他厂矿企业采取定期清扫、定时喷淋、物料苫盖等措施抓好扬尘管控，督促众泰煤焦化、天源热力、昌恒热力建设全封闭煤仓。

【水污染防治】 2020年，拜城县生态环境局强化城镇生活污水治理，投资3500万元对现有城镇污水处理厂进行提标改造，改造后出水水质可达一级A排放标准，提高拜城县城镇污水处理能力，截至2020年11月，完成进水调试。全力保障饮用水水源地安全。针对原城镇饮用水水源地存在饮水安全的问题，投资5500万元新建城镇集中式饮用水水源地一期工程，水源地井房及办公用房已建成，输送管道安装19.3千米，年末总体进度完成96%。做好农村水环境质量监测工作。对拜城县“千吨万人”以上农村饮用水水源地、灌溉规模10万亩以上农田灌区及农村日处理20吨以上生活污水处理设施开展季度、年度水质监测，水质达标率100%。做好水污染物总量减排工作。

【土壤污染防治】 2020年，拜城县生态环境局严格落实危险废物规范化管理，定期对危废产生、处置单位开展监察工作，落实管理计划备案、转移联单考评考核等相关制度，做到产生清、去向明、处置得当。制定印发《拜城县废铅蓄电池收集转运处置专项整治工作方案》，成立专项整治领导小组，明确各部门责任，形成联动机制，严厉打击涉废铅蓄电池违法犯罪行为，全面提高拜城县废铅蓄电池规范化收集转运处置率，降低环境污染风险。

【环境应急管理】 2020年，拜城县生态环境局高度重视环境应急管理工作，及时调整应急工作领导小组，确定2020年环境应急管理的工作目标，以固体废物和废气的正常排放或处置不当而导致的污染事故、危险化学品、废弃化学品、固体废物污染事故、其他突发环境污染事故为重点，建立各部门联席会议制度，保障环境应急管理工作落到实处。2020年6月和10月，拜城县生态环境局参加拜城县众泰煤焦化公司、峰峰煤焦化公司两家化工企业开展的综合应急演练，围绕预设内容，在拜城县生态环境局指挥组的严格指挥协调下，完成预定演练任务。通过演练，提高拜城县生态环境局工作人员对应急程序的掌握程度和对突发事件的应急能力、协调配合能力，使环境应急队伍得到锻炼，应急能力得到切实提高。是年，拜城县生态环境局执法人员对全县在产工矿企业、涉危行业、焦化企业、涉重企业、矿山等进行现场检查。尤其针对重点时期、重点行业开展环境安全检查工作，实行定期与不定期检查方式，发现问题，及时要求整改，对整改不力的依法依规进行处罚，确保拜城县生态环境安全。

【农村环境保护与集中治理】 2020年，拜城县生态环境局制订下发《环保局关于〈拜城县农村人居环境整治三年行动实施方案〉重点任务专项方案》《拜城县农村污水治理工作实施方案》《拜城县环保局人居环境整治工作重点》《拜城县环境保护局农村人居环境整治2019—2020年工作推进方案》等文件，明确指导思想、行动目标及重点任务，强化责任及任务完成期限，为农村环境整治工作奠定了基础。

现状：拜城县共有行政村157个，总户数41892户。2018年以来，全县建设集中式农村生活污水治理设施的农户3999户，占全县总户数的9.54%；建设分散式农村生活污水治理设施农户35837户，占全县（市）总户数的85.5%；纳入城镇污水管网的农户1891户，占全县（市）总户数的4.5%；农村生活污水得到治理的行政村157个，占全县总行政村的100%，农村生活污水得到治理总户数41727户，占全县（市）总户数的99.6%；农村生活污水乱排乱放现象得到管控的行政村157个，占全县（市）总行政村的为100%。

农村生活污水治理项目完成情况：2020年，完成2019年度环保专项资金项目2个。其中，米吉克乡库木墩村污水治理设施项目45.5万元，康其乡库尔玛村下水管网建设项目34.5万元。2020年，申请农村生活污水治理中央农村环境整治资金94万元用于察尔齐镇兰干村农村环境整治污水治理项目，项目建成后，全村507户村民生活污水得到有效治理，有效治理率达到100%。截至2020年11月，上述3个项目完成建设并通过验收。

饮用水水源地生态环境保护：2020年，拜城县生态环境局对辖区农村饮用水源地进行排查，针对排查中发现的问题制定整改方案。拜城县有21个集中式饮用水水源地，其中1个为城镇饮用水源地，其他20个为乡镇集中式饮用水水源地。其中8处为泉水水源，12处为地下水水源，主要分布在15个乡镇（场）。截至年底，20个集中式饮用水水源地已划分水源保护区。通过排查，拜城县农村饮用水水源地保护区内无排污企业。对拜城县“千吨万人”以上农村饮用水水源地、灌溉规模10万亩以上农田灌区及农村日处理20吨以上生活污水处理设施开展季度、年度水质监测，截至2020年12月，完成农村水环境质量监测。

农村黑臭水体摸排工作：2020年，拜城县生态环境局严格落实河长制，发挥河湖长的工作职能，精心组织、全面排查，牢牢把握黑臭水体排查范围及对象，对辖区内4个镇、10个乡、1个管委会所有河流以及村庄周边排水渠等各类大、中、小水体进行拉网式全面摸排。经排查，拜城县辖区内未发现黑臭水体。

2020年，拜城县生态环境局发挥自身优势，在“访惠聚”驻村点康其乡库尔玛村积极推进垃圾分类处理和环境整治体系建设，改造粪污呕制发酵再利用无害化卫生旱厕4座；组织本村村民对辖区内大小洪沟、水渠等地定时清理、打捞污物，开展巡河18次，农户生活污水有序排放，房前屋后、河塘沟渠实施清淤疏浚2处。

【环境执法】 2020年，拜城县生态环境局始终对环境保护严峻形势保持清醒认识，通过强化环境监管执法，实施最严格的环境监管措施，对各类环境违法行为保持高压态势。强化日常监管，专项检查与“双随机”抽查相结合，根据污染物排放情况、阶段性，对医疗机构、焦化企业、油气开发企业、煤矿企业等行业领域专项执法检查，下达责令整改通知书25份，办结行政处罚案件10起，缴纳罚没款145.5万元，办理查封扣押案件1起。加大群众举报问题查处力度，着力解决群众反映较为强烈的噪声、油烟、污水、粉尘等突出环境问题，共受理群众环境投诉12起，办结12起。

【危险废物监管】 2020年，拜城县生态环境局组织对全县危险废物产生及经营单位进行筛查，重点对6家危险废物产生单位、3家经营单位、1家医疗机构进行危险废物规范化考核，对照《危险废物产生单位、经营单位规范化管理指标及抽查表》进行现场检查，督促企业落实危险废物污染防治的主体责任，对不达标内容，提出整改要求。

根据阿克苏地区生态环境局《关于印发〈阿克苏地区2020年危险废物规范化管理督查考核工作方案〉的通知》（阿地环字〔2020〕10号）要求，拜城县生态环境局制定《拜城县2020年危险废物规范化管理考核工作方案》，按照《危险废物产生单位、经营单位规范化管理指标及抽查表》对辖区内重点危险废物产生单位及经营单位组织进行危险废物规范化管理并开展考核，考核危险废物产生企业6家，达标企业6家；考核危险废物经营企业3家，达标企业3家；考核医疗废物产生单位1家，达标企业1家。

【地下水污染防治】 2020年，拜城县生态环境局自然资源部中国地质环境监测院委托新疆维吾尔自治区地质环境监测院自2018—2020年每年对拜城县地下水监测工程运行维护与地下水质采样分析工作，对大桥乡奥吾其格村、布隆乡阿克墩村、环城路以南、米吉克乡雅满苏村、克孜尔乡米斯买里村5个地下水监测井采样分析。

调查区内的含水层有基岩裂隙含水层、古生界碳酸盐岩、碎屑岩溶蚀裂隙含水层、碎屑岩类裂隙孔隙含水层、第四系松散岩类孔隙含水层。第四系松散岩类孔隙含水层富水性强，是主要的目的含水层，含水层厚度巨大，最厚可达550米以上。该次调查结果证实，山区河谷卵砾石含水层的渗透系数为23.03m/d~53.75m/d，冲洪积扇砂卵砾石含水层的渗透系数19.48m/d~43.51m/d，细砂、粉砂含水层的渗透系数2.63m/d~5.68m/d。

经过3年的外业工作以及综合研究，运用国内外先进的勘查方法和技术手段，获取大量的第一手资料，查清库—拜盆地水文地质条件。对新疆西北部的库—拜盆地地下水资源进行全面系统的调查研究，查明库—拜盆地的构造格架和地层、岩性特征；系统地查明盆地内含水层系统地下水的赋存条件、地下水动态、水化学特征；采用均衡法对全盆地地下水资源进行了全面的计算与评价；密切结合煤炭基地建设对水资源的需求，提出不同类型地下水的开采方式和全盆地地下水资源的合理开发利用建议。调查表明，库—拜盆地内分布有多个潜在煤炭基地供水区，赋存有较为丰富的地下水资源，并且多数水质良好，通过科学合理地开发利用这些地下水资源，可以在一定程度上缓解煤炭基地水资源供需矛盾，有效地支撑库—拜盆地煤炭基地的建设、运行、生态环境保护及社会经济发展。

2020年，拜城县生态环境局认真贯彻《拜城县水污染防治工作实施方案》要求，开展对集中式地下水型饮用水水源补给区环境状况进行调查，采集相关数据。结合拜城县人民政府办公室《关于印发拜城县突出环境问题整治工作实施方案的通知》精神，督促煤矿、非煤矿山企业采取有效措施建设雨水收集沉淀池，防止雨天矿区黑煤水排入洪沟，对不符合环保要求设立的各类废水排放口依法查处并予以取缔，严禁山区黑煤水进入河道，避免影响河流下游水环境质量。

2020年，拜城县生态环境局对拜城县经营的19家加油站督促完成地下双层油罐更新改造工程并通过验收，完成率100%。

地下水质量考核点位情况表

表3

序号	原始编号	地市（区）	考核点位	同比变化情况（恶化/改善）
1	652926211135	阿克苏地区拜城县	阿克苏地区拜城县大桥乡奥吾其格村	改善
2	652926211136	阿克苏地区拜城县	阿克苏地区拜城县布隆乡阿克墩村	改善
3	652926211137	阿克苏地区拜城县	阿克苏地区拜城县城环城路以南	改善
4	652926211138	阿克苏地区拜城县	阿克苏地区拜城县米吉克乡雅满苏村	改善
5	652925211140	阿克苏地区拜城县	阿克苏地区拜城县克孜尔乡米斯买里村	改善

【农业面源污染治理】 2020年，拜城县生态环境局将农药包装废弃物回收工作纳入执法范围，督促农资店建立台账，截至2020年10月，各农资店累计回收农药包装废弃物445件、868千克，有效降低农业面源污染；开展国家农膜回收区域补偿制度试点工作，制定拜城县废旧地膜回收管理办法和废旧地膜回收标准，按照网格化管理15个乡镇废旧地膜回收站点和157个村级废旧地膜回收网点，通过构建捡拾、回收、利用、销售为一体的废弃农膜回收利用网格化管理体系和废弃农膜回收利用追溯监管系统，全面掌握网格单位内农膜回收增减量的变化，为制定科学的残留农膜回收方案作决策依据。

【水环境保护】 2020年，拜城县生态环境局严守环境质量底线，按照水环境质量“只能更好、不能变坏”的底线要求，加强组织领导，采取有效措施，实行最严格的水资源保护制度，落实水资源管理“三条红线”。加快推进重点区域和区域退耕减水，保证天然水体生态基流。对渭干河达到Ⅲ类水质以上的标准加强监督保护，确保水质维持现状。对拜城县水厂水源地及乡镇饮用水水源地保护及城区供水全过程监管，保障饮水安全。加强化肥、农药和畜禽养殖等农业面源污染的综合治理工作，提高工业园区集中防污治污水平；控制用水总量，工业、农业用水总量有所下降，生态用水总量有所提高；加快推进城乡生活污水处理及配套设施建设，大力促进再生水利用。完成“十三五”规划期间计划投资33739万元实施19个项目，重点推进集中式饮用水源地、农村环境综合整治，园区污水处理厂建设并投运，城镇污水处理厂达标废水综合利用、湿地保护工作，改善农业生产环境等工作。以重点流域水污染治理、饮用水源地保护，促进生态的和谐发展，加深重点流域的水质稳定性。

【排污口管理】 2020年，拜城县生态环境局督促全县所有重点排污企业、医院等19家单位都安装在线监测设备31套，通过环保验收31套，联网率为100%，验收率为100%。在自治区环境保护厅网站公开排污单位排放主要污染物名称、排放方式、排放浓度和总量、超标排放情况、治污设施建设和运行等污染源环境信息。

【环保科技】 2020年，拜城县生态环境局将水污染防治领域项目纳入中科技项目重点支持范围，重点支持水资源保护、水域岸线管理、水污染防治、水环境治理、水生态修复等新能源利用、节能环保等技术的转化应用与示范等领域的科技创新。优先支持“低能耗、低（零）污染、低资源依赖”、废水低成本深度处理、清洁生产、循环经济、废弃物及秸秆资源化高值利用及资源再生利用等技术的转化推广应用。是年，按要求上报各类科技计划项目。多种形式增强企业和群众的环境保护意识，公开向社会征集“水污染防治”先进适用技术和科技计划项，使社会各界更多了解、积极参与环境污染防治工作。积极组织新疆竣新化工股份有限公司以能源化工为切入点，1月，申报国家实验室——新疆峻新化工股份有限公司检测中心。

【水功能区编制】 2020年，拜城县生态环境局加强水功能区限制纳污制度建设和措施落实，严把入河排污口审批关，切实加强日常监督管理，同时，加强与水利部门的协调配合，落实设置入河排污口的单位在向环保部门报送建设项目环境影响报告书（表）之前，向水利部门提出入河排污口设置申请，将入河排污口设置审批作为建设项目环境影响评价的前置条件；严格规范排污单位的排污行为，2020年，未批准新增入河排污口。

【环保宣传】 2020年，拜城县生态环境局利用“6·5”世界环境日、“法制宣传日”的机会，通过多种形式和印发资料，加强环境事故应急宣传，增加公众预防环境污染事故的常识，增强公众的防范意识和相关心理准备，提高公众的防范能力，为预案的实施奠定良好的群众基础。

【疫情防控】 2020年，拜城县生态环境局严格落实县委疫情防控“3348”工作机制，及时传达学习上级应对新冠肺炎疫情工作领导小组会议精神，研究部署持续做好疫情防控相关工作，按照“疫情就是命令，防控就是责任”的要求，多次召开防疫专题会议，把科学防控疫情作为头等大事来抓，高度重视，研究部署，紧急响应。1月26日、7月26日紧急进入临战状态，全力做好生态环境系统新型冠状病毒肺炎疫情防控工作，维护社会和谐稳定。坚决落实县委关于包联社区、居民小区开展疫情防控各项措施，第一时间赶赴金苑小区开展防疫工作，不折不扣完成任务。其间环保局累计投入390余人次、资金6000余元。做好统筹推进疫情防控和经济社会发展环评审批服务保障，实施环评审批正面清单，豁免部分项目环评手续办理，依托政务服务网等平台，最大限度做到“网上办”“不见面”审批。对重大项目、扶贫领域项目、复工复产重点项目、生猪规模化养殖等重点项目，开辟绿色通道，优化审批流程，全程指导服务，压缩审批时限，把好审批质量关。加强新型冠状病毒肺炎疫情防控期间环境监管执法，开展城镇污水处理厂、医疗机构、集中隔离点、医废处置单位、应急处置单位和饮用水源地等的环境监管执法工作；督促城镇污水处理厂切实加强消毒工作；督促接收新型冠状病毒感染的肺炎患者或疑似患者诊疗的定点医疗机构、相关临时隔离场所及研究机构，严格执行《医疗机构水污染物排放标准》，对污水和废弃物进行分类收集和处理，确保稳定达标排放；督促没有医疗污水处理设施或污水处理能力未达到相关要求的医院参照《医院污水处理工程技术规范》，因地制宜建设临时性污水处理罐，采取加氯、过氧乙酸等措施进行杀菌消毒；切实加强对医疗污水消毒情况的监督检查，严禁未经消毒处理或处理未达标的医疗污水排放；加强饮用水水源的巡查与保护，做好水质监测，确保饮用水水源不受污染。明确责任，坚决落实单位、个人防疫各项措施。

（张志刚）

发展和改革与经济监督管理

发展与改革

【概况】 拜城县发展和改革委员会（以下简称“县发改委”）是县人民政府工作部门，为正科级，加挂拜城县粮食和物资储备局牌子。主要负责全县的宏观经济调控、国民经济和社会发展战略、总体规划及年度计划的拟定和执行、经济运行分析监测、经济协作、经济体制改革与对外开放、产业协调、项目审批管理、招商引资、重大项目管理和调度、易地扶贫搬迁、节能、物价监管、粮油流通行政管理、行业指导监管等工作，同时还牵头负责以工代赈和温拜对口帮扶等工作。内设办公室、国民经济综合和社会发展股、固定资产投资股、农业和农村经济股、工交能源股、价格收费管理和成本监审室、粮食物资规划发展股、粮食物资储备室、援县工作室、全社会节能监察室10个股室和拜城县粮食监督稽查大队、拜城县投资项目服务中心、拜城县价格认定中心3个二级单位。

固投与项目

【固定资产投资】 2020年，拜城县共实施固定资产投资项目107个，年度计划投资76.34亿元，同比增速12.5%，其中实施农林水牧项目20个，年度计划投资22.8亿元；实施综合交通项目9个，年度计划投资4.39亿元；社会事业项目13个，年度计划投资2.81亿元；城镇基础设施项目16个，年度计划投资10.45亿元；房地产项目8个，年度计划投资4.3亿元；“6+1”产业项目41个，年度计划投资35.67亿元。

【重大项目】 2020年，拜城县牢固树立“经济工作项目化、项目工作责任化”的理念，成立固定资产投资项目指挥部，制定项目里程碑计划，设立项目推进评比台，压实责任，倒排工期，挂图作战。围绕县域产业发展特色，规划覆盖民生改善、农业规模化、煤化工产业等领域重大项目20个，总投资220.85亿元，年度计划投资43.95亿元。是年，举办库拜玉公路、温泉水利枢纽工程、温州大酒店、30万头生猪等7次重大项目开工仪式，大宛其煤矿火区治理工程顺利获批；拜城县温泉水利枢纽工程项目实施；百姓期盼多年的库拜玉高等级公路开工建设；众泰煤焦化20万吨/年焦炉煤气制甲醇项目12月底进入调试阶段。

【中央预算内投资】 2020年，拜城县争取中央预算内投资项目39个，争取资金5.9亿元，争取中央预算内资金项目是2019年的1.86倍，资金争取额度是2019年的4.72倍，争取资金呈现质的飞跃。争取一般债、专项债和抗疫国债资金项目15个，总投资24.13亿元，到位资金5.71亿元。资金争取有效缓解县财政压力，助力经济发展效果显著。

【项目管理和审批】 2020年，县发改委对政府投资项目实行“在线审批制度”。除涉密项目外，建设单位、相关企业在办理项目审批、核准、备案时，通过项目在线审批监管平台，使用在线平台生成的项目代码办理政府投资项目审批手续。发改委通过在线平台列明与政府投资有关的规划、产业政策等，公开政府投资项目审批的办理流程、办理时限等，并为项目单位提供相关咨询服务。是年，办理批复事项199项，其中备案类项目91项、审批类项目108项。

（李雅琳、阿衣孜木古丽·吐尔逊）

深化改革

【全面深化经济体制改革】 2020年，拜城县推动工程建设项目审批制度改革：发改委、住建局、自然资源局分别牵头审批各个阶段，开展一张表单、一站式服务前期各项工作。拜城县联合审批平台窗口可办理审批事项总共47个，其中拜城县审批权限36个。是年，工程项目联合审批平台总共办理93个项目、227个审批事项。同时，提高办税服务水平，优化办事流程，发放《税务行政许可事项服务指南》，实行受理单制度，从适用范围、办理依据、申请材料等20个方面统一审批事项办理，做到“一窗受理、内部流转、限时办结、窗口出件”。纳税人到自助办税厅可以办理发票认证、发票领取、发票代开等网上办税体验。

【节能减排】 2020年，县发改委认真践行“绿水青山就是金山银山”的绿色发展理念，牢固树立“生态立县，环保优先”的思想，不断深化蓝天碧水净土保卫战，强力推进空气、水、大气动态监测，狠抓扬尘、污水、尾气等污染物排放综合治理，实现全年平均优良天数比例为61.8%；城市细颗粒物（$PM_{2.5}$）年均浓度70微克/立方米。积极推进工业污染源大气综合治理。辖区焦化、水泥、热力公司等重点企业全部按环保要求配套建设污染防治设施，安装在线监控设施，实现稳定达标排放。督促开展挥发性有机物治理、炉头烟治理、烟气在线监测、自行监测和在线监测第三方运维；全面提升工业废气治理能力，八钢煤焦化投入5000万元建设烟气深度脱硫脱硝工程，已建成并调试成功。持续推进燃煤锅炉综合整治。通过“煤改气”“煤改电”“集中供暖”等方式淘汰燃煤小锅炉，淘汰燃煤小锅炉11台；持续推进大气污染物总量减排。2020年，实施八钢煤焦化烟气深度脱硫脱硝工程、淘汰11台燃烧小锅炉，削减二氧化硫148.60吨、氮氧化物583.29吨。

【农本调查】 2020年，县发改委全面贯彻落实自治区和地区农牧产品成本调查工作安排部署，认真开展小麦、玉米和种良羊畜产品等农副产品生产成本调查，在托克逊、康其、温巴什等乡筛选18户种植大户和养殖大户作为农本调查对象，年底前摸清农户的种植意向、种植和生产成本、存售粮情况，为确保农本调查数据的真实性和准确性，在农本调查过程中事先规划好调查点和时间，深入调查点和调查户家中全面了解和掌握农本调查户的种植成本和种良羊畜产品的养殖成本，并按要求按时给地区上报农本调查各类报表11次，为自治区制定相关政策提供了基础有效的数据，同时为18户农调户发放农本调查补贴18000元（其中小麦、玉米每项调查户9人、每人每年1500元、共13500元，畜产品调查户9人、每人每年500元共4500元），以此提高农本调查户的积极性，为数据的真实性和准确性提供有力保障。

【涉企收费清理整顿】 2020

年，县发改委为加快拜城县经济发展步伐，减轻企业负担，优化投资环境，打造政策助企业发展新高地，对全县涉企收费单位开展对自己单位收取的所有收费项目、标准、收费依据、收费对象、收费内容等情况自查自清工作，经过清理整顿，拜城县共保留进清单的涉企收费74项，涉及12个部门。自查自清工作结束后，发改委在新疆收费管理信息网上进行对已公示的涉企收费项目检查并梳理工作。

【易地扶贫搬迁】 2020年，拜城县易地扶贫搬迁工作持续做好后续帮扶工作，通过发展种植养殖业、自主创业、转移就业、公益性岗位等措施，使277户980人全部脱贫。其中转移就业371人，在家发展种养殖业188人，人均收入10155元，该项工作通过自治区、地区易地扶贫搬迁领导小组评估验收。同时，推荐克孜尔乡艾合买提·艾山为全国“十三五”励志易地扶贫搬迁群众。

（阿衣孜木古丽·吐尔逊）

粮食和物资储备

【粮食和物资储备局概况】 按照中共拜城县办公室文件《中共拜城县委办公室 拜城县人民政府办公室关于印发〈拜城县发展和改革委员会职能配置、内设机构和人员编制规定〉的通知》，县发改委加挂县粮食和物资储备局牌子，拜城县粮食和物资储备局为拜城县发展和改革委员会管理的部门机构。原核定的粮食和物资储备局7名编制（其中行政编4名、事业编3名）划入县发改委总编制。现有编制人数8名（其中行政编5名、事业编3名）。粮食和物资储备局下设粮食稽查大队，共3人，负责粮食流通、统计、安全生产行政执法检查等工作。

【粮油市场监管】 2020年，县发改委（粮食和物资储备局）坚持“国以民为本，民以食为天”的管理理念，严格要求粮食经营、加工企业执行最高、最低库存标准制度；建立粮食应急供应网点，与5家粮食应急加工企业签订拜城县应急粮油加工供应合同，确保粮食加工企业每日库存在1000吨以上，做到应急时有粮可用、有粮可调，有效预防粮食市场供求波动，为粮食市场供应和价格基本稳定提供了保障，为实现社会稳定和长治久安奠定了基础。疫情防控期间为了防止商家故意抬高价格，面粉价格按不同等级控制在3.28~3.52元/千克，大米价格控制在5.15~5.4元/千克，清油价格控制在13~17元/千克。

【粮食收购】 2020年，拜城县严格落实县长粮食责任制，积极做好夏粮收购、储备工作和秋收监管工作。是年，小麦总产量13.92万吨，需求量4.32万吨，国有粮食企业收购量5.23万吨（其中县级储备轮换0.5万吨、商品粮4.73万吨）。小麦库存5.98万吨，小麦加工企业收购0.5万吨。国有粮食企业总仓容7.95万吨，准备收购仓容3.5万吨。加强与农发行沟通协调，争取夏粮收购资金支持，向农业发展银行贷款9600万元。

【粮食管理】 2020年，拜城县国有粮食购销企业累计储备粮食3.55万吨，其中自治区地方储备粮0.75万吨、县级储备粮0.5万吨、贸易周转粮2.3万吨。为了保障储粮安全，确保粮食数量真实、质量完好、储存安全，拜城县发改委（粮食和物资储备局）与22家涉粮企业签订安全生产责任书，同时组织成立联合执法检查小组，每月定期对粮食购销企业、粮食农民合作社、粮食经营企业、面粉加工厂、大米加工厂等开展粮食安全执法检查。

【重要商品储备】 2020年，全县小麦播种2.02万公顷，年产量13.6万吨；玉米播种26866.67公顷，年产量36.2万吨；水稻播种333.33公顷，年产量0.3万吨。2020年，拜城县停止实施2004年以来以刺激生产为导向的“政府定价、敞开收购、敞开直补”的小麦收储政策，建立并实施以市场为导向的“政府引导、市场定价、多元主体收购、生产者补贴、优质优价、优质优补、应急托市收购”的小麦收储新机制，全年国有粮食企业收购小麦量5.5万吨（其中县级储备轮换0.5万吨、拜城县丰谷粮油购销有限公司自收5万吨。应急托市收购0万吨），小麦加工企业收购1万吨，国有购销公司上划地区后，有意扩大收购范围，将向农民开展“五代”业务，只要农民愿意交售，做到应收尽收，加之小麦收储制度改革，鼓励符合收购的多元体入市收购。

【重要消费品储备】 2020年，拜城县根据《关于进一步建立健全粮食应急供应保障体系实施方案》的通知（阿地粮安协调办〔2020〕1号）要求，按照自治区、地区关于城镇和农村人口成品粮油盐储备需求规定，确保全县购买口粮人口（80128人）15天的市场供应量，需储备成品粮421吨、成品油54吨。拜城县建立应急储备成品粮，30天的市场供应粮、油规模；面粉750吨、大米100吨、清油100吨（按照城居人口、农村购买商品粮人口的一个月储备，成品粮、油库存），实际储备成品粮、油库存，面粉1246吨、大米101吨、清油112吨，小麦库存3.55万吨。

【轮换投放】 2020年，经自治区粮食和物资储备同意，实行公开拍卖方式，由县域内面粉加工企业参与拍卖。4月公开拍卖1500吨，5月公开拍卖1500吨，6月公开拍卖1500吨，7月公开拍卖500吨，一共轮换5000吨小麦。

【救灾物资储备管理】 2020年，县发改委（粮食和物资储备局）为保障疫情期间各类物资供应保障，全面加强救灾物资储备管理工作。物资救灾库2014年竣工，总面积8000平方米，办公区748平方米、库房面积807平方米，总投资370万元，包括中央资金270万元、地方资金100万元。

【食盐储备管理】 2020年，县发改委（粮食和物资储备局）为加强全县食盐储备管理，增强应对各类突发事件能力，维护食盐市场稳定，保障食盐供应安全，采取与多家超市签订储备协议的方式，完成拜城县食盐储备管理工作。应急储备食盐保管费用每年0.2元/千克的标准测算，保管费用按计划内实际库存数量和储存时间计算，每年每吨补贴200元。需要调用企业储备食盐的，相关企业应按政府指令组织储备食盐的投放。

价格监管

【价格管理】 2020年，县发改委价格监测中心按照职责划分严格贯彻执行国家、自治区和地区价格政策规定，对在定价目录权限范围内的商品价格、服务价格进行管理，制定和调整政府管理的重要商品和服务价格，对政府管理的价格进行监管，对在价格监管系统监管平台审批备案的69个行政（事业）性单位的收费进行事中事后监管，如期完成一年一度的收费单位收费情况统计报告和公示公告工作。同时，分别将相关收费数据录入自治区收费系统和国家收费系统，有效地规范各收费单位的收费行为；完成拜城县城镇居民生活用水阶梯水价和非居民超定额累进加价制度方案的制定工作，通过多次征求相关部门意见，起草制定拜城县城镇居民生活用水阶梯水价和非居民超定额累进加价制度方案，经常务会议研究通过后印发执行；扎实推进农业水价综合改革工作，会同水利部门起草《拜城县农业用水调价方案》，经拜城县人民政府2020年第四次常务会议审议通过后，起草《关于调整拜城县农业用水价格的通知》印发执行；扎实开展阶段性降价政策落实工作，严格按照国家、自治区、地区和县委各项支持企业复工复产优惠政策部署，制定拜城县阶段性降低个体工商户水、电、气、暖降价政策，加强政策宣传和政策落实的监管，确保政策落实到位、宣传到位、监管到位。

2020年，一般工商业、大工业电价及其他电价按95%结算，受益用户7382户（其中大工业用户54户、一般工商业用户7326户、基本电费用户2户），累计受益金额1359万元；非居民天然气商业用户共计611户（其中工商业575户、集中供热户36户），累计受益金额181.59万元，该政策自2月1日至6月30日；集中供暖个体工商户共2295户，自2月1日至3月15日供暖期间暖气费下调10%，退费3321户，清退金额18.75万元（其中折抵下年暖气费用户819户、折抵金额6.65万元）；自来水商业用户共1800户（其中直供78户、转供1722户），自2月1日至6月30日商业用水价格下调10%，受益用户数1800户，受益用水量7.71万立方米，受益金额2.47万元；加强液化气价格动态管理，对液化气公司的液化气进购价格进行严格审核，通过测算成本测算及时调整液化气销售价格，积极开展石油液化气固定经营费成本监审工作，2020年9月，委托新疆新华瑞有限责任会计师事务所对拜城县石油液化气有限公司2017年至2019年度3年的经营成本进行核算。该公司2017至2019年3年平均供气成本价为26.48元/瓶（不含税），县发改委按照《政府制定价格行为准则》《政府制定价格听证办法》等规定，依法履行价格听证程序后，经司法局合法性审查后报请县人民政府常务会议研究；认真办理各类价格投诉和价格咨询案件19起，其中协调处理锦绣园小区、创业街、众泰小区、美景花园小区、北苑新村小区、商业街、博雅苑小区等涉及物业服务收费、停车收费、门禁卡收费等问题7起；供热收费问题投诉5起；协调处理纪委监委移交关于物业服务收费、降价政策落实、煤矸石价格和液化气价格督办3件；协调处理乡镇举报关于教育系统收取课后托管费问题线索2起；办理“12345”新疆政务平台关于LNG燃气和出租车收费问题的投诉和政策咨询2起。

【价格监测】 2020年，县发改委价格监测中心认真做好价格检测工作，积极应对疫情对市场供应的影响，迅速启动重要民生商品应急价格检测，加大市场价格巡查力度，对生活必需品粮、油、肉、蛋、禽、菜，医用用品等商品进行重点监测并按要求于特殊期每日，一般情况每周三上午11：30前分别对常规监测的价格周报及价格检测分析报告报送地区发改委价格监测中心，并密切关注市场价格运行情况，及时在县政府网站发布粮油、蔬菜水果、肉蛋禽、农资等重要商品价格信息，对民生重要商品价格出现较大异常波动时提出价格预警，制定有效的价格调控措施和调控建议，因2020年疫情，按照自治区和地区、县委、县政府的安排，每日对拜城县市场进行监测，密切关注生活必需品和医疗用品价格动态。截至2020年年底，拜城县市场秩序良好，各类商品价格运行平稳，未出现较大波动。

【价格认定】 2020年，拜城县发改委价格认定局严格按照程序，认真受理公安、纪检等司法机关和税务部门委托涉案、涉税价格认定工作，依法开展价格认定工作，受理各类价格鉴定业务980件，评估金额170275419.7元。其中，涉案物品价格鉴定44件，鉴定标的13.14万元，涉税房屋价格鉴定936件，鉴定标的1.70亿元。

（高　源）

审　计

【概况】 拜城县审计局（以下简称“县审计局”）设有办公室、法规室、审计股、固定资产投资审计股4个股室及1个二级事业单位（拜城县固定资产投资服务保障中心），核定行政编制9个，其中领导职数3个、参照公务员管理编制3个、行政工勤1个。核定事业编制8名，其中领导职数1个。2020年实际在职人员17人，行政9人，其中领导3名（四级调研员2人，三级主任科员1人），四级主任科员5人，参照公务员管理1人，事业7人，机关工勤1人。

【综述】 2020年，县审计局完成财政财务及专项审计项目20个（其中预算执行审计项目1个、经济责任审计项目5个、财务收支审计项目4个，专项资金审计项目10个），经审计挽回经济损失63万元，审计建议被采纳40条。

【重大政策措施落实跟踪情况审计】 2020年，县审计局重点对财政政策落实、复工复产、财政资金提质增效、稳就业举措、金融支持政策、脱贫攻坚、城乡义务教育补助经费、“放管服”改革及清理拖欠民营企业中小企业账款等方面进行审计。审计查出问题5个，整改问题5个。通过审计为促进自治区、地区、县委重大决策部署和政策措施贯彻落实、维护政令畅通提供有力保障。

【预算执行监督】 2020年，县审计局对县财政局2019年度本级财政预算执行和其他财政收支情况进行审计，同时对相关单位和部分专项资金进行延伸。重点关注县财政预算执行、决算草案编制，财政专项收入，财政支出结构、存量资金使用情况。审计查出问题6个，整改问题6个。从审计情况看，拜城县财政部门紧紧围绕全县总体工作思路和要求，结合财政工作实际，认真梳理、深刻分析当前财政工作面临的机遇与挑战，认真执行国家各项政策，确保各项改革措施顺利实施，预算编制质量明显提高，预算执行力和约束力进一步增强，预算管理水平更加科学。

【经济责任审计】 2020年，县审计局对5个机关、企事业单位，6名领导干部从贯彻执行重大经济方针政策和决策部署、履行重大经济决策职责、履行财政财务和内部管理职责、落实党风廉政建设责任和遵守廉洁从政规定、以往审计发现问题的整改等方面进行经济责任审计。审计发现18个问题，整改问题18个。从审计情况来看，经济责任审计强化对权力运行的监督制约，明确领导干部的责任划分，进一步将审计结果服务于干部管理和监督工作，为干部考核和提任提供一定的参考依据。

【扶贫专项审计】 2020年，县审计局对县扶贫办2019年7月至2020年3月脱贫攻坚政策贯彻落实、扶贫资金分配管理使用及绩效情况进行专项审计，并延伸审计县财政局、农业农村局、水利局、交通局、教科局、民政局、商工局、人社局、医保局、住建局和5个乡镇的15个贫困村。审计查出问题2个，整改问题2个。从审计情况来看，拜城县采取加大产业化扶贫、劳动力转移等措施，全力助推打赢精准脱贫攻坚战，有效改善农村生产生活条件，提升扶贫脱贫质量和实效。

【温州援拜项目审计】 2020年，县审计局对2019年10月至2020年10月浙江省温州市援建拜城县资金和项目情况进行审计，主要是补助类和智力援助类项目15个，涉及资金29534.95万元，无审计问题。从审计情况来看，产业援疆项目的实施，拓宽农牧民就业渠道，拓展农产品的销售渠道；民生项目的实施，进一步改善各族群众的生产生活以及居住条件；教育援疆项目的实施，大大改善办学条件，提升教师素质，促进拜城县教学水平的明显提高；交流交往项目的实施，增进其他各省与新疆、各民族之间的交流交往交融。

【财政收支情况监督】 2020年，县审计局对自然资源局、民政局、大宛其管委会、计划生育服务站4个行政事业单位进行财务收支审计。在审计中，一方面严格执法，重点关注是否存在违反国家财经法规行为，如挤占挪用专项资金、应缴未缴财政款项等问题，审计后得到了整改；另一方面注重服务，根据被审计单位的实际情况，从规范管理制度入手，提出操作性强的审计意见和建议，规范财务管理和核算行为，从而为被审计单位提高财务管理水平，取得较好的审计效果。

【审计整改】 2020年，县审计局积极推动审计查出问题的整改落实，督促相关部门单位落实整改。被审计单位深入分析原因，认真研究采纳审计意见和建议，落实整改主体责任，制定整改措施。各部门、各单位预算管理水平不断加强，自觉遵守财经纪律意识不断提高，财政财务管理水平有所改善。是年，通过追缴相关部门、单位资金、调整账务等整改问题、修订或制定规章制度，审计发现问题基本整改到位。

【审计公开】 2020年，县审计局为增强审计透明度，提高审计质量，监督审计结果执行，在拜城县政府网站上发布2020年度4个审计项目结果公告，分别为《拜城县2020年第四季度重大政策措施落实情况跟踪审计结果公告》《拜城县2020年第三季度新增财政资金直达市县基层直接惠企利民情况专项审计结果公告》《拜城县2019年7月至2020年3月脱贫攻坚政策措施落实、扶贫资金分配管理使用及绩效情况专项审计结果公告》《2020年支持新疆发展资金和项目跟踪审计结果公告》。

（王春霞）

统 计

【概况】 2020年，拜城县统计局下设社会经济调查队、普查中心两个事业单位。社会经济调查队，副科级建制，与农村经济调查队实行一套机构、两块牌子，核定全额预算管理事业编制3人，其中领导职数1人，依照执行国家公务员管理制度。局机关核定行政编制6人（领导职数3人），事业编1人，行政工勤编1人。局机关在职人数为16人，其中领导3人。内设办公室、业务股2个职能股室。

【概述】 2020年，拜城县地方GDP完成93.43亿元，增长10.0%；固定资产投资完成76.34亿元，增长25.3%；工业增加值完成52.27亿元，增长20.0%；社会消费品零售总额完成20.26亿元，增长13.7%；城镇居民人均可支配收入32914元，增长1.0%。

【统计监测服务】 2020年，县统计部门围绕全县经济增长目标，每月及时向县领导汇报经济增长目标完成进展情况。加强统计分析研判，主动加强和经济部门的沟通联系，积极解决统计存在的问题，为实现全年经济预期增长目标发挥统计职能作用。撰写统计信息，向县委、县政府提供统计信息、分析、简报等各类信息65篇，撰写统计公报，出台统计月报。发布《2019年国民经济和社会发展统计公报》，从综合经济、财政、农业、工业、消费、教育和社会事业、人口就业、人民生活等方面公布拜城县经济社会发展情况。

【统计法治建设】 2020年，县统计部门加强统计执法力度，夯实统计基础建设。开展统计执法检查，按照《关于开展规模以上工业生产数据定期核查工作的通知》精神，迎接自治区、地区统计局对辖区内的部分“四上”企业进行执法检查，进一步加强企业基础建设和统计数据质量；加强乡镇（管委会）、产业园区统计站建设，要求各乡镇（管委会）、产业园区按照上级要求挂牌成立统计站，进一步完善乡镇（管委会）、产业园区统计基础建设。

【脱贫攻坚普查工作】 2020年，拜城县国家脱贫攻坚普查成立脱贫攻坚普查领导小组办公室，落实普查经费，办公场所，组织人员参加培训，赴温宿县、和田洛浦县全面开展交叉普查工作，沙雅县赴拜城县进行交叉普查。完成拜城县国家脱贫攻坚普查工作。

【第七次全国人口普查】 2020年，拜城县第七次全国人口普查成立人口普查领导小组办公室，落实普查经费，办公场所，组织人员参加培训，全面开展普查工作。普查305721人。

【城乡一体化住户调查工作】 2020年，县统计部门继续深化开展城乡一体化住户抽样调查工作，县统计局专业人员每月到记账户家中进行业务指导，从源头上确保调查数据质量，提高记账准确性。

【单位名录库维护】 2020年，县统计部门组织相关专业人员及时收集单位名录进行整理，对新增、变更、注销、合并单位的基本字典库进一步维护和整理，确保其准确无误。全面完成法人单位和产业活动单位的属性和数量指标动态维护工作。

（孙良军）

应急管理

【概况】 拜城县应急管理局（以下简称“县应急管理局”）为正科级建制。2020年，核定行政编制8名，参公编4名，其中科级领导职数3名，工勤编制1名，实际在职10名。有内设机构4个：办公室、安全生产综合协调室、应急指挥中心、安全生产业务股。下辖县安全生产监察大队，股级建制，全额拨款，核定事业编制7名（参公），实际在职3名。县自然灾害综合监测预警中心，副科级建制，全额拨款，核定事业编制4名，实际在职2名。

【综述】 2020年，县应急管理局（县安委办）在县委、县政府的正确领导下，紧紧围绕社会稳定和长治久安总目标，坚持以习近平总书记做好新时代安全生产工作重要论述为指导，健全落实安全生产责任体系，全面优化“1+X”安全生产组织体系，有序推动安全生产领域改革发展，着力解决安全生产监管薄弱环节和突出问题，督促各级各部门突出抓好隐患问题整改，扎实开展安全风险分级分类管控和隐患排查治理，持续深化安全生产大检查、大整治，不断加大安全生产监管执法力度，有效防范和遏制各类生产安全事故发生，实现全县安全生产形势持续稳定好转。

【应急值守】 2020年，县应急管理局加强应急管理工作，规范应急值班值守工作程序，提高工作质量和办事效率，确保及时、高效处置安全生产与自然灾害事故。应急值守工作由应急指挥中心负责管理，实行统一安排，每月下旬制定下个月值班表，并定期提前做好通知和向上级报告工作。值班值守履行应急管理值班值守职责，严格落实领导带班、专人值班24小时应急值守制度，确保一旦发生突发事件，切实做到反应灵敏、行动迅速、处置有力，最大限度减少人员伤亡和财产损失。接受报送安全生产、自然灾害类信息，协调事故灾害处理事宜。带班领导审核审批上报的紧急信息，处理有关紧急公务、文件；指挥处置突发事件，根据需要派工作组指导应急处置，调度应急救援队伍和装备增援事发地；值班人员起草整理突发事件上报信息，经带班领导审核、主要领导审签后报县委、县政府及上级主管部门，跟踪续报突发事件信息。

【应急避难场所】 2020年，县应急管理局认真执行《自治区应急避难场所建设技术标准》（XJJ102-2018），对现有的避难场所落实配套资金，完善供水、供电等基础服务设施，加强日常管理和维护，使之具备安全避险、医疗救护、基本生存保障等功能，确保一旦发生自然灾害，能够立即投入使用。县域内有应急避难场所4处67.2万平方米。按照应急避难场所的要求，各乡镇、村（社区）等依据当地人口、地形地貌等因地制宜选择政府大院、村委会大院、草地、空旷地等规划设置应急避难场所，并挂“应急避难场所”指示牌，在避难场所附近重点的重要路口设置明显标注牌。

【应急保障】 2020年，拜城县救灾物资储备库有帐篷类、服装类和装具类等物资66种33716件（套）；与居民生活息息相关的必需品类物资主要包括猪肉、蔬菜、食用油等，该类物资主要以政府有关部门、单位及企业生产、市场流通储备为主。消防救援大队和矿山救援支队共储备专业救援装备61种1360件（套）；储备应急医疗物资52种1850件（套）。救灾食品及饮用水储备，主要以拜城县大型商贸流通企业的动态储备为主。同时，各乡镇、各单位建立健全应急物资储备制度，对现有的应急救援物资储备情况开展全面清查，建立详细台账，全面掌握现有的救援装备、物资的数量、分布、性能及储备地点，及时查漏补缺、更新补充完善物资，保障救灾物资充足，确保在发生灾害时能拿得出、用得上。

【应急救援队伍】 2020年，县应急管理局依托县消防综合救援大队、矿山救护支队等公共及社会力量组建县级综合应急救援队伍，定期组织相关专业队伍进行专项培训，确保关键时刻拉得出、上得去、打得赢。拜城县共有专业救援队伍18支417人。各乡镇、村（社区）依托民兵、保安、共青团组织等人员建立完善乡、村级应急救援队伍；各单位结合实际，进一步调整充实应急救援队伍。共组建兼职或志愿服务队伍382支6700余人。加强灾害信息员队伍建设，建立一支涵盖各类灾害、覆盖全县的基层灾害信息员队伍，综合承担灾害预警、灾害信息收集、传递、评估和应急救助等工作。全县共有灾害信息员211人。

【消防管理】 2020年，拜城县消防救援大队共检查单位331家次，督促整改火灾隐患126处，下发行政处罚决定书10份，责令“三停”2家，罚款5.36万元。全年火灾形势总体较为稳定。同比2019年，火灾起数下降4.16%，无伤亡，直接财产损失上升103.22%。全县共完成新建市政消火栓20个，推广安装独立式火灾报警器560个，全面部署开展今冬明春火灾防控、消防车通道集中攻坚、消防安全专项整治三年行动、消防事业高质量发展等消防专项行动，持续帮扶指导全县16个社区、15个派出所、88家重点单位、55栋高层建筑开展消防安全治理工作。

【消防应急演练】 2020年，县应急管理局与消防救援大队紧密结合，广泛宣传，不断提高居民消防安全能力。结合重大节点和辖区实际，积极开展送教宣传活动，开展火场逃生、灭火演练等活动50余场次；充分利用电视、微信公众号等新旧媒体，大力宣传防火工作，曝光各类隐患单位；先后在主流媒体发稿30余篇，县主流媒体每周发布消防安全知识；开展消防安全培训40次，发放张贴宣传资料3万份，有效增强群众消防安全意识，进一步增强民众火场逃生本领，为确保人民群众生命财产安全奠定坚实的基础。

【救灾工作】 2020年，县应急管理局为妥善解决今冬明春受灾困难群众的基本生活需求，扎实做好全县冬春救助工作，及时制定《关于组织开展2020—2021年度受灾群众冬春救助相关工作的通知》，严格按照受灾人员本人申请（或小组提名）、村（居）民委员会民主评议、乡镇人民政府（管委会）审核、县应急管理部门审批的程序精准确定救助对象。冬春期间，经自下而上摸底调查统计，拜城县今冬明春因灾生活困难需救助人口27653人，其中需口粮救助9000人，需衣被救助126人，需取暖救助人口24864人，需其他生活救助547人。经评估，为保障全县受灾困难群众今冬明春期间的基本生活，全县共需冬春生活救助补助资金947.83万元。

【防汛抗旱】 2020年，拜城县水旱灾害专项指挥部办公室根据县防洪应急预案要求备足防汛物资，提高全县防灾减灾的应对能力。在汛期来临之前，各项防汛物资储备完善，拜城县防汛指挥抗旱指挥部筹备防洪物资麻袋9400条，编织袋17.1万条，照明设备5台，铅丝网片2.8万平方米，铅丝58.8吨，铁钉3.6吨，卵石1万立方米，预制防洪墩510块，救生衣30件，物资价值123.41万元；贮备防洪工程机械，挖掘机8台，推土机8台，吊装设备2台，运输车辆20辆。

【森林防火】 2020年，县应急管理局编制下发《拜城县森林草原防火应急预案》，明确各成员单位的职责、任务等工作，在政府网站发布森林草原防火令的通告、春季大风天“禁火令”，为森林草原防火工作打下基础。进一步提高广大群众的防火意识，普及森林草原防火知识，营造全社会关注森林草原防火、参与森林草原防火、支持森林草原防火的良好氛围，设置宣传牌6块、警示牌15块、流动宣传车12辆，进行防火宣传377人次，发放宣传单2212份，经营单位签订防火协议书25份，与农牧民等林区作业人员签订防火承诺书523份。

【草原防火】 2020年，拜城县高度重视，进一步完善森林防火工作的组织领导，确保重点公益林的安全，调整充实森林草原防灭火指挥部组成人员，研究制定拜城县森林草原防灭火工作方针、政策和规划，统筹指挥和综合协调森林草原火灾扑救工作。

【应急演练】 2020年，县应急管理局坚持把应急演练作为检验预案、锻炼队伍、磨合机制、教育群众的重要方式，及时修订完善拜城县突发公共事件总体应急预案和26个专项应急预案，指导县直单位、乡镇、村（社区）、学校、企业立足实际，修订完善756个配套应急预案。扎实组织开展各类自然灾害应急演练，强化演练结果应用，不断调整完善预案，增强可操作性和科学性。累计开展各类应急演练540余次。

【安全生产事故】 2020年，拜城县辖区发生生产经营性道路交通事故1起，死亡1人，受伤1人，直接经济损失3万元，与2019年同期相比，事故起数下降83%，受伤人数下降91%，直接经济损失下降23%，死亡人数持平。工矿商贸、煤炭、农机、消防四大行业领域未发生生产安全事故，安全生产形势平稳。

【隐患排查治理】 2020年，县安委办牵头，组织消防、应急、住建、公安等部门建立联合监管机制，采取“消防主动查、物业网格查、行业部门查、单位自主查”工作模式，深入开展打通“生命通道”消防安全专项治理。是年，共完成住宅、学校、高层、公共场所消防通道标志标线施划398个，设置警示牌616块，清理各类场所障碍物529个，拆除老旧违章建筑约4000多平方米，新增扩建车位120个，纠正占道违法行为155起，整改火灾隐患170处，无整改难度较大的小区。

将常态化巡查、突击检查与联合执法相结合，开展消防车通道违法停放车辆突击检查行动，采取现场摄像拍照取证等方式，对违法车主或驾驶人一盯到底、依法实施警告或处罚。是年，开展联合检查5次，排查治理问题隐患40条，批评教育55人，劝离车辆70余辆，清理违规占用堵塞消防车通道行为15处。持续推进“1+X”专委会组织体系高效运行。以“1+X”专委会组织体系和“三个必须管”为抓手，推动各专委会作用发挥，统筹推进工矿商贸、危化品、矿山、消防、交通运输、建设施工等领域综合监管和行业主管工作。

以责任落实推动行业部门检查企业全覆盖。是年，排查各类生产经营单位、站点7834家次，排查各类风险问题隐患6884项，完成整改6564项，整改率95%，立案查处31起，停产整顿8家，行政处罚106.45万元。

【安全监管】 2020年，县应急管理局对辖区非煤矿山企业11家、危险化学品40家、烟花爆竹经营单位1家、冶金等工贸行业企业16家，深入开展安全生产专项整治三年行动。结合工作职责实际，制定《拜城县危险化学品、非煤矿山安全生产专项整治三年行动任务分解表》，建立年度安全生产专项整治任务清单，进一步分解具体工作，规划时间进度，落实责任人、月度工作情况等要素，形成挂图作战“一张表”，实现问题隐患和治理措施“两个清单”，扎实开展安全生产专项整治工作，落实隐患闭环管理，有序推进各项工作落实。共组织各类检查组4个，检查各类生产经营单位（场所）85家次，排查各类隐患458项，督促整改440项，隐患整改率96%，未发现重大隐患。

【安全生产宣传教育】 2020年，县应急管理局以全国安全生产月、防灾减灾周、119消防宣传周为契机，扎实推进安全生产、消防宣传进企业、进农村、进社区、进学校、进家庭，广泛开展安全事故警示教育、网上安全知识答题、安康杯竞赛、平安校园创建等活动。是年，共发放各类宣传资料4万余份，宣传教育群众13.31万人；县委组织部门将安全生产、消防安全知识培训纳入党校干部培训班的必修课，举办1期2天的安全生产专题培训班，100名乡镇、部门领导干部、安全监管人员参加培训；人社部门将生活安全、消防安全常识以及应急避险、自救互救技能知识培训纳入职业教育内容，指导用工单位开展农民工岗前安全培训。截至年底，开展职业技能培训122期4529人，组织开展各类知识竞赛活动60场次，2411人次参与。通过深入开展宣传教育活动，社会公众安全生产意识不断增强，广大干部职工遵章守纪、依法维护自身安全权益的自觉性和主动性逐渐提高。

【应急和事故管理】 2020年，县应急管理局及时修订完善《拜城县安全生产事故应急预案》《拜城县应急管理局安全生产事故灾难应急预案》《拜城县地震应急预案》，积极指导交通、建设、消防、水利、森林防火、民爆、特种设备、危险化学品、煤矿、非煤矿山等行业领域开展应急演练活动，积极组织开展辖区或主管领域内的人员密集场所、重点企业，消防、地震、安全事故等内容的各种应急演练。5月11日，利用指挥平台承办地区地震应急演练现场观摩会，参演人数800余人，通过演练，切实增强各类预案针对性、可操作性。积极做好大风、沙尘、降温、降水、降雪等恶劣天气应对工作，及时发布恶劣天气预警预报信息，有效杜绝因恶劣天气等自然灾害引发的各类生产安全及自然灾害事故。

【烟花爆竹销售管理】 2020年，县应急管理局为切实做好拜城县烟花爆竹经营安全管理工作，制定《拜城县2020年春节期间烟花爆竹经营安全管理实施方案》《关于印发拜城县2020年春节期间烟花爆竹经营安全管理实施方案的通知》，共监督监察烟花爆竹经营单位12家次，现场检查记录12份。设定春节期间烟花爆竹经营单位1家（拜城县王瑜超市），及时组织烟花爆竹经营网点主要负责人、安全管理人员及烟花爆竹销售人员共3人参加并通过地区安全知识培训。春节期间，拜城县烟花爆竹销售点1家，共检查烟花爆竹经营单位5家次，累计出动执法人员10人次，使用现场检查记录5份，未发现安全隐患。

【防震减灾科普教育】 2020

年，县应急管理局以防灾减灾宣传周、安全生产月、全国减灾日以及国际减灾日等为契机，充分发挥网络、媒体、电视广播等宣传媒介作用，采取多种方式，组织开展形式多样的宣传教育活动140余场次，发放宣传资料5万余份，宣传教育群众14万人次。投入经费20万元，印制自然灾害应急避险知识宣传册（汉语、维吾尔语）1.1万册、防震减灾科普知识宣传折页（汉语、维吾尔语）3.5万册、防灾减灾宣传挂图1万张，并将宣传资料全部发放至各乡镇、各单位，群众防灾减灾意识明显增强。各乡镇充分利用农村大喇叭等多种形式，加强对农牧民群众防灾减灾自救等内容宣传，切实提高农牧民群众的防灾减灾意识。住建、教科、文旅、自然资源、应急、消防、宣传等部门充分利用广播、电视、微信公众号等多种平台，广泛开展自然灾害防范常识、安全避险知识普及教育，切实提高人民群众防灾减灾意识和应急避险能力。

【地震应急演练】 2020年，应急管理局坚持把地震应急演练作为检验预案、锻炼队伍、磨合机制、教育群众的重要方式，常态化组织开展地震应急演练。5月11日，举办地区地震应急演练现场会，通过联合演练，进一步推动防震减灾救灾工作，有效检验各支应急救援队伍应急预案处置的科学性、实用性和可行性，检阅应急救援队伍处置突发事件的能力以及相关部门协同作战的能力。全县范围内机关单位、学校、社区、医院、乡镇（村）、企业人员密集等重点场所共组织开展防震减灾应急演练120场次。

【地震群测群防】 2020年，应急管理局建立健全“三网一员”管理工作体系，坚持群防群测工作，8个地震宏观异常观测网点、8名地震宏观观测员实时监测，切实提高提升监测预报能力。积极开展“三网一员”培训，开展各类防震减灾知识讲座4次，举办防震减灾知识专题培训2次、地震宏观观测员培训2次。

【震情跟踪】 2020年，县应急管理全面加强地震监测台网建设和日常管理，严格按照观测规范及时进行仪器标定，拜城县共有地震监测仪器3台，有效提高全县防震减灾工作的基础能力；强化震情跟踪和震后监测预测工作。是年，拜城县县域范围内发生地震7次，其中5.0级1次、4.6级1次、3.0~4.0级5次，均未造成人员伤亡，向地区上报《震情通报》7期。

【防震减灾行政执法监督】 2020年，县应急管理局积极开展防震减灾重点部位和地质灾害风险隐患排查治理，研究制定《关于全面加强拜城县自然灾害防治能力建设的实施方案》及8个子方案，明确具体目标任务和责任单位，并经政府常务会议审议通过，形成县委领导、县政府主导、部门联动、社会参与、共建共享、协调高效的工作格局。及时组织开展全县自然灾害风险隐患与减灾能力普查，切实摸清风险隐患底数，查明重点区域抗灾能力。

【建设工程抗震设防管理】 2020年，县应急管理局指导各乡镇、各相关部门结合“1+X”大风险隐患排查工作机制，组织开展自然灾害风险隐患排查，按照职责分工，全面消除各类危险因素，堵塞安全管理漏洞，做到不留死角，及时发现问题，积极整改薄弱环节，防患于未然。重点对农村居民房屋开展检查，尤其是对住在非抗震安居房的农户进行检查，让其全部搬迁到安全住房。对未享受抗震安居房的住户，采取有效措施，转移搬迁至安全可靠用房居住。对承包大户、田间地头等临时性自建房的住户，全部进行搬迁，并对房屋进行封存，严禁人员居住；对辖区单位用房、集体用房和营业性用房进行风险隐患排查，对不符合安全要求的，立即停止使用并封存。同时，加大对供水、供气、供电、通信等生命线工程和学校、卫生院等人员密集场所以及水库、堤坝、桥梁、道路、矿山等重大基础设施和易燃易爆危险化学品及次生灾害源风险隐患排查力度，对可能发生次生灾害的交通要道、危险桥梁、险工险段以及易滑坡地段、临坡临崖等地质灾害点设立警示牌，切实提高防御能力。截至年底，共排查治理各类安全风险隐患504处，设立各类警示标志88个。

（李静媛）

市场监管

【概况】 拜城县市场监督管理局是行政执法单位，内设13个股室，即办公室、财务与人事股、政策法规股（纪检监察室）、综合协调和应急管理股、食品生产流通餐饮监管股、药品医疗器械化妆品监管股、注册登记信用监督管理股、消费者权益保护股（举报申诉指挥中心）、市场规范管理股（知识产权股）、特种设备安全监察股、标准计量股、质量发展监督管理股、价格监督检查股（反垄断和反不正当竞争股）；下设6个队所（1个综合执法队、4个中心市场监督管理所、1个检验检测中心）。全局有编制116名（行政编65名、工勤编3名、事业编45名、参公编3名）。其中局核定行政编制52名（科级领导职数3名，机关工勤事业编制3名）；检验检测中心，机构规格为副科级，经费实行全额预算管理，核定事业编制12名（副科级领导职数2名）；市场监管综合行政执法队有行政编制19名；4个中心市场监督管理所核定编制33名。实有在职人员120名，其中局行政在职人员实有62人（工勤人员2人）；检验检测中心有在职人员11名；市场监管综合行政执法队有在职人员18名；4个中心市场监督管理所有在职人员29名。

【综述】 2020年，县市场监督管理局严格落实“四个最严”要求，以“四个着力”为抓手，全力维护食品、药品、特种设备和产品质量“四大安全”，确保人民群众买的放心、用的放心、吃的放心。是年，共排查整改隐患1031条，下达责令整改通知书280余份、行政指导建议书375份，查办案件130件，罚没款99.96万元。

【市场监管】 2020年，县市场监督管理局紧紧围绕“1+3”工作目标，凝心聚力，真抓实干，在优化营商环境和守护民生底线上狠下功夫，全面提升安全保障水平和服务能力，为县域经济发展作出积极贡献。对群众关注的焦点、热点问题及消费者投诉较集中领域开展专项摸排，主要对食品安全、药品安全、产品质量安全、特种设备安全四大安全筑牢红线底线，本着“违法必究、执法必严”原则，严厉打击违法经营行为、规范和维护市场秩序，营造诚实守信、公平竞争的市场环境。

【商事登记】 2020年，县市场监督管理局围绕“放管服”推动优化营商环境，持续深化商事制度改革，为拜城县实现高质量发展注入新动能。大力推进登记注册便利化，降低准入门槛，积极推行“多证合一”“证照分离”改革。推行“互联网+政务服务”新模式，实现“零见面”审批，提供网上登记业务营业执照邮政寄递服务，与4家商业银行共20个服务网点开通“政银合作”业务，覆盖全县所有乡镇，进一步拓宽服务渠道。推进企业简易注销登记，畅通企业退出渠道。不断优化审批流程，压缩审批时限。积极推行企业设立登记“开办专区”业务，推广企业开办“套餐服务”。将企业开办涉及的企业登记、印章刻制、申领发票、社保登记、公积金开户登记、银行开户6个事项进行整合归集，实行“一窗受理、一表申请、信息共享、并联审批、一网通办”，将企业开办由原来的3个工作日办3个事项提速至

3个工作日办6个事项。全县新登记企业368户、个体工商户2311户、农民专业合作社225户，同2019年相比分别增长36.39%、-9.37%、288.14%。

【个体私营户服务管理】 2020年，县市场监督管理局不断创新服务制度，优化服务水平。严格落实登记注册“首问责任制”“一次性告知”“限时办结”等服务制度；主动提供“节假日预约”“延时服务”“容缺受理”等服务举措；建立大企业、大项目联络员制度，对重大民生工程、生态环境建设、基础设施建设等招商引资项目实施联络员制度，实行提前介入、专人专办、全程跟踪、即时办结服务。下放审批权限，打通服务“最后一公里”。将个体工商户、个人独资企业、农民专业合作社、食品经营许可证的受理审批权限下放至中心市场监督管理所，方便市场主体就近、就地办理各类审批业务。是年，拜城县各市场监督管理所累计办理各类审批业务3600余件。

【广告监管】 2020年，县市监局加强对广播、电视、印刷品、显示屏等重点违法商品广告领域的监管，监测广告7000余份。开展保健食品行业虚假宣传专项整治工作，检查保健食品销售企业102家次，下达责令整改通知书1份，查办案件2起。加大对互联网、医疗、美容美体行业广告进行专项整治，查办案件3起。

【消费维权】 2020年，县市场监督管理局继续提升消费维权能力，畅通消费投诉举报渠道。是年，共处理消费投诉、举报183件，办结182件，办结率99.45%，挽回经济损失14.2万元，查办诉转案件4起；发布消费警示10期、“12315”网络运行通报8期。组织开展线上“凝聚你我力量”为主题的“3·15”系列活动，依托微信群、朋友圈等网络平台，推广转发“3·15”宣传漫画，转发1300余条；联合电信、联通、移动三大运营商进行短信公益宣传，推送公益宣传短信7.7万条。新增“ODR”企业6家，召开大维权成员单位联席会议2次，形成全社会共同参与维权的良好局面。加强对疫情期间消费投诉情况的处理，查办1起高价销售口罩哄抬物价行为案件，针对群众反映强烈的蔬菜价格较高的问题进行集中整治，下达责令整改通知书11份，有效地稳定疫情防控期间的市场价格。

【行政执法】 2020年，县市场监督管理局针对市场执法工作新情况，立足岗位，强抓执法人员业务培训，加大市场监管执法力度，突出重点行业、重点领域乱点乱象整治；积极开展案卷评查自查，查找不足，总结经验，切实提高行政执法案件办理质量。强力推进执法办案由“大办案”向“办大案”转变，以群众关心的行业和领域为重点，以不正当竞争、保护商标专用权、整治虚假违法广告、保障食品药品安全等为重点。推行执法检查一体化，实行“一次出动多项检查”的集约化监管模式，构建生产、流通领域“双向追溯”机制，实现全过程有效监管。同时，不断转变监管方式，做到宽严适度，过罚相当，力求法律效果与社会效果的统一，促进各类市场主体又快又好发展。

【价格监督检查】 2020年，县市监局对疫情期间哄抬物价，各类市场主体收取转供电收费情况，水、电、气阶段性退费落实情况进行监督检查，严厉打击价格违法违规行为，积极维护市场价格秩序，确保政府指导性定价落到实处，常态化对商超、药品经营企业、农贸市场的粮油、防疫用品、蔬菜开展价格监督检查，共检查各类市场主体600余家次，查处价格违法行为7起（其中哄抬物价行为2起、不执行政府定价收取商业转供电行为1起、未明码标价行为4期），罚没款共9.8万元，督促各市场主体自觉履行价格自律，主动遵守价格方面的法律法规。

【反垄断执法】 2020年，县市监局执法人员结合日常监管工作并依照政府规范性文件，对辖区内机动车驾驶人员培训公司、机动车检测有限公司、天然气公司、国家电网、供排水公司、热力公司等公用企业就其是否有强制交易、滥收费用、明码标价等情况开展监督检查，有效维护市场公平竞争。

【地理标志产品申报】 2020年，县市场监督管理局将地理标志与助力农产品和旅游业发展相结合，积极打造5个地理标志证明商标。“拜城温泉”“拜城温泉小镇”“拜城克孜尔石窟”3个旅游地理标志证明商标已进入材料实质性审查阶段；“拜城油鸡”农产品地理标志证明商标进入实地考察阶段；“拜城红辣椒”地理标志证明商标完成前期申报工作。

【知识产权】 2020年，拜城县新增专利申请53件，新增商标申请56件。组织开展“4·26”知识产权宣传周活动，邀请专家对农产品生产加工企业进行农产品品牌培育发展进行专题培训；开展企业专利申请及转化工作调研2场次；张贴宣传海报19张，播放宣传标语24条次。开展假冒专利行为进行专项检查，共检查商品300余件，登记带有专利标识的商品23件，查办假冒专利案件8件。同时，加强对知识产权投诉案件的查办力度，针对商标侵权投诉案件，及时组织执法人员对侵权行为进行调查处理，查办商标侵权案件10件。

【药品监管】 2020年，县市监局狠抓药品行业疫情防控工作措施落实，保障医药防控物资稳定供应。组织全县药店实名登记购买四类药品人数14745人次，购进口罩52万余只、额温枪（温度计）5100余支、消毒液及酒精7300余瓶。持续推进《中华人民共和国药品管理法》《中华人民共和国疫苗管理法》宣传工作，累计组织召开宣传教育专题培训会2场次，印发宣传海报300余张、其他宣传资料2000余份，悬挂宣传标语50余条。支持和鼓励全县单体药店加盟连锁企业，全面落实远程审方工作，年内引导57家药品零售企业均加盟连锁企业。开展换发药品经营许可证“先证后查”，核查通过药店37家，查摆问题244条。以执业药师挂证专项整治和中药饮片安全专项整治回头看为重点，对全县57家药品经营企业及34家医疗机构开展药品安全监督检查，下达责令改正通知书23份，查处药品案件25件，没收违法经营的药品173瓶（盒），罚没款总计3.15万元，有效规范辖区药品行业稳定有序发展。

【餐饮监管】 2020年，拜城县持证餐饮经营户共936家，完成餐饮行业动态管理量化分级等级评定，其中A级97家、B级714家、C级43家，待评定82家，完成餐饮单位量化分级率100%。提醒广大消费者到评定等级高的餐饮单位就餐。推进社会餐饮环节“明厨亮灶”实施工程729家。学校食堂“互联网+明厨亮灶”198家，覆盖率达100%。

【医疗器械监管】 2020年，县市监局对医疗器械经营使用环节开展全覆盖监督检查工作，严厉查处从非法渠道购进、使用过期失效、无合格证明文件的医疗器械违法违规行为，下达责令改正通知书16份，通过检查对3家医疗机构及8家经营企业违法违规行为予以立案查处，没收违法医疗器械185支（盒），罚没款共10.3万元，严厉打击辖区医疗器械行业违法违规行为。

【保健食品、化妆品监管】 2020年，县市场监督管理局开展保健食品行业专项整治工作，检查各类市场主体102家次，查扣“三无”和过期保健食品8盒，下达责令整改通知书3份，对2家保健品店涉嫌虚假宣传行为进行立案查处，严厉查处保健食品虚假宣传、违规销售、非法添加、假冒伪劣及未经许可生产经营等各类违法行为。通过对照国家发布的不合格化妆品通告，重点开展化妆品“线上净网线下清源”风险排查处置、化妆品集中交易市场、批发（零售）企业专项整治及医疗美容美体行业专项检查。是年，查处违法经营使用化妆品案件5件，查扣各类化妆品共75瓶（盒），罚没款共7796元。开展化妆品安全科普宣传周活动，组织集中宣传培训1次，利用横幅、LED显示屏播放主题宣传标语38条次，人员密集场所播放宣传片12场次，张贴宣传海报100余份，发放宣传单1200余份，动员经营单位在微信朋友圈转发国家科普宣传片300余条次。

【食品监管】 2020年，县市场监督管理局常态化开展市场专项整治，查扣失效期、“三无”食品57千克；开展假冒伪劣、商标侵权食品专项整治，累计查扣涉嫌商标侵权五粮液、国窖1573等中高档名酒12瓶，下达责令整改通知书87份，立案查处21起，罚没款8.93万元；开展餐饮质量提升各类专项检查，下架清理问题食品、食品添加剂70千克，下达责令整改通知书257份，立案34起，罚没款23.7万元。

【信息化建设】 2020年，县市场监督管理局扎实贯彻落实商事制度改革，推行“互联网+政务服务”新模式，实现“零见面”审批，进一步压减登记注册环节、时间和成本。新登记各类市场主体2598户，全县登记在册的各类市场主体12226户，较2019年同期增长4.71%。县市场监督管理局依托电子政务平台推进全国“12315”投诉平台、新疆“12345”全媒体客服中心系统、阿克苏地区政务服务热线“12345”平台建设，畅通消费投诉渠道，及时分流、转办、受理各类矛盾纠纷，维护消费者合法权益。是年，共处理消费投诉、举报183件，办结182件。推进学校食堂“互联网+明厨亮灶”198家，覆盖率达100%。

【案件查办】 2020年，县市场监督管理局严格行政执法，加强对违法行为的监督检查力度，在案件办理过程中严格审慎行使行政处罚裁量权，对企业及个体工商户立案查处的，坚持处罚与教育相结合原则，按照《行政处罚法》《新疆维吾尔自治区自由裁量权》相关规定，对符合法定从轻、减轻情形的，依法从轻或减轻行政处罚。全年立案131件，结案131件（其中从轻处罚57件、减轻处罚47件）实现罚没款入库100.55万元；其中罚没款万元以上的大要案件计44件，罚没款730262.5元。对首次违法并违法行为轻微、对社会没有造成明显危害后果的违法行为，主要采取警告、约谈、责令改正等措施及时予以纠正；依法作出责令改正（不予处罚）374份，通过责令当事人立即改正违法行为，引导经营者自觉守法经营。

【风险监测防控】 2020年，县市场监督管理局针对食品安全坚持问题导向，结合拜城县居民饮食习惯及实际情况，督促市场开办单位对市场内销售的食用农产品进行抽样，并快速检测，累计检测食用农产品767个批次，其中755个批次合格，对不合格的12个批次采取下架退市处理。为动态掌握食品安全基础性数据，及时发现食品安全隐患提供科学依据。是年，县市监局通过调整监测思路，不断完善药品、医疗器械及化妆品不良反应事件监测报告机制，加强监测网络建设，累计上报药品不良反应184例，其中严重不良反应14例、新的不良反应47例。上报医疗器械不良事件84例、化妆品不良反应49例。

【应急机制建设】 2020年，县市场监督管理局强化应急处置水平，健全完善校园食品安全应急管理体系，通过情景模拟、集中演练等形式，加强县食安委各成员单位快速反应、密切协作及妥善处置的能力，开展桌面推演重大食品安全事故应急演练1次，不断提升应对食品安全重大事故的应急作战能力。

【食品经营许可证办理】 2020年，县市场监督管理局不断优化审批流程，压缩审批时限，将食品经营许可证由法定受理时限30个工作日压缩至3个工作日内办结，即办件当场办结率达100%。积极推行食品经营许可“证照分离”改革。对新申请食品经营许可（限仅从事预包装食品销售）、申请变更许可（限经营条件未发生变化）、申请延续许可（限经营条件未发生变化）的，申请人在规定时间内提交的申请材料齐全、符合法定形式，且书面承诺申请材料与实际一致的，当场发放食品经营许可。是年，累计办理食品经营许可1090件。

【质量管理】 2020年，县市监局始终坚持质量强县方针，紧紧围绕产品质量安全重点，夯实质量管理基础、标准化基础、计量基础、技术保障基础，充分运用现代化信息手段，构建以网络平台为基础，贯穿质量管理控制标准和环节的质量管理信息化平台，采用广泛宣传、教育培训、上门指导等多种形式，深入企业开展质量帮扶工作。是年，产品质量、工程质量、服务质量、环境质量总体水平保持良好，拜城县未发生区域性、系统性质量安全事件以及因产品质量问题造成的严重财产损失和人身伤害事件。按时间进度完成地区下达的质量目标和质量提升指标所列的工作任务。

【标准化建设】 2020年，县市监局开展对标达标提升专项行动，开展企业执行标准公开及对标达标工作。召开专题培训会议，指导辖区企业开展企业执行标准自我声明公开和对标达标工作，33家企业完成全国“百千万对标达标提升专项行动”59个产品的对标达标工作，52家企业公开93项产品标准。新疆拜城县社会保险标准化试点获国家标准化委员会考核评估合格。新疆峻新化工股份有限公司成为GB/T3778-2021《橡胶用炭黑》标准编订者之一，新疆峻新化工股份有限公司检测中心获中国合格评定国家认可委员会实验室认可证书。

【计量工作】 2020年，县市场监督管理局检验检测中心作为拜城县唯一的法定计量检定机构，保存有非自动衡器检定装置、燃油加油机检定装置、精密压力表标准装置、血压计（表）检定装置、F1等砝码检定装置、气体分析仪检定装置、压力（差压）变送器标准装置共7个社会公用计量标准，依法承担拜城县内模拟指示秤、非自行指示秤、数字指示秤、电子天平、架盘天平、机械天平、燃油加油机、压力表、血压计（表）、可燃气体检测报警器、一氧化碳检测报警器、压力变送器12种计量器具的强制检定工作，履行量值传递和量值溯源的职能。是年，共检定计量器具5471台（件）。其中，电子汽车衡148台（件），燃油加油机加油枪301把，压力表3140块，报警器713台，各类小衡器1009台（件），血压计126个，天平34台（件）。

【产品质量监督】 2020年，县市场监督管理局配合自治区、地区局抽检5家危化品生产企业生产的危化品8个批次、2家化肥店销售的化肥2个批次和1家加油站销售的成品油2个批次，共抽查12批次，其中合格11批次，合格率91.7%，达到自治区质量考核指标中规定的合格率达到90%的要求。配合自治区市场监督管理局完成拜城县金晖兆丰能源股份有限公司工业产品生产许可证现场审核工作。完成县辖区5家危化品获证企业和1家水泥获证企业的监督检查全覆盖工作。加强对农资市场的监督检查。依法查处无证无照经营、非法出租转让营业执照等违法行为，确保主体资格合法。检查中指导经营户落实“两账两票一卡一书”制度，督促农资经营户落实索证索票、进货台账等可追溯监管制度。

【认证认可】 2020年，县市场监督管理局开展儿童玩具、消防、安防器材、电动摩托车、电线电缆等强制性认证产品目录的产品专项检查，累计检查电动平衡车及儿童玩具经营户12家、儿童玩具用品27类，消防产品销售店17家次，查处质量违法案件4起。检查五金建材销售市场主体28个、电气产品销售店60余家次，办理销售未经强制性产品认证的电线案2件。对电动车销售市场进行检查，主要检查各经营者销售的电动摩托车、电动自行车是否获得CCC认证，一致性证书和合格证是否齐全等情况。拜城县电动车销售店基本都能做到经销售符合CCC认证的电动车。

【特种设备安全监察】 2020年，拜城县全年未发生特种设备安全事故，完成万台特种设备死亡人数小于0.42人目标。拜城县特种设备定检率为99.82%。电梯责任保险投保率达39.2%，完成规定的目标任务。深入开展燃煤锅炉清理工作“回头看”。经摸排，辖区内无“死灰复燃”锅炉及新安装10吨以下燃煤承压锅炉。落实分级分类监管。根据地区局《关于印发特种设备分类监管风险评价实施办法的通知》相关要求，扎实开展特种设备使用单位分类监管与风险评价工作。根据特种设备风险程度、使用单位履行主体责任情况和实现程度进行分级分类，完成全县89家特种设备使用单位的分类监管与风险评价工作（A类84家，占94%；B类5家，占6%）。开展安全风险等级管控和隐患排查治理双重预防机制建设，危化品生产企业“双重预防机制”覆盖率达到100%。

【检验检测】 2020年，县市场监督管理局食品监督抽检重点选取公众消费量大、风险隐患较大、涉及非法添加的品种和项目以及区域性特色品种，累计完成蔬菜、水果、畜禽肉类、农副产品抽检381批次，其中合格376批次，合格率达98.7%，不合格食用农产品5批次，罚没款21880元，抽检信息公示率100%，核查处置率100%。完成5批次药品监督抽检任务，经检验5批次药品抽检结果均为合格。

【托运物流】 2020年，拜城县共有12家托运物流企业，其中乌鲁木齐新玉顺远货运服务有限公司拜城托运部与新疆大动脉物流有限公司拜城县分公司的物流货物量较大。乌鲁木齐新玉顺远货运服务有限公司拜城托运部位于拜城以东，该托运部的经营地址在拜城县康其乡库尔玛村，成立于2006年5月23日，距离拜城县县城1千米左右，占地面积2000平方米，现有员工9人，其中解决2个贫困户就业，2020年营业额为18万元，年货运量514吨左右，主要托运的货物有电器、五金、日用品、装修材料、食品、洁具、中药药材，地膜、服饰等。

（潘小燕）

政务中心

【概况】 拜城县政务服务和公共资源交易中心（以下简称“县政务服务和公共资源交易中心”）前身是拜城县行政服务中心，于2012年10月成立，是县人民政府办下辖的副科级事业单位，2014年7月行政服务中心由副科级调整为正科级单位，仍然是县人民政府办下辖的正科级事业单位。2015年，行政服务中心更名为行政服务中心（公共资源交易中心），正式与县人民政府办分离，属县政府直属事业单位，配正科领导1名，增加副科编制2个、普通编制4个；一套人马、两块牌子，公共资源交易中心人员和机构未进行整合。2020年9月，拜城县行政服务中心（公共资源交易中心）经事业单位机构改革更名为拜城县政务服务和公共资源交易中心，属全额事业单位，并成立党组，正式配备2正、1副领导组织架构；有编制15名，在编人员13人（其中5人为拜城县政府采购中心连人代编划转的5个参公编制人员），空编2个，内设机构4个，分别为综合（督查）股、政务服务管理股、公共资源交易服务股、政府采购服务股，实现公共资源交易的规范化运行，人员到位，管理体制顺畅，确保交易中心管办分离的机制持续规范化运行。

【综述】 2020年，县政务服务和公共资源交易中心有33个便企利民窗口单位进驻服务大厅服务群众和企业，并设有税务自助终端服务区、购水自助服务区；现有终端设备9台，依托“互联网+政务服务”平台297项行政许可事项全部进驻中心，同时开通897项政务服务事项（包括行政许可事项）的网上办理，有办事窗口67个，并设置工程项目改革系统的并联审批窗口4个，完成项目立项、规划、施工、竣工验收4个阶段的网上审批业务。是年，完成办结126445件，办结率均达到100%；进场交易工程项目67个，中标价79139.88万元。

【放管服改革】 2020年，县政务服务和公共资源交易中心按照“放出活力、放出创造力”的要求，应放尽放。集中时间、集中人力、集中资源，紧紧围绕“一网一门一次”服务目标，对依申请类597项清单进行全面梳理和动态维护，确保2905项申请证明材料应减尽减，网上网下受理一个标准，努力让群众最多跑一次。个人实名注册工作经验在阿克苏地区推广。125项政务服务事项办（受）理权限下放至乡村和社区。废止、失效各类规范性文件32件。积极推行“多证合一”改革，将企业登记、印章刻制、申领发票等26个涉企证照事项纳入“多证合一”改革，累计发放“多证合一”营业执照7397张。推行全程电子化登记和申报电子营业执照发放，实现“零见面”审批，238家企业通过全程电子化方式办理登记，占新设立企业总数的96%。放宽电子商务经营者登记条件，允许使用网络经营场所办理个体工商户登记。

【行政审批】 2020年，县政务服务和公共资源交易中心组织具有审批权限的部门对“5+X”审批事项597项清单进行动态维护。33个部门的政务服务事项897项进驻行政服务大厅和两个分中心，进驻率100%；审批事项网上可办率99.83%；咨询回复率95.87%。梳理公布延伸至乡镇政务服务事项125项。扎实推进减证便民工作，清理减少的各类证明材料2905项在新疆政务服务平台全面落实，确保应减尽减。不动产一般登记、二手房登记由原来的10~15个工作日压缩至3个工作日内办结，抵押登记压缩至当日办结。各类审批事项审批时限压缩率超过30%。健全完善工程项目并联审批工作机制，真正实现一张表单、一张网络、一个窗口、集成办结，工程项目4个阶段审批时间由120个工作日压缩至100个工作日。

【政务服务】 2020年，县政务服务和公共资源交易中心高标准完成“互联网+政务服务”平台软硬件设施建设，软硬件设施所有办事窗口实现标配。推行早开门、晚下班、错时上班、预约办理、不见面审批、邮寄办理等服务模式，服务的触角不断延伸，努力让群众最多跑一次。所有乡镇实现审批事项统一、制度统一上墙、硬件统一配齐、窗口统一设置、大厅统一挂牌、人员统一培训、事项统一录入“七统一”，通过集中培训、网上办件演练、逐个乡镇指导等多种方式，高位推动政务服务事项向基层延伸。全面完成“12345”热线平台配套建设，51个单位电子政务外网全部牵通，采取专人负责、电话督办、限时办结等方式提高工单办结率，办结率长期保持地区前列。印发2万余份政务服务直通车宣传单至所有乡镇、村和社区，群众不出家门就可以了解咨询办事流程。

【公共资源交易平台】 2020年9月机构改革后，更名为拜城县政务服务和公共资源交易中心，设立政府采购股、公共资源交易股，人员和编制到位运行管理更加顺畅。自2018年公共资源电子交易平台政府采购（网站大师）运行以来，地、县两级平台沟通顺畅；平台功能每年都在逐步完善，很好地实现了不见面开标，极大地方便了工程交易的供应商。2020年12月，拜城县不见面开标工作开始实施并可以在开标室操作，同时，对参与工程交易的供应商的保证金退还工作实现全程网上办理。

（田燕红）

交通·运输

交通运输

【基础设施建设项目】 2020年，县交通运输部门为进一步完善拜城县交通基础设施，加强农牧区基础设施建设，新建、提升农村公路建设，加快项目建设进度，助推经济高质量发展。是年，交通基础设施建设项目8个：修建二级客运站1座，农村道路122.7千米，新改建桥梁9座，生命安全防护工程45.58千米。续建项目1个：拜城县二级客运站建设项目总投资2071.1万元，项目完成主体施工，年末进行室内装修及附属工程施工，累计完成投资1750万元，完成总投资的85%。新建项目7个：拜城县2020第一批扶贫道路建设项目总投资852.5万元，项目完工并且完成审计，完成总投资的100%；拜城县2020第二批扶贫道路建设项目总投资683万元，项目完工并且完成审计，完成总投资的100%；拜城县2020第三批扶贫道路建设项目总投资132万元，项目完工并且完成审计，完成总投资的100%；拜城县2020年第一批一般农村公路建设项目总投资1272万元，项目共3个标段，已经完工，累计完成投资1272万元，完成总投资的100%；拜城县2020年危桥改造建设项目总投资532万元，项目全部完工，累计完成投资532万元，完成总投资的100%；拜城县2020年道路生命安全防护工程总投资2537万元，项目共4个标段，已经全部完工，累计完成投资2537万元，完成总投资的100%；拜城县2020年小修养护工程总投资167.2万元，项目全部完工，完成总投资的100%；2020年受疫情影响严重，为加快项目进度，助推拜城县经济高速发展，对2020年农村公路建设项目采取“边设计、标招标的措施”使项目准时开工，减少疫情带来的影响，开工建设的农村公路项目均按合同工期准时完工。

【农村公路管理】 2020年，县交通运输部门将“四好”（建好、管好、护好、运营好）农村公路建设作为推进脱贫攻坚、保障安全出行的民生工程，加强农村公路养护，建立完善农村公路管理养护机制，县级专职从事管理养护2名，先后设立15个乡镇（管委会）农村公路管护站，乡镇兼职路管人员32名，建制村公路养护协管员157名，初步形成“统一领导、分级管理、以县为主、乡村配合”的管理养护机制，保障农村公路的完好、安全和畅通。

【农村公路修护】 2020年，县交通运输部门组织技术人员全面普查县域内农村公路，针对路面坑洼路段、里程碑、标志牌缺失等问题制定修养护计划，为打造农村公路文明样板路，结合县环境卫生整治工作契机，开展道路清洁治理、公路扬尘治理、道路环境美化治理等行动，指导各乡镇（管委会）利用农闲时间组织动员沿线农牧民，对公路路肩、边坡进行日常维修养护，通过参与养路护路活动，营造人人爱路护路、保护公路路产路权的良好氛围。

【城市客运市场监管】 2020年，县交通运输部门以安全生产领域改革发展为主线，以有效防范和坚决遏制道路交通较大事故为重点，明晰职责，建强队伍，严格监管，加强预防，深化治理，夯实安全生产基础，提升客运市场安全监管水平。加强安全生产舆论宣传，提高行业安全监管、事故处置、宣传教育能力，从“人、车、路”方面开展隐患排查整治，分析研判隐患问题，限期督办整改隐患。截至年末，实有客运企业4家、出租汽车487辆、公交车43辆，从业人员745人。突出重点以行业安全生产大检查活动、“两客一危”（从事旅游的包车、三类以上班线客运车和危险化学品、烟花爆竹、民用爆炸物品的道路专用车辆）重点车辆安全生产专项治理、货物运输车辆、运输企业及配货站场专项治理等工作为抓手，常态化开展监督检查，督促企业落实安全生产主体责任，共出动检查组131次（其中联合检查42次），检查人员424人次，检查企业169家次，排查整治隐患问题153处。为广大群众出行营造干净、舒适、安全的交通出行环境。

【运输行业从业人员宣传教育】 2020年，县交通运输部门加强行业安全生产红线意识、坚守道路交通安全生产红线底线，加强行业从业人员法律宣传普及。通过深入基层企业开展安全生产事故警示教育、组织开展行业企业安全员和GPS监控员培训考试学习、执法人员在执法现场对交通违法行为人进行面对面教育，组织行业单位全面开展普法宣传月活动等多种形式常态化加强法制宣传。是年，共组织开展普法及安全学习教育68场次，宣传教育9960人次。制作交通安全、普法宣传展板25块，制作并发放法制宣传单、汛期安全、防火和逃生自救等交通安全宣传单、《家庭安全知识手册》11000余份。通过普及法律法规知识及道路交通生产安全应急常识，提升行业从业人员和社会大众学法遵法自觉性，确保行业日常生产经营安全和群众出行安全。

（陈金柱）

道路运输

【概况】 2020年，拜城县道路运输管理局（以下简称“县道路运输管理部门”）核定参照公务员编制8名，其中领导职数1名，实有8人（其中领导1人）。县拥有客运班线线路85条，营运客车204辆7365座，营运客车比2019年减少6辆114座。其中，市级线路3条，班车8辆；县际客运班线17条，班车56辆；县内客运班线65条140辆。是年，完成客运总量110.2万人，比2019年减少92.25万人，旅客周转量8947.25万人・千米，比2019年减少589.1万人・千米。拜城县有营运性货车196辆45470吨位，比2019年增加26辆，辖区无危险货物运输企业及车辆。是年，完成货运总量340.35万吨，货物周转量34035万吨千米。全县道路运输经营业户68户，其中，客运站1家，客运企业2家，成建制货运企业12家，单车单户4家（其余单车单户均为4.5吨以下车辆，按照要求不再需要办理证件，已经按照规定注销）；各类修理厂40家，其中二类修理企业4家、驾培机构8家、汽车综合性能检测1家。

【审验管理】 2020年，县道路运输管理部门业务窗口审验客运、普货及教练车辆400余辆，发现并整治道路运输车辆未进行车检行为3起，共处罚款0.15万元。是年，发放油价补贴640余万元，发放工作坚持公平、公开、公正原则，确保油价补贴准确发放至各个营业户手中，无错发、漏发现象。

【两证清理】 2020年，县道路运输管理局对辖区68家道路运输企业及个体进行经营许可证到期换证和备案工作，其中依法延续道路运输经营许可证及个体3家。在运政系统依法清理注销4.5吨以下个体货运经营业户81家。

【驾培管理】 2020年，拜城县辖区有驾培机构8家，其中机动车驾校6家（拜城县好运机动车驾驶员培训有限责任公司、拜城县鑫顺机动车驾驶员培训有限公司、拜城县新育机动车培训有限公司、拜城县新峰驾校、拜城县环通驾驶员技术培训中心、拜城县领航机动车培训有限公司），摩托车驾校2家（拜城县兴民摩托车驾驶员培训有限公司、拜城县鑫伟摩托车驾驶员培训有限公司），全县驾校共有教练员97人，教练车149辆。有机动车考试场地1个。是年，考试学员3456人。

【道路运输执法】 2020年，县道路运输管理部门开展打非治违，提高行政执法水平。在春节、五一、国庆等重点节日期间，组织执法人员排查客运站、人员密集场所安全隐患，重点对客运企业、成建制货运企业、驾校及二类维修企业进行安全生产大检查，从市场准入、客运车辆调度、从业资格、客运站场等方面全方位开展检查，全年检查企业312家次，查出一般隐患256项，隐患整改率达100%；利用安全月等节点开展安全生产宣传活动4次，发放各类宣传材料300份，深入企业开展宣讲4次，宣传受众达800人。道路运输管理局稽查大队在石油公路、307省道及县乡道设点，稽查货运车辆资质及驾驶员证件。是年，打击违法违规行为12起，共处罚款7.15万元。

（陈　婷）

交通运输执法

【概况】 新疆维吾尔自治区交通运输综合行政执法局阿克苏执法支队拜城执法大队（以下简称“拜城执法大队”）是根据《中共新疆维吾尔自治区委员会机构编制委员会关于印发〈新疆维吾尔自治区交通运输综合行政执法系统机构编制方案〉的通知》新党编委〔2020〕44号文件精神，于2020年6月30日在原拜城路政管理局拜城地方海事局基础上新设立的执法大队。隶属于新疆维吾尔自治区交通运输综合行政执法局阿克苏执法支队管理，机构规格为正科级。机构编制数8人，2020年，在职正式干部6人。主要负责管辖区域内国省干线公路（含高速公路）、专用公路的路政行政执法等工作。

2020年，拜城执法大队有干部6人，有交通执法车1辆，管辖公路Z639线K0–K9.6、S307线K0–K121+140米（其中K0–80千米为三级路面、K80–K121+140千米为二级路面）、G579线K0–K184；截至年末，共发生路政案件10起，查处并结案10起，结案率100%。路产赔偿款69410元，罚款1900元。公路控制区内违章建筑发现率达100%，查处率100%。

【路政管理】 2020年，拜城执法大队制定《安全生产事故应急救援预案》《突发事件应急预案》《恶劣天气应急救援预案》《安全生产应急处置预案》等9个应急预案，加强对重点领域的整治，制定完善安全生产应急预案，加大对道路交通、危险物品的专项整治，在日常巡道中及时清理公路垃圾。共出动执法车辆224辆次，出动执法人员457人次，向公路分局出具9份公路附属设施修复及隐患排查告知单。在元旦、春节、五一等重大节假日期间，组织力量对道路交通、危险路段等开展巡道排查，开展消防安全、电气火灾专项综合治理、抗震救灾、恶劣天气、汛期、平安交通等安全生产工作。与公路分局联合排查辖区公路安全隐患15处，整改15处。拜城执法大队同交警部门联合开展治理超限超载工作，共出动执法人员192人次76车次，共检查货运车辆2500辆，查出超限超载车辆28辆，路政部门卸载1236.62吨货物。大件运输车辆现场勘验300辆。

【安全宣传】 2020年，拜城执法大队组织开展7次安全生产教育，组织全体执法人员深入学习《安全生产法》《中华人民共和国公路法》《公路安全保护条例》等法律法规，提高全员安全意识，利用各种会议、标语、专栏、安全生产活动月、路政宣传月案例等向广大干部群众宣传安全生产法律法规及业务知识。发放《中华人民共和国公路法》《超限运输车辆行驶公路管理规定》《交通运输部2016年第62号令》等法律法规宣传单800余份。组织开展消防安全演练，地震演练，开展防灾减灾宣传教育，在活动过程中，设置展板2块、咨询台6个，发放宣传资料200余份。

（马小峰）

客　运

【概况】 拜城运输站始建于1952年，占地面积12528平方米，位于拜城县交通路2号，是自治区交通厅投资兴建、地县交通局直接领导、地区运输总站直接管理、自主经营的国有企业。

2020年，拜城县客运站下辖8个乡镇客运站（康其乡客运站、赛里木镇客运站、黑英山乡客运站、大宛其管委会客运站、察尔齐镇客运站、老虎台乡客运站、铁热克镇客运站、大桥乡客运站）。拜城镇客运站于2018年4月并入县客运站本部，1个快件托运部负担着拜城县11个乡（黑英山乡、老虎台乡、大宛其管委会、亚吐尔乡、布隆乡、托克逊乡、克孜尔乡、种羊场、大桥乡、康其乡、温巴什乡）、4个镇（察尔其镇、铁力克镇、拜城镇、赛里木镇）、2个县市（阿克苏市、库车市）、14条线路。县市线路有2条（拜城县至阿克苏市、拜城县至库车市），有营运车辆110辆，其中大巴车50辆、小车60辆。区外线路2条（拜城县至乌鲁木齐、拜城县至库尔勒市），拜城至库尔勒市有营运车辆3辆，拜城至乌鲁木齐有营运车辆3辆。是年，拜城运输站全年累计发车25182次，累计发送旅客229895人次，全年售票收入749.57万元。拜城运输站有员工26名，中共党员3名。其中职工19人，劳务派遣7人。

【安全生产】 2020年，拜城运输站坚持“安全第一，预防为主，综合治理”的安全生产方针。建立安全生产领导小组，配备专职安全生产管理人员。站长为安全生产第一责任人，全面负责站内安全生产工作，与各部门、各岗位层层签订安全生产目标责任书，明确各自的安全责任。部门负责人对安全生产负直接的领导责任。客运站领导和工作人员实行“一岗双责”责任制。拜城客运站严格落实“三不进站”“六不出站”管理规定，严格执行车辆安全例检制度、危险品查堵制度，有效把住客运站安全生产源头关，预防和杜绝因客运站源头管理不到位而引发的安全生产事故。客运站每周组织职工召开一次安全生产例会，每季度对安全生产管理人员进行一次安全生产业务知识培训。定期对客运站安全生产情况、安全设备进行检查，发现问题隐患，及时整改和处理。

（陈金柱）

财 税

财 政

【概况】 拜城县财政局（以下简称“县财政部门”）内设科室12个，有在编干部67人，主要职能有拟定全县财政发展战略，中长期财政规划和改方案并组织实施；分析预测宏观经济形势，提出运用财税政策实施宏观经济调控和整合平衡社会财力的建议；拟定县财政与企业的分配办法，完善促进社会事业发展的财税政策。承担全县各项财政收支管理责任；拟定财政税收计划并组织实施监督管理；贯彻落实中央、子中区、地区国库管理制定、国库集中收付制度并制定国库管理办法；贯彻执行地方政府性债务管理制度和办法，按规定开展地方政府债务管理工作；制定基本建设财务管理制度，负责政府性投资项目财政资金管理工作；贯彻执行国家、自治区行政事业单位国有资产管理法规、制度和方针政策，制定行政事业单位国有资产管理政策制度并组织实施；负责审核和汇总编制国有资本使用预决算草案、经营预算的制度和办法，收取本级企业国有资本收益；管理和指导会计工作，规范会计行为；监督检查财税法规、政策的执行情况；承担地方金融企业的国有资产和财务的监管工作。

【财政收入】 2020年，县财政部门坚持“增收节支”原则，优化收支结构。结合自治区和地区宏观经济运行情况，加强预算执行专题分析研究工作，完善收入执行动态监控与预警机制，重点关注和研究资源税收情况，进一步提高预算执行工作的效率和质量；细化工作措施，创新征管手段，促进各项收入稳定增长。是年，全县地方财政收入累计完成18.49亿元，完成年初预算的104.05%，比2019年同期16.79亿元增收1.7亿元，同比增长10.1%。其中，公共财政预算收入累计完成17.2亿元，完成年初预算的100%，比2019年同期16.14亿元增收1.06亿元，同比增长6.6%；政府性基金预算收入累计完成1.29亿元，完成年初预算的227.27%，比2019年同期6577万元增收6309万元，增长95.93%。

【财政支出】 2020年，拜城县地方财政支出累计完成46.66亿元，较2019年同期41.46亿元增支5.2亿元，增长12.5%。其中，公共财政预算支出累计完成42.3亿元，较2019年同期38.53亿元增支3.77亿元，增长9.8%；政府性基金支出完成4.36亿元，较2019年同期2.93亿元增支1.43亿元，增长48.8%；国有资本经营支出完成1万元，较2019年同期增支1万元，同比增长100%。

【国库集中支付】 2020年，县财政部门建立和完善内控制度，完善国库集中支付工作职责、业务流程和管理办法，完善重点单位、重大项目、重要领域资金的支付审核制度，规范和完善各项收缴管理制度，完善市政维护、园林绿化等支出标准，加大国有资本收益征缴力度，推动国库集中支付改革。是年，拜城县本级120个预算单位（包括二级预算单位）全部实施国库集中支付改革，覆盖率达100%；资金范围涵盖所有纳入预算管理的资金（包括基本建设资金）、纳入财政专户管理的预算外收入资金和社保基金。累计办理集中支付业务42385笔，支付金额58.6亿元。其中，财政直接支付37267笔，支付金额43.75亿元，占支付金额的74.7%；财政授权支付3697笔，支付金额1819万元，占支付总额的0.3%；实拨支付1421笔，支付金额14.67亿元，占支付总额的25.03%。全县共有1932人办理公务卡，激活公务卡1932张，共有150个预算单位在大平台系统公务卡管理模块中使用公务卡报账。公务卡支出刷卡消费134万元，报账金额134万元，公务卡结算率100%。

【财政监督】 2020年，县财政部门认真贯彻落实2020年地区财政局工作会议精神和2020年度财政监督工作要点，依据《中华人民共和国预算法》《中华人民共和国会计法》《财政部门监督办法》等相关规定，严格按法律程序实施各项检查工作。在实施检查过程中，首先向被检查单位下发财政检查通知书，填制财政检查报告，检查工作底稿，收集、复制原始单据，被检单位签署意见。真正做到依法行政、依法监督，让会计监督工作走上依法行政的良性轨道。同时，财政监督评价工作在地区财政局会计监督科的指导下，按照上级统一部署，狠抓日常监督和专项检查，加强内部控制管理，健全队伍建设，为全县财政经济健康发展起到助推作用。是年，依据《财政部关于组织地方财政部门开展2020年度会计评估监督检查工作的通知》（财监〔2020〕12号）有关要求，对拜城县发展和改革委员会、拜城县机关后勤服务办公室（接待科）、阿克苏泉源融资担保有限公司3个单位进行财政监督与评价。

【政府采购管理】 2020年，拜城县采购中心以提高服务标准，提升工作效率为工作目标，进一步完善规章制度，规范采购行为，1—12月，共完成采购招标业务229次，比2019年同期减少307次；政府采购资金达到2.30亿元，比2019年同期增加743.29万元；节约财政资金1617.62万元，资金节约率6.57%，比2019年同期减少702.45万元，节约率降低2.88%。2020年7月开始，所有招投标项目按项目流程操作，全部在政采云里提交计划并生成项目、发布公告，做到每个项目环环相扣、有据可查。采购办、采购中心按照地区推行使用政采云的要求，对全县单位和供应商大力宣传政采云，通过发布公告、电话告知等途径通知供应商入驻政采云，截至年底，入驻政采云各类供应商144家，上传商品涉及办公用品、日用品、办公设备、家具、家电等网上超市十四大类和四类定点服务（车辆保险、车辆维修、印刷品、装饰装潢）。是年，全县预算单位在政采云中完成各类交易653笔，完成资金4860.9万元，采购办完成“放管服”政策要求，夯实日常协议供货（定点采购）工作基础。

【财政扶贫资金拨付】 2020年，县财政部门加快扶贫资金拨付力度，为脱贫攻坚工作提供资金保障。上级下达拜城县财政扶贫资金1.75亿元。其中，中央资金8207万元，一是中央财政扶贫发展资金6922万元，主要用于黑木耳菌棒、防渗渠、农村饮水，标准化养殖基地、村组道路建设、高标准蔬菜大棚、农贸市场建设、技术培训、雨露计划等项目；二是以工代赈资金1098万元，用于防洪坝建设项目；三是少数民族发展资金187万元用于村组道路建设等项目。自治区资金（扶贫发展）1711万元，主要用于标准化养殖基地建设、种植大棚、夜市（设施）建设、村组道路建设、小额信贷贴息等项目。以工代赈资金7600万元，主要用于农村公路建设项目、饮水安全巩固提升项目。

【社会保障经费运行】 2020年，拜城县进一步完善社会保障制度，加大对城乡最低生活保障制度的管理力度，实行动态管理。拜城县社会保障资金预算执行数7.51亿元，其中社会保障和就业2.37亿元、医疗卫生51389万元。是年，拜城县累计征收基本养老、基本医疗、失业、工伤、生育五险缴费共6.13亿元，累计发放基本养老、基本医疗、失业、工伤、生育五险共5.82亿元。是年，拜城县参加城乡居民医疗人数达到199689人，征集个人缴费6054.39万元，累计支付城乡居民医疗补偿金额1.61亿元；收到城乡居民医疗县级补助资金900万元，收到中央补助及自治区补助1.19亿元。截至年底，征收城乡居民社会养老保险缴费3244万元，收到县级财政补助资金1369万元，收到上级补助2855万元，累计发放养老金3431万元。截至年底，收新机关事业养老保险缴费1.9亿元，收到县级财政补助资金1450万元，收到上级补助735万元，累计发放养老金2.19亿元。是年，筹集困难群众救助补助资金7347.47万元，2019年结余资金57.47万元，其中，发放低保金3968.9万元，临时救助资金1968.7万元，流浪乞讨补助金16万元，孤儿、特困老人补助资金1393.87万元。享受城市低保补助的对象达到1286人，享受农村低保补助的对象达到11500人。

【农村综合改革】 2020年，县财政部门贯彻落实农村综合改革政策，进一步巩固和完善惠民生工程及农村税费改革成果。共下达拜城县农村综合改革资金1139.24万元，已支付资金1030.18万元，执行率90.43%。其中，村级公益事业一事一议项目下达资金60万元，涉及2个乡镇4个项目，其中：2个村内道路水泥和沥青路面，购买垃圾箱，村内绿化建设项目，2个购买吸粪池，垃圾船等，已支付60万元。美丽乡村建设项目（托克逊乡坎其铁米村、阿热吐尔村美丽乡村建设试点）下达资金300万元，主要用于建设小公园，小广场，村内绿化亮化项目，已支付190.94万元。项目在施工中，预计2021年4月底完工。下达农村综合改革转移支付农村公益事业财政奖补资金人居整治环境项目资金300万元，涉及4个乡镇6个项目，其中3个小型生活污水处理设施排水管网项目，1个自制有机液体菌肥一体化建设系统一套及相关配套设施项目，1个铺设水泥路项目，1个垃圾填埋场项目，已支付300万元。下达扶持壮大村级集体经济试点补助资金200万元，涉及4个乡镇4个项目，2个项目购买西门塔尔牛项目，1个修建鱼塘项目，1个新建库房购买旋切机、粉碎机、消防池等附属设施项目，已支付200万元。下达农村公益事业财政奖补资金（农村改厕）项目279.24万元，建设卫生厕所4654座，每座补助600元，项目全部完工，已支付279.24万元。

【国有资产管理】 2020年，县财政部门进一步理清工作思路，健全国有资产管理制度，创新资产管理。加强信息化管理，组织全县行政事业单位填报自治区行政事业单位资产管理信息系统数据，规范国有资产管理；加强国有资产动态监管，开展行政事业单位及国有企业产权登记及年检工作，做好全县7户国有企业、7户国资监管企业和33户非监管企业网报工作，逐月做好企业财务快报审核上报工作，完善行政事业单位国有资产划转、处置台账。做好2020年度行政事业单位及国有企业的国有资产监督、管理。配置、处置、监督、管理好各类国有资产，并且将数据同步到资产系统。是年，共下达资产处置批复424份，其中机构改革类6份，资产划转类359份，核销类59份，共核销固定资产1938.65万元。拍卖公车51辆，成交总价242.66万元。

【预算管理】 2020年，县财政部门推进绩效管理与预算管理紧密结合，实行预算编制、执行、监督全过程的绩效管理工作机制；强化预算绩效目标管理，着力提升绩效目标质量；强化绩效评价结果应用，将预算资金支出绩效财政重点评价结果运用于预算编制，根据考核结果实行奖优惩劣；加强预算执行管理，强化预算执行通报制度管理。将绩效理念和措施融入预算编制、执行、监督全过程，逐步建立“预算编制有目标、预算执行有监控、预算完成有评价、评价结果有反馈、反馈结果有应用”的预算绩效管理机制，真正实现“花钱必问效、问效必问责”。是年，拜城县实施项目绩效目标365个，涉及金额1.75亿元；实施项目绩效监控654个，涉及金额10.34亿元；实施整体绩效目标117个，涉及金额15.22亿元。

【投资评审】 2020年，县财政部门以服务于全县财政投资项目建设为切入点，积极完成评审工作任务。聘请7家第三方投资评审公司共完成各类评审预结算项目276个，送审金额为18.43亿元，审减金额1.6亿元，综合审减率为8.67%。评审内容涉及市政工程、城市绿化、民生工程、水利工程、农田基本建设工程、新农村建设等项目。为政府和财政节约项目建设资金提供科学的依据，提高财政资金的使用效率，保证财政建设项目资金的科学性和准确性。

【金融工作】 2020年，受新冠肺炎疫情影响，拜城县认真贯彻落实习近平总书记关于“要把各项惠企政策尽快落实到位”相关指示精神，用足用好中央、自治区、地区出台的各项惠企政策。强化多方协调配合。从3月11日起至3月31日，贷款利率按照同期银行贷款市场报价利率（LPR）执行，政府财政给予50%的贴息。拜城县协调银行在贷款办理中开通绿色通道，简化放款流程，加快放款速度，在最短的时间完成贷款发放工作；推行降低融资担保费率政策，对疫情防控物资重点生产企业优先担保，针对个体工商户、小微企业及个人，鼓励政府性融资担保机构和再担保机构担保费率由3%降至1%；做好银行、企业的沟通交流，进一步拓宽中小微企业融资渠道。为引导刺激各金融机构将更多资金投向拜城县重点发展领域，更好地发挥金融支持地方经济发展的核心作用，提升小微企业融资服务水平，协调县人民银行积极推动制定银行业奖励考核办法；在5月非法集资宣传月活动中，拜城县积极采取多种形式宣传非法集资有关法律法规和金融常识，积极扩大宣传范围、拓展宣传空间，以提高宣传活动的广泛性和针对性，确保宣传取得实效。按照“打早打小”原则，充分发挥处非办牵头工作，协调市监局、公安局对投资公司、各类咨询公司的日常业务中存在非法集资隐患进行经常性排查。

【会计核算中心】 2020年5月，拜城县会计核算中心正式开始运行，2020年度共纳入45个预算单位账务，由14名会计人员统一在财政大平台数据共享中心进行会计核算。在资金使用权、财务自主权不变的情况下，由会计核算中心核算、监督和管理纳入财政预算范围的各类资金，严格执行《会计法》《会计基础工作规范》《行政单位会计制度》《事业单位会计准则》《事业单位会计制度》。根据《会计法》《预算法》和有关财经法规制度，认真做好所管单位会计核算工作。审核、记录、计算和报告所管单位各种资金的增减变动及其结余。根据财政单位工作需要，提供有关会计信息、编制决算等资料。依法进行会计监督，保证会计核算的真实性、合法性和规范性。按照会计制度规定，及时、准确编制报送预算单位部门预算、部门决算、财务报告及其会计报表，做到数字真实、计算准确、内容完整、说明清楚、编报及时。并根据单位管理需要，适时提供有关会计信息。协助预算单位做好预决算公开、内部控制、预算绩效审核等工作；做好财务分析，增强服务意识，处理好服务与监督的关系。同时，做好单位会计资料和电算化会计档案的整理、归档和保管工作。负责贯彻与执行国库集中支付政策。

（王世强）

2020年拜城县一般公共预算支出情况表

表4

支出科目	2020年预算数（万元）	累计支出情况		比上年同期	
		金额（万元）	占预算（%）	增减额（万元）	增减（%）
公共财政预算支出合计	319890	423048	132.25	37731	9.79
一、一般公共服务	54711	64170	117.29	9579	17.55
二、外交					
三、国防	243	77	31.69	–235	–75.32
四、公共安全	22110	36843	166.64	–3301	–8.22
五、教育	76250	90042	118.09	3403	3.93
六、科学技术	73	164	224.66	5	3.14
七、文化体育与传媒	1774	4617	260.26	–450	–8.88
八、社会保障和就业	26078	35851	137.48	911	2.61
九、卫生健康支出	30939	39561	127.87	7433	23.14
十、节能环保	283	2835	1001.77	–2201	–43.71
十一、城乡社区事务	14479	26548	183.36	4384	19.78
十二、农林水事务	60100	81809	136.12	17249	26.72
十三、交通运输	11100	7048	63.50	224	3.28
十四、资源勘探信息等事务	40	190	475.00	–146	–43.45
十五、商业服务业等事务	170	517	304.12	–86	–14.26
十六、金融支出		36		36	100
十七、自然资源气象等事务	614	1439	234.36	–48	–3.23
十八、住房保障支出	6931	22079	318.55	1422	6.88
十九、粮油物资储备支出	793	340	42.88	38	12.58
二十、灾害防治及应急管理支出	380	769	202.37	–681	–46.97

续表4

支出科目	2020年预算数（万元）	累计支出情况		比上年同期	
		金额（万元）	占预算（%）	增减额（万元）	增减（%）
二十一、其他支出		1843		-468	-20.25
二十二、债务付息支出	7792	6229	79.94	644	11.53
二十三、债务发行费用支出	30	41	136.67	19	86.36
二十四、预备费	5000				

税　务

【概况】 国家税务总局拜城县税务局（以下简称“县税务局”）2018年7月正式挂牌成立。设内设机构10个，分别是办公室、法制股、税政股、社会保险费和非税收入股、纳税服务股、征收管理股、收入核算股、税源管理股、风险管理股、人事教育股；设派出机构2个，分别为第一税务所（办税服务厅）和第二税务所；设事业单位1个，为信息中心；另设纪检组和机关党委（党建管理股）。

【深化改革】 2020年，县税务局从三个方面抓好改革工作。加强征管基础工作：根据总局、区局关于征管业务基础数据质量工作要求，每日定期通过查询工具提取“三性”指标及差错类指标疑点数据并核实整改，同时加强征管业务知识和操作培训。是年，共核实整改疑点数据2235条，进一步提升县税收征管质量水平，并通过自助办税终端、电子税务局等线上线下多种渠道办税，有效分流办税服务厅压力。优化税务办税程序：深化税务注销清税证明免办、即办服务和容缺办理，简化注销流程，减少证件、资料报送。同时优化发票办理，积极推进发票领用分类分级管理、全面推行发票网上申领，对网上申请代开增值税发票的，后台直接审核，继续深化落实185项网上办税缴费业务清单。秉承“一厅集成，一厅通办”：大力推行电子税务局业务办理，在办税服务厅设立简事易办快速窗口，合理整合专业化窗口和综合业务窗口资源，减少纳税人办理单一简办涉税事项排队等候时间。积极推行涉税事项网上办，涉税事项预约办，涉税事项“承诺制”容缺办，涉税事项延时办、预约办，有效地为办税服务厅各项特色制度提供服务保障。

【税收收入】 2020年，县税务局在新冠疫情影响和维护稳定的双重压力下，攻坚克难，细化税收分析、堵塞税收漏洞、提升税收工作质量。是年，组织各项收入31.18亿元，同比2019年下降0.73%，减收2301万元；组织税收收入26.87亿元，同比2019年下降1.70%，减收4643万元；组织非税收入5162万元，同比2019年下降10.91%，减收632万元；组织社会保险费收入37096万元，同比2019年增长8.50%，增收2905万元；组织工会经费846万元，同比2019年增长8.88%，增收69万元；组织本级税收11.38亿元，同比2019年增长0.96%，增收1087万元；石油税收15.49亿元，同比2019年下降14.99%，减收2.73亿元；组织公共财政预算收入12.86亿元，同比2019年下降11.10%，减收1.61亿元。

【税收征管】 2020年，县税务局根据总局、区局关于征管业务基础数据质量工作要求，每日定期通过查询工具提取

“三性”指标及差错类指标疑点数据并核实整改，同时加强征管业务知识和操作培训。是年，共核实整改疑点数据2235条，进一步提升本县税收征管质量水平。共受理推送运维工单85条，解决代开电子普通发票作废、错误申报数据修改、社保征集单作废、会统报表数据修正、税费退库遇阻、登记信息等各类问题，维持并推动征管相关工作的正常运转，为纳税服务工作提供有力支持。将征管质量5C考核指标扩大至一般纳税人供票与销售额配比、每月领票3次以上户数占比、发票开超率等七项内容，每日专人负责全面监控征管质量各项工作，累计核定和调整发票供应量及版别1574户次，累计调整定额户数567户。

【税务登记】 2020年，县税务局通过电子税务局“新办纳税人套餐”服务，完成“三证合一、一照一码”登记的纳税人2683户，其中企业959户，个体工商户1724户。通过简易注销处理僵尸户纳税人1323户，重复户清理共68户，保证辖区管户数据清晰。

【税收执法】 2020年，县税务局严格按照“谁执法、谁公示、谁负责”的原则，切实做好“三项制度”有关工作，在行政执法的事前、事中、事后3个环节，依法及时主动向社会公开税务执法信息，通过自治区行政执法公示平台向纳税人公示26类5400余条相关信息，累计通过执法记录仪进行音像或照相记录53户次。是年，开展处罚方面的操作培训和法规讲解，并严格执行《拜城县税务行政处罚裁量基准（试行）》，依法依规开展2020年度行政处罚裁量权的工作，对550户次纳税人进行处罚，共处罚金额69.6万元，其中简易处罚196条、一般处罚354条。

【优惠政策落实】 2020年，县税务局全面贯彻疫情防控和深化增值税改革优惠政策，确保优惠政策落地见效。增值税：全年享受增值税优惠政策的共26768户次，合计减免增值税7921.96元，其中享受“纳税人提供疫情防控重点保障物资运输收入免征增值税”政策的共3户次，减免税额1.33万元；享受“疫情防控三行业免征增值税”政策的323户次，减免税额114.49万元；“提高增值税小规模纳税人免税标准”政策的共9112户次，减免税额3635.12万元；享受“增值税留抵退税”政策的共2户次，减免税额1438.38万元。企业所得税：2020年，拜城县税务局实际管户1659户，其中应参加汇算清缴居民企业1648户，其中64户纳税人享受小型微利企业优惠政策，6户纳税人享受农、林、牧、渔业项目优惠政策，2户纳税人享受企业安置残疾人员优惠政策。个人所得税：2020年度，经营所得汇算清缴退税户数有2户，退税金额合计1494.24元，汇算清缴补税户数有8户，补税金额合计4.08万元；积极落实个体工商户个人所得税缓缴政策，累计享受户数677户次，累计缓缴金额354.86万元；辖区内应汇算扣缴义务人户数合计414户，累计应汇缴人数10892人，其中补税人数235人，退税人数7995人，不补不退2411人，汇算清缴申报完成率97.84%，完成“首汇”工作。六税两费：2020年享受增值税小规模纳税人减征地方税种2087户，减免金额194.75万元，其中，房产税67户，减免118.65万元；印花税315户，减免208.46万元；城镇土地使用税60户，减免149.75万元；城建税1645户，减免17.89万元；通过“以地控税”补征城镇土地使用税380.48万元，契税155.53万元，房产税129.85万元。

【税收分析预测】 2020年，县税务局认真做好月度及年度预测，组织召开税收预测分析例会，增强组织收入工作的前瞻性。摸清税源底数，密切关注大宗商品价格和重点建设项目、重点税源、重点行业收入走势，严格控制预测偏差。比对异常数据变动，查找征管

“盲区”，拜城县税务局平均预测率均达到99%。

【纳税宣传服务】 2020年，县税务局积极开展“优化税收营商环境”和“便民办税春风行动”各项工作，大力推广“非接触式”办税缴费服务。制作《疫情防控期间办税公告》，公布办税场所、热线电话、办税渠道、征收期限等内容，确保两个疫情初期纳税人第一时间了解办税动态，为居家办公提供支撑，采取“线上问需、线下处理，线下导出、线上发送”的办公模式，高效迅速处理纳税人各类问题7243条，通过电子税务局受理并办理业务30721笔。推出“码上办税”“码上知道”，制作车购税、社保缴费等二维码，并通过便民服务群广泛宣传，引导纳税人“网上办，在家办”，引导纳税人扫码办理车购税1798笔，入库税款1715.93万元；扫码和批扣征收医疗保险5897笔，入库税费199.81万元。另外，将电子税务局中热点操作业务同样制作成二维码供纳税人参照学习，力求改变“保姆式”辅导服务。落实税务总局“容缺办理”的要求，简化办理流程，严格落实“融缺办、预约办”内容精神，为571户纳税人提供个税往期申报记录，便于申报当期数据，为37户纳税人办理容缺个税申报，预约办税173户次。为满足疫情期间“急难特办”纳税人办税需求，特向县委申请绿色通行车辆，为6户急需缴纳税款纳税人进行上门服务，保证3430万余元税款及时入库，为打赢疫情攻坚战提供经济基础；为支持企业复工复产开辟邮寄发票服务，为32户纳税人邮寄配送专用发票1322份，保证企业发票链稳定。开展纳税信用等级评定工作，全年纳入信用管理户数1703户，1576户企业参评，127户不予评价，参评率92.54%。按照纳税人信息提供精准的税收政策宣传内容，通过短信、微信等方式给予纳税人或者扣缴义务人温馨提醒，累计发送短信32404条，打电话3913次，进行微信宣传政策7688条次。广泛征求纳税人意见，通过走访、电话、微信等方式询问纳税人在实际办税过程中存在的问题，共收集问题157个。

【廉政建设】 2020年，县税务局利用晨会、节前警示教育大会，通过观看警示教育片、参观警示教育基地、上廉政党课、撰写心得体会等多种方式，让干部时刻牢记廉洁从政的要求，切实筑牢不敢腐、不能腐、不想腐的思想防线。对干部疫情防控工作、日常工作纪律、工作状态、工作作风执行情况监督，共开展作风抽查35次。疫情期间，拜城县税务局党委纪检组及时成立专门的监督检查小组，开展6次警示教育，督导检查41次，抽问342人次，并制作工作台账。对符合疫情防控税收优惠政策19户一般纳税人、4户行政事业单位进行电话回访，确保税收优惠政策落地。深入开展两个专项整治工作，及时召开党委会议4次，开展动员部署专题会议3次，制订方案，组织党委中心组、各党支部学习3次，开展相关测试4次；认真落实“三必谈”“两个全覆盖”谈话要求，开展谈心谈话2轮227人次。研究制定《拜城县税务局关于减税降费监督工作的实施方案》，对减税降费税收优惠政策落实情况进行监督检查9次，约谈股室负责人8人次，听取汇报10次，下达监督检查建议12条。针对“不忘初心、牢记使命”主题教育“回头看”专项工作、现金税费征缴专项整治工作、落实学习第三次中央新疆工作座谈会精神等工作开展监督检查5次，提出意见建议9条。

（刘　源）

金 融

中国人民银行拜城支行

【概况】 中国人民银行拜城县支行（以下简称“拜城人行”）以“基础提升年”为抓手，在党建引领下，统筹推进疫情防控、脱贫攻坚、经济发展和社会维稳等各项工作，切实维护辖区金融稳定，不断提升金融服务水平，促进县域经济金融和谐发展。拜城人行内设5个股室：办公室、综合股、会计国库股、货币金银股和保卫股。

【货币政策执行】 2020年，拜城人行统筹推进疫情防控、经济发展和社会维稳工作，在疫情防控常态化前提下，坚持稳中求进总基调，落实好灵活精准的货币政策，着力稳企业保就业，支持企业经营发展，缓解中小微企业融资困难，为地方实体经济发展提供良好的经济金融环境。是年，全县金融机构各项存款余额99.53亿元，较年初增加14.78亿元。各项贷款余额71.45亿元，较年初增加10.5亿元。

【金融环境建设】 2020年，拜城人行加强信用帮扶力度，助力金融精准扶贫纵深开展，引导拜城县联社累计为全辖3.78万户农户建立经济档案；评级授信2.71万户，授信金额17亿元；其中采集贫困户信用档案6094户，累计支持建档立卡贫困户4382户，金额1.27亿元，占全县建档立卡贫困户总数的100%；辖内贫困村被评为信用村的数量25个。拜城人行加大开展金融综合服务示范点建设力度，在2019年的基础上增加5个点。年末，拜城县支行助农取款点296个，无金融服务空白村。

【金融稳定】 2020年，拜城人行严肃规范存款创新产品业务发展，有序压降靠档计息定期存款规模，杜绝扰乱市场秩序的定价行为。同时，加强对法人金融机构利率定价行为的评估，确保辖区市场利率秩序平稳。是年，拜城县人行收缴假人民币1.33万元，较2019年同比减少9560元，下降72.10%。假币收缴量进一步下降。

【内部管理】 2020年，拜城人行选拔任用优秀青年干部充实到领导岗位，健全人才梯队，为支行可持续发展打下坚实基础。是年，选拔任用青年正股级干部2名、副股级干部3名，支行会计国库股被评为中支级“女职工文明示范岗”，西安分行级“青年文明号”，1人被评为中支级“巾帼建功标兵”。

【金融服务】 2020年，拜城人行切实履行全面经理国库职责，确保国库资金平稳高效运行；支行积极支持当地经济发展，提供充足的现金供应，合理投放各券别发行基金，满足各族群众的支付券别需求；压实银行机构账户管理主体责任，树立以账户质量和风险防范为导向的管理理念和管理体系；不断加强疫情期间征信信息安全管理，切实提高业务人员依法合规开展征信业务的意识，立足拜城实际，主动作为，不断提高征信管理和服务水平。

【普惠金融】 2020年，拜城人行把生源地助学贷款工作作为重点，提前做好生源地国家助学贷款工作的宣传，积极联系相关部门做好协调工作，提早与教育局、民政部门积极沟通，督促信用社等金融机构做好相关贷款的发放，尽可能多地解决拜城县贫困学生的上学难问题。截至11月30日，支行引导拜城县信用社新发369笔，发放贷款金额为214.85万元，为拜城县贫困学子的求学路提供有力支持。大力开展金融知识普及教育，结合“访惠聚”工作，引导全县7家银行业金融机构建立金融知识普及教育示范基地。

【反洗钱工作】 2020年，拜城人行发挥整体联动作用，多次与县政府沟通协调会商，与拜城县人民政府联合印发《拜城县反洗钱联席会议制度》《拜城县“反洗钱、反恐怖融资、反逃税”协调工作领导小组》。拜城人行坚持风险为本的监管理念，有效实施风险监管，深入开展调查研究，加强宣传培训，加强反洗钱工作指导及监管水平。

（曹利东）

中国农业发展银行拜城支行

【概况】 中国农业发展银行拜城县支行（以下简称“农发行拜城县支行”）有正式职工19人，支行下设两部一室，即信贷业务部、会计结算部、办公室。支行党、团、工、妇等组织机构健全。2020年，农发行把握稳中求进的总基调，确保支持粮棉油收储不出大的问题，中长期贷款有较大增长，择优支持农业产业化龙头企业，打造我行全产业链品牌；继续打牢脱贫攻坚战，持续助力脱贫攻坚队伍建设上新台阶，认真学习和贯彻落实年初全区分支行行长会议精神，以服务“三农”为宗旨，以防范和化解信贷风险为重点，以继续开展“创先争优”“基层组织建设年”活动为契机，狠抓基层组织建设、内部管理，促进各项业务稳健发展，经营效益不断提升。

【经营业绩】 2020年，农发行拜城县支行始终坚持把支持粮食收购作为业务工作的重中之重不动摇，始终坚持在“不打白条”的前提下，落实“多收粮、收好粮、防风险”的总体要求，做实做细各环节工作，确保粮食收购不出问题。是年，累计发放小麦收购贷款9000万元，累计收购小麦数量3698.36万千克，累计销售数量1303.34万千克，购销比35.24%。年末贷款余额5696万元。经库存核实，保证账物相符，销售资金及时回笼银行，信贷员对收购资金认真监管，保证粮食库存真实。严格落实总行党委年初的安排，推动高质量发展，推动业务转型，着力补齐农业农村基础设施建设短板，发挥农发行作为政策性银行职能作用，积极支持农村公路、水利和改善人居环境等建设，支持项目精准扶贫和产业精准扶贫。2020年年末，中长期贷款余额19.56亿元，短期流动资金贷款余额2.87亿元。

【存款业务】 2020年，农发行拜城县支行各项存款总额4.76亿元，实现利润总额1277.14万元。

【中间业务】 2020年，农发行拜城县支行累计实现中间业务收入0.26万元，均为人民币结算手续费收入。

【信贷业务】 2020年，农发行拜城县支行累计投放贷款7亿元，其中投放中长期贷款3.9亿元。农发行拜城县支行各项贷款余额22.43亿元，较年初增加

4.9亿元，同比增长27.95%。

【财务管理】 2020年，农发行拜城县支行坚持扩大财政资金来源。征得财政部门的支持，财政性贷款本息提前一个月到位。强化存贷款一体化和账户营销，抓好贷款户及上下游企业增存稳存工作。全员统一思想，树立“存款立行、存款增效”的理念，调动积极性，充分利用其在县域内的地缘和人脉优势，在存款营销上攻坚突破。

【内控管理】 2020年，农发行拜城县支行针对业务经营特点，采取以会代培、以干代培、互帮互学的形式，不断提高干部职工综合素质和业务技能。始终以规范化管理的标准，严格要求，逐条落实，充分履行岗位职责，做好事后监督工作，认真学习上级行文件，合规执行各项制度规定。

【支持实体经济】 2020年，农发行拜城县支行在2月疫情期间，支持两家小微企业，共投放贷款1100万元用于疫情期间物资保障；5月，农发行拜城县支行支持拜城县30万头生猪养殖基地建设项目，该项目审批产业化龙头企业固定资产贷款6.5亿元用于生猪养殖基地建设。2020年年末，该项目累计投放3.8亿元，助力实体经济健康发展；7月，农发行拜城县支行支持夏粮收购9000万元，保障粮食安全；12月，农发行拜城县支行支持华凌拜城县田园综合体建设项目，共审批贷款13.5亿元。其中，华凌阿克苏农牧业发展有限公司农村土地流转和土地规模经营流动资金贷款30000万元，华凌拜城农业工程技术服务有限公司农业生产资料流动资金贷款2000万元、农业生产资料固定资产贷款8亿元，13.5亿元贷款主要用于土地平整及日常经营、购买油料以及购买农机设备等。

中国建设银行拜城支行

【概况】 2020年，中国建设银行拜城支行（以下简称“建行拜城支行”）有在册职工25名，中共党员8名，支行架构设置两个部门，分别是综合管理部、支行营业部。

【利润收入】 2020年，建行拜城支行实现利润2730.22万元，中间业务收入825万元（其中公司中间收入145万元，个人中间业务收入780万元）。

【存贷业务】 2020年，建行拜城支行一般性存款余额16.58亿元，较年初新增2.05亿元，一般性存款余额当地同业务占比38.03%。全行信贷余额4.23亿元（其中公司贷款余额2.66亿元、个人贷款余额1.57亿元）。

【拓客提质】 2020年，建行拜城支行全量个人存量客户14万，信用卡客户新增651户，全面客户新增579户。

中国银行拜城支行

【概况】 中国银行股份有限公司拜城县支行（以下简称“中国银行拜城支行”）成立于2012年12月25日，经营范围包括吸收公共存款、发放短期、中期和长期贷款、办理票据承兑与贴现；买卖政府债券及其他有价证券；提供信用证服务及担保；办理国内外结算；买卖、代理买卖外汇、外币兑换、国际汇兑、跨境人民币；从事银行卡业务；以及其他依法批准的项目。拜城县支行现有在岗员工10人，平均年龄27岁，90%的员工为本科学历，是一支年轻化、高素质的团队。党建方面，设有拜城县支行党支队，现有党员5人。人员配置方面，有行长1人、副行长（内控）1人，业务经理1人、客户经理2人、大堂经理1人、柜员4人。渠道建设方面，当地营业网点1家，城区内设有2个ATM自助设备区，共有7台设备对外24小时提供服务。

【存贷款业务】 2020年，中国银行拜城支行不良贷款率

0.52%，存款余额4.35亿元，贷款余额1.90亿元，存贷款规模为6.25亿元，存贷比为43.64%；各项存款余额4.35亿元，比年初增长6328万元，增长14.55%，其中公司存款余额为1.76亿元，增长4002万元，增长22.74%；个人存款余额2.59亿元，新增3491万元，增长13.48%；为抗击疫情，积极支持22户个体工商户复工复产，共投放140万元贷款。

人寿保险拜城支公司

【概况】 2020年，中国人寿保险股份有限公司拜城支公司（以下简称“拜城县人寿保险公司”）经营涵盖寿险、人身意外险、健康险、年金等人身保险的全部领域。全年不断提高商业保险的社会覆盖面，积极发挥保险的社会稳定器和保障后援的作用，贯彻执行区、地分公司全年保险工作会议精神，不断创新工作思路，以业务发展为主线，实行经理室成员分工负责制，开拓创新谋发展。拜城县人寿保险公司有营销人员140人，其中正式员工8人、劳务派遣2人、业务员130人。下设个险营销部、团险营销部、银保部及客户服务中心4个部门，个险营销主要面向独立个体客户销售健康险、意外险、养老险等，团险销售部主要面向团体、企事业单位、乡镇、厂矿、学校销售人寿意外险、雇主责任险等，银保部主要负责商业银行代理保险业务的培训和管理工作。客服中心负责保单理赔、保单保全、咨询服务等，公司秉承“用专业和真诚赢得感动”的信念，力求通过“热诚、规范、准确、便捷”的服务，回报广大客户的支持与信赖。

【保费收入】 2020年，拜城县人寿保险公司完成全年总保费收入4443.91万元，同比2019年增长13.32%，其中首年期交达849.11万元，同比增长41.63%，十年期以上保费达461.65万元，同比2019年增长27.52%；保障型产品达407.13万元；同比2019年增长81.45%，标准保费达成537.72万元，同比2019年增长53.41%；短险保费达648.65万元，同比2019年增长28.21%；续期保费2938.56万元。个险渠道标准保费目标333万元，完成515.99万元，达成率154.95%，同比2019年增长60.99%。长险首年保费目标561万元，达成715.84万元，达成率127.6%，同比2019年增长46.53%；十年期保费目标303万元，实际达成451.58万元，达成率149%，同比2019年增长36.86%；保障型产品目标251万元，实际达成401.96万元，达成率160.14%，同比2019年增长94.04%；短期险目标168万元，实际达成199.25万元，达成率118.6%，同比2019年增长64.46%。向社会给付各类赔款金231.13万元。

【经营发展】 2020年，拜城县人寿保险公司通过地区银保监局、消防、质检验收，于2020年5月20日由原来解放路40号的办公场所搬迁至拜城县瑞康佳苑商铺101室、301室，由原来的陈旧的环境转变为基础设施齐全、办公环境明亮的新环境。便于更好地服务于广大客户，提供优质的服务，树立品牌形象。拜城县人寿保险公司紧跟时代脚步，以互联网络平台为载体。总公司利用电话、互联网、手机等多种便民服务模式，开通“国寿E宝”App、国寿E服务、智能一体化终端机，实现科技赋能现代化。客户在电脑及手机上就可以查询保单状况、缴费、变更、借款、生存金红利的领取等一系列服务。操作简便，流程易懂。使客户足不出户就能享受便民服务。同时通过产品创新和服务创新，满足客户多方面需求，实现效益价值，业务规模、市场份额、服务水平并同增长，为更好地服务客户使各环节的流程更简便快捷。

【理赔服务】 2020年，拜城县人寿保险公司理赔服务从单一的柜面受理扩展到“95519”电话受理、手机电话、微信报案，提升了理赔速度及品质。提出一系列的服务承诺：索赔手续齐全，索赔金额3000元以下，1个工作日内赔款；20000元以下，3个工作日内赔款；20000元以上，7个工作日内赔款；市区内30分钟到达事故查勘现场；异地出险可就近索赔，无须支付任何异地查勘费用。全年理赔金额231.13万元，同2019年相比下降44.79%。公司作为拜城县最早的一家寿险公司，本着用真诚获得感动的服务理念，赢得了社会各企事业单位的好评，企业秉承稳健诚信的经营宗旨，在拜城县占领着举足轻重的地位，并在金融业风险审核认定工作中被中国人民银行拜城支行评为3B级信用。

【风险管理】 2020年，拜城县人寿保险公司加强防范监管风险工作，各渠道和条线按照地区分公司排查要求开展金融风险自查、排查。对检查存在的问题不隐瞒、不回避，认真做好整改。针对销售环节的重点风险开展风险警示教育培训。是年，公司参加地区举办各种新人培训班11期128人次，风险管控、反洗钱、打击非法集资课件等宣传12次，宣传受众人数506人，举办各类合规考试6场。同时，在公司内部开展反洗钱自查工作，做好源头的把控。多次开展反洗钱宣传活动，通过户外宣传、手机、朋友圈发送警示教育案例及基础知识，确保把风险教育知识普及千家万户，设立宣传咨询台，公司员工以发放知识手册及宣讲的方式向过往的群众讲授洗钱、非法集资、保险欺诈的危害等相关知识。

【企业文化】 2020年，拜城县人寿保险公司坚持用文化之魂凝聚人心、引领发展。以“相知多年、值得托付”“成己为人、成人达己”“用心经营、诚信服务”等推陈出新、一脉相承的核心理念为标志，健康向上的企业文化激励着一代代国寿人拼搏进取、奋发有为。

【社会责任】 2020年，拜城县人寿保险公司应自治区及县访惠聚办的工作要求，本着金融保险企业对社会应尽的责任及义务，前往驻村点开展入户“四同”工作，其中为村民宣讲国家政策、人身险知识、惠民政策等95户，受众人数253人，举办民族团结一家亲活动4场，参与人数215人，开展慰问贫困户活动及节日慰问活动4场，为贫困户购买大米、清油、面粉、月饼、蔬菜、肉类等生活物资折合人民币3.67万元，为赛里木镇库台曼村扶贫项目捐款6.72万元，为辛苦在一线的社区人员送去慰问品价值0.38万元，为公安局察尔齐、克孜尔两大警务站送去净水机2台，价值3万元，为共建社区赠送办公用品及打印设备价值1.5万元，为城区幼儿园赠送交通道路安全提示牌20个，价值0.6万元。

卫生·健康

综 述

【概况】 拜城县卫生健康委员会（以下简称“卫健委”）是拜城县人民政府工作部门，为正科级。机关内设6个科室，分别为综合办公室、疾病预防控制科、医政医改科、基层卫生科、计划生育综合业务科（妇幼健康服务室）、规划统计与信息科。行政编制10名，事业编制13名（其中领导职数3名），机关工勤事业编制2名。机关1个二级单位（卫生健康执法监督局）。县域内有各类医疗卫生机构183个，其中二级医院2个（县人民医院、中医医院）、妇幼保健院1个、疾病预防控制中心1个、县计划生育服务站1个、乡镇卫生院15个、村卫生室146个、医务室1个，营利性医疗机构16个；卫生技术人员1177人，执业（助理）医师325人，注册护士435人，乡村医生196人。全县编制床位1050张，实际开放1292张，其中，县级医院545张，开放730张，妇幼保健院49张，乡镇卫生院358张，民营医院98张。

2020年，拜城县卫健委围绕固根基、扬优势、补短板、强弱项，全方面干预影响健康因素。医药卫生体制改革持续深化。按照“县强、乡活、村稳、上下联、信息通、模式化”的工作思路，县域医共体建设改革的持续推进，区域内的医疗资源实现有效共享，各族群众看病难、看病贵的问题得到有效的缓解，医共体改革喜结硕果，拜城模式、拜城经验成为“新疆范本”，国家卫健委调研组将拜城县域医共体赞誉为“西北样板”；公共卫生服务能力显著增强。12类国家基本公共卫生服务覆盖全县各族群众的生命全过程，重大的传染病、地方病得到有效的控制，实现消除碘缺乏病的目标，孕产妇的死亡率，婴幼儿死亡率大幅下降，各族群众健康素养水平明显提升，国家卫生县城成为拜城县医疗卫生事业大踏步前进的有力佐证；医疗卫生服务水平的稳步提升。累计投入资金6000余万元完成全县所有乡镇卫生院和村卫生室标准化建设，基础设施条件持续改善，服务体系日趋完善。所有乡镇卫生院均建立中医馆（国医馆），配备中医民族医药设备，实施中医饮片及适宜技术；人才队伍建设加快推进。人才培养开发机制不断完善，加强人才培养，手术示教、帮扶坐诊、处方/医嘱点评、围手术期病历点评等业务对口指导、同质化管理，乡村两级医疗机构技术水平和服务能力明显提升；健康扶贫取得阶段性胜利。扎实推进“三个一批”行动计划，“先诊疗后付费”服务模式全面推行，基本医保、大病保险、医疗救助等制度和一站式的结算服务实现“一单式”结算。基层医疗卫生机构“三个一”、医疗卫生人员“三合格”、医疗服务能力“三条线”持续巩固，基层医疗卫生机构人员空白点全面消除；计生服务水平持续改善。政策导向机制日趋完善。查环查孕做到全覆盖，母婴安全五项制度试点稳步推进，人口过快增长问题和违法生育行为得到有效遏制，全社会参与计划生育工作的良好氛围蔚然成风。并创建“全国计划生育优质服务先进单位”。

【所属事业单位】 拜城县卫生健康综合监督执法局于2020年1月更名，前身为拜城县卫生监督所，副科级单位，全额预算管理。核定事业编制10名，其中副科级领导编制数3个、一般干部编制数7个。实有在职人员8人（其中副科级领导3人、一般干部5人）。辖区卫生监督监管场所826家（旅店、公共浴室、美容美发、游泳场所、医疗、生活饮用水单位、餐饮具集中消毒单位、消毒产品单位、学校卫生、职业卫生技术机构）。

拜城县乡镇卫生院财务核算中心机构规格相当股级，全额预算管理。核定事业编制数7个，其中股级领导编制数1个、一般干部编制数6个。实有在职人员6人（一般干部6人）

拜城县人民医院机构规格相当正科级，差额预算管理。核定事业编制数372个，其中领导编制数5个（正科级2个、副科级3个），一般干部编制数367个。实有人员636人，其中正高19人，副高31人，中级69人，初级193人。医生156人，医技人员87人，具有执业证158人，执业助理证42人，护理人员229人，其中具有护士执业证221人，管理岗人员10人，工勤技能人员25人。

拜城县中医医院（维吾尔医医院）机构规格相当正科级，差额预算管理。核定事业编制数48个，其中领导编制数4个（正科级2个、副科级2个），一般干部编制数44个。实有在职人员88人（其中正科级领导2人、副科级领导1人、一般干部84人）。

拜城县疾病预防控制中心机构规格相当正科级，全额预算管理。核定事业编制数26个，其中领导编制数3个（正科级2个、副科级1个），一般干部编制数23个。实有在职人员23人（其中正科级领导1人、副科级领导1人、一般干部19人）。

拜城县妇幼保健院机构规格相当正科级，全额预算管理。核定事业编制数26个，其中领导编制数3个（正科级2个、副科级1个），一般干部编制数23个。实有在职人员20人（其中正科级领导2人、副科级领导1人、一般干部17人）。

拜城县计划生育服务站机构规格相当副科级，核定事业编制数17个。其中领导编制数3个（站长1人、书记1人、副站长1人），一般干部编制数14个。实有在职人员17人（其中科级领导3人、一般干部12人）。

医疗卫生

【医疗卫生体制改革】 2020年，拜城县县域综合医改持续深化。一体谋划推动，按照“县管乡用、乡管村用”的思路制定实施方案，量身定制提升发展措施，组建两个紧密型医共体，采取“1+12”“1+3”对县域内卫生院全方位托管运营；优质资源下沉，选派59名业务骨干及管理人才到各分院任命院长、副院长，通过以科包院、派驻托管、人才共享、技术支持、远程医疗等措施，提升基层业务能力，组建移动手术团队，以赛里木镇、大桥乡分院为辐射点，扩面辐射周边乡镇，开展教学查房926次，建立特色科室，疑难病例会诊193例，义诊2865人次，健康教育4655人次，“资源共享、优势互补、共同发展”的良好局面逐步形成；上下联动增效，积极落实分级诊疗制度，严格外转审批，分院恢复外科手术，发展特色科室，逐步形成患者由“无序就医”向“有序就医”的转变。通过“县促乡、乡抓村”，制定医疗文书模板10项、护理管理制度流程规范85项，院感制度、规范60种，100种常见病、多发病诊疗常规、68个下转疾病标准，诊疗疾病病种92种，开展55项新技术、新项目。指导门诊诊疗115962人次，住院患者9126人次，手术287人次。下级转诊9508人，较2019年同期增长28.18%。实现了“小病不出村、乡，大病基本不出县”的目标。持续推进“互联网+医疗健康”信息化建设，远程会诊、影像、心电、检验、病理等信息化系统全覆盖。网上预约、远程医疗服务、医疗大数据分析，实现数据共享；通过手机随访App、人脸识别系统，拓展公共卫生服务项目内涵。开展远程医学教育159场、远程会诊444例，远程心电诊断800例、远程影像64732例，其中远程影像较2019年同期增长724.5%，基本实现“乡检查、县诊断、乡治疗”。激活发展引擎，按照“两个允许”的要求，落实公立医院薪酬制度改革和绩效工作制度改革，严格落实双重考核工作机制，建立增加和改善服务获得合理报酬的机制，乡镇卫生院平均收入比2019年增长91.6%，平均月绩效增长2300元，有效调动工作积极性。通过推动县域资源共享，全面实施紧密型县域医共体建设，采取托管式和组团式帮扶，在专全结合、医防融合、跨学科整合等方面探索创新出一套基层服务新模式，形成“资源共享、优势互补、共同发展”的良好局面。9月22—23日，举办地区级医改工作现场观摩会，并于12月14—16日接受国家卫健委调研组对拜城县紧密型县域医共体建设试点工作调研。

【疾病防控】 2020年，拜城县未报告甲类传染病，共报告乙、丙类传染病总数1038例，总发病率419.03/10万，死亡报告5例，死亡率2.08/10万。对发现的传染病疫情能够按照《传染病管理规范》要求进行调查处理和网络直报，县、乡两级医疗机构传染病网络直报率达到100%，未发生因履职不到位、措施不力引起的传染病疫情扩散蔓延现象。

【疫情防控】 2020年，卫健委聚焦自治区党委、地委“1+3”工作部署，明确职责、细化分工，将疫情防控工作与业务工作同部署、同推进，层层传导压力、坚持问题导向，织紧织密“防护网”、筑牢筑实“隔离墙”，始终坚持疫情防控指挥体系下开展医疗救治工作，保持临战状态，落实“四早”防控要求，建立多渠道新冠肺炎疫情监测预警机制，提升早期监测预警能力。完成县域内两家发热门诊新建9间负压病房、4所核酸检测实验室，14个乡镇卫生院预检分诊点提升改造项目。设置可容纳20人的候诊区及留观病房22间，合理布局，规范设置过渡病房36间，统筹做好日常医疗服务，严格落实首诊负责制，健全陪护和探视制度，常态化落实发热病人闭环管理，落实发热人员，及时登记、报告、转运和收治，实现及时发现、快速处置、精准管控、有效救治。优化固定便民采样点建设，创新推出一般人群“插花抽签、交叉间隔、压茬推进”高效便民核酸采样法；加强核酸检测工作的规范管理，完善标本采集、保存、运输、检测等各个环节规范化操作流程管理。广泛开展全员培训，加强院感防控；合理调配采样和检测资源，提升核酸检测能力建设，截至10月31日，累计完成778850人核酸检测；认真做好企业复工复产、学校复课复学的指导工作，同时，全面加强流行病学调查工作，开展流行病学调查人数一次密切接触者217人、二次密切接触者528人、三次密切接触者956人，对上级推送的所有人员建立一人一档，完善档案并分类归档。把核酸检测列为“外防输入、内防反弹”的重要手段，加大核酸检测力度。是年，完成人群核酸检测2503968份，环境样本检测50538份，结果均为阴性。做好后续跟踪随访，严格落实恢复期患者健康管理；常态化开展应急演练，提升应急处置能力。全面阻断传播风险，做好人员调配、物资保障、技术支持，加强院感防控，不断提升各级医疗机构健康知识普及，提升防控和应急处置能力。并于11月28日举办地区疫情防控医疗救治工作现场推进会，典型经验在全地区得到推广和运用。

【地方病防治】 2020年，拜城县完成驱虫10次，共完成驱虫105945次，对150条家犬开展犬粪监测工作，其中2份犬粪监测结果为阳性，家犬感染率为1.3%，达到上级犬感染率小于5%的目标考核要求。全县各医疗机构结合全民健康体检工作，对45岁以上人群主动开展腹部包虫病超声检查工作，全县腹部包虫病超声检查18000人次。通过腹部包虫病超声检查工作发现并纳入管理2例肝包虫病例。

布鲁氏菌病防治。2020年，共监测3433人，阳性40人，阳性率1.16%，布鲁氏菌病发病率16/10万，拜城县布鲁氏菌病发病情况与前几年相比有所下降。根据《拜城县布鲁氏菌病三位一体工作实施方案》的要求，各乡镇卫生院能够及时将新发现的病人严格按照布鲁氏菌病诊疗指南纳入治疗管理，规范治疗管理率达95%以上。疾控中心定期对各乡镇卫生院布鲁氏菌病人治疗、管理情况进行督导，每个病人在治疗期间督导不少于2次。

碘缺乏病防治。根据《拜城县2020年居民户食用盐自查工作实施方案》的要求，2020年，共自查22920户，碘盐食用率100%。通过开展碘盐自查，进行碘缺乏病防治知识宣讲活动，有效提高广大居民的碘盐食用率，通过开展家庭妇女、学生碘缺乏病防治知识知晓率调查，学生合格碘盐食用率96%，孕妇合格碘盐食用率100%，学生及家庭主妇碘缺乏病防治知识知晓率95%以上。按上级要求开展重点人群强化补碘工作，摸底人数3963人，其中外出10人，禁忌证人5人，应投服人数3948人，实际投服人数3946人，投服率为99%，未发现异常反应。通过对托克逊乡、亚吐尔乡和城区随机评估，投服率达到100%。

麻风病项目。对全县10例存活麻风病病人开展随访工作，进行自我护理培训，提高病人的生活质量。

【免疫规划】 2020年，拜城县167个预防接种门诊通过常规免疫、查漏补种、预防接种证查验等有效措施，不断提高及时接种率、合格接种率、全程接种率和接种覆盖率，确保在册儿童中不出现漏种儿童，以乡为单位7岁以下儿童预防接种建卡、建证率均达100%，接种覆盖率达100%，合格接种率达90%以上；含麻疹成分疫苗合格接种率达95%以上，含麻疹成分疫苗及时接种率达90%以上；流动儿童常规免疫疫苗接种率达90%以上的指标要求。年内，在全县范围内开展二轮脊灰疫苗补充免疫活动，目标儿童数在10000人以上，经地区评估，接种率均达95%以上的目标要求。

【医疗服务】 2020年，拜城县采取“以科包院、技术托管”的方法，派出牵头医院科室主任、护士长任乡镇卫生院院长、副院长，全面推行“县带乡、乡管村”的管理模式，百余名医务人员组团轮转帮扶，在乡镇卫生院重点建设2~3个特色专科，培育适宜技术，开展坐诊、查房、手术、会诊等工作，提升乡镇卫生院的诊疗水平、管理层次、服务能力，使老百姓在家门口就能享受优质医疗服务资源。努力实现医共体内医疗护理质量及临床业务水平的同质化、规范化管理。以科包院下派的医生带领分院开展新诊疗项目，诊疗疾病病种从30多种提升到90多种，医共体总院指导各分院共开展55项新技术、新项目。住院患者、门急诊人次均明显上升。至年底，门诊诊疗人次1612人次，诊治急诊病人3506人次，诊治住院患者1266人次，开具处方6314人次，书写病历390份，进行教学查房926次，开展手术287人次，建立特色科室急诊急救2个，会诊疑难病例193例，义诊2865人次，健康教育4655人次，使老百姓在家门口就能享受到便利优质服务，提升群众的获得感和幸福感。

【基层卫生】 2020年，卫健委解决基本医疗有保障三个一、三合格、三条线问题。完成15个乡镇卫生院、146所村卫生室标准化建设，全县标准化建设的卫生院、村卫生室均达到100％。在巩固硬件设施投入的同时，积极提升乡镇卫生院、村卫生室内涵建设，充分发挥医共体总医院医疗资源和技术团队优势，通过“以科包院”“分片包干”对395名乡镇卫生院医务人员、216名村医开展“一上多下”形式培训，形成实践转化理论，学习促工作的双赢局面。对全县146个村卫生室符合条件的190名在职村医全部纳入“五险”缴纳范围，极大促进工作热情。15个乡镇卫生院均配备全科医生或具备从医资格的医生；146个村卫生室均配备至少1名具备乡村医生资格的医生，均能正常开展诊疗、公共卫生工作；2个县域医共体牵头医院，通过优质医疗资源下沉、技术帮扶、人员培训等，促使基层医疗机构服务能力提高。托管的卫生院基本能够独立完成下腹部手术；远程医疗管理服务工作日趋规范。整合县乡区域内医疗卫生资源，提升县级及基层医疗卫生服务能力，建立县乡村一体化信息化平台，建立远程医疗服务中心（会诊、心电、影像等信息化系统），通过发挥远程医疗网辐射作用，有效解决广大农牧民群众“看病难、看病贵、看病远”的问题。

【健康扶贫】 2020年，卫健委建立建档立卡贫困人口医疗保障体系。落实建档立卡贫困人口参加基本医保个人缴费部分财政补贴政策、实现建档立卡贫困人口基本医疗、大病保险、医疗救助全覆盖。是年，全县建档立卡贫困户22635人，其中特殊保障的1152人、参军10人、死亡16人；应参加城乡居民基本医疗保险和大病保险的建档立卡贫困人口21457人，实际参保人21457人（其中医保部门参保登记21048人，本地职工参保257人、异地参保居民50人、异地参保职工102人），参保率100%，落实的基本医疗个人参保补贴资金295.22万元。全面落实健康扶贫便民惠民措施。全面落实先治疗后付费制度。各定点医疗机构对于农村贫困住院患者实施“先诊疗，后付费”优惠政策。全县范围内2个县级医疗机构和15个乡级医疗机构“先诊疗后付费”政策落实率达100%，全县享受先治疗后付费政策的总数24906人次，其中城镇职工2996人次、城乡居民21910人次（建档立卡贫困户2207人次）。“一站式”结算服务。为提高广大群众医疗保障水平，切实减轻医疗负担，全县范围内2个县级医疗机构和15个乡级医疗机构“一站式”结算政策落实率达100%。是年，全县就诊的住院治疗贫困人口2207人次，总费用765.76万元，医保统筹部分509.28万元，大病保险补偿部分49.95万元，医疗救助资金补偿部分74.39万元，个人自付部分132.12万元。全面实施健康扶贫三个一批分类救治。开展大病集中救治行动。制定下发《农村贫困人口大病专项救治工作方案》，确定县人民医院为定点医院，抽调技术骨干组成大病专项救治专家团队，制定大病诊疗方案，明确临床路径，严控诊疗费用负担，落实医保救助政策，确保农村建档立卡贫困人口能够看得上病、看得起病、看得好病。是年，全县就诊的贫困人口36560人次，总费用938.3万元，医保统筹部分639.87万元，大病保险补偿部分49.95万元，医疗救助资金补偿部分75.65万元，个人自付部分172.82万元，其中大病患者86人次，慢病430人次，常见病1407人次。建档立卡贫困户开展家庭医生签约服务。对全县建档立卡贫困户6049户签约家庭医生签约服务协议，实现应签尽签，对每家建档立卡贫困户提供个性化健康教育、用药咨询和健康管理等服务，提高群众的健康意识、防病意识并利用健康扶贫动态系统监测功能确保履约率。建立实名制台账规范化管理的贫困高血压患者1402人，贫困糖尿病患者395人、精神病患者158人。

【全民健康体检】 2020年，卫健委以推进“健康拜城”建设为主线，把保障各族群众卫生和健康摆在社会发展和民生事业的重要位置，不断建立完善全民健康体检常态化、规范化、优质化工作机制。为推进基层医疗机构信息化建设，15个承检机构全部安装区域体检系统，采用身份证读卡识别，避免了信息录入错误，实现体检数据实时上传、实时更新，减轻工作人员负担，实现全民健康体检数据与基本公共卫生数据互联互通，进一步提高体检流程的规范性、避免重复体检、减少体检等候时间和专业技术人员的重复工作，实现体检反馈信息化。为实现全民健康体检全覆盖，确保不漏一户、不漏一人，全面摸清2020年，全民健康体检人口底数，确定体检任务187897人，完成体检人数191280人，体检完成率101.80%。

【妇幼保健管理】 2020年，卫健委加强妇幼保健工作。儿童保健。开展0～6岁儿童健康管理，定期进行健康检查，对儿童生长发育进行监测和评价，早期发现异常和疾病，及时进行干预，有效降低5岁以下儿童生长迟缓率、低体重率和贫血患病率。对发现的高危儿、营养性疾病儿进行五色卡管理，及时转诊到上级医院诊治、跟踪随访。加强监护人安全意识，减少儿童意外伤害死亡。3岁以下儿童4842人，3岁以下儿童系统管理率95.68%。7岁以下儿童数20707人，保健覆盖率93.67%。婴儿死亡5人，死亡率3.35‰。妇女保健。全面掌握辖区内育龄妇女的基本情况，积极动员孕妇在孕13周内建立母子保健手册，按要求进行产前检查、产后访视、产后42天随访等工作。按照《母婴安全五项制度》的要求开展高危孕产妇管理，对筛查出的高危孕产妇实施分级诊疗、专人负责和专案管理，及时发现并妥善处理危险因素，做到“发现一例、登记一例、报告一例、管理一例、救治一例”。2020年，早孕建卡率95%，产前检查率100%，产后访视率97.73%，孕产妇系统管理率91.94%，住院分娩率99.78%，高危孕产妇管理率达100%。孕产妇死亡0人，孕产妇死亡率为0/10万。新生儿疾病筛查项目，将县医院新出生的新生儿足底采血，进行质量控制，及时递送至自治区第二人民医院筛查危害严重的先天性或遗传性疾病，从而对阳性病儿在临床症状出现之前得到及时治疗，预防智能低下及其他严重后果发生，从而有效降低出生缺陷发生率。上年，遗传代谢性疾病筛查人数1298人，筛查率100.46%，新生儿听力筛查人数1296人，筛查率100.3%。预防艾滋病、梅毒和乙肝母婴传播项目。是年，助产机构产妇数1296人，艾滋病、梅毒和乙肝咨询检查人数1296人，咨询检查率达100%。增补叶酸预防神经管缺陷项目。规范婚检检查人员中需要服用叶酸人员发放叶酸，登记台账，随访工作。是年，叶酸服用3294人，服用率达100%，服用依从人数3310人，依从率达100.48%，完成率达109.8%。婚前保健服务：是年，全县结婚登记人数3092人，接受婚前保健服务3092人，婚检率达100%，检出患病人数158人，指定传染病136人，其中性传播疾病93人。国免孕优项目。是年，任务数800对，已完成国家免费孕前优生健康检查893对，国家免费孕前优生健康检查目标人群完成率111.62%。“两癌”筛查项目。2020年，宫颈癌筛查任务数4500人，初筛完成4500人，任务完成率100%，发现宫颈癌和癌前病变21人，对发现异常的人群进行定期复查及跟踪随访；2020年，乳腺癌筛查任务3000人，完成初筛3093人，任务完成率103.1%，其中162人进行钼靶检查，发现异常10

人，对发现异常的人群进行定期复查及跟踪随访。

【医政医管】 2020年，卫健委制定下发《拜城县卫健系统“行业清源”专项整治工作方案》，开展医疗行业乱象、干部作风专项整治工作，利用信息化手段合理用药、实时监控，对临床医生开具医嘱、处方用药进行实时监管，对于不合理用药情况，及时进行提醒和处理，不断加强拜城县医疗质量管理。严格按许可流程办理行政许可工作，实行一次性告知、服务承诺、公开审批程序，依照《医疗机构管理条例》《中华人民共和国执业医师法》《中华人民共和国护士管理办法》等法律法规严格审查审批条件。是年，累计医师执业首次注册45人、变更注册27人，护士执业首次注册28人、变更注册24人，新审批的医疗机构2家。

【卫生监督执法】 2020年，卫健委共立案35起，结案30起，其中公共场所立案11起，结案9起，公共场所案件处罚10000元，非法行医案件立案2起，移交1起，非法行医案件处罚3000元；医疗类案件立案12起，结案11起；医疗类案件处罚3.9万元。职业卫生案件7起，结案7起；传染病类立案4起，结案4起，行政处罚金额共6999元。

【医疗卫生计生项目】 2020年，卫健委实施项目共有10个，纳入地区重点项目2个（医共体总医院建设项目、察尔齐镇卫生院提升项目），县级考核项目4个（县人民医院设备购置项目、妇幼保健院建设项目、中医医院综合楼建设项目、乡镇卫生院提升改造项目），本系统建设需求自行实施2个（察尔齐镇卫生院医护宿舍及锅炉房建设项目、乡镇卫生院预检分诊建设项目），招商引资项目2个（拜城县平安医院建设项目、拜城县赛里木镇赛乃木广场建设项目一期）。是年，到位资金1.76亿元。其中，中央预算资金6060万元，援疆资金1090万元，自筹资金2209.5万元，招商引资资金1700万元，专项债资金6500万元。完成投资1.01亿元。

医共体医院建设项目。拜城县医共体总医院建设项目选址位于双拥路以北、众泰路以西地块，项目总用地面积36236.63平方米。该地块涉及县医共体总医院、县妇幼保健院、县中医医院综合楼、县人民医院传染病楼4个建设项目。项目总投资1.61亿元。其中，申请专项债务资金1亿元，单位自筹资金6060万元。项目占地面积36236.63平方米，新建总面积16307.97平方米，其中，地上建筑面积13782.9平方米，地下建筑面积2525.07平方米，包含医院整体设施设备和附属工程。主体大楼为地上八层、地下一层，建筑高度34.20米；地上建筑面积12357平方米，地下建筑面积1704.81平方米。地下一层设置药库区、病案库、中心配电间、柴油发电机房、生活及消防水泵房、消防水池及风机房等；首层设门诊、急诊、急救、挂号、药房、诊室、患者等候区及相应配套设施用房；二层设置诊室、候诊区、中医药展示区、实验室（负压实验室、微生物实验室、HIV实验室、产物分析、标本制备、试剂准备、扩增等）、心电图及B超区、采血室及临检大厅及相应配套设施用房，三、四、五、六层布置住院部病房、护士站、医护办公用房及配套设备用房等，七层为手术室及中心供应用房及配套设备用房等，八层为设备层。整个建筑设有4部疏散楼梯、1部大堂梯、1部室外疏散楼梯，共6部电梯：（3部病床梯、1部兼无障碍电梯、1部医梯、1部污梯、1部客梯），楼梯分别位于建筑的端部，楼梯直通室外，主要出入口位于建筑中间，内设床位200张。该项目1月16日立项，6月5日完成招投标，6月30日抗疫国债资金到位6500万元，7月1日正式开工建设。年底完成地下地上三层主体建设。

拜城县中医医院综合楼建设项目。项目总投资1860万元，全额申请中央预算资金，建设规模6200平方米。该项目2019年11月9日立项，2020年7月15日下达1860万元投资计划，7月31日完成招投标，8月16日正式开工实施，年底完成地上两层主体施工。该项目计划为两年实施项目，计划2021年6月全面完工。综合楼地上四层：一层布置中医预防保健科门诊室及患者等候区、保健教室、影像科、住院门厅及医护办公等；二层布置检验科、血库、中医治疗、推拿、针灸按摩室等；三、四层布置住院部病房、护士站、医护办公用房及配套设备用房等。整个建筑设有3部楼梯，4部电梯（2部病床梯，其中1部兼无障碍电梯，1部医梯，1部污梯）。内设床位100张。

拜城县妇幼保健院建设项目。项目总投资1050万元，全额申请中央预算资金，建设规模3500平方米。该项目于2020年1月3日立项，7月15日下达1050万元投资计划，7月31日完成招投标，8月16日正式开工实施，现已完成主体施工。该项目计划为两年实施项目。地上四层为妇幼保健院医疗用房、日间病房、医护办公用房、妇幼保健教育报告厅、营养厨房及配套设备用房等，新增床位数56张。

拜城县人民医院传染病楼建设项目。总投资3150万元，全额申请中央预算资金，新建传染楼2栋，合计规模9000平方米，该项目于2019年11月9日立项，2020年7月15日下达3150万元投资计划，于9月8日完成招投标，9月9日施工建设，目前主体施工。分为两栋建筑，均为地上三层。1号传染楼地上4532.71平方米，一层为呼吸道疾病楼，包含发热门诊筛查、呼吸道门诊功能；二层为呼吸道疾病住院病房；三层为呼吸道疾病住院病房、负压隔离病房单间、呼吸道ICU单间；本楼门诊、住院等均按清洁区、半污染区、污染区的分区，严格按照感染性疾病的基本流程来设计；2号传染楼地上4467.29平方米。功能布局一层为艾滋病性病、肠道疾病、肝炎等门诊功能，二层住院病房、三层住院病房，均为非呼吸道疾病。本楼门诊住院等均按清洁区、半污染区、污染区的分区，严格按照感染性疾病的基本流程设计。共内设床位120张，其中普通床位112张，隔离病房、ICU监护室8张。

拜城县察尔齐镇卫生院建设项目。察尔齐镇卫生院提升项目。建设规模4000平方米，项目总投资1300万元，援疆资金1000万元，单位自筹资金300万元，4月15日完成招投标，4月30日开始施工，项目已完工。察尔齐镇医护宿舍及附属工程建设项目。1000平方米医护宿舍、50平方米锅炉房等。该项目总投资600万元，全额自筹资金。中标价格535万元，完成宿舍及锅炉房主体建设，预计2021年完成建设并投入使用。

拜城县人民医院设备购置项目。购置3辆救护车，项目总投资90万元，全额援疆资金补助，项目已完工。

拜城县乡镇卫生院提升改造项目。项目主要是对卫生院提升改造，包括内外墙贴砖、改水、改电、吊顶以及不合理的区域重新布局等，中标价195.8万元，项目已完工。大宛其管委会卫生院提升改造项目。主要是对卫生院提升改造，包括内外墙贴砖、改水、改电、吊顶以及不合理的区域重新布局等，中标价127万元，项目已完工。托克逊乡卫生院提升改造项目。主要是对卫生院提升改造，包括内外墙贴砖、改水、改电、吊顶以及不合理的区域重新布局等，中标价215.5万元，项目已完工。布隆乡卫生院提升改造项目。主要是对卫生院提升改造，包括内外墙贴砖、改水、改电、吊顶以及不合理的区域重新布局等，中标价188万元，项目已完工，进入竣工验收及工程审计决算。克孜尔乡卫生院提升改造项目。主要是对卫生院提升改造，包括内外墙贴砖、改水、改电、吊顶以及不合理的区域重新布局等，中标价216万元，项目已完工，进入竣工验收及工程审计决算。

拜城县乡镇卫生院预检分诊建设项目。黑英山乡卫生院预检分诊建设项目。新建预检分诊80～90平方米延绵板钢结构彩钢房，给水、给电、供暖以及地面硬化，配备紫外线灯等。成交价格24.6万元，已完工并投入使用。克孜尔乡卫生院预检分诊建设项目。新建预检分诊80～90平方米延绵板钢结构彩钢房，给水、给电、供暖以及地面硬化，配备紫外线灯等。成交价格24.6万元，已完工并投入使用。赛里木镇卫生院预检分诊建设项目。改造预检分诊彩钢房，给水、给电、供暖以及地面硬化，配备紫外线灯等。成交价格5万元，已完工并投入使用。托克逊乡卫生院预检分诊建设项目。改造预检分诊砖混房屋，配备彩钢隔离室，给水、给电、供暖以及地面硬化，配备紫外线灯等。成交价格9.8万元，已完工并投入使用。亚吐尔乡卫生院预检分诊建设项目。新建预检分诊80～90平方米延绵板钢结构彩钢房，给水、给电、供暖以及地面硬化，配备紫外线灯等。成交价格24.6万元，已完工并投入使用。布隆乡卫生院预检分诊建设项目。新建预检分诊80～90平方米延绵板钢结构彩钢房，给水、给电、供暖以及地面硬化，配备紫外线灯等。成交价格24.6万元，已完工并投入使用。康其乡卫生院预检分诊建设项目。新建预检分诊80～90平方米延绵板钢结构彩钢房，给水、给电、供暖以及地面硬化，配备紫外线灯等。成交价格24.6万元，已完工并投入使用。米吉克乡卫生院预检分诊建设项目。新建预检分诊80～90平方米延绵板钢结构彩钢房，给水、给电、供暖以及地面硬化，配备紫外线灯等。成交价格24.6万元，已完工并投入使用。大桥乡卫生院预检分诊建设项目。新建预检分诊80～90平方米延绵板钢结构彩钢房，给水、给电、供暖以及地面硬化，配备紫外线灯等。成交价格24.6万元，已完工并投入使用。温巴什乡卫生院预检分诊建设项目。新建预检分诊80～90平方米延绵板钢结构彩钢房，给水、给电、供暖以及地面硬化，配备紫外线灯等。成交价格24.6万元，已完工并投入使用。大宛其管委会卫生院预检分诊建设项目。新建预检分诊80～90平方米延绵板钢结构彩钢房，给水、给电、供暖以及地面硬化，配备紫外线灯等。成交价格24.1万元，已完工并投入使用。老虎台乡卫生院预检分诊建设项目。新建预检分诊80～90平方米延绵板钢结构彩钢房，给水、给电、供暖以及地面硬化，配备紫外线灯等。成交价格24.6万元，已完工并投入使用。铁热克镇卫生院预检分诊建设项目。新建预检分诊80～90平方米延绵板钢结构彩钢房，给水、给电、供暖以及地面硬化，配备紫外线灯等。成交价格24.6万元，已完工并投入使用。

【招商引资】 2020年，卫健委招商引资签约项目2个。拜城县平安医院建设项目，建设一所民营医院，建筑规模2360平方米，计划投入资金1800万元，已完成房屋建设，完成投资约700万元。拜城县赛里木镇赛乃木广场建设项目一期，主要建设内容新建赛乃木广场临街商铺9000平方米，项目总投资约4000万元，临街商铺主体施工，完成投资约1000万元。

【医疗人才“组团式”援疆】 2020年，温州第十批援疆医疗队全体队员在拜城县人民医院及拜城县妇幼保健院开展工作。严格遵守指挥部的规章制度，安分守己地干好本职工作。注重加强政治理论学习，深刻理解并不断践行“援疆三问”，维护援疆医生形象，打造成一支援疆铁军。常态化开展“送医下乡”活动，温州援疆医疗队开展驻点义诊和送医入户活动5次，共服务各类疾病患者600多人，上门服务9户，免费送药共1.9万余元。深入临床一线，开展疑难危重病例会诊、手术、疑难病例讨论指导，下乡调研20多次，完成各类科室培训课34场、医院大讲堂2场，参加培训2200余人次。为拜城县卫生培训中心捐赠价值10万元的心肺复苏模拟人（CPR模拟人）及自动体外除颤器（AED）设备，完善培训中心的培训设备，以便更好地培训当地医务人员。医疗队共收徒11人，通过“送出去”的方式，选派医疗、医技、护理等各专业人才共17人赴温州相应医疗机构开展为期3～6个月的岗位帮带培训。开通“温州—拜城”互联网问诊专线并进行积极的宣传和推广，开拓远程医疗的新模式，共完成远程问诊300多例，取得良好的社会效益。

医疗卫生机构基本情况表

表5

序号	医疗机构名称	级别	地址	占地面积	编制人员	实有人员（聘用）	门诊就诊人次	住院就诊人次
1	拜城县人民医院	二级	拜城县胜利路15号	20646平方米	347	658	261384人次	18827人次
2	拜城县中医医院（维吾尔医医院）	二级	拜城县解放东路37号	19000平方米	89	270	27577人次	5472人次
3	拜城县妇幼保健院	—	拜城县胜利路26号	6184平方米	25	38	14927人次	—
4	拜城县疾病预防控制中心	—	拜城县外环北路以北、团结路以西	5000余平方米	40	20	—	—
5	拜城县计划生育服务站	—	拜城县拜城镇胜利里26号	3017.2平方米	17	26	4411人次	1人次
6	拜城县黑英山乡卫生院	一级	拜城县黑英山乡喀赞其村7组	16800平方米	22	33	13271人次	1265人次
7	拜城县克孜乡卫生院	一级	拜城县克孜尔乡乌堂村1组	12450平方米	19	24	5515人次	576人次
8	拜城县赛里木镇卫生院	一级	拜城县赛里木镇托喀其买里村1组139号	17385平方米	25	28	25857人次	1599人次
9	拜城县托克逊乡卫生院	一级	拜城县托克逊乡阿娜克孜栏杆村1组	28667平方米	22	27	19603人次	895人次
10	拜城县亚吐尔乡卫生院	一级	亚吐尔乡10村3组	14514平方米	23	30	7234人次	1034人次
11	拜城县康其乡卫生院	一级	康其乡村2组119号	10643平方米	23	33	11063人次	1063人次
12	拜城县布隆乡卫生院	一级	布隆乡欧吐拉布隆村1组	11934平方米	14	19	6299人次	603人次

续表5

序号	医疗机构名称	级别	地址	占地面积	编制人员	实有人员（聘用）	门诊就诊人次	住院就诊人次
13	拜城县拜城镇卫生院	一级	拜城县拜城镇胜利路15号	县医院合署办公	53	57	—	—
14	拜城县米吉克乡卫生院	一级	拜城县米吉克乡6村2组92号	6185平方米	22	30	9847人次	698人次
15	拜城县温巴什乡卫生院	一级	拜城县温巴什乡政府4号	12221平方米	28	36	18736人次	803人次
16	拜城县大桥乡卫生院	一级	大桥乡库西提米村巴扎	15757平方米	24	28	8661人次	1093人次
17	拜城县大宛其管委会卫生院	一级	大宛其和谐村1组263号	14300平方米	17	22	8910人次	254人次
18	拜城县老虎台乡卫生院	一级	老虎台乡巴扎3号	22256.40平方米	29	35	17024人次	536人次
19	拜城县察尔齐镇卫生院	一级	拜城县察尔齐镇镇政府92号	7656平方米	21	23	13185人次	795人次
20	拜城县铁热克镇卫生院	一级	拜城县铁热克镇政府左边150米处	2100平方米	15	12	2173人次	93人次

卫生监督

【公共卫生监督】 2020年，卫健委结合疫情防控，为进一步加强对公共卫生的监督检查，不间断地开展检查，重点对住宿业、沐浴场所、游泳场所及美容美发场所进行量化分级评定，乡镇小型公共场所未列入量化分级，量化分级率达100%，下达监督意见书621份。

【学校卫生监督】 2020年，卫健委加强学校的传染病防治工作，监督检查小学、幼儿园办理入学手续时是否进行预防接种证查验，各学校是否按要求开展晨检、传染病登记、因病缺勤追查、病愈复课证明等制度的制定和执行，是否有专（兼）职传染病疫情报告人，并按要求在时限内向相关部门报送传染病情况，在校学生健康档案建立情况。同时，对存在问题的学校下达监督意见书，对105所中小学校开展学校卫生工作监督检查，下达监督意见书296份，责令限期整改，规范学校传染病的防治工作，学校的传染病防治工作落到实处。

【传染病卫生监督】 2020年，卫健委根据《传染病防治法》《突发公共卫生事件应急条例》等法律法规和有关文件的规定和要求，严格贯彻落实疫情防控、《病原微生物实验室生物安全管理条例》，开展相关检查，对各类医疗机构下达监督意见书426份。开展医疗卫生机构传染病防治分类监督综合评价工作，共检查110户。对全县托幼机构开展传染病防治、疫情防控工作监督检查，下达监督意见书47份。

【医疗机构监督】 2020年，卫健委根据年初制订的计划着重从核心制度落实、病案质量管理与科室自身建设等方面不断深入管理。加强核心制度的执行和落实力度，严格落实首诊责任制、三级医师查房、疑难病例讨论、危重患者抢救、会诊、术前讨论、死亡病例讨论、交接班等核心制度：针对二级医疗机构重点科室（手术室、妇产科、外科、儿科、血液透析室等）、重点部门（放射科、检验科、血库、产房等）每月进行至少一次的质量、安全检查；强化对危重患者的重点监控，制定危重患者报告制度，医疗纠纷、医疗事故的防范及处理流程；全员进行医疗安全教育，认真落实知情告知签字，加强医患沟通；严格执行疑难、危重患者会诊、讨论制度。充分保障患者的医疗安全，开展医疗安全、医疗执业规范、医疗质量安全等专项检查，共下达监督意见书313份。

【卫生法制宣传】 2020年，卫健委认真落实《职业病防治法》宣传周、生活饮用水、食品安全法、传染病防治法、医疗机构管理条例、公共场所管理条例等法律法规的宣传，针对疫情，采取灵活多样的方式，加大宣传。是年，发放宣传单5780份，宣传教育群众7856人次，不断提高群众对相关法律法规知晓率。

【生活饮用水监测】 2020年，卫健委依据《中华人民共和国传染病防治法》《生活饮用水卫生监督管理办法》《农村集中式供水卫生管理规范》等相关法律法规的规定，对1家城市集中供水厂、14个乡镇供水单位的水质卫生安全进行监督和监测工作。对水源地保护及取水点建立范围标志，设置卫生防护带、严禁事项告示牌，设置警示标识、防护宣传牌、制水工艺卫生管理制度齐全，制水工艺管理符合卫生要求，配备水质沉淀、过滤、消毒等设施等情况进行检查，对15家市政供水、乡镇供水单位监督，共下达监督意见书32份。

【非公立医疗机构监管】 2020年，卫健委对拜城县15家非公立医疗机构开展监督检查，广泛开展学习宣传教育，提高自我约束，抓好警示教育，引导广大医务人员自觉遵守和执行法律法规。坚决查处违法违规行为。重点对依法执业、涉嫌“医托”诈骗、“术中加价”等行为。切实加强行业自律管理。结合自身特点，加强行业自律性管理，强化社会监督，针对问题进行核查，营造良好的社会监督氛围。制定拜城县民营医疗机构管理年实施方案，对全县15家非公立医疗机构的监督检查，开展执业行为计分管理，全年检查50余户次。

【“双随机、一公开”】 2020年，卫健委对拜城县64家单位列入双随机单位（其中公共场所41家、生活饮用水单位2家、放射卫生专业1家、医疗卫生专业3家、传染病防治专业3家、餐饮具消毒单位1家，计划生育专业13家），除2家单位关闭外，其余62家单位均按要求完成任务。

【放射卫生、职业卫生监督检查】 2020年，卫健委贯彻实施《中华人民共和国职业病防治法》等法律法规，加强职业卫生、放射卫生监督工作按照《放射诊疗管理规定》及相关要求，加大对放射诊疗单位的监管。拜城县开展放射工作单位17家，发证单位3家，完成14家单位放射诊疗设备的预评和控评工作，14家乡镇卫生院在材料审核阶段。开展职业卫生检查，其中职业卫生健康机构1

家，具有职业病危害因素企业38家（尘毒危害企业），全年共下达监督意见书77份。对7家尘毒危害企业违法行为给予警告的行政处罚。随访调查职业病患者353人，其中死亡93例，随访率96.98%，达到自治区规定90%以上的随访目标。在对职业病患者开展随访调查的同时，扎实开展企业职业危害因素现状调查、企业职业危害因素检测工作。是年，调查各类企业107家，其中调查自治区推送的7个乡镇辖区87家企业，危害因素调查专网系统录入87家，录入率100%。

疾病预防

【概况】 拜城县疾病预防控制中心（以下简称“疾控中心”）是2004年9月在原卫生防疫妇幼保健站的基础上分立组建而成。是承担政府疾病预防与控制、突发公共卫生事件应急处置、健康危害因素干预、保护公众生命健康安全等公共卫生职能的事业单位，是县域疾病预防控制业务技术管理与指导中心。疾控中心机构设置为正科级，内设9个职能科室，为疾控科、艾滋病科、结核病科、地方病科、职业病科、慢病科、卫生检验科、行政办公室、财务室。2004年，核定人员编制26名。2020年有在编在岗人员20名。

【常规疫苗管理和接种】 2020年，拜城县各预防接种单位建立健全生物制品管理和使用制度。实现“疫苗出入库、接种记录本、预防接种本、儿童信息系统客户端、儿童信息系统平台”五个相符。全县免疫规划预防接种：卡介苗应种人数1412人，实种人数1388人，报告接种率98.3%，乙肝疫苗应全程接种人数1543人，实际全程接种人数1537人，报告接种率99.61%，脊髓灰质炎疫苗基础免疫应全程接种人数1548人，实际全程接种人数1522人，报告接种率99.32%，百日咳—白喉—破伤风三联疫苗基础免疫应全程接种人数1617人，实际全程接种人数1582人，报告接种率97.84%，白破疫苗应种人数5844人，实种人数5697人，报告接种率97.48%，麻风疫苗应种人数1657人，实种人数1637人，报告接种率98.79%，麻腮风疫苗应种人数1891人，实种人数1844人，报告接种率97.62%，A群流脑疫苗应全程接种人数1641人，实际全程接种人数1583人，报告接种率99.47%，甲肝疫苗应种人数1991人，实种人数1933人，报告接种率97.09%。

【入学入托儿童接种证查验】 2020年，疾控中心在3月和9月两次查验全县220所托幼机构和小学，共查验12267人，查验无接种证1人，补证1人，补证率100%，其中托幼机构查验总数128所，查验新入学及转入学生6781人，无补证儿童；全县小学查验总数92所，查验新入学及转入学生5486人，查验时无证1人，补证1人，补证率100%。全县卡介苗、脊灰、百白破、白破、麻疹、甲肝、A群、乙肝疫苗补种率均达到95%以上。

【传染病监测】 2020年，疾控中心以控制甲肝、乙肝、麻疹、流脑、脊髓灰质炎、肺结核等传染病为重点，加强疫情报告和管理，逐步完善疫情报告网络直报系统，构建高效防控网络系统，确保不发生重大疫情。全年无报告甲类传染病。乙、丙类传染病共报告16种共1038例（不包括22例HIV），发病率为419.03/10万；呼吸道传染病发病4种，共377例，占总病例数的36.31%；肠道传染病发病4种，共26例，占总病例数的2.5%；血源及性传播疾病发病5种，共566例，占总病例数的5.45%；自然疫源及虫媒传染病1种，共41例，占总病例数的3.95%；其他非法定传染病发病4种，共22例，其中水痘12例、尖锐湿疣5例、生殖道沙眼衣原体感染2例、AFP病例3例，均按《传染病防治法》要求调查处理，能够按照《传染病管理规范》要求开展网络直报工作，全县没有发生因措施不力引起的传染病疫情蔓延现象，无传染病漏报、瞒报和谎报现象，避免疫情蔓延形成暴发疫情或突发性公共卫生事件。

【学校疫情处置】 2020年，疾控中心根据疫情风险评估结果，以学校等人口密集的场所群体为重点接种对象，在知情告知、自愿接受的原则下接种流感、水痘疫苗，对水痘疫情防控提出“四个严格一个提倡”的要求。四个严格：严格晨检、严格隔离治疗、严格医学观察、严格主动搜索；一个提倡：提倡预防接种，取得明显的控制效果。编制印发《学校传染病疫情处置工作规范》，规范校传染病处理工作。全县各类学校、幼儿园教室配备紫外线消毒车，为有效预防传染病疫情创造条件。

【新冠疫情防控】 2020年，县疾控中心在自治区、地区新冠肺炎疫情防控工作视频会议和全县疫情防控工作部署后，1月22日组织全体工作人员召开新冠肺炎防控专题部署会、培训会，制定《拜城县疾病预防控制中心新型冠状病毒感染的肺炎疫情防控预案》，成立防控工作领导小组，设疫情防控指导组、流行病学调查组、县直医疗单位和客运车站等人员密集单位技术指导组、疫情分析研判组、检验检测组、消毒组、后勤保障组、信息宣传组8个小组，明确工作职责，完善疫情报告与处置流程，实行日报告零报告制度，加强应急物资准备。严格执行24小时全员在岗值班值守制度，做到人员到位、通信畅通、反应迅速。根据疫情发展态势，疾控中心及时更新防控措施，同时重点加强对各机关单位，集中医学观察点，乡镇卫生院，社区、物业、宾馆以及企业负责卫生防疫工作人员的视频调度，通过点对点指导、集中培训及现场操作等多种形式开展疫情防控基本知识、防疫技能培训，年内开展培训230场次，累计培训4800余人次，切实提升各单位相关人员新冠肺炎知识储备和应对疫情防控处置能力。年内疾控中心开展演练次数15场次，累计参与230余人次；与拜城县人民医院联合举办的全程演练5场次，累计参与90余人次；通过现场演练疫情接报、流行病学调查、消毒消杀、外环境采样等实际操作，巩固提高突发公共卫生事件应急处置操作和处置能力。

【流行病学调查】 2020年，疾控中心把流行病学调查作为防控疫情工作中最重要的一环来抓。疫情发生以来，拜城县成立由县疾控中心、县人民医院、公安、交通、社区5个部门抽调的20人组建的4个流行病学调查专班小组；各乡镇（管委会）抽调50人组成14个流调小组；城区各机关和卫生系统抽调32人组成两个流调大组（每大组有16人，分成8个小组）；另外，流调组单独建立信息收发组、报告审核组、数据分析组、例会培训组、后勤保障组，发挥好每一组的作用，按时高质量地完成每一条推送信息的流行病学调查工作。通过6天的突击培训，培训人员189人，持续不间断地开展24期700余人次的反复培训演练，流调组各成员迅速参加到防控疫情流行病学调查工作的最前沿。流行病学调查组根据《新冠肺炎疫情防控流行病学调查方案》，对每一条上级推送的密切接触者信息进行流行病学调查，做到2个小时之内掌握密切接触者的基本情况，14天之内的活动轨迹和密切接触者，6小时之内完成书面形式的流行病学调查报告。为新冠疫情防控指挥部对密切接触者的接触者进行管控管理提供准确的、科学的信息依据。2020年1月至6月30日，完成上级推送流行病学调查人数40人；2020年7月1日至2020年12月31日，开展的流行病学调查人数：一次密切接触者217人、二次密切接触者528人、三次密切接触者956人，对上级推送的所有人员建立一人一档，完善档案并分类归档。

【疫苗紧急接种】 2020年，疾控中心面对疫情防控严峻形势，为防治流行性感冒对新冠肺炎诊治的干扰，有效控制流感疫情，疾控中心制定上报流感疫苗采购计划，采取措施加大不同人群流感疫苗的预防接种。2020年，全县接种流感疫苗人数50760人，有效控制流感疫情。新冠疫苗推广使用后，疾控中心积极开展接种工作人员培训、对接种对象进行摸底统计，加强对接种现场的技术指导，2020年11月15日至2020年12月31日，对县公安、消防、食品、饮用水、电力、供暖、环卫、养老、煤炭、燃气、交通、物流（快递）、冷链、殡葬、通信从业人员、医务人员、卫生健康其他工作人员、卡点新增工作人员和集中点新增工作人员进行了新冠病毒灭活疫苗紧急使用工作，共接种新冠病毒灭活疫苗9170人份。各疫苗接种点疫苗接种后第二天和第七天对受种疫苗人员进行电话随访，通过电话随访，截至2020年12月31日，未发现疫苗预防接种异常反应人员。

【职业病防控】 2020年，疾控中心对168家企业进行职业病防控工作现状调查，了解各企业开展职业危害因素防护措施情况、职业病防控健康教育工作情况及各企业对劳动者岗前、在岗、离岗体检工作情况。确定在65家企业开展职业危害因素检测工作，通过第三方检测单位，完成计划检测企业的73%；对353例中华人民共和国成立以来既往职业性尘肺患者生存现状和享受国家社保保障情况进行调查，调查结果为已经死亡93例，现存活260例，随访率100%；2020年10月25日，为300名小微企业接尘劳动者开展DR拍片和肺功能测定免费体检工作，其中4名劳动者有尘肺职业危害工作场所禁忌症，告知企业进行岗位调离。

【碘缺乏病】 2020年，疾控中心开展重点人群强化补碘工作，补碘摸底人数3963人，外出及禁忌症15人，实际投服3946人，投服率99%。在地区疾控中心的协助下，拜城县在赛里木镇、布隆乡、拜城镇、温巴什乡、察尔齐镇等乡镇开展碘缺乏病监测。学生甲状腺B超筛查200人，甲状腺肿大率待地区反馈；学生尿碘监测200份，尿碘中位数为304.6微克/升；孕妇尿碘监测100人，尿碘中位数为287.8微克/升。

【麻风病防治】 2020年1月26日，疾控中心举办第67届“世界防治麻风病日”暨第33届“中国麻风节”，开展“消除麻风病贫困，共享健康社会”主题活动。发放宣传单6500份，悬挂横幅16条，摆放宣传展板19块、宣传手册500本、宣传画400份，咨询200余人。通过开展麻风病防治知识宣传，提高公众认知程度，消除麻风歧视。疾控中心走访慰问10名因麻风病致残和生活困难的麻风病患者。给每人送去价值300元的生活用品及防护鞋、护理包、防护镜等物品。

【包虫病监测】 2020年，疾控中心开展包虫病筛查、犬驱虫及犬感染率监测工作。B超筛查12481人，治疗管理包虫病人6人，对10582条犬进行犬驱虫管理，通过犬驱虫管理，拜城县犬包虫病感染率0.64%。

【布病监测】 2020年，疾控中心鉴于拜城县布鲁氏菌病发病率较高，共监测3433名（2020年自治区筛查任务为600人），其中初筛134名，确诊病例33名，大疫情平台上报阳性40人，其中拜城县人民医院大疫情平台上报确诊病人33人。拜城县布鲁氏菌病发病情况与前几年相比有所下降，2020年布鲁氏菌病发病率16/10万，发病率明显低于前几年。

【农村、城区生活饮用水监测】 2020年，疾控中心充分利用项目资金，在拜城县开展农村、城区生活饮用水水质卫生检测工作。全年共检测78份水样，经过检测拜城县农村、城区生活饮用水基本达到国家生活饮用水水质卫生标准。

【居民健康档案】 2020年，拜城县总人口数239100人，建立居民健康档案228532人，建档率95.77%，达到上级电子建档率75%的要求。

【老年人健康管理】 2020年，疾控中心以辖区内65岁及以上老年人为管理对象，为拜城县65岁及以上老年人建立专项档案15718人，对辖区内65岁及以上老年人开展健康体检，截至12月31日，健康体检人数14385人，健康管理人数12465人，健康管理率77.32%，达到上级老年人健康管理率70%的目标要求；对13649名老年人开展中医药健康管理服务，中医药健康管理率达到84.67%。

【健康教育】 2020年，疾控中心发放健康教育宣传资料74290份，健康教育宣传栏更新1218期，开展主题日宣传323场次，举办知识讲座次数1028场（其中包含中医药内容），接受健康知识讲座人数69914人，开展健康咨询837次，参加人数43312人。对重点人群和一般人群开展针对性的个体化健康教育，有102482人参加。

【高血压患者健康管理】 2020年，疾控中心为全县16225名高血压患者建立专项档案，高血压患者管理率为129%（16225/12534），高血压规范管理率为69.07%，全县血压控制率为77.3%。

【2型糖尿病患者健康管理】 2020年，疾控中心为全县5534名2型糖尿病患者建立专项档案，2型糖尿病管理率116.3%（5534/4758）。全县2型糖尿病规范管理率达67.74%，血糖控制率为70.71%。

【重性精神障碍患者管理】 2020年，疾控中心为1295名重性精神障碍患者建立专项档案，患者检出率为4.11‰，达到上级检出率4‰的目标要求。按照国家重性精神病系统患者规范管理率为95.48%，服药率94.89%，精神分裂症规律服药率94.43%，

【死因监测】 2020年，疾控中心开展全县网报，覆盖率为100%，拜城县的死亡信息上报审核已通过人数1442例，粗死亡率6.03‰。

【肿瘤登记工作】 2020年，疾控中心累计上报肿瘤登记123例，管理患者274例，按照要求完整填写肿瘤报告卡片，并对患者积极开展随访管理。

【PCR实验室核酸检测】 2020年，疾控中心为提高县域核酸检测能力，县委、县政府先后在县疾控中心投资近1200万元建成两套标准化核酸检测实验室，每套实验室日检测样本能力达30000份（其中一套划归中医院使用），提升全县"检测全覆盖"的能力水平。在地区疾控中心帮助指导下，县疾控中心检验人员认真学习个人防护、采样技能、采样流程和核酸检测技术，确保实验室建成后立即发挥效用。2016年6月22日实验室建成投入使用，2020年6月22日至2020年11月17日人员核酸检测样本586726人份，环境监测工作全面启动后，疾控中心核酸实验室承担全县环境样本检测，2020年9月1日至2021年12月31日，环境监测核酸检测样本733721份（86672管），检测样本全部为阴性。

老年健康

【概述】 拜城县老龄工作认真贯彻实施《中华人民共和国老年人权益保障法》《新疆维吾尔自治区保护老年人合法权益条例》，遵循"党政主导、老龄协调、部门尽责、社会参与、全民关怀"的老龄工作方针，把保障老年人的基本生活，提高老年人的生活质量，全心全意服务老年人作为根本任务。拜城县总人口25.8万人，60岁及以上老年人口23100人，占全县总人口的11.16%，其中男性11839人，占老年人口的51.25%，女性11261人，占老年人口的48.75%。农村老年人16892人，占全县60岁以上老年人口的73.13%。60～64岁

老年人口7439人，65～69岁老年人口5949人，70～79岁老年人口7829人，80～89岁老年人口1669人，90～99岁老年人口195人，100岁及以上老年人口19人。

【健康养老】 2020年，卫健委从4个方面做好健康养老工作。做好医养机构管理。县域内所有福利机构、幸福大院均配备医护人员，每日为机构内服务对象开展身体检查，做好常规体温、血压测量、药品发放等相关工作，配合福利机构、幸福大院工作人员每日对服务对象宿舍等区域进行安全检查，检查记录每日记录台账，并且建立安全生产火灾应急预案，为服务对象提供舒适、安全的生活环境。做好老年人健康监测。对每名新入院的老人进行全面的健康体检，建立健康档案，根据各项检查结果及老人生活能力评估和风险评估结果，向护理人员反馈老人身体状况，共同为老人制定切实可行的生活和医疗照料方案，对慢性病老人进行常规的诊疗和监测，每年进行一次健康体检，做到早发现、早干预、早治疗。落实基本健康服务。为65岁以上老年人每年提供1次中医药健康管理服务，内容包括中医体质辨识和中医药保健指导，管理率达83.04%。抓好老年人医疗救治。在已有的“绿色就诊通道”基础上，达成医疗人才的交流和共享，对突发危重疾病的老人，依托医院120急救点的优势，确保老人能得到及时抢救和转诊。

【老年优待证办理】 2020年，卫健委将贯彻落实《自治区优待老年人规定》作为一项重要工作来抓，切实加强领导，高度重视落实工作。凡是符合条件自愿申请办理老年优待证的老人，全部及时办理了老年优待证。是年，为92名老人办理优待证，并认真落实各项老年人优待工作。

【老年人维权】 2020年，卫健委积极开展“法律援助便民服务”活动，维护老年人合法权益。利用平时的工作接待和“12348”法律援助服务热线平台，及时为老年人答疑解惑，满足老年人对法律援助的需求。是年，拜城县有老年法律援助中心1个，法律援助工作站20个（依托基层司法所15个、依托工会1个、依托共青团1个、依托妇联1个、依托残联1个、依托信访1个），兼职老年维权人员20人。涉老法律援助案件22件，涉老法律服务78人次。

【老年人保健】 2020年，卫健委积极开展社会救助。全县60周岁以上享受城乡低保对象的老年人3006人。为80岁以上高龄老人每人每月足额发放保健津贴，共1655人。是年，累计发放40.037万元。符合“五保”条件的供养对象122人，全部享受“五保”供养，供养率达到100%。常态化开展老年人全民健康体检工作。完成1.25万名老年人健康体检及健康档案建立、慢病跟踪随访工作。组建158支家庭医生团队，632名医生扎实做好家庭医生签约和便民利民服务工作，更好地服务于广大老年群众，截至年末，65周岁以上老年人家庭医生签约服务率达到100%。积极实施“光明扶贫工程”，完成85名老年白内障患者复明手术治疗。

【敬老文明月活动】 2020年，卫健委在敬老文明月活动中为特困老人免费体检、健康指导、建立健康档案，帮助特困老人解决生活急需。开展健康讲座，全县各级医疗卫生单位，幸福大院、卫生院和村卫生室为老年人进行免费义诊，组织健康讲座，受益人达800余人，深受老年人的欢迎。在扶贫日活动中为全县贫困户中的老人开展“送医药送健康送温暖”活动；县卫健系统开展健康扶贫政策宣传义诊22场次，发放预防疾病宣传彩页4500余张，接受咨询人数700余人，发放药品8300余元。开展2020年阿克苏地区“敬老月”救助高龄特困老人情况摸底工作，按文件要求，推动特困老人摸底工作和审批工作，75岁以上老人摸底工作完成后，公示5天，特困老人20人，每人补助500元，共1万元。

【老年人教育】 2020年，卫健委组织各医养机构登录国家卫健委网站及时下载老年健康科普及视频，通过手机客户端、电脑、室内大屏等对老年人进行《老年健康核心信息》《老年失能预防核心信息》《阿尔茨海默病预防与干预核心信息》等健康知识宣传。通过广播、电视、乡村大喇叭等媒介及驻村工作队开展群众工作相结合，大力开展老年人健康教育宣传，发放宣传资料、举办培训班、家庭医生服务团队入户随访等方式进行宣传。加大对《健康中国行动（2019—2030年）》《自治区老年健康服务体系建设设施办法》《国家基本公共卫生服务规范（第三版）》《新疆划入基本公共卫生服务相关工作规范（2019年版）》等老年人健康管理、老年健康与医养结合等国家基本公共卫生服务政策宣传，进一步营造全社会关注、关心、关爱、帮助老人的良好氛围。

爱国卫生

【概述】 2020年，卫健委把开展爱国卫生运动作为阻断疫情传播途径的重要内容，大力开展爱国卫生运动，深入贯彻落实“以人民健康为中心，政府主导，部门协作，全社会动员，预防为主，群防群控，依法科学治理，全民共建共享”的新时期爱国卫生运动工作方针，组织各乡镇、爱卫会成员单位常态化地在全县范围开展爱国卫生运动。

【爱卫宣传】 2020年，卫健委充分发挥统筹协调作用。向各乡镇、爱卫会成员单位下发《关于新型冠状病毒感染的肺炎防控的倡议书》，录音发放到各村（社区）、各单位、各物业小区进行滚动播放，提高群众的知晓率。印发新冠疫情防控各类宣传单13.5万份，在城乡人员流动较大的区域张贴疫情防控、复工复产、环境整治、社区环境整治、市场环境整治、爱国卫生月宣传海报2.3万张；购买4万余册《新型冠状病毒肺炎防控知识手册》免费发放，加强居民对新型冠状病毒肺炎知识、个人防护知识、居家防护知识、工作区域防护知识和就医流程五个方面了解病毒传播途径、感染者的临床表现、防控措施及如何正确洗手、正确使用并佩戴口罩等防护知识；制作横幅150余条，悬挂在城区主干道醒目位置；更换城区陈旧灯箱板面203块，主要宣传新冠肺炎相关知识；组织各乡镇、各爱卫会成员单位开展以环境卫生整治为主的爱国卫生运动，各乡镇、辖区各部门、各驻拜企事业单位、学校、卫生院在LED屏滚动播放新型冠状病毒感染的肺炎防控知识。充分利用“拜城零距离”微信公众号等多种方式，广泛深入地开展爱国卫生运动、环境卫生整治、病媒生物消杀、春季全民健身活动等宣传。为切实做好拜城县新型冠状病毒肺炎防控工作，切实做到“早发现、早报告、早诊断、早隔离、早治疗”的工作要求，依托县卫健委、疾控中心在县卫健委视频会议室举办的“新型冠状病毒肺炎防控知识业务培训班”，从爱国卫生运动的由来及发展、面对疫情形势如何组织群众做好以环境卫生整治为主的病媒生物防治及正确掌握“七步洗手法”等六个方面做了详细讲解。并强调“灭四害”“厕所革命”对新时期病媒生物防制、对控制粪源性疾病的传播、改善农村卫生环境、保障群众的身体健康具有重要意义，倡导合理膳食、适量运动、戒烟限酒、心理平衡的健康生活方式。让干部群众进一步认识到开展环境卫生整治和养成良好卫生习惯对疫情防控、阻断疫情传播具有重要作用，举办培训班48期，培训业务骨干212人。

【环境卫生整治】 2020年，卫健委组织爱卫会成员单位针对人员流动密集场所，如车站、市场、宾馆、楼场馆所等区域开展大规模的卫生专项整治行动，全面保障城乡居民出行的卫生环境，增强广大城乡居民的卫生健康意识，形成人人参与爱国卫生运动的良好局面。对城区各单位环境卫生责任区结合机构改革、办公地址、人员编制实际情况进行划分，把城区21条道路分配给28名县领导和99个城区单位，建立“县级领导包街道，县直单位包路段”的工作机制，实行“路长制”管理，构建“横向到边、纵向到底”的网格化管理模式，确保爱国卫生工作有人抓、有人管、有人负责。通过一系列措施和发挥各单位党员干部先锋模范作用，带头做好环境卫生，引导教育群众形成人人讲卫生、爱整洁的社会氛围，全县爱国卫生工作高效、有序开展，群众对爱国卫生工作满意度达93.5%。开展以防治新型冠状病毒肺炎疫情为中心、以保护环境、清除卫生死角为重点的农村人居环境卫生综合整治活动，进一步改善城乡环境卫生质量。各乡镇充分发挥爱国卫生运动的组织优势，广泛发动群众，深入开展以背街小巷、城乡接合部、建筑（拆迁）工地、房前屋后、老旧居民区等为重点的城乡环境卫生整洁行动，做好公共区域环境卫生保洁、生活垃圾日产日清等工作，引导做好居家环境卫生清理。是年，共发动群众914212人次开展人居环境整治，出动各类车辆3380辆，清理脏乱差点位319处，清理垃圾、杂物520余吨。

【除四害】 2020年，卫健委在开展爱国卫生运动中，把卫生消毒作为卫生防疫的重要抓手，确保既全面开展又突出重点区域。爱卫会各职能部门充分发挥各自职能。是年，全县累计举办卫生消毒和除四害培训46期，公共场所、公共区域卫生消毒43万平方米，落实每日消毒措施的小区108个，垃圾收集点卫生消毒213处，累计投放消毒药水3368.58吨，消灭病媒生物滋生地570处，投放鼠药206千克、蜡块300余块，投入灭蚊蝇药物9623升，投入灭蟑药物30.91千克。

【卫生动态管理】 2020年，卫健委开展全社会联防联控、群策群力、人人参与，坚决打赢疫情阻击战。组织工作人员深入乡村进村入户，实地查看群众是否养成“勤洗手、喝开水、常通风、戴口罩、用卫厕、不随地吐痰”的良好卫生习惯，倡导每个人都做“自己健康的第一责任人”，广泛动员广大群众尽量不去人群聚集的地方，尽量减少与“来拜返拜”人员的密切接触，防止疫情传播，不接触野生动物，不吃野味，尽量降低感染、传播疫情的风险。结合团结关爱工作深入乡村向群众宣传大力开展以环境卫生整治为主的爱国卫生运动的紧迫性和必要性，通过下村入户走访人员现场向群众演示正确的“七步洗手法”，耐心细致地讲解疫情防控知识等“面对面”宣传，让干部群众进一步认识到开展环境卫生整治和养成良好卫生习惯对疫情防控、阻断疫情传播具有重要作用。组织爱卫会成员单位大力开展以环境卫生整治为主的农贸市场整治工作，倡导每个社区、单位和家庭落实环境卫生治理措施。全县应改厕户18604户。截至年末，全部完成卫生户厕修建，并动员广大群众使用无害化卫生厕所，防止粪便暴露，防止疾病传播。定期对城区环境卫生整治情况进行督查，督促各单位和广大干部群众做好环境卫生，动员群众积极参加城乡环境卫生整洁行动，清扫城乡公共区域卫生，清理卫生死角、清运积存垃圾，营造干净整洁的生产、生活环境。

医　疗

【紧密型医共体】 2020年，拜城县成立由党政一把手担任医改领导小组“双组长”的医共体管理委员会，形成组织、编办、人社、财政、卫健、医保等多部门协调联动，主要领导、分管领导、行业部门齐抓共管、层层落实的良好工作格局。打破原有人、财、物等管理权限，从人员交流、财务统一、资源整合、绩效管理等“硬骨头”入手，强力推进医改。整合县域医疗资源，组建医共体总医院，下设两个紧密型医共体，县两家二级医疗机构推行“1+12”“1+3”模式，对15个乡镇卫生院进行托管，选派县级医疗机构业务骨干、中层干部任乡镇卫生院长，以科包院，开展人才培养、技术帮扶，实现人才、资源、病种“三下沉”，实现区域内医疗资源共享，让患者在家门口就能享受到县级医院的优质医疗服务。2020年，县医共体总院派驻人员开展教学查房859人次，会诊疑难病人60次，开展健康教育3891人次，开展新项目55例、新技术410例。按照“用好现有人才、规划未来人才”的强医思路，下决心破题开局。先后派出多批考察团远赴山西运城、安徽天长、浙江温州等地。坚持走符合南疆大漠戈壁实际的路子，实现医共体内人员统一调配，做到“县管乡用、乡管村用”，先后引进各层次医技人员34人，医疗人才队伍由738人增至910人，流失率由改革前的25%下降到13%。通过温州援拜城县“1+X”跨区域医联体，邀请援疆专家、专业老师110人次开展培训帮带，1500余名医务人员在家门口练本领，提升专业综合素质。盘活用好医疗卫生机构现有编制，采取柔性引导和推动优质医疗资源和患者向基层“双下沉”模式，提供优质服务。2020年，10名村医考录转入事业编制，切实增强基层活力，稳定基层力量。

医共体总医院全面落实行政、人员、资金、业务、绩效、药械“六统一”管理，成立“十大管理中心”，明确各中心职责、制度和流程，为乡镇分院量身定制提升发展措施，落实规章制度、质控标准、公共卫生等方面的规范统一，促使医务人员逐步转变服务理念，提升专业能力、技术水平。采取视频培训、周会调度、月度考评、动态监测等措施，在精准服务、有效服务、靶向服务上下功夫，强化基层培训、稳定基层队伍，激活基层发展引擎，专家、技术双下沉，落实同质化、全域化流程管理，错位发展、融合发展实现“一加二大于三”的协同发展局面。推行公立医院薪酬制度改革和基层医疗卫生机构绩效工作制度改革，通过“以科包院、专家治院”，县级医院28名科室主任、业务骨干下沉一线。在原绩效工资不变的基础上，同时，享受所在分院绩效分配，让能者多劳，劳者多得。同时发挥6名骨干、1名托峰人才技术优势，制定帮扶计划，针对重点学科、重点攻坚进行点对点帮扶，提升基层医务人员能力水平，提高基层医疗机构收入，在“两个允许”的基础上，基层医务人员455人，平均绩效由原来的1200元提高到2300元，做到基层有吸引，人往基层走，以输血促造血。坚持少算经济账、多算民生账、民心账，累计投入5400余万元，构建“互联网+”健康信息平台，通过开展远程会诊759人次、专家坐诊689人次、线上问诊127人次，组建流动手术团队2支12人，在乡镇分院开展手术702台。制定分级诊疗病种、常见病出入院和双向转诊标准，完善转诊流程，确保有序转诊，为群众就近诊疗、未病防治和基层医疗机构能力建设、技术优化提供强有力支撑，实现“小病不出乡、大病不出县”的目标。

落实分级诊疗制度，严格外转审批，逐步形成“患者无序就医”向“有序就医”的转变。基层分院开展外科手术、住院分娩，发展特色科室，通过“县促乡、乡抓村”，实现让群众少跑路、少花钱、就近看好病。是年，县级医疗机构向乡镇卫生院下转11074人次，较2019年增长23.3%，上转3213人次，较2019年下降

30.8%，远程影像6.47万例，较2019年增长726%。医共体总院医师与分院医师、村医结成“1+1+1”对子，进行“传帮带”，加强对乡、村两级医务人员的实时指导。下派专家到分院驻点坐诊、查房带教、举办健康讲座等线上、视频方式，开展医院内部质量控制、医患纠纷处理、药品器械管理等培训，实现上下同步、规范管理。通过开展医共体分院内的人才培养、技术帮扶，促进基层医疗卫生机构管理服务水平有效提升。乡镇卫生院诊治病种数由年初的31种增加至年末的92种，县域内就诊率达到91.4%。落实医保总额打包付费制度，按照“总额管理、结余留用、合理超支分担”的原则，发挥“三医”联动作用。是年，公立医院基本医疗保险城镇职工统筹基金支出1769.95万元，较2019年同比下降2.6%；城乡居民统筹基金支出8557.75万元，较2019年同比下降7.06%。将县中医医院、妇幼保健院、疾控中心全面融入医共体总院，从过去的“单体”发展转变为医共体总院“联体”发展，突出整体运行服务效率。先后投入4150万元对县域11个乡镇卫生院进行提升改造，争取资金1.6亿元建设医共体总医院，大幅度提高中医、妇幼综合服务能力和专科服务能力。

拜城县人民医院

【概况】 拜城县人民医院（以下简称“县医院”）为拜城境内集医疗、教学、科研、康复、预防保健为一体的唯一一家综合性二级甲等医院，负责县域200千米内的危重病人的转移救治工作。医院占地总面积约3.85公顷，为满足广大就医患者的需求，县医院有5层医技楼1栋，9层综合楼1栋，20层综合大楼1栋，体检中心楼1栋，传染科楼1栋，设有门诊部、住院部、医技科和行政后勤部，共有科室34个，2020年编制床位356张，开放床位525张，年门诊量221322人次，年住院病人17471人次。2020年，在职在编347人，聘用人员264人，共306人。其中，正高19人，副高31人，中级69人，初级193人。医生156人，医技人员87人，具有执业证158人，执业助理证42人，护理人员229人，其中具有护士执业证221人，管理岗人员10人，工勤技能人员25人。退休154人。设有急诊、内一、内二、内三科、外科、妇科、产科、儿科、新生儿科、骨科、五官科、口腔科、皮肤科、中医理疗康复科、血液净化等19个临床科室；检验、放射、功能、内镜中心等医技科室9个。

【党建工作】 2020年，县医院设有1个党总支，下设4个党支部。全院共有党员103人（第一党支部27人、二支部27人、三支部21人、退休支部28人）。在职党员79人（其中包括预备党员18名），退休党员24人。2020年4月17日，医院党总支和4个党支部进行新一轮的按期换届选举工作，规范了基层党组织的组织机构和运行机制。9月30日，因党总支委员变动，总支委员进行改选。截至12月31日，医院递交入党申请书50人，积极分子61人，发展党员15名（其中火线党员4名），党员队伍不断壮大。医院党总支荣获先进基层党组织荣誉称号。根据上级要求组织号召，全院69名在职党员主动交纳“特殊党费”1.38万元，支持疫情防控工作，诠释了新时代医务工作者的忠诚和担当。党员带头请战主动递交请战书370余人次，成为考验政治立场的试金石。7月，在乌鲁木齐抗“疫”主战场上，党总支副书记带领一行6人挺身而出冲锋在前，参加乌鲁木齐抗击疫情工作，10月底再次增加救护车驾驶员1名增援喀什，用实际行动践行初心使命、体现责任担当。发热门诊医生刘延国因表现突出，被县委组织部授予“优秀共产党员”称号。党建助力疫情防控，党总支制定拜城县人民医院全域落实落细常态化疫情防控八项预警机制工作方案，组建八项预警机制工作专班，细化分工、明确职责，常态落实、常态培训、常态演练，及时掌握业务知识、专业技能，确保组织到位、人员到位、培训到位、责任到位，落实落细各项预警监测措施。10月6—28日，拜城县委第九轮第四巡察组对拜城县人民医院党总支开展常规巡察。12月25日，巡察组通报巡察反馈意见，指出县医院贯彻落实党的路线方针政策和中共中央决策部署方面、群众身边腐败问题和不正之风方面、基层党组织软弱涣散、组织力欠缺3个方面9条存在的问题，所有问题均已整改到位。

【民族团结工作】　2020年，县医院全体干部职工按照民族团结一家亲和联谊活动一月一主题实施方案，利用节假日广泛开展民族团结一家亲联谊活动，促进各民族交往交流交融。通过职能科室职工下乡开展组团式大宣讲活动，帮助群众算清明白账，引导群众做明白人。56名干部结对认亲100户群众，共为结亲户捐款6513元，捐物1096件，就医52人，就业2人，发展生产19件。积极开展民族团结进步示范窗口单位创建工作。5月，县医院创建民族团结好科室27个，民族团结示范窗口5个，民族团结示范岗530人，完成创建比例98.8%，民族团结好科室率达到90%以上，并持续巩固民族团结创建成果，被评为地区级民族团结进步示范窗口单位。

【访惠聚工作】　2020年，县医院积极发挥“访惠聚”派出单位后盾作用，积极履行队员当代表，单位做后盾，一把手负总责职责，常态化深入驻村点赛里木镇喀拉敦布拉克村全力开展驻村工作，主要领导每月至少一次深入驻村点组织工作队开展村情研判，解决困难诉求，开展谈心谈话等帮带指导工作，帮助工作队厘清工作思路，抓好各项工作落实。按照严在当严中、爱在细微处的原则，加强驻村工作队员日常管理教育，持续保持驻村队伍稳定。节假日院主要领导深入工作队慰问工作队员，深入了解“访惠聚”工作队员思想动态、生活状况及工作生活中遇到的困难，给予及时解决帮扶。医院开通绿色通道，对全县“访惠聚”驻村干部优先安排体检，常态化关注驻村干部身体健康情况，全面保障工作队员诊疗服务。

【为民办实事好事】　2020年，县医院共投入14.5万元，自觉把赛里木镇喀拉敦布拉克村作为自己的责任田，夯实基层基础。全院55名干部职工与96户群众结对认亲、常来常往，促进交流、增进感情。排忧解难聚民心，干部职工下沉900余人次，投入7万余元帮助村里发展产业，投入1.5万元开展义诊送药活动，投入6万余元在节假日慰问老党员、贫困群众。利用周一升国旗、干部入户走访等时机开展宣讲活动，扎实开展“理清两笔账·感恩共产党”活动，教育群众知法明理感党恩。充分发挥“访惠聚”干部传帮带作用，开展结对帮带活动，抓好党建、维稳、脱贫、国家通用语言文字学习等重点工作，打造一支永不走的工作队。赛里木喀拉敦布拉克村被评为县级民族团结示范村。

【脱贫攻坚工作】　2020年，县医院高度重视扶贫工作，坚持治贫先治愚、扶贫先扶智的工作思路，深入走访调研，以发展畜牧业、家禽养殖以及精准医疗救助为主要脱贫手段，发挥专业优势，以“精准医疗”助推精准扶贫。单位包联赛里木喀拉敦布拉克村无贫困户，有边缘户5户，均已巩固脱贫。5户边缘户全部参加新型农村合作医疗，城乡居民基本养老保险实现应参尽参，就业技能、农业技术等家庭主要劳动力实现培训全覆盖。

【工会、妇联工作】　2020年，县医院工会抓好文化建设与医院发展战略相结合，突出品牌优势，围绕遵章、优质、团结、诚信的文化理念，通过不同形式的载体对核心文化进行深化和宣传，用医院的文化品牌铸造医院的技术品牌、服务品牌、人才品牌和管理品牌。重视职工感受，肯定职工能力，鼓励职工发展，关心职工生活，疫情期间医院工会先后慰问一线干部职工5次，并发放牛奶、酸奶、方便面、矿泉水等慰问品；2020年春节前夕，医院工会慰问退休老党员老干部，每人发放600元慰问金；“3·8”国际妇女节为全院女职工发放洗护用品，“5·12”护士节和“8·19”医师节期间，给职工发放慰问金每人200元。通过开展丰富多彩的文体活动——讲好疫情一线初心故事大赛、“清风满天山”演讲比赛以及中华传统文化节日活动及发奖品，丰富职工的业余文化生活，定期开展优秀人才基层行系列活动，组织送医下乡5次，累计义诊1000余人次。免费为偏远乡村居民体检、送医送药，与1+12分管乡镇分院建立医共体关系，派出优秀的医务人员前往乡镇卫生院提供出诊、带教等服务；切实做好突发公共卫生事件的预防、控制和救治处理。2020年，获平安医院、地区民族团结进步创建示范窗口单位、先进基层党组织等多项荣誉。

【首例医疗、治疗新技术、科研工作】 2020年，县医院申请开展新项目29项，完成7项。分别是：外一科，经尿道前列腺钬激光剜出术；五官科，多波长激光晶状体囊膜切开术；放射科，冠状动脉CTA临床应用；内三科，B超引导下甲状腺穿刺术、胰岛素泵连续皮下输注应用技术；病理科，术中冰冻切片与石蜡切片诊断准确性分析；急诊科，床旁超声监测下腔静脉直径及可塌陷性对右心衰病人药物治疗指导。申报地区重点扶持项目4项，批准开展1项，为儿科，小儿电子支气管镜在难治性肺炎中的应用。

【感染管理】 2020年，县医院为做好新型冠状病毒医院感染防控与预防工作，及时成立新冠肺炎防控工作领导小组，制定新冠肺炎防控实施方案，围绕医疗工作、疫情防控、院感控制、后勤保障、宣传保障和督导检查等成立工作小组。明确每个小组的职责，并责任到人。规范医务人员的行为，根据新型冠状病毒的流行特点，结合实际情况制定医院疫情防控工作制度和流程。持续开展全员院感知识的培训，组织穿脱防护服、手卫生等相关操作技能培训810场8338人次；消毒消杀培训724场6900人次；院感相关理论知识培训155场1306人次。每日对重点部门、区域做好环境消杀及监测工作。如：发热门诊、PCR实验室、污水、医疗废物、救护车进场采样，每3天所有点位全覆盖。环境核酸检测1351场次28537管，环境微生物检测2991管；共完成社区微生物采样510管，阳光产业园区隔离点微生物采样225管。实施医疗废物闭环管理，从科室到医疗废物暂存点再到阿克苏医废处置中心全过程管理。对外来转运车辆及转运箱按照“逢进必消、逢进必采”的要求进行消杀、采样。收集感染性废物53.59吨，损伤性废物2.23吨。持续开展日督查、成立督导组每日对医院各个部门的院感防控工作进行督导，每日对发热门诊、预检分诊工作进行督查，完成院内督查318次、院外督查228次。

【科研教学】 2020年，县医院开展三类科研教学培训。无证医生培训。科教科组织全院无证医生按照“基础技能培训课程表”“基础技能培训内容及要求”，先后进行6次全院范围基础技能培训，考核累计培训372人次。执业医师考试培训累计参加人数68人4000次。技能培训814次（专科技能培训，全院范围技能培训），累计培训人数5668人次。外出进修培训37人。全院学术讲座31次，参加人数5001人。

继续医学教育。自治区Ⅰ类学分项目4项，培训班参加人数506人。医共体分院培训：为加强医共体建设，医共体总院选拔医共体分院技术人员定期在总院进修学习培训，先后组织12名分院检验人员培训8天，累计培训96人次，组织24名分院B超人员培训妇科、泌尿系统和乳腺B超17天，累计培训197人次；立足医共体分院实际，根据《乡镇卫生院服务能力评价指南（2019版）》要求。每周下发培训计划和培训内容，覆盖医疗、护理、院感（新冠）、公共卫生、村医基础知识等，每周二、周四两次集中培训，对14个乡镇分院累计培训1092批次，培训16380人次；组织赛里木分院对52名村医进行集中培训，累计培训364人次；根据拜城县基层卫生人才能力提升培训计划要求，医共体总医院先后选拔骨干全科医生4人，临床骨干医师、公共卫生医师10人，乡村医生15人在县医院各科室进修培训，切实提升他们的技术水平及管理能力，使之成为乡镇医院的后备力量；制定20种疾病的诊疗常规和100个医疗护理操作规范及流程，制定疾病辨证施治的中医处方22个，带领各分院累计开展新项目55项。

新冠肺炎专题培训。组织全院医护人员每周常态化开展新冠肺炎培训，累计培训18540人次；组织医务人员参加自治区第六人民医院和阿克苏地区人民医院新冠肺炎远程轮训，共培训48次，累计1592人次；组织重点科室医护人员参加自治区平台和Welink平台远程培训10次，累计培训370人次；组织全院检验人员分两批参加核酸检测合格证培训，取得核酸检测合格证17人；组织医共体总院和医共体分院全体人员参加两轮核酸采样专题培训，累计培训850人次，取得自治区核酸采样合格证592人。

【专科建设项目】　2020年，县医院重视临床重点专科建设，对骨科、呼吸内科、心血管内科、普外科、泌尿外科、中医科、急诊科、新生儿科、儿童康复科等临床重点专科，医院从人员培训、购置相关医疗设备、经费保障等给予大力支持。申报5个救治中心（胸痛中心、创伤中心、卒中中心、危重孕产妇救治中心、危重儿童和新生儿救治中心）均按文件要求进行论证、评估，符合规定，并上报阿克苏地区卫健委备案。

【医疗设备】　2020年，县医院在原有感染病区的基础上改造成发热门诊并建设10间发热门诊留观病房，配置相关医疗设备，如：中央监护站、无线可视对讲和呼叫系统、有创无创呼吸机、负压吸引器、全自动血球分析仪、血气分析仪、心电监护仪、心肺复苏仪、空气消毒机，最为重要的是发热门诊购置上海联影40排TC 1台，身兼“刷脸就能扫，极速40排”两大特点，通过最新的人工智能技术降低CT操作门槛，减少对操作者的要求；40排时空探测器，Real3D HD极速成像算法，KARL 3D迭代技术等一系列强大软硬件为CT性能和图像质量提供了坚实保障；在区域化医疗中带来真正意义上的标准化影像学检查。扫描速度快，完成全肺（35厘米）扫描仪需要8秒，而同档次CT扫描时间往往18～20秒，患者难以屏气，容易产生呼吸运动伪影；扫描精度高，uCT 528在高速扫描下依然可以保持0.55毫米的层厚。在医院原有20层住院部顶楼病房的基础上建设PCR实验室2座，1#核酸实验室建筑面积155平方米；2#核酸实验室建筑面积276平方米；并配置相关医疗设备：B2生物安全柜配核酸提取仪、核酸扩增仪、快速核酸检测系统、立式灭菌器、-20-70℃冰箱等在医院3号综合楼19楼建设负压病房1座，配置呼吸机10台，用于成人、儿童的呼吸机，中文操作界面，报警信息以中文显示，有操作提示内置式高亮彩色触摸屏幕显示，操作简单，方便，操作界面可以个性化配置具有容量辅助/控制（VC-A/C）、容量控制通气（VC-CMV）、容量同步间歇指令通气（VC-SIMV）、压力辅助/控制（PC-CMV）。同时配置病人监护仪、空气消毒机、心电图机、电动病床等，满足疫情防控要求。

【护理服务】 2020年，县医院举办《护理风险管理与护理质量安全》培训班，组建发热门诊、过渡病区2个病区，配备符合要求的护理队伍，制定护理管理制度、工作标准，真正起到哨点作用。疫情防控期间，开展多种形式的相关知识及院感知识培训和实操培训考核；派出84个采样小组进学校、进社区、进乡镇，完成大量采样工作。每月派出22名护理人员，在11个乡镇医院帮扶指导护理、公共卫生、采样等工作。督导9个乡镇医院“乡镇卫生院服务能力标准”各项工作落实情况，有6个乡镇医院完成等级评审工作（C级）。

【卫生三下乡】 2020年，县医院选派优秀人才与温州援疆专家一起组成医疗人才专家健康服务队，到拜城县赛里木、米吉克等12个乡开展免费义诊送健康活动，村民在家门口就能和专家面对面沟通和交流，享受VIP（贵宾）式的服务。村民们在医护人员的引导下，不但免费测血压、血糖，免费领取常用药品，还学到许多医疗保健知识。医护人员还现场给村民们发放宣传资料，帮助村民们了解传染病的防治、全民健康体检的好处和各种老年病、慢性病预防知识及其他保健知识等，测量血压1000余人次，共接待群众义诊咨询近4600人次，发放健康教育宣传资料6000余份，免费发放价值12000元的药品，免费心电图检查400多人，免费B超检查100余人次，免费测血糖700余人次。

【对口支医】 2020年，县医院为赛里木镇卫生院举办短期学习班、讲座150次，培训4657人次，门诊22397人次，急诊880人次，住院患者1806人次，开具处方10521张，书写病历数691个，教学查房病人1141人次，开展手术人次315次，开展适宜新技术55项，会诊疑难病人311人次，义诊1701人次，健康教育8424人次，采集标本228094人次。对乡镇卫生院进行放射、心电远程会诊，功能科心电远程会诊共919人次；放射科远程会诊共7706人次，远程会诊病例180人次，远程教学双向转诊11145人次。其中，上转3078人次，下转8067人次。

【信息化建设】 2020年，县医院根据国家中医药局《关于推进紧密型县域医疗卫生共同体建设的通知》加快推进“互联网+健康医疗”要求，持续推进医共体总医院建设工作。1月，完成平台硬件搭建工作。医院与中国电信合作，部署15家乡镇卫生院专线及146个村卫生室专线网络建设，打通医保网络，实现网络互通，为医疗资源共享做好基础。医院以“患者最多跑一次”为目标，实现“患者少跑路”“信息多跑腿”的服务理念。实现门诊缴费、门诊医生、药库、药房、护士站、医生站、医技科室、住院部、电子病历、PACS（影像归档和通信系统）、村医系统、全科诊疗机器人、合理用药等系统上网。加强医务人员培训及指导，10月中旬完成系统上线工作。疫情期间，充分利用信息化技术为各个部门提供便利。将医院内核酸采集工作嫁接于医院体检系统，提高核酸采集工作效率。成功引入新冠肺炎社区采集系统，在医院范围内进行培训，实施单机版信息采集系统75台，为集中外出采集标本提高工作效率，为打赢疫情防控工作打下坚实基础。

【疫情防控工作】 医院领导高度重视疫情防控工作，牢固树立“疫情就是命令 责任重于泰山”的思想观念，积极根据上级要求，按照预检分诊、发热门诊设置要求，积极进行改扩建，建立健全预检分诊、发热门诊、留观病房及医院其他部门工作机制，全面细致抓好疫情防控各项工作，全院上下联动，积极相互协作，全体医务人员精诚团结，努力奋斗，确保医院“零感染”。制定疫情防控工作方案，成立领导小组和综合协调、救治防控、应急保障、宣传科教以及督导检查工作专班，制定各项疫情防控应急预案，组织每月至少开展2次应急演练，充分提高医务人员防范警觉意识。成立由感染科、呼吸科、ICU（重症加强护理病房）、内科、院感管理、急诊、儿科、影像、检验专业人员构成的多学科救治诊疗团队4组，每组由5名医生、10名护理人员组成，对收治可疑发热患者及时进行专家会诊。建立领导小组每日协调会机制、工作组日汇报机制、疫情预警机制、突发公共卫生事件及疫情报告值班制度，实行24小时值班制。

按照区域内传染病医院设置和新冠疫情救治需要，投入约428.32万元，改扩建预检分诊、发热门诊、投入275.75万元建设负压病房和配备相关医疗设备。根据疫情防控需要，投入5156.2万元备齐备全医疗防护救治物资，明确物资储备底数，为应急工作提供有力保障。严格患者筛查这一铁律，实行“凡进必测，一人不漏”。对进医院的患者，必做经历“三道防线”，大门口进行体温初测，门诊大厅进行红外线测温仪监测，到了门诊分诊岗、病区入口再次设置护士复测。发热门诊实行24小时值班制度，医院发热门诊一直承担全县发热病人筛查、处置工作，共接诊发热病人7051人。对发热原因不明患者、复杂性疾病等进行专家会诊185次。对恢复期新冠肺炎患者解除隔离前与地区疫情防控医疗救治组专家进行远程会诊，远程沟通、远程交流，专家指导，进一步精确诊断，防止发生社会面交叉感染。全面发挥发热门诊预警机制作用。为积极适应新冠肺炎疫情常态化防控和大规模检测的需求，医院先后完成155平方米和276平方米核酸检测实验室建设工作，按照PCR（基因扩增实验室）建筑要求分三区，各区独立设置，并配置安装了生物安全柜、提取仪和扩增仪及其他所需设备和物品。总投入资金976.97万元，其中实验室基础建设投入345.9万元，检测医疗设备投入631.07万元。均顺利通过自治区临床检验中心专家的PCR室验收。及时上传核酸数据，与国家卫健委平台、自治区数据中心、地区大数据中心平台对接，将每日核酸、双抗检测结果信息上传至国务院小程序平台，通过数据库视图提取方式上传至大数据中心。医院全体医护人员尽职尽责，高度重视院感防控工作，全面落实八项预警机制，严格按照集中隔离医院观察指南进行各项工作，常态化落实好各项疫情防控工作。

拜城县中医医院（维吾尔医医院）

【概况】 1988年11月建立拜城县民族医院，开设门诊。1999年，拜城县民族医院与拜城镇卫生院合并。2000年10月更名为拜城县维吾尔医医院，为差额事业单位。2013年3月，医院整体搬迁，同年年底，医院被自治区评定为二等甲级医院。拜城县中医医院（维吾尔医医院）坐落在县城的东部，占地面积19000平方米，建筑面积11400平方米，东邻博斯坦社区，西邻居民区，南邻交通路，北邻居民区，位于县城解放东路，是一所以维吾尔医为主、中西医相结合，集医疗、教学、科研、康复、预防、妇幼保健于一体的公立性医疗机构，为拜城县三类医保定点单位。2018年6月，与拜城县大桥乡中心卫生院建为“医共体”，大力提高乡镇卫生院的能力水平。2019年12月，根据阿克苏地区卫生健康委员会关于各县维吾尔医医院加挂中医医院冠名的答复，2019年，拜城县维吾尔医医院全称为拜城县中医医院（维吾尔医医院）。

2019年7月，拜城县中医医院（维吾尔医医院）编制床位从135张调整到180张，实际开放250张，人员编制48名，实有人数88人，其中，管理人员5名（含两类兼职3名领导），专业技术人员80名，后勤人员3人。医院现有职工259人（含聘用），医疗技术人员占比78.8%。高级职称6人，中级职称16人。执业助理医师37名、其中执业医师25名、助理医师12名、中医维吾尔医临床医师29名、西医医师12名，护理人员73名、其中已经注册的执业护士65人，药学人员17名，其中中医维吾尔医药学人员12名、西药人员5名，医技人员15名，检验人员12名。内设康复理疗科、内科、外科、妇科、皮肤科、门诊、急诊科、药剂科、医技科、财务科、医务科、精神科、公共卫生科、后勤科、行政科、护理部、保卫科17个科室。

【专科建设】 2020年，拜城县中医医院（维吾尔医医院）外科、妇科是地区级重点专科，制定专病专科建设规划，在实施过程中充分体现发挥维吾尔医药特色优势和提高疗效的具体措施。妇科宫颈炎争取自治区级重点专病培育项目，外科和妇科争取地区级重点专科项目；拜城县中医医院（维吾尔医医院）各专科特色治疗技术规范和护理操作规程在临床上医护人员能熟练掌握、广泛应用；拜城县中医医院（维吾尔医医院）为进一步加强医护人员医学基础理论水平，提高医疗质量，积极与县人民医院紧密交流、合作，多次聘请相关专家来院开展查房、讲座、现场指导；聘请新疆医科大学维吾尔医学院和自治区维吾尔医医院专家来院进行系列的交流活动，坚持每个临床科室每周一次规范化的教学式大查房，从根本上提高医院整体诊疗服务水平。优势病种的维吾尔医治疗率达80%以上。

【学术研究】 2020年，拜城县中医医院（维吾尔医医院）为医院引进新技术、新方法和新经验，两次参加省级和自治区级公立医院学术论坛。31篇医学学术论文在健康世界、医药、中西医结合护理等10多种国家级核心期刊上发表。

【医疗培训】 2020年，拜城县中医医院（维吾尔医医院）坚持每周进行一次《三基（基本理论、基本知识、基本技能）》培训，考试考核内容以中医理论为基础，考核合格率达到95%。是年，7名骨干人才赴疆内及其他省市及上级医院学习、进修。对进修结束回院的医务人员医务科及时组织全员讲座，保证他们学到的新知识、新技术能够及时传授给其他医务人员，全院医疗技术水平得到整体的提高。

【特色医疗】 2020年，拜城县中医医院（维吾尔医医院）临床治疗始终突出维吾尔医特色，坚持维吾尔医药理论和用药原则，维吾尔药处方占门诊总处方数的比例达81.3%，开展的特色治疗技术25种，均制定了技术操作规范，保证治疗技术规范化，从而提升质量。积极开展维吾尔医非药物治疗法，非药物治疗人次占门诊总人数的10.2%。各临床科室开展5项以上中医特色服务项目，在原45项治疗技术基础上增加5项新的治疗技术，制定13个常见病及优势病维医诊疗方案，提高维医诊疗技术水平。手术科全面开展阑尾切除术、取除胆囊结石术、疝修补术、四肢长骨内固定术等手术。

【优质护理】 2020年，拜城县中医医院（维吾尔医医院）按照《护士管理条例》和医院“十三五”规划中的护理工作发展规划，合理配置护理人力资源，病房护理人员总数与床位数比例达到1：0.51，坚决做到持证上岗，确保护理质量，制定《优质护理示范工程活动实施方案》，临床科室有3个实施了优质护理示范工程。是年，优质护理服务开展率100%。累计为病人进行优质护理，洗头204次，洗脚149次，梳头312次，剪指甲341次，皮肤护理201次，整理床单5421次，口腔护理36次，排痰245次，翻身347次，床上擦浴24次，护士配送检查68次。

（汤淮颖）

文体·旅游

综 述

【概况】 县文化体育广播电视和旅游局（以下简称“拜城县文化旅游部门”）贯彻落实中共中央、自治区党委关于文化、体育、广播电视和旅游工作的方针政策和地区决策部署以及县委工作要求，在履行职责过程中坚持和加强党对文化、体育、广播电视和旅游工作的集中统一领导。贯彻落实党和国家文化、体育、广播电视、旅游工作方针政策，统筹规划全县文化、体育、广播电视和旅游事业、产业振兴发展，推进文化、体育、广播电视和旅游创新融合绿色发展，指导、管理全县文艺事业，指导文化艺术创作生产及艺术研究、评论，扶持坚守中华文化立场、体现社会主义核心价值观、具有导向性代表性示范性的文艺作品，推动各艺术门类、各艺术品种创新发展，推进全县文化、体育、广播电视和旅游公共服务建设。

2020年，拜城县文化旅游部门依托拜城特色文化旅游资源，以“统筹全域旅游资源，规范引领旅游发展，提升游客服务质量，唱响旅游发展品牌”为重点，实施“12345”发展思路，突出抓好资源整合、产业融合、全方位服务、专业团体参与，推进拜城旅游由资源优势向经济优势转化，围绕康养休闲旅游、特种探险旅游、房车自驾旅游等特色需求，对接“商、养、学、闲、情、奇、新”旅游要素，发展研学旅游、特种旅游、康养旅游、特色民宿、房车旅游等旅游新业态，引导各行业由“旅游+”向“+旅游”转变。

文广和体育

【温拜文化交流】 2020年，拜城县文化旅游部门积极争取援疆资金130万元用于文化旅游节庆活动、宣传营销投入，举办“我爱浙江”之“瓯越古韵风·丝路拜城行”——“江南生活美学”文博展，参加2020年温州国际时尚文化产业博览会，赴杭州、温州开展多次宣传推介；人才培训投入85万元，举办3期培训班，360人次参与。

【广播工作】 2020年，拜城县共有761套大喇叭，县文旅局农村公共服务中心对乡镇广播设备技术指导48次，累计维修收扩机音频接收主板860个、功放主板564个、大喇叭音膜1470个，更换收扩机电线8300米，确保全年乡镇广播设备正常运行。

【电视工作】 2020年，县文旅局农村公共服务中心每季度对克孜尔乡、黑英山乡、老虎台乡、大宛其管委会4个数字电视补点基站设备进行检修维修累计48次，维修村村通、户户通机顶盒3800台，调整卫星接收天线7610副，对境外卫星专项治理检查4副，累计出动人员62人次，张贴宣传单450份。

【对外宣传】 2020年，文化体育广播电视和旅游局先后举办“冬日暖阳·风情南疆”长三角旅游援疆联盟·南疆四地州首届冬春季文化旅游节、拜城县康其乡第二届冬季冰雪乡村文化旅游节、拜城克孜尔“红石林”景点誉名、徒步及摄影活动、拜城县“欢庆诺鲁孜·相约亚曼苏”系列文化旅游活动暨亚曼苏生态乐园开园仪式、拜城县庆五一全民健身系列文化旅游活动、第三届农民丰收节暨乡村旅游节、云上丝路：“穿越天山廊道·走近神秘的龟兹”大型直播活动、米吉克乡“庆国庆·迎中秋·双节共游亚曼苏”系列旅游文化活动、农民丰收节等节庆活动，不断提升拜城美誉度和影响力。

【技术设备改造】 2020年，县文化体育广播电视和旅游局农村公共服务中心对15个乡镇场更换和维修机顶盒1651个、馈线1100米、收扩机520台、大喇叭2100个，在确保各乡镇、村机顶盒、大喇叭安全播出的情况下，完成克孜尔乡、黑英山乡、老虎台乡、大宛其管委会、铁热克镇5个乡镇的应急广播调频发射机的安装工作，确保全县农牧民群众都能正常收听收看到广播电视节目。

【扶贫帮困】 2020年，县文化旅游部门以旅游景区为抓手，带动贫困户就业创业共25户28人次；利用“村村通户户通”设备维修为30名贫困户、边缘户提供公益性岗位30个，实现“一人就业全家脱贫”的良好局面；结合国家“扶贫日”在各景区游客集散中心开展扶贫产品促销，共销售贫困户农产品2.5万余元。组织单位58名干部职工开展下沉入户走访，为贫困户解决困难诉求25件，带动贫困户发展养殖业、畜牧业26户，帮助解决贫困户就业12人次。

【保密工作】 2020年，县文化旅游部为进一步做好保密工作，购买1台保密柜，安装监控5个，更换电脑硬盘75个，为电脑重装系统25套（次），对单位25台台式电脑、笔记本电脑进行全面检查，粘贴保密标识；组织召开保密工作会议6次，学习保密知识6次。

【疫情防控】 2020年，县文化旅游部门及时成立拜城县文旅局消杀消毒工作领导小组，建立消毒消杀工作室，完善《消毒剂配比工作规范》《消毒消杀操作规范》《消毒消杀注意事项》等管理制度，配备必要的防护物资，严格落实“3348”疫情防控机制；强化消毒消杀队伍的培训工作，组织文旅系统各单位干部职工、文化娱乐场所、宾馆从业人员共举办消毒消杀知识培训5期，参加培训120人次；深入开展爱国卫生运动，广泛动员干部职工参与治理环境脏乱差活动，重点清除死角，激发干部职工自觉养成人人讲卫生和人人爱环境的良好习惯；贯彻落实“外防输入、内防反弹”疫情防控策略，成立文旅局环境采样专班，制定环境采样工作计划，专班10名成员严格按照环境监测流程对宾馆、文化娱乐场所定期进行环境监测，做到14天内环境检测全覆盖。

【文物遗产】 2020年，拜城县有文物保护单位190处。其中，全国重点文物保护单位4处，自治区级文物保护单位14处，县级文物保护单位172处，现有馆藏文物194件，其中二级文物1件、三级文物8件、一般文物185件。

【文物保护】 2020年，县文化旅游部门对拜城县察尔齐镇安江铁米古墓群划定保护范围，安装界桩200个、说明牌3个、警示牌3个。警示牌载有“保护文物就是保护新疆的历史”“文物保护单位区域内严禁挖掘、取土等作业”等主题宣传口号，并公布文物局执法举报电话，方便群众咨询法律法规和监督举报文物违法行为，确保野外文物的绝对安全。

【文物巡查】 2020年，拜城县有文物保护单位190处，其中全国重点文物保护单位4处，自治区级文物保护单位14处，县级文物保护单位172处，野外文物看护人员共有22人，按照每一周最少巡查一次的要求，全年共巡查4458次。

【文物宣传执法】 2020年，县文化旅游部门以博物馆为场所依托，免费开放共252天，1.3万余人参观。围绕“5·18”国际博物馆日，开展以“超级连接的博物馆：新方法、新公众”为主题的系列活动。开展流动博物馆下基层各类宣传活动60场，参观人数达2.8万余人，发放宣传单5000余份。

【文化市场管理】 2020年，县文化旅游部门管辖的文化娱乐场所73家、歌舞娱乐场所20家、网吧6家、棋牌室43家、台球厅3家、跆拳道培训基地1家。是年，出动执法人员848（次），检查文化旅游各类场所424家次，排查各类隐患52处，下达整改通知书52份，限期整改网吧4家，停业整改歌舞娱乐场所2家，限期整改歌舞娱乐场所2家，停业整改棋牌室5家次；与公安、消防、市监等部门联合对旅游服务环境和旅游市场安全生产、环境卫生、消费服务进行专项整治活动6次。

【非遗保护传承】 2020年，县文旅局加大国家级、自治区、地区、县级传承人的管理，在重大节日期间组织国家传承人进入景区、景点开展传统手工艺展示。在全县范围内举办首届维吾尔族斗石鸡比赛，邀请自治区维吾尔族斗石鸡传承人作为斗石鸡比赛的主裁判，评选拜城县首届斗石鸡比赛前三名。通过比赛，加强传承人之间交流沟通，提升传承人参与竞技的积极性和竞技水平。加大对传承人的保护与培训力度，县文旅部门鼓励传承人多带徒弟、多传授技艺，并为传承人购置传承过程中所需的纺织材料，支持传承人将本人制作的非遗产品与旅游相结合，将维吾尔族帕拉孜纺织制品研发成为拜城县的文旅产品不断向社会宣传推荐。同时，拜城县以非遗为主题的文旅产品先后参加阿克苏地区、浙江义乌、温州等各类文化旅游展览及交流活动，受到各界人士的好评，并取得较好的成绩。

【群众性文化活动】 2020年，县文化体育广播电视和旅游局以县、乡、村三级现代公共文化服务体系为载体，深入开展文化旅游惠民示范活动2670场次。举办“拜城县第二届冰雪文化旅游节”“欢庆诺鲁孜·相约亚曼苏”“拜城第二届风筝文化旅游节及健康骑行”“拜城县第二届乡村文化旅游节”“迎中秋·庆国庆”“拜城县第三届农民丰收节”等大型系列活动6场次；开展以“我们的中国梦”——文化进万家为主题的文化旅游系列活动800余场次，组织开展送戏下基层活动108场次，“流动博物馆”巡展活动60场次；开展电影放映1700场次，开展流动图书车60场次，举办农民画展进社区、进军营、进乡村、进旅游景点活动45场次。

【基层文化站点】 2020年，按照乡镇（街道、农林牧场）综合性文化服务中心建筑面积不少于400平方米，行政村（社区）综合性文化服务中心室内面积不少于150平方米，室外活动面积不少于600平方米，其硬件建设标准及乡镇（街道、农林牧场）和行政村（社区）综合性文化服务中心均要建有一个多功能厅、一个图书阅览室、一个室外小舞台、一个宣传栏、一个文体广场、一支文化活动队、一套广播电视器材、一套体育活动器材的建设标准，拜城县15个乡镇（场）综合文化站、173个行政村（社区）综合性文化服务中心达到全覆盖。

旅 游

【概况】 2020年，拜城县深入贯彻落实习近平总书记关于旅游发展和旅游工作的重要指示精神，紧紧围绕自治区党委“1+3+3+改革开放”和地区“76331”总体工作要求，以创建国家全域旅游示范区为目标，统一思想，凝聚合力，深化旅游供给侧改革，推进旅游文化融合，着力构建“产业围绕旅游转、产品围绕旅游强、结构围绕旅游调、功能围绕旅游配、民生围绕旅游兴”的全域旅游发展格局，旅游业呈现出快速健康发展的良好势头。

【旅游产业现状】 2020年，县文化体育广播电视和旅游局以“丝路体验·水韵漫游·健康养生”三大品牌为引领，加快景区开发，完善产业要素，扩大宣传推介，力促区域联动，“旅游+”“+旅游”融合发展。县域内有A级景区5家，其中AAAA级景区2家、AAA级景区3家；旅行社1家，城市公园5个，旅游购物及特色餐饮街区11个；宾馆酒店38家（三星级酒店2家），共有客房2000余间，床位3500余张；农家乐38个，其中星级农家乐6家（四星级农家乐4家、三星级农家乐2家）；民宿44家；已形成“吃、住、行、游、购、娱”要素配套齐全的旅游服务体系。

【旅游基础设施建设】 2020年，县文化体育广播电视和旅游局结合拜城全域旅游业发展需求，完成铁热克温泉基础设施建设项目旅游环线道路、停车场、游客服务中心、环境美化等工程。完成拜城县旅游公共服务保障项目：县级游客咨询服务中心、AAAA级景区旅游标识牌、AAA级景区旅游标识牌、全域旅游标识牌完善；康其湿地AAA级景区基础设施配套完善项目游客服务中心（含旅游厕所）、湖心岛、景区道路等附属工程；喀普斯浪河游乐园建设项目游客服务中心，部分游乐设施基础施工及设备采购工作；克孜尔红山石林景区景区雕塑、大门、游步道、旅游厕所；铁热克温泉民宿建设项目改建10套民宿；黑英山玉开都维村村集体经济扶持项目游客中转站、道路改造；温泉滑雪场旅游厕所1座、红石林景区环保厕所3座等旅游基础设施建设。

【旅游宣传】 2020年，县文化体育广播电视和旅游局积极参加地区组织的多浪龟兹文化旅游节、“醉美独库路·神奇阿克苏·魅力古龟兹”2020新疆独库公路“5+3”南疆旅游营销联盟推介、沙雅胡杨节等活动；协助温州广播电视传媒集团《温州教育》栏目组完成《温州教育对口援疆十周年》专题片拍摄和温州朗诵学会专家一行到拜城送教活动，参加阿克苏地区·兵团第一师——浙江产业投资对接会暨云签约仪式温州分会场活动、2020年“浙洽会”阿克苏——浙江产业对接会温州分会场上的招商推介温州广播电视传媒走进拜城开展采风活动；精心制作宣传片，印制宣传资料，赴浙江参加第十五届中国（义乌）国际文化和旅游产品交易博览会及2020温州国际时尚文化产业博览会，借助展会平台全方位、多视角开展宣传推介活动。

【旅游管理培训】 2020年，县文化体育广播电视和旅游局组织旅游管理培训1538人次。邀请县旅游顾问举办全域旅游创建专题讲座2期；选派电子商务主管部门、经济口相关部门业务骨干赴温州参加电子商务培训；参加自治区“旅游兴疆大讲堂”培训3期，金融政策培训班1期；参加地区文旅局旅游行业培训产业脱贫“冬季攻势”暨旅游品质提升培训班1期，旅游业务培训班1期；依托职业技术学校，开展拜城县“冬季攻势”旅游行业培训，参加餐厅服务、中式烹调、面点制作、手绣制作等技能培训，为旅游产业发展提供坚实的人力资源保障。

【旅游特色产品】 2020年，县文化体育广播电视和旅游局依托拜城丰富的历史文化、非遗、特色农产品资源优势，已开发彩绘葫芦、克孜尔石窟仿真泥皮画、陶祖、帕拉孜传统手工纺织、烙铁画、仿古纹饰茶具等文创产品，以及柳编手工艺品、赛里木老酸奶、颂蜜源蜂蜜、黑木耳、吊干杏、葡萄干、拜城油鸡等旅游产品50多种产品，并在该辖区景区（点）设立旅游产品销售专柜，在满足游客需求的同时，又刺激了旅游消费。

【旅游收入】 2020年，县文化旅游部门以打造区域性全域旅游高地为目标，统一思想，凝聚合力，狠抓落实，“产业围绕旅游转、产品围绕旅游强、结构围绕旅游调、功能围绕旅游配、民生围绕旅游兴”的全域旅游发展格局初步形成，旅游经济再创新高，累计接待游客156.34万人次，同比增长28.3%；实现旅游总收入7.68亿元，同比增长14.6%，旅游经济再创新高。

旅游景点

【概况】 拜城县历史文化悠久，是丝绸古道的重镇、龟兹文化的发祥地，文化积淀深厚，人文景观独特，自然景观宜人，旅游资源独具特色，集险、雄、幽、静、美于一体，汇古、朴、奇、特、妙的人文景观为一处。在拜城县境内漫游，天山中段瑰丽风光尽收眼底：冰川瀑布，花草弥谷，禽兽驰飞的山林，芳香四溢的草甸花溪，无不充满幽静清新之美。120多处文化古迹及旅游风景名胜使得拜城成为新疆旅游的重要组成部分、理想的旅游目的地。

【克孜尔石窟】 国家AAAA级景区，位于拜城县克孜尔乡境内，西距拜城县城65千米，东南距库车县城70千米，与敦煌、龙门、云冈并称为中国四大石窟，现存开凿3~9世纪的洞窟349个，壁画近10000平方米。洞窟形制有中心柱窟、大像窟、方形窟、僧房窟、龛窟、异形窟和多种洞窟组合形式。窟内有多种文字题记和文书（有婆罗迷文、汉文、突厥文、回鹘文、察合台文等古文字），以及来自丝路沿线不同地区文献、钱币、织物、玻璃制品、金属制品、颜料、佛经、木雕、唐时陶祖等多种文物。克孜尔石窟是西域地区现存最早、规模最大、持续时间最长、洞窟类型最齐备、影响最广泛的佛教石窟寺遗存，堪称龟兹石窟的代表，是丝绸之路上最重要的佛教遗迹之一。2014年6月，被联合国教科文组织列入世界文化遗产名录。

【千泪泉】 千泪泉地处克孜尔千佛洞景区渭干河上游北岸的明屋塔格山坳中，呈椭圆状，三面均为高约50米的山岩峭壁，泉水从水平层面间渗出，岩峭壁像泪珠一样点点滴滴，身临其境，头上只见蓝天一片，使人感到如置身井底，光线暗淡，空气湿润清凉。细看泉水像泪珠一样不断从长满苔藓的悬崖峭壁上滴落下来，叮咚有声，非常悦耳。关于千佛洞的开凿和千泪泉的形成，长期以来在人民群众中流传着一个美丽动人的神话故事。诗人阿尔米亚·艾里据此著有长诗《帕尔哈提与西林》。

【拜城温泉】 国家AAA级景区，位于铁热克镇原拜城电厂厂区，距县城45千米。拜城温泉素有“南疆第一泉”之美誉，属硫磺泉，又称“黄金”温泉，温泉出水温度66.6℃。主要由SPA水疗区、室外文化区、室内温泉区、石板桑拿区组成，整个温泉融汇世界温泉沐浴风情于一体，苏州园林景观设计，曲径通幽、绿树成荫，建设有自然文化汤、五福汤、美容养颜汤展现地方特色与民俗沐浴文化；同时，建有特色SPA温泉、红酒浴、牛奶浴、情侣浴、儿童戏水泉、桑拿浴、光波浴、中药浴等各种特色温泉配套。整个温泉融入苏州园林景观设计理念，曲径通幽、绿树成荫，自然文化汤池、五福汤池、美容养颜汤池将地方特色与民俗沐浴文化巧妙结合；特色SPA温泉、儿童戏水泉、中药浴等特色温泉穿插景中，构成一个全新的温泉旅游度假新天地。景区游客接待中心、停车场、宾馆餐厅、旅游厕所、室内外泡池等设施一应俱全，是以温泉康养度假为主，集商务会议、住宿、餐饮、游览、观光度假、休闲娱乐、康体疗养于一体的旅游度假区。

【铁热克森林公园】 又名蝴蝶谷，位于铁热克镇境内，距县城47千米，交通十分便利。谷内溪流淙淙，曲径通幽，景色秀美，生长着茂密的胡杨、沙棘、山柳、野蔷薇等乔木、灌木，林下伴生有马兰等十余种野花，保持着原始自然风貌，空气清新湿润，俨然一个天然的大氧吧。春夏踏青、散游，漫步其中，令人心旷神怡，流连忘返。每年5—6月是蝴蝶谷最美的季节。其时，山花烂漫，无数五彩缤纷的蝴蝶在林间和花丛中翩翩起舞，持续不绝，蝴蝶谷因此得名。

【克孜尔红石林】 位于拜城县东部克孜尔乡境内。整体地形北高南低，由剥蚀、风蚀和流水作用形成的纵横交错沟谷及沟谷梁脊、台地、孤丘等组成。谷地呈陡坎状、斜坡状。地层岩性为泥岩、砂岩、砂砾岩；颜色以褐红色、黄绿色、灰绿色、姜黄色为主。这里地处少雨多风的干旱区，岩石裸露，经暴雨的冲刷及大风吹蚀，使风化程度不同的岩层形成各种形态，构成人、龟、骆驼、鲤鱼等造型。大风吹时，谷内就会发出各种奇怪声，曾被人描绘为鬼怪呼啸，而使这一景观注入神秘恐怖的色彩，置身其中，仿佛进入童话世界的城堡、迷宫，不禁惊叹于大自然的鬼斧神工。

【察尔其雅丹地貌】 位于拜城县西南55千米处，紧邻307省道，是察尔其盆地戈壁滩中遍布的雅丹地貌的典型代表，远远望去雄壮、神奇、多姿、怪异。高高的“布达拉宫”、峻拔的“古城堡”纵横交错，使人浮想联翩。

【阿克布拉克草原】 阿克布拉克草原原生态旅游区位于黑英山乡政府驻地以北，是黑英山乡牧场的夏牧点，也是县内较大的草场之一。阿克布拉克草原位于历史上连接伊犁谷地和阿克苏地区的著名古道——乌孙古道上，原始、奇特、壮美的天山自然景色与历史文化旅游资源交相辉映。从乡政府驻地向北沿博孜克日格峡谷蜿蜒行进，经克依勒克莫马塔什、塔勒克曲昆等地，翻越海拔3820米的阿克布拉克达坂，即到达被游客称为“天堂湖”的阿克库勒。阿克库勒冬维吾尔语意为“清水湖”，因湖水清澈而得名。湖面呈靴子状，海拔3100米，面积近4平方千米。绕过阿克库勒（清水湖），下堤坎达坂，即到达阿克布拉克草原。沿线深邃的沟壑与山脉相间排列，像大海中的波谷，为天山山地典型的层状地貌。置身其中，环望四周，海拔4800多米的高山上终年积雪；海拔2000~3000米，为典型的森林草原风光，上部云杉叠翠，下部高山草原绿草如茵；台地上无数纵向的沟壑将平静的草原分割成条带，成群的牛、羊和马洒落其间，还有零星点缀的毡房，蓝天、雪山、森林、草原、沟谷、湖水，云雾、牧歌构成一幅幅美轮美奂的动人画卷。

【乌孙古道】 乌孙古道是连接伊犁谷地和南疆阿克苏地区的一条古道，北起伊犁哈萨克自治州特克斯县的穹库什台村，翻越天山，南至拜城县的黑英山牧场村，全长130千米。乌孙古道北接准噶尔盆地，南控塔里木绿洲，是乌孙古国通达龟兹古国的必由之路，是连接天山南北的喉咙，历史上许多游牧民族都曾争夺过这块战略要地。该古道的南端口位于拜城县黑英山的德博孜可日格河谷，沿崎岖石径进入阿克布拉克草原，可直接进入伊犁州的特克斯县，极有战略价值，也是一条著名的军事通道。历史上汉武帝为了与乌孙结好而对抗匈奴、隋唐时期西突厥控制天山、唐代西征突厥、后来崛起的突骑施与唐交好等都是通过乌孙古道来实现的。清代伊犁将军刘锦棠收复南疆也是通过这里抵达拜城。三区革命军也是通过此古道南下占领拜城、血战阿克苏。沿途还有著名的龟兹左将军刘平国驻治关遗址和风光秀丽的阿克布拉克草原，是研究西域历史文化的“活字典”，也是集探险、考古、狩猎、攀岩等为一体的特种旅游黄金线路。

【木扎特古道】 又称夏特古道，南部端口位于拜城县老虎台乡境内，北部端口位于伊犁地区昭苏县的夏塔牧场，是乌孙连接龟兹的另一条著名通道，是丝绸之路穿越天山崇山峻岭、最为险要的一条著名隧道。全长120千米，翻越天山主脊上海拔3600米的哈塔木孜达坂，沟通天山南北。历史上，由于南北疆之间交通的不便，木扎特古道曾在文化、军事、商务和民间交往等方面发挥过独特的作用。据历史学家考证，早在2000多年前的西汉时期，夏塔古道已经有乌孙使者前往长安的马队走过，细君公主和解忧公主远嫁乌孙昆莫（王）的车仗也曾途经此地。木扎特达阪是唐代著名的弓道必经山口，从南疆的西安都护府到伊犁的弓月城，此处是一条捷径路线。玄奘于唐贞观三年（629年）去印度取经时也曾翻越天山，他在《大唐西域记》中对这一带的惊险环境多有叙述，称这一带“多暴龙”，“暴龙”旧指雪崩和冰崩等，经过时不得大声呼唤，稍有声波振动就会导致雪崩。玄奘在离开托木尔峰南坡的跋禄迦国后（今阿克苏一带），几经艰险，沿南木扎特河越过冰达坂，才到达北坡。随从人马，冻死者甚众，所以夏塔古道也被后人称为“唐僧古道”。至清代，伊犁成为新疆的军事政治中心，夏特古道重新被启用，为固边守防起到过积极作用。清代曾在木扎特冰川上设有70户门凿冰梯的人家，因而得名“沙图”。夏塔是蒙古语“沙图”的转音，意为“阶梯”“台阶”“梯道”。古道内存有大量的历史遗迹，有着绝美的自然景观，见证过许多西域风云故事。夏特古道已成为国内外学者游人考古探险的首选，被列为中国十大精品探险线路之一。

【喀普斯浪河景观带】 国家AAA级景区。喀普斯浪河景观带位于西大桥以北喀普斯浪河东岸，总长度3千米，面积约57公顷，其中水体面积约10.3公顷，道路广场面积约14公顷，绿地约3公顷，景观建筑（工业展览馆、水上小剧院、龟兹商业街）占地面积约2.7公顷，与文化广场结合的地下商业建筑约0.8公顷。喀普斯浪河景观带分4个功能区，即滨水游憩区、商业娱乐区、田园风光区和休闲度假区。景观带内人工湖、植被、绿地、小径环绕，错落有致。挺拔的白杨树、翠绿的松柏、婀娜多姿的垂柳、处处盛开着娇艳的花，散发出沁人心脾的幽香。水是生命之源。人工湖的建造，使得景观带显得格外灵动而富有情趣。大湖套小湖，重重叠叠，流水像珠帘，又像瀑布，宛若水帘洞。映月湖、神仙湾、断桥、鹊桥、状元桥、思源路、思慧路、思明路充满着文化韵味，令人流连忘返。置身桥上眺望，大湖小湖连环相扣，湖面上偶有微波泛起，垂柳摆动，花儿争艳。傍晚的喀普斯浪景观带则别有韵味，在夕阳的映衬下，湖光山色，亭台楼阁，假山石壁，树影婆娑，曲径通幽，犹如一幅天然的画作。夜幕降临，华灯初上，微风吹过湖面泛起阵阵涟漪，在五光十色的灯光的辉映下，更是曼妙无瑕。

【中央公园】 中央公园坐落于拜城县城北新区、双拥路中部区域，占地面积18万平方米，分东、西两区。东区总面积11.7万平方米，其中绿化面积8.8万平方米；西区总面积7万平方米，其中绿化面积5.2万平方米。中央公园的建设，改善了城北新区生态环境，为各族群众提供了一个理想的游览、观赏、休憩场所，已成为县城绿地系统的重要组成部分。

【康其湿地】 山水风光在拜城，吃喝玩乐选康其。康其湿地位于康其乡阿热勒村，占地面积333.33公顷。湿地景区有十里画廊、康其人家农家乐、康其客栈、儿童乐园、小吃一条街、拓展训练营、7D电影院、康其码头、康其人家旅游特产超市、水产养殖渔家乐、浪漫钢琴、低空飞行、热气球、星空蒙古包等100多处打卡点等，冬季提供冰雪+娱乐+户外+探险+越野拉力等系列冰雪季文化旅游产品，是一处新兴的集旅游、休闲、娱乐、观光为一体的游玩胜地，也是拜城县乡村旅游的一个缩影。2020年，被评为国家AAAA级景区。

【亚曼苏生态乐园】 国家AAA级景区，亚曼苏生态乐园位于“素有鱼米之乡”美誉的米吉克乡亚曼苏村，距县城12千米。围绕乡村振兴，结合美丽乡村建设，贯彻落实“绿水青山就是金山银山”的生态文明理念，依托森林、草原、湿地等丰富原生态资源，以“三区七园十景”为总体布局，规划水上迷宫、高台滑水、野芦晓鱼、民族舞台、九曲漂流等十大景点，打造一个以“梦幻水镜、民族风情、美丽乡村”为主题，集观光、自然保护、生态休闲、科普教育等多方面功能于一体的生态湿地公园。景区交通导示、游客服务中心、超市、停车场、民宿、厕所、观光塔、游步道等基础设施完善，还开发有水磨坊游览、漂流、彩虹滑道等游乐项目，以及烤鱼、凉粉、烤肉等特色乡村美食。

【温泉滑雪场】 位于拜城县北部铁热克镇，距县城40千米。温泉滑雪场于2019年12月正式开业，温泉滑雪场占地面积5万余平方米，娱乐设施有滑雪圈、滑雪板、雪地转转、雪地摩托车、雪地自行车、雪地坦克、雪地碰碰车等，服务热情周到，设施安全先进。在温泉滑雪场可以组织团建活动，也可亲子互动进行趣味嬉雪活动。滑雪场游客接待中心，更衣室、医务室、停车场、厕所等设施设备齐全，为游客提供品种繁多的专业滑雪运动装备，可提供餐饮服务，也是拜城县全民冬季旅游健身基地。

农家乐

【概况】 截至2020年年末，拜城县辖区有各种类型农家乐40余家，有效解决农村富余劳动力转移就业，促进农村经济发展，农牧民增收致富有效脱贫。

【康其乡民宿农家乐】 康其客栈位于康其乡库尔玛村一组，是利用原拜城县气象局院落改造而建，占地面积1.53公顷。设有主题客房8套（三室一厅，每套客房都有独特的主题），太空舱宾馆1间（14个床位）。标准间2间，单人间3间，最大接待住宿人数达100人；配有主餐厅1间，蒙古包4间，露天广场3座，散台40张，可同时接待300多人用餐；建有11座采摘大棚，采摘农田0.33公顷，可供游客体验农家项目。该农家乐紧邻省道307线，距县城中心仅2千米，交通便捷，环境优美，特色突出，接待服务设施完备。2019年，被评定为自治区四星级农家乐。

【牧马人家休闲阁】 位于拜城县米吉克乡墩买里村二组，距离拜城县城仅1.5千米，隔喀普斯浪河与城区相望，占地面积5000平方米，于2018年4月25日正式开始营业。牧马人家交通便利，步行、骑自行车、乘坐公交车或搭乘出租车均可到达。牧马人家毗邻湿地，风景优美、充满野趣、集垂钓、餐饮、烧烤、骑马、采摘、娱乐于一体，是休闲娱乐的好场所。有供客人娱乐的垂钓池、采摘园、烧烤位、棋牌室等，可提供采摘、特色餐饮、垂钓、自助烧烤、骑马等活动。2018年，被评定为自治区四星级农家乐。

【红石榴农家乐】 位于拜城县米吉克乡团结村，占地面积0.4公顷，距离拜城县城4.5千米，交通便利。2017年5月正式开始营业。建有餐厅、多功能娱乐厅、凉亭、厕所、葡萄长廊、喷泉等经营接待设施，采摘园种植有杏、苹果、桃、李子、核桃等果树及黄瓜、西红柿、马铃薯、甜玉米等果蔬。该农家乐交通便利，环境优美，餐饮风味独特，接待服务设施完备。2018年，被评定为自治区三星级农家乐。

【胡玛热木度假村】 位于拜城县大桥乡库西提米村一组，占地面积1公顷，累计投入300多万元，2015年6月开业，是一家集餐饮、休闲、娱乐为一体的多功能乡村旅游点。度假村紧邻省道307黄金旅游干线，距大桥乡政府1千米，北距大北油田作业区5千米，东距县城30千米，交通便捷。胡玛热木度假村规划为采摘区、休闲娱乐区、种植区、养殖区，有超市、综合宴会厅、麦西来普餐厅、生态雅间、民宿、游泳池、旅游厕所，形成“可览、可玩、可游”的环境景观。采摘区有苹果、香梨、桃子、樱桃、葡萄、核桃、无花果、巴旦木、红枣、桑葚等20多个果树品种，还种植了10多种蔬菜和20多种花草。餐饮区共有1500平方米室内就餐大厅和包间，室外有4个特色凉亭，可容纳200人同时就餐，多功能厅可举办120余人的会议。主食和菜品共有30多种，其中拜城油鸡、特色辣子鸡、架子肉、烤鱼、红烧牛尾等特色菜品让人回味无穷，流连忘返。养殖区有牛、羊、鸽子、鸡、兔子等禽畜，供游客观赏和体验饲养、挤奶等项目。休闲娱乐区有棋牌、台球桌、小型游泳池，供游客健身、娱乐。2019年，被评定为自治区四星级农家乐。

【尼格尔休闲庄园】 位于拜城县康其乡库尔玛村，占地面积70000余平方米，累计投入1200多万元，于2015年10月开业，是一家集餐饮、休闲、娱乐为一体的多功能休闲庄园。庄园紧邻省道307线，距县城中心仅2千米，交通便捷。尼格尔休闲庄园规划有餐饮区、采摘区、休闲娱乐区、种植区、生产区，形成“可览、可玩、可游”的环境景观和集“自然—生产—休闲—康乐”于一体的景观综合体：采摘区有苹果、香梨、桃子、樱桃、葡萄、木瓜、核桃、无花果、巴达木、红枣等20多个果树品种，还种植10多种蔬菜和20多种花草，徜徉在风景如画的花草树木中，采摘和品尝新鲜美味的水果和蔬菜。餐饮区有3500平方米室内就餐大厅和包间，室外有8个多功能特色凉亭，可容纳500人同时就餐，是大型聚会、家庭小聚、朋友长聚的理想场所。主食和菜品有180多种，其中最吸引人的是烤全羊、尼格尔特色披萨、尼格尔特色拉面、尼格尔特色大碗牛肉、尼格尔特色霍尔顿等特色菜品，让人回味无穷，流连忘返。庄园内还养殖有孔雀、鹦鹉、鸽子、鸡、鹅、兔子、羊等禽畜，供游客观赏。2019年，被评定为自治区四星级农家乐。

旅游宾馆饭店

【概况】 拜城县始终把宾馆酒店的建设作为旅游业发展的一项重点工作来抓，宾馆酒店规模、接待能力、服务质量和水平连年提升。截至2020年年底，全县规模以上宾馆达23家，客房数超过1800间，床位超过3000张，其中三星级饭店2家。

【拜城县缘来欣源酒店】 三星级饭店，位于拜城县交通路1号。酒店占地面积2600平方米，建筑面积8000平方米，拥有各式客房99间，床位188张。餐厅占地面积700平方米，可同时接纳200人就餐。酒店内设有小型游泳池、健身房、足浴房、KTV等康体娱乐场所，是一家集住宿、餐饮、娱乐、商务等项目于一体的现代化商务酒店。

【拜城县万佳温泉宾馆】 位于拜城县温泉路4号，三星级饭店。温泉宾馆紧邻日新综合市场和拜城县行政商务区，地理位置优越。宾馆占地面积2000平方米，建筑面积7000平方米，建有A、B两座主楼，拥有套房、标间、单间等各类客房122间，床位198张，交通便利，设施齐备。

【拜城县迎宾馆】 位于双拥路9号，是一家集餐饮、住宿、康乐为一体的豪华商务园林式政府接待宾馆。宾馆占地面积500000平方米，建筑面积18300平方米。宾馆院落芳草萋萋，绿树成荫，小桥流水，亭台楼阁，湖光掠影，曲径通幽，环境舒适典雅。宾馆共有99套客房，125张床位，闭路电视、国内国际长途、互联网宽带接入、客房送餐、洗衣、叫醒服务、打字复印、免费保险箱等设施和服务一应俱全，安全周到。宾馆还配套有夜总会、室内游泳池、健身房、美容美发厅等康乐设施。两个主题餐厅可提供中式、西式美酒佳肴。莱茵西餐厅以自助餐和西式零点为主，丝路花雨500平方米无柱多媒体宴会厅，可同时接待500人会议或300人宴会，宾馆设有5间独立的多功能会议室，可接纳18~200人，满足不同主题宴会和会议需求。

旅行社

【概况】 新疆拜城县丝路温泉旅行社有限公司是经自治区文旅局批准设立的一家国有旅行社，隶属于拜城县国投公司旗下全资子公司，成立于2018年11月，注册资本30万元，地址位于拜城县团结路17号。经营范围有入境旅游、国内旅游、旅游咨询、代售飞机票、火车票、公务接待、接送机服务等。该旅行社是一个重视品牌、重视质量、富有朝气和活力的国有旅行社。旅行社在疆内外打造了多条经典旅游线路，如：拜城—伊犁深度7日游；拜城温泉1日游，森林公园1日游；克孜尔千佛洞、康其湿地公园、天山神秘大峡谷、刀郎部落1日游；喀什火车双卧4日游、那拉提/赛里木湖双飞5日游等多条国内旅游线路。丝路旅游、醉美拜城、拜城县丝路温泉旅行社现与国内多家旅行社进行合作，服务范围已覆盖全国，形成以吃、住、行、游、购、娱为一体的服务格局。

文化馆

【概况】 拜城县文化馆（以下简称“县文化馆”）属全额拨款事业单位，编制12个，在编人数10人，其中领导职数3人。拜城县文化馆（美术馆）位于拜城镇建设路12号，总面积10800平方米，使用面积达7000平方米以上。2020年，拜城县文化馆开设书法美术、文学艺术、舞蹈戏曲、非物质文化遗产项目、少儿艺术、中老年艺术、社区文化等培训，广泛组织视听演出、文艺娱乐、演出报告、讲座辅导、展览展出、基层文艺辅导等系列活动。

【免费开放】 2020年，县文化馆免费开放达到300天以上。举办“支持武汉抗疫农民画展”“党风廉政建设书画展”“庆五一迎五四书画展”“民族团结教育月书画展”“庆七一迎端午书画展”等活动，展出作品700余幅，积极参与文化旅游融合发展，参加米吉克乡亚曼苏生态园和康其乡湿地文化旅游系列活动，展出作品300余幅。

【农民画巡展】 2020年，县文化馆根据群众需求，始终坚持把奉献优秀作品、传播优秀文化作为文化惠民的首要目的和职责“坚持哪里有需要就到哪里去、坚持哪里效果好就到哪里去、坚持哪里群众多就到哪里去”的原则，组织开展“文化六进”等系列活动60场次。

图书馆

【概况】 拜城县图书馆（以下简称“县图书馆”）属全额拨款事业单位，编制6个，在编人数5人，领导职数1人。图书馆突出两大“亮点”：设计亮点使得整个功能布局显得宽敞、舒适、人文、休闲、时尚；服务功能亮点，新馆设有16个功能厅室，设计藏书60万册，藏书具有综合性，同时兼顾地方特色，实现智能化管理，全自动自助借还的领先技术完全能够满足读者的需要。2020年，文化馆获国家级亲子阅读体验基地荣誉称号。

【免费开放】 2020年，县图书馆免费开放260天以上。组织开展全民阅读、讲座、培训、展览和“图书六进”活动共66场次，其中，馆办活动20场次，先后在村开展活动共46场次，参与群众达到15000余人，培训6场次，讲座6场次，展览8场次，完成全年任务的100%。累计借阅量8163册，接待读者数11263人次。为满足各类人群的精神文化需求，确保做到每天10个小时的开放时间（包括节假日），同时做好免费开放服务工作，确保自助借还设备正常运行，还有单独设立沙发桌椅的老年阅读区和盲人阅览室，并对外免费提供如厕、饮水、充电等基础服务项目。

【世界读书日系列活动】 2020年，县图书馆在“4·23”世界读书日和“4·26”知识产权日倡导广大读者多读书、读好书，营造良好的读书氛围。4月22日，拜城县举办“经典悦”读——书香拜城第25个世界图书日系列文化活动。“阅读链接美好生活”，图书馆悬挂名人名言、读书励志宣传标语，全民阅读横幅等形式营造浓厚读书氛围。开展“阅读陪伴人生——好书推荐”活动。在活动前馆内设立大众喜爱的图书专柜，广泛征集读者意见听取大家最想阅读并制作宣传展板供读者参考，提升读者阅读兴趣。“我见证，中国力量！”阅读体会分享活动引起众多读者积极参与，“我和我的祖国”诗歌朗诵比赛无不让在场的干部职工感动，也更加激发干部职工五个认同意识。为更好地服务基层，推动全民阅读，建设书香拜城，让农村群众多读书、读好书，县图书馆结合脱贫攻坚深入扶贫村开展“送科技图书下乡助力脱贫攻坚”活动，图书馆精心挑选种植、养殖、蔬菜大棚、童话故事等农业科技相关的图书及少年儿童喜爱的书籍送到基层一线，并组织现场的群众观看科技片。

【全民阅读日活动】 2020年，县图书馆开展“经典悦”读——书香拜城第25个世界图书日系列文化活动，“阅读链接美好生活”“我见证，中国力量！”阅读体会分享活动，“阅读陪伴人生——好书推荐”活动，“我和我的祖国”诗歌朗诵比赛，“送科技图书下乡助力脱贫攻坚”活动。

【宣教活动】 2020年，县图书馆开展“同过中国年”手工剪纸及春联创作、“弘扬中华传统文化学习文明礼仪”“弘扬宪法精神·维护宪法安全”“精神食粮送到村·弘扬清明好传统”“五四精神传薪火·民族团结一家亲”“书香文化粽香村里”“迎七一·诵经典·感党恩”“关爱健康 用好党的惠民政策”“消防人人有责，安全铭记于心”等宣传教育活动。为加强农村孩子的社会主义核心价值观的教育专门印制发放《大力弘扬中华民族优秀传统文化·争做新时代的传承者》百姓读本5000本，并通过开展“我的书屋·我的梦”农家书屋实践活动，提升各族群众对中华文化的认同感。

博物馆

【概况】 拜城县博物馆为全额拨款事业单位，根据2009年12月8日拜城县人民政府下发（拜政复〔2009〕18号文件）正式成立拜城县博物馆。编制2人。直属于拜城县文化体育广播电视和旅游局管理。负责全县境内的不可移动文物点的普查、保护管理以及馆藏文物的陈列展览、宣传、保护、研究等工作。

【场馆建设】 拜城县博物馆又称为克孜尔史前文物展，于2007年建成，位于地下一层，建筑面积284平方米，记录在册的不可移动文物190处，其中全国重点文物保护单位1处、省级文物保护单位14处、县级文物保护单位175处。在第一次全国可移动文物普查中登录的各级馆藏文物共194件，其中二级文物1件、三级文物8件、一般文物185件。

【主题展览】 2020年，拜城县博物馆展陈在全面介绍拜城历史文化的同时，重点突出新疆自古以来就是中国领土不可分割的一部分；新疆从两汉以后逐渐形成中原文化为主导的，多民族共同繁荣的局面。展陈主要划分为序部、古代部两部分。以文物、图片静态展示，配合视频、三维互动等现代技术手段，立体展示，提升观众体验感，增强宣传效果。

【业务研究】 2020年，拜城县博物馆紧紧围绕习近平总书记关于“让文物活起来”的重要指示精神，组织开展内容丰富、形式多样的主题宣传活动。为广大观众发放《文物保护法》《博物馆管理办法》《拜城县博物馆简介》等宣传资料5000余份。

【展览展出】 2020年，拜城县博物馆坚持哪里群众多宣传就跟到哪里的原则，组织开展以“新疆四史”为主题的流动博物馆“七进”活动60场次。

体育活动中心

【概况】 拜城县体育活动中心又名业余体校，成立于2000年5月，属一套人马、两块牌子，为副科级建制，全额拨款，独立核算的事业性单位，实有事业编制6名（领导职数2名，教练员4名），单位有8人，其中：副主任1人，助理十一级、十二级教练员各1人，十三级教练员2人，工勤人员3人。有老年体育协会1个（3人）。各行业有社会体育指导员100人，各项目等级裁判员34人。

【竞技体育】 2020年，竞技体育以校园体育为依托，全县共有学校106所（其中高级中学2所，初级中学9所，九年一贯制学校7所，小学86所，职业高中1所），体育教师181名（专职136名、兼职45名）。结合阿克苏地区青少年体育竞赛的要求，设定3个青少年体育比赛项目（足球、篮球、排球），5支训练队（小学生足球队、中学生足球队、中学生男子排球队、中学生女子排球队、中学生男子篮球队），8个基础好的依托训练点（康其乡小学男子足球依托训练点、康其乡中学男子足球依托训练点、亚吐尔乡中学女子排球依托训练点、托克逊乡中学男子排球依托训练点、赛里木镇中学男子排球依托训练点、县第二中学男子篮球依托训练点、县第三中学男子篮球依托训练点、县第四中学男子篮球依托训练点），拜城县业余体校各依托训练点在训队员共210余人。

【群众体育】 2020年，在县、乡、村三级广泛开展以“新时代全民健身动起来”为主题的“民族团结一家亲”“全民健身日”系列体育活动。组织开展拜城县“努肉孜农牧民运动会”，选派15个乡、镇、管委会代表队，500名运动员参加赛马、叼羊、斗鸡、斗狗、斗羊、排球、乒乓球等7个项目的比赛，观众2000余人次。组织开展“五一”第二届“乡村文化旅游节”系列体育比赛，有乒乓球、背媳妇、排球3个项目，有运动员300余人，观众3000余人次。

【公共体育设施】 2020年，拜城县城区16个社区建立配套设施设备完善的社区文体活动中心，各个学校、公园和较大的绿地广场以及居民小区，均建有健身步道、全民健身路径和乒乓球场。有一个功能齐全、配套设施设备完善的体育主题公园和综合性体育馆。全县15个乡、镇、管委会均建立配套设施设备完善的乡镇文体活动中心，并分别配备专兼职的服务人员，157个行政村分别建立群众基础性最强体育项目的篮球场、排球场和乒乓球场。

【体育馆免费开放】 2020年，拜城县体育活动中心为满足各族群众的健身需求，充分发挥体育馆在促进全民体育健身方面的作用，结合各族群众的健身需求和体育馆自身条件，免费开设篮球、羽毛球、乒乓球、力量器械4个体育项目，各项目根据群众的需要每天分时段开放，较好地满足城区广大健身爱好者。是年，体育馆通过对外免费开放，接待篮球爱好者10000余人次、羽毛球爱好者7000余人次、乒乓球爱好者3000余人次，较好地发挥体育馆的功能，社会效益显著。

歌舞团

【概况】 拜城县克孜尔歌舞团是拜城县文化体育广播电视和旅游局下属承担文艺事业的部门，该部门成立于1979年12月，为副科级单位，差额拨款，独立核算的事业性单位，使用事业编制59名（领导职数3名）。2020年，单位实有49人，其中领导1人，十级专业技术岗位6人、十二级专业技术岗位3人，十三级专业技术岗位35人、工勤人员5人，以表演新疆传统音乐、舞蹈、小品等为主。

【文艺创作演出】 2020年，拜城县克孜尔歌舞团始终坚持文艺为人民群众服务和为社会主义服务的方向，努力把团队打造成为先进文化的优秀代表。在编创群众文艺节目过程中，严格把控文艺节目创作质量关，以“我们的中国梦·文化进万家”为主题共编排26个舞蹈、小品、歌曲等节目。

【艺术人才培训】 2020年，拜城县克孜尔歌舞团积极发挥“传、帮、带”作用，“传”出知识、“帮”出成长、“带”出团队，对辖区内民间艺人开展乐器、舞蹈、声乐等系列培训班8场次。克孜尔歌舞团演员参加浙江音乐学院举办的2020年阿克苏地区“新秀浙疆”文化人才培训。

【文艺演出】 2020年，拜城县克孜尔歌舞根据群众需求，始终坚持把奉献优秀作品、传播优秀文化作为歌舞团演出的首要目的和职责。以“坚持哪里有需要就到哪里去、坚持哪里效果好就到哪里去、坚持哪里群众多就到哪里去”为宗旨，共开展送戏下基层活动105场次，观看人数达到2.6万人。

电影放映

【公益放映】 2020年，县文化部门组建12支农村放映队。11名农村放映员放映电影1760场（故事片1368场、科教片392场）。覆盖全县15个乡镇（管委会）、157个行政村。其中在15个深度贫困村放映280场，观众达15090人，覆盖率100%。在丰富农村群众文化生活的同时，大力推广农业科技知识，充分发挥农村公益电影助力脱贫攻坚工作的作用。

【我的中国梦——电影进万家】 2020年，县文化部门遵照上级“我的中国梦——电影进万家”活动要求，从2020年1月中旬开始放映，截至2月26日，电影放映中心在各行政村开展“我的中国梦——电影进万家”放映活动，结合“访惠聚”驻村工作，民族团结一家亲工作，为驻村工作队和下沉住户干部集中播放《我和我的家乡》《寻找雪山》《流浪地球》等影片，共放映195场次，观影人数12095人次。

（李　永）

克孜尔石窟研究所

【遗产保护】 2020年，新疆维吾尔自治区克孜尔石窟研究所（原新疆维吾尔自治区龟兹研究院）紧紧围绕新疆社会稳定和长治久安的总目标，积极贯彻第三次中央新疆工作座谈会精神，深入推进文化润疆战略的实行，坚持稳中求进的方针，使龟兹文化遗产保护在新冠疫情防控的形势下得到稳步有序的开展。组织完成“森木塞姆千佛、洞玛扎伯哈石窟第1、8号窟壁画”及“克孜尔千佛洞、温巴什石窟第11号窟壁画”的修缮项目。组织报审15篇2021年全国重点文物单位文物保护项目计划书。组织完成2020年《中国世界文化遗产地监测报告》工作。组织将《克孜尔石窟营造技法及古代修复——以171、172窟为例》论文项目上报国家社科基金。组织对克孜尔石窟谷西区77窟和81窟壁画进行了边缘加固、空鼓填充、壁画除尘和淤泥清理等抢救性的保护工作。组织开展南疆片区石窟寺专项调查，数据采集。

【项目实施】 2020年，克孜尔石窟研究所积极推进各类项目，为龟兹文化遗产的保护工作打下坚实的基础。组织实施“克孜尔石窟展示利用设施建设项目”“克孜尔石窟保护利用设施建设项目”“克孜尔千佛洞煤改电项目”“库木吐喇千佛洞防洪三期项目”“库木吐喇千佛洞安防升级改造项目”5个工程项目的施工工作。组织完成“克孜尔千佛洞文物保护利用设施建设项目”“克孜尔千佛洞基础设施市政工程”“库木吐喇千佛洞文物保护利用设施建设项目”“库木吐喇千佛洞基础设施市政工程”“克孜尔尕哈石窟文物保护利用设施建设项目”“克孜尔尕哈石窟基础设施市政工程”“克孜尔千佛洞第二期危岩体加固工程”“克孜尔千佛洞温巴什石窟第11窟加固项目”“克孜尔千佛洞温巴什石窟第11号窟壁画修缮项目”“乌什吐尔古城·夏合吐尔古城防洪建设设施项目”“乌什吐尔古城·夏合吐尔古城及博其罕那佛寺遗址保护设施工程”“博其罕那佛寺遗址保护设施工程”“森木塞姆千佛洞·玛扎伯哈石窟第1、8号窟壁画修缮项目”“库木吐喇千佛洞岩体加固工程（1～19号窟）”11个工程项目的初步验收工作。组织完成“克孜尔千佛洞文化遗产保护安防系统升级扩容项目”“克孜尔千佛洞岩体抢险加固工程”“克孜尔学术交流中心及游客中心消防改造提升工程”3个工程项目的竣工验收工作。组织完成国家艺术基金“流失海外克孜尔石窟壁及洞窟复影像展”的结项工作。

【学术研究】 2020年，克孜尔石窟研究所积极结合自身优势，扎实开展学术研究工作。运用龟兹壁画题材内容创作《观龟兹壁画·看古人如何祛病除瘟》《观龟兹壁画·现身说法与自然和谐共生》《龟兹壁画中的善与爱》《龟兹石窟壁画中的诚与信》《龟兹石窟壁画中的精进与勤勉》《龟兹石窟壁画中的礼孝之道》《龟兹石窟壁画中的智慧故事》《龟兹石窟壁画中的丝路商旅故事》《我们在龟兹守护丝路文化遗产——写在“2020·文化和自然遗产日”》9篇文章，并被中华网、中国考古网和澎湃新闻等媒体转载。组织完成《克孜尔石窟内容总录》（修订版）中403幅洞窟形制图的核对与修订工作。组织完成在《艺术设计研究》（核心期刊）2020年第1、2、3期上连续发表文章《美国收藏的克孜尔石窟壁画复原研究》（一、二、三）；在《中原文物》（核心期刊）2020年2期发表论文《法国收藏的克孜尔石窟壁画复原研究》。在《敦煌学辑刊》发表论文《龟兹石窟中的佛陀菩萨缘觉和声闻造像及其反映思想》。提交《龟兹石窟佛陀造像思想研究》书稿。完成《龟兹石窟艺术》初稿。编写的书籍《西域石窟艺术》进入二稿校对。组织撰写并发表《克孜尔石窟史话》《克孜尔石窟第77窟调查简报》《数字化复制技术在文化遗产保护上的应用》三部作品。组织开展《丝绸之路龟兹历史文化丛书》的编写筹备工作，完成通俗读物《龟兹石窟中的服饰》《龟兹石窟中的纹饰图案》两书初稿。组织完成《克孜尔石窟第99窟调查简报》资料收集工作的初稿。完成法语文献《伯希和探险队考古学档案》第3卷文字稿初稿。完成俄语期刊文章《考古遗址的矿物盐及处理方法》的翻译。组织进行《库木吐喇窟群区第41窟画塑复原及初步研究》和《克孜尔石窟群中僧房窟的类型、特点及分布》两部作品的后期整理工作。组织完成与北京大学和中国人民大学合作编撰的《龟兹石窟题记》的校对工作。组织完成库木吐喇石窟58窟主室正壁龛外上方半圆壁画《伎乐图》线描图绘制。积极推进2014年度国家社科基金重大项目“新疆石窟寺研究”的进展。组织完成“克孜尔186窟五髻乾达婆及其眷属”泥板临摹的基底层制作和起稿、着色工作。组织完成克孜尔尕哈14窟《分争舍利》的泥板基底层制作。绘制设色克孜尔186窟正壁《帝释天及其眷属》的复原性临摹。组织完成库木吐喇79窟《供养人》的复原性临摹工作以及库木吐喇23窟右甬道外侧壁壁画“舞者”复原性临摹工作；初步完成23窟主室正壁佛传图线描整理工作。完成克孜尔38窟《券顶菱格》第一遍上色工作。

【学术交流】　2020年，克孜尔石窟研究所继续秉持科学严谨的学风和谦虚务实的工作态度，积极组织开展各种类型的学术交流活动。举办各类学术讲座6次。组织中级以上职称的专家学者开展《仪容仪态礼仪培训》《龟兹石窟历史基础知识》《龟兹历史与文物》《龟兹研究院不可移动文物和可移动文物的介绍》《龟兹石窟艺术基础知识培训》等系列课程业务培训。承担并完成同方知网组织的“石窟造像艺术及保护系列讲座”活动，举办“龟兹石窟艺术及流失海外的龟兹石窟壁画复原研究”讲座。积极与新疆大学历史学院开展合作，完成2019—2020学年暑期学术交流暨研究生学术交流月系列活动。举办“龟兹石窟及其佛教艺术”“流失海外新疆文物调查——以克孜尔石窟壁画复原研究为中心”讲座。

【数字化项目】　2020年，克孜尔石窟研究所为加强文物保护，积极开展数字化项目工作。组织实施开展文物库房数字化项目。完成克孜尔石窟谷东区、后山区，库木吐拉喇石窟和温巴什石窟多维测绘以及克孜尔石窟三维实景测绘工作的资料交接和项目验收工作。完成克孜尔石窟8号窟的数字化扫描工作，并完成4号、7号～13号、58号、60号、163号、171号和172号窟诸窟的壁画调色工作。

【文物管理】　2020年，克孜尔石窟研究所按照文物相关管理规定，积极加强文物的保护和管理。是年，组织检查洞窟20余次，在雨后对9处石窟群大检查2次、克孜尔尕哈3次、台台尔3次、克孜尔石窟检查13次。集中洞窟区域清理杂草3次。更换各石窟点洞窟门锁13套，配备钥匙95把。清理克孜尔石窟虫害40余次。彻底解决库房文物囊匣不符问题，将所有编号文物放入囊匣并有序放入文物柜进行管理。组织完成入库壁画临摹品的档案管理，将馆藏临摹壁画作品用照片形式录入电脑，便于今后临摹壁画的出入库管理。

【宣传合作】　2020年，克孜

尔石窟研究所积极开展对外合作和宣传工作，以提高龟兹文化的影响力。组织参加上海青浦博物馆、中华印刷博物馆、上海商务数码图像技术有限公司联合主办的“丝路遗韵·五彩龟兹——龟兹石窟壁画艺术展”。组织开展国家艺术基金资助项目“海外克孜尔石窟壁画及洞窟复原影像展”新疆文物交流中心巡展。组织完成与中共库车市委宣传部联合举办的《龟兹石窟壁画艺术展》以及35幅壁画临摹作品展览。组织联合库车市文化和旅游局、拜城县文化和旅游局、新和县文化和旅游局及新华网合作，面向全球开展“云上丝路：穿越天山廊道，走近神秘龟兹”大型直播活动，活动中累计获得160多万名网友关注。组织单位20位专家前往柯坪县下基层，帮助在“三区”文化人才培训活动中开展工作，介绍龟兹文化，进行相关业务能力培训，受到了受援单位的好评，并在柯坪县零距离微信平台报道宣传。组织前往柯坪县党校进行分别题为“扎根于中华沃土的龟兹文化”“丝绸之路上的龟兹石窟”的讲座。联合“新疆石榴融媒”完成两场直播宣传推广活动。

【疫情防控】 2020年，克孜尔石窟研究所积极面对突发的新冠疫情，严格按照上级疫情防控指挥部和属地疫情防控部门的工作部署，积极传达落实学习党中央和自治区党委关于疫情防控系列会议精神。结合工作实际制定疫情防控措施指南、工作方案和应急预案并落实到工作开展的各个环节。每一位党员履行着自己的模范带头作用，带领全所各族干部职工从严从实开展系列疫情防控工作。主要领导、中层干部和党员严格落实包联责任全覆盖，及时与克孜尔石窟驻地和所辖石窟当地乡镇、驻乌办事处所在社区以及全院职工疆内居住地所在社区建立疫情联防联控机制，及时沟通报备全体干部职工信息及时掌握每一位干部职工的健康状况、心理动态和生活情况。经过严格防控未出现疑似或确诊病例。

【旅游接待】 2020年，克孜尔石窟研究所积极面对疫情，认真落实国家及自治区文旅厅有关疫情期间旅游接待的政策规定。从严从实落实各项疫情防控措施，对进入景区的游客严格登记，实行预约制，查验“两码一证”（绿色健康码、预约二维码和有效身份证件）、测温、安检后方可进入景区，工作人员和游客全程佩戴口罩，排队和参观石窟时保持1.5米以上距离，避免聚集，限定每批次参观人数，在特殊时期做好疫情防控的同时确保景区安全有序开放。积极响应自治区党委政府的号召，克孜尔石窟自2020年10月1日至2021年4月30日实行疫情防控条件下的秋冬季免费参观政策。是年，克孜尔石窟研究所共接待国内外游客35882人次。

【安保工作】 2020年，克孜尔石窟研究所不断强化安保队伍管理，不断提高安保人员的业务素质和执法水平，周周组织国家通用语言文字和国家法律法规学习。积极组织对克孜尔石窟研究所管辖的9处石窟群开展常态化安全巡查，发现安全隐患问题及时处理，及时解决。积极配合自治区、地区、县三级疫情防控等督查与检查。认真履行安保主体责任，不断完善安保值班制度，有效加强值班工作，确保景区的安全。不断强化消防工作建设，积极开展消防演练，按照拜城县安委会要求，完成“平安单位”的申报工作。在确保各石窟点消防安全的同时，积极发挥安保消防队伍和设备优势，及时有效地协助驻地乡镇的消防工作。

【环境整治】 2020年，克孜尔石窟研究所积极环境保护和绿化工作，组织在克孜尔石窟、库木吐喇石窟、森木塞姆石窟和克孜尔尕哈石窟开展春季植树活动，开辟防风林带0.67公顷，种植树木2000余棵。

（李 博）

教育·科技

综　述

【概况】　2020年，拜城县教育和科学技术局（以下简称“教科局”）有中小学及幼儿园242所，其中普通高中2所，初中9所，九年一贯制学校7所，小学84所，教学点3所，职业技术学校1所，幼儿园136所（公办幼儿园132所、民办幼儿园4所）。全县中小学幼儿园班级总数1743个，其中普通高中98个，初中259个，小学829个，幼儿园497个，职业技术学校60个（2018级17个，2019级22个，2020级21个）。全县中小学幼儿园学生总数58741人，其中普通高中4671人，女2756人；初中10447人，女5008人；小学27558人，女13348人；在园幼儿数12964人，女6303人；职业技术学校3101人，其中在校生2305人，实习生796人。目前全县教职工总数5099人，其中普通高中470人，女260人；初中1102人，女551人；小学2141人，女1320人；幼儿园1238人，女1061人；职业技术学校148人，女77人。至2020年，全县专任教师总数3871人，其中高中372人，女205人；初中883人，女472人；小学1726人，女1335人；幼儿园771人，女695人；职业技术学校119人，女67人。

（王祎璠）

思政教育

【党组织建设】　2020年，县委教育工委以加强农村中小学党组织建设为重点，着力推进基层党组织全覆盖，切实加强中小学领导班子建设，不断增强党组织的凝聚力和战斗力。坚持把敢于负责、勇于担当、善于作为、业绩突出作为校长、书记选拔的首要条件，通过公开竞聘、组织推荐等形式，对5名乡镇教育党总支书记，41名中小学校长、书记进行调整。以创建学习型党组织为抓手，坚持三会一课制度，领导干部带头每月定期讲党课，累计授课310余场次。教育系统共发展党员73名，规范党员组织管理，做好党员动态管理工作。

【管理队伍】　2020年，拜城县教育系统始终把学校领导班子建设作为重点，不断优化班子配置，全县教育系统2019年有基层党组织135个，下辖14个党总支、党支部121个（其中独立支部53个、联合支部68个），党组织覆盖面达到100%。党员数1471人。其中，在职党员1247人，占党员总数的84.77%；退休党员224人，占党员总数的15.23%。

【专题民主生活会】　2020年，县委教育工委根据《自治区纪委机关、自治区党委组织部关于认真开好脱贫攻坚专项巡视“回头看”反馈问题整改专题民主生活会的通知》《拜城县召开“思想再转变、作风再务实”专题民主生活会工作方案》的通知的精神，教科局党组分别于5月、7月先后召开专题民主生活会。

【爱国主义教育】 2020年，拜城县教育系统以习近平新时代中国特色社会主义思想为指导，以立德树人为核心主线，以提升道德素质和厚植爱国情怀为落脚点，开展“祖国在我心中”爱国主义演讲比赛、“我爱祖国、齐唱国歌”“我是中国公民”宣誓等活动，在各族师生中厚植爱国情怀。广泛开展社会公德、职业道德和家庭美德教育，引导师生自觉遵守爱国守法、明礼诚信、团结友善、勤俭自强、敬业奉献的基本道德规范。组织师生开展“共抗疫情、爱国力行”主题教育、观看全国抗击疫情表彰大会、组织师生观看纪念中国人民志愿军抗美援朝出国作战70周年大会，开展网上祭英烈、“12·9”爱国运动85周年纪念活动，教育引导师生精忠报国、振兴中华，牢固树立维护祖国统一的坚定信念，让革命精神代代传承。抓好感恩教育。上好开学第一课，致敬最美“逆行者”，利用“三八”妇女节、母亲节、父亲节、教师节等节日，开展“感恩父母”“感恩师长”等主题道德实践活动，让学生理解父母的养育之恩、师长的教海之恩。以五四青年节、七一建党节、八一建军节、国家公祭日、国庆节为契机，组织开展庆祝、纪念活动，引导广大师生缅怀先烈，了解党和祖国的发展史，不断增进爱祖国、爱家乡的情感。抓好行为规范养成教育，开展学雷锋志愿服务活动，把文明美德教育贯穿于学习生活全过程，让学生养成“讲文明、懂礼貌、有道德”的良好品格和行为习惯，真正把中华优秀传统文化内化于心、外践于行。举办“我的梦·中国梦”主题教育活动，培养学生积极有为、奋发向上的人生态度，树立天下兴亡、匹夫有责的担当意识，为实现中华民族伟大复兴梦而努力学习。加强“五个认同”教育，铸牢中华民族共同体意识。结合“民族团结一家亲”活动，开展“我们的节日”融情联谊活动，举办“你到我家吃馓子，我到你家吃月饼”、国学经典诵读、“大美新疆大爱故事”等活动，增强广大师生文化认同感，坚定文化传承的自觉性。把传统节日、节气等纳入课堂讲解内容，让学生掌握国学常识，增强文化认同。

【国防教育】 2020年，教科局贯彻《全民国防教育大纲》，加强学生的国防教育、爱国主义教育。把国防教育和传统美德教育贯穿于平时的教学中，引导学生正确处理“义利”关系；教育学生抵御拜金主义、享乐主义等不良思潮的影响；开展“弘扬和培育民族精神月”“十个一”爱国主义教育主题活动，坚持每周一升国旗、唱国歌，观看红色电影、唱红色歌曲、用红色资源、树红色典型等活动。结合国庆节等节假日开展活动，以学生为主体，教师为主导，用好军民共建单位教育资源，与共建单位紧密配合，开展国防教育主题活动。加强青少年国防教育，做好少年军校和学生军训工作，每年对初高中新入学学生进行为期10天的军训。全县部分中小学利用少年军校开展少年军训活动，为培养德、智、体、美、劳全面发展的社会主义“五有”新人奠定坚实基础。各学校在元旦、国庆、八一、国防教育日、纪念日、征兵等时期开展国防教育。通过课堂教育和社会教育资源有效结合，实践体验，开展形式多样的“我的中国梦”主题教育活动，引导各族师生牢固树立“三个离不开”思想和中华民族共同体意识，引导各族师生牢固树立共产主义远大理想和中国特色社会主义共同信念。为增强学生国家观、国防观念、提高维护国家安全稳定的意识，宣传国防和军队现代化取得的巨大成就，宣传军队和人民群众的血肉联系，丰富国防教育的形式和内容，使广大学生增强国防观念和国家安全意识，激发学生爱国热情。

【校园文化建设】 2020年，拜城县各中小学坚持以红色文化、传统革命文化等，打造“一校一特色”校园文化建设，让更多的学生学到课本上学不到的知识，增强他们的兴趣和爱好，把继承传统美德与弘扬时代新风相结合，各学校每周以社团的形式开展活动，包括传统乐器表演、舞狮社团、腰鼓社团、书法社团、快板社团、武术社团、剪纸社团、经典诵读等精品社团，宣传传统文化知识，提高中华民族文化意识，培养中华民族自豪感，增强中华民族责任感。以社会主义核心价值观为主线，把国学经典、民族精神、中华传统美德作为主要内容，将中华传统文化元素、符号融入校园文化建设中，营造浓厚氛围，进而对师生的思想品德、行为规范和生活方式产生潜移默化的影响，并使其成为课堂教育的延伸和补充。

【法治教育】 2020年，拜城县各学校结合不同年龄阶段学生的生理、心理特点和接受能力，以主题团队会、集中教育、观看相关影视作品等多种形式，教育和引导各族师生学法、懂法、守法。利用公职人员无纸化法宣平台网络学法，开展“宪法法律宣传月”活动，营造全社会学法、知法、守法、尊法、信法、用法的良好氛围，大力弘扬宪法精神，维护社会稳定和长治久安。充分发挥法制副校长的作用，邀请法制副校长、法制辅导员到校开展宣讲活动110余场，举办模拟法庭大赛，打造拜城县青少年法治教育基地，以案释法，强化教育效果。

【心理健康教育】 2020年，拜城县各学校扎实开展未成年人心理健康教育工作，提升中小学校心理健康教师的专业素养和能力水平。邀请阿克苏专业心理咨询专家对各中小学的毕业年级10000余名学生进行心理辅导；加强心理健康教师队伍的专业发展，邀请温州市教育局、温州市教师教育院、温州市援建指挥部与拜城县教科局联合举办为期3天的拜城县中小学校心理健康教师素养能力提升培训班；分别对拜城县一中、二中和四中三所学校的家长开展2个家庭教育专题讲座《良好的家庭教育影响孩子一生》《让爱充满智慧》；在拜城县少年宫建设拜城县“榕杨”未成年人心理健康指导中心；亚吐尔乡九年一贯制学校送教心理健康课《放飞梦想》。

【德育示范学校创建】 2020年，拜城县各中小学创建县级德育示范校、依法治校示范校90所，达到88.41%，地区级德育示范校、依法治校示范校42所，达到41%，自治区级德育示范校、依法治校示范校1所。

【家庭教育】 2020年，拜城县各学校建立健全学校三级家长委员会，加强五支队伍的建设，完善家庭教育云平台，对家长举办家庭教育讲座和各类亲子活动等方式，组织指导家长学习家庭教育知识，更新教育观念，掌握科学育子方法，远离愚昧陋习和宗教的影响，不断提升家长的家庭教育水平。组织好“家庭教育宣传日”活动以“关注家庭、关注家教、关注家风”为主题开展感恩教育240余场，完善家长学校的办学条件，不断提高质量，提高家长育子能力。

【文明校园创建】 2020年，拜城县各中小学、幼儿园创建县级文明校园32所、地区级文明校园20所、自治区级文明校园3所、全国文明校园1所。

【民族团结进步示范学校创建】 2020年，拜城县各学校创建县级民族团结进步示范学校222所、地区级民族团结进步示范学校7所、地区级民族团结进步模范学校1所、全国民族团结进步示范学校1所。

【创建示范家长学校】 2020

年，拜城县有自治区级示范家长学校10所、地区级示范家长学校12所、县级示范家长学校29所。

（王蓉惠）

师资队伍

【教师招聘】 2020年，教科局为满足紧缺学科专任教师需求，采取“先引进、再考录”“一高两多”（高标准招录、多角度关怀、多元化管理）方式引进合格教师。通过“以亲招亲”“以生招生”及网络招聘的方式招录人才教师605人，正常退休教师56人。

【免费师范生就业安置】 2020年，教科局按照自治区统一部署，严格审核各类资质材料，根据各学校教师缺口数统筹就业安置免费师范生50人。

【教师对口支教】 2020年，教科局按照“广覆盖、保基本、有质量”的工作要求，依托“捆绑联盟”发展体系，全力实施城乡教师轮岗交流工程，城区学校到乡镇学校轮岗支教共297人，有效保证城乡教育资源的均衡化。

【教师队伍建设】 2020年，拜城县有专任教师总数3871人，其中高中372人、初中883人、小学1726人、幼儿园771人、职业技术学校119人。教师队伍稳定，基本满足高质量教育发展需求。自2018年9月开始，拜城县对在农村艰苦边远学校工作的义务教育阶段教师实施差别化补贴待遇，按照学校所在自然村、乡镇政府所在地、县城乡镇交界4个类别，每人每月300~1600元（含已纳入工资统发的300~500元乡镇工作补贴）标准分类发放，提高偏远农村地区教师生活待遇，极大地吸引了年轻教师扎根农村基层学校，城乡教育教师资源日渐均衡。

【大学生实习支教】 2020年，教科局安排31名西北师大实习生、21名高校应届毕业生参加实习支教工作；选派29名城区中小学教师、地区第十七期城镇教师赴农村学校、薄弱学校对口支教；选派9名教师赴乌什县支教。

【南北疆教师双线挂职】 2020年，教科局按照自治区统一部署，大力实施南北疆教师双线挂职工作，充分发挥交流沟通机制作用，促进两地交流学习。是年，南北疆教师双线挂职10人。

【专业技术职务政策落实】 2020年，教科局初级职称申报247人，评审通过221人；中级职称申报98人，评审通过93人；高级职称申报34人，评审通过29人。

【教师继续教育培训】 2020年，教科局组织3845名幼儿园和中小学教师参加奥鹏2020年公益项目培训；组织3027名幼儿园和中小学教师参加浙江省援疆指挥部2020年“云端”柔性教育援疆（第四期）暨2020年阿克苏地区中小学幼儿园教师培训；组织522名教师在拜城县参加继续教育培训。

【教师资格证认定】 2020年，教科局完成春秋季215名教师资格认定工作（其中幼儿园26人、小学156人、高中33人）；完成686名幼儿园和中小学教师10月计算机考试工作。

（常晓雄）

基础教育

【概况】 2020年，拜城县有中小学幼儿园242所，其中普通高中2所，初中9所，九年一贯制学校7所，小学84所，教学点3所，职业技术学校1所，幼儿园136所（公办幼儿园132所、民办幼儿园4所）；中小学幼儿园班级总数1743个，其中普通高中98个，初中259个，小学829个，幼儿园497个，职业技术学校60个；中小学幼儿园学生总数58741人，其中普通高中学生4671人（女生2756人）；初中学生10447人（女生5008

人）；小学学生27558人（女生13348人）；在园幼儿数12964人（女生6303人）；职业技术学校3101人。中小学幼儿园教职工总数5099人，其中普通高中470人（女性260人）；初中1102人（女性551人）；小学2141人（女性1320人）；幼儿园1238人（女性1061人）；职业技术学校148人（女性77人）；中小学幼儿园专任教师总数3871人，其中高中372人（女性205人）；初中883人（女性472人）；小学1726人（女性1335人）；幼儿园771人（女性695人）；职业技术学校119人（女性67人）。

【办学行为规范】 2020年，教科局保证义务教育阶段适龄儿童少年免试入学，通过各种形式向社会公布招生入学信息，采取多种途径为家长、学生和社会提供咨询指导和服务。关注特殊、弱势、留守儿童、进城务工随迁子女就学、关爱等工作并建立健全相关档案。义务教育阶段留守儿童24人，进城务工随迁子女1325人。保障平等享受教育的权利，同等享受惠民政策。继续做好中小学学籍管理、复核工作，完成转学、休学、问题学籍处理，身份信息核实等相关工作，完善教育信息管理系统数据录入、维护工作。是年，办理异动申请2251份（其中跨省转入126人，转出101人；跨县转入97人，转出225人；本县内转学1564人，跳级26人，休学70人，复学41人，留级1人）。完成小学新生学籍注册5432人，初中招生3669人，普通高中招生1596人。在全国中小学生学籍信息管理系统上完成小学3969名，初中3351名应届毕业生的毕业办理。规范办理程序，简政放权，优化服务，取消教育行政部门对纸质转入学籍盖章程序；坚持《拜城县中小学学生到校、辍学情况统计月报表》层层上报制度，做好统计、汇总、分析和情况通报工作。

【学校体育】 2020年，县教育部门开展“第二课堂”“体育艺术2+1”活动督促学校按课程设置标准开足开齐体育课程，全县所有中学和乡镇中心小学抓好落实“体育，艺术2+1”、大课间体育活动、体质健康标准测试等工作。年内申报足球特色幼儿园2所。组织各中小学体育教师开展拜城县中小学软式体育器材应用培训班。各校在利用校园现有条件和资源下，发展社团和兴趣小组，并按照教科局体育艺术年活动方案，按时向教育部数据库上报447 33名学生体质健康监测数据，上报率100%，义务教育阶段合格率达98%以上。遴选认定校园足球特色学校11所（其中幼儿园2所，小学4所，初中3所，九年一贯制1所，高中1所）。坚持面向人人男女均衡，充分发挥校园足球育人功能，培养学生集体主义、爱国主义精神和顽强拼搏的意志品质，让学生在足球运动中学会尊重、学会合作、学会助人、学会自律。按照《总体方案》要求，在推动校园足球特色学校深入开展校内班级和年级竞赛的基础上，在拜城县开展小学、初中、高中三级联赛并不断完善联赛制度。各校校园足球三级联赛比赛场次、参赛人数呈现逐年上升趋势，形成“班班参与、校校组织、层层选拔、全县联赛”的校园足球竞赛格局。不断探索建设“校内竞赛—校际联赛—选拔性竞赛—出县交流比赛”为一体的校园足球竞赛体系。强化师资培训，解决瓶颈问题。校园足球教师、教练员短缺是制约普及推广提高的瓶颈问题。为此，不断完善校园足球师资培养培训体系，继续推进校园足球骨干师资各级培训、特色学校校长和体育教师培训，加强校园足球教练员培训，提高教练员执业水平。已有参加培训过的足球教师15人次，有2名教练具备D级教练证书。

【学校艺术教育】 2020年，县教育部门开展“第二课堂”“体育艺术2+1”活动督促学校按课程设置标准开足开齐音乐、美术等课程，认真抓好落实“体育、艺术2+1”项目推进。

【学前教育】 2020年，拜城县有幼儿园136所（公办幼儿园132所，民办幼儿园4所）；城区13所（公办）、4所（民办），乡村105所，乡镇中心园14所；有教学班497个，学前教育在园幼儿数12964人（女生6303人）。教职工1238人，专任教师771人。开设科目有语言、科学、艺术、健康、社会等。4～6岁适龄幼儿学前三年毛入园率达到99.82%，幼儿园招生3069人，幼儿园毕业5536人。

【义务教育】 2020年，拜城县有小学84所，教学点3个，教学班829个，在校生27558人；教职工2141人，其中专任教师1726人。初中学校16所，教学班259个，在校生10447人；教职工数1102人，专任教师883人。小学招生5432人，初中招生3669人，小学毕业3969人，初中毕业3351人。落实控辍保学责任制，小学适龄儿童纯入学率达到99.9%，初中适龄儿童纯入学率达到96.24%，农村小学达99.88%以上，初中达100%。保证小学在校生巩固率达100%，初中达100%。小学毕业升入初中升学率100%，初中毕业升入高中升学率99.45%。

【社会力量办学】 2020年，拜城县各类民办教育机构共16所，其中民办幼儿园4所，民办培训机构12所（2020年新审批校外培训机构2所）；4所民办幼儿园有教学班22个，在园幼儿共有602名，其中大班12个，幼儿数394名，中班6个，幼儿数132名，小班4个，幼儿数76名；教职工71名，其中专任教师有26名；12所校外培训机构教职工66名，其中专任教师43名，培训学生共有914名。

（艾尼瓦尔·白克力）

教育与招生

【普通高中教育】 2020年，拜城县普通高中2所，其中拜城县第四高级中学是地区级优质普通高中，教学班98个，学生4671人（女生2756人，少数民族4147人）；教职工470人（女性260人，少数民族234人）；专任教师372人（女性205人，少数民族164人）。普通高中全年招生1596人，毕业生1542人。

【青少年科技工作】 2020年，教科局组织开展全县性科技创新大赛1次，大赛分为幼儿组、小学组、中学组。获奖总人数63人；大赛作品丰富多样，每个方面有若干个评价重点与评价标准。邀请拜城县教育系统高专业的教师和科协相关工作人员当评委，按照相应标准赋分。

【基础设施建设】 2020年，教科局进一步改善县域范围内教育教学质量，着力增强乡镇寄宿办学条件，重点实施教育现代化推进工程、义务教育薄弱环节改善与能力提升项目、农村义务教育学校校舍安全保障长效机制项目三大板块建设，城区包括第五中学建设、第一中学综合教学楼、育才幼儿园和新苗幼儿园4个项目，乡镇包括黑英山乡中心小学教学及辅助用房、学生宿舍、食堂，黑英山乡中心小学教师周转宿舍，察尔齐镇中心小学教师周转宿舍，黑英山乡中学学生宿舍、温巴什乡中学学生宿舍、布隆乡九年一贯制学校教师周转宿舍、克孜尔乡中学教师周转宿舍8个项目，12个建设项目计划总投资27168万元，2020年度计划投资17936万元，其中城区4个项目均为跨年度施工项目，乡镇8个项目均已完工。通过大力实施校园基础设施建设项目，不断改善县域范围内学校基本办学条件，遵循建设项目向乡镇寄宿制学校倾斜的教育发展方向，重点改善偏远乡村学校寄宿师生住宿条件，切实保障边远乡镇学生享受优质教育的权利，提升乡村群众的对义务教育有保障的获得感、幸福感。

【普通高考报名资格审查】 2020年，教科局开展普通高考报名资格审查工作，在地区招生委员会正确指导及县招生委员会的共同努力下，认真按照《关于做好自治区2020年普通高校报名工作的通知》，做好2020年高考报名资格审查工作。2所普通高中和1所职业高中符合普通高考报名条件的学生1636人，另有内职（内地新疆中职班）班9人，共1645人。其中，普通类253人（理工142人、文史111人）、单列类871人（理工835人、文史36人），双语理工类450人，民语言类5人（理工4人、文史1人），“中专生、技工生、职高生”单列类单独考试57人，内职（内地新疆中职班）单列类考试9人。

【普通高考录取】 2020年，拜城县在校生参加普通高考考生1226人，单独招生提前录取学生307人，一本上线人数60人，上线率4.89%，录取56人，录取率93.33%；二本上线人数276人，上线率22.51%，录取219人，录取率79.35%；本科以上上线人数336人，上线率27.41%，录取275人，录取率81.85%；专科上线人数758人，上线率61.83%，录取782人，录取率103.17%；专科以上上线人数1094人，上线率89.23%，录取1057人，录取率96.62%。

【成人高考】 2020年，教科局根据自治区下发的通知通过向社会公布成人高考报考信息，向社会各界考生解读成人高考政策，积极做好宣传工作。

【高等教育自学考试】 2020年，教科局根据自治区下发的通知通过向社会公布高等教育自学考试报考信息，向社会各界考生解读高等教育自学考试政策，积极做好宣传工作。是年，参加考试考生参加自学考试309人，考场32场次。首次在拜城县考区第四高级中学设立考点，积极稳妥地做好健康确认，组织考试等各项工作。

（赵咏梅、易　彬）

新疆班教育

【新疆班工作】 2020年，县教育部门继续深入实施招生考试“阳光工程”，贯彻落实上级部门的相关政策，维护考生的切身利益，防止投机报考等问题的出现。在学校宣传各类考试政策，把好报名资格审查关、信息录入关、信息校对关等环节，有计划、有步骤地做好网上报名、准考证发放、组织考试、体检、贫困生等级认定、建档、暑期运输等一系列工作，考前制定详细方案，加强部门之间协调配合，层层签订责任书，保证各类考试工作的顺利进行，加大对招生录取工作的管理和监督力度，确保招生录取工作的公开、公平、公正。是年，初中毕业生3146人（本县3063人、内初（区内初中班）班毕业生83人），报考新疆高中班学生429人（本县346人、内初（区内初中班）班毕业生报考83人），录取73人；报考内职（内地新疆中职班）班学生369人，录取63人；小学毕业生报考内初（区内初中班）班学生766人，录取122人。

【内地新疆高中班】 2020年，新疆高中班报名考生346人，在16所初级中学23个考场顺利参加考试，选派监考教师、考务员70人和巡考人员32人参与考试考务组织工作。

【区内初中班】 2020年，区内初中班报名考生766人，6月6日在60个考点学校，74个考场，选派监考教师、考务员206人和巡视员20人参与考试考务组织工作。

【内地新疆学生工作】 2020年，教科局对录取到内地的高中生、中职生及其家长开展党的惠民政策、感恩、政治思想、防疫知识宣传教育和诚信教育。同时选派政治思想过硬，业务能力强的教师负责在开学前将学生送至乌鲁木齐中转站，并在放假前到乌鲁木齐将学生接回本县送到家长手中。寒暑假积极组建乡级、校级返乡学生宣讲团宣讲法律法规、民族团结、防疫知识、国家通用语言文字教育、惠民政策等内容，向广大群众汇报本人在校学习、生活、与各族师生交往交流交融实践的经历，讲述各省发达城市的教育状况，宣讲党的教育惠民政策，普及民族团结知识，表达对党和政府亲切关怀的感恩之情，歌颂家乡的巨大变化。

（易 彬）

校园安全

【学校卫生】 2020年，教科局严格按照“八项预警机制”工作要求，每项工作由局班子成员牵头组建8支队伍，常态化落实落细各项工作。抓好常态化封闭管理工作。守好单位大门，校园按照“上提一档”的防控要求，实行全封闭管理。抓好常态化健康监测工作。充分发挥学校大门口“前哨”作用。抓好常态化消毒消杀工作。抽调802人组建消毒消杀队伍252支，建立消毒消杀工作室，每日对教育系统3186个消毒点位进行预防性消毒。抓好常态化环境监测工作。抽调57人，配备环境采样专车18辆建立专业环境监测专班17支。抓好常态化重点人群核酸检测工作。组织师生、“三类人员”按时进行核酸检测，全年完成核酸检测74.16万人次，结果均为阴性。常态化落实人员不聚集管理到位。按照“错区域、错层次、错时、错峰”原则有序组织，杜绝人员聚集、扎堆现象的发生。抓好常态化应急演练、人员培训工作。加强培训，不断提高干部、教职工应急处置能力，全年共开展全要素应急演练5692场次，人员培训956场次，干部、教职工应急处置能力明显提升。抓好常态化公车、校车和食品安全监测工作。对教育系统的公车、校车安排专人进行消毒消杀，建立工作台账。抓好返乡学生教育管理工作。牵头成立返乡学生接送和教育管理专班，安排专人赴乌市、哈密、库车安全接回返乡学生，实行闭环管理。是年，共安全运送返乡返校学生5900余人次。

【校园安全主题教育】 2020年，教科局将安全教育纳入课前课后三分钟课堂教育，开展第二十五个“全国中小学生安全教育日”、第三十个“综治宣传月”、“5·12防震减灾日”、“安全生产月”等一系列活动，同时在清明节、端午节、肉孜节、劳动节、国庆节、寒暑假等重点节假日放假前，各学校（幼儿园）利用国旗下讲话、主题班队会、教职工大会等多种形式开展以消防、食品、交通、疫情防控等为内容的安全宣传教育。是年，开展各类宣传3886场（次），受教人群达15万余人（次）。组织开展安全生产知识竞赛48场次，共1750名师生参与；持续开展“直播带你进校园看安全”活动，各学校邀请应急管理、消防、公安等部门深入开展排查安全隐患，重点指导“平安校园”创建，完善校园安全教育制度，开展学校239所，覆盖率100%。

【学校人防物防技防建设】 2020年，教科局加强校园安全工作。人防力量不断加强。为教育系统各中小学（幼儿园）配备专职保安474人，扎实开展“护校安园”工程，在上学放学等重点时段，学校周边加强警力配置，落实交通管制和定点防范。中小学（幼儿园）成立10人以上的应急救援队伍，落实校园及周边24小时巡查制度。物防设施不断充实。是年，投入资金200余万元，为所有中小学（幼儿园）灭火器、应急照明灯、疏散标志、应急场所标志等设施设备进行换新。技防措施全面覆盖。教科局投入20万余元推进“明厨亮灶”工程，为所有学校食堂安装视频监控，连接专网，对生熟食品加工过程实时观看，确保学校师生“舌尖上的安全”。

【安全专项整治】 2020年，教科局按照县安委会专项治理工作要求，制定下发《拜城县教育系统安全生产专项整治三年行动实施方案》，明确消防安全、危险化学品、校车及道路交通安全专项治理内容，各乡镇（场）教育党总支、城区各学校（幼儿园）按照职责分工，均制定本校专项治理方案，扎实开展专项整治行动，保持安全生产领域“打非治违”高压态势。

【平安校园创建】 2020年，教科局加快推进平安校园标准化建设和达标考评工作，是年，全县239所学校获县级平安校园的称号，县级平安校园创建率达100%；23所学校获地区级平安校园的称号；2所学校获自治区级平安校园的称号。

【学校安全检查】 2020年，教科局在元旦、春节、全国“两会”、清明节、五一等重大节点，联合卫健委、市场监督管理局成立安全生产专项督查组，对各学校（幼儿园）安全生产、火灾隐患、疫情防控等重点工作进行督查、指导。是年，各学校（幼儿园）通过自查，教科局督查，排查一般风险隐患问题614项，完成整改614项。

【突发事件应急管理】 2020年，教科局督促指导各乡镇（场）教育党总支、城区各中小学（幼儿园）结合本辖区、本学校实际，周密安排，完善应急预案，储备必要的应急物资，强化从业人员培训和应急演练。本年度，开展以消防火灾、地震、道路交通事故、食品中毒、防踩踏等为重点的安全生产应急演练610场次，参演师生5万余人次。

【学生资助】 2020年，县教育部门建立从学前至大学各阶段的教育资助政策体系，全县247所幼儿园（不含4所私立幼儿园）、中小学、高中阶段5.76万名公办学校（幼儿园）在校学生全部纳入15年免费教育，实现建档立卡贫困学生资助全覆盖。全县129所公办幼儿园1.46万名在园幼儿每生每年享受2800元补助，全年落实学前教育保障经费4118.21万元。115所（含13个教学点）中小学3.59万名中小学在校生全部享受免费教育政策。其中29442名学生享受每年800元农村义务教育阶段营养改善计划，下拨资金2352.72万元；8108名家庭经济困难寄宿制学生享受每年1250元或1500元的生活费补助，下拨资金1169.82万元；5729名家庭经济困难非寄宿制学生享受每年625元或750元的生活费补助，下拨资金306.74万元。全县7172名高中阶段（普通高中4585名、职业高中2587名）在校学生全部享受人均2000元国家助学金补助；为4585名普通高中学生发放国家助学金921.6万元，补助免学费资金655.34万元；此外，普通高中52名品学兼优的建档立卡、低保等贫困学生，人均补助2000元的中央专项彩票公益金“滋蕙计划”，共10.4万元；并全部免除普通高中在校生的学杂费、教材费和住宿费。为职业高中1392名一、二年级在校生发放国家助学金287.3万元；为全校1993名在校生补助免学费资金214.05万元、教材费、住宿费补助132.66万元；除此之外，职业高中467名建档立卡贫困生还享受人均3000元的“雨露计划”140.1万元。对全县1419名贫困大中专生实施精准资助481万元（其中“雨露计划”资助金810人243万元、“木扎提河”贫困户教育脱贫助学金322人121.6万元、“浙江援疆资助考入内地普通高校拜城籍学生助学金”145人87万元、“木扎提河”扶困奖学教育基金94人20.4万元、普通高校家庭经济困难大学新生入学资助项目23人1.5万元、浙江荣盛教育基金25人7.5万元，确保建档立卡贫困大中专生资助政策全覆盖。中央专项彩票公益金设立“励耕计划”和“幼儿教师资助项目”，为19名在岗在编的家庭经济特别困难的教师人均资助1万元，共下拨资金19万元（其中：义务教育阶段家庭经济困难教师享受“励耕计划”16人16万元，幼儿教师享受“幼儿教师资助项目”3人3万元，切实减轻了一线困难教师的家庭生活负担。

（王志华）

义务教育均衡发展

【义务教育均衡发展】 2020年，拜城县为全面开展、有效推进义务教育均衡发展工作，县委、县政府、教科局先后多次召开工作动员会、协调会、推进会，不断强化组织领导，及时提供有效部署与决策，为义务教育均衡发展工作提供有力组织的保障。教科局先后召开5次县级、乡级等指标培训会，不断加大对县级、乡级、校级指标负责人工作指导，规范县级、乡级、校级档案。组织督导小组持续不断对学校建档工作进行督查指导，下发6期督查通报，对工作落实不到位、进展缓慢、责任落实不到位等乡镇（场）教育党总支书记、学校领导、学校指标负责人进行通报等处理，不断强化教育督导职能，县义务教育均衡发展工作取得有力推进，2018年10月，以全疆第二名的好成绩通过义务教育均衡发展督导评估国家认定。为顺利迎接2020年国家对拜城县义务教育均衡发展复查验收工作，2019年以来县委、县政府、教科局先后召开动员会1次、协调会2次、推进会4次、碰头会7次，培训班5场次，常规督查120多次，切实发挥政府办学主体作用，继续加大教育投入、合理规划学校布局、提升办学条件、强化队伍建设，提升教学质量，不断优化、均衡城乡资源配置，促进城乡教育公平，实现城乡义务教育同步发展。2020年11月14—15日，通过地区行署教育督导委员会复查验收。

【教育督导】 2020年，教科局为不断促进拜城县教育事业持续健康发展，进一步巩固义务教育均衡发展成果，顺利迎接2020年年底国家义务教育发展基本均衡复查验收工作，教科局督导室均衡发展工作督查小组不间断对全县中小学义务教育均衡发展工作进行专项督导检查，2个督查小组重点对学校A1组织领导、A2发展水平、A3管理与质量、A4校际均衡四大指标均衡发展工作开展、落实、推进及档案整理等方面进行专项督查并下发整改通知单，累计督查120多次、下发6期督查通报；同时也对县直相关成员单位、乡镇（管委会）人民政府义务教育均衡发展工作履行、落实情况进行督促与指导。通过专项督导方式，强力推进了全县义务教育发展基本均衡复查验收工作整体进程，不断强化工作落实，不断改正、规范工作举措，使其各项均衡发展指标均达到国家验收标准，2020年11月14—15日，通过地区行署教育督导委员会复查验收。

【特殊教育】 2020年，教科局为持续做好拜城县特殊教育工作，每年针对义务教育阶段残疾学生的特殊需要，给予每名学生生均预算内公用经费6000元，在“两免一补”基础上不断提高补助水平。联合县直相关单位、部门对全县范围拜城县户籍适龄儿童少年入学情况进行全面摸底排查、信息核查比对工作，确认拜城县户籍应入学适龄儿童底数、建档立卡贫困家庭儿童底数、登记造册；督促未进行残疾鉴定的少年儿童到指定医院或机构及时进行残疾鉴定或重新鉴定，并收集相关医学证明等材料；每两月一次对辖区内适龄儿童少年及在校生动态情况进行排查，保障及时准确掌握了每一名适龄儿童就学情况。每学期开学前，特殊教育专家对残疾儿童身体状况、就学情况进行实地走访、调查，并做好其安置工作；在校就读期间，选派责任心强、业务能力强、有爱心的教师对其学习、生活、心理等方面进行关心关爱，通过电话询问、实地家访等方式定期与家长沟通联系超过200次，不断帮助家长提高自身素质，帮助孩子健康成长。针对重度残疾适龄儿童少年，每学期选派指定教师做好送教上门教学工作，根据学生实际情况，做好教育教学计划，分阶段对学生进行运动、感知、语言交往能力等方面训练，帮助其接受良好、适合的教育。同时教科局、乡镇（管委会）、学校等层面不断做好残疾儿童建档立卡工作，确保各项工作、流程和手续等科学、规范、整齐，做到无遗漏，满足每一个残疾孩子都能接受合适的教育的权利。是年，全县残疾儿童入学率98.67%。其中，农村残疾儿童入学率98.88%，城市残疾儿童入学率97.87%，适龄残疾少年儿童招生入学工作整体情况良好，入学率达到国家标准。

国家通用语言文字

【国家通用语言文字概况】 2020年，拜城县充分发挥国家通用语言文字在提高少数民族劳动力文化素质、促进职业技能提升、增强就业能力等方面的重要作用，提升各族干部群众国家通用语言文字应用能力，针对农牧民群众劳动力素质低、水平差的突出问题，教科局落实推广普及国家通用语言文字主体责任，通过一系列举措取得一定成效。

【国家通用语言文字推广普及情况】 2020年，教科局切实做好村（社区）干部和少数民族农牧民群众国家通用语言文字的学习培训工作，从教科系统评选综合素质高、业务能力强的教师充实各乡镇党校及部分示范点夜校师资。同时，教科局主要领导多次赴各示范点开展调研，坚持系统建设、因人施教、精准授课、制度建设“四原则”，通过检查指导、见面谈话、查阅档案、组织测试等方式了解夜校教学工作进展情况，并对工作中存在的问题进行当场指导及协调解决，有力推进了农牧民夜校教学设施、教学内容、教学师资、教学程序及教学管理“五规范”建设。以第23届全国推广普通话宣传周为契机，深入贯彻落实习近平总书记在中央第七次西藏工作座谈会上的重要讲话精神，特别是推普工作的重要性和近年来取得的突出成就，以“同讲普通话，携手进小康”为主题，全县上下形成机关、社区、学校“三位一体”的联动宣传机制开展一系列丰富多彩的活动，向社会广泛宣传推广普通话的重要性，展现了普通话在助力脱贫攻坚、铸牢中华民族共同体意识方面的积极作用，进一步提高全县人民语言文字规范意识和应用能力，为全面建成小康社会营造良好氛围。

【普通话、MHK考试组织情况】 2020年，教科局协助相关单位完成拜城县各行业领域700余名人员的“国家普通话水平测试”“少数民族国家通用语言文字等级（MHK）”报名工作，但受疫情影响，按上级部门指示暂未组织考试。根据上级部门要求，为满足本地考生在本地参加普通话考试需求，2020年6月投入建设普通话水平测试站，年底项目已建成。

（塔依尔·乃麦提）

科学技术

【农牧民实用技术】 2020年，教科局为发挥“科技明白人”传、帮、带作用，进一步提升基层群众生产技能、生产水平和自我发展能力，实现稳定增收，结合拜城县实际，编印《“科技明白人”实用技术手册汇编》，包括实用技术羊篇、实用技术牛篇、春玉米高产高效标准化栽培技术、冬小麦绿色高质高效栽培技术和核桃栽培技术实用技术方面内容，争取县财政资金10.4万元，印制2万册，结合开展“科技明白人”专题培训向全县各乡镇农牧民群众发放实用技术手册，解决农牧民群众的基本技术需求。在农业生产实践中，群众在遇到解决不了的难题时，乡里的技术员和“科技明白人”也做到随叫随到，及时帮助农牧民群众解决养殖、种植方面遇到的问题和困难，真正做到把基础技术和实践经验送到农牧民群众手中。

【项目申报与管理】 2020年，教科局积极贯彻落实自治区，地区科技部门下发科技工作文件精神，通过积极组织、指导，审核推荐各企事业单位申报地区科技兴阿项目5项；申报自治区技术“二次引进”项目1项；征集自治区2021年重点科普活动项目4项；自治区2021年科技特派员创新创业项目7项；并对申报项目进行前期调研，掌握第一手资料，强化项目安全措施。

【科技兴拜】 2020年，通过对拜城县创新型乡镇建设专题调研，提请教科局党组研究，决定在拜城县米吉克乡、康其乡开展“创新型乡镇建设”工作，并利用县财政科技创新资金给予每个乡镇3万元的“创新型乡镇建设经费”补助，以激发乡镇创建积极性，营造良好的创建环境。

【科技成果】 2020年，拜城县已成功申报认定自治区级高新技术企业2家，分别为新疆峻新化工股份有限公司（于2017年8月申报高新技术企业）、拜城县众泰煤焦化有限公司（于2019年9月成功申报高新技术企业）。新疆峻新化工股份有限公司于2020年9月通过复审，并申报自治区级企业技术中心——新疆竣新化工股份有限公司技术中心，成为阿克苏地区首家企业技术中心，同时，创建国家实验室——新疆峻新化工股份有限公司检测中心，先后与新橡集团炭黑研究院、天津大学、中国科技大学建立产、学、研合作关系。至2020年，拥有自主发明专利1项，实用新型专利11项，同时还有3项发明专利和20项实用新型专利正在申请中，不断以技术创新提升企业创新驱动发展。此外拜城县为深入贯彻落实创新驱动发展战略，推动传统产业转型升级，激发企业创新潜能。2020年4月，利用科技专项经费分别为拜城县两家高新技术企业（拜城县峻新化工有限公司、拜城县众泰有限责任公司）发放一次性奖励补助资金5万元，共10万元，有效推动拜城县高新技术企业发展，鼓励企业向高新技术企业和科技创新型企业迈进。

【科技宣传培训】 2020年，虽然受新冠疫情影响，无法开展大型集中培训，培训人数受限，但为全面完成2020年“科技明白人”全覆盖的目标任务，拜城县以《阿克苏地区农村“户户都有科技明白人”培育工程实施方案》为推手，改集中为分散，组织基层站所科技人员、“田秀才”“土专家”和科普带头人、科技示范户、农民技术员，与身边的农牧民结对子，以田间学校、实地指导、进户服务等形式培养各类农村“科技明白人”，以养殖技术、科学知识宣讲等主要内容，开展“户户都有科技明白人”培育工程宣讲活动，通过小型集中培训、现场指导、参观学习、技术咨询、田间示范等方式，有效深化开展“科技明白人”培育工作。是年，常态化开展科技明白人培训102场次14000余人次，实现有劳动力的家庭，科技明白人户数占总户数的比例为100%。实现拜城县农村有劳动力的家庭科技明白人基本全覆盖的目标任务。

【科技合作】 2020年，教科局组织动员2家企业（新疆疆达薯业有限责任公司、新疆天玉种业有限责任公司）参加第二十七届“农高会”，帮助企业拓宽发展平台。

【科技特派员】 2020年，拜城县选派科技特派员47名，并持续开展深度贫困村及贫困村科技特派员全覆盖工作，拜城县25个贫困村科技特派员完成全覆盖任务。组织科技特派员赴“三区”开展扶贫科技服务工作，共推荐选派3人（农试站2人、天玉种业1人）积极参加受援县市技术服务工作；申报推荐并通过拜城县科技特派员阿娜尔古丽·达吾提为全国科普先进个人，鼓励科技特派员利用自身的技术优势积极发挥传、帮、带作用，提升农牧民群众实用技术水平，深入推进科技明白人工作。拜城县教科局为增强县派科技特派员自身素质能力，通过学习培训、汇报交流、量化考核等方式进一步规范科技特派员服务工作。是年，组织部分科技特派员不定期参加各级学习培训。7月，组织科技特派员开展了专项业务培训，各科技特派员进行了汇报交流和学习教育，与选派科技特派员签订《拜城县科技特派员贫困村全覆盖下派协议书》；制定并向科技特派员下发《拜城县科技特派员服务手册》，结合日常开展基层服务工作，按照每季度在服务乡镇进行工作业务考核要求，形成以制度管人、以机制推动效益的新型科技服务局面。

（李引峰）

教育研究

【教学常规管理】 2020年，教科局坚持落实定期不定期教学常规督查、教学管理评估、办园行为督导评估及专职教研员蹲点指导工作，促进学前、中小学教育教学管理更加规范、教学质量逐步提升。是年，分两次对15个乡镇的86所中小学、60所幼儿园从各类计划的制定、教研活动的实施及教师课堂教学等方面进行常规督查；通过“个人包一般乡镇”“集中包薄弱乡镇”方式，对15个乡镇学校教学管理、期末复习指导等方面开展为期45天的教研员蹲点工作；完成43所中小学教学常规管理评估和42所幼儿园办园行为督导评估县级督评工作，评选出34所县级达标校、42所县级达标园。

【教学能手培养工作室】 2020年，拜城县有教学能手培养工作室14个，其中地区级4个、县级10个，工作室成员149人。各级教学能手培养工作室积极发挥作用，承担各级各类研赛评审工作、全县中小学教师教材教法“引路式”培训、新教师培训及继续教育培训等培训任务，承办各级各类教学研赛活动；并组织开展“青蓝结对”“师带徒”活动，通过指导新教师上课、试卷命制等方式，助力青年教师及乡镇教师快速成长，为乡镇教学常规、课堂组织实施、教学方式转变等起到积极的示范引领作用。

【网络研修】 2020年，教科局积极探索教研活动方式，以各级各类网络研修活动为抓手，依托智力援疆优质资源，开展“云端”柔性教育援疆新教师岗前培训，根据不同学段开设27个不同学科专业课，诚邀79名温州专家及名师，开设讲座104场次，吸引七县两市4900余名教师参与；开展自治区级初中课程标准备、教、学、评培训活动，全县初中各学科教师全员参与；通过网络直播形式，开展中小学主要学科教师教材教法“引路式”培训，2000余名教师受益；同时，开展教学案例撰写培训、统编教材培训、科学节等一系列网络研修活动，对教师专业能力提升起到促进作用。

【课堂教学改革】 2020年，教科局扎实有效推动课堂教学改革工作，根据阿克苏地区《关于做好基础教育教学改革 提高义务教育质量的通知》要求，作为两个地区级“基础教育教学改革基地县”之一，制定印发《拜城县基础教学改革工作实施方案》，确定12所县级课改基地校，围绕“学科课程育人、教学常规管理、教师队伍建设、实验教学、数学应用计算能力、课外阅读”等八项改革任务，初步形成“城带乡、点带面、专兼同步、稳步推进”的教育改革和发展模式，通过“分项突破、集中整合、形成特色、全面推进”工作思路，全面推动拜城县教育教学质量整体提升。是年，12所县级课改基地校分别围绕本校改革任务，依托县级基础教育教学改革现场会进行展示，取得良好成果。

【课题研究】 2020年，教科局坚持抓好以学校为导向的小课题研究工作，7个自治区级、1个地区级、2个县级“以校为本”小课题结题；全县各中小学申报60个自治区“以校为本”小课题，通过各级课题评审组评审，其中4个课题获自治区立项、15个课题获地区立项、24个课题获县级立项，课题立项率、结题率创历年新高。县级层面，依托继续教育培训开设“中小学教师如何做小课题”课程，针对性指导教师开展小课题研究工作，为教师课题研究申报与实施指明方向。

【教学质量监测】 2020年，教科局严格落实教学质量监测工作，每月坚持月考，每学年坚持开展2次县级义务教育阶段期末质量监测，接受县级以上的各级教育行政部门质量抽测，做好质量分析，召开县、乡、校级各学科质量分析会，传导压力，针对性查找不足和差距。对质量下滑及薄弱乡镇、学校，县教研中心通过教研员蹲点方式，针对性开展蹲点指导工作，帮助各乡镇及学校规范教学管理、转变课堂教学方式，为教学质量提升奠定基础。同时，抓好中、高考复习备考工作，通过网络视频会议形式，开展中高考复习备考研讨会，分学科分析中、高考考点、分享复习备考经验。是年，拜城县中考成绩在地区排名第二，中考语文总评分和理科综合总评分地区排名第一、文科综合总评分地区排名第二，教学质量较往年有所提升。

【教育学会工作】 2020年，教科局严格落实地区关于拜城县各校教育学会会费上缴工作，及时对接教科局核算中心，按时间节点缴纳教育学会会费；积极组织各乡镇、学校教师参加地区教学学会组织的各项教学研赛活动。是年，拜城县获各级教学类奖项教师1025名，其中国家级奖项2名、自治区级奖项182名、地区级奖项162名、县级奖项679名。

【教学模式选择管理】 2020年，教科局全力推动国家通用语言文字教学工作，成立各乡镇、城区各学校教研梯队、片区教研大团队，坚持落实教研员包片蹲点制度，开展专职教研员研讨、教研梯队“引路式”培训活动，通过打造教研基地校、加大“校本教研”指导等方式，提升教研实效。依托教学能手培养工作室、各级各类教师培训、教师测试、教师课前过关制、青蓝结对、青年教师培养工程、“校本培训”等措施，着力提升国家通用语言教学岗位教师专业能力。并在学校内大力营造学生国家通用语言文字学习氛围，落实“两读一写”“日查、周清、月结、季巩固”、薄弱生补差等提升学生国家通用语言学习水平的系列措施，为拜城县国家通用语言文字教学质量提升奠定基础。全县各中小学校（含教学点）、幼儿园网络接入和带宽条件全面改善，宽带接入率达到100%，出口带宽达到100兆以上；教师用终端数总计2850台，师机比达到1：1，生机比达到11：1，学生用终端总数3705台，总配备更新1214套“班班通”教学设备，全县各学校及幼儿园基本实现多媒体教学设备全覆盖。邀请希沃讲师团队，在全县范围内以集中及远程视频形式举办教师教育信息化教学能力提升培训班。全县3000多名教师参加培训及测试，参训教师3189名，培训通过92.98%，考试通过率94.42%，有效提高广大教师的信息化应用、管理水平。在拜城县教育系统班班通监管平台备案的学校103所，注册教师2233人，利用现代化“班班通”教学设备上课数量60987节课、平均使用率61.85%。推动城镇优质学校与乡村薄弱学校组成信息化教学应用实践共同体，以同步课堂、专递课堂、名师课堂等多种方式，形成“一校带多点、一校带多校”的教学和教研组织模式，逐步使“优质学校带薄弱学校、优秀教师带普通教师”模式制度化和常态化。是年，拜城县共播出42节课，其中学前教育10节、小学14节、初中18节；在2020年度“名师课堂展播”活动中，拜城县教育系统参加“名师课堂”线上观摩学习的学校累计总数为377所（学前教育、小学、初级中学和九年一贯制学校），听课班级累计1495个，听课学生40142名。不断扩大城区学校优质教学资源的覆盖面，确保学校、幼儿园参与率全覆盖。

（韩珊珊）

【教材审定】 2020年，教科局根据《自治区中小学幼儿园教学用书目录》《2020年自治区中小学教辅材料目录》文件要求，组织全县中小学相关负责人进行学校教材教辅资料征订、使用及监管培训，开展中小学及幼儿园教材及教辅材料网上征订工作。严格按照自治区教育厅相关文件要求，认真落实全县中小学、幼儿园的教材教辅、资料包、教学光盘等教学资料发放。根据上级文件要求，严格遵循国家、自治区规划目录中选用教材教辅材料，强化规范使用教材教辅资料并强化过程监管制度。学校按自治区课程方案组织好课程实施，严禁用任何其他课程取代国家课程，严禁目录外教材教辅进校园。全县小学免费教科书学生数27553名，初中10473名，高中4697名；全县征订教科书共705663本。全县幼儿园教材统一征订自治区幼儿园读本13396套，其中小班3443套、中班4519套、大班5434套。

（阿里木·阿木提）

第一中学

【概况】 拜城县第一中学（以下简称“拜城一中”）位于拜城县团结路18号，始建于1955年，是一所具有悠久办学历史的重点中学，也是拜城县最早的一所重点高中。2020年，有校领导3名，有维吾尔族、汉族、哈萨克族、蒙古族、藏族、东乡族、土家族、仡佬族8个民族共156名教职工（其中专任教师123名），党员46名。拜城一中共有34个教学班，在校学生1645名（2020级534人，2019级595人，2018级516人）。

【师资建设】 2020年，拜城一中以名师工作室建设为抓手，以青蓝工程为平台，按照“一年合格、二年稳定、三年主力、六年骨干、八年名师”的“12368”思路建立新教师成长机制，做好对教师的关心关爱及培养工作，鼓励支持新教师参与德育、教研、管理等各方面工作，及时解决他们的困难诉求，做到真正的待遇留人、感情留人；组织引导年轻教师学习党史、党章，对标党的先进分子和榜样，引领年轻教师积极向党组织靠拢，主动向党组织递交入党申请书，发展壮大党员队伍。是年，教师获各项荣誉及教学成果126人次，其中获自治区级16人次，2人次获自治区一等奖；10月，县教科局评选十百千青年教师，18人次进入相关人才库，1人被评为地区骨干教师。

【基础设施建设】 2020年，拜城一中从建校当初的500平方米的建筑面积发展为占地面积74760平方米、建筑面积33600平方米。配套有教学办公楼、综合楼、实验楼、宿舍楼及食堂楼、标准化的体育场，系统化的体育、美术、音乐教室，标准化的物理、化学、生物实验室，图书馆、校医务室、机房、语言室等设施齐全，每个教室都安装了多媒体教学设备。拜城一中积极争取上级项目资金，完成3号楼维修、消防设施改造，校园广播系统改装、计算机和通用技术实验室设备安装，购置学生课桌椅、衣物柜、高低床、饮水机，极大地改善办学条件。

【德育建设】 2020年，拜城一中致力于抓好学生的行为规范教育。以文明礼仪教育为突破口，充分发挥值周教师组、学生会、团支部及各科室的作用，落实课间巡查制度及室外管理制度，从师生出勤、仪容仪表、室内外卫生、就餐秩序、三读纪律、讲普通话、宿舍管理等诸方面强化督促检查，学生不良行为习惯得到明显改善，教育教学秩序井然。学校重视加强对学生的主题教育。班子成员带头开展法制宣传教育讲座、疫情防控专题培训、心理健康辅导、防意外伤害教育、消防安全培训、传染病预防讲座、预防网络诈骗宣传、应急逃生演练，以提升师生及家长的安全防范意识。学校积极推进素质教育。学校通过组织校园红歌比赛、诗歌朗诵比赛、社团活动、书法绘画剪纸比赛、理化生知识竞赛等活动，丰富师生校园文化生活。

【教育教学】 2020年，拜城县第一中学全面贯彻落实党的教育方针政策，大力加强教育改革创新，全面推进素质教育，秉承“质量立校、管理强校、教研兴校、文化润校、特色扬校”的办学理念，加强精细化管理，注重内涵式发展，教学质量稳步提升，办学水平进一步提高，办学特色进一步彰显，办学影响进一步扩大。学校先后荣获自治区级德育示范校、依法治校示范校、自治区级卫生红旗单位、地区级文明单位、地区级卫生红旗单位、地区级五四红旗团委、地区级青少年维权岗、县级无烟学校等荣誉称号。学校笃行“崇德、启智、健体、尚美”的校训，形成了“团结、进取、严谨、务实”的校风，“爱生、乐教、博学、善教”的教风，“尊师、乐学、博学、善学”的学风。2020年，高考再创佳绩，重点一本上线7人，较2019年增加4人，增长率133%；二本上线78人，较2019年增加32人，增长率69.5%，专科上线率96.8%。

【校园文化】 2020年，拜城一中从净化、绿化、美化入手整治校容校貌，按学校规划分批完成了学校的净化、绿化工作，创设了各种文化设施，开辟板报栏、橱窗、个性展示墙、名师名生展示走廊、图书室、阅览室等思想、文化教育阵地。运用学生喜闻乐见的形式进行教育，组织学生观看爱国主义教育片或优秀红色影视片；利用节假日和各种纪念日，向学生传输我国传统文化和红色文化以及文明礼仪。组织开展读书宣传活动；组织开展剪纸、书法、象棋、古诗词朗诵等文化类社团活动，使学生从中受到直观熏陶和潜移默化的教育。

【课题研究】 2020年，结题校级课题1项，立项地区级课题1项、县级课题1项。已结题校级课题《以三角函数为例运用三案一威提高高一数学课教学有效性的实践研究》旨在教育变革、课堂转型、“互联网+”的大背景下，探求新型的、有效的、可行的课堂教学模式。2020年9月，立项地区级课题《高中语文有效早读模式研究》。2020年9月，立项县级课题《关于体育特长生科学训练的实践研究》。

（古丽加马力·依米提）

第二中学

【学校概况】 拜城县第二中学成立于1970年11月，是一所初级中学。学校占地面积4.12公顷，生均面积1.89平方米，建筑面积2.81公顷，绿化面积1.35公顷，占学校总面积的32.6%，运动场面积1.65公顷，占总面积的40%。校园布局合理，绿化环境优美，学校设施先进，图书室、阅览室、仪器室、实验室、微机室、合唱室、美术室、舞蹈室、电子琴室、心理咨询室等功能室一应俱全，并广泛运用于教育教学之中；运动场地，教学仪器，实验设施，电教设备，艺体卫教材等设备严格按照教育部颁布的配备标准分类配置。学校现有教学班38个，在校学生1449人，在岗教职工142人，其中专任教师129人，少数民族教师7人。中共党员48人。副高级教师23人，一级教师32人，二级教师62人；地区级学科带头人1人，教学能手4

人，骨干教师1人，教坛新秀4人；县级学科带头人9人，教学能手5人，骨干教师10人，教坛新秀6人。推进“361”课堂教学改革，提升学校教育教学质量，促进学校和谐、持续发展。先后获得自治区级荣誉：先进基层党组织、首届自治区中小学党建工作示范校、德育示范校、平安校园、消防安全教育示范校、卫生红旗单位教学常规管理示范学校、课堂教学改革先进单位、南疆四地州教学质量管理先进单位、教学改革工作报告二等奖、文明校园、五四红旗团委。地区级荣誉：先进基层党组织、教育工作先进集体、五四红旗团委、教学常规管理示范校。

【师资建设】 2020年，抓好教师队伍师德教风建设。教师队伍素质是推动学校各项工作健康发展的根本动力，坚持“以人为本”，管好人、用好人、发展人，学校结合“创先争优”“民主评行风”等持续深入开展“正师德、树师风、铸师魂”学习实践活动。是年，开展9次师德师风学习实践活动，提高教师的师德修养，牢固树立“以德育人”的思想，充分发挥老师在学生中的人格垂范作用，树立教师在人民群众中的良好形象。同时，学校实行师德师风一票否决制，广泛接受社会各界的监督。造就了一支素质过硬，业务精良，乐学善教，充满朝气与活力的教师队伍。提高教研组长学术及管理水平。针对如何做一名优秀教研组长、课堂观察的理论和方法等资料，进行了深入的学习和研究；开展青年教师业务培训工作，通过地、县、校三级汇报课、研讨课、公开课、优质课提高自身业务水平。2020年4月，县级命题大赛中，17人荣获一等奖、20人荣获二等奖、5人荣获三等奖；作业设计大赛中，9人荣获一等奖、12人荣获二等奖、10人荣获三等奖。5月，阿克苏地区命题大赛中，2人荣获一等奖、17人荣获二等奖、14人荣获三等奖；作业设计大赛中，3人荣获一等奖、7人荣获二等奖、14人荣获三等奖。10月，阿克苏地区教学研赛中，1人荣获一等奖、3人荣获二等奖、3人荣获三等奖；县级教学研赛中，15人获一等奖、4人荣获二等奖。4月，学校在拜城县中小学教师试卷命题技能大赛和课后作业创新设计大赛分别被评定为好，受到上级领导的充分肯定。在“十百千”评选活动中，学校44人荣获县级学科带头人、教学能手、骨干教师和教学新秀荣誉称号；24人分别荣获地区级学科带头人、教学能手、骨干教师和教学新秀荣誉称号。抓好班主任的管理与培养。针对拜城县第二中学教师的年龄特点，学校非常重视班主任队伍的管理与建设，定期召开班主任工作例会和经验交流会，交流推广成功经验，2020年，召开32次班主任会议。实行班级工作月考核制度，促进班级间的竞争与合作，部分班级实行副班主任跟班制度，参与班级日常管理工作，提高班级管理整体水平。2020年9月教师节，朱广芳荣获地区级模范班主任荣誉称号。

【学生情况】 2020年，拜城县第二中学有教学班38个班，班师比为1∶3.4（其中最大班额44人，最小班额33人，平均班额38人；41~45人班额10个班，占比26%；36~40人班额22个班，占比58%；31~35人班额6个班，占比16%）。在校学生1449人（其中随迁子女，包含跨县和跨省的学生552人，占学生总数的38%），女生有689人。对1名肢体一级残疾学生，学校安排两名专任教师每周两次进行送教上门。另有5名残疾学生随班就读，七年级3名、九年级2名。户籍巩固率为96.8%，学籍巩固率为103.59%，入学率为101.25%，残疾儿童入学率为100%。七年级学生514人，女生256人；八年级学生441人，女生206人；九年级494人，女生227人。少先队员有873人，团员有114人，其中女生61人。

【基础设施建设】 2020年，

拜城县第二中学占地面积4.12公顷，生均面积1.89平方米，建筑面积2.81公顷，生均面积19.33平方米，其中，教学及辅助用房面积1.28公顷，生均教辅用房面积8.82平方米。办公用房面积0.20公顷，厕所面积0.20公顷，食堂面积0.33公顷，学生宿舍面积0.30公顷；绿化面积1.35公顷，占学校总面积的32.6%。运动场面积1.65公顷，占学校总面积的40%。体育活动用地：篮球场3个，排球场2个，羽毛球场2个，1个300米环形跑道田径场，足球场1个，其中器械活动场地3块。运动场总面积1.65公顷，生均面积0.76平方米。教学仪器设备总值711.28万元，生均值为4908.7元，配齐率为100%。音乐、美术室有6间，体育器材室2间，计算机房2间，理化生实验室6套，多媒体教室50间。图书室面积为0.08公顷，图书共49070册，生均34册，2个阅览室。电子阅览室1间。学生用计算机台数为100台，生机比为14∶1。学校共成立25个社团（其中室外社团8个、室内社团17个），每百名学生拥有的计算机台数为14台。

【德育建设】 2020年，拜城县第二中学紧紧围绕一个主题：做一个有道德的人。抓住两条主线：立足常规管理，强化行为规范教育，营造良好氛围；加强团队建设，精心策划德育实践活动。强化三个组织：德育处、年级组、班集体的工作思路开展德育教育管理工作。抓养成教育。学校坚持每日一小查，每月一大查，查学生仪容仪表、言行举止、班容班貌。通过检查评比、认真分析，找出各年级学生在文明礼貌、行为习惯、道德认知等方面存在的主要问题。及时与班主任、科任教师、家长进行交流沟通，共同商量解决问题的办法。做到了及时查处，及时反馈。学生良好的日常行为习惯在逐步养成，育人环境得到了进一步优化。开展丰富多彩的德育活动。利用升国旗仪式、每天午读时间及每周班会时间，对学生开展理想信念教育、养成教育、法治教育、国防教育、环保教育、诚信教育、感恩教育、心理健康教育等，引导学生树立正确的世界观、人生观、价值观和社会主义核心价值观。以重要节日、纪念日和重大事件为契机开展思想道德教育活动，提高学生的道德素质。4月，开展“共抗疫情，爱国力行”主题教育活动；5月以来，以“五四”青年节为契机，组织校领导、中层干部、班主任面向全校1400余名学生开展“新疆四史”大宣讲活动；围绕第38个民族团结教育月，开展了民族政策专题学习，民族团结主题班队会、知识竞赛、手抄报比赛、“同栽友谊花，共护团结树”联谊活动。教师节开展了“岁月如歌、感念师恩”祝福语征集等活动。在中秋、国庆双节来临之际，组织全校师生开展了“你来我家吃馓子，我到你家吃月饼”联谊活动。10月，学校被授予县级民族团结示范校荣誉称号。关注心理健康，引导学生成长，做好了心理室开放工作，接待学生及家长心理咨询。尤其关注单亲家庭、重组家庭、留守儿童的心理发展状态，问题学生转化工作做到有计划，有措施，勤总结，重在落实，做好辅导记录。在教育工作上，始终保持耐心、细心和关心。同时关爱家庭贫困学生、特殊家庭学生，让他们真切感受到了学校这一大家庭的温暖。强化家校共建，形成育人合力，充分利用“告家长书”“班级QQ群或微信群”“家长委员会”“学生成长手册”等载体，结合家访工作，加强家校沟通，不断提高家校联系的主动性、针对性和实效性。在五一放假期间，学校开展全覆盖，有重点的家访工作。涉及学生1369名，涉及家庭1176个，涉及德困重点关注学生136名，实现了学生、家庭、德困重点关注学生的全覆盖。通过家访，双方及时交流，互通有无，积极关注学生的一举一动、一思一行，对存在的问题隐患及早发现，及早制定措施进行教育帮扶。实行领导包班，营造发展环境。为充分发挥领导班子的引领和指导作用，大力推行领导包班制，领导干部主动进课堂、进班级、进宿舍、进食堂、进社团，深入一线联系学生，利用班会课、读报课走进班级进行学校各项规章制度、爱国主义教育、感恩教育等主题的宣讲。经常和学生进行适宜的谈心，关心学生们的思想动态，做学生的思想教育工作，引导学生树立正确的人生观、价值观。领导包级包班地深入开展，进一步了解班级、年级各方面工作的开展情况，及时帮助解决各种实际问题，为各项工作提供真实的决策依据。着力课程主导，抓实育人关键，积极探索课程的德育元素和思政功能，构建全员、全课程的大思政课程体系，认真落实《道德与法治》课程标准，按照义务教育课程方案和标准，上好思政课。充分发挥课堂教学主渠道作用，利用教研活动契机，深入挖掘教学内容中民族团结、法治、爱国主义、道德素养、传统文化等思想政治教育渗透点，将思想政治教育渗透到各学科课程的教学目标之中，融入教育教学全过程。

【教育教学】 2020年，学校始终把教学质量的提高视为学校发展的生命线，探索教育规律，完善管理制度，充分引入竞争机制，广泛调动广大教师的工作积极性。大胆尝试“先学后教、少教多学、以学论教”的“361”课堂教学模式，大力推行集体备课制度，不断总结工作经验，促进同学科教师的交流与合作，资源共享，切实提高课堂教学效益。实施“青蓝工程”“名师工程”，发挥骨干教师“传、帮、带”作用，大兴教育科研之风，重视校本教研的开发，加强校本培养，促进全体教师的专业成长，实行家长评教制度，广泛接受社会监督。不断总结学生教育发展的成功经验，改善评价机制，转变学习方式，实行“月测达标”制度，有效地调动了学生学习的积极性，及时发现和改进教学工作中存在的问题与不足，为宏观调控提供可靠依据。高度重视毕业年级各项工作，大处着眼，细处着手，班子成员深入课堂听课，及时掌握教学动态，进一步规范过程管理，以优异的成绩，稳定的质量，回报社会，回馈家长。加大课题研究过程性的指导与管理。积极配合上级教科研部门开展工作，不断加强对学校各级各类获准立项的教科研课题进行全程监控和管理，组织专门人员进行课题研究的督促和指导工作，对有关课题论证立项或开题、结题活动给予有力支持。加强集团教学管理。2020年，拜城县第二中学充分发挥集团总部的示范和带头作用，求真务实，和谐进取，教育集团工作取得了全面发展。积极开展下乡支教，2020年学校先后派出14名优秀教师到成员校察尔齐中学支教，同时担任成员校领导及中层领导职务，有效帮助和推进了教育集团教师与学科教学的快速发展。由校领导带队，于每周五中午带领教学处及骨干教师赴成员校开展文理科“同课异构”、说课、微课、教学研讨、班主任经验交流和多种形式在内的培训活动，并进行教学常规管理督查，对存在的问题及时反馈，2020年度共赴成员校开展28次培训活动。注重对教学效果的监控，不定期对学科教学进行质量抽测，及时掌握各学科教学动态，对学科教学成绩做出质量分析，通过教学质量分析及时进行查漏补缺。6月，拜城县第二中学初中学业水平监测考试县市排名第三。

【校园文化】 2020年，拜城县第二中学注重校园文化氛围对学生的熏陶和感染，始终把文明和谐校园建设作为一项重要的工作来抓，努力营造优美宜人、布局合理、教学硬件设施完善的校园环境。以“文明、奉献、团结、进取”为校风，督促管理者带头贯彻幸福教育，以“敬业、严谨、协作、尚真”为教风，督促教师自觉实施幸福教育；以“刻苦、进取、多思、明理”为学风，督促学生体验幸福教育。

以“严谨、勤奋、求实、创新”为校训，统领校风、教风、学风的落实，从而保障“为学生的一生幸福奠基”的教育理念全面实施。学校办学理念完备，办学目标明确，校训、校歌、校徽等校园文化符号得到学校师生认同。我们努力打造自己的办学特色，开展优秀教师、模范班主任等评选表彰活动，来引领和感召每一名师生；打造好文化载体，通过编印校报、开通校园广播，定时更新校园文化阵地，有力充实了校园文化内涵；注重班级文化建设，学校大力倡导班级励志文化建设，努力展现学生的自主与创造精神，学生的聪明才智得到很好的激发；有效课堂，初显成效，从生本教育出发，扎扎实实实行有效课堂，开展推门听课，形成各具特色的课堂教学模式。

【课题研究】 2020年，学校继续推进课题研究，李龙飞主持的自治区级课题《依托校本教研探索青年教师成长途径的研究》于2020年12月结题，该课题的研究取得一定的成效，青年教师教学技能得到提升，能熟练掌握备课和上课的导入、讲解、板书等各教学环节，促进青年教师快速站稳讲台。张克芬主持的自治区级课题《基于学习共同体的初中英语校本教研模式的研究》于2020年12月结题，旨在形成完备的、规范的校本教研模式，推动学校英语校本教研活动有序进行，为教学质量的提升提供方向性指引。朱爱华副校长牵头主持的人才项目《依托校本教研探索青年教师成长的实践和研究》于2020年9月结题，并获得阿克苏地区人才项目扶持资金9万元。7月申报的阿克苏地区人才项目《依托“十百千青年教师培养工程”探索青年拔尖人才培养的研究》通过地区立项。2020年12月，韩春霞主持的《初中语文课前预习方法指导与实践策略的研究》、肖飞主持的《小升初数学学习方法指导策略研究》、时照亚主持的《初中化学德育渗透教学设计案例的研究》通过地区立项。

（刘俊荣）

第三中学

【学校概况】 拜城县第三中学是一所县级民族初级中学。始建于1984年9月，是一所寄宿制学校。2020年9月，新增加了小学部。有教职工总数171人，学生1815人，43个教学班，其中小学7个教学班，中学36个教学班。拜城县第三中学践行崇德、乐学、砺志、笃行的校训精神，形成文明、诚信、勤学、简朴的校风，秉承为每一位学生的可持续发展奠定基础的办学理念，坚持教学质量一流，人才培养多元，办学特色鲜明的办学目标，为社会培养合格人才。

【师资建设】 2020年，拜城县第三中学教职工有171人，专任教师117人，工勤人员22人，师资队伍结构相对合理，近年来涌现了县级骨干教师以及学科带头人，教师队伍配备日趋合理，且有一定的敬业精神。合理安排新增教师，加大对新教师的培训力度，不断提高教师专业水平。通过一系列吸引、培养和留住人才的政策机制，吸引优秀人才扎根基层、长期从教、终身从教，逐步实现师资队伍基本均衡配置。选派1名青年教师赴温州锻炼学习，选派4名教师到乌鲁木齐、阿克苏等地进行业务培训，推荐1名干部到政府办工作，吸纳2名优秀青年教师担任中层，聚力培养青年教师，壮大学校管理队伍。

【学生情况】 2020年，拜城县第三中学有43个教学班，有学生1815人，其中住校学生506人。7个小学教学班，学生272人，平均班额38.85人，生师比17：1；36个中学教学班，学生1543人，平均班额42.86，生师比15.3：1。

【基础设施建设】 2020年，学校占地面积52071平方米，建筑面积16356平方米，拥有设施齐全的教学楼、学生公寓、师生餐厅、多媒体室、微机室、物化生实验室、图书阅览室、内置办公用品均为高规格设备。有1个300米塑胶体育运动场、7个篮球场、4个排球场、1个羽毛球场。为更加完善学校均衡发展，争取工程项目和教学楼改造、地面硬化等资金。对围墙进行修缮排险，办公室、教室安装了木质门，硬化地面、疏通下水道等创造良好的教学环境。

【德育建设】 2020年，学校的德育工作坚持育人为本、德育为先、注重实效的原则，坚持抓好常规，突出重点，体现特色。强抓校风校纪教育，形成良好的校园风气。认真组织学生集中学习《学生一日常规》《中小学生日常行为规范》，让学生对照标准找差距。大力宣传倡导文明礼貌、遵章守纪、助人为乐、勤奋学习、艰苦朴素作风；坚决禁止打架斗殴、乱涂乱扔、违规上网、抽烟喝酒不良风气；注重做好对后进生的帮教转化工作，建立差生转化档案，抓纪律，促学习，抓班风，正校风。充分利用“班会、国旗下的讲话、校内外活动”等途径，有计划有针对性地对学生进行爱国主义、集体主义、社会主义教育、劳动教育、法制教育、安全教育、环保教育、网络教育、心理健康教育和基础道德教育、文明养成教育。加强班主任队伍建设，组织全体班主任温习了教育部《中小学班主任工作规定》和学校《班主任工作细则》，激发班主任增强工作使命感，强化目标意识、提高责任意识，精抓细管，用新理念去引领学生，用新方法去管理班级，组织了班主任座谈会，取长补短，提高了班主任班级管理水平。强抓学校环境卫生建设，保持优美洁净的校园环境，各班级均按照学校要求，根据所划分的卫生区域，不折不扣保质保量地做好常规卫生工作。注重家长学校工作，多次召开家长会和全校学生家长会。抓好主题活动，注重养成教育，一年以来，学校重点开展了“城乡环境综合治理小手拉大手”“除陋习、迎新春”等主题活动。树典型抓表彰，学校充分利用开学典礼、教职工大会进行表彰，教师表彰会3次，表彰优秀班主任、优秀教师、民族团结模范、学科带头人等80余人次、学生表彰会2次，优秀班干部78人次、优秀团队员、学生会干部30余人次、优秀学生100余人次，评选出文明班级6个、文明寝室12个。2020年，被评为县级民族团结示范学校。

【教育教学】 2020年，拜城县第三中学全面提升教育、教学质量，推动教育发展。下真功夫提升教学质量。抓好国家通用语言文字教学，着力提升教育教学质量。形成机制，督促师生形成养成学习、使用国家通用语言文字的自觉性。丰富学生校园文化生活，开展好普通话推广周活动，激发学生学习国家通用语言文字兴趣；继续深化课堂改革，狠抓教学常规管理等工作，推动教学质量提升。2020年度，分别于6月、9月接受地区、自治区、国家级教学质量检测抽考，在6月的地区抽考中七年级抽考成绩排名地区抽考学校第三名，中考成绩同样取得骄人成绩，排名地区同类学校第二的好成绩，中考普高升学率达到73%。县级学期质量检测中仍然排名县级第一。创新教学，扎实推进课改。牢牢树立教学的主阵地是课堂，课堂的主体是学生的思想，打造高效课堂，推行新教学常规，规范教师课堂行为；充分发掘援疆教师资源，由资深援疆教师担任教研组长，培养教研组长后备力量。带领青年教师开展教研活动，李媛媛、赵子兴等19名青年教师荣获县级、地区级奖项。

【校园文化】 2020年，学校坚持以“团结文明好校园”为主题，深入开展学校环境综合整治和师生文明礼仪教育活动，构建舒适人文的美好育人环境，深度抓实校园文化。以创建“和美校园、优雅师生”为特色，开放图书室，增添图书、改善教育环境，购置花卉；丰富教师课余生活，完善工会活动室。全校师生互动，形成环境建设与人文建设相得益彰。2020年，被评为地区级文明校园。

【课题研究】 2020年，针对小课题的研究，立足“小”字，帮助教师们关注自己具体教育教学中的现象和问题，追求真实的研究；立足“课题”，引导教师从计划到反思，以科学的方式探索问题的解决或现象的改变，追求经验的提升。把教师的“小课题”研究作为教师获得个性化成长的重要平台以及特色教师成长的重要途径。回顾走过的路，主要做了以下扎实有效的工作：培训选题，确定立项小课题，组织全体教师认真学习县教研中心关于“以校为本”小课题研究申报实施方案对教师进行了培训辅导，使老师们懂得了“开展自己的教研，发表自己的见解，解决自己的问题，改进自己的教学”是进行小课题研究的根本目的所在。组织各学科教师认真选题，经过了“困惑”——“问题”——“课题”三部曲：首先，利用“集体教研”的时间，组织教师交流自己在教学实践中的困惑、疑点；然后，让教师们进行思维加工，并提出问题，把一个个小问题，转化成一个个小课题；最后，指导教师分析背景，查找资料，形成课题，编制计划，填报《小课题研究立项申请表》。其间，对各学科所选的课题进行了严格的筛选；抓行动、抓反思。立项后，教师尝试进行行动研究。学校每周开展小课题研究，供各课题的负责人和研究人员总结经验、发表见解、交流心得，同时老师们也跨课题、跨学科发表见解。围绕小课题研究，以备课组为单位开展每月一次的协作研讨活动，为研讨活动作准备，展开课题研讨，以学科组成员互动的形式展开，一般程序为：中心发言人发言——课题小成员补充发言——参会者提问与互动——组织者总评。这一生动活泼的互动式学习形式，激发了广大教师参与的积极性和主动性，培养了他们提出问题，分析问题，解决问题的能力。有的教师采取了研讨课的形式，针对课堂教学进行了研讨。

（艾克拜尔·艾尔肯）

第四高级中学

【学校概况】 拜城县第四高级中学始建于2011年，由拜城县委、县政府投资2.3亿元建设的一所全日制普通高级中学。学校占地面积14.2公顷，建筑面积9.58万平方米，拥有设备齐全、功能先进的综合楼、实验楼、图书馆、体育馆、艺术中心等，其中图书馆藏书量近21万册。学校现有教学班级64个，在校学生3052人，教职工272人，专任教师238人，其中正高级教师1人，副高级教师55人，中级教师81人，研究生学历12人，是一所绿地率达45.5%的花园式学校。建校以来，学校秉承“以人为本，德育为首，智慧教育，和谐发展”的办学理念，以“为党育人、为国育才”的育人目标，以“管理一流、师资一流，质量一流、环境一流”的办学目标；学校注重提升校园凝聚力和教学质量，建设“和相应、美相随”的“和美”校园文化，聚力锻造了领导倾心、教师尽心、学生安心、家长舒心、社会放心的“和美校园”；在教育教学管理中，实施“学校管理帮带——规范工程”“班主任帮带——提升工程”“教学帮带——青蓝工程”“教科研帮带——腾飞工程”“心理帮带——和谐工程”五大工程，有效促进了教育教学质量逐年上升。2020年，一批学子被985、211院校录取，其中谭深被北京化工大学录取、骆美娟被华中农业大学录取、陈彩清被西南大学录取、余文强被福州大学录取、迪力夏提·伊敏被中央民族大学录取、徐一凡被山东大学录取；2020年，学校先后荣获自治区级文明校园、地区级地区民族团结进步模范集体称号。

【师资建设】 2020年，拜城县第四高级中学完成计算机报名88人，计算机考试通过78人，普通话考试报名37人，继续教育报名119人，办理继续教育证书43人。2020年，奥鹏公益性培训239人，希沃培训（拜城县教师信息素养提升培训）166人。为做好职称评审工作，学校第一时间在学校签到室公示，并在学校钉钉大群做好宣传。是年，8人通过高级职称评审、14人通过中级职称评审、18人通过初级职称评审。办理24名新入职教师的入编及离职教师的手续。进行师徒结对，2020年，拜城县第四高级中学10名副高级教师帮带培养19名青年教师，24名一级教师帮带培养34名青年教师，19名中级教师帮带培养24名青年教师。2020年12月，拜城县第四高级中学开展以学为中心县级示范课21节。发表12篇论文（其中国家级3篇、省级9篇）。

【学生情况】 2020年，拜城县第四高级中学有3033名学生。其中，高一年级1060名，高二年级938名，高三年级1035名；男生1209名，女生1824名。高一新招入1057名，高三毕业1048名，结业59名，上年转入8名，休学8名，复学11名。全校有共青团员1256人，全校有64个教学班，其中22个高一班、20个高二班、22个高三班。

【基础设施建设】 2020年，拜城县第四高级中学着力解决师生住宿用房改造。7—8月，改造阶梯教室2间，粉刷教师公寓楼1栋，学生宿舍楼3栋。确保学校教育教学活动的正常开展。不断改善学生住宿条件，做好宿舍调整规划。

【德育建设】 2020年，拜城县第四高级中学开展班级民族团结结对活动，让每个师生都能维护民族团结。形成良好的班风、年级风、校风。开学后，各班级组织学生学习贯彻《中学生守则》《中学生日常行为规范》《拜城县第四高级中学学生违纪违规处理办法》以及学校各种规章制度，并做到及时检查学生的行为习惯，发现问题及时处理。认真上好主题班会课，通过疫情防控、法制教育、安全教育、民族团结教育、心理健康教育、感恩教育、勤俭节约等专项教育引导学生树立正确的价值观。进一步利用好各媒体资源。用广播、黑板报、手抄报、电子墙、电视、多媒体等，对学生进行人生观、价值观、文明习惯、遵纪守法等方面教育，以提高学生各方面的素质。加强对学生的行为养成教育。培养学生的自我管理能力，充分发挥共青团、值周班的职能作用，开展学生素养活动周，每周由各行政部门中层带领值周班级全体同学参与学校班级日常工作的检查与评比，并做好当日的值班记录，发现问题及时处理解决。面向全体学生，继续深入开展以转化学困生为重点的系列活动。德育处几位主任轮流、定期对学困生进行思想教育，并邀请心理老师定期对学生进行心理辅导，采取多种方法严格控制个别学生的违纪的现象。德育处建立典型学生跟踪档案，配合班主任常抓常管，教育学生遵守学校规章制度。对重点学生进行家访，形成学校、家庭、社会三方育人的格局。德育处通过平时学困生统计工作，帮助薄弱班级、年级抓好日常管理工作，本学期每月对班主任进行量化，并及时将检查情况反馈各班主任。有计划地培养各班班干部，定期召开会议，提高他们在班级建设中的骨干作用，发挥学生自我管理的功效。通过班主任进宿舍活动，关心住校生的生活，做到全方位教育全方位关心爱护。加强学生审美教育，加强学生仪容仪表检查。针对高一年级新生行为习惯、讲普通话较差的实际情况，开展2020届高一学生行为整顿专项活动。为推动学校法治建设，2020年度邀请学校法制副校长召开法治教育讲座、学习中央第三次新疆工作座谈会、学习《中华人民共和国民法典》、防电信诈骗和防毒品侵害讲座，加深学生对法律知识的理解，强化学生法律意识及自我保护意识。通过黑板报、主题班会等形式加强法制教育和法制宣传，让法制观念深入学生心中。

【德育队伍建设】 2020年，拜城县第四高级中学面对新形势下中学生的行为心理特点，提升班主任管理效能，组织开展了班主任培训工作——班主任艺术应对学生情绪问题。严格考核班主任工作，包括卫生、纪律、仪容仪表、宿舍关心学生、班会检查、板报、手抄报评比和各种资料上交等，每月向全校公布。坚持开好每月两次班主任例会包括：传达上级精神，就近期工作作出安排。为了“思想上关心、业务上培训、待遇上倾斜”，不断增强班主任工作的成就感，努力营造理解班主任、尊重班主任、热爱班主任、争做班主任的良好氛围，开展拜城县第四高级中学第二届班主任节，评选优秀班主任，增强班主任的使命感、荣誉感。通过开展新老班主任师徒结对活动和班主任经验交流会，以老带新，帮助新班主任尽快掌握学生管理的经验做法。每学期针对3个年级学生的不同特点，对班干部进行培训教育，将学校管理的最后一环管理好应用好。

【教育教学】 2020年，拜城县第四高级中学始终坚持为党育人、为国育才的教育理念，坚决落实立德树人根本任务，积极推进课堂改革，稳步提升教育教学质量。狠抓常规管理，渗透先进理念。为落实常规管理，提高教育教学实效，全体教师秉持“向课堂要质量”“研究教材”“研究学生”“研究高考”的理念，并将这些理念落实到常规教学管理的各个环节。教务处、教研室按照计划对教师的备、教、批、辅、改、研都提出明确的要求，并分阶段进行检查和验收，真正实现抓常规、重过程、强管理。推进课堂改革，提高课堂效率。为了更好地适应新课改，学校大刀阔斧推进合作探究式课堂教学改革。课堂充分体现以学生为主，学生的上课积极性大大提高，极大地提高了课堂效率。开展特色教研，提高教学质量。教研是教育教学质量的核心，学校狠抓教研质量，开展特色教研。充分发挥工作室和援疆教师的优势，开展各项比赛、培训、集体备课、研讨活动、示范课、专题教研等活动提升学校的教研质量。同时，各年级、各班、各学科通过考后质量分析会、教研会等，对取得的成绩、存在的问题进行深入细致的研究。通过因材施教，培优补差拔高尖子生，转化边缘生，鼓励后进生，辅导特长生，提升了学校的教育教学质量。各方联动配合，全力备战高考。高考上线率是学校教育教学质量的重要体现，学校成立高考领导小组，联合各个部门，共同助力高三备考。通过开展高考研讨会、调研会、高考百日誓师大会，制作高考励志宣传短片等激励高三师生。充分发挥学校心理咨询室的作用，为高三学生做好心理健康辅导，确保良好的心态。发挥传帮带作用，培养优秀师资。学校年轻教师较多，为促进年轻教师的发展，学校积极开展师徒结对工作，发挥传帮带的作用。从教学能力、教研能力、课堂管理、班级管理、扎根边疆的情怀等方面进行帮带，促进青年教师快速成长。深入开展科研，积极辐射乡村。学校在课题研究方面不断创新，不断培训，不断培养，壮大了学校的科研队伍，提升了学校的科研能力。同时，学校为了帮助提升乡村教学质量，积极开展送教下乡和乡村助学活动，选派骨干教师组成送教团队，每月定期到乡村学校开展送教活动，为乡村教师带去示范课、讲座、教研指导等，还为乡村贫困学生送上学习用具，鼓励他们学习。

【校园文化】 2020年，拜城县第四高级中学坚持把德育放在首位，创建适应新时代特征的思想政治教育体系，加强对学生的个性发展、人格完善和心理健康等方面的教育，营造健康、和谐的人文氛围和环境。采用灵活多样、生动活泼的方法，开展科学的世界观、人生观和价值观教育，开展爱国主义、集体主义、民族团结等教育，形成品位高尚、丰富多彩、健康向上的校园文化。学校将“依法治教”“以德治校”紧密结合，加强校园精神文明建设，持续开展“树诚信风尚，做文明学生，创文明校园，建优良校风”活动。建立学生自我教育、自我约束、自我管理机制，提升校园文化和人文环境品位。学生社团活动是学生生活活动不可分割的有机组成部分，学生社团活动项目是对学生个性化培养的重要措施，是学生成长的必要条件。学校大力开展丰富多彩的学生社团活动，社团活动主题鲜明、内容丰富、题材新颖，丰富了学生们的课外业余知识，充分发挥了学生们的兴趣爱好和个性特点，加强了学生们的自我管理，从而培养了创新实践型人才，促进了学生的均衡发展。学校团委、学生会多次在学生大会上、各社团活动中鼓励、表扬社团的作用并肯定了他们的做法。从建校到2020年，学校有39个学生社团，四个大类，其中11个体育类社团、10个艺术类社团、9个学术类社团、9个应用类社团。

【课题研究】 2020年，拜城县第四高级中学有2项自治区结题课题、2项地区立项课题、4项县级立项课题。2020年7月，拜城县第四高级中学语文组研究课题《“整本书阅读与研讨”有效开展的时间研究》经自治区结题，地理组研究课题《运用结构式板书提升地理教学有效性的研究》经自治区结题。2020年6月，拜城县第四高级中学物理组研究课题《基于少数民族学生高中物理“复习单”教学应用研究》地区立项，化学组研究课题《基于学本课堂的高中化学“问题导学”设计与实践研究》地区立项。6月，拜城县第四高级中学政治组研究课题《依托经济与社会教学培养学生学科学核心素养研究》、英语组研究课题《拜城县第四高级中学单列类学生英语词汇学习的现状及对策》通用技术组研究课题，《案例教学法在通用技术教学中的应用研究》和生物组研究课题《高中生物学习策略现状调查及干预和指导措施应用研究》县级立项。

（刘　丽）

职业技术学校

【学校概况】 拜城县职业技术学校成立于2011年9月，为贯彻落实优先发展教育事业，满足人民群众对职业教育需求，拜城县委、县政府自筹资金2.3亿元新建职业技术学校，新校区2018年9月正式投入使用。学校总占地面积169963平方米，建筑面积60767平方米，形成集教学区、办公区、教学区、生活区、运动区等多位一体的职业技术学校，单体建筑13栋，分为教学楼、实训楼、宿舍楼、行政楼等。开设服装类、汽车维修类、机电技术类、农产品加工类、旅游服务类五大类10个专业（含4个技工专业），办学资金达24260.74万元，各类配套设施齐全完备，是一所面向社会多层次、就业一体化的全日制公办性质职业技术学校。学校现有教职工156人，在岗专任教师122名，其中服装制作与生产管理专业教师12名、汽车应用与维修专业教师10名、机电技术应用专业教师8名、焊接技术应用专业教师6名、烹饪专业教师4名、电子商务专业教师4名、酒店管理专业教师4名、德育教师6名、计算机教师6名、心理健康教育教师4名、数学教师6名、体育教师7名、音乐教师2名、艺术教师3名、英语教师6名、普通话教师34名。学校现有60个教学班，在校生3091人（2020级1046人、2019级1149人、2018级896人）。

【教育教学】 2020年，县职

业技术学校根据不同地区生源和学生实际情况，按学生的水平和整体素质采取分类编班。同时，征订部编版三、四、五年级语文教材进行分层教学，以适应学生的接受能力，有针对地提高学生国家通用语言文字水平；分类教学，提高学生全面能力。学校按照侧重点不同将语文课程分为基础训练、听过训练、阅读写作训练，要求教师根据不同的要求对学生进行专门性教学，确保全面提高学生的听、说、读、写能力。各班利用班班通、多媒体等设备，播放电影、歌曲、学习朗读视频、听力材料等，从学生喜闻乐见的教学方式入手，加强学生国家通用语言文字的听说能力。教师通过课堂学生表现、课后作业等及时反馈学生学习情况，不断调整适合学生的教学方法；课上课下相结合。为进一步巩固课堂教学成果，学校相关科室积极开展各类课外活动，如“讲故事比赛”“听写比赛”“诗歌朗诵比赛”“同唱歌、同跳舞、同读书、同过节、同活动，感恩融情、学习融情、娱乐融情、交流融情、成长融情‘五同五融情’活动”，加强学生的交往交流交融，真正把国家通用语言文字教育教学融入学生日常生活中。每天通过“一日三读”强化学生国家通用语言的听、说能力，同时，利用暑期对学生集中进行国家通用语言文字培训，有针对性地提高学生国家通用语言文字教学水平，通过培训，学生的国家通用语言水平上了一个新的台阶。创造良好的语言环境和氛围。要求全校师生在校必须使用国家通用语言文字进行交流。要求学生在家多观看、收听国家通用语言文字类电视、广播节目来学习和强化汉语。

【教育管理】 2020年，县职业技术学校为加强学校领导班子建设，提升凝聚力。学校召开党支部会议、教代会，根据学校实际情况制定符合学校发展的各项制度，经公示后，不打折扣地严格执行。重新制定学校领导班子责任分工，落实到人。领导班子之间要加强沟通与交流，加强思想政治建设和作风建设，树立大局意识、责任意识、发展意识，提高领导能力、决策能力和工作凝聚力，厘清发展思路，明确工作重点，要不断学习，掌握职业教育发展动态，提升个人素养，不断提高自己的决策水平和工作能力；加强队伍建设，大力培养“双师型”教师。建立良好的用人机制。将其他学校高级职称教师或者企业高级专业技术人才聘请到学校担任兼职教师，实现优秀人才资源共享，建立兼职教师人才信息库，将其作为职业学校挑选兼职教师的平台等方式，多措并举地加强师资队伍建设；加大教师培训力度。学校可按计划分期分批次派专业课教师到实训基地参与生产实践活动、“挂职”学习、顶岗锻炼；对于青年教师，学校可以安排他们脱产或半脱产轮流下企业实习，进一步提高青年教师的专业水平。加强教师管理。建立健全教师问责追责机制，对工作不认真，行为懒散的教师根据自治区教师管理条例、教育管理等办法进行严肃追责问责；关心关爱教职工。对教职员工中存在的实际困难，校领导要及时关心，给予帮助。加强教学常规管理，有效提高教学质量。定期开展专业理论考试，普通话水平考试，让教师适应教学要求；认真开展“三进两联一交友”活动，让学生与教师之间多沟通，多了解。学校教师队伍中少数民族有6种，因此加强各民族之间的团结是极端重要的，也是开展好学校工作的基础。开展好“青蓝工程”，努力提升各教师专业水平。建立校领导安排各项工作后必须开展事后追踪制度，对工作拖拉不按要求落实的教师按要求处理。积极安排有能力的教师参加培训、比赛，培训各学科带头人，从而带动整个学校发展；加强思想政治教育，全面提高学生素质。健全组织，提高素质。为了统一领导德育工作，学校成立了德育工作领导小组，实行校长责任制，校长对学生德育工作全面负责。同时，学校建立和完善了德育工作培训计划、班主任工作手册和《学生管理积分实施细则》《班级网格化小组管理手册》《学生综合素质报告册》等，形成德育办、团委、值周班、班主任齐抓共管的德育管理体制，德育工作执行有力。学校德育工作领导小组全面负责学校的德育考核工作，班主任负责对学生的日常德育考核。德育工作考核中对优秀德育工作者、优秀班集体、优秀学生、优秀学生干部、优秀团员，进行表彰奖励。抓好德育工作，还必须加强德育工作队伍建设，学校为此针对全体教职工专门制定了“三一制”教学模式，即30分钟讲授课程，10分钟对学生开展德育教育，形成“人人抓德育、人人都是德育工作者”的良好氛围。从学生身心发展规律和学校德育目标出发，积极探索、科学改革，通过班主任工作会议和课任老师座谈会等形式，集思广益、献计献策，研究德育工作的新思路，形式多样地深入开展德育、安全教育工作。广泛开展主题教育，丰富德育形式和内涵。学生的仪容仪表，文明礼貌，日常行为规范是体现德育工作的一个窗口。学校充分发挥德育办、团委、值周班和各班级的作用，每年抓住青少年入校、入团时机，并以“学雷锋”日、五四青年节、七一党的生日、“国庆节”以及技能大赛等为契机，以爱国主义、集体主义、社会主义、安全教育为主题内容，深入开展青年志愿者服务、义务劳动、主题班会、主题团会、主题征文、黑板报评选、知识竞赛、书法绘画摄影作品展等有益学生身心健康的系列活动，开展理想、信念教育，爱国主义、集体主义、社会主义教育，学生日常行为规范、文明礼貌教育，职业理想、职业道德、社会公德和创业创新精神的教育；发扬精神、凝聚力量，加强了对青年学生的世界观、人生观、价值观的教育，使他们的思想境界得到了升华。坚持法制教育与德育教育相结合，提高学生的心理健康水平和思想道德水平。学校坚持把法制教育纳入学生思想道德教育的总体规划之中，制定和完善《学生违纪违规通知单》《学生违纪告知备忘扣分单》等各项规章制度，不断强化法律法规、校纪校规教育，逐步加大检查和考核力度，严肃查处违纪违规现象，稳固加强校园综合治理。同时学校结合学生实际开展特色法制教育，与县检察院建立密切联系，聘请检察院人员担任法制副校长，每年至少安排两次法制专题活动，以真实的案例义务开展法制讲座，坚持青少年法制教育与道德教育相结合，增强学生遵纪守法的自觉性。加强心理辅导，提高德育工作的有效性。学校在校生中来自建档立卡家庭贫困、单亲家庭和特殊人员子女的比例占60%以上，由于家庭环境的影响，家长疏于对子女的教育管理，家庭养成教育缺失，且这些孩子由于成绩不好，在来自社会、家庭和学校的多重压力和歧视中成长，心理自卑，诱发违法犯罪的因素较多。针对学生心理问题多的现状，学校鼓励所有教师都要学心理健康教育知识，并开设心理健康课，开展学生心理辅导，与学生谈心，解答同学们在成长过程中遇到的困惑，并结合“三进两联一交友”活动，为学生安排帮扶教师，为学校德育工作的有效开展打好了心理基础，使德育工作更好地服务于学生的健康成长与个性的全面发展。

【专业设置】 2020年，县职业技术学校开设有服装设计与生产管理、汽车运用与维修、焊接技术应用、机电技术应用、农产品加工、农业机械使用与维护6个中职专业，中式烹调、机电设备安装与维修、电子商务、饭店（酒店）服务管理4个技工专业。依托区域龙头院校专业辐射带动作用，做强和优化服装设计与生产管理、汽车运用与维修、机电技术应用3个专业，并充分借助新疆轻工业学院南疆对口帮扶、温州对口支援院校桥梁，结合专业托管方式，开展点对点帮扶指导，进一步优化现有专业配置，力争在“十四五”末，将学校服装设计与生产管理、汽车运用与维修、机电技术应用打造成县域特色专业，逐渐形成特色鲜明、发展方向清晰的支柱专业。调整专业发展规划。根据市场需求和经济发展的需要，将重点建设紧缺人才专业，紧密围绕《拜城县“十四五”国民经济发展规划》，依托旅游、康养等服务性产业发展和县域煤炭化工、石油天然气等支柱性产业发展，切实将用工需求和专业建设与人才培养紧密衔接，新增一类能源化工专业建设和旅游康养、畜牧兽医等专业，保持专业建设发展紧紧围绕在县域经济发展上。

【实训教学】 2020年，县职业技术学校教育教学实训设备与各专业设置的学生数量匹配，实训设备总价值达1896万元，累计工位1100个。拥有服装设计与生产管理实训室、汽车运用与维修实训室、机电技术应用实训室、焊接技术应用实训室等9个专业实训室，能充分满足专业实训课要求。实训设施利用率。学校充分利用校内实训条件开展实训教学，普通课实验课平均开出率100%，专业基础课程实验课程平均开出率77.5%，专业课程实验课程平均开出率达76.8%。

【校企合作】 2020年，县职业技术学校充分利用对口温州资源，大力加强校企合作，使学校的办学与市场零距离接触，为学生寻找出路，解决学生的就业问题。学校与阿克苏工业园区科宁袜业有限公司、新疆锦丽源服装有限公司、雅戈尔纺织有限公司、华孚标信纤维有限公司、弘康棉纺公司、昌吉际华7555职业装有限公司、阿拉尔洁丽雅集团等大型企业签订协议，本年选送学生进厂顶岗实习400人次，累计校企合作专业总数达3个，设立顶岗实习点78个。另外，在自主创业、亚新汽车修理厂等汽修厂、雪莲等各大餐厅、玉素甫江理发店等理发美容店等处签约合同，安排学生进行实习。同时学校通过加大校企合作力度，为学生就地就近实习、就业提供了便捷，在稳固校企合作关系的同时，进一步提升了学校毕业生的就业率，对推动区域经济健康发展成效显著，学生对学校开展校企合作来强化职业教育发展的满意度、认可度不断提升。学生在企业顶岗实习期间，工作表现及能力得到合作企业的认可，给学校后续发展奠定了良好的基础。对辐射区域经济及行业发展效果明显提升，符合职业教育的发展规律和满足社会、行业的需求。

（李彦鹏）

社会民生

民　政

【概况】　2020年，拜城县民政局（以下简称“县民政局”）有在职干部33人，其中副科级以上领导干部（含非领导职）5人（正科3人、副科2人）、公务员及参照公务员管理15人、机关工勤1人，事业编制17人（含殡葬所自收自支编制3人、县老自聘1人）。内设办公室、养老儿童福利和慈善事业股、社会组织管理股、社会救助股4个科室。下辖康宁福利院、殡葬所、社会福利院（含老虎台、察尔齐、米吉克、黑英山、托克逊分院）8个事业单位。

【城乡低保】　2020年，县民政局做好低保对象家庭经济核对工作，确保“应保尽保、应退尽退”。根据低保动态管理原则，全年共新增城乡低保对象672户2026人，清退城乡低保对象有702户2890人。在城乡低保专项治理清退工作中，追回低保资金人员186户10.73万元。截至年底，城乡低保对象6349户12786人（城市低保758户1286人，农村低保5591户11500人），其中，低保对象中建档立卡贫困人数2539人，低保贫困户在全县建档立卡贫困户中占比例11.29%，其中，低保贫困户“四类人员”保障兜底771人（0~3岁46人、65岁以上老年人471人、重度残疾人202人、重病52人），全年发放城乡低保资金3664.22万元（城市低保资金683.96万元、农村低保资金2980.26万元）。

【临时救助】　2020年，县民政局不发挥临时救助过渡、衔接功能，健全临时救助备用金制度。下拨各乡镇临时救助备用金1057.85万元，监督指导乡镇对因突发性、紧迫性、临时性原因，导致基本生活暂时出现严重困难的家庭或个人，按照家庭困难程度给予分类救助，切实加大对建档立卡贫困户、低保对象和特困人员的救助力度，防止其因病、因灾、因急难事件等返贫。受新冠肺炎疫情影响，下放临时救助审批权限至乡镇、简化审批程序。疫情期间，全县累计救助39209人次，其中建档立卡贫困户354户33.57万元、边缘户239户27.66万元，防止因病、因灾发生致贫返贫情况。

【五保供养】　2020年，县民政局落实自治区《关于全面建立“五保”老人集中供养和孤儿集中收养制度的实施意见》要求，推进“五保老人”集中供养工作。有“五保老人”205人（即农村特困中60岁以上老人），其中集中供养189人，实现有意愿集中供养老人供养率100%；分散供养17人，补贴标准为集中供养700元/人/月、分散供养为618元/人/月。

【社会福利慈善事业】　2020年，县民政局按照自治区投入县财政资金360万元用于农村幸福大院改扩建，设置床位133张，配齐各类适老化设施设备，年底累计入住“五类”困难老人120人。

【关爱温暖工程方面】 2020年，县民政局贯彻落实特殊群体关爱服务制度，发挥救助职能，对符合救助条件的老人和儿童及时给予生活救助。各乡镇人民政府负责对本辖区农村留守老年人、分散供养特困老人、农村留守儿童进行巡防看护、关心关爱，对生活困难的安排专人进行照顾监护。全年全县无虐待、家暴农村留守老人和儿童现象发生，适龄儿童无辍学，农村留守老人和儿童合法权益得到有效保障。按照“明天计划”八类病种救助范围，组织各乡镇开展贫困儿童“明天计划”救助摸排，对符合救助条件且适宜进行手术救治的6名儿童进行手术治疗。

【养老服务体系建设方面】 2020年，县民政局开展养老院服务质量建设专项行动，持续完善居家为基础、社区为依托、机构为补充、医养相结合的养老服务体系，满足全县老年人多样化、多层次养老服务需求。年末，全县有公办养老机构6所，即社会福利院（中心敬老院）、米吉克分院、察尔齐分院、老虎台分院、托克逊分院、黑英山分院，设置床位290张，集中供养特困老人265人。全年为养老机构集中供养特困老人（含“五保老人”）拨付补助金376.75万元。

【重点项目建设】 2020年，县民政局争取上级资金支持，年内投资560万元实施拜城县残疾人康复中心和困境儿童楼附属工程建设项目；投入300万元实施拜城县未成年人救助保护中心和困境儿童楼消防及附属设施建设项目，投入480万元实施的拜城县托克逊乡敬老院项目等政府投资项目，以上项目年底全部完工。

【精神障碍患者救治】 2020年，县民政局落实社会保障兜底责任，畅通严重精神障碍患者收治绿色通道，对家庭经济困难的4级以上精神障碍患者19人送至地区康宁福利院开展救治，投入资金12.16万元主要用于患者伙食费用支出。年底治愈接回4人，仍住院治疗15人。

【流浪乞讨人员救助】 2020年，县民政局做好生活无着的流浪乞讨人员救助管理工作，联合公安、住建、市场监管、拜城镇等部门在街面巡控流浪乞讨人员，落实政府社会治理、公共服务和兜底保障职责。全年累计救助流浪乞讨人员和临时受困人员10人次（其中送返原籍1人、接回4人、亲戚接走1人，因疫情原因临时受困未成年人4人），投入救助资金2万元（含生活费、落户费、交通费等）。

【基层社会治理】 2020年，县民政局履行行业监管职责，加大基层社会治理工作力度，开展村务公开居民管理工作。深化基层社会治理方式改革，指导修订完善村（居）规民约，探索实施城乡社区治理三年行动计划。启动“农村公共服务目录”专项治理，减少村（社区）证明事项3类52项。

【区划地名管理】 2020年，县民政局完成地名普查电子档案工作。撰写并上报中华人民共和国地名大词典（拜城部分）。加快推进城镇化建设，合理引导农业人口有序向城镇转移，将察尔齐镇、拜城镇、赛里木镇、铁热克镇、大宛其管委会所辖42个行政村撤村设居，城镇化率达到40%以上。落实乡镇界线联检工作，完成康其乡与拜城镇、布隆乡、米吉克乡、温巴什乡、亚吐尔乡、赛里木镇与克孜尔乡6条乡镇界线联检任务。

【社会团体组织管理】 2020年，县民政局加强社会组织登记管理，对依法登记的16个社会组织开展年检工作，年检合格率100%。全年依法登记民办非企业单位2家、注销1家。截至年底，依法注册登记的社会组织16个，其中社会团体8家、民办非企业单位8家。

【婚姻、收养管理登记】 2020年，县民政局开展便民服务，落实“一趟不用跑、最多跑一趟”办事程序，简便办证手续。全年共办理婚姻登记2480对，其中结婚登记1366对、离婚登记299对、补发结婚证806对、补发离婚证9对、补办结婚登记50对；不同民族结婚登记101对。其中汉族与其他少数民族结婚登记86对。申请离婚登记人数652对，调解成功未办理离婚登记人数353对，调解无效办理离婚登记数299对，离婚率2.5‰，比2019年下降0.7‰。执行《中国公民收养子女办法》《收养登记工作规范》等法律法规，依法进行收养登记手续。

【拜城县社会福利院】 2020年，拜城县社会福利院内设中心敬老院1个、儿童福利院1个，下辖5个乡镇敬老分院（黑英山、托克逊、察尔齐、米吉克、老虎台），总占地面积69962平方米，总建筑面积15000平方米，共设置床位1000张（养老床位370张）。服务对象904人（供养老人256人，收养儿童648人），工作人员114人。

【烈士坟墓设施保护】 2020年，县民政局制定《拜城县民政局关于革命烈士坟墓突出问题整改工作实施方案》，对辖区内所有烈士纪念设施开展全面排查，对照《英雄烈士保护法》《烈士纪念设施保护管理办法》等法规政策，逐一建立存在问题、责任清单、整改措施三张清单，运用法治思维，把各类纪念设施修缮好、管理好、利用好。

【殡葬管理服务】 2020年，县民政局加强殡葬服务行业管理，打造绿色殡葬、惠民殡葬、阳光殡葬，加快公益性公墓建设。指导殡仪馆按照相关要求，宣传殡葬收费项目、标准、范围、数额和依据等，在殡仪馆办公区域醒目位置，公示收费项目、收费标准、收费依据，规范殡葬服务收费标准，确保殡葬业不发生侵占群众利益现象。

（夏　冬）

医疗保障

【概况】 拜城县医疗保障局（以下简称“县医保局”）2019年2月成立，为拜城县人民政府工作部门，正科级。机关内设5个科室，分别为办公室、征缴待遇科、医保稽查科、规划财务科、基金财务科。有行政编制5名，其中科级领导职数3名、机关工勤事业编制1名。所属事业单位为医疗保障服务中心，2019年5月成立，机构规格副科级，公益一类事业单位，核定事业编制17名，副科级领导职数2名。

【综述】 2020年，拜城县医保工作坚持以人民健康为中心，深化医疗保障制度改革，医保事业取得新成效。全县基本医疗参保人员共227240人，其中城镇职工参保27626人，城乡居民参保199614人，参保率99.7%，实现应保尽保。在全地区率先开展医保基金总额打包预付改革试点，医共体总医院医保基金费用同比下降18.88%，控制医疗费用不合理增长，化解基金运行风险，减轻患者医疗费用负担。加强基金监管，开展打击欺诈骗保工作，维护基金安全。统筹发挥基本医保、大病保险、医疗救助“三重”综合保障功能，加大医保扶贫和医疗救助工作力度，杜绝因病致贫返贫。完善全县基本医疗保险业务经办规程，狠抓行风和效能建设，推进医疗保障一站式服务、一窗式办理、一单制结算，政务服务事项实现再提速。在县域公立定点医疗机构实施三个批次、113个品种药品集中带量采购，为公立医疗机构节约药品费用支出200余万元。把人民群众生命安全和身体健康放在第一位，落实落细疫情防控各项措施，确保患者不因支付政策影响救治。落实阶段性减征职工基本医疗保险费政策，阶段性减征机关企事业单位1025家、减征金额2206.45万元，缓解企业和职工经济压力。

【居民基本医疗保险】 2020年，拜城县城乡居民基本医疗保险基金参保人数19.97万人，筹资标准为每人每年890元，其中个人缴费340元，中央、自治区、县财政配套补助550元。年度合计应收入基金总额为19364万元，其中个人缴费为6556.21万元，财政补贴1.28亿元。合计基金支出总额为1.01亿元，其中待遇支出9009.51万元、全民健康体检支出991.07万元、家庭医生签约服务94万元。

【职工基本医疗保险】 2020年，拜城县参保职工27626人。其中，在职职工19664人，退休人员7962人，参加公务员补助人数为4060人。基本医疗保险基金总收入1.14亿元，大额医疗保险581.44万元，公务员补助医疗1070.63万元，职工离休医疗保险0.11万元，商保大病保险13.09万元，收入合计1.3亿元。基本医疗保险基金支出8792.28万元，大额医疗保险83.17万元，公务员补助医疗18.49万元，职工离休医疗保险27.52万元，商保大病保险13.09万元，支出合计8934.55万元。

【医疗保障服务】 2020年，县医保局推进基本医保、大病保险、医疗救助“一站式服务、一窗口办理、一单制结算”。围绕“互联网+”建立钉钉医保服务平台，优化转诊、异地就医、急诊备案审批等业务，方便参保人员转诊就医。年末医保服务平台关注人数8900人，平均日处理钉钉医保服务平台提交业务230人次，确保“信息多跑路，群众少跑腿”。

【医疗扶贫】 2020年，县医保局统筹发挥基本医疗保险、大病保险、医疗救助“三重”保障功能，提升综合保障能力。守牢应保尽保底线，全县37059名建档立卡贫困人口、特困人员、低保对象实现100%参保缴费，缴费补助资金510.07万元。全年建档立卡贫困户共计就诊45737人次，总费用1142.09万元，医保基金支付782.92万元。其中普通门诊就诊42550人次，总费用173.7万元，医保基金支付112.77万元；慢病门诊就诊610人次，总费用16.79万元，基本医疗基金支付11.62万元；普通住院人次数2577人次，总费用911.16万元，医保基金支付608.73万元；商保大病支付54.64万元。

【医疗救助】 2020年，县医保局发挥医疗救助兜底保障功能，将低收入、因病致贫家庭纳入救助范围。全年使用医疗救助资助参加基本医疗保险人数33470人，支出费用501.82万元；为199485人购买商业补充医疗保险支出1337万元；实施门诊和住院救助3137人次，全年支出1694.43万元，住院和门诊每人次平均救助水平分别为6419元和331.2元。

【专项整治】 2020年，县医保局建立基金财务管理制度、风险预警制度、内控等制度，按季分析医保基金运行情况，医保基金管理使用更趋规范。开展打击欺诈骗保工作，对45家“两定点”医药机构开展全覆盖检查，对医保经办和医疗机构自查自纠工作开展抽查。共查处违规定点医药机构42家，发现问题156条、追回或拒付违规医保基金53万元，停网定点药店4家，约谈定点医药机构35家次（医疗机构14家次、定点零售药店21家次），媒体公开通报定点医疗机构2家。

【就医结算】 2020年，县医保局做好就医结算工作。

县域内就医结算情况。城镇职工：门诊总人次数177145人次，总费用3921.11万元，其中基本医疗保险统筹支付606.98万元，药店支付124359人次2844万元，个人账户支付470.13万元。县域内住院总人次数5577人，总费用5864.53

万元，其中基本医疗保险支付2549.83万元，公务员补助支付18.49万元，个人账户支付3296.21万元。城乡居民：门诊总人数48340人次，总费用为2254万元，其中基本医疗保险支付2555万元。县域内住院总人次数19017人次，总费用5804万元，医保基金支付4915万元。一级医疗机构总住院人次数5996人次，住院总费用1056万元，医保基金支付980万元。二级医疗机构总住院人次数11695人次，住院总费用4293万元，医保基金支付3575万元。

县域外就医结算情况。城镇职工：县域外住院总人次数423人次，住院总费用501.9万元，医保基金合计支付352.15万元，基本医疗保险支付283.05万元，大额支付43.42万元，公务员补助支付13.53万元，商保大病支付12.15万元；城乡居民：县域外城乡居民住院总人次416人次，住院总费用415.44万元，医保基金支付总费用为241.04万元，基金人均支付5794.23元。

【生育保险】 2020年，县医保局落实生育保险政策，将生育保险与基本医疗保险合并。是年，生育医疗费用共676人次549.32万元。其中，生育医疗551人310.26万元，生育津贴发放125人239.06万元。

（李　楠）

人力资源和社会保障

【概况】 拜城县人力资源和社会保障局（以下简称“县人社局”）隶属拜城县人民政府职能部门，为机关事业单位。下设就业公共服务局、劳动监察大队、社保局二级单位3个，主要负责就业创业、劳动监察、社会保险、人事人才等工作。

【综述】 2020年，县人社局就业创业、社会保障、劳动监察、人事人才工作取得阶段性进展。贯彻落实29项惠企惠民政策，为企业复工复产保驾护航，减轻企业运营成本，稳住就业基本盘。全年539家企业享受社保费减免7778.18万元，382家企业享受稳岗补贴470.70万元。人社业务位居全地区排名第一，被地区扶贫开发领导小组授予“脱贫组织创新奖”，被自治区授予“自治区级文明单位”，被县民族团结进步创建活动领导小组授予“拜城县民族团结进步教育基地”；公共就业服务局被县扶贫开发领导小组授予“脱贫攻坚组织创新奖”。

【富余劳动力转移】 2020年，拜城县按照“一户有一人离开土地稳定就业”工作目标，立足稳就业保民生、稳岗位促发展的就业理念，提出“6+”工作模式，实现县域内农村富余劳动力“家家有就业、人人有事干、天天有收入”。全年转移富余劳动力31811人次，实现人均月增收2500元左右。整建制劳动力转移输出拾棉花工8965人，人均收入增加4000元。实现城镇新增就业全年累计4875人，完成地区下达指标任务2300人的211.96%。

【工资福利】 2020年，根据《拜城县2019年度科级领导班子、科级干部和党政机关事业单位工作人员考核结果的通报》，对2019年度干部7201人年度考核登记表进行签批。运用干部日常考核机制，推行县直事业单位按季考核、乡镇（场）按月考核，定期掌握各事业职工的平时工作表现，为年度考核打好基础。完成事业工作人员5637人及机关工勤人员正常晋升工资，审批兑现干部岗位变动工资、乡镇工作补贴等日常工资变动待遇，确保干部职工切身利益不受损。

【人事制度改革】 2020年，拜城县以深化事业单位人事制度改革和职称制度改革为重点，推进全县人事人才管理工作创新发展。加大政策宣传培训力度，做好待遇保障。加大对人事干事培训力度，引导熟练掌握人事人才相关政策和操作流程。

【人才引进】 2020年，拜城县开展线上发布引才工作信息，线下收集相关资料，打破户籍、身份、学历、人事关系等制约，全年引进人才467人，重点引进教育系统452人、卫生系统6人，其他系统12人。规范事业单位人员调动程序，科学合理配置人才资源，优化干部队伍结构。严格管理人员“出口关”和到龄退休政策。全年办理辞职、辞退人员手续，畅通人员出口渠道。完成2020—2021年66家企业和372个单位紧缺急需人才摸底、统计、系统信息录入工作，做好紧缺人才基础数据支撑。

【“放管服”改革】 2020年，拜城县以深化事业单位人事管理领域“放管服”改革为目标，结合“人社服务快办行动”，加强信息化建设。对事业单位人事管理信息系统里408个单位的统一社会信用代码，进行逐一核对和更新完善。梳理网上办理事项流程8项，通过定流程，减材料，解决事业单位办事多跑路、时间长、环节多等问题。通过事业单位人事管理信息系统，线上办理岗位等级变动、新进人员聘用、事业单位人员减少、事业单位人员调动、公开招聘人员申报等业务共775项，涉及1026人次，提高事业单位人事管理工作效率。

【专业技术人员管理及职级评审】 2020年，拜城县落实事业单位分类改革，推进事业单位岗位设置管理制度，规范事业单位人事管理，完成全县384个单位岗位设置工作。审核700人的职称申报材料，收集特殊人才认定高级、初定（授予）中级、高中初级推荐评审、“访惠聚”连续三年优秀高定等专业技术人员的纸质版申报材料，提交至相应评审委员会，做到“线上线下”相结合。制定《拜城县2020年事业单位职称评审工作实施方案》，拓宽重点人才选拔推荐，全年推荐少数民族科技骨干特殊培养人员5人、百千万人才工程国家级人选2人。

【人事考试】 2020年，县人社局坚持广开渠道，严把事业单位人员“入口关”。拓宽选人用人渠道，提高干部队伍的质量和素养。根据各单位空岗、空编情况，拟定招聘计划，公开招聘事业单位人员95人。

【伤病残鉴定】 2020年，拜城县共备案劳动工伤135人，申请工伤认定93人，劳动能力鉴定65人次。

【劳动就业保障】 2020年，县人社局对各类用人单位开展日常检查948次，指导用人单位签订简易劳动合同113份。接受劳动者日常投诉100件，化解100件。立案侦办2件，涉及人数10人，涉案金额39万元。劳动仲裁立案124件，调解结案79件，裁决结案34件，撤案11件，其中，受理拖欠民工工资案件23件，裁决21件。处理“网上直通车”投诉案件17件，处理阿克苏政务“12345”服务平台转办拖欠工资案件108件，均处理完毕。将1家企业列入“黑名单”，形成有效震慑。

【劳动仲裁】 2020年，县人社局受理仲裁案件109件，调解26件，仲裁裁决83件，结案109件。

【公共就业服务】 2020年，县人社局将“服务+就业”作为推进公共就业服务规范化、信息化建设重要手段，为群众提供便捷高效服务。整合“拜城县人力资源和社会保障局”“拜城县公共就业服务局”公众号2个，完善功能设置，新增求职招聘、培训创业、就业登记等便民服务版块，发布用工快讯8期1500多个岗位，帮助36家企业、561家个体工商户招聘用工，做到疫情期间“就业服务不打烊，网上招聘不停歇”。落实就业促进政策，实施整建制转移就业、帮助招聘机构录用、短期就业项目吸纳、投身农业产业解决、鼓励扶持创业带动，全县富余劳动力实现就业19123

人，就业率96.7%。通过引导高校毕业生面向县域发展就业、面向重点领域就业、面向基层就业，毕业生1193人实现就业、就业率92%。建立就业服务内容、服务流程、服务标准一体化体系，促进人力资源合理流动和有效配置，将“一趟不用跑”事项清单拓展增加为27项，推动职业指导、职业介绍、职业技能培训、就业见习、创业服务等服务项目结合。投入9万元购买21项公共就业服务，为769人提供就业登记、求职招聘等服务。加强公共服务平台建设，整合窗口服务资源推行“一站式”服务，完成就业服务标准化窗口建设188个，拜城镇热斯坦社区、英巴扎社区创建为自治区级充分就业社区。

【养老保险】 2020年，拜城县基本养老保险参保14664人，其中缴费人数10110人，享受待遇人数4554人，征缴收入8445.33万元，待遇支出1.47亿元，上解上级支出8868.27万元，滚存结余183.18万元。机关养老保险参保13747人，其中缴费人数10479人，享受待遇人数3268人，征缴收入1.74亿元，待遇支出2亿元，滚存结余5246.47万元。

【失业保险】 2020年，拜城县失业保险参保16390人，享受待遇人次323人次，征缴收入894.10万元，待遇支出47.99万元，稳定岗位补贴支出493.46万元，技能提升补贴支出4.2万元，失业补助金支出55.71万元，滚存结余1362.38万元。

【工伤保险】 2020年，拜城县工伤保险参保17014人，享受待遇人次1245人次，征缴收入369.90万元，支出866.90万元，上解上级支出401.41万元，滚存结余176.23万元。

【劳动力技能培训】 2020年，拜城县加强对职业技能培训的监管，采取资料审核和实地查验相结合的方式，确保硬件设施、师资队伍、课程设置、教学材料及教学方向等符合政策要求和标准，强化后续追踪，定期开展培训质量鉴定考核。全年开展培训质量督察21次，技能鉴定11次。通过与阿克苏技师学院、民办职业技能培训学校开展“校校合作”，丰富培训工种，提升培训质量。建立师资库管理、就业推荐、学员结业跟踪管理等机制，推行职业技能培训“大课表”，将“思政+普通话+法律”贯穿始终。结合市场需求，加大建筑工、电子商务、旅游服务等市场急需、就业率高的工种的培训，降低美容、美发等市场基本满荷工种培训班次。实施“订单+定岗+定向+定制”培训和新型学徒制培训，开展“校企合作”，在金晖兆丰能源有限公司、众泰煤焦化有限公司、恒达保温建材有限公司等拜城县优势企业命名一批就业见习基地、实训基地。基地完成培训60期3171人次，培训对象就业率92%。搭建乡土人才发展平台，将劳动力培养成乡土人才、乡土人才培养成致富带头人，培育电商、畜牧养殖、美容美发、服装制作等行业致富带头人8人。

退役军人事务

【机构概况】 拜城县退役军人事务局成立于2018年11月25日，局机关编制总数6名，领导职数3名（其中行政编制5名、行政工勤编制1名）。设有党组，班子成员3名。下设拜城县退役军人服务中心，2019年5月22日成立，公益一类事业编制，编制3名（其中领导职数1名）。县退役军人事务局和服务中心办公场所总面积210平方米，合署办公，设置来访接待室、综合业务室、档案室、双拥办等。县、乡、村三级退役军人服务中心（站）按照有机构、有编制、有人员、有经费、有保障“五有”全覆盖工作要求，紧扣就业创业扶持、优抚帮扶、走访慰问、信访接待、权益保障五项工作。搭建起退役军人的政策咨询窗口、感情联络纽带、信息沟通渠道、帮扶援助平台，为退役军人提供服务。全县15个乡镇（管委会）落实服务站站长和工作人员42名，153个村、16个城镇社区落实专兼职站长169人。

【光荣牌悬挂】 2020年，拜城县统筹协调乡、村（社区）力量、统一部署、合力推进，按照悬挂时间、标准和具体要求，全面开展光荣牌悬挂工作。截至2020年年底，为烈属、军属和退役军人悬挂光荣牌1645户。

【优抚安置】 2020年，拜城县在册重点优抚对象203人、自主择业军转干部66人、企业军转干部3人、军队离退休干部和士官3人、无军籍退休职工8人。确保准时足额发放优抚对象优待金、生活补助422.22万元和物价上涨补贴0.24万元；为符合医疗补助对象33人报销医疗费9.45万元；为退役士兵发放退役士兵一次性经济补助金110.25万元；为义务兵家属发放家属优待金98.6万元。做好自主择业军队转业干部医疗保险费的缴纳工作，按月及时缴纳医疗保险费86.4万元和9万元取暖费。缴纳军休干部以及无军籍职工社保5.26万元，发放工资津贴105万元。做好退役士兵社保接续工作，为退役士兵补缴社会保险费用37.89万元。

【双拥共建】 2020年，拜城县落实新修订的《双拥模范城（县）创建命名管理办法》《拜城县创建自治区双拥模范县工作实施方案》。春节期间，开展慰问驻拜公安干警，走访烈士家属、退休军转干部、农村籍老军人等，送去慰问金和新春祝福，慰问物资合计9万余元。“八一”期间，对县人武部、武警拜城中队及官兵家属进行节日慰问，送去肉、饮料、水果和生活用品等慰问物资，折合资金10.97万元，对15个乡镇（管委会）各类退役军人代表进行慰问，累计钱物11.3万余元。慰问企业军转干部，发放慰问金0.3万元。国庆节、中秋节期间组织开展系列活动，慰问现役军人家属、退役军人代表和军队退休退职干部职工等，发放慰问品累计资金12万余元。提供慰问优抚对象资金15.84万元。慰问边海防执行任务官兵家属3户，送去大米、清油等生活用品，折合资金0.15万元；组织退役军人代表开展“庆国庆、迎中秋”主题党日活动，对米吉克乡村荣立三等功现役军人王亚军家属送去立功喜报并慰问。

【中国人民志愿军抗美援朝出国作战70周年纪念章颁发】 2020年10月25日，在中国人民志愿军出国作战70周年之际，拜城县四套班子领导和县委宣传部、组织部、县直机关工委、退役军人事务局、商工局、公安局、供销社等部门负责人，将“中国人民志愿军抗美援朝出国作战70周年纪念章”颁发给在拜城县居住的七位参加抗美援朝老战士（杨宝仁、吴锡臣、秦道德、雷京辉、罗顺兴、王继光、孙玉华），并送去慰问信和慰问品。

【老兵退役活动】 2020年，拜城县举行退役士兵向军旗暨第二故乡告别仪式，向获得“最美老兵”称号的退役军人发放纪念品。

（刘翔睿）

住房和城乡建设

【机构概况】 2020年，拜城县住房和城乡建设局（以下简称“县住建局”）有在职在编人员41人（其中干部30人、工人11人），内设办公室和业务股，下设县房地产管理所、县城建管理监察大队、县质量安全监督站、县城乡建设服务中心、市政环卫服务中心、县园林绿化管理处二级单位5个。

拜城县房地产管理所（拜城县城镇住房保障管理办公室），副科级建制，核定编制5个，实有3人；拜城县建设工程质量安全监督站，副科级建制，全额拨款事业单位编制10

个，实有9人；拜城县城建管理监察大队，副科级建制，全额拨款事业单位，参照公务员法管理，核定编制18个，实有人员22个；拜城县城乡建设服务中心，副科级建制，全额拨款事业单位，有编制3人，实有人员2人；拜城县市政环卫服务中心，副科级建制，全额拨款事业单位，有编制28人，职工24人；拜城县园林绿化管理处，副科级建制，有编制32人，正式职工28人。

【综述】 2020年，县住建局围绕年初工作目标，推进经济高质量发展，一手抓疫情防控、一手抓项目开复工。实施固投项目23个，累计完成投资14.6亿元，完成目标任务的110.9%；年内开发房地产项目15个，完成投资9.24亿元，同比增长70%；签约招商引资资金10.05亿元，完成目标任务的125.6%，实际到位资金9.13亿元，完成目标任务的152.2%；争取上级资金2.1亿元，完成目标任务的105.3%；城市品位有提升，“两环两带多点”园林绿化布局全面展开，台河两岸滨河景观完成整治7.5公顷，台河两岸10千米漫步道全面打通，带动滨河水韵、滨河国际、东桥里市场、东桥小镇等项目先后实施；基础设施有保障，坚持以人为本，提升基础设施配置水平，新建生活垃圾填埋场1座、日处理30吨规模的生活垃圾转运站2座、水厂1座，新增绿化面积4.2公顷、供热管道3千米、道路2.1千米，累计完成基础设施建设投资2.33亿元；民生工程有“温度”，老旧小区改造全面完成，共涉及15个小区、1415户住户；完成棚户区改造511套，安居房5201套全部建成并投入使用。生态环保有成效，完成中央环境保护督察反馈意见整改工作，扬尘治理工作成效显著，增配垃圾运输车16辆，实现垃圾中端收运“便捷化”。加强水、气、暖供应保障，完成隔离点及克孜尔检查站和察尔齐检查站车辆消毒通道建设。

【机构改革】 根据地委机构编制委员会批准的《关于拜城县第一批科级事业单位调整的批复》（阿地编委发〔2019〕20号）和县委办公室、政府办公室《关于印发〈拜城县住房和城乡建设局职能配置、内设机构和人员编制规定〉的通知》（拜党办发〔2019〕49号）精神，经2020年4月3日县委机构编制委员会研究同意，成立拜城县城乡建设服务中心。该中心为公益一类，机构规格副科级，核定事业编制3名，副科级领导职数1名，经费实行全额预算管理，所需编制从县住房和城乡建设局机关事业编制调整3名。

【城乡基础设施建设】 2020年，拜城县住建局组织实施集中供热、绿化、台河河道综合治理及城区道路维修等项目。县城建成区规模约9.2平方千米，城区道路总长56.69千米，给排水管道125.08千米、供热管线79千米，城镇垃圾集中处理率100%，污水处理率93.48%，集中供热普及率95%。城区有街头绿地18个、公园4个、广场2个，园林绿化面积370.66公顷，绿地率40.28%，绿化覆盖率43%，城区绿化总量远超国家园林城市标准。市政基础设施建设成效明显，人居环境条件明显改善，城市功能明显增强、城市品位显著提升。

【保障性住房建设】 2020年，拜城县老旧小区改造项目为15个小区，涉及62栋、1657户、19.15万平方米；建设内容为小区内道路、绿化、照明、停车设施、给排水、热力管网等，并对老旧房屋进行屋面防水改造等，项目总投资3023万元。棚户区改造517户，主要位于肯迪克墩社区、拜城镇协力克买里村，项目总投资2.45亿元。

【房地产业发展】 2020年，拜城县房地产开发项目15个，其中续建项目7个，新建项目8个，开发面积41.99万平方米，计划总投资8亿元。年底完成投资9.24亿元，完成目标任务的115%。2020年度，招商引资累计签约项目8个，签约资金8.9亿元，完成率100%。其中，东桥小镇建设项目完成2.5亿元，风情园二期建设项目完成1.3亿元，建设大厦建设项目完成2亿元，沁和园小区建设项目完成2.5亿元，荣御蓝湾二期建设项目完成6000万元。

【房地产监管】 2020年，拜城县住建部门对全县19家房地产开发公司进行全面检查，重点对12个正在销售的房地产开发项目进行清理和检查。会同市场监管、发改物价部门，对县域内5家房地产中介从业机构进行排查，未发现发布虚假信息、违规收费、哄抬房价、超范围营业、恶意克扣押金、租金、威胁承租人、委托人等情况。

【物业管理监管】 2020年，拜城县物业服务企业有19家，其中本地注册的物业企业有18家，阿克苏市物业分公司1家，服务管理全县53个住宅小区、3个商业街，服务管理房屋（住宅、商业、办公）面积305万平方米。结合“爱国卫生运动”，推动物业服务等级提升，督促各物业服务企业按物业管理条例及物业合同履行好自己的服务，联合发改委、爱卫办、拜城镇、社区，加强对物业企业督查，提升服务水平。

【政府投资建设项目】 2020年，拜城县实施的城市基础设施类项目10个（新建8个、续建2个），棚改项目500户，安居工程5021户。

基础设施建设项目。2020年内实施的10个城市基础设施建设项目总投资2.33亿元，其中西城区基础设施建设项目水源地水厂及输水管网工程建设项目（续建）：总投资7500万元，2020年计划投资3500万元，完成投资5000万元，主要新建水源井、水厂及配套管网；县城生活垃圾处理二期工程：总投资6922.17万元，新建生活垃圾卫生填埋场1座和日处理30吨规模的生活垃圾转运站2座，并配套垃圾压缩车、垃圾箱等收运设施，项目实施周期2年，2020年完成投资2000万元，主要完成垃圾填埋场建设，年末完成总工程量的98%；台河东岸棚户区改造区域绿地建设项目：投资800万元，已完工；县城生活污水处理厂提标改造工程：总投资3500万元，已完工；拜城县台河东岸滨河路建设项目：道路长度950米，总投资850万元，已完工通车；城区水厂改造建设项目：主要进行水厂改造、供水管网改造，总投资1600万元，新建5000立方米清水池1座，二级泵房、消毒间等附属设施；环卫绿化车辆购置项目：主要购置电动人行道清扫车、道路清扫车、绿化病虫害防治专用车等，设备已全部到位；2020年棚户区改造（小区外）配套基础设施建设项目：绿化工程位于台河东岸，项目总投资350万元；2020年老旧小区改造小区外基础设施项目滨河路工程（交通路至环城路段）项目总投资150万元；2020年老旧小区（小区外）配套基础设施改造项目滨河路（台河西岸）项目总投资150万元。

老旧小区改造项目。2020年老旧小区改造项目共涉及小区15个1656户，总投资4897元，其中第一批改造小区5个涉及801户，总投资1959万元。第二批老旧小区（小区内、小区外）配套基础设施改造项目，总投资2938万元，小区内项目涉及10个小区、31栋、856户。

保障性住房建设项目。棚户区改造：全年计划投资2亿元，实施棚户区改造500户，全部完成。2019年公租房项目（新建）：续建公租房514套，已完工。

富民安居工程：2020年建设任务5201户，涉及15个乡镇（管委会），全部按一般户对待享受政策，全县农村安居工程开工5201户，开工率100%，主体完工5201户，完工率100%，竣工5201户，竣工率100%，入住5201户，入住率100%。

【便民服务】 2020年5月，拜城县启动保障性住房清理整治工作，对于家庭条件改善，不符合廉租房条件，但符合公租房入住条件的319户转为公租房房租收取，累计清欠租金104.01万元。清退不符合入住条件198户，收回房源198套，重新分配198套。

【建筑业概况】 2020年，县住建部门高度重视行业工作，加强质量安全管理，切实规范建筑市场秩序，限额以上工程项目的质量安全受监率、施工许可证的发放率、施工现场管理人员和特种及普通作业人员的持证上岗率均比上年有大幅度的提高。是年，拜城县从事建筑工程施工的企业有10家（新疆征戎工程建设有限公司、新疆中帆建设工程有限公司、新疆睿博华鑫建设工程有限公司、拜城县日新建筑安装工程有限责任公司、新疆昊远建设有限责任公司、拜新疆万源建设有限责任公司、拜城县康晨建筑工程有限责任公司、阿克苏恒基建筑工程有限公司、新疆恒盛泰达建设工程有限公司、拜城县城乡建设投资发展集团有限公司）。除新疆恒盛泰达建设工程有限公司、新疆征戎工程建设有限公司、新疆中帆建设工程有限公司、新疆睿博华鑫建设工程有限公司4家本地企业是建筑工程施工总承包三级企业外，其余6家本地企业均为建筑工程施工总承包二级企业。

【建筑业安全生产管理】 2020年，县住建部门落实建设工程安全生产责任制，年初与各施工企业签订安全生产责任书，提高各企业安全生产意识，强化企业安全生产主体责任。对城区和村镇建设工程进行质量安全执法检查7次，不定期质量安全巡查20余次，下发建设工程质量安全整改通知书累计86份；建设工程质量安全停工通知书19份；并根据整改回复进行现场实地复查。做好施工现场视频监控系统推广工作，并实现城区全覆盖安装，乡镇逐步推广。工程安全生产事故发生率为零。与县劳动监察大队开展民工工资隐患排查3次，检查工程项目36项，通过联合执法实地查看企业施工现场刷卡机安装落实情况。开展建设领域创先争优活动，2020年，组织申报的拜城县困境儿童楼和未成年人救助中心建设项目被评为2020年度自治区级天山奖（自治区优质工程）。

【特色小城镇建设】 2020年，拜城县出台《拜城县关于加速推进小城镇建设的指导意见（试行）的通知》，县委书记挂帅推动工作，于5月底全面启动小城镇建设。以“高点规划、先易后难、集中连片、产业支持、功能齐全、稳步发展”的总体规划，采取社会资本开发、群众自主开发、群众合作开发、村集体参与开发、村企联合开发等多元模式，充分调动社会资本参与小城镇建设。以省道307公路沿线城镇带为打造重点，15个乡镇同步发力，推动人口、产业、商贸、人才、服务向小城镇聚集，积极构建“一线两翼多点”城镇体系。依托国有企业主动参与，统一规划，产权整合，资金筹措，协调小城镇建设前期、质量监督等手续办理，确保工程质量安全有保证，产权有保证。察尔齐镇、大桥乡、米吉克乡、赛里木镇4个乡镇试点建设全面开工。

【示范点建设】 2020年，拜城县按照“东优、南延、北扩、向西发展”的总规定位，重点关注台河东岸棚户区区域防灾减灾安全，完成台河东岸20.4公顷的棚户区改造，滨河沿线1.6千米范围内居住的742户居民受益。棚改结束后，实施道路系统完善、绿化改造等补短板工作，谋划实施台河东岸滨河路2.6千米，打通台河东岸交通脉络，推动台河两岸滨河景观13公顷，打造环台河滨河景观带。基础完善催发市场活力，滨河水韵、滨河国际、东桥里市场、东桥小镇项目先后实施，台河两岸焕发新活力，东桥里市场项目和老城区改造项目建成后，主要依托环境改善、产业培育和就业促进，打造夜间经济，打造南疆最大夜市，新增就业铺位400个，提供就业岗位约1000个，实现周边居民就近就业，台河两岸通过畅通道路、景观营造等措施，打通滨河交通环线和漫步道，落实总规布局、改善了民生、提升了滨河景观、激发了市场活力。

【农村安居工程建设】 2020年，拜城县建设任务5201户，涉及15个乡镇（管委会），全部按一般户对待享受政策，其中建档立卡已脱贫户7户，无房户444户，低保户59户，边缘户82户，均按自治区、地区要求，于6月30日前完成工入住。全县农村安居工程开工5201户，开工率100%，竣工5201户，竣工率100%，通水、通电达到入住条件。使用砖8123.2万块、水泥34103.5吨、钢筋5589.09吨。

【农村安居工程补贴】 2020年，拜城县农村安居工程到位上级补助资金14822.85万元。其中，中央补助资金1345万元，自治区补助资金8276.85万元，援疆补助资金5201万元，全部发放完毕。项目资金执行《自治区城乡抗震安居工程建设补助资金管理办法》《阿克苏地区安居富民工程建设补贴资金管理办法》，未发生冒领、克扣、滞留等现象。

【农村安居工程质量监管】 2020年，拜城县成立农村安居工作领导小组，负责对全县农村安居工作的技术指导、危房鉴定、工程质量监管、竣工验收等工作。农村安居工作领导小组的技术人员按照分组安排负责乡镇的技术指导，乡镇成立农村安居工作小组，主要领导监管，分管领导、村组干部包干负责。对农村安居工程进行实名制质量安全检查，排查质量安全隐患，督促整改。对新建农房定期或不定期进行动态巡查和技术指导。对新建农房的构造柱、圈梁、现浇板的设置情况，墙体砌筑质量情况，门窗洞口过梁设置情况，墙体拉结筋设置情况，安全防护措施及施工临时用电情况进行检查。

【行政执法】 2020年，拜城县住建局本着治标先治本的原则，以“群众满意不满意”为标准，从广大群众反映强烈的“热点”“难点”问题入手，开展城市十大行动专项整治工作。深入推行“棋盘式网格化”管理模式，实行“定人员、定区域、定路段、定标准、定责任、定奖惩”执法管理责任制，使管理横到边、纵到底，不留死角。针对城市管理疑难杂症、重点难点，按照“集中力量、集体行动、包片分工、见事管事、严管重罚”的原则，协调公安、食药、工商、社区等部门，组织开展店外经营、非机动车乱停乱放、非法小广告、乱堆乱放、乱搭乱建、乱泼乱倒、流动摊点等市容环境集中整治行动，下发各类限期整改通知书125份，整治户外经营、占道经营、流动摊点、超门面经营952次，引导教育各类摊点人员232人次，治理市民乱扔、乱吐、乱倒、乱挂等不文明行为86人次；出动环卫保洁员1000余人次，开展集中大扫除活动8次，清除道边、小巷道等卫生死角16处；查处损坏城市绿化设施等违法违规行为21起，赔偿和罚没金额58800元；开展城镇燃气安全隐患排查工作，开展检查10次，查处安全隐患234条，下发责令限期整改指令书94份，全部按要求整改完毕。抓好车辆乱停乱放专项治理。对机动车不在泊位内停放、不按指示方向停放，占压绿地、盲道等行为进行严管重处，累计下发车辆乱停乱放温馨提示6000余份，纠正教育占道车辆违规行为6000余起，处理多次教育仍拒不改正的车辆500余辆，罚没金额10.6万元。对城区破损道路进行维修治理，共修复破损路面1500余平方米。受理群众热线电话“12345”、县长信箱、综治直通车诉求28件，均做到件件有回音，办结率100%。加强执法队伍建设，提升精细化管理水平。按照“市民公仆、市容卫士”“准军事化管理”要求，瞄准“一手抓执法管理，一手抓队伍建设，两手都要硬”战略目标，高起点规划，高标准实施，高水平建设，在积极参加上级各类城管执法培训的基础上，周一和周五晚采取中层干部轮流授课、队员交流体会等多种形式进行学习，使每名执法队员达到“三能四知五会”，提升为民执法服务水平。

（蔺　鑫）

拜城县给排水公司

【经济指标】　2020年，拜城县给排水公司（以下简称“县给排水公司”）营业总收入931万元，年利润总额106万元，较2019年同期的-22万元，增加128万元，其主要因素是：安装维修利润58万元，职工社保减免25万元，享受国家政策退回增值税14万元，其他利润31万元。

【供水量】　2020年，县给排水公司完成总供水量590万立方米，其中居民用水294万立方米，绿化用水296万立方米。总供水量同比上年增加33万立方米，主要是绿化用水和居民用水增加。完成安装（更换）IC卡水表1393块，维护IC卡水表80户。

【排水量】　2020年，县给排水公司完成供水主管抢修146次，检修阀门及加压泵76次，维修及清理检查井138个，疏通各类排水管道1100米，维修渡槽木板20平方米。清理化粪池540立方米，管道、设施设备巡检共416次。

【污水处理】　2020年，县给排水公司污水厂生活污水处理量预计达183.6万吨，处理率97.3%，较2019年增加9.58%。累计消减COD 383.06吨，累计消减氨氮达56.81吨，处理污泥201.12吨，运行生产成本318.23万元。

乡 镇

拜城镇

【概况】 拜城镇是一座有近2000年历史的古城，历史悠久，地理位置优越，同时是古丝绸之路北道重镇之一。1958年，公社化时成立镇公社。1961年，亚吐尔人民公社的布隆和乌斯开木管理区所辖的8个大队并入镇公社。1972年，公社改为团结公社。1980年，镇社分家，恢复拜城镇至今，是全县政治、经济、文化的中心。东邻康其乡，西南与米吉克乡相连，北与布隆乡相接，辖区面积120.15平方千米。城区东西长1.9千米，南北宽1.35千米，面积2.84平方千米，海拔1254.9米，全镇有耕地816.47公顷。2020年，辖16个城镇社区、5个行政村，下设65个网格、65个网格长、22个村民小组。全镇常住总户数2.1万户，常住总人口6.2万人。2020年，拜城镇在社会稳定、民族团结、经济建设及生态文明建设等方面全面协调发展，群众幸福指数明显提升。

【农村经济】 2020年，拜城镇以主攻种植业、做强畜牧业、优化林果业为抓手，优化农业产业结构，推进现代农业体系建设，加快现代农业发展。推广测土配方施肥技术，冬小麦播种235.5公顷、玉米366.7公顷、油料25.3公顷、蔬菜80公顷；粮食产量8957吨。牲畜出栏32995头（只），养殖家禽33450羽，年末存栏10653头（只）。果树挂果面积57.8公顷，果品总量183万吨。农业经济总收入2683万元，比2019年增长2.31%；农牧民人均纯收入16196元，同比增长10.15%。

【基层组织建设】 2020年，拜城镇贯彻落实新时代党的建设总要求，全面推进党的政治、思想、组织、作风、纪律建设。全镇23个党组织党员干部1228人，紧扣初心使命，政治意识、政治素养普遍提升。实行班子成员党建联系点制度，压实党建工作主体责任；持续开展“初心红”党建品牌创建与软弱涣散党组织整顿工作，打造地区级党建示范点2个，完成1个软弱涣散基层党组织、2个后进社区整顿任务；通过建立红色物业党建联建机制，推行社区书记“现场办公日”，提升社区服务群众能力和水平。选派国家干部4人担任村党组书记，选派内招干部、留疆战士27人到村（社区）任职；发展党员59人，选育后备干部160人，吸引干部群众132人扎根拜城。党风廉政建设和反腐败斗争纵深推进，“小微”权力规范运行，村（居）务监督作用有效发挥，党员干部作风整顿成效显著，党风政风焕然一新，政治生态风清气正。

【疫情防控】 2020年，拜城镇坚持人民至上、生命至上，统筹兼顾、高效运转做好新冠疫情防控工作。“外防输入，内抓规范”的意识越发坚定，八项预警机制运转越发规范，各项防控措施落实越发有效。全镇各族干部心手相连、众志成城，日夜奋战在“抗疫”一线，为拜城县实现“零输入、零传播、零感染”的防控目标做出贡献，展现了新时代基层干部最能吃苦、最能战斗、最能付出的精神风貌。

【脱贫攻坚】 2020年，拜城镇贯彻《中共中央、国务院关于打赢脱贫攻坚战三年行动的指导意见》和自治区、地区脱贫攻坚系列决策部署，补短板、强弱项、抓落实，坚决打好打赢脱贫攻坚战。落实双组长制，党政一把手任组长抓扶贫工作、分管领导具体抓，4个有扶贫任务村的村党支部书记均为国家干部，镇级扶贫专班队伍不少于5人，村级按照“1+1+1”不少于3人要求，配齐配强各级扶贫干部，确保有人干事。共实施扶贫项目2个。入户类项目“边缘户”7户的7头牛全部托养。吐孜贝希村养殖基地项目7月底竣工，托养牛71头、羊187只。

【社会稳定】 2020年，拜城镇贯彻落实新时代党的治疆方略，大力实施“社会治理创新”工程，不断提升社会治理体系和治理能力现代化水平。坚持“依法是前提、主动是基础、精准是关键、稳定是目标”的要求，夯实常态化维稳基础。把城乡接合部、人员复杂区域作为重点攻坚方向，加强力量、加强干部、加强措施，转变工作思路，依托挂图作战，增强主动发现和精准打击能力。巩固扫黑除恶专项斗争成果，推动扫黑除恶长治长效。推广热斯坦社区“党建+综治中心+网格化”社会治理模式及滨河社区社会治理“五治”模式，推进社会“微现象”治理，常态落实“5711”、百项自查工作机制，规范提升维稳基础工作。

【群众工作】 2020年，拜城镇推进“民主法治示范村”创建，增强干部群众法治意识。扎实做好群众工作，教育引导各族群众感党恩、听党话、跟党走。推进“代办、一站、预约、上门”四类服务模式全面落实，打通为民服务“最后一公里”。全面推广“枫桥经验”，排查化解信访矛盾纠纷。

【消防安全】 2020年，拜城镇分别在16个社区、5个行政村成立21个微型消防站、21支应急队伍和志愿者应急队伍。每个消防站队员不少于6人，设备不少于8套；设计改装消防摩托车、消防拖拉机在5个行政村、6个重点社区投入使用，经过实践，效果良好。持续开展消防安全大检查“回头看”工作，重点排查治理辖区人员密集场所、高层建筑、商铺店面和三合一、多合一场所消防设施不全、电器线路乱搭乱建、线路老化等问题。对辖区的“九小场所”2049家、7个重点居民区及5个人员密集场开展消防隐患排查整治活动。

【宣传教育】 2020年，拜城镇常态化开展意识形态领域反分裂斗争专项行动，紧紧围绕社会稳定和长治久安总目标，坚持意识形态领域的主导地位，以新时代文明实践站（所）为依托，利用各类媒介资源，采取简洁明了、通俗易懂、接地气、易传播的方式在城区各类公共场所、社区（村）办公阵地，广泛开展宣传教育，确保宣传工作“村不漏户、户不漏人”。采取大水漫灌与细水滴灌的方式，分类分群体进行宣传教育。全年开展宣讲3000余场，受教育群众4.1万余人次；结合新疆“四史”“三本白皮书”“我是中国人”等主题发动群众主动发声。累计开展宣讲1000余场次，受教育群众3.2万人次。各村（社区）组织学习“三本白皮书”“简明新疆地方史”“十九大精神”“十九届五中全会及第三次中央新疆工作座谈会精神”等系列主题宣传教育、感恩教育等形式多样的活动。累计开展宣讲5000余场次，覆盖群众4.6万余人次。

【群团建设】 2020年，拜城镇聚力“团”字品牌，提升服务力。开展志愿服务活动，每月开展一次环境清扫、老人帮扶、困难居民慰问等志愿活动，帮助贫困家庭开展“三区分离”、“改厕、改厨、改居”、宣讲保健知识和健康生活理念，强化贫困家庭爱劳动、讲卫生、比先进的意识，提升青年志愿服务意识，加强团组号召力。21支青年志愿服务队共开展2000余次志愿服务。评选“新时代农村创业致富好青年”5人，激励更多的青年在服务农村中贡献青春力量。结合滨河社区“青年之家”示范点，有效利用“智慧团建+志愿服务”工作载体，突出引领凝聚青年、组织动员青年、联系服务青年，开展各种活动100余次。开展其他各省拜城籍大学生寒暑假返乡期间的社会实践对接工作，引导家燕归巢。开展慰问活动。

2020年拜城镇主要经济和社会事业发展情况表

表6

<table>
<tr><th colspan="3">项目</th><th>单位</th><th>数据</th><th colspan="3">项目</th><th>单位</th><th>数据</th></tr>
<tr><td colspan="3">农村经济总收入</td><td>万元</td><td>17433</td><td rowspan="7">人口</td><td colspan="2">年末总人口</td><td>人</td><td>79836</td></tr>
<tr><td colspan="3">农牧民人均纯收入</td><td>元</td><td>16195</td><td colspan="2">年末总户数</td><td>户</td><td>23086</td></tr>
<tr><td rowspan="5">种植业</td><td colspan="2">种植业收入</td><td>万元</td><td>2683</td><td colspan="2">人口自然增长率</td><td>‰</td><td>7.3</td></tr>
<tr><td rowspan="2">粮食生产</td><td>面积</td><td>公顷</td><td>645</td><td colspan="2">人口出生率</td><td>‰</td><td>9.8</td></tr>
<tr><td>总产量</td><td>吨</td><td>8492</td><td colspan="2">人口死亡率</td><td>‰</td><td>2.5</td></tr>
<tr><td rowspan="2">经济作物</td><td>面积</td><td>公顷</td><td>147</td><td rowspan="2">性别</td><td>男</td><td>人</td><td>44295</td></tr>
<tr><td>总产量</td><td>吨</td><td>3024</td><td>女</td><td>人</td><td>35541</td></tr>
<tr><td rowspan="5">畜牧养殖业</td><td colspan="2">畜牧业收入</td><td>万元</td><td>11187</td><td rowspan="8">基础设施建设</td><td colspan="2">行政村数量</td><td>个</td><td>5</td></tr>
<tr><td colspan="2">牲畜年末存栏</td><td>头（只）</td><td>10653</td><td colspan="2">通电户覆盖率</td><td>%</td><td>100</td></tr>
<tr><td colspan="2">牲畜年内出栏</td><td>头（只）</td><td>32995</td><td colspan="2">通用自来水户覆盖率</td><td>%</td><td>100</td></tr>
<tr><td colspan="2">家禽出栏</td><td>只（羽）</td><td>10842</td><td colspan="2">广播覆盖率</td><td>%</td><td>100</td></tr>
<tr><td colspan="2">肉类总产量</td><td>吨</td><td>1920</td><td colspan="2">电视覆盖率</td><td>%</td><td>100</td></tr>
<tr><td rowspan="4">林果业</td><td colspan="2">林果业收入</td><td>万元</td><td>111</td><td colspan="2">电话覆盖率</td><td>%</td><td>100</td></tr>
<tr><td colspan="2">植树造林面积</td><td>公顷</td><td>12</td><td colspan="2">新建安居富民房</td><td>套</td><td>109</td></tr>
<tr><td colspan="2">经济果品林面积</td><td>公顷</td><td>75.3</td><td colspan="2">卫生厕所覆盖率</td><td>%</td><td>100</td></tr>
<tr><td colspan="2">林果产量</td><td>吨</td><td>430</td><td>文化</td><td colspan="2">村级文化站点</td><td>个</td><td>21</td></tr>
</table>

续表6

项目			单位	数据
劳务经济	劳务经济收入		万元	1395
	劳动力转移人数	长期就业	人	896
		零散务工	人	1894
农用机械	大中型拖拉机（20马力以上）		台	34
	小型拖拉机		台	166
	播种机		台	35
	收割机		台	6
	打草机		台	0
	推土机		台	0
汽车	载货汽车		辆	709
	载客汽车		辆	211
	私人汽车		辆	15032
财政	总收入		万元	6024.17
	总支出		万元	6024.64

项目			单位	数据
文化	农家书屋		个	21
	公共体育活动场所		个	10
卫生	村级卫生室		个	5
	专业技术人员		人	5
	乡镇医疗机构病床数		张	0
教育事业	学校数量	幼儿园	所	2
		小学	所	1
		中学	所	0
	教职工总数	幼儿园	人	14
		小学	人	13
		中学	人	0
	在校学生	幼儿园	人	37
		小学	人	72
		中学	人	0

2020年拜城镇各行政村基本情况表

表7

序号	村名	主导产业（如种植业、养殖业、服务业和旅游业等）	村民小组数（个）	户数（户）	人数（人）	村级集体总收入（万元）	耕地（公顷）	经济合作组织（个）	人均纯收入（元）
1	蔬菜村	服务业	5	224	741	18	86	1	15305
2	肯迪克墩村	种植业、服务业	5	295	1148	14	168.9	1	15294
3	协力克买里村	养殖业、服务业	6	373	1451	23.5	237	1	16301
4	铁提尔村	种植业、养殖业	4	425	1410	12	226	1	16390
5	吐孜贝希村	种植业、养殖业	2	158	566	22	214	1	16236

奥依巴扎社区

【概况】 奥依巴扎社区成立于2001年，位于县城东侧，东起东大桥，南至交通路，西至建设路，北至解放路，总面积0.52平方千米。共划分4个大网格，辖区内社区共有居民1437户4042人，其中常住户1345户3772人，外来人员92户270人。

【亮点工作】 2020年，奥依巴扎社区按照现场办公计划，每月第一周的星期五，在辖区内以“现场办公”形式做实群众工作。由社区党建办制定《关于社区书记、第一书记、主任现场办公的通知》，由网格员张贴至各楼栋、安检口醒目位置，利用双联户会议及居民群通知办公事宜，如有困难诉求未解决、社区干部工作作风问题、惠民政策咨询以及征求各住户对社区各项工作开展所提出的意见或建议进行全方位征集；针对所收集到的问题能解决的进行现场解决，解决不了的进行汇总研判逐级报送。

热斯坦社区

【概况】 拜城镇热斯坦社区成立于2001年12月，位于拜城县东侧，东连康其乡，西接建设路，南接解放东路，北邻胜利路，总面积0.8平方千米，社区常住人口2467户8359人，流动人口1832人，流动人口1131人；60岁以上老年人809人。

【亮点工作】 2020年，热斯坦社区围绕党群服务中心、综治维稳中心、养老服务中心、智慧社区平台、创业孵化基地“三中心一平台一基地”五大功能定位，通过创新社会管理，通过强党建、筑根基、优服务、创载体、促团结、扩就业，着力打造功能完善、服务优质社会治理示范社区；社区党支部书记负责统筹，吸纳社区干部、警务站民警、网格员等力量，配强配齐网格长、网格员和志愿服务队伍，按照“1+2+5+X”标准成立由1名网格长、2名副网格长、5名网格员和爱心救助、医疗服务、纠纷调处、卫生清洁、义务联防、文体娱乐、政策宣传、消防救援8支志愿服务队组成的网格党支部，在疫情防控、维护稳定、安全生产、民族团结、促进就业等工作实践中发挥先锋模范作用。把创业孵化街打造成民族团结进步示范街，在小区住宅楼、孵化街摊位、群众活动室等区域，设立民族团结宣传标语、宣传画册、宣传展板、特色墙绘、民族团结故事等，拍摄制作民族团结微视频、微电影，全方位营造民族团结进步浓厚氛围。

新苑社区

【概况】 拜城镇新苑社区成立于2001年12月，位于建设路以西，团结路以东，解放路以北至拜城镇3村以南，总面积1.5平方千米。共划分4个大网格，辖区内社区共有居民1445户4594人，其中常住户1033户3006人，流动人口412户1588人。

【重点工作】 2020年，新苑社区“清单式”管理助推社区共驻共建。为做实做细社区共驻共建工作，实现社区与共驻共建单位资源整合、优势互补、力量互助，切实提升社区“大党委”组织领导与服务能力，补齐社区干部力量有限、统筹能力不足以及共建单位干部脱离群众、资源利用率不高等短板，新苑社区以“清单式”管理模式，推进社区共驻共建工作，着力形成区域化党建新格局。社区党支部结合社区、辖区群众和共驻共建单位三方实际，以季度为周期，定期梳理三方需求、挖掘资源、建立项目，由社区与共驻共建单位共同梳理双向需求清单、资源共享清单、服务项目清单“三张清单”。

英巴扎社区

【概况】 拜城镇英巴扎社区成立于2001年12月，位于县城中部，东起大十字南，南至交通路北，西至商业街东，北至解放路南，总面积0.5平方千米。辖区居民1291户3848人，其中，常住户1216户3729人，流动人员75户119人。

【重点工作】 2020年，英巴扎社区针对居民与物业矛盾突出的问题，推行网格化管理和服务机制，采用阵地下移、服务前移等方式，设立瑞康网格党群服务中心，选优配强网格干部力量。落实“1+2+5+X”社区网格化管理模式，配齐网格力量，将镇、社两级干部下沉至瑞康网格党群服务中心，推进网格党支部和物业公司合署办公，并将社区审批、服务、管理向网格延伸，缩短群众办事服务距离。将共筑共建单位法院合理划分至网格中，整合共建单位、社会力量、志愿者服务队等资源力量，由网格长统一调度网格内各支力量，准确掌握网格对象和网格资源，对网格内事项快速响应、及时处理，进一步提升网格党群服务中心服务能力，构建需求在网格发现、信息在网格收集、隐患在网格排查、矛盾在网格化解、服务在网格开展、问题在网格解决的社区治理体系。在网格党群服务中心按需设置党群服务、社会事务、综治服务三大工作站，明确党群服务、社会事务代办等八类岗位职责，公开服务办事流程，提升社区精细化服务水平，实现便民服务事项在网格中即时办理，打通服务群众“最后一公里”。

北大桥社区

【概况】 拜城镇北大桥社区成立于2004年9月，辖区面积1.5平方千米，东与博斯坦社区相邻，南接台勒维丘河北，西与原奶牛场相接，北与布隆乡5村相接。辖区共划分为3个网格，总户数1405户3158人。

【重点工作】 2020年，北大桥社区以“民族团结一家亲”活动为载体，为创建活动打下坚实工作基础，通过社区党支部引领、党员示范带动，群众积极参与，不断筑牢中华民族共同体意识，切实使“民族团结一家亲”活动深入人心，落实在生产生活的方方面面，形成了各民族和睦相处、和衷共济、和谐发展的良好氛围；舆论引导，常态宣教，发挥社区党员干部基层优势，常态化向群众讲清楚开展民族团结进步创建的意义，强化马克思主义“五观”、宣讲党的民族宗教政策等内容不断增强各族群众中华民族共同体意识、“三个离不开”和民族团结意识，营造人人参与创建的良好氛围，让社会主义核心价值观在各族群众的心田生根发芽；开展多种形式创建活动。结合辖区各行业、单位实际，积极与主管部门协调建立民族团结进步创建联动机制，对小区物业通过与住建部门携手开展创建、清真寺与民宗部门携手共抓创建、幼儿园与教育部门携手共抓，确保辖区内行业单位创建全覆盖，同时努力构建民族团结网络，积极营造平等、团结、互助、和谐的良好社会氛围，通过大力开展民族团结示范个人、示范家庭、示范单元楼栋，让民族团结进步创建活动进楼栋、进家庭，以点带面，不断激活民族团结“社会细胞”。

铁提尔社区

【概况】 拜城镇铁提尔社区成立于2004年，位于县城西北角，以峰峰路、天辰路为界，辖区含资源路以东，团结路以西，峰峰路、天辰路以北，工业园区以南，西接拜城镇协力克买里村，总面积4平方千米。共划分2个大网格，辖区内社区共有居民469户1340人，其中常住户441户1283人，外来人员28户57人。

【重点工作】 2020年，铁提尔社区紧紧围绕“抓党建、抓治理、抓服务”的工作思路，团结带领社区广大党员干部群众开拓创新、扎实工作，不断提升社区党建工作水平；为深入细致地做好群众工作，充分发挥社区党员、干部、“访惠聚”工作队的主观能动性，社区党支部秉承“党建引领，服务至上”的理念，结合网格化“1+1+3+X”，以“七彩”服务为有效措施，助力社区服务精细化，通过开展丰富多彩的活动，将服务群众工作落实精细化，进一步融洽党群关系，凝聚人心；综合运用“访惠聚”工作队队员+社区干部结对帮扶工作机制，划分A、B、C、D考核奖惩机制等，做好党员干部经常性思想教育，强化干部管理，促使党员干部认真履职，不断提升党员干部维护社会稳定和服务群众的能力水平；认真筹划“大党委”联席日及在职党员进社区报道活动。同时，结合资源、需求、服务三张清单认领项目118条，同时建立在职党员干部到社区报到开展志愿服务活动积分制度，严格“三会一课”、支部生活“5+X”党内各项生活制度，确保“会”课内容符合党支部实际、与计划一致；认真开展好每日碰头会、早派工、晚汇报、晚研判四个会，严格规范会议参会人员范围，严格规范会议内容，把开好四个会作为推动工作的有力抓手；严格按照发展党员程序5个阶段25个环节，落实发展党员全程纪实制度，做到一人一册、一事一记、一步一审，确保成熟一个发展一个。发展积极分子5人、预备党员2人，递交入党申请书14人。

花园社区

【概况】 拜城镇花园社区成立于2005年5月，位于县城东侧，东起三角地加油站，南至屠宰场，西至台了维丘克河东岸，北至解放路，总面积0.8平方千米。共划分3个大网格，辖区内社区共有居民704户2238人，其中，户籍人口547户1854人，常住人口138户350人，外来人口19户34人。

【重点工作】 2020年，花园社区坚持党支部统一领导，不断促进社区、便民警务站与共驻共建单位在队伍上的融合，推行网格化管理和服务机制，设立网格党群服务中心，选优配强网格干部力量。落实“1+1+3+X”社区网格化管理标准，配备网格工作力量，将镇、社两级干部下沉至各网格，并将社区审批、服务、管理向网格延伸，简化办事程序，群众办事方便快捷。常态化开展共驻共建、在职党员进社区活动，坚持同学习、同议事、同服务，不断密切社区、便民警务站、各单位之间的互联互动关系，最大限度形成合力。社区综治干事和网格员可借助社区监控和便民警务平台，共享社区警情，第一时间知晓辖区内社情及治安情况。花园社区充分动员村小组网格长、共建单位等各方力量，严密排查外来人员行动轨迹，自疫情发生以来成立了疫情防控领导小组，每日召开疫情防控工作例会，积极传达上级精神并做好部署，利用线上线下相结合的方式向辖区内居民宣传自我防护和国家政策要求，达到群防群治的效果，认真落实消毒消杀和核酸检测工作，确保无一遗漏，无一死角，坚决打赢疫情防控阻击战。

协里克买里社区

【概况】 拜城镇协里克买里社区成立于2012年8月，位于拜城镇北苑路1号，辖区总面积1.8平方千米，总人口2474户7928人，流动人口1228户3926人。

【重点工作】 2020年，针对辖区流动人口多、汉族群众多、公职人员多等因素，对辖区居民进行全面摸排，建立数据库，定期更新，做到对辖区人员底数清、情况明；压实干部入户走访责任，以“三段十二字诀”“六步闭环法”入户走访和解决群众困难诉求为原则，严格干部入户走访流程，压实干部责任，及时发现社区社情民意和安全隐患；服务群众和教育引领群众相结合，发挥社区群团组织、业主委员会等作用，针对不同人群开展多形式的宣传教育及服务活动；定期开展满意度测评，及时了解和掌握群众对社区党组织、物业公司、业主委员会等组织服务群众中存在的问题。

肯迪克墩社区

【概况】 拜城镇肯迪克墩社区成立于2012年，辖建设路以西，团结路以东，交通路以南，环城路以北，总面积0.4平方千米。共划分3个大网格，辖区内社区共有居民1062户2789人，其中常住户744户2081人，外来人员318户708人。

【重点工作】 2020年，充分发挥社区“两委”班子带头责任，分工明确；年初疫情防控期间，社区“两委”班子把抓疫情防控作为履职尽责的出发点和落脚点，提升支部组织力，强化战斗堡垒政治功能，充分利用网格化管理，发挥党员先锋模范作用，在安检口和各主要路口设置卡点，做好居民隔离、宣传解惑、复工复产等工作。以“社区大党委+网格党支部+楼栋（巷道）党小组”三级组织体系为发力点，始终坚持抓党建、促治理、促服务。联动拜城县人民医院、警务室、物业等各支力量，做好疫情防控期间的各项服务。在1—3月及7—8月疫情防控期间，为居民购买米面油、蔬菜等生活必需品10000余件，帮群众购买取暖煤30吨，换煤气50余罐，收集社情舆情106个；坚持“三会一课”制度，全年共召开党小组会12次、党支部会12次、党员大会4次，上党课4次，为无职党员设岗定责，共设岗位7类，20名无职党员主动认领，积极开展各项党员活动。每季度评出5户党员示范户，每月社区在职党员评出3名党员先锋岗，激励党员发挥先锋模范作用。

团结社区

【概况】 拜城镇团结社区成立于2016年8月，位于县城西南侧，东起团结路，南至环城路，西至西大桥，北至交通路，总面积0.8平方千米。共划分5个大网格，辖区内社区有居民2053户6254人，其中常住户1745户5236人，流动人口308户1018人。

【重点工作】 2020年，为改变社区、物业单打独斗的局面，实现资源有效整合利用，搭建居民服务“大舞台”，从而不断拓宽服务面。坚持以党建为引领，以社区“大党委”建设为抓手，依托“社区党组织—网格党支部—楼栋党小组”三级组织架构，率先联合艺苑小区物业，积极探索党组织引领下的红色物业模式，推行“双向进入、交叉任职”制度，以组织联建、管理联抓、服务联促、文明联创为载体，有效凝聚社区、物业服务合力，努力做到“民有所呼、我有所应”，不断提升居民生活满意度、幸福指数。

前进社区

【概况】 拜城镇前进社区成立于2016年9月，辖区面积0.5平方千米，辖万源步行街以东、商业街以西、解放路以南、交通路以北。辖区共划分为4个网格，辖区内社区共有居民618户1802人，其中常住户383户1158人，流动人口235户644人。

【重点工作】 2020年，以党组织为核心，聚焦抓党建、抓治理、抓服务三项职能任务，明确社区“服务群众、引领治理”的功能定位，探索以服务为核心的社区治理模式；针对辖区小微企业、个体工商户、业主和辖区居民，分类施策，确保服务精准；积极组织动员辖区有条件的居民和业主为困难群体献爱心，如在“六一”儿童节前夕，组织开展慰问福利院儿童活动；在春节、端午节、中秋节等节假日，组织开展慰问孤寡老人、复员军人等活动，激发社会责任感；建立社区志愿者服务长效机制，制定志愿者服务回报机制，吸引志愿者服务组织、居民、社会各界人才等加入社区志愿者服务队伍，参与到社区服务与治理中，推动社区治理从单一的政府治理格局转变为由政府主导，居民、志愿者服务组织多元参与的治理格局。

胜利社区

【概况】 拜城镇胜利社区成立于2016年9月，位于拜城县胜利路36号，在县城西部。辖区总面积1.1平方千米，东起团结路，西至喀河安检口，南至解放路，北至胜利路。辖区内有6个住宅小区、1个单位家属院、1所学校、1个私立幼儿园、1条商业街。胜利社区下辖5个网格，共有居民2198户4553人。

【重点工作】 2020年，胜利社区始终以服务居民群众为中心职能，建立各类职能服务工作室以及各类志愿者队伍，使居民服务更具吸引力、感染力、影响力，引领了社会文明新风尚。胜利社区中有扶贫帮困志愿服务队、治安巡逻志愿服务队、医疗救助志愿服务队、家政服务志愿服务队、草根宣讲志愿服务队、法律咨询志愿服务队、助残助老志愿服务队、环境保护志愿服务队等。社区以“一社一品”打造为载体，着力打造“暖心家园”服务型社区，突出以人为本，充分利用社区办公楼场地资源，从辖区居民的需求出发，先后开设了社区心理咨询室、理疗推拿康复室、爱心理发室、少儿活动室、弹唱室、书画室、棋牌室、健康知识、法律知识讲堂等“七室一堂”，为居民提供心理疏导、就业帮扶、康复理疗、爱心帮扶、文化娱乐、科学文化知识等贴近居民生活、排忧解难、丰富居民业余文化生活、提高居民生活品质等服务，进一步推动文明和谐社区建设，促进社会和谐稳定。

幸福社区

【概况】 拜城镇幸福社区成立于2016年9月，位于白杨路，东起喀普斯浪河，南至峰峰路、天辰路，西至团结路，北至迎宾路、幸福路、杏花路，总面积2平方千米。辖区内无党政、企事业单位。辖区划分为4个网格，“大党委”下设4个网格党支部、10个楼栋党小组，党支部下设党小组2个，在册党员55人（含干部11人），递交入党申请书4人，入党积极分子1人，预备党员2人。有居民1973户6309人，常住户967户2108人。

【重点工作】 2020年，为进一步提升城市基层党建融合度，幸福社区发挥社区党组织党建引领作用，以“大党委”为依托，联合共驻共建单位，努力构建“资源共享、优势互补、互联互促、协调发展”的区域党建工作格局；坚持做好抓党建、抓治理、抓服务，聚焦主责主业，坚持党员为中心，统筹党支部为中心下的辖区多个领域共同发展，以建设和谐宜居、富有活力的社区为目标。社区共有党员55名，其中社区党员干部9名，党员队伍年轻化水平得到提高，优化党员配置，确保党组织在基层的持续发力。常态化下帮助理清工作思路，熟练工作技巧，确保学习教育有收获，思想政治受洗礼，干事创业敢担当，为民服务破难题，清正廉明做表率的好党员干部。落实“访惠聚”驻村工作队员+社区“两委”班子成员机制，推进社区普通话化进程，帮助社区“两委”班子成员提升能力，倒逼社区干部提高学用业务水平。建立党建工作问题整改清单，实施销号管理，全面推进社区党支部党建工作稳固升级；幸福社区发挥社区党组织党建引领作用，以“大党委”为依托，联合共驻共建单位，努力构建“三联”“三共”“三双”党建示范点，打造“资源共享、优势互补、互联互促、协调发展”的区域党建工作格局。

清风社区

【概况】 拜城镇清风社区成立于2016年9月1日，位于拜城县大十字东北方向，胜利路东段，邻北大桥，辖区总面积0.7平方千米。社区办公服务场所于2013年年底修建，面积共2300平方米。共划分5个大网格，辖区总户数2172户5503人，其中实际住户1953户5503人，空房219户。

【亮点工作】 2020年，拜城镇清风社区按照疫情防控相关要求，坚持“众志成城抗击疫情”的原则，共克时艰，干部与居民一起抗击疫情。在疫情期间，落实“八项预警机制”“3348”等防疫工作相关要求，严格落实疫情防控相关措施。为落实好人员不聚集要求，清风社区党支部采取干部集中学习，支部党员网络自学和送学上门等方式，合理运用“学习强国”App、《人民日报》微信公众号等新媒体手段，在疫情防控期间不间断地学习党的新知识、新理论，使“不忘初心，牢记使命”主题教育常态化开展。2020年疫情突袭而至，清风社区党支部带领各支社会力量参与到疫情防控工作中来，共建立志愿者队伍5支135人，开展志愿者服务1000余人次，县直后方单位150人次，社区共建力量110人次，全部投入社区防疫工作中。

博斯坦社区

【概况】 拜城镇博斯坦社区成立于2016年8月，由原来的花园社区拆分而成，驻地管理范围处于城乡接合部，东临康其乡康其村，南至解放路，西临台勒维丘克河，北接布隆乡奥依买里村，辖区总面积0.4平方千米。共划分3个大网格，辖区内共有居民418户1504人，外来人员64户254人，其中常住户354户1250人。

【重点工作】 2020年，针对“三多两少”趋势和平房区的特点，根据党群团建服务岗、社会事务服务岗、综治维稳服务岗、劳动保障服务岗，由第一书记和党支部书记统筹，将“访惠聚”工作队与社区干部统一编排，落实每天一人坐班制度，受理便民服务大厅日常事务。采取阵地下移、服务前移方式，让社区干部、“访惠聚”工作队下沉至网格党支部，推动社区服务、管理向网格延伸，搭建“人在网格中、事在网格办”的“一站式”服务平台，在群众家门口为群众提供全方位服务，“访惠聚”工作队员、巷道干部下沉至网格办公，收集当天代办事项并汇总至网格长处，由网格长统一把代办事项汇报给社区办理，提升了社区工作效率，推动社区工作职能由“管理型”向“服务型”转变。

滨河社区

【概况】 拜城镇滨河社区成立于2016年，位于建设路以东、滨河路以西、交通路以南、环城路以北，总面积0.7平方千米。共划分4个大网格，辖区内社区共有居民1368户3990人，其中常住户1260户3592人。

【亮点工作】 2020年，牢记“红色社区”称号荣誉，更高标准地做实红色服务，号召“人人都是志愿者”，建立完善志愿服务“七支队伍”，依托“智慧党建+志愿服务平台+爱心超市”体系，为居民提供优质志愿服务。特别是因疫情封控影响，全年为居民提供各类志愿服务1100余件，解决各类困难诉求259件。

铁热克镇

【概况】 铁热克镇位于拜城县西北部，距离县城40千米，地处喀普斯浪河中段地域。东至乔格塔勒（拜城县种羊场和布隆乡牧区），西至米吉克乡牧场，南接拜城镇、米吉克乡、大桥乡，北临天山，东西南北纵横20多千米，所辖面积112.4平方千米。铁热克镇地域复杂，由于受山沟和邻近各乡牧区分割限制，形状极不规则，多数地方分布在铁热克山沟和台勒丘克河上游及喀普斯浪河两岸。2020年，辖恰玛古鲁克村、铁热克村、苏杭村3个村民委员会、1个村级社区（温泉社区），共有农牧民605户1676人，耕地面积528.3公顷。

【农村经济】 2020年，铁热克镇坚持稳中求进工作总基调，贯彻新发展理念，把促进农牧民增收作为核心任务，按照“稳粮、强畜、优果、增设施、创特色、育龙头、兴产业、抓劳务、促增收”的思路，注重发挥比较效益，优化农业产业结构。在国家粮食直补、良种补贴、农资综合补贴、农机购置补贴等一系列惠农政策的激励下，农民的生产积极性大大提高，应对各种自然灾害能力显著增强，农业农村经济保持平稳较快发展的良好态势。2020年，全镇农村经济总收入完成4302.1万元，其中种植业收入516万元，林果业收入85.5万元，畜牧业收入2782.2万元，第二、第三产业收入28万元，劳务输出创收890.4万元。

【种植业生产】 2020年，铁热克镇优化种植结构。在农业生产中，坚持以节约成本，减轻农民负担，促进农民增收为目标，农作物全面推广测土配方技术，科学配比各类农作物施肥比例；推广应用良种良法，按照各类农作物阶段性田管要求，完成追肥、灌水、化除等田管工作，确保产量效益再上新台阶。2020年，全年粮食种植面积381公顷，其中小麦96.5公顷、玉米48公顷、油菜236.5公顷。小麦每公顷平均单产6405千克，每公顷比2019年增加30千克，总产达617.5吨；玉米每公顷平均单产12975千克，每公顷比2019年增加75千克，总产624吨。

【畜牧业生产】 2020年，铁热克镇把畜牧养殖作为农业增效和农民增收的“强镇产业”推动。发挥铁热克镇雨量充足、草料丰美的自然优势，以现有标准化集中规模养殖小区为基础，利用地域草场资源优势，采取政策引导、良种技术推广、适度引进扩繁、强化畜牧防疫等措施，扩大畜牧养殖规模，做大做强畜牧业及其附属产业，推进个体养殖模式向“合作社+农户”模式转型升级，推进合作社股份制，夯实畜牧业发展基础，完善股份分红机制。年内完成铁热克村牛羊养殖合作社“托养”收益分红9万元目标；依托240万元资金建成标准化集中规模养殖小区1个，建设面积4.3公顷，牛羊等饲养棚圈10座，加大“短、频、快”为特点的牛羊育肥增收项目，购买种畜8头（只），出栏5841头（只）。

【林果业生产】 2020年，铁热克镇重视示范园建设和防护林种植工作，落实好“灌水、追肥、嫁接、修剪、采摘、防病、防虫、防冻”八大管理工程，以乡、村、户三级示范园建设管理为抓手，带动果农精心管理，促进林果业丰产增效。春季完成植树造林43.15公顷，完成率185%，秋季完成植树造林10公顷，完成率106%，完成辖区群众房前屋后经济果树种植8000余棵。核桃挂果22.67公顷，杏树挂果47.33公顷，杏树产量852吨。

【名优特产】 2020年，铁热克镇以调整优化农业产业结构为抓手，以当地特色和市场需求为导向，以“温泉旅游节”为契机，推出温泉油鸡蛋、苏杭油鸡、温泉核桃油等4种拜城温泉小镇特色农副产品，在温泉、铁热克民宿点、滑雪场设立宣传销售窗口，设置展柜，打响特色农产品品牌。与13家工矿企业建立销售渠道，将温泉菜籽油以20元/千克的价格定期销往煤矿，累计销售1000千克，帮助村集体经济增收2万余元。

【富余劳动力转移】 2020年，铁热克镇把就业作为最大的民生工程，落实就业优先政策，利用“冬季优势”，常态化举办特色产业、实用技术、畜牧养殖等培训，提高劳动者就业能力。实施发展产业带动就业工程，挖掘农业内部转移潜力，引导农牧民40余人到工矿企业就业。以铁热克村民宿点、温泉、滑雪场、森林公园建设为契机，带动本地群众48人增收。加大劳务输出，就业转移485人，其中长期就业360人、短期就业98人。

【脱贫攻坚】 2020年，铁热克镇抓实脱贫攻坚工作。结合辖区厂矿企业多、易就业的实际，与厂矿企业对接，开展贫困户富余劳动力和企业用工需求“双摸排”，最大限度开发就业岗位，安置脱贫户就地就近就业，年内脱贫户累计稳定就业107人，实现脱贫户家庭至少就业1人的要求。坚持资金跟着项目走、项目跟着规划走、规划跟着需求走，落实“两个优先支持”“两上两下”程序，年内上级下达财政扶贫资金210万元，建立铁热克村标准化养殖基地1个，涉及专项扶贫资金211万元。

【安居富民建设】 2020年，铁热克镇将改善困难群众居住环境作为群众工作重点，加大富民安居房建设力度。在实施过程中，尊重群众意愿，采取群众自愿申请、村级审核验证、镇级复核检查、村级公开公示的方式，摸排未享受过安居富民建房政策的居民。新建安居富民房10户（一般户）。安居富民工程建设投入资金28500元，其中中央补助10000元，占总投入的35.1%；自治区补助18500元，占总投入的64.9%。

【基础设施建设】 2020年，铁热克镇争取上级支持，在大型停车场、红山嘴三角地至民宿和街道等安装路灯97盏，完成红山嘴绿化工程、镇街道旧路提升改造、温泉水库枢纽工程开工、老化肥厂改造绿化、铁热克村1组河坝景观带建设工作。解决铁热克村1组和4组长期饮水困难问题。加大安居富民、安全饮水、农村公路、天然气入户等基础设施建设力度，网络信息得到改善，苏杭村、铁热克村2组、3组4G网络全覆盖。新建安居富民房10户，在铁热克村1组、4组新建饮水工程2千米，维修800米，惠及群众143户465人。新建温泉至蝴蝶谷道路2千米。

【乡村振兴】 2020年，铁热克镇坚持农业农村优先发展总方针，以实施乡村振兴战略为总抓手，持续改善农村人居环境，将恰玛古鲁克村创建为自治区级人居环境整治示范村、地区级卫生示范村。开展美丽庭院创建工作，新建美丽庭院50户，其中地区级10户、县级40户。结合企地共建，发挥科技副职作用，助力脱贫攻坚、乡村振兴战略实施。各工矿企业为困难党员、群众捐赠暖心煤300吨、水泥200吨、砖16万块、建筑用材15吨，提供爱心帮扶资金6万元，安装路灯280盏，派出抽粪车2辆，解决各村燃眉之急。

【文化旅游】 2020年，铁热克镇贯彻新发展理念，加快旅游基础设施建设，完善旅游公共服务体系，发展全域旅游和“旅游+”，壮大产业规模、提档升级，推动高质量发展，完成一期民宿打造、二期温泉民宿筹备、温泉度假酒店筹备等工作目标，完成沿线路段路面修理，解决多年制约铁热克镇旅游业发展因道路导致的瓶颈问题，完善、配套旅游服务功能。在做好疫情防控前提下，制订冬春季旅游活动方案，依托特色温泉、冰雪等资源和娱乐项目，丰富游客旅游体验，并解决辖区群众40余人就业问题。

【生态环境保护】 2020年，铁热克镇牢固树立“绿水青山就是金山银山”的理念，持续推进特色温泉小镇建设，建设天蓝、地绿、水青的美丽铁热克。实行生态环境保护制度，对13家工矿企业锅炉和2处垃圾填埋场督查4次，守住生态保护红线、环境质量底线和自然资源利用上线。落实河长制，全镇河长工作人员7人每半月对辖区喀普斯浪河沿河路段进行巡查，加大水资源保护力度，打好碧水保卫战。加大农村面源污染治理，推动畜牧养殖废物综合利用。

【民族团结】 2020年，铁热克镇坚持民族团结是各族人民的生命线，以“民族团结一家亲”和民族团结联谊活动为载体，搭建各民族交友联谊平台，定期组织机关单位、学校、企业、各族群众开展形式多样、生动活泼的联谊活动，在来来往往、说说唱唱、聚聚聊聊中融洽感情、加深情谊。常态化、制度化开展“民族团结一家亲”和联谊活动，党员干部219人与689户群众结对认亲，各民族交往、交流、交融更加密切。民族团结宣传教育广泛开展，“三个离不开”“五个认同”不断巩固。持续组织开展“结对认亲”活动，确保全员参与，实现“五个全覆盖”，开展“民族团结一家亲”联谊活动40余场次，集中宣讲10余场次，受教育群众1500余人次，参与结亲户红白喜事6场次。

【宣传思想工作】 2020年，铁热克镇坚持举旗帜、聚民心、育新人、兴文化、展形象的工作思路，扎实开展意识形态领域反分裂斗争，不断巩固意识形态阵地。抓好宣传教育，成立新时代文明实践所1所，新时代文明实践站3处，新时代文明实践广场2处，新时代文明实践庭院1处，组建新时代文明实践志愿者服务队20支，累计开展宣讲120余场次，受教育群众18800余人次。抓好“去极端化”宣传工作，结合干部入户走访、周一升旗、农牧民夜校、田间地头、双联户学习等时机进行穿插宣讲的方式，将“反暴力、反恐怖、学法律、去极端”宣传教育活动贯穿始终，加强对各族群众的思想教育工作，打牢依法治疆、团结稳疆、文化润疆、富民兴疆、长期建疆的思想基础和政治基础。共开展宣讲20余场次，受教育群众1300余人次。

【文明创建】 2020年，铁热克镇立足镇域实际，以争创文明乡镇为目标，加强精神文明建设。以深入开展“三级联创”活动总揽全局，在创建“五好”乡镇党委、“五好”农村基层党组织活动中，把精神文明软硬件建设有机地融入创建目标责任书中，制定量化考核目标，实行半年初评、年终考核总评。年内，苏杭村被评定为地区级文明村。

【社会事业】 2020年，铁热克镇强化低保户动态管理，对不符合低保政策人员户数进行清退。发放临时救助资金2.1万元，发放面粉500千克、大米500千克、清油100千克、煤炭50吨等救助物资。以温泉小镇建设为契机，带动28户本地群众就业增收。持续抓好人口与计划生育工作，年内出生人口14人，计划内生育率100%。加强医疗卫生、爱国卫生和食品安全工作，完成全民健康免费体检工作。

【党的建设】 2020年，铁热克镇贯彻新时代党的建设总要求和组织路线，落实基层党建工作责任制。结合主题教育，抓好党员《中国共产党章程》《中国共产党支部工作条例（试行）》《中国共产党农村基层组织工作条例》学习，组织党员开展手抄《中国共产党章程》、谈体会活动，提高党员、干部政策理论水平。坚持力量下沉、重心下移，继续在村一级用力，从严落实“七统一”“联乡包村入户”等工作机制，以解决突出问题为着力点，开展村级党组织“星级化”创建、党组书记抓基层党建工作述职考核评议等工作，提升基层党组织组织力、建设服务型党组织。落实镇党委、“访惠聚”驻村工作队、派出单位党组织“三方恳谈会”工作机制，结合“访惠聚”驻村工作队后方单位优势，各方协助投入惠民资金18.5万元。依托干部住户入户、“实名制”包联工作，采取入户式+组团式宣讲相结合的方式，开展群众宣传教育工作，面对面宣讲政策，解决群众生产生活困难诉求138条。

【群团建设】 2020年，铁热克镇坚持党建带群团建设的思路，发挥党建在群团组织中的政治引领作用。宣传上级党委和政府制定出台的创业就业支持政策，引导和服务团员青年、妇女群众，围绕现代特色农业、旅游产业发展、特色温泉、工矿企业等发展战略，从中找到创业切入点和就业机会，主动参与创业创新实践。整合团委、妇联和工会内外各项资源，提供助力脱贫攻坚和青年、妇女群体就业创业渠道，激发青年、妇女群体创业就业热情。利用远程教育平台、农牧民夜校对农村青年、妇女群体开展实用技术、国家通用语言文字等培训，提高实用技能和普通话水平。全年组织开展4期培训，300余人受益。

【社会稳定】 2020年，铁热克镇高举法治旗帜，坚持打防管教“四位一体”，运用点线片面技战法，确保辖区社会大局持续向好。推进矿区安全防范标准化建设，对偏远散、施工工地开展常态化巡逻清查500余次。辖区偏远散区域7处、人员密集场所4处、商铺13家全部落实“十必备”安防措施，组织群防群治力量开展应急演练400余次。加强辖区工矿企业安防维稳工作，落实“日有调度、周有督导、月有例会”工作模式，做到“人防、物防、技防”常态化、标准化管理。规范12个矿区企业、景区的网格单元，建立健全牧区放牧“35354”工作机制，通过“乡镇+村+矿区+林业管护站”四级网格单元建立联动机制，做好牧民的服务管理工作。

【党风廉政建设】 2020年，铁热克镇贯彻落实治疆方略，驰而不息纠治“四风”“四气”，一手抓党风廉政建设和反腐败斗争、一手抓社会稳定和疫情防控，实现社会大局持续平稳和经济社会高质量稳固发展。深入开展纪律建设，强化日常监督管理，常态开展纪律教育和警示教育，引导教育党员干部激发动力、外化行动，使铁的纪律转化为党员干部的自觉行为。压实党委主体责任和纪委监督责任，开展扶贫领域腐败和作风问题专项治理，纠治和查处侵害群众利益问题，持续传导全面从严治党压力，巩固和发展反腐败斗争的压倒性胜利。正风肃纪持续深入，全年查处违反六大纪律案件9起，给予党纪政务处分9人，综合运用第一种形态进行组织处理60人，队伍得到净化、风气明显好转。

（李文波）

2020年铁热克镇主要经济和社会事业发展情况表

表8

项目	单位	数据	项目		单位	数据
农村经济总收入	万元	4978	人口	年末总人口	人	2197
农牧民人均纯收入	元	16020		年末总户数	户	756

续表8

项目			单位	数据
种植业	种植业收入		万元	520
	粮食	面积	公顷	155.7
		总产量	吨	1281
	经济作物	面积	公顷	3548
		总产量	吨	390
畜牧养殖业	畜牧业收入		万元	4343
	牲畜年末存栏		头（只）	17363
	牲畜年内出栏		头（只）	5841
	家禽出栏		只（羽）	2430
	肉类总产量		吨	323
林果业	林果业收入		万元	85
	植树造林面积		公顷	102.2
	经济果品林面积		公顷	236
	林果产量		吨	930
劳务经济	劳务经济收入		万元	340
	劳动力转移人数	长期就业	人	439
		零散务工	人	382
农用机械	大中型拖拉机（20马力以上）		台	35
	小型拖拉机		台	117
	播种机		台	45

项目			单位	数据
人口	人口自然增长率		‰	4.5
	人口出生率		‰	6.3
	人口死亡率		‰	1.8
	性别	男	人	1159
		女	人	1038
基础设施建设	行政村数量		个	3
	通电户覆盖率		%	100%
	通用自来水户覆盖率		%	100%
	广播覆盖率		%	100%
	电视覆盖率		%	100%
	电话覆盖率		%	100%
	新建安居富民房		套	5
	卫生厕所覆盖率		%	100%
文化	村级文化站点		个	3
	农家书屋		个	3
	公共体育活动场所		个	3
卫生	村卫生室		个	2
	专业技术人员		人	15
	乡镇医疗机构病床数		张	20
教育事业	学校数量	幼儿园	个	2

续表8

项目		单位	数据	项目			单位	数据
农用机械	收割机	台	2	教育事业	学校数量	小学	个	1
	打草机	台	30			中学	个	0
	推土机	台	0		教职工总数	幼儿园	人	14
汽车	载货汽车	辆	0			小学	人	31
	载客汽车	辆	4			中学	人	0
	私人汽车	辆	25		在校学生	幼儿园	人	103
财政	总收入	万元	1088			小学	人	186
	总支出	万元	1138			中学	人	0

2020年铁热克镇行政村基本情况表

表9

村名	主导产业（如种植业、养殖业、服务业和旅游业等）	村民小组（个）	户数（户）	人数（人）	村级集体经济总收入（万元）	耕地（公顷）	经济合作组织（个）	人均纯收入（元）
恰玛古鲁克村	种植业、服务业	3	201	624	10.5	227.2	3	14224.09
铁热克村	养殖业、旅游业	5	231	754	128.46	176	1	17285.24
苏杭村	种植业、养殖业	1	34	156	6.14	125.1	2	11883.85

察尔齐镇

【概况】 察尔齐镇位于天山中段南麓木扎提河上游南岸，拜城县西部48千米处，省道307公路穿镇而过，东与大桥乡、温巴什乡相接，南与新和县及兵团一师五团相连，西与温宿县博孜墩乡交界，北与大宛其农场、老虎台乡、种羊场毗邻，东西长50千米，南北宽30.26千米，辖区总面积1513平方千米。耕地面积11749.19公顷，草场5.35万公顷，林场1266.67公顷，果园300公顷，是一个以农、林、牧、业全面发展的大镇。2020年，全镇下辖13个行政村、69个村民小组，共有居民4897户17923人。

【农村经济】 2020年，察尔齐镇推动经济平稳健康发展。结合辖区实际，探索经济高质量发展模式，按照“稳羊增牛扩草、降本提质增效、产业化经营”思路，提升经济效益。落实粮食种植9066.67公顷、特色经济作物7046.67公顷、设施农业373.33公顷、林果业866.67公顷。全镇共有富余劳动力8576人，转移就业4108人，占劳动力总数的47.9%。

农村经济总收入6.69亿元，比2019年增长15.7%，其中种植业3.03亿元，同比增长12.9%，畜牧业2.57亿元，同比增长17%，农民人均纯收入1.8万元，同比增长14%。办理农机落户上牌手续48台，检修农机具2818台（件），开展农机安全日活动12次，累计参加农机驾驶员1345人次。

【畜牧生产】 2020年，察尔齐镇抓好畜牧业生产工作。种植饲草作物3857.13公顷，其中青贮玉米3771.87公顷、苜蓿85.27公顷。年内牲畜出栏7.4万头（只），年末牲畜存栏7.52万头（只），其中牛9253头、羊65388只、猪530头、家禽103462羽。全年未发生畜禽产品质量重大事故。

【林果生产】 2020年，察尔齐镇做好林果业生产工作。林果业园总面积2408.27公顷。其中，防护林1471.6公顷，经济林936.65公顷（核桃641.2公顷、杏树182.37公顷、西梅42.65公顷、苹果35.48公顷、吊干杏34.95公顷）。

【脱贫攻坚】 2020年，察尔齐镇打好精准脱贫攻坚战。共实施扶贫项目2类10个，其中基建类项目9个、畜牧养殖类项目1个，总投资1368.6万元。实施农牧民技术培训。至年底，共有509名贫困人员就业，其中自主创业13人、边缘户就业64人。按时实现全镇349户1185人全部脱贫目标，人均纯收入稳定在6000元以上。

【安居富民】 2020年，察尔齐镇结合村级情况，将任务指标分解到村，分解到户，整个工作过程公开、透明。把调查摸底和对象确定置于广大群众的监督之下，按照“户主申请、村委会和调查小组核实、村民小组会议民主评议、镇政府审核申报”4个环节进行。无房户建房共41户，开工、竣工率100%，录入率100%；危房改造新建300户，竣工341户。开工、竣工率100%，录入率100%。

【小城镇建设】 2020年，察尔齐镇根据产业化发展需求和群众期盼，按照“一年有起色、两年有成效、三年大变样”的阶段目标，本着“先易后难、集中成片、循序渐进、逐步发展”原则，对镇中心区域沿街进行科学规划，功能分区，计划总建筑面积7.26万平方米，共分3期工程建设，年内建设完成1.93万平方米，完成预定目标。

【民族团结】 2020年，察尔齐镇以创建民族团结示范点活动为契机，共创建民族团结村13个，民族团结商铺34个，“民族团结好家庭”112个，有民族团结模范典型67人。在春节、古尔邦节、肉孜节等重大节点，对各民族生活上困难群众开展走访慰问和义务送春联、送灯笼等活动，组织辖区学校中小学生、返乡学生表演各民族传统节目，将各类活动与各民族文化有机结合起来，鼓励各民族干群齐参与，寓“文”于乐，在丰富居民文化生活的同时感受各民族文化，增进民族团结感情。共开展联谊活动62场次，13950余名干部和群众参与活动。营造良好的民族团结氛围，在闲置墙体上手绘民族团结绘画，制作宣传版面164个、墙画200余幅，张贴连心卡1300余张。

【基层组织建设】 2020年，察尔齐镇强化村党组织对辖区各类组织和各项工作的全面领导，推行建立村级工作月度例会制度，村级各类组织定期向村党组织报告重点工作计划、重大事项进展、重大活动安排，增强基层治理活力。突出政治坚强首要标准，落实村“两委”候选人考察任免十步流程和“双线”报批报备制度，年内累计调整村干部副职14人，新招录大学生、留疆战士3人到村进“两委”班子，为13个行政村选派汉族科技副职，精准选育村级储备干部110人，激发村级党员干部队伍内在活力。

【党员干部队伍建设】 2020

年，察尔齐镇发展壮大农村党员队伍，发展党员57人，其中村组干部36人。提升农村基层干部能力素质，镇党校共开展入党积极分子和发展对象培训3期，村干部培训5期，后备干部培训2期，累计培训125人次；深化村级组织管理，利用“四中心十五岗位”将每名干部明确到岗，确保每一个岗位、每一项工作都有人管、有人抓。

（韩陈刚）

2020年察尔齐镇主要经济和社会事业发展情况表

表10

项目			单位	数据
农村经济总收入			万元	66881
农牧民人均纯收入			元	18035
种植业	种植业收入		万元	30311
	粮食生产	面积	公顷	9067.12
		总产量	吨	93201
	经济作物	面积	公顷	2953.48
		总产量	吨	64568
畜牧养殖业	畜牧业收入		万元	25742
	牲畜年末存栏		头（只）	91107
	牲畜年内出栏		头（只）	74421
	家禽出栏		只（羽）	85680
	肉类总产量		吨	599.9
林果业	林果业收入		万元	4683
	植树造林面积		公顷	1473.4
	经济果品林面积		公顷	940.04
	林果产量		吨	4461
劳务经济	劳务经济收入		万元	5325
	劳动力转移人数	长期就业	人	3091
		零散务工	人	692
农用机械	大中型拖拉机（20马力以上）		台	686
	小型拖拉机		台	1329

项目			单位	数据
人口	年末总人口		人	17923
	年末总户数		户	4897
	人口自然增长率		‰	-0.95
	人口出生率		‰	4.74
	人口死亡率		‰	5.69
	性别	男	人	9349
		女	人	8574
基础设施建设	行政村数量		个	13
	通电户覆盖率		%	100
	通用自来水户覆盖率		%	100
	广播覆盖率		%	100
	电视覆盖率		%	100
	电话覆盖率		%	100
	建设安居富民房		套	341
	卫生厕所覆盖率		%	43
文化	村级文化站点		个	13
	农家书屋		个	13
	公共活动体育场所		个	13
卫生	村级卫生室		个	12
	专业技术人员		人	19
	乡镇医疗机构病床数		张	24

续表10

项目		单位	数据	项目			单位	数据
农用机械	播种机	台	343	教育事业	学校数量	幼儿园	个	11
	收割机	台	51			小学	个	9
	打草机	台	20			中学	个	1
	推土机	台	0		教职工总数	幼儿园	人	54
汽车	载货汽车	辆	323			小学	人	137
	载客汽车	辆	38			中学	人	65
	私人汽车	辆	560		在校学生	幼儿园	人	865
财政	总收入	万元	3211.84			小学	人	2028
	总支出	万元	3211.84			中学	人	743

2020年察尔齐镇各行政村基本情况表

表11

序号	村名	主导产业（如种植业、养殖业、服务业和旅游业）	村民小组数（个）	户数（户）	人数（人）	村级集体总收入（万元）	耕地（公顷）	经济合作组织（个）	人均纯收入（元）
1	孜尔克力克村	种植业、养殖业	6	304	965	50.5	1100	5	18035
2	恰克其村	种植业、养殖业	7	503	1936	177.66	782	3	23855
3	喀依库拉克村	种植业、养殖业	6	419	1656	88.23	532.6	2	16105
4	阿热硝尔村	种植业、养殖业	5	232	999	167.82	132.33	4	20279
5	巴扎村	种植业、养殖业	10	888	2480	125.05	500.6	2	12838
6	兰干村	种植业、养殖业	7	618	2014	225.81	625.93	5	16133
7	博孜村	种植业、养殖业	7	580	2284	426.97	1360	2	17628
8	木扎提村	种植业、养殖业	3	176	673	221.41	1046.67	2	24926
9	博斯坦村	种植业、养殖业	4	285	1144	458.89	1777.33	7	22184
10	伊力克其村	种植业、养殖业	4	232	876	327.64	999	4	21030
11	红旗村	种植业、养殖业	3	177	728	308.96	1184.93	2	23300
12	阿克布隆村	种植业、养殖业	4	237	876	227.04	850.2	1	18969
13	吾斯塘布依村	种植业、养殖业	3	193	810	437.29	857.6	1	23911

赛里木镇

【概况】 赛里木镇位于拜城县以东，与县城直线距离28千米。东与克孜尔乡相连，南与新和县以却勒塔格山为界，西与托克逊乡相接，北依天山中段南麓群山。东西宽15.5千米，南北长70千米，总面积为971.75平方千米，地势北高南低，北部为山区，南部为平原，平均海拔1201～1396米，属中温带大陆性干旱气候。年平均降水量88毫米，年平均蒸发量1638.2毫米。年平均气温8.5℃，1月平均气温-15.6℃，7月平均气温23.8℃，全年无霜期150～160天。北部林区有雪豹、旱獭、雪鸡等野生动物。境内有煤、石油等矿藏，有较丰富的地下水资源，盛产甘草等中草药野生植物。

【综述】 2020年，赛里木镇有15个行政村、54个村民小组，总人口4350户17557人。耕地面积4829.4公顷，草场面积44001公顷。中小学7所、幼儿园7所，教师251名、学生3513人。全镇村干部94人，其中“两委”正职20人、副职74人。村民小组长53人、副小组长162人、十户长352人。人大代表53人，党代表75人，政协委员2人。农村“四老”人员85人，其中老干部27人，老党员54人，老模范1人。“访惠聚”驻村工作队15支84人，其中自治区选派工作队5支26人、地区选派工作队1支5人、县选派工作队9支53人。

【农村经济】 2020年，赛里木镇稳步推进农业提质增效，种植业结构稳中调优，农民持续增收。完成农村经济总收入41808万元，比2019年增加4923万元，农牧民人均收入16071元，同比增收1492元。生产小麦11006.198吨、玉米34115.4吨、油菜61.9吨、苜蓿31.1公顷，种植业收入31225.8万元，同比增加201万元，同比增幅6.9%。种植核桃976公顷，林果业生产9350吨，收入2456万元。年末牲畜存栏106594头（牛13487头、羊93107只），家禽存栏129700只（羽）（鸡33397羽、鸽子96303羽），共产肉3747.5吨、产蛋740吨、羊毛148吨、牛奶4557吨，畜牧业创收20107万元，同比增幅27.3%。

【农村二、三产业】 2020年，赛里木镇第二产业收入2922万元，同比增加233万元，同比增幅7.6%；第三产业收入2417万元，同比减少847万元。新型产业得到发展，成立合作社2个、挤奶厅1个，同心养殖农牧民专业合作社、英拜养殖农牧民专业合作社、托喀买里村“石榴花开赛里木夜市”、乌希买里斯村彩砖厂、英赛买里村水泥制品厂等相继成立运营。通过打造“合作社+养殖基地+农户+市场”的发展模式，扩大黄牛养殖规模，实现种养循环现代农牧产业一体化。

【老酸奶】 赛里木镇加工食用酸奶的历史悠久，名扬四方。当地农牧民利用家庭养殖奶牛所产牛奶为原料，采用传统工艺技术制作。由于当地无工业污染，环境处于原生态状态，奶源纯净，制作过程中不加任何添加剂，所产“赛里木克特克”牌酸奶属于原生态纯天然绿色食品。酸奶外观呈乳白色或稍带黄色，表面光滑，凝乳密致细腻，无气泡，入口爽滑适口，回味醇厚悠长。为使更多人喝上美味的赛里木老酸奶，近年来，赛里木镇通过打造“合作社+养殖基地+农户+市场”的发展模式，扩大黄牛养殖规模，推进产业扶贫，提高产量。当年，全镇奶牛存栏8126头，年产鲜奶4557吨，有加工酸奶农户560户，日产酸奶1320碗，年产酸奶750吨。

【基础设施建设】 2020年，赛里木镇结合特色小城镇建设，坚持以人为本、群众第一、民生优先原则，始终把提高人民生活水平作为工作的出发点和落脚点，以保障和改善民生为重点，承办地区级现场会2场、县级现场会6场。解决农村突出环境问题，改善农村人居环境，新（改）建水冲厕所3505座，修建富民安居房屋481间，硬化农村公路15千米，装设路灯500盏，亮化村组道路2千米，受益群众5000余人。

【乡村振兴】 2020年，赛里木镇按照构建“布局合理、特色鲜明、优势互补、宜业宜居、支撑功能强大”小城镇格局的要求，改善镇容镇貌，完善东片区中心乡镇功能，推动赛里木小城镇扩容提质，完成大型全封闭夜市主体、同心广场、扶贫创业示范街一期工程主体、自主创业广场一期工程。全年累计引入社会资金3亿元，争取上级扶持资金100万元，引入大型企业4家，签订2021年招商引资项目3个，合计资金5.72亿元，注册资金1.1亿元。

【脱贫攻坚】 2020年，赛里木镇紧盯脱贫不稳定20户85人、边缘户56户268人，在项目帮扶、产业帮扶、智力帮扶上下功夫，助力脱贫。争取上级扶贫资金591万元，实施贫困项目4个，全镇贫困人口整体脱贫。转移就业一批，年内全镇转移输出贫困人员463人，463人签订务工合同，实现长期稳定就业。产业扶持一批，建成0.53公顷黑木耳种植示范基地、25个黑木耳种植大棚，建成肖尔买里村8座蔬菜大棚，投资360万元，为27户边缘户发放牛27头、为10户发放羊100只，灯笼加工、扶贫车间带动20户贫困户增收脱贫。建档立卡贫困户就业人数324人，边缘户就业人数52人，培育扶持创业带头计划24人，完成53人。社会保障兜底一批，低保贫困户、残疾贫困人员212人享受“两项补贴”，全镇413户1629名贫困人员全面参加免费体检，享受大病、慢性病报销89.73万元。建成贫困户安全住房416套，修建村内部道路110千米，完成饮水改造12千米。

【社会民生】 2020年，赛里木镇做好群众关心的人民生活问题。全民健康体检工程扎实实施，累计体检完成率100%。统筹开展人口和计划生育工作，发放计划生育补贴3416880元。实施全民参保计划，参保率100%。推进新型农村合作医疗，参合农民15383人，参合率98.8%，新型农村养老保险参保率80%以上，60岁以上农牧民养老金发放率100%。优化整合行政审批和公共服务职能，推进综合便民服务化、标准化建设，设立赛里木镇行政服务大厅，办结大小事件1000余件，服务群众1000余人。发放临时救助资金200.6万元，对830户冬季取暖困难家庭，发放暖心煤769吨。

【意识形态】 2020年，赛里木镇落实意识形态工作责任制，壮大草根宣讲员、网络评论员队伍，深入开展爱国主义、民族团结、感恩教育等主题活动，社会主义核心价值观持续向实践层面转化。建立草根宣讲团15个，组织开展“我们的中国梦”“家电下乡宣传”“文化润疆大讲堂”“婚育新风进万家”等文化活动96场，为15个行政村农家书屋补充图书资料430册。开展“对照四史矫偏差”专题活动，全镇各级党员干部对照“四史”查摆问题568条，印发横幅135条，开展专题活动250场次，累计覆盖村组15个，参与人数3650余人。

【民族团结】 2020年，赛里木镇深入推进民族团结进步事业。深化民族团结教育，结合法制“十一进”活动，推动创建活动有序进行。坚持现代文化引领，深入推进“去极端化”工作。常态化开展农牧民全员培训活动，利用法制学校、农牧民学校开办培训班，培训教育农牧民1.3万人次。从党员干部做起，大力推进“国家通用语言和各民族语言”培训工作，为各民族群众交流交融打好基础。开展“九联谊·结对子”融情教育，落实“五逢”工作机制，以一个个“微行动”，汇聚起民族团结正能量。11月27日，被地区授予民族团结示范乡镇称号。

【维护稳定】 2020年，赛里木镇对全镇稳定情况做到底数清、情况明，开展平安创建活动，确保全镇各族人民安居乐业，为推动经济高质量发展提供基础保障。开展镇、村两级信访积案化解等活动，化解各类矛盾纠纷案件68起，畅通群众诉求渠道，增加和谐因素，减少不和谐因素。全面落实安全生产责任制，加大对重点行业、重点领域的安全生产隐患排查和执法检查力度，开展安全生产专项隐患排查30余次，化解安全隐患94起，整治违法交通65起（其中查处酒驾15起），有效遏制重特大安全生产事故的发生。

【党的建设】 2020年，赛里木镇贯彻新时代党的建设总要求，“两学一做”学习教育常态化、制度化开展，组织召开专题民主生活会、年度民主生活会、组织生活会等，全镇党员干部不断增强“四个意识”、坚定“四个自信”做到“两个维护”，坚持思想阵地与实体阵地同步推进，开展“党旗映天山”“我的入党初心”“初心红”等主题党日活动，树好党员先锋模范形象。全镇下辖17个党支部，有党员722人，入党积极分子253人，新发展党员72名。

【基层组织建设】 2020年，赛里木镇充实基层一线工作力量，选派年轻干部23人到村任职，留疆战士3人担任村党支部副书记，其中1人拟担任村党支部书记。通过“两推一选”调整村党支部书记5人，提拔村级后备干部担任村“两委”班子成员16人，将各村计生专干、劳保专干、小组长（副组长）全部纳入村级后备干部管理，按照正职1：2、副职5~7人的比例储备村级后备干部111人。对照软弱涣散基层党组织10项4个问题，对全镇15个村级组织摸排分类定等，确定软弱涣散基层党组织2个，开展定期整顿工作。

【党风廉政建设】 2020年，赛里木镇坚持教育为主、查处并重、保护为要、监督并行，突出抓好“讲责、定责、履责、考责、问责”5个环节，严肃查处违反生活纪律、廉洁纪律及吃拿卡问题，贯彻落实《中国共产党纪律处分条例》《中国共产党问责条例》，开展纪律教育和警示教育，使铁的纪律转化为党员干部的日常习惯和自觉遵守。落实党风廉政建设“两个责任”，配合上级巡察和群众工作督导，以“零容忍”的态度坚决惩治腐败，“四风”“四气”和损害群众利益问题得到有效纠治，营造风清气正的政治生态。

【共青团建设】 2020年，赛里木镇坚持党建带团建、团建促党建的工作模式，发挥团组织联系青年、服务青年、组织青年作用，开展“共青团爱心生日会”“五好青年评选”“主题团日”“青年联谊交友”等活动，促进各族青年之间的交流、交往、交融，全镇团支部17个、团干部32人、团员439人、流动团员145人，新发展团员32人，递交入党申请书的团员56人、确定入党积极分子42人、发展对象28人。年底，获评拜城县五四红旗团委称号。

【妇联组织建设】 2020年，赛里木镇推进“百万妇女大宣讲”“家家幸福安康工程”“妇女素质提升工程”三大工程，发挥镇村妇联组织和骨干的作用，全镇妇联主席16人、副主席30人、执委150人积极工作，引领妇女群众内强素质、外树形象，共建美丽家园。开展“美丽庭院评选”“平安千万家”“妇女儿童合法权益保护”“巾帼促脱贫”等活动，评选出地区美丽庭院贫困户10户，县级美丽庭院贫困户45户，县级美丽庭院一般户30户。

（苑广尚）

2020年赛里木镇主要经济和社会事业发展情况表

表12

项目			单位	数据
农村经济总收入			万元	41808
农牧民人均纯收入			元	16071
种植业	种植业收入		万元	31225.8
	粮食生产	面积	公顷	4089.1
		总产量	吨	45121.59
	经济作物	面积	公顷	239.66
		总产量	吨	3414.76
畜牧养殖业	畜牧业收入		万元	20107
	牲畜年末存栏		头（只）	106594
	牲畜年内出栏		头（只）	6300
	家禽出栏		只（羽）	129700
	肉类总产量		吨	3747.5
林果业	林果业收入		万元	2459
	植树造林面积		公顷	520
	经济果品林面积		公顷	116
	林果产量		吨	9350
劳务经济	劳务经济收入		万元	455.9
	劳动力转移人数	长期就业	人	1957
		零散务工	人	4428
农用机械	大中型拖拉机（20马力以上）		台	589
	小型拖拉机		台	742
	播种机		台	275
	收割机		台	60
	打草机		台	26

项目			单位	数据
人口	年末总人口		人	17557
	年末总户数		户	4350
	人口自然增长率		‰	-3.02
	人口出生率		‰	3.07
	人口死亡率		‰	6.09
	性别	男	人	9118
		女	人	8439
基础设施建设	行政村数量		%	15
	通电户覆盖率		%	100
	通用自来水户覆盖率		%	100
	广播覆盖率		%	100
	电视覆盖率		%	100
	电话覆盖率		%	100
	新建安居富民房		套	481
	卫生厕所覆盖率		%	100
文化	村级文化站点		个	15
	农家书屋		个	15
	公共体育活动场所		个	26
卫生	村级卫生室		个	15
	专业技术人员		个	31
	乡镇医疗机构病床数		张	45
教育事业	学校数量	幼儿园	个	7
		小学	个	6
		中学	个	1

续表12

项目		单位	数据	项目			单位	数据
农用机械	铲车	台	9	教育事业	教职工总数	幼儿园	人	35
汽车	载货汽车	辆	45			小学	人	121
	载客汽车	辆	3			中学	人	95
	私人汽车	辆	251		在校学生	幼儿园	人	899
财政	总收入	万元	2444.30			小学	人	1898
	总支出	万元	2508.88			中学	人	716

2020年赛里木镇各行政村基本情况表

表13

序号	村名	主导产业（如种植、养殖业、服务业和旅游业等）	村民小组数（个）	户数（户）	人数（人）	村级集体总收入（万元）	耕地（公顷）	经济合作组织（个）	人均纯收入（元）
1	硝尔买里村	种植业、养殖业	5	320	1290	12.6	224.21	4	15867
2	乌希买里斯村	种植业、养殖业	5	404	1571	48	528.14	4	16807
3	夏合买里斯村	种植业、养殖业	6	360	1483	16.492	401.33	0	16131
4	拉帕村	种植业、养殖业	4	270	1167	20	300.2	0	15750
5	赛里木村	种植业、养殖业、服务业	3	405	1409	20.2	234	2	15061
6	喀拉敦布拉克村	种植业、养殖业、服务业	3	351	1393	15	234.79	0	15466
7	托克买里村	种植业、养殖业	4	263	1042	9.2	252.08	2	14891
8	托咯其买里村	种植业、养殖业、服务业	3	425	1778	30.945	498.82	2	16445
9	明吉格代村	种植业、养殖业	3	197	909	16.27	354.44	0	16112
10	咯拉亚尕奇布拉村	种植业、养殖业	3	212	872	17.27	295.36	1	16544
11	布干村	种植业、养殖业	3	255	1016	7.7	362.95	0	16739
12	库台买村	种植业、养殖业	3	188	738	20.7	406.17	0	16868
13	英巴格村	种植业、养殖业	4	363	1498	13.06	318.84	0	14930
14	英买里村	种植业、养殖业	2	116	526	22.78	190.28	0	16122
15	英赛买里村	种植业、养殖业	3	221	865	10.513	271.21	2	15739

黑英山乡

【概况】 黑英山乡位于天山山脉中段南麓，拜城县东北部阿克塔什盆地中的黑英山乡，乡政府坐落于喀赞其村，距拜城县县城110千米，是16个乡镇中距离拜城县最偏、最远的乡镇，也是全县面积最大的一个乡镇，总面积5544平方千米。北隔天山山脉与和静县、特克斯县交界，东与库车县毗邻，南与克孜尔乡相接，西部为丘陵地带。有可耕地4000公顷，草场10.4万公顷。境内自然资源丰富，有辽阔的山区草场、终年不化的固体冰川水库、望不到尽头的松柏森林、高耸入云的雪峰峰峦、储量丰富的煤山矿海，有迷人的瀑布、秀丽的河谷、数不清的胡杨、云杉、柏树、桦树，还有雪豹、熊、鹿、羚羊、雪鸡、狼、旱獭等野生动物，和胡参、当归、麻黄、贝母、五指参、党参、雪莲等珍贵的药材。已探明的矿藏有铜、铁、铝、煤、云母、红柱石、重晶石、锆英石、石榴石等。盆地内绿洲上泉流网布，清澈见底、河沟纵横，当地群众称为“明布拉克”，即“千泉”之意。黑英山乡气候属亚温带大陆性高山型气候，夏季气温较低，无霜期120～130天。

【农村经济】 2020年，黑英山乡加大农业结构调整力度，挖掘农业内部增收潜力。种植结构持续调优，落实经济作物面积3000公顷。全年出栏牲畜10.3万头（只），年末牲畜存栏14.07头（只），其中牛1.4万头、羊12.37万只、马2200匹、驴700头。实现农村经济总收入30894万元，比2019年增加8249万元。机动村集体经营性收入合计636.34万元，

【名优特产】 2020年，黑英山乡油鸡养殖特色产业再上规模。全年总投资1.18亿元，占地面积666.67公顷，养殖种鸡20000羽，年产蛋500万枚，孵化油鸡420万羽。直接安置贫困户就业200人，人均年收入3万元，带动发展油鸡养殖产业2800余户，户均增收6000元。2010年1月15日，黑英山乡油鸡被列入国家畜禽遗传资源名录。

【人居环境整治】 2020年，黑英山乡人居环境整治有力开展，对全乡进行厕所改造，13个行政村、52个村民小组建立垃圾集中收集填埋坑25处。完成农村改厕1277座，“三区隔离”完成农户2900户，配备垃圾桶1561户，生活垃圾有效处理，村容村貌得到改善。建设农村安居房165套，竣工、入住率100%，每户完成安装一套洁具（每套1400元）。

【富余劳动力开发】 2020年，黑英山乡把就业作为最大的民生，落实就业优先政策，提升农村富余劳动力就业技能和水平，实现每个有劳动能力家庭至少有1人就业，富余劳动力转移就业1500人。做好与人社部门、辖区及县域企业对接联系，促进群众多渠道就业创业，解决“用工难”“就业难”问题。实施发展产业带动就业工程，挖掘农业内部转移潜力，鼓励农民到第二、第三产业以及城镇创业就业。

【生态环境保护】 2020年，黑英山乡加强环境保护和生态文明建设，以“碧水、蓝天、净土”为目标，以改善乡村人居环境为核心，把污染防治攻坚战作为乡村振兴战略和生态文明建设的一项大事来抓，把握污染防治的新常态、新要求，污染防治成效显著。全面落实水资源管理制度，严守“三条红线”，落实河长制，开展日常监管巡查制度，实行动态管理。推进绿化造林工程，筑牢生态安全屏障。

【脱贫攻坚】 2020年，黑英山乡把脱贫攻坚放到重要位置来抓，推进贫困人口脱贫和已脱贫人口巩固提升工作。乡党委配备工作专班14人，村级工作专班61人（含第一书记、党支部书记）。乡党委每半个月召开专题会议研究部署脱贫攻

坚工作，领导小组每半个月召开全体会议安排落实脱贫攻坚工作。建档立卡贫困户稳定就业1165人。其中，公益性岗位就业111人，聘任护林员18人，草原管护员12人，补助贫困户自主创业16户。边缘户稳定就业118人，其中公益性岗位就业27人。2019年，全乡贫困户人均纯收入10378.5元，2020年达到13552.4元，比2019年增长30.6%。其中，贫困户人均纯收入5000~6000元的22户、6000~8000元的110户、8000元以上的980户。全乡边缘户142户573人。边缘易致贫户人均纯收入5000~6000元的5户、6000~8000元的44户、8000元以上的93户。

【文化旅游】 2020年，黑英山乡开发乌孙古道探险旅游，完善配套设施，打造旅游精品路线，发挥旅游业对第三产业的撬动作用，支持特色餐饮、特色民宿、休闲娱乐等服务业发展，挖掘潜在消费，提高服务业对经济增长的贡献率。

【宣传思想工作】 2020年，黑英山乡坚持学习贯彻“举旗帜、聚民心、育新人、兴文化、展形象”工作方针，落实意识形态工作责任，推进意识形态领域各项工作再上新台阶。意识形态反分裂斗争深入开展，各族干部群众持续深入宣讲，形成同仇敌忾反分裂的强大声势，占牢宣传思想文化阵地。“五学五比”活动深入人心，“大宣讲·大培训·大解困”活动形式多样，“一月一活动”丰富多彩，新时代文明实践站、“文化大院”建设全面完成，投入使用。

【社会事业】 2020年，黑英山乡完成低保人数扩面，做到应保尽保，全额资助低保对象、特困人员参加城乡居民基本医疗保险；做好困难群众大病补充医疗保险工作，贫困人口医疗保险、养老保险100%全覆盖。利用广播、宣传、横幅、板报、标语、宣传单等为载体，对全乡农牧民开展预防疫情、麻疹、艾滋病、计划免疫、结核病、碘缺乏病等内容进行宣传教育，专项健康知识宣传教育16场次。科学畜禽养殖培训、农村安居工程、挖掘机操作技术、缝纫、美发、化妆等大型技能培训6场次。

【民族团结】 2020年，黑英山乡坚持以“民族团结是各族人民的生命线”为指导，持续深化民族团结宣传教育和进步创建活动，“民族团结一家亲”和民族团结联谊活动扎实有效，“结亲周”“五逢”暖心连心、扶贫帮困深入开展，各级党员干部走亲、探亲、帮亲，加深往来、增进感情，“五个认同”深入人心，中华民族共同体意识进一步铸牢。全面贯彻落实党的宗教工作基本方针，宗教事务管理进一步规范，驻村管寺、“两联系一教育”工作扎实开展，信教群众政策法制宣传有力有效，爱国宗教人士各项工作落到实处，讲经解经内容和程序更加规范。

【群众工作】 2020年，黑英山乡高举法治旗帜，群众工作有力有效，六句话要求细化落实。法制宣讲、政策宣传深入人心，“法律明白人”培养工程、国家通用语言普及工程成效显著，“日周月季”工作机制严格落实。运行新时代“枫桥经验”，加强矛盾纠纷排查调处工作，做到件件有着落、事事有回音，社会治理能力显著提升。

【党的建设】 2020年，黑英山乡以党建工作统揽全局，贯彻新时代党的建设总要求，推进“不忘初心、牢记使命”主题教育常态化、制度化。干部关爱激励工作规范有序，激发乡村两级干部队伍活力。推进“访惠聚”工作，落实“1+2+5”八项重点任务，困难诉求及时解决。选派留疆战士到村任职，乡党建办扎根扎点帮扶、督促，村党组织发挥组织力、凝聚力、影响力。做好党员发展工作，发展党员73人，培养入党积极分子270

人，发展对象87人，递交入党申请书411人，开设培训班9期，培训309人次。

【群团建设】 2020年，黑英山乡推行“党建带团建、团建促党建”的工作模式，把团建工作以党建工作为标尺，规范基层村团支部工作的制度化、规范化、标准化运行。按照党员发展的标准，在基层团组织中开展团员抓实推优工作，“推优入团”发展新团员23名，“推优入党”50余名团员青年主动向党组织靠拢，递交入党申请书。

【党风廉政建设】 2020年，黑英山乡坚持从严治党，落实党风廉政建设“两个责任”，纪检监察体制改革有效推进，合署办公聚合效应发挥，整治“四风”“四气”，严厉查处“两面人”，党的政治纪律和政治规矩更加严明，干部作风明显转变，巡视反馈问题全面整改到位，全年办结案件24起，给予党纪、政务处分24人。

（李志伟）

2020年黑英山乡主要经济和社会事业发展情况表

表14

项目			单位	数据
农村经济总收入			万元	30894
农牧民人均纯收入			元	13301
种植业	种植业收入		万元	5784
	粮食生产	面积	公顷	3391.87
		总产量	吨	25324
	经济作物	面积	公顷	441.33
		总产量	吨	6349
畜牧养殖业	畜牧业收入		万元	14598
	牲畜年末存栏		头（只）	142700
	牲畜年内出栏		头（只）	103000
	家禽出栏		只（羽）	93400
	肉类总产量		吨	422000
林果业	林果业收入		万元	402
	植树造林面积		公顷	60.8
	经济果品林面积		公顷	0
	林果产量		吨	0
劳务经济	劳务经济收入		万元	1499

项目			单位	数据
人口	年末总人口		人	13488
	年末总户数		户	3694
	人口自然增长率		‰	1
	人口出生率		‰	3
	人口死亡率		‰	2
	性别	男	人	7005
		女	人	6483
基础设施建设	行政村数量		个	13
	通电户覆盖率		%	100%
	通用自来水户覆盖率		%	100%
	广播覆盖率		%	100%
	电视覆盖率		%	100%
	电话覆盖率		%	100%
	新建安居富民房		套	165
	卫生厕所覆盖率		‰	100%
文化	村级文化站点		个	13
	农家书屋		个	13

续表14

项目			单位	数据	项目			单位	数据
劳务经济	劳动力转移人数	长期就业	人	2708	文化	公共体育活动场所		个	13
		零散务工	人	4062	卫生	村级卫生室		个	13
农用机械	大中型拖拉机（20马力以上）		台	892		专业技术人员		个	13
	小型拖拉机		台	454		乡镇医疗机构病床数		张	50
	播种机		台	140	教育事业	学校数量	幼儿园	个	13
	收割机		台	25			小学	个	4
	打草机		台	7			中学	个	1
	推土机		台	2		教职工总数	幼儿园	人	72
汽车	载货汽车		辆	274			小学	人	93
	载客汽车		辆	10			中学	人	50
	私人汽车		辆	196		在校学生	幼儿园	人	768
财政	总收入		万元	2777.2			小学	人	1245
	总支出		万元	2777.2			中学	人	495

2020年黑英山乡各行政村基本情况表

表15

序号	村名	主导产业（如种植业、养殖业、服务业和旅游业等）	村民小组（个）	户数（户）	人数（人）	村级集体总收入（万元）	耕地（公顷）	经济合作社组织（个）	人均纯收入（元）
1	喀赞其村	种植业、养殖业	7	689	2396	28.47	719.4	0	12261
2	明布拉克村	种植业、养殖业	6	451	1613	14.81	658.87	2	13128
3	墩其木然村	种植业、养殖业	4	243	861	33.67	247.8	2	14016
4	亚吐尔村	种植业、养殖业	4	299	1117	31.67	342	0	14006
5	都维勒克村	种植业、养殖业	6	514	1789	26.20	648.93	3	13471
6	推普斯孜村	种植业、养殖业	3	102	399	34.08	38.867	1	13904

续表15

序号	村名	主导产业（如种植业、养殖业、服务业和旅游业等）	村民小组（个）	户数（户）	人数（人）	村级集体总收入（万元）	耕地（公顷）	经济合作社组织（个）	人均纯收入（元）
7	尤勒衮亚喀村	种植业、养殖业	4	317	1057	21.34	348.2	1	13547
8	喀拉果勒村	种植业、养殖业	3	224	893	21.69	141.2	0	13083
9	博斯坦铁热克村	种植业、养殖业	4	190	684	31.02	149.73	1	13190
10	玉开都维村	种植业、养殖业、服务业和旅游业	3	209	894	11.13	163.27	3	12889
11	克尧勒村	种植业、养殖业	3	159	614	16.14	168.73	0	13400
12	阿尔盖买村	种植业、养殖业	4	202	808	33.02	169.53	2	13789
13	米斯布拉克村	种植业、养殖业	2	95	363	26.38	37.8	1	14045

克孜尔乡

【概况】 克孜尔乡位于拜城县东部50千米处，坐落在喀拉尔丘岭和却勒塔格山之间，素有县“东大门”之称。北与黑英山乡毗邻，西与赛里木镇为邻，东与库车县相接，南与新河县以却勒塔格山为界，全乡南北宽约44.4千米，长约35.4千米，总面积1127.8平方千米。307省道横贯全境。“克孜尔”系维吾尔语，意为红色，因其北部喀拉尔丘岭、南部却勒塔格山沙土均为红色，刮风时红土飞扬，下雨时洪水携带红色泥沙顺流而下，沿河沉积处均为红色而得名。地势北高南低，海拔1146～2130米，较县城稍高。境内名胜古迹、旅游景点众多，有克孜尔千佛洞、魔鬼城、克孜尔水库、克孜尔乡水库滑雪场、克拉2大气田五大景观带等。境内北面山区有天然气、煤、铜、石墨、石膏等矿产资源。耕地1996.3公顷，其中经济田1648.5公顷、经济林347.8公顷。主要农作物有小麦、玉米、油菜、蔬菜和瓜类，特色农产品为葡萄、鹰嘴豆、红米等。2020年，全乡下辖9个行政村、29个村民小组，辖区总人口2848户9621人。

【农业生产】 2020年，克孜尔乡落实“大农业”发展战略，农业生产规模不断扩大，农村经济持续增收。推进产业结构调整，建成温室大棚11座、小拱棚240座，立足克孜尔乡葡萄产业特色，持续扩大葡萄种植面积，改良葡萄品种。利用县级财政支持，依托扶贫项目、养殖合作社发展畜牧养殖业。农村经济总收入21269万元，农牧民人均纯收入15999元。

【脱贫攻坚】 2020年，克孜尔乡推进九项惠民工程，坚持智志双扶，巩固脱贫成果。依托整建制劳务输出，实现本地群众稳岗就业、致富增收。精准制定脱贫举措，贫困村实现“五通七有”全覆盖，完成668户2518人脱贫。

【社会民生】 2020年，克孜尔乡深入推进九项惠民工程。全年新修闸口5套、养护闸口26套，土渠清淤129千米、新挖排碱渠650米、新铺自来水支管道1930米，33户居民供水到户，安装电子水表1694户。实施“百村示范、千村整治”工程，全年完成“四乱”整治512户、改居68户、改厨112户、“三区分离”286户、改厕481户。9个行政村垃圾有效处理全覆盖。推进全民健康体检，城乡居民基本医疗参保7813人、养老保险参保4372人，享受养老金848人。

【民族团结】 2020年，克孜尔乡根据“民族团结一家亲”“十同载体”和民族团结联谊活动制度化、常态化的要求，压实责任，各级干部做到走亲戚常态化，在共学、共居、共事、共乐的环境中开展民族团结联谊活动，为群众答疑解惑，讲惠民政策、讲法律法规，各族干部群众“三个离不开”思想牢固树立，中华民族共同体意识进一步铸牢。

【疫情防控】 2020年，克孜尔乡贯彻落实上级疫情防控的各项部署要求，精准施策，守好三道门，做好三件事，找出四类人。重点部署，专项安排，落实落细八项预警机制。常态落实体温检测、配强环境监测专职力量，压茬推进“插花式”核酸检测，定期研判，坚持导向抓整改。严格落实日研判、知识宣传、桌面推演、应急演练等长效机制，确保各项措施落地生根、落实见效。

【社会稳定】 2020年，克孜尔乡把实现社会稳定和长治久安作为压倒一切的政治任务、重于泰山的政治责任，牢固树立“警钟长鸣、警惕常在”“不松懈、不麻痹、不厌战”战备意识，常态化开展风险隐患“再排查、再梳理、再整改”，实战化开展应急演练。做实做细群众工作，“七五”普法深入实施，“法律明白人”培养工程富有成效。

【基层党建】 2020年，克孜尔乡以新时代党的方针政策为指引，贯彻落实各项宣传任务，结合工作实际，配齐硬件设施，积极营造学习氛围。以讲党课、学理论为载体，完成党委中心组学习和干部理论学习。常态化开展宣讲教育工作，挑选宣讲经验丰富的骨干开展“今冬明春”大宣讲工作，受众群体达8997人次。

【党风廉政】 2020年，克孜尔乡把握“党要管党、全面从严治党”“一抓三促”任务要求。落实“三会一课”“5+X”“四议两公开”基层党组织建设的基本制度，以“守初心、担使命、找差距、抓落实”为总要求，将主题教育纵向推进，基础党务取得实效，组织运行逐步规范。利用村组干部作风大排查、大整治契机，以“零容忍”的态度监督执纪，共查找干部作风不实问题97起，下发通报49期，给予提醒、诫勉谈话73人，通报批评110人。

（张立峰）

2020年克孜尔乡主要经济和社会事业发展情况表

表16

项目			单位	数据	项目		单位	数据
农村经济总收入			万元	21269	人口	年末总人口	人	9615
农牧民人均纯收入			元	15999		年末总户数	户	2492
种植业	种植业收入		万元	6132		人口自然增长率	‰	-1.46
	粮食生产	面积	公顷	1658		人口出生率	‰	3.74

续表16

项目			单位	数据
种植业	粮食生产	总产量	吨	14410
	经济作物	面积	公顷	595
		总产量	吨	8938
畜牧养殖业	畜牧业收入		万元	9550
	牲畜年末存栏		头（只）	26271
	牲畜年内出栏		头（只）	14829
	家禽出栏		只（羽）	34327
	肉类总产量		吨	8000
林果业	林果业收入		万元	317
	植树造林面积		公顷	93
	经济果品林面积		公顷	86.2
	林果产量		吨	60
劳务经济	劳务经济收入		万元	626
	劳动力转移人数	长期就业	人	729
		零散务工	人	436
农用机械	大中型拖拉机（20马力以上）		台	106
	小型拖拉机		台	780
	播种机		台	42
	收割机		台	2
	打草机		台	4
	推土机		台	1
汽车	载货汽车		辆	52
	载客汽车		辆	5

项目			单位	数据
人口	人口死亡率		‰	5.2
	性别	男	人	5371
		女	人	4244
基础设施建设	行政村数量		个	9
	通电户覆盖率		%	100
	通用自来水户覆盖率		%	100
	广播覆盖率		%	100
	电视覆盖率		%	100
	电话覆盖率		%	100
	新建安居富民房		套	61
	卫生厕所覆盖率		%	95
文化	村级文化站点		个	9
	农家书屋		个	9
	公共体育活动场所		个	6
卫生	村级卫生室		个	9
	专业技术人员		人	18
	乡镇医疗机构病床数		张	40
教育事业	学校数量	幼儿园	个	7
		小学	个	5
		中学	个	1
	教职工总数	幼儿园	人	39
		小学	人	124
		中学	人	41

续表16

项目		单位	数据	项目			单位	数据
汽车	私人汽车	辆	323	教育事业	在校学生	幼儿园	人	445
财政	总收入	万元	21269			小学	人	1010
	总支出	万元	8636			中学	人	365

2020年克孜尔乡各行政村基本情况表

表17

序号	村名	主导产业（如种植业、养殖业、服务业和旅游业等	村民小组数（个）	户数（户）	人数（人）	村级集体总收入（万元）	耕地（公顷）	经济合作组织（个）	人均纯收入（元）
1	铁提尔村	种植业、养殖业	4	250	1108	22.59	205.53	0	15232
2	米斯买里村	种植业、养殖业	4	305	1509	32.47	319.8	3	14555
3	吉格代力克村	种植业、养殖业	4	319	1183	30.16	695.33	3	15474
4	乌堂村	种植业、养殖业	3	430	1470	25.46	183.57	3	14692
5	墩硝尔村	种植业、养殖业	3	229	889	24.38	263.1	1	13849
6	丘纳克买里村	种植业、养殖业	2	163	648	12.07	119.97	1	13475
7	喀日尕依买里村	种植业、养殖业	2	134	516	13.03	153.13	0	15328
8	拜格其买里斯村	种植业、养殖业	4	233	938	21.90	273.2	1	13345
9	克孜勒吐尔村	种植业、养殖业	3	238	961	24.97	404.8	1	12520

托克逊乡

【概况】 “托克逊”一词由“托合提逊”演变而来，维吾尔语意为“停住”。相传该地从前并无人家，当时居住在伊犁赛里木湖一带的一些人先后辗转于吐鲁番、拜城、察尔齐等地放牧。当他们返回赛里木湖时路过托克逊，见这里土壤肥沃，水源充足，首领传令“托合提逊”后人称该地为“托合提逊”。托克逊乡位于拜城县东侧，距县城直线距离18千米。北缘为天山山脉南麓，南部与温巴什乡隔木扎提河相望，西部与康其乡、亚吐尔乡相接，东部与赛里木镇毗邻，乡政府驻阿娜克孜兰干村。东西宽16千米，南北长54千米，总面积765.4平方千米。地势北高南低，海拔1174～1680米，年平均气温7.6℃，无霜期150～160天，年均降雨量88.5毫米。平原土质为沙壤细土，以农业为主，主要农作物有小麦、玉米、棉花、油料等，是以种植业、畜牧业、林果业、劳务输出为主要经济支撑的农业大乡，是县域主要粮油产区之一。全乡耕地面积3848.66公顷。2020年，全乡辖11个村民委员会、52个村民小组，有4291户16990人。

【农村经济】 2020年，托克逊乡全年实现农村经济总收入4.15亿元，比2019年增加0.18万元，增长4.53%，其中种植业收入1.37亿元，人均7935元，同比增长1.2%；林果业收入2574万元，人均1490元；畜牧业收入21261.14万元，人均12314元；劳务创收2216.6万元，人均1284元；第二、第三产业收入3961万元。农牧民人均纯收入1.58万元，增加2000元，同比2019年增长14.5%。

【种植业发展】 2020年，托克逊乡播种总面积6394.9公顷（含复播），其中小麦1910.1公顷，占总播种面积的29.9%；玉米播种2877.6公顷，占总播种面积的45%。经济作物面积91.8公顷，占总播种面积的1.5%，特色经济作物面积377.9公顷（其中色素辣椒134.6公顷、瓜子85公顷、打瓜7.8公顷、薯类82.3公顷、西瓜64.5公顷、甜瓜3.7公顷），占总播种面积的5.9%。粮食总产5.05万吨，其中小麦1.35万吨、玉米3.7万吨，经济作物总产0.34万吨，特色经济作物总产2.41万吨，比2019年增产0.6万吨，增长24.8%.全年种植业收入1.35亿元，比2019年增加1397万元，人均种植业收入7840元。年内有核桃7865.9公顷，每公顷单产1477.5千克，杏子5944.7公顷，每公顷单产3300千克。

【畜牧生产】 2020年，托克逊乡实施畜牧强乡战略，坚持“购母畜、繁小畜、育肥畜”工作思路，扩大母畜群，加快繁育速度，实现规模养殖。依托畜牧兽医站，狠抓高致病性禽流感和动物疫病防治工作，全年完成动物防疫驱治85.51万头（只），推广畜牧业生产“四产一规范”（良种、良舍、良料、良法和规范化防疫）综合配套技术，提高畜牧业养殖效益。全乡牲畜存栏69432头（只），出栏30195头（只）；家禽存栏101798只，产肉1720.98吨、奶1356吨、蛋210.25吨，绵羊剪毛141.1吨。畜牧业收入2.13亿元。

【脱贫攻坚】 2020年，托克逊乡实施脱贫攻坚项目28项，总投资2715.1万元，其中入户类项目17项，共补助资金1114.57万元；经营类项目8项，上级拨付资金764.94万元；公益类项目3项，上级帮扶资金835.59万元。购置扶贫牛322头，存栏368头，产生效益856头；扶贫羊5971只，存栏8653只，产生效益16540只；种公羊96只；扶贫驴10头，存栏10头，产生效益16头；扶贫鸡12875羽，存栏17756羽，产生效益60322羽；饲料加工机器36台；牲畜棚圈222座；拱棚139座，每年净收入达到600元/棚；青贮窖5座，每年可制作青贮饲料100吨；禽舍246座，常态化饲养家禽23065羽；葡萄架51座，另外每年平均获利360元；核桃提质增效2户，2户脱贫户每亩核桃收益达到1500元；饮水项目284户；黑木耳菌棒40万棒，为100户脱贫户提供黑木耳产业基础支撑；菜苗项目119460株，平均每户每年净收入500元；脱贫户子女享受雨露计划185人次，共55.5万元；农业技术培训项目，享受198人次，一人补助标准200元/人，每人培训时间不少于10天，共3.96万元。建设养殖基地2座，分别位于阔纳协海尔村和库木格热木村，累计分红132户次，分红18.84万元，扶贫资产收益上缴7万元（阔纳协海尔村4万元，库木格热木村3万元），开发就业岗位6个，平均每个岗位每年可增收1.5万元；高标准蔬菜大棚4座，可满足托克逊乡及周边乡镇的全部菜苗需求，为脱贫户提供15个就业岗位，每个岗位为脱贫户每年增收6000元；建设黑木耳种植基地1座，带动100户增收，平均每户每年可增收4500元；建设惠民超市2座，每月营收1500元左右；电子商务服务网点1处，每月增收3000元；自主创业3户，包括阔纳协海尔村修理铺，每月可增收2300元左右；阔纳协海尔村蛋糕店，每月可增收1500元左右；吉赛克喀依古村小型家庭超市，每月收入1200元左右。公益类项目及成效：村组道路10千米、防渗渠19.14千米、饮水管道46.7千米，参与脱贫户132户，每户收入提高5000元。扶持边缘户项目共2项，每头牛补助1.4万元，每只羊补助1000元，受益户50户，补助49头牛、10只羊；为15户边缘户办理小额信贷，购买17头怀胎母牛。

【疫情防控】 2020年，托克逊乡成立9个专班32人，建立采样部位32处，总计涵盖点位2200个，7天采样点5个，主要为餐饮场所，14天采样点27个，为加油站、商超、药店、机关食堂、办公场所、信用社、快递点、派出所、供电所、村委会办公场所，共采样送检6140份，1228个管子，已覆盖全乡采样3次，配备乡村两级专兼职人员25人，建设标准化消毒消杀室31个。

【文化引领】 2020年，托克逊乡以丰富群众业余生活为目标，结合“百万妇女大宣讲”活动，开展宣讲23场，丰富群众精神文化生活。利用“妇女之家”“文明乡村建设”等活动为载体，开展妇女思想教育36次，家庭教育48次，健康知识讲座11次。完成11个村的基层文化中心建设。整合乡、村两级妇联、群团组织、各村力量，成立“美丽庭院”创建领导小组，成立志愿者服务队11个，发动妇女青年参与“美丽庭院”创建活动，营造美丽和谐、乡风文明的人居环境。被各级表彰为“美丽庭院”406户家庭（地区级6个、县级80个、乡级320个）。

【民生工程】 2020年，托克逊乡争取国家农机购置补贴专项资金497.31万元，购置拖拉机、旋耕机及附属设备等农机具116台（套），受益农户104户。落实水费收缴工作，计收水费745.68万元，实施安全饮水工程，受益群众4291户。落实草原补贴、良种补贴、退耕还林补贴、计生补贴、安居富民房等各类补贴资金3853.88万元，累计惠及农户2948户。开展防汛抗旱工作，新建防洪坝1500米。

【党的建设】 2020年，托克逊乡有党组织25个，其中党委1个，党支部24个，党员631人。全年发展党员49人。对全乡村级“两委”班子及后备干部137人开展系统培训20余场次。选派内招干部、留疆战士、选调生22人到村任职。针对软弱涣散的1个村党组织，制定整顿措施，定期分析研判，选派国家干部4人到村任党支部书记，包村乡领导常态化蹲村帮扶、指导。

（李 越）

2020年托克逊乡主要经济和社会事业发展情况表

表18

项目			单位	数据	项目		单位	数据
农村经济总收入			万元	41475.37	人口	年末总人口	人	16917
农牧民人均纯收入			元	15883.3		年末总户数	户	4309
种植业	种植业收入		万元	13679.24		人口自然增长率	‰	8.12
	粮食生产	面积	公顷	4785.81		人口出生率	‰	15.42

续表18

项目			单位	数据
种植业	粮食生产	总产量	吨	47594.91
	经济作物	面积	公顷	1635.5
		总产量	吨	24456.86
畜牧养殖业	畜牧业收入		万元	21261.14
	牲畜年末存栏		头（只）	69432
	牲畜年内出栏		头（只）	30195
	家禽出栏		只（羽）	88610
	肉类总产量		吨	1720.98
林果业	林果业收入		万元	2573.99
	植树造林面积		公顷	102.4
	经济果品林面积		公顷	1270.81
	林果产量		吨	7946.85
劳务经济	劳务经济收入		万元	751745
	劳动力转移人数	长期就业	人	1824
		零散务工	人	811
农用机械	大中型拖拉机（20马力以上）		台	512
	小型拖拉机		台	1361
	播种机		台	298
	收割机		台	65
	打草机		台	4
	推土机		台	0
汽车	载货汽车		辆	83
	载客汽车		辆	79
	私人汽车		辆	183
财政	总收入		万元	2062.5
	总支出		万元	2052.9

项目			单位	数据
人口	人口死亡率		‰	7.3
	性别	男	人	8810
		女	人	8107
基础设施建设	行政村数量		个	11
	通电户覆盖率		%	11
	通用自来水覆盖率		%	100
	广播覆盖率		%	100
	电视覆盖率		%	100
	电话覆盖率		%	100
	新建安居富民房		套	495
	卫生厕所覆盖率		%	100
文化	村级文化站点		个	11
	农家书屋		个	11
	公共体育场所		个	11
卫生	村级卫生室		个	11
	专业技术人员		人	21
	乡镇医疗机构病床数		张	40
教育事业	学校数量	幼儿园	个	9
		小学	个	9
		中学	个	1
	教职工总数	幼儿园	人	66
		小学	人	153
		中学	人	60
	在校学生	幼儿园	人	591
		小学	人	1768
		中学	人	617

2020年托克逊乡各行政村基本情况表

表19

序号	村名	主导产业（如种植业、养殖业、服务业和旅游业等）	村民小组（个）	户数（户）	人数（人）	村级集体经济总收入（万元）	耕地（公顷）	经济合作组织（个）	人均纯收入（元）
1	吉格郎村	种植业	5	457	1860	42	986.42	0	16985.39
2	亚吐尔村	种植业	6	435	1799	45	777.37	0	16138.089
3	巴拉克孜村	种植业	5	377	1713	38	473.74	2	18078.93
4	阿娜克孜兰杆村	种植业	3	413	1509	21	372.86	3	17803
5	布隆村	种植业、养殖业	5	373	1429	10	517.57	3	11545.07
6	尤喀克托克逊村	种植业、养殖业	5	358	1327	18	544.21	1	15342
7	阔纳协海尔村	种植业、养殖业	7	524	2193	28	623.95	3	15982.14
8	坎其铁米村	种植业	3	300	1271	36	663.04	1	16519.15
9	阿热吐尔村	种植业	5	357	1531	29	1003.5	1	13562.68
10	吉塞克喀依古村	种植业	5	401	1582	28	617.85	1	16203.34
11	库木格热木村	种植业、养殖业	3	178	681	21	139.29	1	15187.76

亚吐尔乡

【概况】 亚吐尔乡政府驻亚吐尔村，距离县城12千米。东与托克逊乡相接，西与布隆乡毗邻，南隔库—拜公路与康其乡为邻，北为戈壁、丘陵和山区，东西宽23千米，南北长58千米。乡境地处拜城盆地中部，海拔1220～1360千米，年平均降水量为88.5毫米，无霜期150～165天，适宜种植小麦、玉米、油菜、胡麻等作物，是以种植业、畜牧业、林果业、劳务输出为主要经济收入的农业生产大乡。2020年，辖区总面积103315公顷；耕地面积5234.5公顷（农民年承包地4680公顷，村级机动地854.5公顷），辖行政村13个，村民小组71个，总户数4843户，总人口18456人。

【经济综述】 2020年，亚吐尔乡在优化农业结构、加快畜牧业转型等方面作出一系列科学决策部署，全乡经济快速发展，呈现出良好的发展势头。全年农业经济总收入41224万元，同比增长15.66%；劳务创收5184万元，人均劳务收入2812万元，农牧民人均收入达到1.59万元，同比增长10.17%。第二产业收入1966万元，同比增长61.15%；第三产业收入2523万元，同比增长166.7%。全乡牲畜存栏4.71万头（只），出栏1.34万头（只），家禽存栏7.98万只（羽），出栏6726只（羽）。果树挂果面积350公顷，果品总量3239吨，林果收入872万元。

【乡村振兴】 2020年，亚吐尔乡调整优化产业结构。引导群众种植制种小麦1503公顷、制种玉米58.3公顷、种植色素辣椒92公顷，建立蔬菜大棚112座、小拱棚1875座，蔬菜种植总面积198.8公顷，落实2个集中连片种植区菌棒30万棒，经济作物所占比重提高。畜牧业实现科学化养殖，依托全乡现有的3座标准化养殖合作社、301座项目羊圈、19座青贮饲料池、1个标准化养殖基地，不断推动畜牧养殖科学化、规模化发展。

【小城镇化建设】 2020年，亚吐尔乡以亚吐尔乡巴扎为主线，建设一层商铺二层居住独具特色的建筑。1号、2号楼总建筑面积2945.5平方米，主体已完工。大力整治农村人居环境，全乡生活垃圾有效处理4800余户，新建1个垃圾填埋场，“厕所革命”稳步推进，卫生厕所4000余座，污水管网运行良好。乡党委、政府主动作为，为全乡配备1台垃圾清运车、1台洒水车、13台洒水抽粪一体车，有力确保全乡农村人居环境整治工作的顺利推进。

【种植业生产】 2020年，亚吐尔乡小麦播种面积2074.2公顷，其中制种小麦1500公顷，小麦示范田14个，小麦亩产500千克以上示范田落实面积476公顷，亩产550千克以上示范田落实面积342.7公顷；玉米播种面积1825.9公顷。持续挖掘种植业潜力，发展黑木耳产业。种植瓜类52公顷，饲草料534公顷。化肥总用量2958吨，其中配方肥1658吨；地膜总用量144.6吨；使用种子162.4吨。

【畜牧业生产】 2020年，亚吐尔乡坚持“科学管理、改良增值、立草为本、舍饲圈养”十六字方针，从分散粗放向集约科学转变。依托全乡现有的3个标准化养殖合作社、301座项目羊圈、19座青贮饲料池，1个标准化养殖基地，推动畜牧养殖科学化、规模化。全乡牲畜年末存栏8.6万头（只），生产母畜5.6万头（只），出栏6.06万头（只），共接种口蹄疫（O型、亚洲I型、A型）疫苗191575头，小反刍兽疫疫苗87165只；布病21629头（只）；羊痘71950只；驱虫78411头（只）；药浴83124只；治疗5983头（只）；禽流感146741羽，新城疫85341羽，黄牛冷配1928头；劣畜去势3350头（只），政策性牛保险2788头（只），产肉量2252.7吨，产奶量263吨，产蛋量28.7吨，产毛绒量145.6吨，对全乡排查猪瘟5126头生猪，消毒圈舍121947平方米/圈次，排查家禽96378羽，其中鸽68203羽、鸡17339羽、鸭242羽、鹅594羽、鹌鹑10000羽，累计消毒圈舍面积59.45万平方米。

【林果业生产】 2020年，亚吐尔乡林果业面积634.73公顷，其中核桃树365.33公顷、杏树255.19公顷、苹果树12.07公顷、西梅树2.13公顷。2020年，新种植经济林53.53公顷，其中杏树39.33公顷、苹果树12.07公顷、西梅树2.13公顷。2020年，新种植防护林8公顷，嫁接果树38公顷1.12万棵，其中杏树17.33公顷7480棵、核桃树20.67公顷3720棵。完成果树修剪402.67公顷，清理果园581.33公顷，追肥581.2公顷，树干刷白633.33公顷，病虫害防治面积581.2公顷，悬挂杀虫灯107盏，腐烂病和桑白蚧防治工作全面完成。

【富余劳动力开发】 2020年，亚吐尔乡按照“转前抓培训、转中抓岗位、转后抓服务”的思路，做好富余劳动力开发。实现富余劳动力就业人数4289人，其中稳定就业2386人，季节性就业1204人，新增创业人数67人，贫困户就业人数993人，边缘户就业113人。实施就业培训，把培训、就业、创收等目标分解到相关村组和站所，建立“纵向到底，横向到边”责任体系，全年培训113人。其中创业67人，间接带动就业44人。建立健全各项工作体系，做好全乡富余劳动力开发和职业技术培训工作，注册成立劳务派遣服务公司，形成县、乡、村三级联动的劳动力开发服务网络。

【安居富民建设】 2020年，亚吐尔乡实施农村安居工程，全年共建房763户，其中低保户15户、贫困边缘户21户、一般户727户。开工建设763户，开工率、竣工率、入住率均100%，网上电子档案录入763户，录入率100%。每户补助资金28500元，共2174.55万元。其中，援疆省市补助资金每户10000元，共763万元；自治区补助资金每户18500元，共1411.55万元。按照“一村一规划、一户一方案、一户一档案”的布局配套，落实路、水、电、厨、厕、浴功能齐全标准。

【生态环境保护】 2020年，亚吐尔乡推进生态环境保护工作，坚持经济增长与环境保护两手抓，提升群众环境保护意识。开展各种形式宣传，张贴宣传标语20条，发放宣传单5000份，开展宣讲10次。落实河长制、林长制，全年巡河48次，共95千米，乡级巡林4次，村级巡林12次，共300公顷。加强防洪固坝，共修理6千米防洪坝。开展植树造林工程，全年共植树造林10.3公顷。

【脱贫攻坚】 2020年，亚吐尔乡巩固扩大脱贫成果，加大教育扶贫力度，849名贫困学生享受义务教育和各项教育资助政策，适龄建档立卡贫困学生入学率100%。推进基本医疗、大病保险、医疗救助全覆盖，防止因病致贫、因病返贫。加大基础设施建设力度、改善生产生活条件等综合措施，实现贫困村交通基础设施建设和贫困人口安全住房、安全饮水全覆盖。加大贫困人口劳动力就业技能培训力度，开发公益性岗位，安排贫困人口就业。完善社保兜底政策，确保农村低保标准达到或超过扶贫标准。发展特色种植、养殖、设施农业、林果业，优化脱贫路径。

【宣传思想工作】 2020年，亚吐尔乡坚持党管意识形态不动摇，开展意识形态反分裂斗争，确保意识形态领域绝对安全。累计培训8期8320人。开展活动136场次，覆盖17800余人。通过“亚吐尔之声”广播站，整乡推进村级广播室建设，落实一村一广播、一组一喇叭，利用自录自制的广播节目，传递乡土声音村级宣传教育系列活动，开展12场次宣讲活动，覆盖人员17216人。开展防疫知识宣传，发放宣传单13500余份贴至群众家中感恩墙上让群众学习防疫知识，村村通、大喇叭104个，小音响138个，小喇叭104个，14辆流动宣传车不间断宣传疫情防控知识。

【民生服务】 2020年，亚吐尔乡公共服务水平不断提升，社会保障体系日趋完善。全年累计新增最低生活保障户19户53人，清退51户117人，农村富余劳动力4183人就近就地就业。摸排农村宅基地土地确权和乱占耕地建房问题，厘清宅基地使用资格，完成3761个农村房屋土地确权登记发证工作。通过实地外业核查、信息采集，清理乱占耕地图斑75个。城乡居民基本医疗参保1.7万人、养老保险参保8998人，享受养老金1841人。完成土地平整32公顷，清淤排水渠36千米。在全乡范围内对乱占、乱采、乱堆、乱建等河湖管理保护突出问题开展专项清理排查。对库如克山洪沟和卡拉苏河道旁垃圾进行清理整治，维护河湖环境。

【维护稳定】 2020年，亚吐尔乡把平安建设作为推进社会治理创新、强化基层服务管理的重要任务来抓，社会大局持续稳定。查漏补缺，做到周密防控。规范应急处突流程，加强联勤联动演练，提升见警率、管事率；以派出所、便民警务站为依托，采用车巡步巡、定点值守相结合形式，全天24小时不间断开展辖区重点部位巡逻，开展安全检查。运用综治“直通车”便民服务热线，为群众解决一批困难诉求和民生问题。

【民族团结】 2020年，亚吐尔乡开展“民族团结一家亲”等多层次、多领域、多样化且富有特色的群众性民族团结联谊活动。通过典型引路，表彰先进，推动民族团结进步创建活动工作向纵深发展。开展民族团结进步创建进校园活动，在教学楼设置“民族团结进步教育”为主题宣传栏20个。在办公地点粘贴宣传画、在户外电子显示屏滚动播放与民族团结创建的相关标语、办宣传展板、宣传标语、横幅标语等多种形式广泛宣传，制作宣传标语264个、横幅标语128余条、宣传展板21个、宣传栏18个，电子屏23个。推进民族团结创建工作标准，评选出示范窗口1个，好科室13个，好家庭1551个，好邻居168户，好居民1347人，好大院98个，示范商户23户，好巷道30个，好对子13对，示范村民小组13个，示范夜市1个。

【文明创建】 2020年，亚吐尔乡加强文明建设，巩固创建成果。以阿克苏地区“零级启动”文明村镇创建为抓手、以民族团结创建为落脚点，打造新时代文明实践所（站）。从好村民、好家庭、好巷道到民族团结示范村，以团结创建引领文明乡风，创建文明村镇。圈靶画点、打造乡级文明实践所、文明实践广场，配齐设施、配强八支队伍，以文明实践所带动文明实践站、文明实践巴扎建设，从人、户、组到村到乡，先易后难，层层递进，打造文明实践所1个、文化广场2个、新时代文明实践站13个、现时代文明实践巴扎1个、村创建为县级民族团结示范村8个、村申报保持地区级文明村2个。亚吐尔乡申报地区级民族团结示范乡。评选表彰民族团结先进个人238人、民族团结先进典型12人。

【疫情防控】 2020年，亚吐尔乡落实落细八项预警监测机制。落实境外和其他各省及疆内中、高风险地区来拜返拜人员闭环管理工作，规范落实进出车辆、人员消毒、测体温、验“双码”等工作。督促群众规范佩戴口罩、进出人员按照流程进行扫码。配齐各进出口体温检测设备，建立登记台账，落实体温监测全流程跟踪管理。深化“四知四清四掌握”、流动人口“369限时工作法”等工作机制，常态化开展摸排外来人员，24小时动态更新辖区人员变动台账。制定全员测温，体温异常登记报告制度，发挥预检分诊“哨点”作用，按照“属地管理、分工负责”的原则，对全乡258个重点场所进行梳理建立台账，做到区域环境检测全覆盖；乡村两级配备专兼职消杀队伍，按流程一日3次进行消毒消杀；摸排辖区饭店食堂，做到登记排查、冷链食品进货报备，乡专班人员按照流程做好检测登记；建立公交车辆、流动车辆“3本台账”，加大对交通运输人和物的检测。开展重点人员核酸检测工作，建立采样场所25个，精准摸排辖区27类重点人群751人，规范开展核酸检测；审批“四项活动”、家庭聚会等各类人员聚集性活动，引导群众不扎堆、不聚集；在全乡各进出口处张贴“双码”，公示异常情况处置流程，入户手把手教群众使用“双码”，提高群众对疫情防控的认识度。

【党的建设】 2020年，亚吐尔乡加强农村基层党的领导和党的建设，通过常态开展党委中心组集中学习及机关集中学习，党员干部不断增强“四个意识”、坚定“四个自信”、做到“两个维护”。落实新时代党的建设总要求，年轻干部到村任职工作，深化“访惠聚”驻村工作，村组干部能力不断提升，软弱涣散党组织整顿成效显著。推行所有工作进支部，加强对新兴组织的管理。畅通人才引进渠道，加强人才队伍建设。健全“四中心十五岗”工作机制，“星级化”创建工作，建立健全村规民约，规范运行村务监督委员会工作有序推进，促进基层民主工作规范化建设。

【党风廉政建设】 2020年，亚吐尔乡灵活运用执纪问责“四种形态”，精准惩治，做到早发现、早提醒、早纠正，干部作风得到有效整治。共查处办理案件22起，开展“走读式”谈话12人次，提醒谈话56人，诫勉谈话6人，干部作风得到有效整治，风清气正的政治生态不断巩固。

（倪 洋）

2020年亚吐尔乡主要经济和社会事业发展情况表

表20

项目			单位	数据
农村经济总收入			万元	41224
农牧民人均纯收入			元	15873
种植业	种植业收入		万元	16415
	粮食生产	面积	公顷	4395
		总产量	吨	45044
	经济作物	面积	公顷	197.06
		总产量	吨	355
畜牧养殖业	畜牧业收入		万元	13553
	牲畜年末存栏		头（只）	86588
	牲畜年内存栏		头（只）	43248
	家禽出栏		只（羽）	104980
	肉类总产量		吨	225217
林果业	林果业收入		万元	1081
	植树造林面积		公顷	10.3
	经济果品林面积		公顷	284.2
	林果产量		吨	3239
劳务经济	劳务经济收入		万元	5184
	劳动力转移人数	长期就业	人	2386
		零散务工	人	1981
农用机械	大中型拖拉机（20马力以上）		台	719
	小型拖拉机		台	931
	播种机		台	167
	收割机		台	157
	打草机		台	67

项目			单位	数据
人口	年末总人口		人	18131
	年末总户数		户	4890
	人口自然增长率		‰	-0.66
	人口出生率		‰	5.52
	人口死亡率		‰	6.18
	性别	男	人	9827
		女	人	8844
基础设施建设	行政村数量		个	13
	通电户覆盖率		%	13
	通用自来水覆盖率		%	100
	广播覆盖率		%	100
	电视覆盖率		%	100
	电话覆盖率		%	100
	新建安居富民房		套	763
	卫生厕所覆盖率		%	100
文化	村级文化站点		个	13
	农家书屋		个	13
	公共体育场所		个	13
卫生	村级卫生室		个	12
	专业技术人员		人	53
	乡镇医疗机构病床数		张	20
教育事业	学校数量	幼儿园	个	13
		小学	个	7
		中学	个	1

续表20

<table>
<tr><th colspan="2">项目</th><th>单位</th><th>数据</th><th colspan="3">项目</th><th>单位</th><th>数据</th></tr>
<tr><td>农用机械</td><td>推土机</td><td>台</td><td>0</td><td rowspan="6">教育事业</td><td rowspan="3">教职工总数</td><td>幼儿园</td><td>人</td><td>59</td></tr>
<tr><td rowspan="3">汽车</td><td>载货汽车</td><td>辆</td><td>450</td><td>小学</td><td>人</td><td>85</td></tr>
<tr><td>载客汽车</td><td>辆</td><td>30</td><td>中学</td><td>人</td><td>88</td></tr>
<tr><td>私人汽车</td><td>辆</td><td>420</td><td rowspan="3">在校学生</td><td>幼儿园</td><td>人</td><td>843</td></tr>
<tr><td rowspan="2">财政</td><td>总收入</td><td>万元</td><td>24828</td><td>小学</td><td>人</td><td>1918</td></tr>
<tr><td>总支出</td><td>万元</td><td>977.32</td><td>中学</td><td>人</td><td>709</td></tr>
</table>

2020年亚吐尔乡各行政村基本情况表

表21

序号	村名	主导产业（如种植业、养殖业、服务业和旅游业等）	村民小组数（个）	户数（户）	人数（人）	村级集体总收入（万元）	耕地（公顷）	经济合作社（个）	人均纯收入（元）
1	库木买里村	种植业、养殖业	4	329	1254	14.02	360.45	1	15208.2
2	喀孜干村	种植业、养殖业	4	344	1326	20.36	315.94	1	15368.8
3	塔格其村	种植业、养殖业	8	468	1853	26.01	584.53	1	15250.2
4	欧特贝希村	种植业、养殖业	4	289	1170	22.41	377.88	1	15250.8
5	英兰干村	种植业、养殖业	5	373	1354	27.94	537.91	1	15185.4
6	布吉尕村	种植业、养殖业	8	519	2040	36.96	516.44	1	15284.9
7	依希塔其村	种植业、养殖业	5	315	1275	18.89	320.8	1	15247.6
8	喀拉苏村	种植业、养殖业	10	614	2313	13.05	908.8	1	15142.3
9	亚吐尔村	种植业、养殖业	6	543	2108	23.62	458.19	1	15218.1
10	帕什塔其村	种植业、养殖业	6	367	1432	25.42	732.86	1	15126.4
11	欧勒旁村	种植业、养殖业	5	341	1282	29.73	407.63	1	15176.4
12	古勒阿塔村	种植业、养殖业	3	125	469	12.95	229.46	1	15136.5
13	休相村	种植业、养殖业	3	120	410	244.38	121.35	1	15187.4

康其乡

【概况】 康其乡位于拜城县县城以东，乡政府所在地与县城直线距离2千米，是典型的城郊乡。东与托克逊乡相连，南与温巴什乡以木扎提河为界，西与拜城镇、米吉克乡为邻，北与布隆乡、亚吐尔乡相接，全乡总面积613.8平方千米，307省道贯穿辖区全境。辖墩艾日克村、阿热勒村、库依巴格村、曲结村、欧斯库依村、贝勒克其村、赛比墩村、康其村、库尔玛村、尕勒村、欧勒旁村、和谐村12个行政村和1个农村社区、63个村民小组（其中墩艾日克村10个、阿热勒村5个、库依巴格村7个、曲结村8个、欧斯库依村5个、贝勒克其村3个、赛比墩村5个、康其村6个、库尔玛村5个、尕勒村4个、欧勒旁村3个、和谐村2个），最远的行政村阿热勒村距乡政府所在地12千米。康其乡地处拜城盆地中部，海拔1200~1360米，地势较为平坦，域内有喀普斯浪河、台勒维丘克河、木扎提河流经，水资源丰富。2020年，全乡耕地面积3533公顷，属温带大陆性气候区。

【农村经济】 2020年，康其乡经济总收入4.7亿元，比2019年增长7800万元，增幅20%，农牧民人均收入1.65万元，增幅10%。农业产业结构不断优化，全乡粮食播种2300公顷，经济作物面积733.33公顷，蔬菜面积493.33公顷。依托养殖大户及合作社大力推行集中养殖模式，在全县率先新建6座标准化集中养殖大棚，通过牛、羊托养模式，全年为贫困户分红累计84.52万元。

【种植业生产】 2020年，康其乡提高种植业生产面积和水平，全乡播种面积3678.8公顷，其中冬小麦1042.8公顷、玉米1143公顷、水稻119.5公顷、油料作物185公顷、杂粮18.7公顷。经济作物面积676.5公顷，蔬菜面积493.3公顷。

【畜牧业生产】 2020年，康其乡促进畜牧业健康发展。全年大牲畜出栏8625头，羊出栏60998只，生猪出栏262头（只），家禽出栏146313只（羽），产肉3467吨、蛋60.6吨、奶603吨、毛90.2吨。动物防疫、检疫、治疗共420780头（只）。口蹄疫85067头（只）；小反刍兽疫35015只；羊痘30056只；布病18014头（只）；包虫病1037头（只）；气肿疽2276头（只）；炭疽20300头（只），其他22576头（只）；三联四方25010头（只）；驱虫90087头（只）；药浴70102头（只）；治疗10300头（只）；产地检疫33516头（只）。家禽防疫共1080204只（羽）；其中禽流感90102只，新城疫90102只（羽）。全乡淘汰与去势牲畜4401头（只），其中：公牛（淘汰）12头，羔羊4389只。全年人工授精肉羊改良2150只，黄牛冷配2018头。年末，全乡存栏大牲畜8212头（只）、羊29459只、生猪387头，家禽存栏22819只（羽）。

【林果业生产】 2020年，康其乡通过引进科技专业指导员，提升林果业生产水平。有林果总面积779公顷，其中核桃582.13公顷、杏147.13公顷（均为吊干杏）、苹果34.4公顷，其他15.33公顷（红枣、西梅、杏梨、无花果）。林果业修剪、病虫害防治和施肥等技术要求全面落实。春季植树造林面积25公顷，其中经济林18.07公顷、防护林6.93公顷，超额完成上级下达的技术造林任务。

【富余劳动力开发】 2020年，康其乡按照“户户都有科技明白人”的要求，开展生产技术培训1486人，培养技能型劳动力321人，依托农牧民夜校培训3620人。坚持就业第一。全年农村富余劳动力转移就业3354人，创收3524万元。

【乡村振兴】 2020年，康其乡落实“旅游兴疆”战略，狠抓乡村旅游发展，逐步形成以

“醉美拜城·水墨康其”为核心的一乡一村一品的乡村振兴战略构架。推进“旅游+”融合发展。以乡村旅游为媒介，推动产业融合，统筹推进乡村旅游、休闲生态、旅游康养等业态交叉发展。康其客栈配套完善餐饮、会议、培训、拓展、厕所等服务设施；库尔玛村花鸟鱼市场完成先期建设，和谐村采摘基地初具雏形，“一村一品”旅游规划形成环线。旅游市场活跃，全年共接待游客14万人次，实现旅游综合收入600余万元。

【脱贫攻坚】 2020年，康其乡把脱贫攻坚各项重点工作抓紧抓好抓出成效，开展动态管理及信息采集工作，对贫困户346户1331人、边缘户50户209人进行信息采集，贫困户自然增加9户12人，自然减少19户19人，其中整户减少2户2人，边缘户自然增加6户6人，自然减少3户5人。再次对边缘户50户208人，监测户14户63人“一户一策”补充完善，保障低收入群体生产生活，全面进行动态预警，做到每半月研判、每月收支梳理，积极采取帮扶措施。348户1338人贫困户中，有劳动能力672人，边缘户50户208人中，有劳动能力71人，全乡共组织贫困户就业458人（长期就业352人，短期就业106人），其余214人在家发展产业；边缘户就业55人（长期就业34人，短期就业21人），其余16人在家发展产业。9月，组织1165名有意愿外出拾棉花人员前往库车、新和等地外出拾棉花。

【基础设施建设】 2020年，康其乡推进人居环境整治，清淤水渠82.1千米，维修防洪坝938米，新建防洪坝400米，改扩建、新建农村公路10.8千米。实施亮化工程，投资9.63万元，安装488盏太阳能灯，受益村民2000多户。

【安居富民建设】 2020年，康其乡新建安居房285套，完成改厕792户，全乡农户住房安全认定完毕。结合安居富民工程，推动“三改”工作，对新盖285套安居房安装配套设施及两道下水管道和三格式化粪池，减少环境污染。

【宣传思想工作】 2020年，康其乡实施文化润疆工程。组织党员干部开展中心组学习12场次，开展各类学习培训累计60余场次，公职人员参加累计306人，党员干部累计607人，群众累计参与学习3627人；全年累计受益人数6700余人次。开展各类文艺活动14场，开展志愿者服务活动40余场次。以美食比赛、化妆比赛、歌舞比赛、快板比赛、美丽庭院评比等方式，提高农牧民群众对遵法守法、习惯养成、感恩之心、奋进有为的认识，激发群众自强不息、奋勇争先热情，形成比学赶超、奋勇争先氛围。

【社会事业】 2020年，康其乡乡村医疗、医保实现并轨，全民健康体检常态开展，实施大病医疗救助。开展农村养老保险费收缴工作，参保率达到100%。落实全民体检工作，参检率100%。开展计划生育宣传教育，完善了计生目标管理责任制，加强孕前管理和村级计生设施建设，开展查环上环等免费服务活动。

【民族团结】 2020年，康其乡开展民族团结进步宣传教育和民族团结先进典型选育工作，推进民族团结创建“九进”活动内容，将辖区内所有村、军警营、学校、窗口单位、企业、宗教活动场所等全部纳入乡创建主体，被县级及以上单位命名为民族团结进步创建示范乡1个、示范村11个、示范机关单位1个、示范学校17所、示范宗教活动场所13个、示范军（警）营1个、示范景区1个、示范窗口单位1个，创建率87%。被县级命名的示范点2个，如期实现民族团结进步创建“九进”单位达到70%目标。加大民族团结微创建和细胞创建力度，命名“民族团结好科室”21个、“民族团结文化大院”1个、民族团结示范岗28个、“民族团结好家庭”2378个、“民族团结好邻居”1137个、“民族团结好居民”1050名、“民族团结好站所”15个、“民族团结好大院”39个、“民族团结示范商户”159个、“民族团结好巷道”39个、“民族团结好楼栋”1个、“民族团结好单元”3个、“民族团结好对子”7对、“民族团结好窗口”4个、“民族团结进步先进个人”53人。

【文明创建】 2020年，康其乡以库尔玛村争创地区级文明村镇为契机，开展“最美庭院”的评比活动，建立乡、村两级道德评议会，督促引导群众牢固树立社会主义核心价值观，做新时代好公民。评议一批道德素质较差的群众进行亮相，选树一批道德素质较高群众进行表彰，促进群众学先进、向先进学习热潮。建立文艺队伍，定期巡回表演，丰富群众精神文化生活。

【疫情防控】 2020年，康其乡全力抗击新冠肺炎疫情。成立全乡统一的防疫决策指挥体系，落实包干责任制，统筹做好疫情监测、人员排查，居家隔离、物资保障和社会稳定工作，织密全乡12个行政村、62个村民小组的疫情防控网。按照“外防输入、内抓规范”要求，调整乡防控措施，紧盯“大门”“院门”，建立健全常态化防疫机制，防止疫情输入、扩散和反弹。完善机制，整合资源，全乡防疫实现“村内自治”“村村联防”。地区疫情防控现场会在乡里召开，全民服中药“八步工作法”在全地区推广应用。12月，康其乡被自治区党委、自治区人民政府评为“疫情防控先进集体”。

【党的建设】 2020年，康其乡坚持党要管党、全面从严治党，党建工作科学化管理水平持续提升，党员干部思想防线不断筑牢，基层基础更加夯实，为实现社会稳定和长治久安总目标提供政治保证。成立12个合作社党支部，选派党建指导员11人。软弱涣散基层党组织整顿提升成效明显，党的基层基础更加牢固。建强干部人才队伍。加强领导班子和干部队伍建设，选派内招生和留疆战士22人到村任职，锻炼工作能力，提升群众工作水平。全年提拔重用2人，职级晋升10人。

【群团建设】 2020年，康其乡加强对工会、共青团、妇联、残联等群团组织的领导。乡团委下辖团支部13个，其中乡级团支部1个、村级团支部12个。全乡有团员679人，14~28岁在村青年1580人，团青比为1：2.3；团干部共64人。推进“党建带团建、团建促党建”工作模式，把乡基层团组织建设纳入党建总体格局，统一部署实施，把团建考核纳入党建考核中。开展各类健康有益的主题活动，如：学雷锋日参加社会义务活动，五四入团活动，举行庆“六一”系列活动，丰富了青年精神生活；关心关爱留守儿童，每月的第二个星期天给留守儿童举办“共青团爱心生日会”，全年共为留守儿童196人过生日。

【党风廉政建设】 2020年，康其乡坚持全面从严治党，落实“两个责任”，纠治“四风”，查处违纪违法案件。充分运用监督执纪“四种形态”，常态开展纪律教育和警示教育，全年通报批评56人、提醒谈话15人、批评教育4人、诫勉谈话7人，给予党纪处分20人、政务处分3人，风清气正的政治生态不断巩固，党政班子战斗力、执行力增强，党风廉政建设和反腐败工作取得新成效。

（王新凯）

2020年康其乡主要经济和社会事业发展情况表

表22

项目			单位	数据
农村经济总收入			万元	46990
农牧民人均纯收入			元	16508
种植业	种植业收入		万元	10683
	粮食生产	面积	公顷	2305.39
		总产量	吨	21647.6
	经济作物	面积	公顷	733.33
		总产量	吨	38866.49
畜牧养殖业	畜牧业收入		万元	26449
	牲畜年末存栏		头（只）	60877
	牲畜年内出栏		头（只）	60998
	家禽出栏		只（羽）	146313
	肉类总产		吨	3467
林果业	林果业收入		万元	1886
	植树造林面积		公顷	25
	经济果品林面积		公顷	18
	林果产量		吨	7464
劳务经济	劳务经济收入		万元	3524
	劳动力转移人数	长期就业	人	2189
		零散务工	人	1165
农用机械	大中型拖拉机（20马力以上）		台	120
	小型拖拉机		台	240
	播种机		台	96
	收割机		台	18
	打草机		台	320
	推土机		台	20

项目			单位	数据
人口	年末总人口		人	18184
	年末总户数		户	4964
	人口自然增长率		‰	-0.05
	人口出生率		‰	2.94
	人口死亡率		‰	2.99
	性别	男	人	9457
		女	人	8727
基础设施建设	行政村数量		个	12
	通电户覆盖率		%	100
	通用自来水覆盖率		%	100
	广播覆盖率		%	100
	电视覆盖率		%	100
	电话覆盖率		%	100
	新建安居富民房		套	381
	卫生厕所覆盖率		%	100
文化	村级文化站点		个	12
	农家书屋		个	12
	公共体育活动场所		个	12
卫生	村级卫生室		个	12
	专业技术人员		个	30
	乡镇医疗机构病床数		张	50
教育事业	学校数量	幼儿园	个	10
		小学	个	9
		中学	个	9
	教职工总数	幼儿园	人	74

续表22

项目		单位	数据	项目			单位	数据
汽车	载货汽车	辆	56	教育事业	教职工总数	小学	人	148
	载客汽车	辆	26			中学	人	71
	私人汽车	辆	78		在校学生	幼儿园	人	1068
财政	总收入	万元	2178.3			小学	人	2347
	总支出	万元	2178.3			中学	人	776

2020年康其乡各行政村基本情况表

表23

序号	村名	主导产业（如种植业、养殖业、服务和旅游业）	村民小组数（个）	户数（户）	人数（人）	村级集体总收入（万元）	耕地（公顷）	经济合作组织（个）	人均纯收入（元）
1	墩艾日克村	种植业	10	611	2465	35.76	520.39	1	18526
2	阿热勒村	养殖业、旅游业	5	390	1585	216.04	342.15	3	17063
3	库依巴格村	种植业	7	477	1837	39.52	527.05	1	16956
4	曲结村	种植业	8	500	1996	28.09	515.87	1	16603
5	欧斯库依村	种植业	5	378	1470	16.69	247.47	0	17002
6	贝勒克其村	养殖业	3	200	737	9.16	120	0	16325
7	赛比墩村	种植业、养殖业	5	376	1451	22.66	218.07	1	16596
8	康其村（含社区）	种植业、服务业	6	608	2652	32.25	247.89	10	16992
9	库尔玛村	种植业、养殖业	5	437	1582	96.56	177.87	5	17068
10	尕勒村	种植业、养殖业	4	221	895	5.82	133.61	0	16528
11	欧勒旁村	种植业、养殖业	3	301	1205	25.93	234.07	2	17236
12	和谐村	种植业	2	145	310	4.41	49.07	1	17986

布隆乡

【概况】 布隆乡位于县城北部，直线距离3.1千米。地处拜城盆地中部，东与亚吐尔乡毗连，西、南与拜城镇为邻，东南与康其乡相接，西北与老虎台乡相连，北靠天山。地势北高南低，境内大部分为平川，少部分处在山沟河谷之中，属中温带大陆性气候。全乡总面积504.56平方千米。全年平均气温为7.6℃，无霜期163天左右，年降水量96毫米，乡农业用水主要靠天山冰雪水，境内水渠纵横交错，县红旗北干渠3支干横穿全乡，耕地肥沃，适宜作物生长。布隆乡以农为主，兼营牧业和小型工业。有耕地8278.4公顷，以种植小麦、玉米、油菜、胡麻等传统农作物为主，核桃为本乡的特色作物，畜牧养殖业较为发达，主要以牛、羊、鸽子、鸡为主。2020年，全乡总人口共10224户2948人，下辖8个行政村、37个村民小组。

【机构及骨干队伍】 2020年，布隆乡全乡共有各级党组织23个，其中党委1个，党支部22个，党员443人，入党积极分子232人，团员308人；“四老”人员32人；村民小组长35人，村民副小组长105人，后备干部40人；科级副职8人。乡政府设有农业发展服务中心、城镇规划服务中心、文化广播服务中心、社会保障服务中心、司法所、财政所、农经站、兽医站、水管站等站所9个。机关干部106人，行政参公编58人，事业编43人，待入编5人。村“两委”干部50人；驻村工作队8支44人，支教老师4人。全乡有12所学校（幼儿园），卫生院1个，村卫生室8个。

【农村经济】 2020年，布隆乡经济发展势头良好，全年农村经济总收入1.7亿元，较2019年增长10%，富余劳动力转移总收入4420万元，较2019年增长42.6%，农牧民人均纯收入1.58万元，较2019年增长9.3%。打造“一村一品”，叫响“布隆印象”特色品牌，推动一、二、三产业融合发展。“拜城后花园”农家乐全面建成，核桃加工厂形成产业化，布隆核桃油代表拜城唯一林果业赴地区参展，蔬菜种植大棚初具规模，千头西门塔尔牛、万只油鸡养殖基地建成，布隆酸奶品牌叫响，鲜奶配送遍布全县，“生产、加工、销售”为一体的产业链初步形成。招商引资400余万元，盘活休闲旅游场所、农家乐4个。全年承办县级经济高质量发展现场会3场次。村集体产权制度改革有序推进，打造村集体经济股份合作社7座，带动2577户800公顷土地集中流转。

【种植业生产】 2020年，布隆乡优化粮食种植方式，强基固本守安全底线。种植小麦面积866.67公顷，其中亩均单产550千克以上高产小麦409.33公顷，占全种植小麦面积的47.3%。种植制种玉米400公顷。种植蔬菜133.03公顷，亩均单产2.2吨，亩均经济效益1210元。设施农业种植面积25.26公顷，总收入102.4万元，每亩效益1.29万元。完成蔬菜复播148.73公顷，同比增长74%，每亩经济效益增长50%。以牙斯热木库鲁齐村4组、牙斯热木英阿依玛克村3组为试点，推进187座小拱棚建设，实现每座经济收益1500元以上。

【畜牧业生产】 2020年，布隆乡以做好重大动物疫病防控和保证畜产品安全为目的，保障畜牧业健康发展。全年肉类总产量90吨，畜牧业收入4081万元，人均收入2602元，较2019年增加416元。全年完成免疫驱虫治疗30321只次，完成3次12321头牛口蹄疫免疫，免疫率100%。完成2次29626只绵山羊口蹄疫，一次完成羊痘免疫16250只次，小反刍兽完成一次16250只次，完成牛、羊布病免疫6979只次，完成2次52130羽家禽禽流感免疫，免疫率均100%。完成鸡新城疫免疫33751羽，免疫率抗体水平合格率98%。落实牛参保工作，1809头牛参保。完成牛畜配种工作，黄牛配种牛1166头。

【林果业生产】 2020年，布隆乡以抓质提效为重点，加强林果业管护力度和措施建设，落实核桃树嫁接改良，提高坚果品质。植树造林118.44公顷，义务植树30357棵。完成2次1529.79公顷经济林刷白、施肥、修剪。经济林效益凸显；种植瓜果1842.94公顷，产量达675.50吨。其中，核桃挂果面积1529.78公顷、单产600千克，创收1233万元；杏子挂果面积58.56公顷，产量922.67吨；葡萄挂果面积30.03公顷，产量216.06吨。

【富余劳动力开发】 2020年，布隆乡加强农村劳动力转移，通过外输内转多渠道、宽领域增加农民非农收入。完成转移就业2300余人，其中组织转移外出拾棉花工528人，6个月以上稳定就业1719人。围绕企业和市场需求，围绕群众实用技术，加强实用技能培训，提高对用工市场的适应能力，组织外出务工人员举办科学养殖、安居富民工程、裁缝、职业技能、就业创业培训等培训22场次1300余人次，全乡农村富余劳动力转移就业总收入4420万元。

【环境整治】 2020年，布隆乡扎实推进环境整治示范村居建设，以“示范巷道+示范小组+示范村”建设，推动环境整治全面提升。“一月一推进”常态抓实，“红黄旗”相互促进，优劣导向有效彰显。院内院外“三件事”全面推进，生活垃圾治理、废旧薄膜处理成效明显，实现农村生态保护治理产业化，完成22.1千米污水管网建设，生活垃圾、污水得到处理。推行“清洁家庭+积分制”管理，人居环境整治成效明显，乡村面貌实现“焕颜”。2290户农户改厕任务全面完成，建成村级污水处理厂，污水无处排、粪污靠地渗问题得到解决。建成一村一品一特色公共绿地小广场8个，建成地区环境整治示范村1个，县级环境整治示范村2个。

【脱贫攻坚】 2020年，布隆乡持续巩固脱贫攻坚成果，紧盯“扶智扶志”不放松。全面实现“一户一人离开土地稳定就业”，贫困户劳动力清零，4个扶贫合作社带动贫困户直接就业21人，间接就业36人，人均实现利益分红1.15万元。“四色预警”机制常态监管，“造血”功能持续增强，379户贫困户、51户边缘户年人均纯收入稳定超过1.2万元。推进消费扶贫，各级干部帮助贫困户销售农副产品28.23万元。

【基础设施建设】 2020年，布隆乡以柏油路、安居房建设为重点，做好基础设施建设。新建安居房239套，安装农户水表1272户，更换老旧管道2800米，完成改厕2290户、宅基地确权2818户。新建柏油路8.83千米，修建防洪坝700米，新增滴灌耕地200公顷，节省水费8.6万元，疫情防控期间商铺免租政策兑现2.2万元，发放社会救助11.4万元，全年累计发放各类惠民资金291.1万元，人民群众幸福感显著增强。

【安居富民建设】 2020年，布隆乡建设富民安居房239户，涉及全乡8个行政村，其中奥依买里村33户、阿克墩村5户、牙斯热木库鲁奇村28户、欧吐拉布隆村64户、托万克布隆村17户，牙斯热木英阿依玛克村34户、乌斯开木村50户，乔格塔勒村8户。

【宣传思想工作】 2020年，布隆乡做好宣传思想工作，让主旋律声音高高飘扬。开展学习中共十九届五中全会、第三次中央新疆工作座谈会等重要会议精神宣讲112场次，围绕“七五”普法、农牧民实用技术、文化卫生等内容全面开展宣讲工作，干部深入村组覆盖式宣教培训150场次，受培训8650人次。打造新时代文明实践中心，建立村级新时代文明实践站，组建9支志愿服务队伍，常态开展文化宣传活动，开展乡级活动12场，村级活动50场，形成覆盖面大、时效性强的大宣传格局。

【社会事业】 2020年，布隆乡做好各项社会事业。开展农村社保工作，参加城乡居民养老保险4485人、城乡居民医疗保险8385人。开展困难群众、低保户、五保、孤儿社会救助，发放面粉10310千克、大米9845千克、清油3121千克、肉23千克、鸡蛋690枚。摸排全乡388户729人享受低保户，累计发放金额263.53万元。宣传计划生育优惠政策及新修订的计划生育法，全年未发生超生现象，全乡综合避孕率100%。开展全民体检工作和健康教育，普及防病知识碘缺乏病、艾滋病、结核病，水痘、包虫病防治等相关知识，全乡0~3岁儿童接受脊髓灰质炎疫苗补免完成率100%，全民体检完成率100%。

【民族团结】 2020年，布隆乡开展“民族团结一家亲”活动，实施民族团结细胞工程，争创“嵌入式”民族团结示范基地，营造民族团结人人有责，民族团结成果人人共享氛围。开展民族团结宣讲活动479场次，每月一主题“联谊活动”55场次，干部走访慰问投入资金3.96万元，捐物7071件，办好事实事126件。结对认亲干部对结亲对象慰问捐物21276件，捐款8.89万元。吸引人才落户，建设长安新村。建设民族团结文化大院17个，组建民族团结互助对子683对。7个村被评为县级民族团结示范村、9个活动场所被评为县级民族团结活动场所，乡党委被评为县民族团结进步模范集体。乡级评选命名民族团结好家庭570户、好邻居630户、好村民860人，民族团结商铺45个，民族团结文化大院38个，民族团结进步科室9个，民族团结村民小组12个。

【文明创建】 2020年，布隆乡开展创建全国文明乡村，将“美丽乡村”建设和精神文明建设相结合，推动文明乡村创建工作取得成效。建成新时代文明实践站1个、新时代文明实践所8个。建立宣讲思想、文化艺术、生态环保、交通劝导、青年、妇女、党员示范、医疗卫生等8支志愿服务队伍，人数2268名，定期开展活动，受到群众欢迎。利用节假日契机，抓实每月一主题活动，定期开展群众喜欢的大型文体活动，全年开展乡级活动12场、村级活动281场次。

【党的建设】 2020年，布隆乡以党的政治建设为统领，全面推进党的政治、思想、组织、作风、纪律和反腐倡廉建设。推进“两学一做”学习教育常态化、制度化，开展“不忘初心、牢记使命”主题教育，聚焦第三次中央新疆工作座谈会、中共十九届五中全会精神，召开党委中心组学习22场次。落实请示报告、民主集中、会议决定的党委议事机制18场次，党员干部不断增强“四个意识”、坚定“四个自信”、做到“两个维护”。

【基层组织建设】 2020年，布隆乡聚焦“抓两头、促中间”，坚持以“五个基本”“三张清单”统揽党组织规范运行，“一帮扶、一例会、一培训”周工作机制深入实施，“过程式”参与党建工作持续推进。阿克墩村软弱涣散党组织整顿成效显著，完成验收摘帽。实施国家通用语言文字“听、说”提升工程，“54321”普通话学习法全面落地，干部群众国家通用语言文字“听、说”水平大幅提高。“暖心工程”助推村干部能力稳步提升，换届筹备有力有序，22个新型党组织全面覆盖。年轻干部到村任职18人，轮岗交流干部12人。深化“访惠聚”驻村工作，“四中心十五岗”机制有效落实，“一月四评、四单两表”工作载体有效运用，任务同领有效落实，工作同干全面推进，责任同担全面压实，实现后备干部11人进入村干部队伍，村干部2人提拔为村党支部书记。培养入党积极分子75人，发展农牧民党员38人。规范村党支部“三会一课”、民主评议党员、党员活动日和“四议两公开”等制度机制，群众知情权、参与权、表达权、监督权得到有效保障。

【共青团建设】 2020年，布隆乡按照基础团务工作要求，定期召开团员大会、支部委员会、团小组会、每季度开展集中学习，让青年团员记住自己的身份。暑假，各村团支部组织返乡大学生参与防疫，由返乡大学生14人为主组建青年志愿者服务队，帮助鳏寡孤独等群体解决生产生活困难。组织团员、青年清扫卫生死角，美化环境。在脱贫攻坚、人口普查、宅基地确权、疫情防控等工作中带领青年团员、青年志愿者深入村组，帮助残疾人、五保户、低保户等弱势群体开展结对帮扶，全年组织各类志愿活动50余场次，志愿服务群众2000余人次。

【妇女组织建设】 2020年，布隆乡开展妇女群众创业就业培训，全年举办技能培训班6次，参与妇女500余人。维护妇女儿童合法权益，调解婚姻矛盾纠纷48起，家庭纠纷12起。推进“美丽庭院”建设，创建“美丽庭院”870户，落实脱贫攻坚“国奶工程”，累计为贫困家庭儿童免费送去奶粉82罐，妇女6人享受县妇联“爱心一元捐”无息贷款共12万元，解决妇女群体就业创业难题。召开乡级创建“美丽庭院”推进会14次，村级“美丽庭院”创建推进会18次。

【维护稳定】 2020年，布隆乡开展补短板、强弱项、堵漏洞，社会大局持续稳定。建立“综治中心+村委会值班+巡逻防控”的内外联动机制，人防物防技防全面落实。开展普法宣传教育，强化“法律明白人”培养，全民法治意识提高。开展风险隐患排查和安全常识宣传，开展交通安全、火灾隐患、大型农机、防汛抗洪、食品卫生安全排查225次，为机关、学校、卫生院、7个行政村的宿舍、商店、村委会等新增灭火器150个、更换42个，审验大中型拖拉机共900余台，乡村成立防汛抗洪抢险突击队8支共180人，对辖区的4个河段进行121次大排查，全年未发生重大安全事件。布隆乡创建为自治区优秀平安乡镇、牙斯热木英阿依玛克村创建为自治区民主法治示范村。

【党风廉政建设】 2020年，布隆乡落实党风廉政主体责任，按照“一岗双责”要求，对分管范围内的党风廉政教育建设负直接领导责任。加强对干部工作落实情况、整治“四风、四气”、群众利益维护及其他群众关注的热点难点问题进行监督检查。健全完善乡机关各项管理制度，落实领导干部包联村工作制度、机关绩效考核管理办法、村级财务管理办法，规范村民代表会议等相关职责和运行程序。运用监督执纪“四种形态”，特别是“第一种形态”，提醒、约谈72人次，给予党纪政务处分23人。开展“聚焦总目标、作风再整顿”，组建帮扶组常态开展帮扶指导，下发通报29期，在37个村民小组设置社情民意意见箱，收集问题线索1268条，查办案件23件。乡纪委共查办案件（不含地区纪委监委、县纪委监委办结案件和政务处分案件）23件，涉及人员23人，其中乡干部4人、农民党员9人、村干部6人、小组长4人。

（刘　鹏）

2020年布隆乡主要经济和社会事业发展情况表

表24

项目			单位	数据	项目		单位	数据
农村经济总收入			万元	20170	人口	年末总人口	人	10224
农牧民人均纯收入			元	15763		年末总户数	户	2948
种植业	种植业收入		万元	7108		人口自然增长率	‰	-0.59
	粮食生产	面积	公顷	22595.7		人口出生率	‰	5.67
		总产值	吨	12689.65		人口死亡率	‰	6.26

续表24

项目			单位	数据
种植业	经济作物	面积	公顷	4388.6
		总产值	吨	21.943
畜牧养殖业	畜牧业收入		万元	6443
	牲畜年末存栏		头（只）	21092
	牲畜年内出栏		头（只）	12320
	家禽出栏		只（羽）	21300
	肉类总产		吨	90
林果业	林果业收入		万元	1369
	植树造林面积		公顷	238.2
	经济果品林面积		公顷	5341.2
	林果产量		吨	4246
劳务经济	劳务经济收入		万元	4516
	劳动力转移人数	长期就业	人	2100
		零散务工	人	876
农用机械	大中型拖拉机（20马力以上）		台	513
	小型拖拉机		台	286
	播种机		台	115
	收割机		台	28
	打草机		台	5
	推土机		台	0
汽车	载货汽车		辆	8
	载客汽车		辆	18
	私人汽车		辆	50
财政	总收入		万元	1718.62
	总支出		万元	1700.14

项目			单位	数据
人口	性别	男	人	5311
		女	人	4913
基础设施建设	行政村数量		个	8
	通电户覆盖率		%	100
	通用自来水户覆盖率		%	100
	广播覆盖率		%	100
	电视覆盖率		%	100
	电话覆盖率		%	100
	新建安居富民房		套	239
	卫生厕所覆盖率		%	112
文化	村级文化站点		个	8
	农家书屋		个	9
	公共体育活动场所		个	8
卫生	村级卫生室		所	8
	专业技术人员		人	26
	乡镇医疗机构病床数		张	20
教育事业	学校数量	幼儿园	个	7
		小学	个	3
		中学	个	1
	教职工总数	幼儿园	人	49
		小学	人	90
		中学	人	45
	在校学生	幼儿园	人	451
		小学	人	915
		中学	人	338

2020年布隆乡行政村基本情况表

表25

序号	村名	主导产业（如种植业、养殖业、服务和旅游业）	村民小组数（个）	户数（户）	人数（人）	村级集体总收入（万元）	耕地（公顷）	经济合作组织（个）	人均纯收入（元）
1	奥依买里村	养殖业、种植业	4	795	1855	6.4711	243.68	0	15705
2	阿克墩村	种植业	6	423	1269	12.6639	446	1	16054
3	牙斯热木库鲁奇村	种植业	4	247	938	3.4	210.98	1	46038
4	欧吐拉布隆村	养殖业、种植业	6	726	1782	2.5566	368.04	2	14159
5	托万科布隆村	养殖业、种植业	8	594	1934	7.3308	339.96	2	15844
6	亚斯热木英衣玛克村	养殖业、种植业	4	317	1139	2.5637	267.14	2	16178
7	乌斯开木村	种植业	2	119	689	10.7508	278.47	1	19225
8	乔格塔勒村	养殖业	2	222	508	7.6175	65.33	0	19088

米吉克乡

【概况】 米吉克乡位于拜城县城西南，直线距离8.3千米。东部、北部以卡普斯浪河与康其乡、拜城镇为界，南隔木扎提河与温巴什乡相望，西部和大桥乡毗连。307省道贯穿乡境，东西最宽22.2千米，南北最长26千米，总面积147.6平方千米。辖区总面积148平方千米，耕地面积4859.7公顷，是以种植业为主、养殖业为辅的鱼米之乡，享有“千公顷鱼塘万公顷水稻”美誉。2020年，全乡辖行政村15个、村民小组56个，总人口4215户15526人，其中常住人口4019户14629人

【骨干队伍】 2020年，米吉克乡机关编制39人，在岗61人（其中不占编内招生、内参生、军转干39名），党政班子有领导干部15人，一般干部46人。下辖机关站所11个，有编制59人。有村干部91人，村民小组长56人，村民副小组长168人，后备干部80人，“四老”人员77人。全乡有党委1个，党总支2个，党支部19个，党员716人，入党积极分子378人，团员439人。

【经济综述】 2020年，米吉克乡农村经济总收入5.36亿元，较2019年增收1.14亿元，增幅27.0%，其中种植业总收入1.74亿元，林业总收入0.49亿元，畜牧业总收入2.47亿元，渔业总收入0.30亿元，第二、第三产业总收入0.36亿元。

【种植业生产】 2020年，米吉克乡按照“稳定面积打基础、主攻单产增效益、依靠科技上水平”发展思路，抓好田间管理，推广测土配方施肥技术，主攻单产。全年种植总面积6266.6公顷，其中，冬小麦1352公顷，玉米4107.6公顷，水稻54.9公顷，菜辣椒60.4公顷，色素辣椒99.2公顷，马铃薯108.1公顷，瓜菜218.2公顷，其他作物266.2公顷。调运冬小麦种子422吨，播种质量达到“齐、平、墒、碎、净、松、直”七字标准技术要求。创建亩均500千克高产田750.1公顷，亩均550千克高产田90.2公顷；落实“三田”责任制733.6公顷。温室大棚55座，总面积10.4公顷，栽培反季节瓜、菜和育苗，每座温室大棚经济效益1.1万元。建设大拱

棚672座，面积13.44公顷，推广“春提早、秋延后”栽培早熟瓜菜，主要种植辣椒、西红柿、豇豆、茄子，黄瓜、葫芦瓜、马铃薯等蔬菜，每棚收入2500~3000元。复播作物400.4公顷（其中，玉米253.5公顷，糜子79.4公顷，马铃薯12.7公顷，西瓜12.9公顷、白菜12.5公顷、胡萝卜15.6公顷，恰玛古4.9公顷，饲草8.9公顷）。

【畜牧业生产】 2020年，米吉克乡牲畜出栏4.77万头（只），产肉2490吨、奶503吨、蛋1823吨。外购能繁母畜3256头，母牛政策性保险3166头。家禽养殖35.7万羽，其中林下养鸡3万羽、家禽出栏31.5万羽。动物防疫、驱虫、治疗51.1万头（只），其中，口蹄疫防疫9.5万头（只），小反刍兽疫3.2万只，布病防疫3.1万头（只），羊痘防疫4.1万只，家禽防疫31.2万羽。黄牛冷配0.19万头，绵羊改良2.21万只，山羊改良0.5万只，购进种公山羊25只。制作青贮饲料3.15万吨。

【林果业生产】 2020年，米吉克乡采用春季嫁接、春秋季狠抓果树病虫害防治、秋季施肥灌水、挂杀虫灯等方式，做好林果业生产。全乡林果业总面积2512.1公顷，人均0.1公顷，其中，经济林总面积1105.2公顷，挂果总面积655.7公顷（核桃589.4公顷、杏子31.3公顷、葡萄35公顷）。有核桃示范园13个，总面积102.3公顷（其中，高产高质示范园8个，面积59.7公顷，低产低质改良园5个，面积42.6公顷）。

【植树造林】 2020年，米吉克乡年初计划造林50公顷、实际完成79.3公顷（秋季61.9公顷、春季17.4公顷），其中核桃42.2公顷、葡萄0.9公顷、杨树22.5公顷、苹果7.9公顷、沙枣0.5公顷、柳树1.2公顷，完成率158.6%。义务植树计划7万株，落实19.1万株，生态林1406.9公顷。

【水利工程】 2020年，米吉克乡完成白地灌水面积4800公顷、林带281.4公顷、清淤防渗渠道3090米、挖出渠道18.99千米。

【劳务创收】 2020年，米吉克乡开设6个职业技能培训班（餐厅服务员、致富带头人、创业、中式烹调师），参加培训300人。全乡15个村均建立村级劳动保障站，村级保障人员全覆盖。每个劳动保障所利用每个村的村级劳动保障站工作人员的配合对无业的农牧民年轻人加大宣传。转移富余劳动力1857人，完成年度目标任务的113%，其中，拜城县就业1070人，地区内转移就业769人，疆内就业14人，其他省市转移就业4人；短期工1623人，长期工234人；季节性转移就业1349人，非季节性508人。全年劳务创收金额1782.72万元，人均创收9600元。

【宣传思想工作】 2020年，米吉克乡围绕社会稳定和长治久安总目标，以现代文化为引领，将基层文化建设服务群众、引领群众、宣传教育群众作为打基础、管长远的工作抓实抓好。抓好中共十九大精神和第三次中央新疆工作座谈会精神学习宣传，开展227场次，参加25608人次。开展“大宣讲、大培训、大教育”活动，以按年龄段40岁以上、40岁以下，及按照特殊群体分类全覆盖的形式进行宣讲，确保每村每天都有宣讲或培训。全年开展各类培训172场次，受教育群众6253人次。组织各类宣讲188场次，其中自治区农科院宣讲培训17场次、乡级宣讲团宣讲148场次、领导干部宣讲17场次、其他宣讲6场，受教育群众38256人次。

【脱贫攻坚】 2020年，米吉克乡按照“六个精准”，推进脱贫攻坚。转移贫困人口就业136人，落实产业扶贫项目14个，清理土地80公顷，开发公益性岗位11个，纳入农村低保兜底保障22户53人，享受“木扎提河”脱贫助学基金贫困学生12人，享受“雨露计划”助学金贫困大学生22人。城乡居民医疗保险、大病保险、人身意外伤害险参保率100%。

【民生建设】 2020年，米吉克乡在多个方面实行惠民政策。在医疗保险方面：16~59岁城乡居民社会养老保险续保任务6670人，完成缴费6693人，缴费金额151.58万元，完成年度目标任务的100.34%。电子银行POS机系统入库率100%，建档立卡贫困户做到应缴尽缴。开展第29届“科技之冬”活动，举办科技培训班45期，培训8144人次，开展科普活动17场次，参与人数3455人。为贫困户购置牲畜1598头（只），帮助119户贫困户办理小额贷款345万元。建设安居富民房347套，按时竣工入住。

【生态环境保护】 2020年，米吉克乡坚持新发展理念，坚定不移走生态文明和绿色发展之路。全员动员繁育青年林33.3公顷、全年植树造林133.3公顷，完成率134.3%，森林覆盖率提升5%以上。打造集自然保护、生态休闲、观光度假、科普教育、乡村振兴为一体的亚曼苏生态乐园。推进“院内院外三件事、公共环境提升、群众素质养成”三大提升工程，实施污水管网处理和垃圾“户分类、村收集、乡处理”，完成人居环境长效管护机制改革试点任务。

【乡村旅游】 2020年，米吉克乡倾力打造亚曼苏生态乐园。该园为拜城县“一核两翼两资源”旅游布局中的重要“一翼”，项目规划面积110公顷，总投资3222万元，为一个以“梦幻水镜、民族风情、美丽乡村”为主题，集观光、度假、文化、旅游、养生于一体的原生态湿地公园。对景区从业人员进行培训，通过拍摄宣传视频、登报招商等方式，提高景区知名度，以旅游促乡村振兴，促群众增收致富。吸引70余家商家入驻，投资陆地、水上项目70余项，投资金额1000余万元，带动周边100余户群众就近就业，户均年创收3万余元。特色美食经营商铺70余家，每户每日可创收200~1000元。发展旅游民宿，建成民宿15家，其中援疆资金建设5家，农户自筹建设13家，共有房间32间，床位44张。

【文明创建】 2020年，米吉克乡利用农闲时间，开展农牧民各类文化体育活动。开展“感党恩、跟党走 迎新春文艺晚会”“走进新时代 弘扬十九大精神文艺演出”“返乡大中专学生宣讲”“文明树新风系列文体活动”等主题鲜明的宣传文化活动。全乡组织各类文体活动168场次，参加群众达12745人次。讲好不断涌现的民族团结动人故事用身边事教育引导身边人，使全乡各族群众学有榜样、赶有目标，对外展示新形象。在以德治乡方面：广泛开展科学技术、科学思想的教育，持续开展“破除讲树”“爱国卫生教育月”等系列活动，促进公民文明素质提高，米吉克乡创建为自治区文明乡，创建自治区文明村3个。

【民族团结】 2020年，米吉克乡贯彻党的民族政策，开展民族团结融情教育活动，筑牢维护社会稳定和长治久安的群众根基。开展“民族团结一家亲”活动，干部381人积极主动结亲认亲，共结对认亲843户，为结亲户办实事好事197件，给“亲戚”购买物品价值共4.2万余元，开展“庆元旦”暨“民族团结一家亲”活动的大型文艺会演、春节慰问、庆中秋节、“国庆节”暨“民族团结一家亲”活动162场次。常态化开展“结亲周”活动。将“结亲周”活动与干部入户住户工作相融合，开展群众工作“两个全覆盖”。

【群众工作】 2020年，米吉克乡按照群众困难诉求解决“六步闭环”工作法，收集群众困难诉求和异常情况，共征集困难诉求1473条，解决1467条，解答释惑6条。发挥国家通用语言文字夜校实效。经过笔试、口试测试，将在村18~60岁的农牧民合理划分“快、中、慢”3个班次，分批次进行国家通用语言文字授课，提升群众学习积极性和主动性，引导群众做好“五个认同”。

【党风廉政建设】 2020年，米吉克乡以廉政文化进农村示范点为载体，推广“廉政文化书屋+廉政文化长廊+红色文物馆+绿色网吧+红色影院”发展模式，创建廉政文化进农村示范点基地，突出廉政文化进农村示范点在廉政文化宣传教育中的示范引领作用，引导大中专生，各级党员干部接受廉政教育的联动机制，强化警示教育，确保党员干部常态化接受廉政文化教育。结合开展第二十二个党风廉政建设月活动，分批次组织党员干部参观警示教育基地等方式，开展以案说纪，以案促改等常态化警示教育活动，教育党员干部在日常工作中和生活中知敬畏、明底线、守规矩。

【基层组织建设】 2020年，米吉克乡选优配强基层党组织班子带头人，调整不胜任、不尽职的党支部书记，利用乡级党校开展党支部书记的思想教育轮训班，每次1名党支部书记带队，向其他党员谈体会、说认识、找差距。加强村“两委”班子警示教育，以案释法，班子成员则逐一撰写警示材料，谈感想、谈认识。加强新兴组织建设工作，挂牌成立新兴组织党建办公室，由领导干部4人承接非公企业和合作社的包联任务，为72家非公企业和合作社选派党建指导员26人。

【规范村级运行】 2020年，米吉克乡落实“1+3+3+X”捆绑帮带机制，解决村级后备干部人才断层断档、培养乏力、能力不足问题。完善民主监督机制，加强村务监督委员会成员监督职权的监管，保证村监会作用发挥；通过无职党员设岗定责，抓住“三会一课”“四议两公开”七个关键环节，明确目标责任，将村级管理置于群众目光之下。调整在村干部队伍结构，落实年轻干部到村任职工作，确保每个村有1名内招干部和军转干部，充实在村力量。新发展农牧民党员63人、转正党员97人。

【人才科技工作】 2020年，米吉克乡推进“六类”人才队伍建设，重点加强党政人才和农村实用人才队伍建设，建立基础人才库。为全乡15个行政村配备科技副职，发挥科技副职作用。培育本地人才，“走出去、请进来”，壮大本地人才队伍。落实“双带双促”机制，全乡共有致富带头人36人，选派“五老”人员，定期组织科技副职、致富能手、贫困户培训。“五老”帮带的产业有“凤壹号林带鸡”、“林下泉水黑木耳”、甜玉米和黄瓤西瓜种植。采取内育外引机制壮大人才队伍建设，落户98户258人，其中干部7户7人。

【群团工作】 2020年，米吉克乡发挥妇女群体作用，推进“美丽庭院”创建，达到创建标准668户，示范引领改变生产生活环境。实施“晾晒”工程，引导贫困群众勤俭持家、树立健康文明的思想观念和生活理念。促进团组织作用发挥，规范团支部运转机制，将“三会一课”制度化；组织团员青年开展学国家通用语言文字、用国家通用语言文字活动，开展群体活动凝聚青年。规范工会运行，规范化建设“职工之家”，配齐日常休闲娱乐设施，定期派专人维护；为全乡机关干部定制生日蛋糕，在生日当天为干部放假1天，关心关爱干部。

2020年米吉克乡主要经济和社会事业发展情况表

表26

项目			单位	数据
农村经济总收入			万元	53600
农牧民人均纯收入			元	19027
种植业收入	种植业收入		万元	15404
	粮食生产	面积	公顷	5514.5
		总产量	吨	70786.2
	经济作物	面积	公顷	592.8
		总产量	吨	18287.9
畜牧种植业	畜牧业收入		万元	17510
	牲畜年末存栏		头（只）	47700
	牲畜年内出栏		头（只）	57400
	家禽出栏		只（羽）	393057
	肉类总产		吨	2094.5
林果业	林果业收入		万元	3901
	植树造林面积		公顷	89
	经济果品林面积		公顷	89
	林果产量		吨	1868
劳务经济	劳务经济收入		万元	1782.25
	劳动力转移人数	长期就业	人	234
		零散务工	人	1623
农用机械	大中型拖拉机（20马力以上）		台	1991
	小型拖拉机		台	880
	播种机		台	170
	收割机		台	103
	打草机		台	54
	推土机		台	3

项目			单位	数据
人口	年末总人口		人	15526
	年末总户数		户	4215
	人口自然增长率		‰	0.45
	人口出生率		‰	2.3
	人口死亡率		‰	1.85
	性别	男	人	8076
		女	人	7450
基础设施建设	行政村数量		个	15
	通电户覆盖率		%	100
	通用自来水户覆盖率		%	99
	广播覆盖率		%	100
	电视覆盖率		%	100
	电话覆盖率		%	100
	新建安居富民房		套	2929
	卫生厕所覆盖率		%	90
文化	村级文化站点		个	15
	农家书屋		个	15
	公共体育活动场所		个	15
卫生	村级卫生室		个	14
	专业技术人员		人	19
	乡镇医疗机构病床数		张	40
教育事业	学校数量	幼儿园	个	10
		小学	个	8
		中学	个	1
	教职工总数	幼儿园	人	43

续表26

<table>
<tr><th colspan="2">项目</th><th>单位</th><th>数据</th><th colspan="3">项目</th><th>单位</th><th>数据</th></tr>
<tr><td rowspan="3">汽车</td><td>载货汽车</td><td>辆</td><td>53</td><td rowspan="5">教育事业</td><td rowspan="2">教职工总数</td><td>小学</td><td>人</td><td>122</td></tr>
<tr><td>载客汽车</td><td>辆</td><td>54</td><td>中学</td><td>人</td><td>52</td></tr>
<tr><td>私人汽车</td><td>辆</td><td>563</td><td rowspan="3">在校学生</td><td>幼儿园</td><td>人</td><td>793</td></tr>
<tr><td rowspan="2">财政</td><td>总收入</td><td>万元</td><td>2510.79</td><td>小学</td><td>人</td><td>1534</td></tr>
<tr><td>总支出</td><td>万元</td><td>2368.15</td><td>中学</td><td>人</td><td>504</td></tr>
</table>

2020年米吉克乡各行政村基本情况表

表27

序号	村名	主导产业（如种植业、养殖业、服务和旅游业等）	村民小组（个）	户数（户）	人数（人）	村集体总收入（万元）	耕地（公顷）	经济合作组织（个）	人均纯收入（元）
1	团结村	蔬菜种植	2	197	720	33.8	223.29	1	19270.2
2	亚阔坦村	种植业（玉米、制种小麦）	7	384	1388	48.8	590.4	1	19276
3	墩买里村	养殖业	4	356	1223	36	171.86	2	17211
4	亚曼苏村	种植业（玉米、制种小麦）	4	216	822	52	453.1	2	19273.5
5	阿尔其格村	种植业（玉米、制种小麦）	5	247	892	42.8	447.86	1	19251.5
6	尤喀克阿尔其格村	种植业（核桃、制种小麦）	2	283	1006	15.3	160.3	1	19250.7
7	库木买里村	养殖业、种植业	4	262	979	42	389.93	3	19263.5
8	库木墩村	种植业（核桃、制种小麦）	3	211	837	20.9	259.6	4	19252.8
9	欧勒旁村	种植业（核桃、粮食生产）	4	304	1115	46.9	435.66	2	19270.4
10	喀纳依买里村	养殖业、种植业（核桃、制种小麦）	4	331	1277	41.3	423.73	1	19273.5
11	米斯铁米村	养殖业、种植业（核桃、制种小麦）	5	435	1697	64.4	798.66	1	19275.7
12	索克索克力克村	养殖业、种植业	4	350	1249	72.2	705.13	1	19275.4
13	库库拉托格拉克村	养殖业、种植业（核桃、粮食生产）	4	269	1096	91.5	893.93	1	20275.5
14	希尔尕塔依村	养殖业	3	203	790	49	459.67	1	20273.5
15	园艺村	温室蔬菜种植	1	172	538	3.8	52.4	1	15711.2

温巴什乡

【概况】 温巴什乡地处木扎提河南岸，位于拜城县县城西南，直线距离17.5千米。东、南依却勒塔格山与新和县为界，西接察尔齐镇，北与大桥乡、米吉克乡相望。东西长52.4千米，南北宽14.4千米，总面积688.6平方千米，耕地面积6496.27公顷。温巴什乡辖境为一个狭长地带，地势由西向东略有倾斜，土地较为平坦，境内引水灌溉便利，水土资源丰富，光热充足，土地肥沃，物产丰富，气候宜人，宜农宜牧，主产小麦、玉米、水稻、油菜，是拜城县主要产粮区，故有丰谷“粮仓”之称。2020年，下辖行政村14个、村民小组45个，总人口3838户16678人。

【农村经济】 2020年，温巴什乡农村经济发展迅速，粮食作物、经济作物发展呈现良好势头，畜牧业、林果业持续增产增收。农民生活水平不断提高，基础设施建设不断完善。农村经济总收入4.46亿元，农牧民人均收入1.89万元，比2019年人均增长2397元。

【种植业生产】 2020年，温巴什乡农作物种植面积7025.37公顷，总收入1.86亿元。其中粮食作物6600.08公顷（小麦1996.48公顷，亩均单产417千克，总产12488吨，收入3371万元；玉米4462.23公顷，亩均单产870千克，总产58566吨，收入13763万元；水稻138.07公顷，亩均单产670千克，总产1387.6吨，收入346.9万元；豆类及其他杂粮3.3公顷，亩均单产800千克，总产39.6吨，收入19.8万元）。经济作物111.47公顷（油料作物41.41公顷，亩均单产150千克，总产93.2吨，收入55.9万元；甜菜5.2公顷，亩均单产4吨，总产312吨，收入9.36万元；瓜类142.8公顷、亩均单产2.5吨，总产7497吨，收入524.79万元；蔬菜211.2公顷，亩均单产2吨，总产6336吨，收入443.5万元；其他经济作物26.55公顷，亩均单产1.3吨，总产517.7吨，收入77.65万元）。

【畜牧业生产】 2020年，温巴什乡做好畜牧业生产工作，全年出栏牲畜32547头（只），出栏家禽73520只（羽），年末牲畜存栏93481头（只），肉类总产3045吨。畜牧业收入12899万元。全年出栏大畜2471头，每头1.3万元，收入3212万元；出栏小畜25876只，每只1000元、收入2587万元；出栏家禽61843只（羽），每只（羽）平均20元，收入123万元。销售牛奶、羊奶317吨，收入158万元，销售禽蛋104吨，收入104万元，销售畜皮5234张，收入13万元，销售毛（绒）92吨，收入165万元。防治疫驱检344272头只，黄牛冷配2028头，绵羊改良4853只。年内没有发生重大动物疫情蔓延和产品安全事故。

【林果业生产】 2020年，温巴什乡以乡村绿化、林业重点工程和特色吊干杏种植为重点，完成植树造林95.86公顷，义务植树2678人次，共324550株。新育苗面积11.42公顷。加强日常管理，按期进行修剪、刷白、追肥，果树修剪875公顷，树干刷白971公顷、春灌971公顷。果园种植总面积1071公顷，挂果面积980公顷，总产量5629.72吨。其中，核桃挂果面积808公顷，产量5211.7吨，葡萄挂果面积24.5公顷，产量920吨，杏子挂果面积7.6公顷，产量28.75吨，吊干杏挂果面积140公顷，年产950余吨。

【名优特产】 温巴什乡种植的吊干杏又称树上干杏，熟后不落，可在树上风干。风味独特，纯美甘甜，营养丰富。吊干杏成熟期在5月下旬。鲜果成熟后，黄中带红，果肉细嫩，果实甜美多汁，营养丰富。含糖量高达27%。该产品产自于温巴什乡依却勒塔格山脚下野生杏树上，该地水土资源丰富、气候温凉、日照充足、昼夜温差大，出产的吊干杏圆润如珠、小而饱满、并因杏肉厚而酸甜可口、杏核薄而轻咬即开、杏仁香而不苦等特点出名。

【经营合作组织发展】 2020年，温巴什乡培育现代农业经营主体，新发展农民专业合作社17家。截至年末，共有农民专业合作社44家（其中停业8家）。温巴什乡四宏农产品合作社大力组织吊干杏生产，共种植吊干杏233余公顷，其中挂果面积140公顷，年产950余吨，当年盈利160万元，转移富余劳动力80余人，助民增收80万余元。

【人居环境整治】 2020年，温巴什乡开展农村人居环境整治工作，按照“厕所革命”三年行动方案要求，按照“亦旱则旱”“亦水则水”原则推行水冲式厕所和双坑交替式旱厕，改善群众生活居住环境，改造卫生厕所3854户，为户改厕户发放补助金231.24万元，农户自筹约46万元。申请资金21万元，在托喀依买里村修建大型垃圾填埋场1座，生活垃圾得到有效处理。完成14个行政村共3854户农村人居环境整治工作，创建地区级示范村1个、县级示范村2个，每个村有50户以上的示范户。建成管护队伍涉及公益性岗位护路员14人、河道维护员14人、保洁员2人、自来水维护员14人。

【劳动力转移就业】 2020年，温巴什乡摸排劳动力8845人，引导转移就业1949人，其中稳定就业1386人，季节性转移就业767人，新增创业52人，贫困户劳动力转移就业272人，边缘户劳动力转移就业25人。开展常规职业技能培训，免费职业技能培训124人，其中农村劳动力培训96人，建档立卡贫困户培训28人。在安居富民、美丽乡村建设等村级惠民生项目当中，转移富余劳动力189人，实现小型微型创业183人，带动就业25人。

【安居富民建设】 2020年，温巴什乡结合人居环境整治工作，做好农村住房安全保障。开展房屋安全鉴定4136户，年初确定新建农村安居富民房801户，补助资金2282.85万元，其中，自治区补助1.85万元/户，温州援疆补助1万元/户，合计2.85万元/户。至年底，竣工率、入住率、录入率均达100%。

【生态环境保护】 2020年，温巴什乡多措并举加强农村生态工作。全年完成植树造林95.86公顷，义务植树2678人次，共324550株。开展生态环境保护宣讲14场次，覆盖群众5000人次，开展防护林修复工程2场次。全乡果园面积扩大至945.8公顷，较2019年度增加76.74公顷。借助华凌集团投资45亿元农业综合开发项目，选取温巴什乡墩买里村至托万开外孜力克村戈壁滩，打造集园林绿化、畜牧业发展、林果业一体项目，实行绿化防护工程。

【脱贫攻坚】 2020年，温巴什乡围绕“五个一批”精准发力，实施扶贫项目5个，资金共63.81万元。扶贫羊96只、牛6头，涉及户数18户，投入18万元；为94户提供菜苗26576株项目，投入1.32万元；修建4座彩钢棚门面房，投入资金35.66万元；开展畜禽养殖技术培训7人，投入0.14万元；林果业培训3人，投入0.06万元；致富带头培训投入1.625万元；劳动力职业技能培训4人，投入0.6万元；“雨露计划”扶持28人，投入8.4万元。协调帮助贫困户、边缘户家庭劳动力转移就业294人次，带动全乡贫困人口226户833人、边缘户31户110人致富增收。

【党的建设】 2020年，温巴什乡党委以建强基本队伍、抓实基本活动、夯实基本阵地、完善基本制度、落实基本保障为抓手，加强乡、村两级党员干部队伍建设，提升基层党建工作水平和干部队伍的能力素质。优化村“两委”班子结构，调整村党支部书记2名、村“两委”副职15人。充实后备干部队伍，14个行政村确定56名村级骨干后备力量。选派村干部36人次参加县级及以上培训，开办村干部培训班4期，培训112人次，培训农牧民党员480人次。加强政策宣传力度。发展“四型”村集体经济（保障基础型、产业带动型、服务创收型、小微经商型），村集体经济收入较2019年增收124万余元。

【骨干队伍建设】 2020年，温巴什乡做好党员发展工作，培养入党积极分子295人，发展农牧民党员52人，其中35岁以下41人，高中及以上学历23人，在44个新兴组织建立党支部18个。选配汉族党员或群众14人任科技副职，选派年轻干部28人到村任职，挖掘乡域范围内各类人才队伍，完成基础人才1011人评选建库任务。实施优秀人才“组团式+自主式”服务基层，指导各类人才立足岗位技能开展服务基层活动，共开展各项实用技术培训4场次，培训人员160人次，上门指导培训服务17次，为群众解决农业生产难题23件。

【共青团建设】 2020年，温巴什乡团委下辖团支部17个，其中村级团支部14个、机关团支部1个、供电所团支部1个、流动团员团支部1个，共有团小组47个，团干部73人，团员533人，其中农牧民团员521人。全年发展团员20人，“推优入党”15人（发展为党员的12人，入党积极分子3人）。投入5000余元在阿瓦提村建设“青年之家”1所，开展活动24场次，503人参与。开展主题团日9场次，组织各类志愿服务活动126场次。疫情期间青年志愿者140余人捐款2000元。乡团委联合新疆城乡岩土工程勘测设计研究院阿克苏地区指尖微爱公益协会共同开展“爱心冬衣捐赠”活动，为儿童105人送去价值7000元的冬季新衣。

【妇联组织建设】 2020年，温巴什乡村级妇联主席14人全部进入村“两委”任职，妇联副主席28人全部参与村级工作，182名执委委员均按期参加培训、组织活动、认真履职。全年开展各项宣讲132场次，覆盖妇女群体4000余人次。运用14个“反家庭暴力”投诉站，调解婚姻家庭纠纷事件52起。开展以“四好三美一卫生”为标准的美丽庭院评比工作，共3414户参与，创评“美丽庭院”示范户2833户，其中地区级2户、县级5户、乡级217户。开办妇女群众创业就业技能培训班3场，266名妇女参加；帮助贫困妇女2人申请“靓发屋”项目，为贫困妇女78人创建公益性岗位，帮助妇女434人稳定就业。

【维护稳定】 2020年，温巴什乡落实中共中央治疆方略，围绕社会稳定和长治久安总目标，通过多种方式排查化解风险隐患651个，加大矛盾纠纷排查化解力度，化解矛盾纠纷98个，推进依法治理和法制宣传工作，培养法律“明白人”277人，开展各类法律宣传713场次。推进平安建设，创建平安家庭、平安校园、平安商铺、平安村、平安乡镇、平安单位等。

【党风廉政建设】 2020年，温巴什乡党政领导班子带头开展集中学习30次，解决农民困难诉求、矛盾纠纷等问题27个。督促全乡党员干部深查细剖自身问题，制定整改措施，对作风漂浮、不作为、慢作为干部12人进行第一种形态谈话。对违反中央八项规定精神、作风漂浮、脱贫攻坚和民生领域侵犯群众利益的10人作出党纪处理，通报典型案例2批5个。接到相关问题线索61件，运用监督执纪四种形态处置51人。

【宣传思想工作】 2020年，温巴什乡围绕社会稳定和长治久安总目标，推进意识形态、精神文明创建、爱国卫生等宣传思想文化工作。乡、村两级宣讲干部14人对群众进行分类宣传教育共152场次，覆盖群众累计45301人次。选拔优秀“草根宣讲员”20人，运用村文化活动室、村民大舞台、广播室、农家书屋等宣传文化阵地资源主动宣讲，开展各类宣讲15场次，共5000余人聆听受益。利用周一升国旗、农牧民双语夜校、党员大会、村民大会、入户走访以及各类文体活动开展宣讲活动43场。

【“美丽庭院”创建】 2020年，温巴什乡推进“美丽庭院”试点创建评选活动。推选出地区级“美丽庭院”试点村1个（博斯坦村）、县级“美丽庭院”试点村1个（尤喀克温巴什村）、乡级“美丽庭院”试点村1个（阔纳吐尔村），推选出地区级“美丽庭院”示范户2户、县级“美丽庭院”示范户7户。开展“灭蚤”专项行动，共培训技术消杀人员56人，投入药物16225克，在全乡3245户农房开展统一消杀。

【社会事业】 2020年，温巴什乡参加城乡居民养老保险人员8569人，其中贫困户应缴费660人，符合代缴人员309人，代缴309人，参加城乡居民医疗保险符合缴费人员15018人，其中符合代缴人员795人。

【民族团结】 2020年，温巴什乡引导干部群众参与和维护各民族大团结，在全乡形成团结友好、和谐共进局面。全乡机关参与走访见面的干部共114人，其中县处级干部2人，乡科级干部26人，一般干部81人，工勤人员3人，其他人员2人，结对认亲户数525户。机关结对干部开展“双语”学习12余次，开展民族团结一家亲联谊活动168场次，开展各类宣讲5000余场次。开展民族团结创建工作，创建地区级民族团结进步创建示范村1个，创建县级民族团结进步创建示范村11个，评选地区级民族团结进步模范个人1人，推选县级民族团结模范个人2人，民族团结模范集体1个，选树乡级典型9对。

【文明创建】 2020年，温巴什乡新建温巴什乡新时代文明实践所，占地面积3601平方米，建筑面积650平方米，内设有文化传播室、农业科技培训室、图书阅览室及志愿服务队办公室，实践所以志愿者为主体，动员全乡各方力量参与，组建有健身体育、教育服务、科技科普、理论宣讲、文化服务等5支志愿服务队伍。建设新时代文明实践站14个，完成新时代文明实践站挂牌，建立完善各项制度。按照乡级模式成立志愿服务队，乡村两级各支志愿服务队结合元旦、春节、端午节、中秋节等节日，开展各类志愿服务活动，全年开展乡级活动8场、村级活动110场，累计参加23120人（次）。申报创建乌堂村地区文明村。

【疫情防控】 2020年，温巴什乡坚持“外防输入、内抓规范”总体思路，树立“没有与疫情防控无关的人和事”“人人都是防疫员”的思想认识和行动自觉。落实疫情防控“3348”工作机制，织密织牢防控网、阻断疫情传播链、打赢疫情防控阻击战。成立乡、村两级专职消毒消杀队伍15支54人，开展预防性消毒点位255个，开展消毒消杀培训7场次186人次，摸排从事出租、客运、活动等运输行业从业人员90人，审批各类活动20场次。

（刘　真）

2020年温巴什乡主要经济和社会事业发展情况表

表28

项目			单位	数据
农村经济总收入			万元	44640
农牧民人均纯收入			元	18970
种植业	种植业收入		万元	25637
	粮食生产	面积	公顷	6261.3
		总产量	吨	77035
	经济作物	面积	公顷	268.5
		总产量	吨	10468
畜牧养殖业	畜牧业收入		万元	12899
	牲畜年末存栏		头（只）	93484
	牲畜年内出栏		头（只）	32547
	家禽出栏		只（羽）	73520
	肉类总产		吨	3045
林果业	林果业收入		万元	138
	植树造林面积		公顷	1437.9
	经济果品林面积		公顷	468.9
	林果产量		吨	12618
劳务经济	劳务经济收入		万元	2790
	劳动力转移人数	长期就业	人	1949
		零散务工	人	1619
农用机械	大中型拖拉机（20马力以上）		台	664
	小型拖拉机		台	835
	播种机		台	226
	收割机		台	90
	打草机		台	165
	推土机		台	0

项目			单位	数据
人口	年末总人口		人	16581
	年末总户数		户	4429
	人口自然增长率		‰	–1.38
	人口出生率		‰	5.46
	人口死亡率		‰	6.84
	性别	男	人	8520
		女	人	8061
基础设施建设	行政村数量		个	14
	通电户覆盖率		%	100
	通用自来水户覆盖率		%	99
	广播覆盖率		%	100
	电视覆盖率		%	100
	电话覆盖率		%	100
	新建安居富民房		套	801
	卫生厕所覆盖率		%	100
文化	村级文化站点		个	0
	农家书屋		个	14
	公共体育活动场所		个	15
卫生	村级卫生室		个	13
	专业技术人员		人	13
	乡镇医疗机构病床数		张	20
教育事业	学校数量	幼儿园	个	10
		小学	个	6
		中学	个	2
	教职工总数	幼儿园	人	54

续表28

项目		单位	数据	项目			单位	数据
汽车	载货汽车	辆	66	教育事业	教职工总数	小学	人	106
	载客汽车	辆	24			中学	人	68
	私人汽车	辆	627		在校学生	幼儿园	人	849
财政	总收入	万元	2319.27			小学	人	1676
	总支出	万元	2319.27			中学	人	734

2020年温巴什乡各行政村基本情况表

表29

序号	村名	主导产业（如种植业、养殖业、服务业和旅游业）	村民小组（个）	户数（户）	人数（人）	村级集体总收入（万元）	耕地（公顷）	经济合作组织（个）	人均纯收入（元）
1	吉格代力克村	种植业、养殖业	3	211	925	28.60	507.17	4	16211
2	阿瓦提村	种植业、养殖业	2	139	625	21.02	284.92	2	13371
3	乌堂村	种植业、养殖业	3	261	1165	37.35	562.81	3	16171
4	墩买里村	种植业、养殖业	3	184	893	24.71	398.12	3	16221
5	尤喀克温巴什村	种植业、养殖业	2	147	631	22.30	348.66	2	14979
6	托喀依买里村	种植业、养殖业	3	146	671	26.14	371.01	1	15900
7	托万温巴什村	种植业、养殖业	3	443	1417	32.20	491.07	11	15154
8	阔纳吐尔村	种植业、养殖业	4	295	1307	34.46	677.45	3	13336
9	开外孜力克村	种植业、养殖业	3	389	1614	39.42	780.40	3	17043
10	托万开外孜力克村	种植业、养殖业	3	284	1317	41.81	650.30	1	19341
11	托格拉克勒克买里村	种植业、养殖业	4	417	1701	43.93	745.76	2	16141
12	乔木喀村	种植业、养殖业	3	332	1667	32.94	606.10	3	8423
13	奥依库木什村	种植业、养殖业	3	221	1094	30.95	534.50	2	14395
14	博斯坦村	种植业、养殖业	6	369	1651	28.57	444.85	4	11437

大桥乡

【概况】 大桥乡位于拜城县西南部、307省道沿线，距县城直线距离31千米。地势由西北向东南倾斜，东与米吉克乡相接，西与大宛其管委会、察尔齐镇相邻，南连木扎提河北岸，北依喀普其尕依丘陵，总面积378.6平方千米，农区面积85平方千米，耕地面积

3846.67公顷。2020年，境内有派出所、卫生院、供电所、邮政所、农村信用社等单位，有中学1所，小学7所，幼儿园6所，在校学生1875人，其中中学413人、小学1031人、幼儿园431人。下辖9个行政村。

【经济综述】 2020年，大桥乡农村经济总收入3.45亿元，较2019年增加6807万元，增长19.7%。农牧民人均纯收入16114元，较2019年度增加1572元，增长10%。全年种植业收入1.22亿元，林果业收入1602万元，畜牧收入1.79亿元，劳务创收1123万元。

【种植业生产】 2020年，大桥乡优化种植业产业结构，小麦、玉米、甜菜、马铃薯为主的农业种植总面积4997公顷，其中，种植小麦681公顷，亩均单产484.9千克，完成小麦亩产500千克高产田286公顷，小麦亩产550千克高产田创建72公顷。种植玉米3200公顷，亩均单产913.4千克，正播玉米1000千克高产创建1179公顷。种植马铃薯625公顷，种植甜菜299公顷，其他作物192公顷。种植小拱棚187座，完成14个标准化示范园和示范基地建设，完成低产示范园改造升级6个。

【畜牧业生产】 2020年，大桥乡全乡牲畜存栏数30916头（只），其中生产母畜21194头（只）。产肉2160吨、奶490吨、蛋250吨，总收入1.17亿元。黄牛冷配1310头，参与政策性奶牛保险1813头，购进公山羊6只。

【林果业生产】 2020年，大桥乡植树造林完成126.4公顷，补植补造57.8公顷，其中经济林56.9公顷、防护林补植0.86公顷，经济林核桃嫁接955株。经济林挂果567.3公顷，其中，核桃挂果548公顷，葡萄挂果19.3公顷。开展修剪674.8公顷，施肥4次，病虫害防治1849公顷次，其中核桃腐烂病防治28.7公顷，蓝叶甲防治4.6公顷、桑白蚧8.7公顷。悬挂杀虫灯122台，购买石硫合剂46吨。沤制肥数量41050立方米。杨树育苗11.8公顷。

【动物检疫】 2020年，大桥乡动物防检驱治共448048头（只、羽）次，其中接种牛羊口蹄疫74064头（只）次，羊痘26063只（次）、驱虫64836头（只）次、药浴52094只次，禽流感127563羽次，牲畜内外治疗3172只次，布病14508只次，小反刍兽疫33063只次，炭疽15763只次，三联四防15000只次，新城疫25000羽次。产地检疫9764头（只），屠宰检疫1358头（只）。

【农机管理】 2020年，大桥乡做好农机补贴政策，抓好农业机械化生产组织管理。检修农机具1298台，检修率100%；农机购置补贴政策全部落实到位，近两年协议购置各类农机具工106台（套），受益农户106户，拉动农民投入农机化发展资金367万余元。

【农田水利】 2020年，大桥乡关注水利工作，安装自来水水表550户，自来水入新户112户，维修自来水管道漏水情况63处，主管道修8处。完成水费收缴689.8万元。投资1.1万元，新修防洪坝300米。投资1.2万元，投入机械共129.5小时，计4.145万元，维修防洪坝1900米。

【劳动力就业】 2020年，大桥乡推动农村富余劳动力转移就业，通过开展职业技能、就业创业培训，提高群众就业创业能力。转移就业1938人，其中，自行转移就业1086人，组织转移就业132人。开展劳务输出先进个人评选表彰活动，勤劳致富理念深入人心。

【安居富民建设】 2020年，大桥乡完成农村安居工程建设298户（其中四类帮扶对象24户、边缘户4户，低保户4户、无房户16户），每户补助2.85万元，共补助资金68.4万元，其中中央和自治区补助资金

44.4万元，援疆补助资金24万元。一般户274户，共补助资金780.9万元，其中中央和自治区补助资金506.9万元、援疆补助资金274万元、农户自筹资金950万余元。

【生态环境保护】 2020年，大桥乡加快小城镇建设步伐，投资800万元。新建安居富民房298套、公租房32套。推进“五清五改”，改厕任务656户，完成率100%。争取地区级示范村奖补资金150万元，实施污水排水管项目，配备一体化污水处理设备3台，提高污水处理能力，受益农户284户。开展房前屋后清理行动，清理树枝约20吨，积存垃圾约50吨、水渠垃圾约20吨。加大农业生产废弃物回收力度，发放宣传单2200份，收回地膜约35吨、利用畜禽养殖粪便沤制绿肥52余吨。推进田间地头农药瓶、农资包装盒回收。

【脱贫攻坚】 2020年，大桥乡做好2019年已脱贫贫困户巩固提升工作，有建档立卡贫困户83户288人，边缘户11户51人、脱贫监测户3户12人。推进消费扶贫，抓好扶贫产品认定，建成10个扶贫专柜。落实脱贫攻坚项目1个、扶贫资金10万元、小额信贷资金16.5万元，所有项目运行正常，贫困户收益稳定。

【宣传思想工作】 2020年，大桥乡动员党员干部参加“学习强国”平台学习，全乡党员干部156人实名注册，参与率达到100%，活跃率90%以上。开展今冬明春“三项工程”活动。将全乡9个村分为3个片区，组成宣讲团24人赴各村开展宣讲，共举办培训班70余场次，覆盖8000余人次，乡、村两级累计宣讲700场次，覆盖30000余人次。建成“一村一园”文化广场，丰富群众文化生活。

【社会事业】 2020年，大桥乡实施农村富余劳动力转移工程，就业1938人。开发就业岗位200余个，实现贫困户、监测户、边缘户、富余劳动力就地就近就业，创收2000余万元。乡镇行政体制改革试点工作换道超车，整合“五办六中心”与服务大厅原有窗口功能，初步建成集综合、民政、劳保、社保、残联、农机、计生等业务于一体的10大窗口，涉及基层服务事项121项，方便群众办事。“环境育人、管理育人、质量育人”教育思想深入人心，44人考入县第四高级中学，26人考入县第一中学，升学率100%。全民免费体检惠及群众，完成7196人全民体检，体检率100%。清退不符合低保条件21户27人，新纳入15户21人。发放救助资金2万余元，救灾物资惠及1387人。幸福大院规范运行，解决孤寡老人13人养老难题。加大矛盾纠纷排查力度，调处矛盾纠纷33件，调处成功率100%。

【民族团结】 2020年，大桥乡开展“每月一主题”联谊活动，举办文艺会演暨“民族团结一家亲”联谊活动13场5000人次、茶话会22场次，开展爱国主义教育13场1500人次，志愿服务活动416场次，参与人次10026人，帮助解决生产生活中的困难552件。以“逢难必帮、逢喜必贺、逢节必庆、逢丧必至、逢病必问”为抓手，解决结亲户、贫困户在生产生活中困难诉求，在全乡开展“历史遗留问题”大排查、矛盾纠纷大调解、困难诉求大化解活动，组织干部开展捐物250件，帮助群众就医72起，累计办好事实事1921件。开展“民族团结个人”“民族团结科室”“民族团结窗口”“民族团结好家庭、好邻居、好班子”“民族团结示范企业”细胞创建活动，评选出先进党支部2个，吕光生、依麦尔·阿布拉等民族团结先进个人16人，命名“粮益佳”面粉厂为民族团结示范企业。创建民族团结好家庭1158个，民族团结好小组36个，民族团结好科室44个，民族团结好商铺91个，民族团结好窗口1个，民族团结好对子187对，细胞工程创建率70%以上。

【社会稳定】 2020年，大桥乡开展社会面巡逻543次，出动车辆1886辆（次），出动人员8232人次。建立公共法律服务站1个、公共法律服务室9个，法律服务工作者1人，法律顾问4人，人民调解组织10个，调解员33人，其中乡镇调解组织1个、调解员5人，村委会调解组织9个、调解员27人。共受理各类纠纷案件33件，调处成功33件。以每个家庭拥有1名“法律明白人”的要求，确定“法律明白人”1596个。

【党的建设】 2020年，大桥乡落实“抓乡促村、整乡推进”项措施，建立领导干部党建联系点14个。开展“不忘初心、牢记使命”主题教育集中学习336场次，集中学习后讨论交流336场次、现场发言1600余人次，拜城县“初心红”党建公众号关注人数1200余人，参与学习人数900余人。依托远程教育开展党性教育6期，参学900余人。落实大小会议会前5分钟党性教育学习制度。落实“三会一课”制度，召开党小组会336次、支委会442次、党员大会120次，上党课60次。组织党员开展“5+X”主题党日60场次，党员之间谈心谈话300人次，党员累计交纳党费2.58万元（其中疫情防控期间交纳特殊党费1.2万元），党员建言献策220条。

【基层组织建设】 2020年，大桥乡突出政治标准选人用人，发展党员22人，村“两委”干部调整9人，大学生和留疆战士到村任职24人，梯次建立79人村级后备人才库。开展5次评星活动，无职党员184人领岗领责。构建“党建引领、各方联动”村级联防群控群治工作格局，发挥村级党组织直接指挥作用，党员、志愿者服务队900余人开展“线上+线下”点对点服务9000余次。开展党员干部大走访活动，做好群众工作，解决群众困难诉求1000件。

【共青团建设】 2020年，大桥乡团委有乡团委班子成员5人，辖区团支部10个，团干部44人。全年培养入团积极分子50人，发展团员57人，10支青年志愿服务队开展禁毒知识宣传活动3场次，发放宣传资料500余份，受教育青少年1500余人，举办爱心生日会10场，涉及学生310人，青年大学习每期保持在500人以上。

【妇联组织建设】 2020年，大桥乡以各村“妇女之家”为主阵地，发挥妇联执委委员、巾帼宣讲员作用。开展“百千万巾帼大宣讲”活动150余场次，参与群众1.5万人，开展巾帼志愿服务活动24场。建立“爱心妈妈”维权服务队伍，解决婚姻家庭纠纷、财产纠纷、家庭暴力等权益问题，调解婚姻家庭纠纷案件12起。结合人居环境整治，定期组织妇女群众现场观摩学习，全乡创建“美丽庭院”2278户，其中地区级27户、县级命名挂牌示范户80户，村级命名1623户。

【党风廉政建设】 2020年，大桥乡围绕重点工作开展专项督查16次，走访205户，查找问题线索72条，上级转办问题线索5条，核查问题线索72条。其中核查立案25条，处理党员干部25人（均给予党纪处分），组织处理57条57人（提醒谈话49人次、诫勉谈话8人次），反馈立查立改类问题线索16条，督促整改率100%。

（段志峰）

2020年大桥乡主要经济和社会事业发展情况表

表30

项目			单位	数据
农村经济总收入			万元	34546
农牧民人均纯收入			元	17686
种植业	种植业收入		万元	12203
	粮食作物	面积	公顷	3893.93
		总产量	吨	48790
	经济作物	面积	公顷	507.39
		总产量	吨	33898
畜牧业养殖业	畜牧业收入		万元	17928
	牲畜年末存栏		头（只）	30916
	牲畜年内出栏		头（只）	16010
	家禽出栏		只（羽）	46370
	肉类总产量		吨	2160
林果业	林果业收入		万元	1602
	植树造林面积		公顷	126.4
	经济果品林面积		公顷	567.23
	林果产量		吨	320000
劳务经济	劳务经济收入		万元	1123
	劳动力转移人数	长期就业	人	1216
		零散务工	人	2261
农用机械	大中型拖拉机（20马力以上）		台	386
	小型拖拉机		台	917
	播种机		台	205
	收割机		台	15
	打草机		台	19
	推土机		台	0

项目			单位	数据
人口	年末总人口		人	9917
	年末总户数		户	2632
	人口自然增长率		‰	0.49
	人口出生率		‰	7.32
	人口死亡率		‰	6.83
	性别	男	人	5142
		女	人	4775
基础设施建设	行政村数量		个	9
	通电户覆盖率		%	100
	通用自来水户覆盖率		%	100
	广播覆盖率		%	100
	电视覆盖率		%	100
	电话覆盖率		%	100
	新建安居富民房		套	298
	卫生厕所覆盖率		%	100
文化	村级文化站点		个	1
	农家书屋		个	9
	公共体育活动场所		个	10
卫生	村级卫生室		个	9
	专业技术人员		个	22
	乡镇医疗机构病床数		张	57
教育事业	学校数量	幼儿园	个	6
		小学	个	7
		中学	个	1
	教职工总数	幼儿园	人	34

续表30

<table>
<tr><th colspan="2">项目</th><th>单位</th><th>数据</th><th colspan="3">项目</th><th>单位</th><th>数据</th></tr>
<tr><td rowspan="3">汽车</td><td>载货汽车</td><td>辆</td><td>15</td><td rowspan="5">教育事业</td><td rowspan="2">教职工总数</td><td>小学</td><td>人</td><td>95</td></tr>
<tr><td>载客汽车</td><td>辆</td><td>2</td><td>中学</td><td>人</td><td>47</td></tr>
<tr><td>私人汽车</td><td>辆</td><td>192</td><td rowspan="3">在校学生</td><td>幼儿园</td><td>人</td><td>431</td></tr>
<tr><td rowspan="2">财政</td><td>总收入</td><td>万元</td><td>1880.24</td><td>小学</td><td>人</td><td>1031</td></tr>
<tr><td>总支出</td><td>万元</td><td>1880.24</td><td>中学</td><td>人</td><td>413</td></tr>
</table>

2020年大桥乡各村基本情况表

表31

序号	村名	主导产业（如：种植业、养殖业、服务业和旅游业等）	村民小组数（个）	户数（户）	人数（人）	村集体总收入（万元）	耕地（公顷）	经济合作组织（个）	人均纯收入（元）
1	阔纳买里村	种植业、养殖业	4	286	1041	58	553.33	2	14450
2	央都马村	种植业、养殖业	5	287	1068	73	532.13	1	15020
3	塔合塔村	种植业、养殖业	5	374	1378	115	757	0	13730
4	奥吾其格村	种植业、养殖业	4	302	1200	90.3	686.67	1	13670
5	库西提米村	种植业、养殖业	5	416	1481	83	509.33	3	17115
6	吐格曼贝希村	种植业、养殖业	4	243	962	56.9	393.33	1	9697
7	阔纳乌堂村	种植业、养殖业	4	205	731	100	421	1	14000
8	台斯坎里克村	种植业	4	200	934	40	550	1	26450
9	英买里村	种植业、养殖业	3	195	680	147	464.13	1	23293

老虎台乡

【概况】 老虎台乡位于拜城县西北，乡政府驻地距县城约79.8千米。全乡东西长约30千米，南北宽4~6千米，北靠天山支脉阿尔喀亚依拉克山，南以喀普其尕依丘陵为界与大宛其管委会相接，西南隔木扎提河与察尔其镇相望，东与铁热克镇相连，西邻拜城县种羊场，辖区面积929平方千米，乡境内沟谷较多，地势起伏大而呈波浪状，自然村均分布在狭长山谷平川之内，山谷东北西南走向，长约30千米，宽4~6千米，海拔1738~1947米，地势北高南低，土地肥沃，无盐碱。山区草原海拔1961~4006米，野草品种繁多，小乔木和灌木成林；山地阴坡和半阴坡稀疏地长有云杉、松、柏；野生动物有狼、熊、雪豹、羚羊、野猪、野兔等。老虎台乡夏季温凉，冬季寒冷，昼夜温差较大，无霜期短，为120~135天，播种季节比平原地区迟15天左右，并伴有季节性缺水，年均降雨量在100毫米以上，农作物受气候限制生长缓慢，农区仅占全乡的四分之一。

【党的建设】 2020年，老虎台乡把抓基层打基础作为长远之计和固本之举，夯实基层战斗堡垒，不断增强“四个意识”、坚定“四个自信”、做到“两个维护”。整顿软弱涣散基层党组织，选优配强党支部书记，提升村干部工作能力。依托“访惠聚”工作队传帮带，工作队员62人和村干部、后备干部结对帮扶，帮助村干部厘清工作思路，把能力突出的村干部放在重要岗位，在用中帮带、用中磨炼，提升综合能力。

【基层组织建设】 2020年，老虎台乡提高基层党组织的凝聚力、战斗力，落实好“三会一课”等党内制度，实行党课月初报审制，教会村党务工作者干什么、怎么干。将亚木古鲁克村打造为党建示范点，成为全乡党组织规范运行的有力抓手，全年召开现场会3次，将示范点工作推广，促进各党支部党建工作机制规范运行。规范党员发展，落实发展党员十六字方针，吸收预备党员48人、确定党员发展对象43人、确定入党积极分子219人，383人递交入党申请书。

【群团建设】 2020年，老虎台乡建立健全群团组织机构，以团支部工作手册为抓手，采取实地指导、查看档案的方式对各团支部“三会一课”、主题团日开展情况，当场指出不足，结合实际情况，提出解决措施，确保团的基本活动正常开展。整顿团支部3个，确保团的工作有人干、有人管、能干好。关注青少年身心健康，以爱心生日会、青年大学习等重点活动为抓手，提升团组织引领力，全年开展爱心生日会8场次，为青少年24人生日。团员青年3152人注册“志愿汇”App，疫情期间，团员青年为群众运送日常生活用品以及药品等物品。配齐专兼职群团干部11人，新发展团员20人。

【疫情防控】 2020年，老虎台乡做好常态化疫情防控工作，贯彻落实“四个不松懈”“八个不放松”工作要求，科学化、规范化落实各项防控措施。建立健全乡、村两级防控工作格局，完善扁平化指挥体系，构筑群防群治严密防线，推进治理体系和治理能力科学化、精准化，确保人民群众生命安全和身体健康。完善制定应急演练预案，推动乡、村两级党组织完善疫情防控应急预案，以点带面组织开展全要素应急演练，明确职责分工，做到组织有力、管控有序、服务到位、制度健全，提升应急处突的能力水平。常态化落实“戴口罩、量测体温、扫双码”三件事，守好“三道门”，细致摸排“四类人群”，做到村不漏户，户不漏人。规范八项预警机制，研究制定《八项预警机制工作方案》，组建工作专班7个，成立队伍9支。

【维护稳定】 2020年，老虎台乡把抓稳定作为主责主业，统筹“打、防、管、教”“四位一体”综合发力，坚持抓重点、抓常态、抓规范、抓基础，全力维护社会大局持续稳定。规范村级综治中心建设，抓实平安创建细胞工程，做好司法普法和信访矛盾调解。以入户宣讲、“法律明白人”学法等为载体，成立乡、村两级宣法制讲队，以“双联户”“法律明白人”为抓手，定人员、定内容、定时间，常态宣讲法律法规、化解信访矛盾，切实做到知法、懂法、守法，感恩、明理、和睦。

【党风廉政建设】 2020年，老虎台乡将党风廉政建设纳入目标管理之中，实行“一岗双责”，形成“一级抓一级、层层抓落实”工作格局。以党委中心组学习、党支部会议为平台，通过传达有关会议精神和领导讲话、观看《蜕变》《“任性”的代价》警示教育片等形式，强化干部廉政教育，纠正整改问题，增强廉洁自律和拒腐防变能力。持续加大力度深挖线索，特别是扶贫领域腐败问题和干部工作作风问题，共查处党员干部违纪案件20件20人，结案20件20人，处分15人，运用“第一种形态”处理党员干部47人次，下发通报21期，营造查处“查处一案、惩治一人、震慑一片”氛围。

【农村经济】 2020年，老虎台乡农村经济总收入2.64亿元，同比增长13%，其中种植业总收入8670万元，同比增长25%；畜牧业收入1.45亿元，同比增长9%；劳务输出收入1599万元，同比增长63%。农民人均收入1.25万元，同比增长8%。

【种植业生产】 2020年，老虎台乡优化农业产业结构，发展订单农业，注重培育优势产业发展，实现产业提质增效。种植农作物7338公顷。其中冬小麦3096公顷、玉米1114公顷、亚麻600公顷、蔬菜103公顷、草苜蓿666公顷、大麦177公顷、油料665公顷、马铃薯484公顷。农业测土配方施肥技术推广3293.33公顷。

【畜牧业生产】 2020年，老虎台乡出栏牲畜41545头（只），产肉4081吨、产奶1050吨、产蛋144.5吨。动物防疫、驱虫、治疗652554头（只），制作饲料3.655万吨。冷配黄牛1011头，改良绵羊34319只、山羊8120只，新增家禽16.5万只（羽）。年末存栏159722头（只）。

【林业生产】 2020年，老虎台乡加大对生态林、防护林、经济林的建设力度，重点栽植适宜本地生长的杨树、沙枣树。把林果业发展重点从扩大规模、提高产量转移到加强科学管理、提高品质、提高综合效益上来。植树造林投入人力3856人次，造林绿化任务63.3公顷，实际完成86.7公顷，完成率137%。林果业总收入269万元，同比增长1.5万元，增长率0.6%。

【名优特产】 2020年，老虎台乡立足“农、果、蔬、畜、技”产业，利用山区牧区地域优势，培育农民专业合作社。投资200万元，扩建托普鲁克村养马合作社，带动62户贫困户，户均年增收2000元以上。投资110万元，扩建托普鲁克村养牛合作社，带动36户贫困户，户均年增收1500元以上。投资210万元，新建开普台尔哈纳村养牛合作社1座，带动34户贫困户，户均增收1500元以上。投资5万元开办电商服务站1处，搭建农畜产品网销平台。

【富余劳动力就业】 2020年，老虎台乡为降低新冠肺炎疫情对群众外出务工的影响，摸排建档立卡贫困户家中劳动力底数，建立人员信息登记台账，按照有富余劳动力的家庭至少有1人离开土地稳定就业要求，联系就业岗位，做到富余劳动力动态清零。全乡建档立卡贫困户富余劳动力1212人，其中辖区内发展产业550人、转移就业662人，实现稳岗就业增收。

【基础设施建设】 2020年，老虎台乡针对贫困村交通基础设施薄弱和贫困人口安全住房、安全饮水尚未全面覆盖等问题，抓重点、补短板，为贫困人口脱贫提供基础性支撑保障。新建科台克吐尔村安全饮水管道13.2千米，投入资金94.2万元，受益贫困户303户。新建托普鲁克村饮水管道4.9千米，投入资金35万元，受益贫困户209户。投资80.5万元新建科台克吐尔村内道路2.3千米，投入资金185万元新建托普鲁克村道路3.93千米，投资195万元新建科台克吐尔村防渗渠3千米。完善渠系建设，改善灌溉面积433公顷，受益贫困户150户。

【乡村振兴】 2020年，老虎台乡持续推进乡村人居环境整治，推进乡村道路硬化、夜间亮化、村庄美化工程建设，以点带面实施庭院改造。庭院内外做到农具、柴草等物品码放整齐、堆放有序，保持院内外整洁。实行“三区”隔离，院内有种植区、院外有果园，促进庭院经济发展。开展村组巷道树枝、杂草、杂物、积存垃圾、河岸垃圾、沿村公路、村道沿线和集镇散落垃圾等清理工作，消除房前屋后积存建筑和生产生活垃圾以及粪便堆、杂物堆，无乱搭乱建、乱堆乱放等现象。对乡道沿线及各村主干道两侧农户开展自家门前绿化带、林带卫生。完成安居富民建设任务348户，其中“四类户”建房任务62户、一般户286户。

【生态环境保护】 2020年，老虎台乡树立“绿水青山就是金山银山”的理念，加大水资源保护，清理乡村渠道垃圾，生活垃圾集中管理，推动畜牧养殖废物综合利用，强化对油气田固体废物处置及生态修复治理，打好净土保卫战。利用好“四旁”（村旁、宅旁、路旁、水旁），以村庄巷道造林绿化为重点，落实春季植树造林各项要求，开辟戈壁荒滩，集中开展村庄周边植树造林，做到不缺行不断带，在农户房前因地制宜栽树、种草、种花，清理出的果园地种植苹果、葡萄、吊干杏等。

【脱贫攻坚】 2020年，老虎台乡聚焦巩固提升脱贫成果，为年底收官提供保障。实施扶贫项目共2批13个，投资共926.08万元。按月实地入户开展家庭人均收入实测预测，全乡档内贫困户家庭人均收入在5000元以上的626户，全部为“绿灯”。为53户边缘户申请怀胎母牛53头，为6户申请贴息贷款11万元，组织劳动力32人外出务工，确保一个不返贫，一个不致贫。全乡628户2269人贫困人口中自然增加20人，自然减少31人；边缘户中自然增加1人，自然减少5人。

【宣传思想工作】 2020年，老虎台乡开展宣传思想工作，发挥“草根宣讲员”作用，宣传全面覆盖，全乡“草根宣讲员”78人人均宣讲10场次以上，参加群众5万人次。运用入户宣讲、谈心谈话、互动交流等宣教方式，做好惠民政策、平安建设等内容宣传，集中宣讲62场，参加群众2.5万人次。

【文化旅游】 2020年，老虎台乡以老虎台乡骑兵连为依托，发展养马特色产业和乡村旅游业，开发夏季避暑和冬季滑雪等旅游项目，打造“休闲游”“乡村游”特色旅游品牌。将老虎台骑兵连连史馆打造成为全县爱国主义教育基地、党员干部的党性教育基地。自10月竣工开放以来，共接待游客1200余人。

【社会事业】 2020年，老虎台乡实施关爱妇女儿童公益项目，实施农村妇女“两癌救助”“母亲邮包”“微笑行动”“恒爱行动”“国奶扶贫工程”“爱心一元捐”“春雷计划”等公益项目，让贫困家庭感受到社会各界温暖。开展城乡低保工作，全年有农村低保户373户748人，城市低保10户14人，全年发放低保金1369356元。解决临时困难救助户290户，发放救助金15.8万元。全乡共帮助残疾人326户340人，全年共享受“两项补贴”135户142人。

【民族团结】 2020年，老虎台乡做好民族工作，促进民族团结。开展讲好民族团结故事，唱响民族团结主旋律。挖掘选树民族团结先进集体1个，民族团结先进个人23人，其中地区级3人、县级9人、乡级11人。谋划和推进全乡“微创建”工程，评选创建“民族团结好科室”32个，“民族团结示范岗”25个，“民族团结好家庭”2275户，“民族团结好邻居”150户，“民族团结示范联户长”303个，“民族团结示范联户单元”38个，“民族团结示范商铺”90个，民族团结示范巷2条，民族团结幸福夜市6个，民族团结示范教育基地1个。

【文明创建】 2020年，老虎台乡开展文明村镇、文明单位、文明家庭、文明校园创建活动，推进“破除讲树”活动。实施“文化润心”工程，持续推进农家书屋、体育健康、“户户通”等基层文化惠民工程，开展好声音、好故事、好小品、好舞蹈“四项活动”，开展“校园国学节”活动，推进中华传统文化进基层示范点建设。弘扬老虎台乡民兵骑兵连卫国戍边光辉事迹，强化主流媒体宣传，策划骑兵连开馆节等系列外宣活动。建好用好乡村文明实践中心，丰富群众的文化生活。

（宋世乾）

2020年老虎台乡主要经济和社会事业发展情况表

表32

项目			单位	数据
农村经济总收入			万元	26401
农牧民人均纯收入			元	13492
种植业	种植业收入		万元	8670
	粮食生产	面积	公顷	86608
		总产量	吨	35146
	经济作为	面积	公顷	12490
		总产量	吨	3066
畜牧养殖业	畜牧业收入		万元	14506
	牲畜年末存栏		头（只）	15700
	牲畜年内出栏		头（只）	9000
	家禽出栏		只（羽）	59324
	肉类总产		吨	1238
林果业	林果业收入		万元	269
	植树造林面积		公顷	900
	经济果品林面积		公顷	92.8
	林果产量		吨	621
劳务经济	劳务经济收入		万元	1599
	劳动力转移人数	长期就业	人	1255
		零散务工	人	2054
农用机械	大中型拖拉机（20马力以上）		台	606
	小型拖拉机		台	1063

项目			单位	数据
人口	年末总人口		人	13855
	年末总户数		户	3859
	人口自然增长率		‰	0.1
	人口出生率		‰	6.8
	人口死亡率		‰	6.7
	性别	男	人	7272
		女	人	6583
基础设施建设	行政村数量		个	11
	通电户覆盖率		%	100
	通用自来水户覆盖率		%	100
	广播覆盖率		%	100
	电视覆盖率		%	100
	电话覆盖率		%	100
	新建安居富民房		套	175
	卫生厕所覆盖率		%	96.6
文化	村级文化站点		个	13
	农家书屋		个	10
	公共体育活动场所		个	12
卫生	村级卫生室		个	10
	专业技术人员		人	42
	乡镇医疗机构病床数		张	30

续表32

项目		单位	数据	项目			单位	数据
农用机械	播种机	台	222	教育事业	学校数量	幼儿园	个	8
	收割机	台	74			小学	个	6
	打草机	台	35			中学	个	1
	推土机	台	11		教职工总数	幼儿园	人	42
汽车	载货汽车	辆	43			小学	人	105
	载客汽车	辆	18			中学	人	56
	私人汽车	辆	444		在校学生	幼儿园	人	836
财政	总收入	万元	2724			小学	人	1582
	总支出	万元	2724			中学	人	624

2020年老虎台乡各行政村基本情况表

表33

序号	村名	主导产业（如种植业、养殖业、服务和旅游业等）	村民小组数（个）	户数（户）	人数（人）	村级集体总收入（万元）	耕地（公顷）	经济合作组织（个）	人均纯收入（元）
1	开普台尔哈纳村	种植业	4	292	1095	32.98	724.93	1	13359
2	科克亚村	种植业	4	437	1644	57.05	989.26	1	13405
3	科克兰木村	种植业	5	488	1812	47.2	1010.13	1	13278
4	亚木古鲁克村	种植业	5	815	2873	47.7	1073.33	1	14026
5	科台克吐尔村	种植业	4	580	2125	87.85	1294	1	12986
6	托普鲁克村	种植业	6	553	2015	79.44	984.67	1	13424
7	乔喀塔什村	畜牧业（养殖业）	3	203	756	90.51	259.69	1	14831
8	玉瑞克里克村	种植业	2	140	521	40.3	147.74	0	13295
9	雪莲村	种植业	2	104	306	24.03	84	0	13009
10	阿合布隆村	种植业	2	145	499	48.87	206.53	0	13345
11	琼阿尔帕村	种植业	1	48	159	28.85	104.83	0	13271

大宛其管委会

【概况】 大宛其位于天山南麓中段，县城西北部，与县城直线距离48千米；地处木扎提河冲积平原，北以卡普其尕依丘陵为界，与老虎台乡接壤，西南隔木扎提河，与察尔齐镇相望，东南与大桥乡相连；总面积390平方千米，农业耕种区为扇形，土地属沙地、盐碱地，平均海拔1415米，气候较为湿润。大宛其管委会下设兽医站、林管站、农经站、农技站、文化站。辖区配设卫生院、邮政所、农村信用社、派出所、粮站及九年一贯制学校1所、村级小学3所、中心幼儿园1所、村级幼儿园3所。2020年，管委会辖6个行政村、22个村民小组，有1812户6405人。

【农村经济】 2020年，大宛其管委会按照“稳粮、强畜、优果、兴特色、抓劳务”的思路，依托农村集体产权制度改革，调整种植结构，加快农业产业化发展，规模化生产，市场化运行，实现“公司+农户”的订单模式，形成种植、加工、销售一体化产业体系。鼓励畜牧养殖，按照“合作社+农户+服务+市场”的发展模式运营，结合“内地引进+品种改良+技术服务+扶持大户+培育基地+带动散养+全面辐射”的发展思路，提高经济效益。全年农村经济总收入13615万元，比2019年增加1761万元，增长14.86%；农牧民人均纯收入16026元，比2019年增加1490元，增长10.25%。

【乡村振兴】 2020年，大宛其管委会开展环境整治，建设美丽乡村，巴扎片区环境提升改造和村级环境整治成效显著，持续实施人居环境“三改”“美丽庭院”工程，乡村面貌迎来根本性变化，由一处美向处处美延伸，从一时美向长久美转变，“村在绿中、家在林中、花在院中”的美丽卷轴全面拉展；巴扎什字进行街心商业区开发立项投建，小城镇建设工程稳步推进，群众生产生活环境得到全面改善。完成改厕315套，庭院提升改造1074户，新修安居富民房136套。

【种植结构】 2020年，大宛其管委会推进种植业产业结构调整和转型升级，在传统种植种类上进行调整，增加经济作物的种植面积，在提高产量、品种和种植方法上下功夫，促进农户增收。总播种面积4182.4公顷，粮食作物2393.3公顷，特色经济作物1050.7公顷，全年粮食产量30912吨，经济作物产量62055吨；复播订单白菜250公顷，产量15000吨。招商引资建设拜城县绿新牧源生物科技有限公司大宛其管委会泡菜厂项目，实现“公司+农户”的订单模式，形成种植、加工、销售一体化的产业体系。

【林果业生产】 2020年，大宛其管委会响应“绿水青山就是金山银山”的发展理念，动员各级干部和农牧民植树造林，通过定时灌溉、杀虫等一系列措施，确保造林地块苗木成活率85%以上。抓好林果业提质增效，成立林果业专业服务队，全程管护果树种植、嫁接、施肥、病虫害防治，提升林果业增收效益，经济林面积132.6公顷，林果业收入203万元。

【畜牧产业】 2020年，大宛其管委会扶持养殖项目，推进畜牧高质量发展，建成占地面积26.67公顷养殖小区，成立以养牛、驴为主、副养其他畜禽的绿山牛养殖农民专业合作社。做好良种引进、免疫、治病、饲料配比等各项服务措施，推进农户散养向集中养殖转变，养殖小区畜禽集中养殖规模扩大。全年牲畜存栏25154头（只），出栏14909头（只），肉产504吨。

【转移就业】 2020年，大宛其管委会制定措施，落实人员，分解目标，与用人用工单位联系，宣传外出务工效益。

动员富余劳动力1414人次外出从事建筑施工、棉花采摘、公益性岗位就业，实现增收创收2098.56万元，比2019年同期增长11.2%。

【生态环境保护】 2020年，大宛其管委会发扬“柯柯牙”精神，实施国土绿化行动，以戈壁绿化和原有林带完善修复为基点，借助各类志愿活动和全民义务植树活动，全年植树造林111.95公顷，绿化带补植修复20公顷。建立健全垃圾填埋、污水处理长效管护机制，落实河湖长定期巡河制，环境保护工作有力有效，村容村貌不断提升。

【脱贫攻坚】 2020年，大宛其管委会巩固脱贫成果，脱贫攻坚普查质效双优。加大举措稳岗就业，按照就近就业优先原则，劳动力164人中60%实现县域内外就业、40%发展产业。建立“四色预警”返贫致贫监测与动态帮扶机制，确保不返贫。动员各级力量多形式助力脱贫攻坚，购买群众农产品7.65万元，贫困户农产品销售难的问题得到解决。建立标准化养殖基地利益联结机制，带动贫困户发展养殖产业，项目成效精准发挥。

【宣传思想工作】 2020年，大宛其管委会履行意识形态领域工作责任制，建立意识形态分析研判机制，守住宣传思想文化阵地。学习宣传教育常态浸润，党工委中心组、党员干部大学习常抓不懈，大宣讲、大谈心、“扫黄打非”文化润疆大讲堂等工作深入开展。“学习强国”线上宣传平台、新时代文明实践站（所）线下宣传阵地常态运行，农家书屋、村级大喇叭高效利用。

【社会事业】 2020年，大宛其管委会实施全民参保计划，做到应保尽保，基本养老保险、基本医疗保险100%参保。推进健康拜城建设，对白内障、肺结核患者实行免费治疗16人，4486人享受免费全民体检服务，困难群众177户304人享受低保，临时救助302户754人，发放救助金15.23万元。开展违法生育专项治理，出生人口政策符合率稳定在100%。建成幸福大院，发展养老、医疗、康复、护理等健康服务。

【民族团结】 2020年，大宛其管委会坚持把铸牢中华民族共同体意识作为新时代民族工作的“魂”“纲”，扭住民族团结这条“生命线”，扎实推进民族团结创建，单位创建全部命名，微创总占比85.42%，分组分批完成授牌。“民族团结一家亲”和民族团结联谊活动融于经常，各族群众乡里有亲戚、县里有亲戚，“五个认同”深入人心，民族团结“同心圆”越画越大。

【社会稳定】 2020年，大宛其管委会社会面大局持续稳定。开展扫黑除恶斗争，常态化加强重点部位防范，依托“双联户持续做好社会面防控与安保工作。开展“团结关爱”包联、“法律明白人”“释法解惑”工作。加强社会面“微现象”治理，强化平安创建工程，营造和谐的社会环境。

【党的政治建设】 2020年，大宛其党工委落实新时代党的建设总要求，加强党的政治建设、思想建设、组织建设、作风建设、纪律建设，全面从严治党取得成效。开展“不忘初心、牢记使命”主题教育，“中心组”理论学习、党员干部政治理论学习常态化、制度化。落实民主集中制，每月召开党委会、党政联席会，就重要议题充分讨论，交换意见，形成决定。

【基层组织建设】 2020年，大宛其党工委落实领导班子“双重组织”生活和支部“过程式参与”工作制，督促各支部落实好“三会一课”“5+X”、组织生活会等活动，提高党员干部政治素养和政治水平。贯彻落实“两个条例”，细化党建重点工作任务，落实党员发展流程，全年发展党员20人。

推进“两新组织”党建制度，成立新兴组织党支部6个，党建指导员选派全覆盖。实施农牧民党员积分制模式，巩固提升“设岗评星”成效，选树先进典型8人。发展壮大村集体收入，逐村制定“一村一策”，梳理辖区农村实用人才，分类建立数据库，发挥特长，领办合作社，成立合作社3个，新建养牛基地2座。

【骨干队伍建设】 2020年，大宛其党工委开展党员“挂牌亮相、承诺践诺、设岗定责”，落实“双培双带”工作，探索建立群众工作站，一站式帮扶化解群众困难诉求，在具体实践中发挥党员先锋模范作用。推进年轻干部到村任职，大学生4人进入村“两委”班子。优化村干部队伍结构，每村均有内招干部或留疆战士2人。

【党风廉政建设】 2020年，大宛其党工委履行党委主体责任，纠正“四风四气”，营造风清气正的政治生态。推进依法治理，开展以案促改、警示教育4次，100多人参与。整治干部队伍中存在的违法违纪情况，干部遵法守纪意识能力提升。收集各类案件线索，紧盯疫情防控、脱贫攻坚、“扫黑除恶”和民生领域，甄别可疑现象，一查到底，查出实情，以“零容忍”态度惩治腐败，全年共查处各类案件14起，“第一种形态”处置问责57人，诫勉谈话5人，提醒谈话8人。

（张丽芳）

2020年大宛其主要经济和社会事业发展情况表

表34

项目			单位	数据
农村经济总收入			万元	13615
农牧民人均纯收入			元	16026
种植业	种植业收入		万元	9050
	粮食生产	面积	公顷	2497.2
		总产量	吨	30912
	经济作物	面积	公顷	761
		总产量	吨	62055
畜牧养殖业	畜牧业收入		万元	3539
	牲畜年末存栏		头（只）	25154
	牲畜年内出栏		头（只）	14909
	家禽出栏		只（羽）	7305
	肉类总产		吨	504
林果业	林果业收入		万元	203
	植树造林面积		公顷	111.95

项目			单位	数据
人口	年末总人口		人	6405
	年末总户数		户	1812
	人口自然增长率		‰	-2.7
	人口出生率		‰	6.2
	人口死亡率		‰	8.9
	性别	男	人	3336
		女	人	3069
基础设施建设	行政村数量		个	6
	通电户覆盖率		%	100
	通用自来水户覆盖率		%	100
	广播覆盖率		%	100
	电视覆盖率		%	100
	电话覆盖率		%	100
	新建安居富民房		套	136

续表34

项目			单位	数据	项目			单位	数据
林果业	经济果品林面积		公顷	132.6	基础设施建设	卫生厕所覆盖率		%	100
	林果产量		吨	6124.1	文化	村级文化站点		个	6
劳务经济	劳务经济收入		万元	2098.56		农家书屋		个	6
	劳动力转移人数	长期就业	人	236		公共体育活动场所		个	5
		零散务工	人	334	卫生	村级卫生室		个	5
农用机械	大中拖拉机（20马力以上）		台	237		专业技术人员		人	17
	小型拖拉机		台	443		乡镇医疗机构病床数		个	20
	播种机		台	42	教育事业	学校数量	幼儿园	个	4
	收割机		台	10			小学	个	4
	打草机		台	15			中学	个	1
	推土机		台	0		教职工总数	幼儿园	人	28
汽车	载货汽车		辆	12			小学	人	27
	载客汽车		辆	5			中学	人	64
	私人汽车		辆	182		在校学生	幼儿园	人	301
财政	总收入		万元	1504.22			小学	人	671
	总支出		万元	1504.22			中学	人	251

2020年大宛其管委会各行政村基本情况表

表35

序号	村名	主导产业（如种植业、养殖业、服务和旅游业等）	村名小组（个）	户数（户）	人数（人）	村级集体总收入（万元）	耕地（公顷）	经济合作组织（个）	人均纯收入（元）
1	托万买里村	种植业、养殖业	4	328	1244	54.429	467.17	1	13772
2	奥吐拉买里村	种植业、养殖业	3	156	613	613	384.64	1	15415
3	阿克塔木村	种植业、养殖业	4	223	882	136.206	586.4	1	16120
4	阿热恰特村	种植业、养殖业	4	298	1095	214.958	1240.17	1	17805
5	科台克吐尔村	种植业、养殖业	4	295	1091	316.742	901.1	1	15551
6	和谐村	种植业、养殖业	3	512	1480	0	880.18	1	18650

先进集体

国家级先进集体

2020年3月，拜城县人民法院荣获2019年度全国维护妇女儿童权益先进集体荣誉称号。

2020年5月，拜城县米吉克乡团委荣获全国五四红旗团委。

2020年7月，拜城县被全国爱国卫生运动委员会命名“2017—2019周期国家卫生县城”。

自治区级先进集体

2021年1月，拜城县被新疆维吾尔自治区平安建设领导小组命名优秀平安县称号。

2021年1月，克孜尔乡、布隆乡被新疆维吾尔自治区平安建设领导小组命名优秀平安乡镇称号。

2020年1月，拜城县委机要保密局在2019年度全区机要密码部门业务考核中被自治区党委密码工作领导小组办公室评定为优秀达标单位。

2020年2月，拜城县在自治区党委办公厅、自治区人民政府办公厅《关于2019年地州市党委政府（行署）和县市区党委政府脱贫攻坚成效考核情况的通报》评定为2019年度自治区脱贫攻坚成效考核中综合评价“好”的县市。

2020年5月，共青团拜城县委员会、米吉克乡团委、第二中学团委荣获自治区五四红旗团委。

2020年5月，拜城县财政局团支部、华康医院团支部、城投公司联合团支部荣获自治区五四红旗团支部。

2020年12月，拜城县市场监督管理局被新疆维吾尔自治区精神文明建设指导委员会命名为文明单位。

2020年9月，拜城县在对比武竞赛（第二季度）活动中被自治区党委网信办表扬为优秀县市。

2020年9月，拜城县委办公室被新疆维吾尔自治区精神文明建设指导委员会命名为文明单位。

2020年9月，康其乡被评为新疆维吾尔自治区命名为文明村镇。

2020年10月，新疆天玉种业有限责任公司、新疆俊新化工股份有限公司、新疆凯领阿尔格敏矿业有限公司获2020年自治区“千企帮千村”精准扶贫行动先进民营企业。

2020年12月，拜城县生态环境局评为新疆维吾尔自治区第二次全国污染源普查表现突出集体。

2020年12月，拜城县在疫情期间网评工作中表现突出，被自治区党委网信办表彰为先进集体。

2020年12月，康其乡被评为新疆维吾尔自治区抗击新冠肺炎疫情先进集体。

地区级先进集体

2020年6月，拜城县妇联荣获阿克苏地区首届网络寻找最美家庭优秀组织奖。

2020年6月，康其乡被评为阿克苏地区民族团结进步创建示范乡镇。

2020年6月，康其湿地公园被评为阿克苏地区民族团结进步创建示范景区。

2020年6月，拜城县温巴什乡阔纳吐尔村被阿克苏地区民族团结进步创建活动领导小组授予地区民族团结进步创建示范村。

2020年7月，中共温巴什乡开外孜力克村委员会被中共阿克苏地区委员会授予“先进基层党组织”。

2020年7月，拜城县纪委监委机关代表队荣获地区“学纪法、强本领”大练兵知识竞赛一等奖；拜城县乡镇纪委代表队荣获地区“学纪法、强本领”大练兵知识竞赛三等奖。

2020年10月25日老虎台乡被地区评为地区级民族团结示范乡。

2020年11月，拜城县统计局被阿克苏地区统计局评为2020年度统计工作先进集体（优秀单位）。

2020年11月，拜城县应急管理局荣获2018—2020年度地区级文明单位。

2020年11月，拜城县克孜尔乡人民政府，新疆诺奇拜城油鸡发展有限公司，拜城县人力资源和社会保障局获得2020年地区脱贫攻坚组织创新奖。

2020年11月，康其乡被命名为阿克苏地区级文明单位。

2020年11月，康其湿地景区被评为国家AAAA级景区。

2020年11月27日，赛里木镇、察尔齐镇获地区级民族团结示范乡镇荣誉称号。

2020年12月，拜城县人民检察院被命名为2018—2020年度地区级文明单位。

2020年12月，拜城县生态环境局命名为2018—2020年度地区级文明单位。

2020年12月，拜城县荣获地区安全生产目标管理考核一等奖。

2020年12月11日，拜城县市场监督管理局被命名为阿克苏地区民族团结示范单位。

2020年12月15日，老虎台乡民兵骑兵连连史馆被地区评为地区级民族团结示范教育基地。

先进人物

国家级荣誉

2020年9月，拜城县生态环境局凯沙尔·艾合买提荣获第二次全国污染源普查表现突出个人，受到国务院第二次全国污染源普查领导小组办公室表彰。

自治区级荣誉

2020年5月，拜城县第三中学团委书记马小勇荣获自治区优秀共青团员。

2020年5月，拜城县第四中学团委书记许春燕、拜城县蓝天幼儿园团支部书记夏真真荣获“自治区优秀共青团干部”。

2020年3月，拜城县团结小学吉米兰木·依明家庭，拜城县食品公司麦合木提·司马依力家庭荣获自治区级“最美家庭”荣誉称号。

2020年12月，拜城县生态环境局张红军、赵斌、陈晨荣获新疆维吾尔自治区第二次全国污染源普查表现突出个人。

2020年10月，新疆天玉种业董事长吴洪涛获得2020年自治区脱贫攻坚奖。

地区级荣誉

2020年3月，亚吐尔乡党委书记季福国授予地区级“脱贫攻坚——创新奖”荣誉称号。

2020年4月，亚吐尔乡党委书记季福国被中共阿克苏地委、阿克苏地区行署授予先进工作者荣誉称号。

2020年6月，拜城县温巴什

乡阔纳吐尔村村委会主任李启安被中共阿克苏地区委员会 阿克苏地区行署评为“阿克苏地区民族团结进步模范个人”。

2020年6月，拜城县检察院季红莉荣获地区民族团结进步模范个人称号，受到中共阿克苏地委、阿克苏地区行署表彰。

2020年7月，拜城县检察院开赛尔·热合曼荣获地区级优秀共产党员称号，受到中共阿克苏地委表彰。

2020年7月，拜城县拜城镇幸福社区贾怀斌、拜城县康其乡阿热勒村阿里木·依布拉音、拜城县托克逊乡阿娜克孜栏杆村吐尔地·依米尔、拜城县察尔齐镇伊力克其村沙迪克·沙依提、拜城县温巴什乡开外孜力克村卡合曼·托乎提等5户家庭荣获地区级平安家庭标兵户荣誉称号。

2020年9月，拜城县察尔齐镇依力克其村沙迪克·沙依提家庭、拜城县教育和科学技术局阿曼古丽·亚库甫家庭、拜城县第二小学白连丽家庭、拜城县第二中学苏美蓉家庭、拜城县康其乡赛比墩村玉山·托合提家庭、拜城县第二小学段小红家庭6户家庭荣获地区级五好家庭荣誉称号。

2020年9月，拜城县察尔齐镇依力克其村萨迪克·沙依提家庭、拜城县老虎台乡亚木古鲁克村巴扎电力所吐尔洪·铁米尔家庭、拜城县拜城镇奥依巴扎社区阿依古丽·沙吾提家庭、拜城县温巴什乡托喀依买里村托乎尼亚孜·司马依家庭、拜城县克孜尔乡拜格其买里斯村托合提·吐拉甫家庭、拜城县克孜尔乡乌堂村警务室艾克拜尔·热合曼家庭、拜城县拜城镇8社区公租房小区阿依孜木汗·阿不力孜家庭、拜城县托克逊乡阿娜克孜兰干村张满福家庭、拜城县察尔齐镇木扎提村阿布都热依木·艾海提家庭、拜城县康其乡贝勒克其村阿依夏木·买买提家庭、拜城县老虎台乡托普鲁克村依司肯迪尔·热合曼家庭、拜城县米吉克乡喀纳依买里村克比尔·木萨等12户家庭荣获地区级最美家庭荣誉称号。

2020年11月，拜城县黑英山乡阿热盖买村党支部书记吐尔洪·牙生，拜城县克孜尔乡墩硝尔村村民居买·米吉提，拜城县康其乡望洲种养殖农民专业合作社法人努尔墩·麦麦提三人获得2020年地区脱贫攻坚奋进奖。

2020年11月，拜城县老虎台乡党委书记高德鹏，拜城县纪委监委党风政风监督室主任路遥，县纪委监委巡察办巡视专员艾尼江·艾买提，拜城县托克逊乡扶贫办干部王辉4人获得2020年地区脱贫攻坚贡献奖。

2020年11月，拜城县赛里木镇硝尔买里村聚力灯笼厂法人代表海里且木·艾山，拜城县合盛农业开发有限责任公司负责人游洪海，拜城县布隆乡托万克布隆村拜合提养殖合作社负责人尼扎木·牙生3人获得2020年地区脱贫攻坚奉献奖。

2020年11月，拜城县黑英山党委书记王玉汉，拜城县铁热克镇党委委员、组织干事杨龙，拜城县委办公室干部梁建3人获得2020年地区脱贫攻坚创新奖。

2020年12月，拜城县纪委监委路遥荣获地区级脱贫攻坚组织创新奖先进个人。

附 录

组织机构领导名录

中国共产党拜城县委员会领导名录

县委书记：彭刚

县委副书记：买买提江·莫力（维吾尔族）、孔伟雄、池晓荣（2020年1月—）

县委常委：宋涛、何科（—2020年11月）、张兵恒、巴哈尔古丽·艾麦提（女，维吾尔族，—2020年11月）、李铁、吴宝辉（—2020年8月）、王松鹤（—2020年3月）、杜翀、李杰、欧阳军、王文彬（2020年3月—）、杨钟鹏（2020年8月—）、王云师、库尔班·艾来提（维吾尔族，2020年3月—）、海尔古丽·沙吾提（维吾尔族，2020年11月—）

拜城县人民代表大会领导名录

党组

党组书记：孔伟雄

党组成员：艾合麦提·库尔班（维吾尔族）、陈军杰、艾尔肯·依不拉音（维吾尔族）、李梅（女）、艾合麦提·阿克木（维吾尔族）

人大常委会

主　任：艾合麦提·库尔班（维吾尔族）

副主任：陈军杰、艾尔肯·依不拉音（维吾尔族）、李梅（女）、艾合麦提·阿克木（维吾尔族）

拜城县人民政府领导名录

县　长：买买提江·莫力（维吾尔族）

常务副县长：王文彬（2020年3月—）

副县长：欧阳军（挂职）、王云师（援疆）、海尔古丽·沙吾提（维吾尔族，—2020年11月）、赵鹏、玉苏甫·依明、董磊

政协拜城县委员会领导名录

中共拜城县政协党组

党组书记：努尔东·依不拉音（维吾尔族，—2020年9月）

党组副书记：王忠毅

党组成员：古丽拜克然木·艾则孜（女，维吾尔族）、艾斯卡尔·艾麦提（维吾尔族）、姚源、杨小飞（2020年10月—）

政协拜城县第十五届委员会

主　席：王忠毅

副主席：蒋加强、古丽拜克然木·艾则孜（女，维吾尔族）、艾斯卡尔·艾麦提（维吾尔族）

秘书长：姚源

纪委监委领导名录

书　记：巴哈尔古丽·艾麦提（女，维吾尔族，—2020年11月）、李铁（2020年11月—）

副书记：杨俊河、吉力力·沙木沙克（维吾尔族）

纪委常委：段吉全、陈钊、阿达来提·艾拜都拉（女，维吾尔族）、王小芳（女）

监委委员：段吉全、王乾坤、武星南、王小芳（女）

对口支援领导名录

拜城县委副书记、温州市援疆指挥部党委书记、指挥长：池晓荣

温州市援疆指挥部党委副书记、副指挥长、纪委书记：苏志伟

拜城县委常委、副县长，温州市援疆指挥部党委委员、副指挥长：王云师

县委各部、委、办负责人

县委办公室

主　任：金成珂（回族）

副主任：王慧、肖松林、方向远、李策（援疆，2020年4月—）

拜城县档案局

局　长：金成珂（回族）

拜城县后勤服务办

主　任：刘波

副主任：张天虎、赛买提·热合曼（维吾尔族）

拜城县保密委

专职副主任：肖松林

拜城县机要保密局

局　长：王慧

副局长：倪洋、董文强（2020年9月—）

拜城县专用通信局

局　长：董文强（—2020年9月）、郑小铭（2020年9月—）

拜城县档案馆

馆　长：琚新风（女）

拜城县接待科

科　长：张天虎

副科长：赛买提·热合曼（维吾尔族）

中共拜城县委组织部

部　长：吴宝辉（—2020年8月）、杨钟鹏（2020年9月—）

副部长：赵萍（女）、田安平（2020年4月—）、滕明松（—2020年12月）、张英彪（—2020年9月）

部务委员：胡晓波、吐尔洪·买买提（维吾尔族）

老干局局长、公务员管理局局长、离退休党工委书记：赵萍（女，—2020年4月）、田安平（2020年4月—）

干部信息中心主任：秦富弟（女）

党员教育中心主任：宋顺利（2020年5月—）

县委宣传部

部　长：李铁（—2020年9月）、海尔古丽·沙吾提（女，维吾尔族，2020年9月—）

副部长：魏波（—2020年5月）、张英彪（2020年10月—）、吴雅梅（女）、吐尔逊阿依·艾尔肯（女，维吾尔族）

政府新闻办（外宣办）

主　任：吴雅梅（女）

文明办

主　任：吐尔逊阿依·艾尔肯（女，维吾尔族）

社科联

主　席：张玉飞

文联

主　席：王英（女）

新闻出版（版权）局

局　长：魏波（—2020年5月）

融媒体中心
主　任：吴雅梅（女）
副主任：刘明河、汤艳利（女，2020年1月—）

宣传中心
主　任：孔郁苗（2020年5月—）

中共拜城县委政法委员会
书　记：孔伟雄
副书记：陈秀兵、贾怀斌、袁礼平（—2020年4月）

拜城县法学会
秘书长：魏鹏举（2020年6月—）

拜城县维稳指挥中心
书　记：秦祖文（2020年10月—）
主　任：袁礼平（2020年4月—）
副主任：张恩城（2020年4月—）

拜城县网格化服务管理中心
主　任：秦祖文（—2020年10月）
副主任：唐俊（—2020年4月）、袁菲（2020年6月—）

中共拜城县委统一战线工作部
部　长：阿力木江·依干拜地（维吾尔族，—2020年4月）、库尔班·艾来提（维吾尔族，2020年4月—）
副部长：郭志强、陈学忠、依买尔江·买买提（维吾尔族）

拜城县政治学校
校　长：艾尔肯·尼亚孜（维吾尔族）
副校长：托乎提·喀森木（维吾尔族）、多力坤·依明（维吾尔族）

外事侨务办公室
主　任：陈学忠

拜城县民族宗教事务局
局　长：依买尔江·买买提（维吾尔族）

拜城县伊斯兰教协会
支部书记：艾尼·阿木提（维吾尔族，2021年2月—）
副会长：艾海提·热合曼（维吾尔族）

中共拜城县委员会网络安全和信息化委员会办公室
网信工委副书记、网信办主任：刘鹏
网信工委副书记、网信办副主任：刘斌
网信办副主任：艾尼宛尔·依明（维吾尔族）

温州市对口支援新疆拜城县指挥部
党委书记、指挥长：池晓荣
党委副书记、纪委书记、副指挥长：苏志伟
党委委员、副指挥长：王云师

中共拜城县委员会机构编制委员会办公室
主　任：蒋玲红（女）
副主任：刘新华（女）、郭蕾（女）

中共拜城县直属机关工作委员会
书　记：张炎（女，—2020年7月）、袁文广（2020年7月—）
副书记：阿里木·吐尼亚孜（维吾尔族）、焦力斌

中共拜城县委党校
校　长：吴宝辉（—2020年8月）、杨钟鹏（2020年9月—）
常务副校长：李向东
党支部书记、副校长：艾拜都拉·斯拉木（维吾尔族）
副校长：李逍简（女，2020年6月—）

中共拜城县委史志编撰委员会办公室
主　任：袁颖
副主任：熊晓文

群团组织

拜城县总工会
党组书记、主席：屈华雄
副主席：阿依木古丽·卡迪尔（女，维吾尔族）、张凯（兼职）
女工委主任：阿依木古丽·卡迪尔（女，维吾尔族）

中国共产主义青年团拜城县委员会

团县委党组书记、团县委书记：李婷（女）

团县委副书记：张怀玉、肖凯提·帕尔海提（维吾尔族，2020年6月—）、阿不来提·库尔班（维吾尔族，—2020年6月）

拜城县妇女联合会

党组书记、主席：阿孜古丽·吐尼牙孜（女，维吾尔族）

党组成员、副主席：古丽加玛力·吐尼牙孜（女，维吾尔族）、王小芸（女）

拜城县工商联合会

主　席：李梅（女，兼）

专职副主席：张金民

拜城县科学技术协会

主　席：阿衣古力·阿不都瓦依提（女，维吾尔族）

副主席：秦士荣

拜城县残疾人联合会

理事长：吐尔地·衣不拉音木（维吾尔族）

副理事长：宋信明

中国共产党拜城县纪律检查委员会

中国共产党拜城县纪律检查委员会

书　记：巴哈尔古丽·艾麦提（女，维吾尔族，—2020年11月）、李轶（2020年11月—）

副书记：杨俊河、吉力力·沙木沙克（维吾尔族）

纪委常委：段吉全、陈钊（回族）、阿达来提·艾拜都拉（女，维吾尔族）、王小芳（女）

监委委员：段吉全、王乾坤、武星南、王小芳（女）

办公室

主　任：袁军萍（女）

组宣部

部　长：祁丽（女，2020年6月—）

党风政风监督室

主　任：路遥

信访室

主　任：王丽（女，2020年6月—）

案件监督管理室

主　任：关志江（2020年9月—）

第一纪检监察室

主　任：艾孜买提·麦麦提（维吾尔族）

第二纪检监察室

负责人：邹瑜

第三纪检监察室

负责人：吐尼亚孜·吐尔迪（维吾尔族）（开除党籍、开除公职）

第四纪检监察室

负责人：阿依努尔·艾依提（女，维吾尔族）

第五纪检监察室

负责人：曹玉喜

案件审理室

主　任：田洪涛（2020年6月—）

拜城县委巡察办

主　任：陈钊（回族）

副主任：王丹林、卡哈尔·米吉提（维吾尔族）

正科级巡察专员：陈县平、古丽娜尔（女，哈萨克族）、李环

副科级巡察专员：艾尼·艾买提（维吾尔族）、肖继彬

拜城县纪委监委派驻机构负责人名录

县直属机关纪检监察工委

书　记：原建华（2020年12月—）

副书记：木拉迪力·库尔班（维吾尔族）

第一纪检监察组

组　长：付国华

副组长：热一来木·胡加阿不拉（女，维吾尔族）、杨晓武（2020年1月—）

第二纪检监察组

组　长：蒋才柏
副组长：代易先（2020年10月—）

第三纪检监察组

组　长：买买提·衣明
副组长：张新华、王刚

第四纪检监察组

副组长：孙玮、赵霞（女）

第五纪检监察组

组　长：吕远鹏
副组长：李瑛（女）、艾力·那斯尔（维吾尔族）

第六纪检监察组

组　长：刘学全
副组长：应加广、阿依加马力·阿布拉（女，维吾尔族）

拜城县第十届人大常委会办公室及专门委员会

办公室

主　任：李扬虎
副主任：尼亚孜·达吾提（维吾尔族）、黄林平（2020年9月—）

教科文卫工作委员会

主　任：全平
副主任：买合木提·阿巴斯（维吾尔族）

法制工作委员会

主　任：徐海波（—2020年7月）
副主任：吐尔逊·阿不力孜（维吾尔族）

代表人事工作委员会

主　任：蒲刚
副主任：黄清祥

拜城县政协办公室及专门委员会负责人

办公室

主　任：刘新革

政协委员联络科

科　长：代生建
副科长：阿迪力·吐尼牙孜（维吾尔族）

政协经济环境委员会

主　任：王小军
副主任：刘睿

政协社会和法制委员会

主　任：魏金山
副主任：罗贵明

政协科教文卫体委员会

主　任：文科
副主任：胡西塔尔·艾山（维吾尔族）

拜城县人民法院

党组及院长、副院长名录

党组书记、副院长：吴多敏（—2020年6月）、任学涛（2020年6月—）
党组副书记、院长：买买提·马木提（维吾尔族）
党组副书记：薛明
党组成员、副院长：汪卫东、吐热合买提·肉孜（维吾尔族）

拜城县人民检察院

党组及院长、副院长名录

党组书记、副检察长：黄晓明
党组副书记、检察长：开赛尔·热合曼（维吾尔族）
党组副书记、副检察长：黄太平
党组成员、副检察长：艾力·阿不力米提（维吾尔族）
党组成员：管平
检委会专职委员：吐拉甫·铁木尔（维吾尔族）
检委会专职委员：季红莉

军事机构领导名录

武警拜城县中队

指导员：张林
中队长：丁家强

拜城县消防救援大队

教导员：何自东
大队长：鲁吐甫拉·卡米力（维吾尔族）

拜城县团结路消防救援站

指导员：闫敏童

站　长：皱水庚

拜城县人民政府各部门负责人名录

办公室

党组书记、主任：蒋小鹏（—2020年11月）

副书记、副主任：阿布拉江·买买提（维吾尔族）

副主任：高永军（2020年5月—）

大数据发展服务中心

主　任：王永强（2020年9月—）

副主任：赵亚涛（2020年9月—）

拜城县发展和改革委员会

党组书记、副主任：张艺（女）

副书记、主任〈粮食和物资储备局局长〉：吴多平

党组成员、副主任：李晓凡（女）、金剑（援疆）

价格认定中心

主　任：卡米拉·沙迪克（女，维吾尔族）

投资项目服务中心

主　任：朱永僚

拜城县商务和工业信息化局

党组书记：刘东

副书记、局长：王世俊

党组成员、副局长：原建华

党组成员：陈强

拜城县油区协调服务中心

主　任：靖乾（—2020年4月）、牟景波（2020年5月—）

副主任：李伟（2020年7月—）

拜城县教育和科学技术局

教育工委副书记、教科局党组书记：段文峰（留党察看1年，撤职处分〈降为四级主任科员〉）

教科局党组副书记、局长：月尔古丽·衣力牙孜（女，维吾尔族）

副局长：方泰宽

党组成员：李谦、左治江（2020年5月—）、提力瓦力提·阿不力孜（维吾尔族）

教育工委委员：陈代理

拜城县应急管理局

党组书记：辛毅

副书记、局长：艾尼·吾甫尔（维吾尔族）

党组成员、副局长：林冰

自然灾害综合监测预警中心

主　任：阳静（2020年4月—）

拜城县住房和城乡建设局

党组书记、副局长：吐逊·买买提（维吾尔族）

局　长：蒋加强

党组副书记、副局长：吴汪涛

党组成员：胡清

拜城县房地产管理所

所　长：徐道斌

拜城县城建管理监察大队

大队长：张兆建

副大队长：斯坎旦尔·依米提（维吾尔族，2020年10月—）

拜城县市政环卫服务中心

主　任：胡清

副主任：万家春、阿布都拉·达吾提（维吾尔族）

拜城县园林绿化管理处

主　任：骆疆红

副主任：马忠（回族）、买买提·玉素甫（维吾尔族）、王浩（2020年9月—）

拜城县城乡建设服务中心

主　任：徐龙（2020年4月—）

拜城县给排水公司

经　理：彭一建

拜城县公安局

党委书记、督察长、局长：何科

党委副书记、政委：比拉力·白克力（维吾尔族）

公安局党委委员、副局长：艾拉吐尔·托乎尼亚孜（维吾尔族）、阿不来提·力提甫（维吾尔族）、刘鹏、盛凌波、郑智勇（援疆）、邵军（挂职）

公安局党委委员、副政委、纪检书记：郝淑平

党委委员：杨秀成（开除党籍、开除公职）、买买提·买提尼亚孜（维吾尔族）

拜城县产业园区管理委员会

党工委书记、副主任：杨小飞（—2020年6月）、赵鹏（2020年6月—）

党工委副书记、主任：梁刚

党工委委员、副主任：阿布力米提·塔西（维吾尔族）

拜城县司法局

党组书记、副局长：张伟

党组副书记、局长：阿里木·阿不力克木（维吾尔族）

副局长：高敞亮、杰米兰木·司马义（女，维吾尔族，挂职）

拜城县民政局

党组书记：李德山

党组副书记、局长：艾则孜·阿布里米提（维吾尔族）

党组成员、副局长：周崇文

拜城县福利院

院　长：阿布里米提·阿不拉（维吾尔族）

拜城县康宁福利院

院　长：努尔·买买提（维吾尔族）

拜城县财政局

党组副书记、局长（国资办主任）：周训疆

党组成员、副局长：王新疆（—2020年6月）、付飞（2020年6月—）

拜城县国有资产服务中心

党组副书记、主任：王新疆（2020年6月—）

拜城县乡镇财政管理局

局　长：艾合买提·艾力木（维吾尔族）

副局长：魏亚群（女，2020年6月—）

拜城县会计核算中心

主　任：陈亮（2020年7月—）

国家税务总局拜城县税务局

党委书记、局长：张文政（—2020年6月）、路岳超（2020年6月—）

党委委员、副局长：纵乾坤（2020年7月—）、刘源（2020年7月—）、黎光明（—2020年7月）、樊盼东（—2020年7月）、杨成武（—2020年7月）、李翔（2020年10月—）

党委委员、纪检组长：阙原

拜城县卫生健康委员会

党委书记：卡哈尔·铁米尔（维吾尔族）

党委副书记、主任：袁慧博（女，—2020年11月）王新珍（女，2020年11月—）

党委委员、副主任：张殿军

党委委员：崔海涛、陈虞、刘福伟（2020年9月—）、阿斯古丽·阿吾提（女，维吾尔族）

卫生健康综合监督执法局

局　长：杨国平

副局长：居热提·阿布都（维吾尔族）、金丹（女，2020年9月—）

拜城县环境保护局

党组书记，副局长：肉孜·达吾提（维吾尔族）

党组副书记、局长：张红军

党组成员、副局长：刘宗海

拜城县审计局

党组书记：阿布都热依木·阿木提（维吾尔族，—2020年6月）、吐尔逊·吐尔迪（维吾尔族，2020年6月—）

党组副书记、局长：刘文胜

党组成员、副局长：张静（女）

拜城县固定资产投资服务保障中心

主　任：蒋平

拜城县市场监督管理局

党组书记：胥常明

党组副书记、局长：库尔班·艾沙（维吾尔族）

党组成员、副局长：吴海刚

党组成员：张凯（2019年2月—）、艾海提·拜克热（维吾尔族）、阿扎提·吾斯曼（维吾尔族）、李强

拜城县稽查大队（知识产权局）

大队长（局长）：张凯

拜城县交通运输局

党组书记、副局长：麦尔干·麦麦提（维吾尔族）

党组副书记、局长：武玺成

党组成员、副局长：王万伟

拜城县养路队

队　长：王科

副队长：丁继亮

拜城县统计局

党组书记：雅力坤·吉力力（维吾尔族）

党组副书记、局长：田波（2019年2月—）

党组成员、副局长：刘磊

拜城县社会经济调查队

队　长：夏雯雯（女）

副队长：库尔班·买买提（维吾尔族）

拜城县自然资源局

党组书记、局长：罗宁

党组成员、副局长：管勇、阿依古丽·乃买提（女，维吾尔族）

拜城县不动产登记中心

副主任：田洪杰（2019年7月—）

拜城县人力资源和社会保障局

党组书记：王世刚（—2020年4月）、赵萍（女，2020年4月—）

党组副书记、局长：艾尼宛尔·吾斯曼（维吾尔族）

党组成员、副局长：艾合买提江·米吉提（维吾尔族，—2020年9月）、刘寅时（2020年9月—）

党组成员：王新珍（女，—2020年4月）

拜城县社会保险管理局

局　长：王新珍（女，—2020年4月）

副局长：赵晓刚、彭丹（女，2020年9月—）

拜城县劳动监察大队

大队长：刘滨

副大队长：李方杰

拜城县公共就业服务局

局　长：买买提·木合塔（维吾尔族）

拜城县文化体育广播电视和旅游局

党组书记：古丽皮亚木·吐尼亚孜（女，维吾尔族）

党组副书记、局长〈文物保护管理局局长〉：赵江平

党组成员、副局长：盛文久、曾文炜（挂职）

党组成员：张建国

拜城县农业农村局

党组书记：董磊

党组副书记、局长（畜牧兽医局局长）：吐尔洪·吐尔逊（维吾尔族）

党组成员、副局长：刘万勇

党组成员：阿曼古丽·阿不力孜（女，维吾尔族）、赵贵平、艾力·亚生（维吾尔族）、吕远鹏

拜城县扶贫办

主　任：刘万勇

副主任：艾尼江·艾买提（维吾尔族，兼）、杨龙（兼）、阿不来提·阿迪力（维吾尔族，兼）、亚克甫·亚生（维吾尔族，兼）、艾买提·库尔班（维吾尔族，兼）

拜城县林业和草原局

党组书记：彭涛

党组副书记、局长：卡哈尔·阿木提（维吾尔族）

党组成员、副局长：周立华

拜城县水利局

党组书记、副局长：库尔班·艾买提（维吾尔族，撤销党内职务，政务撤职）

党组副书记、局长：李冲

党组成员、副局长：热依木·艾木肉拉（维吾尔族，—2020年4月）、陈金龙、买买提艾力·艾海提（维吾尔族，2020年4月—）

拜城县医疗保障局

党组书记、副局长：阿孜古丽·买买提（女，维吾尔族）

党组副书记、局长：田安平（—2020年6月）、王新珍（女，2020年6月—2020年

10月）、蒋小鹏（2020年10月—）

党组成员、副局长：龙雪蓉（女）

拜城县退役军人事务局

党组书记、副局长：吐尼牙孜·阿不都热衣木（维吾尔族）

党组副书记、局长：吴庆思

党组成员、副局长：艾力·克热木（维吾尔族）

拜城县退役军人服务中心

主　任：汪军（2019年8月—）

拜城县信访局

党组书记：艾合买提·买买提（维吾尔族）

党组副书记、局长：牟景波（—2020年4月）、靖乾（2020年4月—）

党组成员、副局长：玉苏甫·艾依提（维吾尔族）

群众信访接待中心

主　任：何亚军（2020年9月—）

拜城县政务服务和公共资源交易中心

党组书记、副主任：田燕红（女，2020年9月—）

主　任：郭刚（2020年9月—）

副主任：玛热古丽·沙依木（女，维吾尔族，2020年9月—）

医疗卫生事业负责人名录

拜城县人民医院

总支书记、副院长：王建民

院　长：张武军

副院长：罗真理（—2020年7月）、高潮（女，—2020年7月）、艾麦尔·麦麦提（维吾尔族）、邵文斌（2020年7月—）、魏金龙（2020年7月—）

工会主席：盛国玲（女）

拜城县中医医院

支部书记、副院长：王汉喜

院　长：肉斯坦·买买提（维吾尔族）

副院长：李鹏

拜城县疾病预防控制中心

党支部书记：刘福伟（2020年9月—）

主　任：武梅（女）

副主任：王四红（女）

拜城县妇幼保健院

党支部书记：崔海涛（2020年9月—）

院　长：巴哈古丽·托合提（女，维吾尔族，—2020年4月）、热比也木·吐尼亚孜（女，维吾尔族，2020年4月—）

副院长：热比也木·吐尼亚孜（女，维吾尔族，—2020年4月）

拜城县计划生育服务站

党支部书记：程建芬（女）

站　长：阿孜古丽·阿木提（女，维吾尔族）

副站长：阿斯古丽·吾斯曼（女，维吾尔族）

教育文化事业负责人名录

拜城县第一中学

党支部书记、副校长：吴强

党支部副书记、校长：胡吉·依力亚斯（维吾尔族）

副校长：于春敏（女）

拜城县第二中学

党支部书记：木合拜提·热合曼（维吾尔族）

党支部副书记、校长：朱丙健

副校长：朱爱华、刘玉涛

拜城县第三中学

党支部书记：高志英（女）

校　长：阿力甫·力提甫（维吾尔族）

副校长：李西柏

拜城县第四高级中学

党总支书记：宫胜亮

校　长：翁迪晓

副校长：艾尼瓦尔·亚森（维吾尔族）、曹长松、江燕平（女）

拜城县职业技术学校

党支部书记：戴建华（—2020年5月）、左治江（2020年5月—）

党支部副书记、校长：吐尔迪·艾买提（维吾尔族）
副校长：斯坎德尔·衣迪力斯（维吾尔族，—2020年4月）、阿不力孜·买买提（维吾尔族）、房长玉（2020年5月—）

拜城县进修学校
党支部书记：鲍世秋
党支部副书记、校长：吐逊·托乎提（维吾尔族）
副校长：许吉虎

拜城县第一小学
党支部书记：刘成彬
党支部副书记、校长：古丽齐曼·艾力（女，维吾尔族）
副校长：赵洁（女）

拜城县第二小学
党支部书记：姜德俊
副校长：申海燕（女）

拜城县团结小学
党支部书记：何桂芝（女）
党支部副书记、校长：吉米兰·依明（女，维吾尔族）

拜城县第四小学
党支部书记：孙喜平
党支部副书记，校长：迪丽拜尔·吐尼亚孜（女，维吾尔族）
副校长：王红娟（女）

拜城县向阳小学
党支部书记、校长：宋杜军
副校长：李建刚

拜城县新星幼儿园
园 长：汪玉萍（女）

拜城县雪莲幼儿园
园 长：谷海霞（女）

拜城县快乐幼儿园
园 长：肖君（女）

拜城县红星幼儿园
园 长：刘畅（女）

拜城县彩虹幼儿园
园 长：章星星（女）

拜城县童馨幼儿园
园 长：卢会芳（女）

拜城县七彩花幼儿园
园 长：王瑜（女）

拜城县花园幼儿园
党支部书记：库尔班·亚森（维吾尔族）
园 长：刘俊敏（女）

拜城县林垂午幼儿园
党支部书记：吐尔逊·玉山（维吾尔族）
园 长：于倩（女）

拜城县福乐幼儿园
党支部书记：艾合买提·依沙克（维吾尔族）
园 长：杜珍珠（女）

拜城县青少年校外活动中心
主 任：赵金生

拜城县文化馆
馆 长：周学军
副馆长：艾尔肯·吐拉甫（维吾尔族）、苏比亚·吐尼亚孜（女，维吾尔族）

拜城县图书馆
馆 长：田艳红（女）

拜城县克孜尔歌舞团
副团长：热孜完古丽·艾力（女，维吾尔族）

拜城县体育活动中心
副主任：唐江波

拜城县电影放映中心
主 任：吴海
副主任：肉孜·尼亚孜（维吾尔族，—2020年9月）

农口事业负责人名录

拜城县农业技术推广站
站 长：麦麦提·木沙（维吾尔族）
副站长：艾尼瓦尔·艾买尔（维吾尔族）、张亮

拜城县农村经营管理局
局 长：陈源（2020年6月—）
副局长：陈源（—2020年6月）、金宏辉（2020年6月—）

拜城县农业产业化服务办公室

主　任：杜鹏（—2020年5月）、郭卫华（2020年5月—）

副主任：麦合木提·阿西木（维吾尔族，2019年8月—）

拜城县种子管理站

党支部书记：买买提·热合曼（维吾尔族）

站　长：楚建华

副站长：罗杰（女）

拜城县农业检验检测中心

副主任：邓小军、吐尔洪·吐尼牙孜（维吾尔族）

拜城县兽医站

党支部书记：周贵才（2020年9月—）

站　长：艾买尔·沙木沙克（维吾尔族，2020年5月—）

拜城县牧业机械服务站

站　长：王以新

拜城县农机技术推广站

站　长：何新

副站长：阿不都秀库尔·阿不力孜（维吾尔族）、周世民（—2020年9月）

新疆农业广播电视学校拜城分校

校　长：斯坎德尔·依迪力斯（维吾尔族，2020年5月—）

拜城县草原站

党支部书记：艾合买提·米吉提（维吾尔族）

站　长：杨军

拜城县护林防火办

主　任：买合木提·买买提（维吾尔族）

副主任：王群

拜城县林管站

副站长：王洪江

拜城县水利局水管总站

站　长：热依木·艾木肉拉（维吾尔族，兼）

副站长：买买提·玉山（维吾尔族）

拜城县温泉水利枢纽建设管理服务中心

主　任：段少远

拜城县人工影响天气办公室

党支部书记、主任：张广军

副主任：王纯忠

拜城县供销社

党委书记、副主任：努尔古丽·依买尔（女，维吾尔族）

党委副书记、主任：吴群有

拜城县银行保险机构负责人名录

中国人民银行拜城县支行

党组书记、行长：苏庆刚

党组成员、纪检组长：孙海波

党组成员、副行长：李忠萍（女）、李学飞（援疆干部）

中国农业发展银行拜城县支行

支部书记、行长：曹国庆

副行长：孔春仁、刘立华（2020年6月—）

行长助理：纪媛媛（女，2020年6月—）、库尔班·毛依丁（维吾尔族，2020年6月—）

中国建设银行股份有限公司拜城支行

行　长：顾鼎振

副行长：王红丽（女）

中国农业银行股份有限公司拜城县支行

行　长：苏杰

副行长：梁志鹏

中国银行股份有限公司拜城县支行

行　长：蒋佰华

副行长：刘春艳（女）

中国工商银行股份有限公司拜城支行

行　长：宗继有

副行长：朱晓理

拜城县农村信用合作社联合社

总支书记：王育红（女）

总支委员：武文军、谭天明、张志刚、张全世

理事长：王育红（女）

理　事：王雨默、庄永宏（女）、柯晓玲（女）、宋联科、胡方毅、宋东运、王育红（女）、武文军、

阿地力·阿西木（维吾尔族）
监事长：艾力·沙吾提（维吾尔族）
监 事：艾合买提·司拉木（维吾尔族）、郝东亮、张彦丰、袁淮龙
联社主任：武文军
联社副主任：谭天明、张志刚

中国邮政储蓄银行股份有限公司拜城县支行
行 长：肉孜完·阿不来提（女，维吾尔族）

中国人民财产保险股份有限公司拜城支公司
支部书记、经理：闫华（女）
副经理：李力

中国人寿保险股份有限公司拜城支公司
经 理：安广林

驻拜单位负责人名录

新疆克孜尔研究院（所）
党委书记：王一龙
院 长：徐永明
党委委员、副院长：台来提·乌布力（维吾尔族）
党委委员：王一龙、苗利辉、欧阳晖（女）、叶梅（女，哈萨克族）

拜城县气象局
党支部书记、局长：马远东（—2020年4月）、蔡薇（2020年4月—）
副局长、气象台长：方敏

拜城县道路运输管理局
局 长：阮旅辉

拜城县公路分局
党组书记、副局长：阿不都热合曼·依明（维吾尔族）
党组副书记、局长：陈迪

新疆维吾尔自治区交通运输综合行政执法局阿克苏执法支队拜城执法大队
党组副书记：周文胜

拜城县客运站
党支部书记：木塔里甫·库尔班（维吾尔族）
站 长：王东

企 业

国网拜城县供电公司
党总支书记、副经理：张东辉
党总支副书记、经理：曾波
副经理：马木提·牙森（维吾尔族）

中国移动通信集团新疆有限公司拜城县分公司
党支部书记、经理：栗克山
副经理：地里夏提·阿不来提（维吾尔族）、温弘
经理助理：郝磊鹏

中国电信股份有限公司拜城分公司
经 理：张三虎
副经理：艾海提·尔西（维吾尔族）、孔令越

中国联通拜城县分公司
总经理：陈亚文
副总经理：鄢江波

新疆广电网络股份有限公司阿克苏分公司拜城营业部
经 理：侯洪根

拜城县邮政分公司
经 理：曹伟

拜城县烟草专卖局
局长、支部书记：秦建民

拜城县同维盐业有限责任公司
经 理：王海

拜城县城乡建设投资发展（集团）有限公司
党委书记、董事长：李志刚
党委副书记：满福阔
党委委员、副经理：杜胜利

拜城县兴科农牧业有限责任公司
董事长：荀锡勋

拜城县迎宾宾馆有限公司
董事长：张天虎
总经理：刘万朝
副总经理：吴斌

拜城县创科产业发展研究有限公司
党支部书记兼董事长、经理：杨志勇
副经理：何康宁

拜城县国有资产投资经营有限公司
董事长：满福阔

拜城县恒丰计量有限责任公司
经　理：杨志勇

拜城县天玉种业公司
董事长：吴洪涛
副经理：邢翔、李江

拜城县烟花爆竹长期零售店
法　人：王瑜

拜城县石油天然气公司
经　理：吕波

中石油新疆销售有限公司阿克苏分公司拜城销售片区
经　理：王军
副经理：孙磊

中石化销售有限公司新疆阿克苏石油分公司拜城销售片区
经　理：段振兴

拜城县供销联合社康其基层加油站
经　理：何平

拜城县供销联合社赛里木中心社黑英山加油站
经　理：何平

拜城县供销联合社察尔齐供销中心社双桥加油站
经　理：何平

拜城县天山燃气有限公司
经　理：聂清泉

拜城县运输公司
董事长（总经理）：王朝兵
副总经理：朱传峰

拜城县笑好公司
总经理：阿力木·艾山（维吾尔族）

拜城县残疾人运输公司
总经理：帕尔合提·司马义（维吾尔族）
经　理：金怀军

拜城县医药公司
经　理：宁波

拜城县昌恒热力有限公司
董事长：张锡路
副经理：张洁

拜城县天源热力公司
经　理：刘建生

【规模以上企业机构】

新疆八钢南疆钢铁拜城有限公司
厂　长：王卫军

拜城县众维煤业有限公司西矿区
董事长：赵忠贤

一成投资有限公司西矿区
总经理：邢建智

拜城县鑫源煤业有限公司
经　理：满福阔

拜城县众泰煤焦化有限公司
董事长：毛志民

拜城县峰峰煤焦化有限公司
总经理：白大勇

拜城县峰峰煤焦化有限公司东矿区
矿　长：钱伍荣

拜城县峰峰煤焦化有限公司西矿区
矿　长：杜运海

新疆金晖兆丰能源焦化有限公司
总经理：高林青

新疆金晖兆丰能源股份有限公司公司水泥分公司
总经理：来赖雲

拜城县安能工贸有限公司
经　理：王同喜

拜城县鑫隆玻纤有限公司
经　理：张胜利

拜城县正泰光伏发电有限公司
站　长：唐建虎

拜城县富绅保鲜有限公司
经　理：任军

拜城县华盛粮油工贸有限责任公司
经　理：韩俊香

拜城县天昆煤化有限公司
经　理：杨双穴

拜城县融鑫洗煤有限责任公司
经　理：郑俊

拜城县万通洗煤有限责任公司
经　理：郑新

拜城县西珍果业有限公司
经　理：张学温

新疆拜城育英矿业有限公司
董事长：谢孝财

新疆拜城音西铁热克煤业有限公司西矿区
董事长：王利军

新疆拜城天辰矿业东矿区
矿　长：朱小会

新疆拜城天辰矿业有限公司西矿区
矿　长：谭金余

拜城县新兴矿业开发有限责任公司公司西矿区
总工程师：杨金山

百商有限责任公司西矿区
总经理：周志军

润华煤业有限公司中矿区
总经理、矿长：李文利

峰峰公司西矿区
矿　长：丁新强

新疆拜城县铁热克煤业西矿区
矿　长：潘玉清

拜城大宛其煤业有限责任公司中矿区
法人代表：张月文

新疆凯领阿尔格敏矿业有限公司西矿区
总经理：李冀

新疆竣新化工有限公司
经　理：王俊杰

拜城县日新建筑安装工程有限责任公司
董事长：宋联科
总经理：杨义刚

新疆昊远建设有限责任公司
董事长：李玉朝

拜城县康晨建筑工程有限责任公司
董事长：陈兵
总经理：陈潮龙

拜城县万源建设有限责任公司
董事长：巩江林
总经理：巩红涛

新疆征戎工程建设有限公司
董事长：胡江伟
总经理：库尔班·卡依木（维吾尔族）

新疆疆达薯业有限公司
经　理：任永红

新疆雪泉粮油有限公司
经　理：谭秋明

拜城汇鑫生物开发有限公司
经　理：刘文波

拜城县尼格尔实业发展有限公司
经　理：艾尼瓦尔·吐尔洪（维吾尔族）

拜城凯赛畜牧业有限公司
经　理：吐尼亚孜·艾买提（维吾尔族）

拜城县日新禽业有限公司
经　理：宋联科

新疆裕润酒业有限公司
总经理：赵焕志

拜城县红山铁合金有限公司卡朗古尔锰矿一矿、卡朗古尔宏源锰矿
总经理：王学梅

拜城县鑫鸿矿业有限责任公司拜城卡朗古尔三号锰矿
总经理：冯燕军

拜城县昆仑矿业开发有限责任公司新疆拜城卡朗古尔锰矿
总经理：焦俊山

拜城县鑫泰锰矿有限责任公司拜城卡朗古尔五号锰矿

总经理：孙忠旺

拜城县嘉宾大理盐矿业有限责任公司黑英山卡朗沟嘉宾大理岩矿

总经理：余清刚

拜城县广恒矿业开发有限责任公司新疆拜城大宛其石膏矿

总经理：杜建斌

拜城县圣基新型环保建材有限公司

经　理：江涛

拜城县恒通建材有限公司

总经理：晏敏政

拜城县恒昌建工建材有限公司

经　理：余朝江

拜城县建工建材有限责任公司

总经理：李新建

拜城县温州矿业有限公司

经　理：陈积演

拜城县滴水铜矿开发有限责任公司

总经理：闫福彬

乡　镇

拜城镇

党委书记：冉崇建（土家族，—2020年11月）、赵俊（2020年11月—）

党委副书记：吐尔逊·尼亚孜（维吾尔族）、黄宏波、陈先柱

党委委员：宇文慧晶（女）、吐尔逊·艾山（维吾尔族）、阿里木·吐尔迪（维吾尔族）、程林（—2020年9月）、曹石鑫（2020年9月—）、居尔艾提·吐尼亚孜（维吾尔族，—2020年6月）、周亮平、阿布拉·苏力坦（维吾尔族）

人大主席：阿布拉·苏力坦（维吾尔族）

镇长：吐尔逊·尼亚孜（维吾尔族）

副镇长：居尔艾提·吐尼亚孜（维吾尔族，—2020年6月）、艾力·卡德尔（维吾尔族）（开除党籍、开除公职）、玛依拉·木拉提（维吾尔族，—2020年9月）

人武部部长：程林（—2020年9月）、曹石鑫（2020年9月—）

铁热克镇

党委书记：侯新波

党委副书记：古丽吉米兰·阿木提（女，维吾尔族，—2020年10月）、艾尼瓦尔·艾海提（维吾尔族，2020年10月—），党永治、何湘情

党委委员：苏力坦·买买提（维吾尔族）、克然木·买买提（维吾尔族）、杨龙、海力其木·艾买尔（女，维吾尔族）、纪卫锋、周修俊

人大主席：苏力坦·买买提（维吾尔族）

镇　长：古丽吉米兰·阿木提（女，维吾尔族，—2020年10月）、艾尼瓦尔·艾海提（维吾尔族，2020年10月—）

副镇长：海力且木·吐尼牙孜（女，维吾尔族）、纪卫锋、买买提·艾买提（维吾尔族）、张涛

人武部部长：纪卫峰

察尔齐镇

党委书记：马亚辉

党委副书记：买买提·吐尼牙孜（维吾尔族）（开除党籍、开除公职）、翟宝泉、罗卿、金栋

党委委员：艾买尔·阿西木（维吾尔族）、王彪（—2020年4月）、耿小龙（2020年7月—）、肉先古丽·米吉提（维吾尔族）、帕海丁·甫拉提（维吾尔族）、张建刚、王振海（2020年9月—）

人大主席：艾买尔·阿西木（维吾尔族）

镇　长：买买提·吐尼牙孜（维吾尔族）（开除党籍、开除公职）

副镇长：金栋、依不拉音·艾力（维吾尔族）、亚库甫·马木提（维吾尔族）、

卡哈尔·居曼（维吾尔族）、阿克木·木合塔尔（维吾尔族）、关虹（2020年9月—）

人武部部长：凯散尔·依力亚斯（维吾尔族）

赛里木镇

党委书记：谭小红

党委副书记：艾买尔·如苏力（维吾尔族）、田春贵（2020年6月—）、肖桂东（2020年7月—）、张彦平（—2020年6月）、刘福伟（—2020年10月）

党委委员：海热古丽·尤努斯（女，维吾尔族）、兰跃伟、解将、塔力甫·吐尔逊（男，维吾尔族）、杜晓峰、杨勇、托乎尼牙孜·吐尼牙孜（维吾尔族）

人大主席：海热古丽·尤努斯（女，维吾尔族）

镇　长：艾买尔·如苏力（维吾尔族）

副镇长：解将、塔力甫·吐尔逊（维吾尔族）、吐尔迪·买买提（维吾尔族）、王瑞（女）、木沙·麦麦提（维吾尔族，2020年9月—）、周晓元（2020年1月—）

人武部长：杨勇

黑英山乡

党委书记：王玉汉

党委副书记：米吉提·牙合甫（维吾尔族）、韩越亚、艾山江·吐尼亚孜（维吾尔族）、孟祥勇

党委委员：阿布拉·尕孜（维吾尔族）、刘恒山、杨永近、海里切木·艾力木（女，维吾尔族）、肖凯提·帕尔海提（维吾尔族）、开山·卡哈尔（维吾尔族）、李勇

人大主席：阿布拉·尕孜（维吾尔族）

乡　长：米吉提·牙合甫（维吾尔族）

副乡长：杨永近、艾尔肯·吾麦尔（维吾尔族）、肖凯提·帕尔海提（维吾尔族）、刘尚宗、热比古丽·依米尔（女，维吾尔族）、杨永近

人武部长：李勇

克孜尔乡

党委书记：孙付斌

党委副书记：艾尔肯·买买提（维吾尔族）、左治江（—2020年4月）、丁海超（2020年4月—）、田海军、赵浩威

党委委员：吐尔逊·司马义（维吾尔族）、姚建斌、艾沙·艾山（维吾尔族）、周菊青（2020年9月—）、曹石鑫（—2020年9月）、努尔比亚·尔肯（女，维吾尔族）、依明·克热木（维吾尔族）、买买提·阿西木（维吾尔族）

人大主席：吐尔逊·司马义（维吾尔族）

乡　长：艾尔肯·买买提（维吾尔族）

副乡长：艾沙·艾山（维吾尔族）、买买提·阿西木（维吾尔族）、玛依努尔·努尔（女，维吾尔族）、但勇、刘扬、阿不都热依木·吉力力（维吾尔族）

武装部长：艾沙·艾山（维吾尔族）

托克逊乡

党委书记：李红龙（地区留置）

党委副书记：吐尔洪·艾山（维吾尔族）、买尔旦·吐尔逊（—2020年3月）、刘玉斌（2018年5月—）、甘波（—2020年9月）、周菊青（2020年9月—）

党委委员：努尔艾力·托乎提（维吾尔族，—2020年10月）、王仲平、热汗古丽·坎吉（女，维吾尔族）、艾山·艾依提（维吾尔族）、艾海提·艾买提（维吾尔族）、托乎提·台外库力（维吾尔族，留党察看1年，政务撤职）、侯富平（2019年12月—）、阿不来提·阿木提（2020年10月—）

人大主席：艾山·艾依提（维吾尔族）

乡　长：吐尔洪·艾山（维吾尔族）

副乡长：阿依加马丽·吐尼亚孜（女，维吾尔族，2019

年5月—）、刘鹏（—2020年9月）、陈翔（2020年9月—）、阿里木·阿布拉（维吾尔族，2020年9月—）
人武部部长：艾海提·艾买提（维吾尔族）

亚吐尔乡

党委书记：季福国
党委副书记：阿里木·阿不力克木（2020年10月—）、古丽吉米兰·阿木提（女，维吾尔族，—2020年10月）、艾合买提·艾尼（维吾尔族）、陈坤
党委委员：卡哈曼·尤努斯（维吾尔族）、范军有、石翠成（女）、麦麦提尼亚孜·托乎提（维吾尔族）、木沙江·艾尼（维吾尔族）、席国钦、陈义、吾尔尼沙古丽·艾买尔（女，维吾尔族）
人大主席：卡哈曼·尤努斯（维吾尔族）
乡　长：阿里木·阿不力克木（2020年10月—）、古丽吉米兰·阿木提（女，维吾尔族，—2020年10月）
副乡长：热汗古丽·阿克木（女，维吾尔族）、阿迪力·阿布都外力（维吾尔族）、刘国梁
人武部部长：麦麦提尼亚孜·托乎提（维吾尔族）

康其乡

党委书记：李杰（—2020年11月）、张海波（2020年11月—）
党委副书记：依买尔·阿不拉（维吾尔族）、李青萍（女）、刘敏伟
党委委员：吐尔逊·克维力（维吾尔族）、海热古丽·买买提（女，维吾尔族）、艾尼·阿木提（维吾尔族）、惠建庄、牙森·艾山（维吾尔族）、吐尔洪·艾买提（维吾尔族）
人大主席：吐尔逊·克维力（维吾尔族）
乡　长：依买尔·阿不拉（维吾尔族）
副乡长：吐尔逊·马木提（维吾尔族）、曹超、艾尼瓦尔·那买提（维吾尔族）、惠建庄
人武部部长：惠建庄

布隆乡

党委书记：刘乐
党委副书记：买买提艾力·吐尼牙孜（维吾尔族）、邓鑫、张丽（2019年1月—）
党委委员：丁海超（—2020年5月）、库尔班·艾沙（维吾尔族）、热孜宛古丽·帕孜力（女，维吾尔族）、库尔班·卡依木（维吾尔族）、刘佳佳（女）、吴亚欧、常海洋（2020年5月—）、刘鹏（2020年9月—）
人大主席：库尔班·艾沙（维吾尔族）
乡　长：买买提艾力·吐尼牙孜（维吾尔族）
副乡长：库尔班·卡依木（维吾尔族）、西亚力·买买提（维吾尔族，2019年8月—）
人武部部长：丁海超（—2020年5月）、常海洋（2020年5月—）

米吉克乡

党委书记：张国灿
党委副书记：艾尼瓦尔·吐尔逊（维吾尔族）、张磊
党委委员：阿布来提·库尔班（维吾尔族，—2020年11月）、努尔艾力·托乎提（维吾尔族，2020年11月—）、豆三库、张保荣、吾斯曼·艾麦提（维吾尔族）、莫合他儿·买合木提（维吾尔族）、史广宇
人大主席：阿布来提·库尔班（维吾尔族，—2020年11月）、努尔艾力·托乎提（维吾尔族，2020年11月—）
乡　长：艾尼瓦尔·吐尔逊（维吾尔族）
副乡长：米娜瓦尔·卡迪尔（女，维吾尔族）、艾合旦古丽·马木提（女，维吾尔族）、张祺（2020年9月—）
人武部长：史广宇

温巴什乡

党委书记：何东亮
党委副书记：阿塔吾拉·阿布拉

（维吾尔族）、陈章辉、黄凯（—2020年7月）、卡地尔丁·乃吉米丁（维吾尔族，2020年9月—）

党委委员：阿不来提·买买提（维吾尔族）、田春贵（—2020年5月）、李新春、卡地尔丁·乃吉米丁（维吾尔族，—2020年9月）、阿米娜·海肉拉（女，维吾尔族）、梁永飞、胡贺博、陈晓龙（2020年6月—）

人大主席：阿不来提·买买提（维吾尔族）

乡　长：阿塔吾拉·阿布拉（维吾尔族）

副乡长：卡地尔丁·乃吉米丁（维吾尔族）、艾力·阿布都热依木（维吾尔族）、凯赛尔·吐尼亚孜（维吾尔族）、管晓莉（女，2020年9月—）

人武部长：梁永飞

大桥乡

党委书记：翟玉飞

党委副书记：依地力斯·阿不拉（维吾尔族）、刘瑜、刘学军

党委委员：吐尔洪·克然木（维吾尔族）、赛杜拉·玉努斯（维吾尔族）、段志峰、买热合巴·阿不拉（女，维吾尔族）、木合旦尔·衣迪力斯（维吾尔族）、张国华、刘洋

人大主席：吐尔洪·克然木（维吾尔族）

乡　长：依地力斯·阿不拉（维吾尔族）

副乡长：买买提·依马木尼亚孜（维吾尔族）、赵文辉（2020年9月—）、吐尼沙古丽·铁力瓦尔迪（女，维吾尔族）

人武部长：刘洋

老虎台乡

党委书记：高德鹏

党委副书记：艾尔肯·肉孜（维吾尔族）、张小军、韩建强（2020年5月—）

党委委员：玉山·买合赛提（维吾尔族）、刘世伟、艾买提·吐拉甫（维吾尔族）、赛迪古丽·马合木提（女，维吾尔族）、阿布都居日提·吾提库尔（维吾尔族）、肖克来提·艾依热提（维吾尔族，2020年9月—）、程志强、吐尔逊·沙吾提（维吾尔族）

人大主席：玉山·买合赛提（维吾尔族）

乡　长：艾尔肯·肉孜（维吾尔族）

副乡长：艾买提·吐拉甫（维吾尔族）、肖克来提·艾依热提（维吾尔族）、陈泽国（苗族）、赛麦提江·艾买提尼亚孜（维吾尔族）、帕里但木·托合尼亚孜（女，维吾尔族，2020年10月—）

人武部部长：程志强

大宛其管委会

工委书记：苏超

工委副书记：库尔班·买明（维吾尔族）、郭坤（—2020年9月）、陆志军、李勇（2020年9月—）

工委委员：古丽尼沙·米吉提（女，维吾尔族，2020年6月—）、艾山·库尔班（维吾尔族）（开除党籍、开除公职）、何奎（—2020年9月）、何彬（2020年6月—）、王易杰（2020年6月—）、阿不都热依木·毛尼亚孜（维吾尔族）

主　任：库尔班·买明（维吾尔族）

副主任：王易杰（2020年6月—）、玉苏甫·艾米都拉（维吾尔族）、殷强

人武部部长：何彬（2020年6月—）

人　物

做百姓脱贫致富带头人

——2020年全国脱贫攻坚先进个人、“新疆维吾尔自治区脱贫攻坚奉献奖”获得者
新疆天玉种业有限责任公司董事长　吴洪涛

吴洪涛，男，汉族，1964年11月出生，1995年加入中国共产党，现任新疆天玉种业有限责任公司党总支书记、董事长兼总经理。

吴洪涛于2021年2月荣获国家脱贫攻坚先进个人，2020年10月荣获自治区脱贫攻坚奖，同时吴洪涛所在的新疆天玉种业有限责任公司荣获自治区“千企帮千村”精准扶贫行动先进民营企业。

1964年出生在江苏省如东县的吴洪涛，7岁时跟随父母从东海之滨来到拜城县，在温巴什乡八大队落了户，在天山脚下扎下根。

记得当时由于生产物资匮乏，再加上粮食产量很低，贫困，陪伴我和家人很多年，甚至有好长一段时间，大家都是吃了上顿没下顿。当时吴洪涛就暗暗下定决心，一定要让土地多产粮，让乡亲们都能吃饱穿暖，都能过上富裕的日子。所以长大后他报考的学校就是阿克苏农校。

1989年分配到拜城县农科所担任技术员，和种子培育结下了不解之缘。2004年，拜城县种子公司改制成为新疆天玉种业有限责任公司，担任公司董事长兼总经理。

一粒种子，不仅意味着生命的延续，也关系到农业产业的发展，广大农牧民群众的收入，更关系到国家的粮食安全。

2002年，拜城县杂交玉米和制种小麦面积只有900亩地，勉强可以供应拜城县本地农民种植。随后几年，公司逐渐扩大制种面积，培育玉米和小麦新品种。

从2010年开始，天玉种业公司制种小麦总面积保持在10万亩左右，杂交玉米制种面积保持在3.5万亩左右。

2015年11月29日，《中共中央 国务院关于打赢脱贫攻坚战的决定》发布。中国共产党带领人民群众开始向贫困宣战。

坚决打赢脱贫攻坚战，努力实现全面建成小康社会。这是党中央、国务院向全国人民作出的郑重承诺！

作为一名共产党员，一个自治区农业产业化重点龙头企业的负责人，带动农牧民群众致富增收。

粮安天下，种铸基石

布隆乡虽然毗邻拜城县城，但是，这里人多地少，土地贫瘠，长期以来，在这里生活的各族农牧民群众，虽然辛勤劳作、汗流洒地，一年到头换来的仅仅是填饱肚子。

2010年，在布隆乡调研期间，这个乡的情况他看在眼里，急在心头。吴洪涛积极与布隆乡党委政府对接，把制种玉米、制种小麦种植规划送到

家家户户。

第一年，没有多少农户响应，吴洪涛带领公司员工和乡干部一道，找来党员家庭带头示范。通过科技引领，技术服务，一年下来，同样的地块，同样的投入，同样的劳动用工，制种玉米和制种小麦的亩产收入远远高出传统大田种植1000元左右。

实践是检验真理的唯一标准。

第二年，布隆乡全乡7个行政村的农牧民群众都争先恐后要求和我们签定制种合同，且一签就是10年，目前，布隆乡已经成为拜城县的制种之乡。

在制种产业的带动下，布隆乡是这样的，其他乡镇也不甘落后，2019年，公司在拜城县订单种植小麦和玉米总面积达到11万亩，带动了16100户农牧民增收致富，户均增加收入3714元，其中，建档立卡贫困户达到1470户。

公司也做过一个统计，十八大以来，公司在拜城县一地，累计完成订单制种小麦26万亩、制种玉米15万亩，辐射带动全县5个乡镇、43个村的农牧民群众增加收入达到6.95亿元。现在，制种产业已经成为拜城县各族农牧民群众增收致富的支柱产业。

亚吐尔乡塔格其村，是被国家确定的拜城县16个深度贫困村之一，贫困人口占全村人口的58%以上。用什么办法让村民们脱贫致富奔小康，一直以来，困扰着县乡党委和政府。

饮水思源，致富不忘老百姓

2017年，自治区党委、政府启动“百名企业家走进访惠聚”活动，2018年再次开展“千企帮千村”活动，吴洪涛都积极响应自治区党委政府号召，全身心全过程参与其中，主动向拜城县委、县政府招领了亚吐尔乡塔格其村的脱贫攻坚任务。

根据塔格其村的地理环境和气候等实际情况，吴洪涛提出了帮助村民调整产业结构，以打造反季节大棚蔬菜基地为主，制种和牧业为辅的扶贫经营模式。

吴洪涛带头捐款捐物，发动公司全体干部职工为塔格其村提供资金支持和技术服务，帮村里建成了三座总面积9亩的高标准日光温室大棚，同时安排技术人员送技术到塔格其村，手把手给群众传授种养殖技术。

功夫不负有心人

如今，塔格其村共建造大棚150余棚。三年下来，这里形成了一定规模的大棚蔬菜种植，并逐渐占领了拜城县冬季蔬菜供应市场，仅大棚蔬菜一项，人均年收入都在1万多元。

2019年，公司又与塔格其村签订种植协议，落实制种小麦2610亩、制种玉米1029亩，带动453户群众包括建档立卡贫困户189户增收致富，其中，制种小麦带动户均增收2800元，制种玉米带动户均增收4800元。目前，塔格其村家家都有小型货车，乡亲们已经摆脱了贫困，走上了小康路。

2018年、2019年，公司先后为拜城县米吉克乡墩买里村捐赠20万元，帮助村里建设文化广场，扩充村图书阅览室和电脑室，修缮村文化活动室。我本人常年资助村里的5名贫困大学生，如今，已经有两名大学生走上了工作岗位。

从输血到造血，从帮眼前到帮长远，从扶上马到送一程，公司真心实意地为各族贫困群众着想。

公司积极履行社会职责，认真做好扶贫帮困工作，在科研实验、棉花收购加工、种子抽雄、去杂、生产加工、销售等环节，积极对接各乡村，优先雇用本地建档立卡户，帮助他们就近就地就业。目前，每年吸纳农村富余劳动力950名左右，人均年收入保持在20000元以上，劳务费支出1900万元，真正实现了一人打工，全家致富的成效。

目前，公司累计聘用应届毕业生160多人。同时在生产要素各关键环节，利用现场会、科管交流会、技术推广会、“科技之冬”专题培训等平台，手把手给广大制种农民传授种子生产管理知识，每年培训农民达12000多人次，不断提升农民生产技能水平，培养起一批懂技术、会管理、有创新意识的新型农民和育种带头人，夯实了脱贫后不返贫的根基。

习近平总书记说：一粒种子可以改变一个世界，要下决心把民族种业搞上去。

为提高良种的品质和覆盖率，我率领的新疆天玉种业有限责任公司先后投入资金3800多万元，在新疆、北京、海南等地，建成高标准科研育种基地2300亩。

目前，天玉种业公司拥有完全自主知识产权的品种15个，其中包括6个玉米品种，3个小麦品种和6个棉花品种，独家授权经营品种达到8个。公司每年销售各类农作物种子达到3.5万吨以上，推广种植总面积450多万亩。

经过努力，目前，阿克苏地区主要农作物良种覆盖率100%。而随着优质良种的推广，全地区粮食持续保持增产增收，亩均收益年均增加5%以上。

千年小康梦、百年奋斗圆

小康路上，公司都是追梦人。在打赢脱贫攻坚战这场艰苦卓绝的斗争中，吴洪涛个人和他带领的新疆天玉种业有限责任公司为决战决胜脱贫攻坚做了一些工作，也取得一些成绩，党和政府也给了吴洪涛很多荣誉，他觉得他所做的工作和成绩，距离习近平总书记的嘱托和自治区党委政府的要求还有一定的距离，还需要努力再努力，奋斗再奋斗。

吴洪涛是一名民营企业家，更是一名光荣的共产党员，改善民生、共同富裕，实现中华民族伟大复兴中国梦，是党的初心使命。吴洪涛一定珍惜荣誉，勇担使命，以“为民”立场不懈奋斗，为“忘我”精神拼搏奉献，以“实干”姿态知重负重笃定前行，当好表率，善始善终，善作善成，为打赢脱贫攻坚战，全面建成小康社会，必定再立新功！

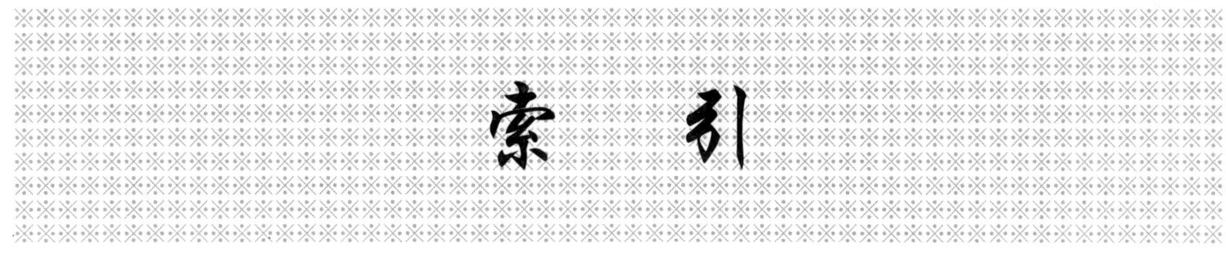

说 明

一、本索引采用主题分析方法，款目按首字汉语拼音字母（同音字按声调）顺序排列。

二、文中的类目、分目用黑体字标明，其余用宋体字排印。

三、索引款目后的数字表示内容所在的页码，数字后的英文字母（a、b、c）表示栏别（即版面的 1、2、3 栏）。

A

D

F

G

K

L

M

N

P

Q

R

T

W

X

Y

Z

非音标